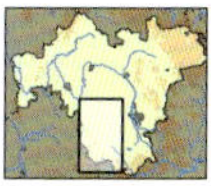

Romantisches Franken

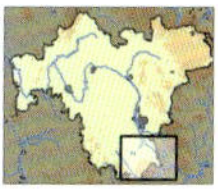

Fränkisches Seenland und Altmühltal

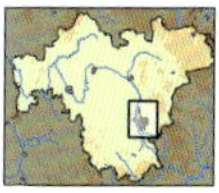

Region Nürnberg

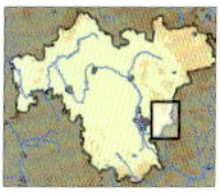

Hersbrucker Schweiz

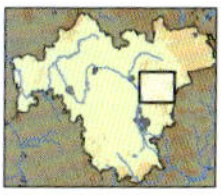

Fränkische Schweiz

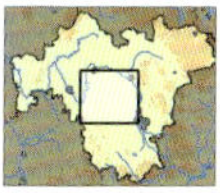

Steigerwald

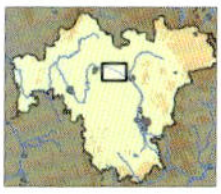

Haßberge

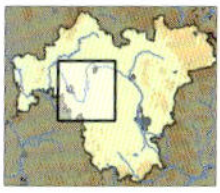

Fränkisches Weinland

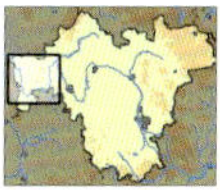

Spessart, Odenwald und Mainviereck

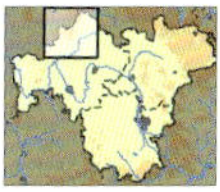

Rhön

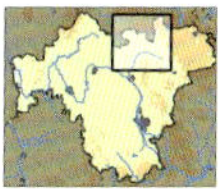

Frankenwald, Coburger Land und Oberes Maintal

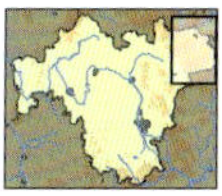

Fichtelgebirge

Text und Recherche: Ralf Nestmeyer

Lektorat: Sabine Senftleben

Redaktion und Layout: Christiane Schütz, Steffen Fietze

Fotos: alle Ralf Nestmeyer, außer Christiane Schütz S. 197, 201 und 204, Steffen Fietze S. 459, 497 und 501

Karten: Judit Ladik, Susanne Handtmann, Michaela Nitzsche, Gábor Sztrecska, David Wendler

Cover: Karl Serwotka

Covermotive: oben: Burg Rabenstein (Dirk Thomsen); unten: Würzburg, Alte Mainbrücke

Über den Autor:

Ralf Nestmeyer, Jahrgang 1964, studierte Neuere Deutsche Geschichte, Bayerische und Fränkische Landesgeschichte sowie Philosophie in Erlangen. Als bekennender Franke ist er freier Mitarbeiter der Nürnberger Zeitung und des Bayerischen Rundfunks sowie Autor von mehreren Reiseführern und Bildbänden; zudem hat er im Insel Verlag ein Buch über „Französische Dichter und ihre Häuser" sowie literarische Reiseführer über Sizilien (Artemis & Winkler), die Provence und Côte d'Azur (Klett-Cotta Verlag) geschrieben. Im Michael Müller Verlag erschienen von ihm bereits Reiseführer über Nürnberg, Fürth und Erlangen, Paris, London, Südengland, Cornwall & Devon, Normandie, Südfrankreich, Languedoc-Roussillon, Haute-Provence sowie über die Provence und Côte d'Azur. Weitere Informationen zum Autor: www.nestmeyer.de.

Herzlichen Dank für Tipps und Briefe:

Frieder Barth, Hilde Barthelmann, Gerlinde Braun, J. Brink, Maria Büttner, Barbara Ernst, Klaus Ficht, Wolfgang Freyberg, Wilfried Gebhardt, Dr. Gert Hautsch, Anne Hawxwell, Sabine Hogräve-Heinisch, Liane Horst, Klaus Kipf, Jochen Kliebisch, Rudolf Kreisl, Silke Lehmacher, Hilka Link, Christa Locke, Sigrid Martin, Roger Monnerat, Frank Nicklas, Dr. Swen Piper, Heribert M. Reusch, Stefan Roßteuscher, Stephan Schäff, Carina Seitel, Ralf Steinbach, Guntram Vesper und Thomas Vollrath.

ISBN 978-3-89953-442-9

 Druck: Stürtz GmbH, Würzburg.

5. vollständig überarbeitete und aktualisierte Auflage 2010

FRANKEN

Ralf Nestmeyer

INHALT

Franken – Allgemeines

Franken – Reiseziele

Alles im Kasten

Kartenverzeichnis

Zeichenerklärung für die Karten und Pläne

- A 70 Autobahn
- mehrspurige Straße
- 26 Asphaltstraße
- Piste
- Wanderweg
- Bahnlinie
- Gewässer
- Grünanlage
- Berggipfel
- Höhle
- Aussichtspunkt
- Burg
- Kirche, Kapelle
- Kloster
- M Museum
- Campingplatz
- i Information
- P Parkplatz
- Telefon
- Post
- BUS Bushaltestelle
- TAXI Taxistandplatz
- Flughafen

Liebe Leserinnen und liebe Leser!

„Franken ist wie ein Zauberschrank; immer neue Schubfächer tun sich auf und zeigen bunte, glänzende Kleinodien, und das hat kein Ende. Wer Deutschlands geheimste, jungfräulichste Reize genießen will, muß nach Franken reisen", schrieb der Reiseschriftsteller Karl Immermann 1837 in sein Tagebuch. Aus diesem Zauberschrank zieht der Reisende auch heute vielfach Gewinn.

Die fränkische Kulturlandschaft zählt zweifellos zu den faszinierendsten in Deutschland. Nicht nur romantische Gemüter geraten angesichts der zahllosen Burgen und Ruinen, der barocken Schlösser und gotischen Kirchen sowie der mittelalterlichen Stadtkerne ins Schwärmen. Gerade weil Franken bis zum Ende des Heiligen Römischen Reiches deutscher Nation im Jahre 1806 ein Musterbeispiel für die deutsche Kleinstaaterei war, ist das Land zwischen Spessart, Fichtelgebirge und Altmühl so ungeheuer reich an kulturellen Hinterlassenschaften. Keineswegs aber sollte man sich nur von der Kultur einnehmen lassen und dabei die Anmut der Landschaft übersehen. Der Spessart wie auch der Steigerwald begeistern durch ihre ausgedehnten Wälder, in der Fränkischen und Hersbrucker Schweiz lassen sich wildromantische Täler entdecken, während die herben Kuppen der Rhön einen spannungsreichen Gegensatz zur lieblichen Mainlandschaft bilden.

Mit vielen praktischen Tipps und Informationen zu Sehenswürdigkeiten, Freizeitgestaltung, Natur und Geschichte will Ihnen dieses Reisehandbuch ein steter und nützlicher Begleiter auf kürzeren sowie längeren Streifzügen durch das Land der Franken sein. Die Aufteilung der Kapitel erfolgte dabei entsprechend den verschiedenen Landschaftsregionen.

Viel Spaß in Franken!

Was haben Sie entdeckt?

Da ein Reiseführer von den Zuschriften der Leser lebt, wäre es erfreulich, wenn Sie schreiben würden, falls Sie eine schöne Wanderung, ein gemütliches Wirtshaus oder einen lauschigen Biergarten entdeckt, beziehungsweise aktuelle Änderungen festgestellt haben. Ihr Tipp kommt der nächsten Auflage zugute.

Schreiben Sie bitte an:

Ralf Nestmeyer
Stichwort „Franken"
c/o Michael Müller Verlag
Gerberei 19
91054 Erlangen
E-Mail: ralf.nestmeyer@michael-mueller-verlag.de

Hotel zum Riesen
Ältestes Gasthaus Deutschlands

▲ Coburg: Schloss Riesensaal

Franken – Allgemeines

Würzburg – auf der alten Mainbrücke mit Blick auf den Kiliansdom

Franken entdecken

„Franken – es ist der freundliche Name eines freundlichen Landes ... Weit, fruchtbar und lieblich breitet es sich im Herzen von Deutschland aus, bedeckt mit den gesegnetesten Fluren, welche alles hervorbringen, was das Vaterland zu seinem edelsten industriellen und klimatischen Erzeugnissen zählt; geschmückt mit großen und berühmten Städten, durchströmt von Schiffe tragenden Flüssen, deren Ufer mit dem weichen Laub der Weinrebe bedeckt sind, durchzogen von Gebirgen, in deren Thälern die romantische Sage und der Gewerbefleiß friedlicher Menschen wohnt, und überwölbt von einem Himmel, unter welchem der Leistenwein an seinem Felsenabhange reift."

Gustav von Heeringen (1846)

Fränkische Mentalität

Drei der sieben bayerischen Regierungsbezirke befinden sich in Franken, doch München ist fern: Mittel-, Ober- und Unterfranken liegen nördlich der Donau, ja grenzen nicht einmal an den „Weißwurstäquator". Vielleicht zieht deshalb der waschechte Franke eine auf dem Rost gegrillte Bratwurst mit einer Portion „Kren" (Meerrettich) allemal einer Weißwurst mit süßem Senf vor. Man spürt es sofort: Einen Franken und einen Bayern trennen Welten. Daher wird eine Versetzung in die Landeshauptstadt geradezu als lebenslängliche Verbannung empfunden. Was will der Franke auch in diesem aufbrausenden, selbstgefälligen Klima? „Derham is derham und woanders is a ned anders", lautet sein Lebensmotto, und zudem gibt es in fränkischen Gefilden genug zum Staunen („Allmächd, na su wos"). Lieber sagt der Franke ein Wort zu wenig als eines zu viel, wie beispielsweise die Bedienung eines

Landgasthofs in der Fränkischen Schweiz, die auf die Frage, was es denn zu Essen gäbe, erwiderte: „Bevor ich Euch dees alles verzähl', bring ii halt glai' die Kard'n." Und auf die Frage, wie der Schweinebraten denn geschmeckt hat, kommt ein trockenes „deer woar ned schlecht" – was als höchster Ausdruck des Lobes und der Begeisterung zu werten ist. Dabei ist der typische Franke nicht unfreundlich, er grübelt nur auf seine fränkisch-bedächtige Art über den Sinn der Welt und den Lauf der Dinge („Ich waas etz fei net..."). Und bescheiden ist er obendrein: Seine Angebetete fragt er nicht gleich, ob sie ihn heiraten will, sondern nur, ob sie vielleicht „a weng mit ihm geh'n mechd".

Felsendorf Tüchersfeld

Wer will es dem von Natur aus wortkargen Franken verdenken, dass er hinter jeglicher Art von norddeutschem „Gelaaber" (Geplapper) schnell das Prahlen mit einer höheren Schulbildung vermutet? Selbstbewusst versteht er stets zu kontern: „Wer socht denn des?" Wenn der Franke allerdings mit einem Fernseh- oder Rundfunkmoderator konfrontiert wird, meint er, hochdeutsch sprechen zu müssen – ein zumeist hoffnungsloser Versuch, der in einem gedehnten Singsang endet. Eigensinnig beharrt jeder Franke darauf, fränkisch zu sprechen; jedoch bestehen zwischen dem Hofer, Würzburger oder Bamberger Dialekt beträchtliche Unterschiede, selbst zwischen Nürnberg und Fürth sind für das geschulte Ohr bereits erhebliche Differenzen auszumachen: Der eine läuft „mit seine Föiss", der andere „mit seine Feiß". Daher ein Tipp: Man sollte lieber kein Urteil darüber fällen, wo das originäre Fränkisch gesprochen wird – man würde sich mehr Feinde als Freunde schaffen.

Franken-Highlights

... für Freunde schöner Stadtbilder

Franken ist in erster Linie ein Land der Städte: angefangen bei den markgräflichen Residenzen Ansbach und Bayreuth über die Bischofsstädte Würzburg und Bamberg bis hin zu den ehemaligen Reichsstädten, allen voran Nürnberg, Schweinfurt, Rothenburg ob der Tauber und Dinkelsbühl. Es nimmt zumeist mehrere Stunden, wenn nicht gar Tage in Anspruch, jede einzelne Stadt bis in den letzten Winkel hinein zu erkunden. Neben diesen „Perlen" lohnt jedoch eine Vielzahl kleiner und unbekannterer Ortschaften einen Besuch. Im mittelfränkischen Wolframs-Eschenbach, im oberfränkischen Seßlach sowie im unterfränkischen Prichsenstadt könnte man denken, die Zeit sei stehen geblieben. Jedes der drei mauerbewehrten Städtchen ist ein Rothenburg en miniature, nur geht es ruhiger, beschaulicher zu. In einem Atemzug mit diesen dreien müssen auch Eibelstadt, Sommerhausen und Frickenhausen, die „wehrhaften Zwerge" am Main, genannt werden. Fachwerkidyllen lassen sich in Miltenberg und Kronach bewundern; wer sich für den Unterschied zwischen einer mittelalterlichen und einer barocken Planstadt interessiert, sollte Karlstadt mit Erlangen vergleichen. Ein barockes Kleinod besonderer Art ist Ellingen, die ehemalige Residenz des Deutschen Ordens.

… für Liebhaber von Schlössern und Burgen

Ein Fürst braucht bekanntlich mindestens ein repräsentatives Schloss, und da es in Franken viele Fürsten gab, wurden auch viele Schlösser gebaut. An erster Stelle stehen die Würzburger Residenz mit Balthasar Neumanns grandiosem Treppenhaus und die Neue Residenz in Bamberg, dicht gefolgt von den markgräflichen Schlössern in Ansbach und Bayreuth. Die Aschaffenburger Johannisburg diente sogar als Vorbild für den repräsentativen Schlossbau in Deutschland. Nicht zu vergessen: das Schönbornschloss Weißenstein bei Pommersfelden und Mespelbrunn, das fränkische Märchenschloss schlechthin. Weniger die Schlösschen als vielmehr die zugehörigen Gartenanlagen faszinieren in Veitshöchheim und im Aschaffenburger Park Schönbusch. Zu gefallen wissen selbstverständlich auch die Bayreuther Eremitage und Schloss Seehof in Memmelsdorf bei Bamberg. Liebhaber alter Burgen haben die Qual der Wahl: Es sind nämlich so viele, dass man den Eindruck bekommen kann, es gäbe in Franken keinen markanten Bergkegel, den keine Burganlage ziert. Zu nennen sind die pittoresk auf einem Felssporn thronenden Burgen und Ruinen in der Fränkischen Schweiz oder gewaltige mittelalterliche Anlagen wie die Veste Coburg, die Nürnberger Kaiserburg, die Kulmbacher Plassenburg und die Festung

Der „Schöne Hof" auf der Kulmbacher Plassenburg

Marienberg in Würzburg. Gut erhaltene Kirchenburgen gilt es in Ostheim vor der Rhön und in Mönchsondheim zu bestaunen.

... für kunstgeschichtlich Interessierte

Das Mittellalter ist im Web 2.0

Die fränkischen Kulturschätze hatten es nicht leicht, an ihrem angestammten Platz zu verbleiben. Allzu herausragende Zeugnisse wurden in der Vergangenheit gern nach München in die bayerische Landeshauptstadt „entführt". Dennoch gebührt dem Germanischen Nationalmuseum in Nürnberg nicht nur der erste Platz in Franken, sondern in ganz Deutschland. Es ist schier unvorstellbar, welche Mengen an Kunstschätzen dort zusammengetragen worden sind. Das Mainfränkische Museum in Würzburg leistet ähnliches in kleinerem Rahmen. Sehr reichhaltig sind auch die Bestände der Kunstsammlungen auf der Veste Coburg. Die Fränkischen Freilandmuseen in Bad Windsheim und Fladungen halten die Erinnerung an die bäuerlichen Traditionen wach. Jenseits der Museumspforten bergen die Kirchen zahllose Schätze, so besitzen viele mainfränkische Gotteshäuser das eine oder andere Werk von Tilman Riemenschneider, dem „Bildschnitzer aus Würzburg". Wer sich für Kirchen interessiert, wird am Bamberger Dom ebenso wenig vorbeikommen wie an Balthasar Neumanns Wallfahrtskirche Vierzehnheiligen. Ganz Franken war einst mit einem dichten Netz von Klöstern überzogen, allerdings bereiteten Reformation und Säkularisation vielen Abteien ein Ende. Herausragend ist sicherlich das ehemalige Zisterzienserkloster in Ebrach, doch sollte man auch weniger bedeutende Gründungen in Augenschein nehmen, beispielsweise die Kartausen des ehemaligen Kartäuserklosters Tückelhausen, die heute von Privatpersonen bewohnt werden. Für Liebhaber moderner Kunst gibt es zwei neue Attraktionen: das Neue Museum Nürnberg mit dem Schwerpunktthema Design des 20. Jahrhunderts und den Neubau des Museums Georg Schäfer in Schweinfurt, in dem die weltweit umfangreichste Privatsammlung deutscher Malerei des 19. und frühen 20. Jahrhunderts präsentiert wird.

Tipp: Kunstfreunde können sonntags alle staatlichen Museen Bayerns kostenlos besuchen! Allerdings nicht die Sonderausstellungen!

... nicht nur für Geschichtsfreaks

Im südlichen Teil Frankens haben sich noch die Reste der „Teufelsmauer" – so nannten die Einheimischen einst den Limes – und mehrerer römischer Kastelle erhalten. Am eindrucksvollsten wird die römische Vergangenheit in Weißenburg lebendig, dort hat man ein Thermalbad ausgegraben und gleich nebenan einen überaus bedeutenden Römerschatz entdeckt. In der Nähe von Treuchtlingen hat *Karl der Große* mit seiner *Fossa Carolina* als Erster den Versuch unternommen, den Main mit der Donau zu verbinden. Die Reste eines weiteren unvollendeten Mammutprojektes erheben sich auf dem ehemaligen Reichsparteitagsgelände in Nürnberg. In ihrem Größenwahn errichteten die Nationalsozialisten im Südosten der Stadt ihre schon seit langem bröckelnden „Kulissen der Gewalt".

... für Landschafts- und Naturgenießer

Trotz der vielen Städte und Dörfer ist Franken ein dünn besiedeltes Land, die rauen Kuppen der Rhön und die Höhen des Fichtelgebirges sind ebenso wie die dichten Wälder des Spessarts und des Steigerwaldes von menschlicher Besiedlung weitgehend verschont geblieben. Insgesamt neun Naturparks und das Biosphärenreservat der Rhön sorgen dafür, dass auch Natur- und Wanderfreunde auf ihre Kosten kommen. Ein besonderer Leckerbissen ist das Schwarze Moor in der Hohen Rhön, denn es handelt sich hierbei um eines der seltenen, noch intakten Hochmoore in Europa. Da Franken nicht gerade mit großen natürlichen Seen gesegnet und trotz des Mains ein eher wasserarmes Gebiet ist, wurden erst in jüngerer Vergangenheit drei große Stauseen angelegt. Mit dem „Neuen Fränkischen Seenland" konnte einerseits ein Wasserreservoir und andererseits eine attraktive Ferienregion geschaffen werden.

Geographie und Geologie

Da das heutige Franken als politisches Gebilde entstanden ist, lässt es sich geographisch nicht eindeutig von seinen Nachbarregionen abgrenzen. Im Nordwesten befinden sich mit Rhön, Spessart und Odenwald Landschaften, die nicht vollständig und im Fall des Odenwaldes nur mit einer Ecke nach Franken hereinragen. Während die Rhön mit ihren Basalt- und Phonolithkuppen infolge einer ausgeprägten Vulkantätigkeit in der Tertiärzeit entstanden ist, gehören die ausgedehnten Waldgebiete des Spessarts und des Odenwaldes zur Mitteldeutschen Kristallinschiene, die im Hochspessart von Buntsandstein bedeckt wird. Die Grundgebirgslandschaften Frankenwald und Fichtelgebirge, die sich durch ihr raues Klima und viel Niederschlag auszeichnen, entstanden im Karbon und schließen Franken im Nordosten ab, wobei dem Fichtelgebirge mit seinen verwitterten Höhenzügen eine große Bedeutung als zentrale europäische Wasserscheide zukommt: Der Weiße Main fließt zum Rhein, Saale und Eger zur Elbe, während die Naab der Donau zustrebt. Der höchste Berg des Fichtelgebirges ist der Schneeberg, der mit 1051 Metern zugleich der höchste Berg Frankens ist. Der größte Teil Frankens gehört zum Süddeutschen Schichtstufenland. Die Muschelkalkformation an Main und Tauber bildet den Auftakt zum Fränkischen Stufenland, einer in Treppenform nach Südosten geneigten Landschaft mit mächtigen, unterschiedlich harten Gesteinsschichten, die sich im Osten zum Mittelfränkischen Becken mit seinen sandigen Böden hin abflachen.

Gewissermaßen in der geographischen Mitte Frankens liegt der Steigerwald, ein welliges Keuperbergland, an das sich im Süden, von der Windsheimer Bucht getrennt, die Frankenhöhe anschließt; letztere ist ein Teil der europäischen Wasserscheide: Während die Tauber in den Main und damit zum Rhein und zur Nordsee fließt, strebt die Wörnitz zielbewusst nach Süden der Donau zu. Der Kamm der Jurakalkschichten der Fränkischen und Schwäbischen Alb zieht sich am östlichen Rand Frankens entlang.

Besonders die Fränkische Schweiz erhielt ihr charakteristisches Gepräge durch die steil aufragenden Kalkfelsen, die der Erosion bis heute trotzen konnten. An die Fränkische Alb schmiegt sich noch ein vergleichsweise schmaler Streifen des sog. Bruchschollenlandes. Hier in der Gegend von Bayreuth und Kulmbach kam es in der Tertiärzeit zu starken Hebungsbewegungen, in deren Folge unterschiedlich alte Gesteinsschichten nebeneinander geschoben wurden.

Frankens Kultberg: Walberla

Geschichte

Frühgeschichte und Römerzeit

Die ersten Spuren menschlicher Besiedlung in Franken reichen bis in die Altsteinzeit zurück, doch erst für den bronzezeitlichen Menschen lassen sich anhand zahlreicher Grabfunde genauere Aussagen treffen. Am meisten weiß man von den **Kelten**. Bereits der Vater der Geschichtsschreibung, der Grieche *Herodot*, berichtete im 5. Jahrhundert vor unserer Zeitrechnung, dass der Westen Europas von den Kelten bewohnt sei, in deren Land auch die Donau entspringe. Das Siedlungsgebiet der Kelten reichte zu Herodots Zeiten von Spanien bis nach Ungarn und von Oberitalien bis nach Thüringen. Auch in Franken errichtete das indogermanische Volk mächtige Ringwälle, wie sie beispielsweise die Gelbe Bürg (bei Dittenheim), der Hesselberg (bei Wassertrüdingen), die Houbirg (bei Hersbruck), der Staffelberg (bei Lichtenfels) oder das Walberla (bei Forchheim) aufweisen. An verschiedenen Orten konnten auch Reste keltischer Grabstätten und Kultplätze ausgemacht werden.

Vor rund 2000 Jahren wurden die Kelten von zwei Gegnern verdrängt, denen sie nicht gewachsen waren: Es handelte sich um die **Germanen** und die **Römer**; aber nur die Letzteren haben deutliche Spuren hinterlassen. Der größte Teil des heutigen Frankens lag jedoch nördlich des Limes; nur der äußerste Süden, die Gegend um Gunzenhausen und Weißenburg, gehörte zur römischen Provinz Raetien. Die ehemalige Garnisonsstadt Weißenburg beherbergt heute neben den Resten eines Kastells noch ein hervorragend restauriertes Römerbad. Gleich nebenan in Ellingen sind die Grundmauern eines weiteren Römerkastells und Spuren des Limes zu bewundern. Zwar wurde im fränkischen Weißenburg 1979 ein sagenhafter Römerschatz gefunden, der als einzigartig in ganz Süddeutschland gilt, doch ansonsten sind die von Archäologen (oder per Zufall) entdeckten Überreste römischer Kultur nicht gerade üppig. Für eine Sensation sorgte 1985 die Entdeckung eines riesigen Legionslagers auf dem Kapellenberg bei Marktbreit, womit nachgewiesen werden konnte, dass sich die Römer in augusteischer Zeit, also vor rund zwei Jahrtausenden, sogar kurzfristig am Ufer des Main niedergelassen hatten, in der Hoffnung, diesen als Wasserweg dauerhaft nutzen zu können. Insgesamt dauerte die römische Episode in Franken jedoch nicht einmal 200 Jahre, da die Römer ab dem 2. Jahrhundert unserer Zeitrechnung dem immer stärker werdenden Druck der Germanen nicht standhalten konnten und sich ins heutige Südbayern zurückziehen mussten. Im Jahre 212 überrannten die Germanen den Limes und zerstörten ein römisches *castellum* beim heutigen Gunzenhausen.

Die Franken in Franken

Das Gebiet, das wir heute als Franken bezeichnen, war um das Jahr 500 eine waldreiche, von den **Alamannen** und **Thüringern** nicht allzu dicht besiedelte Landschaft. Teile Oberfrankens standen unter slawischem Einfluss, wie Archäologen anhand von Grabinventaren feststellen konnten. Im 6. Jahrhundert breiteten sich die **Franken**, die ursprünglich am Nieder- und Mittelrhein beheimatet waren, planmäßig nach Osten aus; die Merowingerkönige besetzten das Alamannenreich und zerschlugen 531 unter Theuderich das Thüringerreich. Nur vereinzelt ließen sich fränkische Siedler und königliche Verwalter in den eroberten Gebieten nieder und brachten ihre Kultur mit: Am Rande der damals neu gegründeten Siedlungen entstanden großflächige Reihengräber, in denen man den Toten Schwert, Lanze und Streitaxt zur Seite legte. Die Namen dieser Ansiedlungen endeten bevorzugt auf „-heim", so das mittelfränkische Westheim. Ortsnamen, die auf „-feld" gebildet werden – beispielsweise Grabfeld oder Wernfeld –, weisen dagegen auf thüringische Gründungen hin.

Ende des 7. Jahrhunderts begann eine intensive Christianisierung der mainfränkischen Region durch irische Missionare. Um 680 kam, in Begleitung seiner Gefährten Kolonat und Totnan, der später heilig gesprochene *Kilian* von der Grünen Insel an den Main. Es gelang ihm, Herzog Gosbert zum **Christentum** zu bekehren. Als Kilian jedoch von Gosbert verlangte, er solle sich von seiner Frau Gailana trennen, weil diese in erster Ehe mit seinem Bruder verheiratet war, ließ Gailana den ehelichen Störenfried und seine beiden Begleiter kurzerhand töten. Franken hatte seine ersten Märtyrer! Der christliche Glaube breitete sich schnell aus: Mit dem um 742 von *Bonifatius* gegründeten Bistum Würzburg erhielt die dem fränkischen Reich neu hinzugewonnene Region einen ersten kirchlichen und kulturellen Mittelpunkt; entlang der Regnitz und im Ansbacher Raum entstanden weitere Königshöfe und Siedlungen zur besseren Kontrolle. Damals vollzog sich nach und nach unter dem verbliebenen keltischen, germanischen und slawischen Bevölkerungsgemisch ein Assimilationsprozess. Erst jetzt wurde das Land ein vollwertiger Teil des fränkischen Herrschaftsraumes und auch als solcher verstanden: *Karl der Große* sah die Königsprovinz *Francia orientalis* (Ostfranken) als Vorposten seiner kaiserlichen

Römerkastell Sablonetum bei Ellingen

Macht gegen die Slawen am Obermain und die stets aufmüpfigen Bayern im Süden. Die fränkische Landschaft weist noch ein Zeugnis der Integration in das **Karolingerreich** auf: Bei Graben, nördlich von Treuchtlingen, sind die Reste eines imponierenden Kanalprojektes zu erkennen. Karl der Große scheiterte hier 793 an dem kühnen Unterfangen, die Rezat mit der Altmühl und damit den Main mit der Donau zu verbinden.

Nach dem Zerfall des Karolingerreiches gewannen in Bayern, Sachsen und Schwaben neue Stammesgewalten an Bedeutung; in Franken rangen zwei mächtige Geschlechter, die hessischen **Konradiner** und die mainländischen **Babenberger**, erbittert und letztlich vergeblich um die fränkische Herzogswürde. Als das Heilige Römische Reich dann im 10. Jahrhundert unter den ersten sächsischen Königen Gestalt annahm, war das herzoglose Ostfranken ein ausgesprochenes Königsland geworden.

Hoch- und Spätmittelalter

Durch seine Stellung als Land der Mitte war Franken für die deutschen Herrscher von Otto I. bis zu Heinrich IV. von besonderer Bedeutung, um sich neben und über den Herzogtümern zu behaupten. Mit Vorliebe hielten die staufischen und salischen Könige deswegen hier ihre Hof- und Reichstage ab. Weite Teile Frankens wurden im 11. Jahrhundert den königlichen Dienstmännern, sog. „Reichsministerialen“, anvertraut; sie waren nur dem König gegenüber zu Treue und Gehorsam verpflichtet und sicherten die königliche Herrschaft ab. Auf der anderen Seite standen die mächtigen fränkischen Bischöfe, vor allem die von Würzburg und Bamberg, später auch der Bischof von Eichstätt; sie lösten sich allmählich von der politischen und weltlichen Verflechtung der **Ottonenzeit**. Von den asketischen Idealen der Zisterzienser im wesentlichen noch unberührt, versuchten sie ihre kirchlichen und weltlichen Belange und Machtmittel, ihr grundherrschaftliches Gebiet, ihre nach und nach erworbenen Hoheitsrechte zu erhalten und zu mehren: durch Rodungen, Burgenbau, Städtegründungen, durch Erweiterungen ihrer Privilegien und Schenkungen. Der Würzburger Bischof durfte seit 1168 seinen Herrschaftsanspruch sogar mit dem Titel eines „Herzogs von Ostfranken" schmücken, doch blieb seine Macht faktisch auf die Grenzen seines Hochstifts begrenzt. Die **Salier** traten dieser geistlichen Machtfülle entgegen, indem sie geschickt an der Grenze zwischen den Bistümern Bamberg und Eichstätt ihre königlichen Güter in Franken auf- und ausbauten: In der aus strategischen wie aus politischen Gründen günstigen Gründung Nürnbergs manifestierte sich das kaiserliche Machtstreben. Die alsbald zur Stadt erhobene Ansiedlung mit ihrer mächtigen Burg wurde zum Mittelpunkt des **Stauferterritoriums** in Franken. Durch weitere Stadterhebungen wie denjenigen von Rothenburg, Feuchtwangen, Ansbach, Schweinfurt und Dinkelsbühl sicherte die Krone ihre neu gewonnene Macht weiter ab.

Mit dem Tod Friedrichs II. (1250) und dem Ende der staufischen Herrschaft in Franken begann eine intensive Rodungstätigkeit, lebhaft getrieben von dem Bestreben, neuen Kulturboden zu gewinnen und die eigene Macht zu mehren. In den nächsten hundert Jahren wurden weite Teile Frankens urbar gemacht und zahlreiche kleinere Märkte auf Betreiben der Bischöfe, Fürsten, Grafen und anderer Territorialherren zu Städten erhoben. Allerdings gelang es nur den wenigsten Landesherren, ihr Territorium auszubauen. Erfolgreich waren die *Grafen von Hohenlohe* und die *Grafen von Henneberg*, die sich nördlich von Würzburg ausbreiteten, sowie die in der Fränkischen Schweiz reichbegüterten *Edelherren von Schlüsselberg*. Konrad, dem letzten Schlüsselberger, wurden allerdings 1347 von den vereinigten Kräften der Bischöfe von Bamberg und Würzburg sowie den Nürnberger Burggrafen die Grenzen seiner Macht aufgezeigt. Er starb während der Belagerung seiner Burg Neideck, von einem geschleuderten Stein tödlich getroffen; seine Güter wurden aufgeteilt. Den Nürnberger Burggrafen war es vergönnt, die politischen Machtverhältnisse in Franken am nachhaltigsten zu verändern.

Karlsgraben – gescheitertes Mammutprojekt

Die Nürnberger Burggrafen – das mächtigste fränkische Adelsgeschlecht

Mit Friedrich von Zollern, der im Jahre 1192 durch Heirat das Amt des Burggrafen von Nürnberg erbte, begann ihr Aufstieg. Gestützt auf ein mächtiges Hausgut, durch Erbschaft und kluges Wirtschaften stetig vermehrt, avancierten die Nürnberger Burggrafen nicht nur zum mächtigsten unter den fränkischen Adelsgeschlechtern, sondern neben den Würzburger und Bamberger Bischöfen, mit denen sie um die Vorherrschaft kämpften, zur dritten Macht in Franken. In nicht einmal zwei Jahrhunderten wurde das burggräfliche Territorium um Colmberg, Wassertrüdingen, Gunzenhausen, Ansbach, Roth, Schwabach, Feuchtwangen, die Herrschaft Bayreuth, Plassenburg-Kulmbach, Wunsiedel, Selb und Hof erweitert. Die herausragende Machtstellung der Nürnberger Burggrafen erreichte 1417 einen ersten Höhepunkt, als *Burggraf Friedrich VI.* mit der Markgrafschaft Brandenburg belehnt wurde und dadurch kurfürstliche Würden erlangte. In den beiden sog. Markgrafenkriegen von 1449/50 und 1552 rangen die Zollern mit der Reichsstadt Nürnberg und den Bischöfen von Würzburg und Bamberg um die politische Vormachtstellung in Franken. Es blieb ihnen jedoch versagt, *die* Herren von Franken zu sein.

Übrigens: Aus der Markgrafenschaft Brandenburg ging 1701 das Königreich Preußen und 1871 das Zweite Deutsche Kaiserreich hervor. Der letzte deutsche Kaiser, *Wilhelm II.*, war somit ein Nachfahre der Nürnberger Burggrafen und führte diesen Titel neben unzähligen anderen.

Seit dem **Spätmittelalter** erwuchs den weltlichen und geistlichen Fürstentümern in den nach Freiheit und Autonomie strebenden Städten eine ernst zu nehmende Konkurrenz; ihre wirtschaftliche Bedeutung war enorm. Besonders hervorzuheben ist Nürnberg, das im Jahre 1219 von Friedrich II. zur Reichsstadt erhoben wurde; Rothenburg, Windsheim, Weißenburg, Dinkelsbühl und Schweinfurt folgten nach und wurden ebenfalls reichsunmittelbar. Die Bürger dieser Städte hatten einen besonderen rechtlichen Status, verbunden mit zahlreichen Privilegien, da sie nur noch dem Kaiser untertan waren. Im Gegenzug zog der Kaiser beträchtliche finanzielle Vorteile aus dieser Verbindung. Der kaiserliche Geldbedarf konnte aber auch unangenehme Folgen mit sich bringen: Durch Verpfändung wurden Reichsstädte wie Feuchtwangen, Aufkirchen und Lenkersheim zu gewöhnlichen Landstädten herabgedrückt. Selbst Rothenburg, Dinkelsbühl, Schweinfurt, Weißenburg und Windsheim blieb dieses Schicksal nicht erspart, doch gelang es dem Patriziat und den Bürgern, ihre Städte durch enorme Geldmittel selbst auszulösen und die Zusicherung künftiger Unverpfändbarkeit zu erwerben. Angesichts der exponierten rechtlichen Stellung einer Reichsstadt und dem darauf basierenden bürgerlichen Wohlstand, nimmt es nicht wunder, dass die Bürger von Würzburg und Bamberg mehrfach – auch mit Waffengewalt – vergeblich versucht haben, sich ihres bischöflichen Stadtherrn zu entledigen. Als weithin sichtbares äußeres Zeichen für die Bedeutung des Bürgertums zeugen bis heute die gotischen Gotteshäuser in den Reichsstädten: St. Sebald und St. Lorenz in Nürnberg, St. Georg in Dinkelsbühl sowie die Rothenburger Jakobskirche sind steinerne Denkmale für das erstarkte bürgerliche Selbstbewusstsein, das außerdem in den Rathausbauten zum Ausdruck kam.

Zu Beginn des 16. Jahrhunderts war die Territorienbildung in Franken abgeschlossen und damit auch die Zersplitterung in zahlreiche kleine Machtzentren festgeschrieben. Bedingt durch diese Expansionsbestrebungen bestimmten die Konflikte zwischen den Fürsten und Reichsrittern, zwischen geistlichen und weltlichen Herrschern die Tagesordnung. Die letzten großen Veränderungen entstanden durch den Landshuter Erbfolgekrieg (1503–1505); dieser brachte vor allem der Reichsstadt Nürnberg im Süden und Osten ihres Territoriums einen erheblichen Gebietszuwachs. Durch die von *Kaiser Maximilian I.* betriebene Einteilung des Heiligen Römischen Reiches deutscher Nation in zehn Kreise entstand in jenen Jahren mit dem **Fränkischen Reichskreis** ein lose zusammengehöriges politisches Gebilde zur gemeinsamen Interessenwahrung, das bis zum Ende des Alten Reiches fortbestehen sollte und mit leichten Abweichungen (Coburg, Dinkelsbühl und die Gegend um Aschaffenburg gehörten nicht dazu) bis heute die fränkische Kernlandschaft beschreibt. Der Fränkische Reichskreis setzte sich aus je einer Bank für die geistlichen und weltlichen Fürsten, Reichsgrafen und Reichsstädte zusammen, wobei der Bamberger Bischof als Kreisdirektor und die Zollern als Kreisoberst fungierten. Um sich gegen Übergriffe der größeren Territorialherren besser behaupten zu können, schlossen sich auch in Franken die Ritter zu einem Ritterkanton zusammen. Erst die bayerische Krone gliederte zu Beginn des 19. Jahrhunderts die politische Vielfalt Frankens in einheitliche Verwaltungsbezirke, die in den Regierungsbezirken Ober-, Mittel- und Unterfranken bis heute fortbestehen.

Kaiser Maximilian I.

Reformation und Bauernkrieg

Die Mannigfaltigkeit der fränkischen Kulturlandschaft mit ihren imposanten Domen und Kirchen, ihren mauerbewehrten Städten und mächtigen Burgen ist eben jener Vielfalt der Herrschaftsbildungen, jenem beständigen Kampf um Selbstbehauptung der Fürsten und Stände zu verdanken. Im Zeitalter der Glaubenskriege und der bäuerlichen Unruhen wurde allerdings ein großer Teil der historischen Bausubstanz niedergebrannt und ging dabei für immer verloren. Symbolhaft wurde der Bauernkrieg als „Flächenbrand“ beschrieben. Der Bauernkrieg war dennoch nicht das „größte Naturereignis des deutschen Staates“, wie ihn Leopold von Ranke einmal bezeichnet hat, und er ist auch nicht die Bestätigung der „revolutionären Tradition“ des deutschen Volkes (Friedrich Engels); die Unruhen von 1525 haben eine jahrzehntelange Vorgeschichte. Sie sind eng verbunden mit dem Streben nach religiöser Erneuerung und dem Wunsch nach mehr sozialer Gerechtigkeit. Innerhalb weniger Jahre entluden sich die kirchlichen, sozialen und politischen Missstände in einem offenen Aufruhr des niederen Adels und der Bauernschaft; die Unzufriedenheit mit der herrschenden Kirche führte nach 1517 – dem Jahr der Verkündung von Luthers 95 Thesen – zu erheblichen gesellschaftlichen und politischen Veränderungen in Franken.

Ein Wandel im Denken und Glauben kündet sich in jeder Epoche stets an, und so hatten auch der Bauernkrieg und die Reformation ihre Vorboten. Schon 1476 brachte ein gewisser *Hans Böhm*, besser bekannt als „der Pfeifer von Niklashausen", in seinen Predigten viele der künftigen Konflikte zur Sprache. Er verlangte eine erhebliche Beschneidung der geistlichen Pfründe und forderte die Fürsten, Grafen und Ritter auf, für einen Tagelohn zu arbeiten. Beeinflusst von den Lehren des tschechischen Reformators Johann Hus, der von der Kirche 1415 während des Konstanzer Konzils als „Ketzer" auf dem Scheiterhaufen hingerichtet worden war, verkündete Böhm ein künftiges Gottesreich auf Erden und zog die Menschen scharenweise an. Zuletzt versammelten sich bis zu 40.000 Zuhörer bei seinen Predigten. Verständlich, dass es mit ihm ein böses Ende nehmen musste ...

Auszug aus der Würzburger Ratschronik von 1476

„Es ist auch zu derselben Zeit auferstanden eine große Wallfahrt in dem Taubertal in einem Dorf, genannt Niklashausen, durch einen ungelehrten Laien und andere sein Gesellschaft, dergleichen zuvor nie gehört oder geschehen, zu Lob und Ehre der hoch gelobten Jungfrau Maria angefangen, und nahm doch einen bösen Ausgang. Dieselbe Person war gefangen von würzburgerischen Reitern auf Befehl des Bischofs, und es war ein großer Aufruhr unter dem Volke, aus mancherlei Landen gesammelt, und sie kamen auf Sonntag Margaretae früh vor Würzburg, die oben genannte Person zu entledigen mit Gewalt, denn sie hielten ihn für eine heilige Person; sie sangen das Kreuzlied. Da wurden der Völker viel erschlagen und erstochen, auch gefangen, und die Person, dadurch die Wallfahrt angefangen, ward als Ketzer verbrannt. Item die obgedachte Wallfahrt währete zwölf ganze Wochen."

Im Frühjahr 1525 begann der Aufruhr der Bauern im Territorium der Reichsstadt Rothenburg; nach drei Tagen traten auch die Handwerkszünfte der Stadt gegen die Patrizier an und entmachteten den Rat. Der Konflikt, der hauptsächlich von der mittleren und wohlhabenden Bauernschicht getragen wurde, entlud sich in Franken ungleich schärfer als in Schwaben, die Hoffnung auf einen gütlichen Ausgang war gering. Eine Zerstörungswelle ungeahnten Ausmaßes ergoss sich über das Land; allein in Mainfranken sanken in wenigen Wochen rund 200 Burgen und 50 Klöster in Schutt und Asche. Ganz Würzburg war in der Hand der Aufständischen, nur an der Festung Marienberg, der letzten bischöflichen Bastion, scheiterten die 20.000 bäuerlichen Belagerer. Doch bereits am 7. Juni 1525, nur wenige Tage nachdem 5.000 Bauern bei Sulzdorf tot auf dem Schlachtfeld zurückgeblieben waren, endete der Bauernkrieg in Franken. Die alte staatliche Obrigkeit hatte das Heft wieder fest in der Hand, die schlecht geführten Bauernheere waren geschlagen worden. Die Lage der Landleute hatte sich nicht verbessert, im Gegenteil: Brandschatzungen und Rechtsverschlechterungen drückten das Niveau des bäuerlichen Lebens.

Zweifellos war aber die **Reformation** jenes Ereignis, das die Geschichte der Frühen Neuzeit am nachhaltigsten verändert hat. In Franken fiel die neue Lehre auf fruchtbaren Boden und wurde schon früh begeistert aufgenommen. Selbst die Bischöfe von Würzburg und Bamberg begrüßten anfänglich *Luthers* Vorgehen gegen Rom und die päpstlichen Finanzforderungen. Als erste Reichsstadt öffnete Windsheim 1521 der lutherischen Reformation die Tore. Als sich Nürnberg, wo der wortgewaltige *Andreas Osiander* die neue Lehre von der Kanzel verkündete, 1522/23 anschloss, folgte die stets auf Nürnberg blickende Reichsstadt Weißenburg nach. Rothenburg führte das Luthertum 1538 ein, Schweinfurt 1542. In den Markgrafenschaften lenkte der reformatorisch gesinnte Georg, der bald den Beinamen „der Fromme“ erhalten sollte, seit 1527 die Geschicke und führte seine Ansbacher und Bayreuther Untertanen der lutherischen Lehre zu. Von den 300 Geistlichen der Markgrafenschaften bekannten sich bis auf 80 alle zur neuen Ordnung. Der Übertritt zum neuen Glauben vollzog sich überall in Franken in geordneten Bahnen, Bilderstürmerei fand nicht statt: Noch heute hängt ein Ewiges Licht in der Nürnberger Sebalduskirche. Selbst Marienwallfahrten wurden noch zu evangelischen Landkirchen unternommen, in Veitsbronn bei Herzogenaurach sogar bis heute. Einzig die Säkularisation des Kirchengutes wurde emsig betrieben, hatte man doch nun für die Besoldung der Pfarrer aufzukommen. In wenigen Jahrzehnten war Franken zum Kernland der Reformation geworden, doch ließ die katholische Erneuerung nicht lange auf sich warten.

Im letzten Viertel des 16. Jahrhunderts begann unter der Federführung des Würzburger Fürstbischofs *Julius Echter* von Mespelbrunn, der 44 Jahre lang die Geschicke des Hochstifts leitete, der Katholizismus wieder verstärkt an Elan zu gewinnen. Ein neues katholisches Weltbild und eine durch die Beschlüsse des Konzils von Trient gefestigte Überzeugung kehrten nicht nur mit der Gewalt des Wortes in die Kirchen Mainfrankens zurück. Julius Echter entwickelte, politisch sehr geschickt agierend, eine ungeheure gegenreformatorische Dynamik mit dem Ziel, das Luthertum innerhalb seines Hochstiftes zu vernichten. Während die lutherischen Kreisstände auf das geschriebene und gesungene Wort Gottes setzten, rechtfertigte Julius Echter die dogmatischen Vorstellungen des katholischen Glaubens durch ein geschicktes Zusammenspiel von Bild, Ton und Architektur als diesseitige Entfaltung des transzendenten Gottes. Überall im Würzburger Hochstift ließ er die Kirchen wiederherstellen und gab ihnen vielfach die seither als typische Kennzeichen für das Würzburger Land angesehenen spitzen Türme und schwarzen Kirchendächer, die einem Fremden schon von weitem verrieten: Hier ist Echters Land. Die **Gegenreformation** griff behutsam, aber unaufhaltsam auf andere katholische Teile Frankens über. Noch um das Jahr 1600 lebten in der

Julius Echter von Mespelbrunn

geistlichen Residenzstadt Bamberg die beiden Konfessionen einträchtig nebeneinander. Dies hatte 1609 mit Beginn der Amtszeit des Bamberger und Würzburger Fürstbischofs *Johann Gottfried von Aschhausen* ein Ende. Wer sich weiterhin zum Luthertum bekannte, wurde rigoros des Bamberger Bistums verwiesen. Die konfessionelle Grenzziehung in Franken war damit weitestgehend festgeschrieben.

Hexenwahn in Franken

Seitdem 1419 der Begriff „Hexe" erstmals in einem deutschsprachigen Gerichtstext aufgetaucht war, nahm deren Verfolgung im Abendland heute kaum mehr nachvollziehbare Dimensionen an. Alles was an abergläubischen und dämonischen Vorstellungen in den Köpfen der Bevölkerung und der Gelehrten herumspukte, wurde unter Teufels- und Hexenglauben subsumiert. Da man eine ganze dämonische Verschwörung fürchtete, richteten sich die Hexenverfolgungen im Prinzip nicht gegen Einzelpersonen, sondern gegen alle Mitverschworenen. Eine kleine Denunziation genügte, und die Inquisition nahm ihren Lauf. Unter Folterqualen wurden die Angeklagten gezwungen, ihre Verbündeten zu denunzieren. Leugnen galt als Zeichen der teuflischen Besessenheit.

Die vermutlich größtangelegte deutsche Hexenverfolgung, vielleicht sogar die größte überhaupt, fand in den Jahren 1626–1630 in den fränkischen Hochstiften statt. In Würzburg begannen die Hexenprozesse mit der Regierungszeit Julius Echters, wurden von Johann Gottfried von Aschhausen fortgesetzt und erreichten ihren Höhepunkt während der Regentschaft *Philipp Adolfs von Ehrenburg* (1623–1631), der mehr als 900 „Hexenleut" hinrichten ließ. In Bamberg sorgte Bischof *Johann Georg II. Fuchs von Dornheim* (1623–1633) mit frenetischem Eifer dafür, dass die Scheiterhaufen nicht erkalteten. Selbst ein geachtetes Amt bot dem Inhaber keinen Schutz: Fünf Bürgermeister wurden nacheinander hingerichtet. Johannes Junius, der letzte dieser Kette, schrieb nach zahlreichen grausamen Folterungen 1628 mit zitternder Hand einen Abschiedsbrief an seine Tochter: „hertzliebe dochter Veronica. Vnschuldig bin ich in das gefengnis kommen, vnschuldig bin ich gemarttert worden, vnschuldig muss ich sterben. Denn wer in das Haus kommt, der muss ein Drudner werden oder wird solange gemarttert, biss er etwas auß seinem Kopff erdachte weiß ..."

Erst der Einfall der Schweden in die Stadt zwang den „Hexenbrenner" Fuchs von Dornheim, 1632 aus seinem Hochstift zu fliehen. Die Bamberger Scheiterhaufen erloschen, der grausame Spuk hatte ein Ende gefunden.

Das Zeitalter der Reformation erwies sich auch in künstlerischer Hinsicht als eine sehr fruchtbare Epoche für Franken. In Nürnberg lebten und arbeiteten damals neben dem wohl bedeutendsten deutschen Maler Albrecht Dürer, mit Peter Vischer, Veit Stoß und Adam Kraft, zahlreiche Künstler von europäischem Rang. Des Weiteren dürfen der aus Kronach gebürtige Lucas Cranach d. Ä., Matthias Grünewald und Tilman Riemenschneider nicht unerwähnt bleiben; sie alle haben die deutsche Kunst maßgeblich beeinflusst. Von den künstlerischen Leistungen der Gegenreformation wird später noch die Rede sein.

Vom Dreißigjährigen Krieg bis zum Ende des Alten Reichs

Im Dreißigjährigen Krieg lebte sogar der Name eines Herzogtums Franken wieder auf: Nachdem der schwedische König *Gustav Adolf* 1631 die Veste auf dem Marienberg erobert hatte, wurden die Hochstifte Würzburg und Bamberg kurzfristig zum Herzogtum Franken zusammengefasst und Bernhard von Weimar, einem Verbündeten Gustav Adolfs, zugesprochen. Obwohl Franken – sieht man einmal von der taktischen Defensivschlacht zwischen Wallenstein und Gustav Adolf an der Alten Veste bei Nürnberg ab – nicht zu den unmittelbaren Hauptkriegsschauplätzen des Dreißigjährigen Krieges gezählt werden kann, wurde das Gebiet dennoch schwer von den brandschatzenden Söldnerhorden heimgesucht. Getreu Wallensteins Motto, dass der Krieg den Krieg zu ernähren habe, pressten die durchmarschierenden, beziehungsweise einquartierten Truppen die jeweiligen Landstriche regelrecht bis aufs Blut aus. Die schwer zu schätzenden Bevölkerungsverluste dürften sich in Franken auf mehr als 30 Prozent belaufen haben, wobei die ländliche Bevölkerung rechts und links der großen Durchzugsstraßen besonders unter den Kriegswirren zu leiden hatte. Weitgehend verschont blieben die schwer zugänglichen Waldgebiete wie Spessart, Rhön, Frankenwald und Fichtelgebirge. Die Folge waren Hungersnot und der „Schwarze Tod": 1634 starben in Bayreuth 1.927 Menschen an der Pest – rund ein Drittel der Bevölkerung. Der schwedische Oberst Phuls berichtete, dass sich das arme Landvolk in Coburg von Hunden, Katzen, Ratten, Mäusen und Aas zu ernähren suchte, da weder „Trebern, Leinkuchen, Kleien und Eichelbrod" aufzutreiben waren.

Nach zähem Ringen kam 1648 in Osnabrück und Münster der **Westfälische Frieden** zustande. Der Landesherr bestimmte weiterhin die Konfession seiner Untertanen. Als Normaljahr für die konfessionellen Grenzen wurde der 1.1.1624 festgesetzt. Der katholische Block war durch die geistlichen Hochstifte Bamberg und Würzburg bestimmt, der evangelische Block durch die Markgrafentümer Brandenburg-Bayreuth beziehungsweise Ansbach. Aufgelockert, oder besser aufgesplittert, wurde das religiöse Franken durch die Ländereien der Reichsstädte, sowie durch die Gebiete des niederen Adels und der Ritterschaften. Zum Abschluss des Dreißigjährigen Krieges richtete sich das Interesse Europas noch einmal auf Franken. In Nürnberg fand 1649/50 der sog. „Friedensexekutionskongress" statt. Seinen Höhepunkt bildete das im September 1649 im Nürnberger Rathaus abgehaltene Friedensmahl, das *Joachim von Sandrart* in einem heute im Nürnberger Fembohaus befindlichen Gemälde eindrucksvoll festgehalten hat.

Die unmittelbare Folge des Dreißigjährigen Krieges für die Reichsstädte bestand in enormen finanziellen Verlusten durch entgangene Einnahmen; sie büßten im nächsten Jahrhundert ihre einst führende Stellung vollkommen ein, während die Landesherren unter dem erheblichen Bevölkerungsrückgang zu leiden hatten. Das große Losungswort der Nachkriegszeit war daher die „Peuplierung", die Wiederbevölkerung der verwaisten Landstriche. Die Markgrafen von Ansbach und Bayreuth bemühten sich noch Jahrzehnte später intensiv um die Ansiedlung der aus Frankreich vertriebenen Hugenotten, um den Bevölkerungsverlust auszugleichen und dem Land neue wirtschaftliche Anstöße zu geben. Dennoch gingen im 17. und 18. Jahrhundert vom fränkischen Bürgertum keine großen geistigen und wirtschaftlichen Impulse aus; es lebte recht bieder, war mittelmäßig und meistens einseitig gebildet und trat politisch so gut wie nicht in Erscheinung. In den Residenzstädten lebte es von der Hofhaltung, den Beamten und dem Bedarf des Landadels; Handel und Gewerbe der kleinen Städte und Märkte deckten kaum mehr als die lokale und regionale Nachfrage, vielfach waren es typische Ackerbürgerstädte.

Barocke Pracht in Franken

Zwei für jedes architektonische Meisterwerk wichtige Grundvoraussetzungen waren in Franken zur rechten Zeit im rechten Maß gegeben. Auf der einen Seite standen mit den vom „Bauwurmb“ befallenen Bischöfen aus dem Hause *Schönborn* mehrere mit Sach- und Kunstverstand ausgestattete Mäzene bereit; ihrem Wunsch nach einer repräsentativen Architektur als Ausdruck ihres politischen Machtanspruchs standen auf der anderen Seite mit *Johann Dientzenhofer* (Schloss Weißenstein, Klosterkirche in Banz etc.) und *Balthasar Neumann* (Würzburger Residenz, Vierzehnheiligen etc.) zwei begnadete Baumeister zur Verfügung. Bei manchen Projekten wurden auch die Sachkenntnis des kurmainzischen Baudirektors *Maximilian von Welsch* und das Können des Wiener Stararchitekten *Johann Lucas von Hildebrandt* herangezogen. Dem Zusammentreffen dieser beiden Faktoren verdankt Franken seine faszinierenden Barockschöpfungen. Mit einem gehörigen Maß an Selbstironie kommentierte Fürstbischof *Lothar Franz von Schönborn* seine Bauleidenschaft: „Das Bauen ist eine Lust und kostet viel Geld, aber einem jeden Narren seine eigene Kappe gefällt.“ Die Bevölkerung der Hochstifte Bamberg und Würzburg sollte keinesfalls vergessen werden, hatte sie doch durch ihre drückende Abgabenlast den „Bauwurmb“ erst ermöglicht.

Die weltlichen und geistlichen Kunstwerke des Barockzeitalters entfalten sich als subtile Kompositionen in einem überaus spannungsgeladenen Raumgeschehen. In den fränkischen Barockresidenzen, -klöstern und -kirchen greifen die Räume kunstvoll ineinander: Der Raum ist nicht mehr länger das Produkt von Mauern und Gewölben, sondern Mauern und Gewölbe sind das Resultat von zu einem lebendigen Organismus verschmolzenen Räumen. Der barocke Raum lebt; er überwältigt den Eintretenden durch seine von Architektur, Skulptur und Malerei hervorgerufene Eigendynamik. Ein weiterer wichtiger Faktor tritt beim Schlossbau zutage: Nach außen hin setzt sich die architektonische Wirkung des Gesamtkunstwerks durch ein Zusammenspiel von Gärten, Terrassen und Landschaftsanlagen geschickt durch ins Unendliche weisende Achsen fort. Das barocke Gestaltungsprinzip fand auch im Klosterbau – z. B. Kloster Banz – ein besonderes Betätigungsfeld. Das barocke Kloster war für die Zeitgenossen das Modell der menschlichen Welt; es sollte zeigen, dass alles dann am besten und in seinem eigenen Sinn gedeiht, wenn es in Entsprechung zum religiösen Sinn geordnet ist.

In den drei fränkischen Bistümern folgte ab der Mitte des 17. Jahrhunderts eine lang anhaltende Phase der Blüte und des Wachstums. Oft überragende, fromme und verantwortungsbewusste Bischöfe prägten das katholische Leben in Franken. Dafür stehen vor allem die vier Bischöfe aus dem Hause Schönborn in Würzburg und Bamberg: fürstlicher Lebensstil paarte sich mit religiöser Überzeugung und gewissenhaftem Pontifikaldienst. Über hundert Jahre hatte die Familie – Nepotismus macht's möglich – die sog. „Schönbornlande“ ununterbrochen in ihrer Hand. Die schönsten fränkischen Repräsentationsbauten, so beispielsweise die Würzburger Residenz und Schloss Weißenstein bei Pommersfelden, entstanden in jenen Jahren.

Bis zum **Ende des Alten Reichs** (1806) spielte der Adel in Franken eine herausragende Rolle. Im Gegensatz zu dem landständischen bayerischen Adel war der fränkische reichsständisch, d. h. er musste nur den Kaiser als übergeordneten Herrn anerkennen. Im vollen Bewusstsein dieser exponierten Stellung achtete man in besonderem Maße auf die ständischen Grenzen. In den reichen und mächtigen Domstiften Bamberg und Würzburg pflegte der Adel nicht nur den Domherrn, sondern durch den Fürstbischof auch den Landesherrn zu stellen. Eine aus dem Bürgertum aufgestiegene Familie wäre in Franken niemals zu bischöflichen Würden gelangt.

Franken unter der bayerischen Krone

Den Auftakt zum Ende der politischen Selbständigkeit Frankens bildete der freiwillige Verzicht des Markgrafen *Karl Alexander* – er war so von den Reizen einer englischen Lady angetan, dass er ihr auf die Insel folgte – auf die zollerischen Fürstentümer Ansbach und Bayreuth zugunsten seiner preußischen Verwandten im Jahr 1792. Als der preußische *Minister von Hardenberg* diese Gebiete für sein Land in Besitz nahm, ließ er keinen Zweifel daran, dass er Franken zur Basis seiner hochgesteckten süddeutschen Pläne machen wollte. Faktisch sollte das bedeuten, dass Hardenberg den fränkischen Flickenteppich zu einem modernen Flächenstaat umformen wollte. Dies geschah mit Hilfe von Ausgleichsverträgen, und, wenn nötig, auch mit Waffengewalt.

Doch dann kam **Napoleon**, und der hatte ganz andere Pläne: Um Bayern, das seine linksrheinischen Gebiete hatte abtreten müssen, zu stärken, versprach er dem bayerischen Kurfürsten eine volle Entschädigung für den Verlust. Im *Reichsdeputati-*

Hoch über Würzburg thront die Festung Marienberg

onshauptschluss (1803) erhielt Bayern unter anderem die Hochstifte Würzburg und Bamberg sowie mehrere Reichsabteien und die Reichsstädte Rothenburg ob der Tauber, Schweinfurt, Weißenburg und Windsheim zugesprochen. In den nächsten Jahren war es das vordringlichste Ziel von *Graf Maximilian Montgelas*, dem leitenden Minister Bayerns, die Arrondierung zu vervollständigen. Preußen hingegen erhielt keinen Gebietszuwachs in Franken; Hardenberg musste seine ehrgeizigen Ziele spätestens 1806 begraben. Bayern, der flächenmäßig größte unter den neu geschaffenen „Mittelstaaten", stellte sich 1805 im Krieg Napoleons gegen England, Österreich und Russland folgerichtig auf die Seite seines „Förderers" und wurde 1806 im Gegenzug zum Königreich erhoben. Als Mitglied des Rheinbundes blieb Bayern – und damit auch seine fränkischen Neuerwerbungen – von einer französischen Besetzung verschont. Bayern, nunmehr Königreich, erhielt aufgrund des erfolgreichen Bündnisses mit Frankreich, der Rheinbundakte und des Passauer Vertrages bis 1810 weitere, nicht unerhebliche Gebiete zugesprochen: Die Fürstentümer Ansbach und Bayreuth, die Reichsstädte Nürnberg und Dinkelsbühl sowie kleinere Fürstentümer und Reichsgrafschaften; die Ländereien der Reichsritter gingen nun ebenfalls an Bayern. Den Abschluss bildeten die zwischenzeitlich zum Großherzogtum Toskana gehörenden Fürstbistümer Würzburg und Aschaffenburg sowie die erst 1816 übernommenen Ämter Hammelburg, Brückenau, Miltenberg und Morbach.

Zum Zwecke der reibungslosen Eingliederung der fränkischen Gebiete errichtete Bayern ein fränkisches Generallandeskommissariat; durch einen straffen Absolutismus versuchte Montgelas, die mentalen Unterschiede zu nivellieren und die königlichen Untertanen zu einer Einheit zusammenzubinden. Um seine Machtansprüche auf dem europäischen Parkett durchsetzen zu können, benötigte das Königreich Bayern vor allem eines: Geld! Ohne Rücksicht auf die kirchliche Tradition zog der bayerische Staat aus der Säkularisation den größtmöglichen finanziellen Nutzen. Hierzu wurden zahllose geistliche Kunstschätze und Kulturdenkmäler – darunter ganze Bibliotheken – verkauft, Kirchen und Klöster zweckentfremdet.

Die Zugehörigkeit zum bayerischen Königreich brachte selbstredend zahlreiche Veränderungen mit sich: Das einheitliche staatliche Territorium bot eine Vielzahl von Chancen auf dem wirtschaftlichen Sektor. Neben der Vereinheitlichung des Gerichts- und Steuerwesens, prägten vor allem die neuen Maß- und Gewichtseinheiten den Alltag der „Neubayern". Als positive Begleiterscheinungen sind die Einführung der allgemeinen Schulpflicht und die nun herrschende religiöse Toleranz zu erwähnen, während die allgemeine Wehrpflicht als schmählich empfunden wurde. Mit Hilfe von Schafkopfkarten, auf denen Informationen zur bayerischen Geschichte und zur Reformpolitik von Montgelas gedruckt waren, wurde das einfache Volk mit List unterrichtet. Zufrieden scheinen die Franken mit der neuen politischen Ordnung allerdings dennoch nicht gewesen zu sein. Im Krieg mit Österreich (1809) traten die fränkischen Sympathien für die Habsburger deutlich zutage. Erst der bayerische König Ludwig I. bemühte sich verstärkt, um eine Integration der fränkischen Gebiete seines Herrschaftsgebietes. So änderte er 1837 die Namen der Regierungsbezirke in die Bezeichnungen Ober-, Mittel- und Unterfranken. Mit einer geschickt angelegten Denkmalspolitik inszenierte er sich als Erbe der fränkischen Fürsten und ließ in verschiedenen Städten Monumente aufstellen, beispielsweise in Erlangen für Markgraf Friedrich oder in Würzburg für Bischof Julius Echter von Mespelbrunn.

Franken – wie auch das übrige Bayern – war ein Land, in dem die **Industrialisierung** recht gemindert erfolgte. Nur wenige städtische Zentren, wie Nürnberg und Schweinfurt, wurden seit der Mitte des 19. Jahrhunderts von der Industrialisierung voll erfasst. Dies lag zum einen am Rohstoffmangel, der eine Spezialisierung der Handwerks- und Industriebetriebe auf die Feinverarbeitung zur Folge hatte – man denke an die Schweinfurter Kugellager, die Schwabacher Nähnadeln und die Nürnberger Feinmechanik – und zum anderen an der fehlenden Bereitschaft, „in der Industrie zu investieren" (Karl Bosl). Auch wenn sich die industrielle Entwicklung in Franken nicht mit anderen europäischen Regionen (Rheinland, Belgien etc.) vergleichen lässt, so wurden hier dennoch Marksteine gesetzt: 1835 fuhr zwischen Nürnberg und Fürth die erste Eisenbahn auf dem europäischen Kontinent; Koenig und Bauer entwickelten in Würzburg-Oberzell eine Schnellpresse, die die Herstellung von Zeitungen und Büchern erheblich beschleunigte. Herausragende Unternehmerpersönlichkeiten des 19. Jahrhunderts waren der Farbenfabrikant *Wilhelm Sattler*, *Johann Wilhelm Spaeth* (Maschinenbau), *Siegmund Schuckert* (Elektrotechnik), *Theodor Cramer-Klett* (Maschinenbau), *Lothar Faber* (Bleistifte) und *Friedrich Fischer* (Kugellager). Bevölkerungstechnisch gesehen, erfolgte ein starker Zustrom der katholischen Landbevölkerung aus der nahen Oberpfalz in die aufstrebende Industriestadt Nürnberg.

Ludwig II. in Bad Kissingen

Weimar und das Dritte Reich

Mit dem freiwilligen Anschluss Coburgs an Bayern (1920) hatte Franken seine heutige Ausdehnung erreicht, sieht man von der thüringischen Enklave Ostheim vor der Rhön ab, die erst 1945 Bayern zugeschlagen wurde. Während der Endphase der Weimarer Republik kam Franken für die nach der Macht strebenden Nationalsozialisten eine wichtige Brückenfunktion zu. Vor allem der Gau Oberfranken stellte eine solide Machtbasis dar, so dass Franken zu einem geographisch wie politisch wichtigen Bindeglied zwischen München und Berlin werden konnte.

Franken kam durch Nürnbergs herausragende Stellung indirekt eine besondere Bedeutung im nationalsozialistischen Deutschland zu. Nürnberg wurde als „Stadt der Reichsparteitage" zu einem Symbol der nationalsozialistischen Herrschaft und ist es bis zum heutigen Tag geblieben; hier ließ der Gauleiter („Frankenführer") *Julius Streicher* die Hasstiraden seines „Stürmers" erschallen, hier wurden die sog. „Nürnberger Gesetze", die „Legalisierung" des Judenhasses, verabschiedet, hier inszenierte die Partei ihre ebenso bombastischen wie inhaltsleeren Massenparteitagsspektakel, hier saßen die Alliierten bei den „Nürnberger Prozessen" über die Hauptkriegsverbrecher zu Gericht. Die Reste des ehemaligen Reichsparteitagsgeländes im Südosten Nürnbergs erinnern noch heute an den Größenwahn der Nationalsozialisten.

Die Wahl vom 5. März 1933 brachte der Koalition von NSDAP und Deutschnationalen mit 47,2 Prozent – im Gegensatz zum Reich – zwar nicht die absolute Mehrheit in Bayern, doch war ein Machtwechsel nun nicht mehr zu verhindern. In den wirtschaftlich notleidenden Regionen Ober- und Mittelfrankens erhielt die NSDAP weitaus mehr Stimmen als in dem stärker agrarisch und konfessionell geprägten Unterfranken, wo sie sich mit 34 Prozent begnügen mussten (Historiker sprechen vom „braunen Franken"). Nur vier Tage später, am 9. März, trat *Heinrich Held*, ein Mitglied der Bayerischen Volkspartei und seit 1924 Ministerpräsident, von seinem Amt zurück: *General Ritter von Epp* übernahm als Reichskommissar die vollziehende Gewalt, bald darauf wurde Bayern „gleichgeschaltet", wurde Provinz. Faktisch übten weder Epp noch der zum Ministerpräsidenten ernannte Lindauer Bürgermeister Siebert die Macht in Bayern aus, denn diese lag in den Händen der jeweiligen Gauleiter: *Streicher* gab in Mittelfranken den Ton an, *Dr. Hellmuth* in Unterfranken und Kultusminister *Schemm* herrschte als Gauleiter der „Ostmark" auch über Oberfranken. Zwölf Jahre lang litten die oppositionellen Gruppierungen unter dem nationalsozialistischen Joch in Franken. Am erschütterndsten war aber das Schicksal der jüdischen Bevölkerung. Schon vor 1933 begann hier ihre systematische Unterdrückung, zunächst in Form von Boykotten jüdischer Geschäfte, Rechtsanwälte und Ärzte. Julius Streichers Hetzkampagnen verbreiteten Angst und Schrecken, auch in den kleinsten Dörfern und Gemeinden konnte man den „Stürmer" kaufen oder in den aufgestellten „Stürmerkästen" lesen. Der Historiker Ian Kershaw schilderte die Situation im Jahre 1934 in seinem Werk „Bayern in der NS-Zeit" (1979): „Im überwiegend protestantischen Mittelfranken bildeten sich die

Jüdischer Friedhof in Fürth

radikalsten Formen des NS-Antisemitismus heraus. Unter dem Einfluss Streichers wurde oft erbarmungslos gegen die Juden vorgegangen. Obwohl auch hier bei den meisten Ausschreitungen die örtliche Parteileitung bzw. die SA, SS oder HJ die Regie führte, so zeigte sich doch, z. B. anlässlich des berüchtigten Gunzenhausen-Pogroms vom März 1934 – des schlimmsten Auswuchses von Judenhass vor der ‚Reichskristallnacht' in Bayern –, dass sich in extremen Situationen ein breiteres Publikum zu hysterischer Stimmung gegen die ansässigen Juden hinreißen lassen konnte."

Allerspätestens nach dem 9. November 1938, der sog. „Reichskristallnacht", war jüdisches Leben unmöglich geworden. Den meisten der damals noch in Bayern lebenden 41.939 Juden gelang es in den folgenden acht Jahren, Deutschland zu verlassen. Der bekannteste Auswanderer aus Franken ist der spätere amerikanische Außenminister *Henry Kissinger*, der 1923 in Fürth geboren wurde. Von den 9.885 Juden, die 1941 noch in Bayern wohnten, wurden 8.376 deportiert, ohne zurückzukehren; sie starben in den Vernichtungslagern Auschwitz und Theresienstadt. Zudem unterhielten die Nazis im fränkischen Hersbruck, in Pottenstein und in Bayreuth drei Außenlager des berüchtigten Flossenbürger Konzentrationslagers.

1945 bis heute

In den Bombennächten des Zweiten Weltkriegs wurden die einzigartigen historischen Stadtkerne von Nürnberg und Würzburg in Schutt und Asche gelegt, die Industriezentren Aschaffenburg und Schweinfurt schwer zerstört, aber auch kleine Städte und Gemeinden, darunter Rothenburg ob der Tauber, überstanden die von den Nationalsozialisten heraufbeschworene Katastrophe nicht unbeschadet. Demzufolge galten die Hauptanstrengungen der *Nachkriegszeit* – Franken gehörte zur amerikanischen Besatzungszone – dem Wiederaufbau der zerstörten Städte. Dass man dabei die Auseinandersetzung mit dem Nationalsozialismus erst einmal hintanstellte, ist sicherlich kein fränkisches Phänomen. Des Weiteren führte das Kriegsende dazu, dass neben den Bayern, Franken und Schwaben die Vertriebenen und Flüchtlinge gewissermaßen zu einem vierten „Volksstamm" im Freistaat Bayern wurden, der sich sehr schnell mit der einheimischen Bevölkerung vermischte. Am deutlichsten bekam die Einwohnerschaft im Nordosten Frankens die Veränderungen der Nachkriegszeit zu spüren: Infolge des „Kalten Krieges" waren die historischen Wirtschaftsbeziehungen zu Thüringen gekappt, weite Teile Oberfrankens wurden zum Zonenrandgebiet erklärt, das trotz intensiver Grenzlandförderung schwer unter dem „Eisernen Vorhang" zu leiden hatte. Erst der 9. November 1989 und seine weitreichenden Folgen beendeten die vier Jahrzehnte währende Isolation, Franken hat seine zentrale Lage zurückgewonnen.

Dies wurde auch gewürdigt, indem die Region im April 2005 von der Europäischen Union zur „Metropolregion Franken" erklärt wurde und seither zum erlesenen Kreis dieser europäischen Gebiete gehört, die eine Schlüsselrolle in der wirtschaftlichen Entwicklung Europas spielen sollen. Mit einer Einwohnerzahl von 4,16 Millionen leben in Franken genauso viele Menschen wie in Norwegen oder Irland; die Hälfte aller Franken wohnt in Städten mit mehr als 10.000 Einwohnern, wobei der Schwerpunkt auf dem Ballungsgebiet Nürnberg, Erlangen und Fürth liegt, in dem eine Million Menschen leben. Der Ausländeranteil liegt landesweit bei knapp zehn Prozent, in Nürnberg bei rund 18 Prozent.

„Woodstock" in Franken

Noch vier Wochen, bevor sich die Protestbewegung zum Woodstock-Festival in Amerika versammelte, gab es einen kleinen Vorläufer in Franken. Linke Protestbewegungen hatte dazu aufgerufen, vom 15. bis zum 21. Juli 1969 ein "Knast-Camp" im Steigerwald vor der Justizvollzugsanstalt Ebrach abzuhalten. Dort musste der 21-jährige Philosophiestudent Reinhard Wetter eine achtmonatige Jugendstrafe absitzen, weil er in Polizeiuniform gegen die Überwachung von Vorlesungen durch Zivilbeamte demonstriert hatte. Man traf sich auf einer von einem Bauern bereitgestellten Wiese, hörte Musik, nahm Drogen und hatte viel Spaß, wie der *Bayernkurier* seinen Lesern zu berichten wusste: „Im Beisein von etwa 200 Personen treibt ein APO-Mädchen innerhalb weniger Minuten mit zwei Männern aus der Gruppe Geschlechtsverkehr."

Zu den Teilnehmern des „Knast-Camps" gehörten zahlreiche Personen, die in den nächsten Jahren die bundesdeutsche Geschichte einschneidend prägten und veränderten, so kamen nicht nur Andreas Baader und Gudrun Ensslin, die künftigen Anführer der Roten Armee Fraktion (RAF) nach Ebrach, sondern auch ihre späteren Mitstreiter Brigitte Mohnhaupt, Rolf Heißler, Juliane Plambeck und Irmgard Möller, die damals noch mit dem inhaftierten Reinhard Wetter liiert war, sowie mit Fritz Teufel, Dieter Kunzelmann, Georg von Rauch, Thomas Weisbecker und Ina Siepmann die Reste der berühmten Berliner Kommune 1. Und auch Alice Schwarzer war als junge Reporterin für die Zeitschrift *Pardon* vor Ort.

Kulinarisches

„Sie essen enorm, von riesigen Keulen, triefend vor Fett." (Virginia Woolf)

Die fränkische Küche ist deftig, ehrlich und unverfälscht. Je nach Saison wechseln die Bestandteile: Hopfensprossensalat, ausgebackene Hollerküchle, Spargel oder Kohlrabisuppe. Zahllos sind die regionalen Spezialitäten, da gibt's das Nürnberger Gwerch, den Nürnberger Ochsenmaulsalat, Bamberger Leberklöß', Hofer Schnitz, Aischgründer Spiegelkarpfen, Altmühlhecht, Kartäuserklöße, in Würzburg die Häckersbrotzeit oder den Kärnerbraten. Wochentags stärkt man sich am späten Vormittag mit einer herzhaften Brotzeit. Den hohen Stellenwert dieser Zwischenmahlzeit lassen die vielen köstlichen Brotsorten erahnen, die häufig nach ihrem Herstellungsort (Nuschelberger, Egloffsteiner) bezeichnet werden.

Vor dem Hauptgericht empfiehlt sich als Einstieg eine Suppe, wobei man unbedingt einmal eine typisch fränkische „Hochzeitssuppe" oder „Kümmerlessuppe" (Gurkensuppe) versuchen sollte. Da der Dinkelanbau in der Vergangenheit eine große Rolle spielte, könnte eine typische fränkische Mahlzeit auch mit einer Grünkernsuppe beginnen; in manchen Restaurants versteht man sich auch auf leckere Grünkernbratlinge. Der Hauptgang ist meist vom Schwein, entweder ein Braten oder ein ofenfrisches „Schäufele": ein Schulterstück, begleitet von hausgemachten Klößen.

In den letzten Jahrzehnten hat sich die fränkische Gastronomie verstärkt der internationalen Küche angepasst, wobei mancher Küchenchef mit heimischen Zutaten eine originelle Form der „nouvelle cuisine“ mit fränkischem Einschlag zuzubereiten weiß. Mit einem hellen Vollbier vertragen sich die deftigen Gerichte am besten, zu Fisch empfiehlt der Wirt einen herben Frankenwein und zur Verdauung einen selbstgebrannten Schnaps.

Fränkische Küche

Franken ist berühmt für seine *Bratwürste.* Traditionell auf dem Rost gegrillt, werden sie in den Bratwurstküchen. Spätestens unter dem Rost enden aber auch schon die Gemeinsamkeiten, denn in Nürnberg liegen hier Buchenholzscheite, während man in Coburg Kiefernzapfen bevorzugt. Doch auch Wurst ist nicht gleich Wurst in Franken, wie uns der Hofer „Wärschtla-Moa“ sicherlich bestätigen kann: Bereits zwei Nachbarorte weiter können die Bratwürste völlig unterschiedliche Zutaten enthalten, gut gewürzt sind sie allemal. Während die meisten fränkischen Bratwürste kräftig mit Pfeffer und Majoran gewürzt sind, kommen in Kulmbach Zitrone, Ingwer und Macisblüte in das Schweinebrät. In der Bamberger Gegend kann man schon von drei Bratwürsten satt werden, während die Nürnberger Bratwürste nur fingergroß sind; sie werden zu 6, 8, 10 oder mehr Stück mit Kraut und Meerrettich (Kren) – und nicht etwa Senf! – auf Zinntellern serviert. Wer will, kann sie auch als „Saure Zipfel“ oder „Blaue Zipfel“ bestellen. Sie werden in einem mit Zwiebeln, Lorbeerblättern, Karotten, Petersilie und Pfeffer verfeinerten Essigsud gekocht und serviert. Ein Kuriosum ist auch die „Meter-Bratwurst“, die in Sulzfeld am Main eingerollt wie eine Schnecke auf den Tisch kommt.

Neben der Bratwurst hat sich das *Schäufele* in den letzten Jahrzehnten als fränkisches Nationalgericht etabliert. Die Zubereitungsart reicht von gekocht mit Sauerkraut bis zum traditionellen Krustenschäufele aus dem Ofen mit frischen Klößen. Auch hier hat sich die Küchentradition in den letzten 100 Jahren entschieden gewandelt: Noch Ende der 1920er-Jahre waren rohe Klöße in Mittelfranken so gut wie unbekannt. Noch immer ist Fleisch, vorzugsweise vom Schwein, der wichtigste Bestandteil einer fränkischen Mahlzeit, wobei sich auch Innereien wie Niere, Lunge, Hirn und Kalbsbries großer Beliebtheit erfreuen. Die zahlreichen Bratengerichte sollten jeweils in ihrer typischen Soße schwimmen. Etwas ausgefallener ist der Nürnberger Ochsenmaulsalat, der aus in Essig und Öl eingelegten, gepökelten und gekochten Stücken eines Rindermauls besteht. Werden darunter noch Stadtwurst- und Presssackstücke sowie Eierscheiben gemischt, hat man ein „Nürnberger Gwerch“ auf dem Teller. Ein weiteres kulinarisches Highlight aus dem Coburger Land ist der „Zwetschbaames“. Es handelt sich dabei nicht um ein Zwetschgenkompott, sondern um einen geräucherten Rinderschinken mit sehr zartem Fleisch und niedrigem Fettgehalt. Seinen ungewöhnlichen Namen erhielt der fränkische Parmaschinken, weil die Farbe seines Fleisches dem Kern eines Zwetschgenbaumes ähnelt. Im Naturpark Altmühltal lohnt es sich, ein leckeres Gericht vom Altmühltaler Lamm zu bestellen. Die Lämmer sind auf den heimischen Weiden aufgewachsen und ernährten sich mindestens vier Monate von Schafsmilch.

Hoch her geht es am *Schlachttag*: Auf den Höfen oder in den ländlichen Gaststätten – hauptsächlich mit angeschlossener Metzgerei – gibt es häufig noch Hausschlachtung. Wenn eine pralle Schweinsblase gut sichtbar vor einem Gasthaus hängt, wissen Eingeweihte, heute ist Schlachttag. Den Liebhaber dieser deftigen

Kost erwartet frisches und schmackhaftes Fleisch. Serviert wird wahlweise Metzelsuppe (zartes Fleisch und Innereien im Kesselsud mit Bauernbrot), Kesselfleisch (dasselbe mit Kartoffeln und Sauerkraut), Schlachtplatte (Kesselfleisch mit Blut- und Leberwürsten), Blut- und Leberwürste (mit Kartoffeln und Sauerkraut) oder Krautwürste (Leberwurst mit gekochtem Weißkraut untermischt). Apropos Kartoffeln: Ein fränkischer Bauer namens *Hans Rogler* soll 1647 als erster Bauer in Deutschland in Pilgramsreuht bei Rehau Kartoffeln angebaut haben. Traditionell wird bei den Winzern in Mainfranken, passend zum heimischen Wein, eine „Häckerplatte" oder ein „Gelegter" gereicht. Bei letzterem handelt es sich um eine Art Presssack, der wiederum wesentlicher Bestandteil der Häckerplatte ist. Zahllos sind auch die Wurstsorten, die regionale Unterschiede aufweisen können, während es kaum heimische Käsespezialitäten gibt, sieht man einmal vom Hofer Kochkäs und dem „Gerupften" ab, der in südlichen Teilen Frankens allerdings schon ganz altbayerisch als „Obatzter" bezeichnet wird. Hierzu nimmt man einen halbreifen Camembert, zerdrückt ihn mit der Gabel und durchmengt ihn mit fein geschnittenen Zwiebeln, Butterstückchen und Paprikapulver. Der beliebteste Fisch der Franken ist der *Karpfen*, vorzugsweise aus dem Aischgrund; dort hat die Fischzucht mit ihren zahllosen Karpfenteichen sogar das Landschaftsbild nachhaltig verändert. Er wird entweder gebacken oder blau (in saurem Sud gekocht) serviert. Forelle, Zander, Hecht, Waller und Schleie veredeln die Fischkarte. Aber auch hier gilt: Forelle ist nicht gleich Forelle. Es sind beträchtliche Unterschiede auszumachen zwischen einer gezüchteten Teich- und einer Bachforelle aus der Rhön oder dem Spessart. Die selten gewordenen Bachforellen sind kleiner, leichter und somit etwas teurer. Am Main werden „Meefischli", kleine fingerlange Weißfische, unbekümmert mit Schwanz und Kopf verzehrt.

Ein Hofer „Wärschtla-Moa"

Beliebt ist die Jahreszeit von Anfang Mai bis zum 24. Juni (Johannis), wenn die Bauern aus dem Nürnberger Knoblauchsland und der Volkacher Mainschleife ihren *Spargel* stechen. Er wird hauptsächlich entweder mit Schinken oder mit zerlassener Butter verzehrt, wenngleich auch ein herzhafter Spargelsalat köstlich mundet. In der Spalter Gegend, einem traditionellen Hopfenanbaugebiet, wird zur gleichen Zeit ein leckerer Salat aus den Spitzen der Hopfenpflanze zubereitet. Zwar könnte man meinen, wenn der Kellner die Nachspeisen aufzählt, „Dirramisuu" und „Muussohschoklaad" seien landestypische Spezialitäten, doch sollte man es lieber einmal mit „Hollerküchle" – in Teig gewendete und in Fett herausgebackene Blüten des Holunderstrauches – bzw. „Kartäuserklößen" oder „Scheiterhaufen" als Nachtisch versuchen. Der Scheiterhaufen erinnert nicht an die Hexenverbrennungen des Spätmittelalters, er ist eine Süßspeise, bestehend aus alten eingeweichten Brötchen, die zusammen mit geschlagenen Eiern, Zucker, Rosinen, Nüssen und Apfelscheiben in einer Auflaufform gebacken werden.

Lebkuchenrezepte über die Jahrhunderte

„Nimm ein Pfund Zucker, ein halbes Seidelein oder Achtelein Honig, vier Lot Zimmet, anderthalb Lot Muskatrimpf, zwei Lot Ingwer, ein Lot Cardumumlein, ein halb Quentlein Pfeffer, ein Diethäuflein Mehl. Mach ein Lebkuchen fünf Lot schwer." *(Rezept aus dem 16. Jahrhundert)*

„Nehmt Farinmehl und Honig, jedweds gleichviel. Lasst beides über dem Feuer ein wenig vergehn. Mischt Gewürznägelein, Ingwer, Pfeffer, Citronat, Citronenschale und gut Teil abgezogene Mandeln darunter, alles gröblich zerstoßen und zerschnitten, und zwar jedes nach Belieben. Vermischt es wohl durcheinander, wirket es mit Weizenmehl zu einem Teig aus. Drück' selbigen in Form und lass es im Ofen abbacken. Überstreiche es dann mit Honigwasser, so sind sie fertig." *(Aus einem Nürnberger Kochbuch, 1702)*

„Zucker, Weizenmehl, Ölsamen (Haselnüsse, Walnüsse, Mandeln in veränderlichen Gewichtsanteilen), Fruchtzubereitung, Schokoladenüberzug, Oblaten, Apfelextrakt, Volleipulver, Karamellzuckersirup, Persipan, Gewürze, Sojamehl, Trockeneiweiß, Backhonig, Glukosesirup, Stärke, Magermilchpulver, Backtriebmittel: Ammoniumcarbonat, Emulgatoren: Mono- und Diglyceride, veresterte Mono- und Diglyceride, Verdickungsmittel: Guarkernmehl, Carrageen, Pektin, Säuerungsmittel: Natriumdiacetat, Citronensäure, Apfelpüree, Milcheiweiß, Arrak-Verschnitt." *(Zutaten eines 2006 industriell hergestellten Nürnberger Lebkuchens)*

Fränkische Brautraditionen

„Das Bier ist bitter, das saufen die Ritter, den Wein, den sauern, den trinken die Bauern", heißt ein altes fränkisches Sprichwort.

Bierbrauen hat Tradition in Franken. Nirgendwo in Deutschland existieren so viele Brauereien wie im Fränkischen, zudem ist Mittelfranken das zweitgrößte Hopfenanbaugebiet der Bundesrepublik. Allein in Bamberg sind neun Brauereien ansässig. Vielfältig ist das Angebot: Weißbiere, Helles oder Dunkles, Pils, Lager-, Fest-, Bock- und Kellerbier, Export oder Märzen; bekannt ist das Bamberger Rauchbier – so wie es im „Schlenkerla" ausgeschenkt wird – und das Bayreuther Braunbier. Apropos Rauchbier: Das an frisch Geräuchertes erinnernde Aroma wird dadurch erzielt, dass der würzige Rauch brennender Buchenscheite bereits auf der Darre mit dem Malz vermählt wird, bevor sich das Gebräu mit dem edlen Hopfen im Sud vermischt. Genauso vielfältig ist der Geschmack: süffig und stark, hopfig und süßlich, ober- oder untergärig. Gebraut wird in kleinen Familienbetrieben oder mittelständischen Unternehmen. Das Lieblingsbier des Franken ist das dunkle Vollbier, manchmal auch Märzen genannt, rotgolden im Ton und stark gehopft sollte es sein. In Kulmbach wird das stärkste Bier der Welt gebraut: Mit rund 11 % Alkohol und 28 % Stammwürze hat es das „EKU 28" in sich. Egal, welches Gebräu man bevorzugt, die Bestandteile sind stets die gleichen: Hopfen, Malz und Wasser. Nur in der richtigen Mischung und Qualität der Zutaten sowie der Lagerung und Herstellung unterscheiden sich die Biere. Wer sich kulturhistorisch mit den fränkischen

„Das tanken die Franken" – Biergarten in Adlitz

Brauereitraditionen auseinandersetzen will, hat dazu im Fränkischen Brauereimuseum (Bamberg), sowie im Bayerischen Brauereimuseum Kulmbach und im Brauereimuseum der Gebrüder Maisel in Bayreuth reichlich Gelegenheit.

Auch in der fränkischen Küche hat das Bier seine Spuren hinterlassen: Auf den Speisekarten finden sich Karpfen im Bierteig, Zwiebelrostbraten in Schwarzbiersoße oder ein Saibling mit Sabayon vom Kristall-Weißbier. Und wer zum Nachtisch eine geeiste Weißbiercreme mit Karamellbananen bestellt, bewegt sich sicherlich auf höchstem kulinarischen Niveau.

Seit dem Jahr 2000 steht die Gemeinde Aufseß mit ihren vier Brauereien im Guinness-Buch der Rekorde. Aufseß besitzt nämlich weltweit die größte Brauereidichte: Auf 375 Einwohner kommt eine Brauerei!

Weinland Franken

Das Markenzeichen des Frankenweins ist der Bocksbeutel, nur noch in der badischen Ortenau und im Ausland (portugiesischer Rosé) sind diese Flaschen in Form des Hodensackes eines Ziegenbocks zugelassen. Traditionell wird der offene Wein als Schoppen (0,25 l) ausgeschenkt.

Mit den Franken, das will heißen, mit der Christianisierung Frankens, wurde erstmals auch Wein angebaut. Zuerst waren es nur die Mönche, die an den Ufern von Main und Saale mit ihren Füßen die Trauben zu Saft zerstampften: 777 ist Weinbau für Hammelburg, zwei Jahre später für Würzburg urkundlich überliefert. Die fränkischen Weine sind handverlesen, denn die steilen Hänge eignen sich nicht für

Maschinen. Das bürgt für Qualität: Schon am Rebstock erfolgt eine gründliche Selektion. Auch Goethe wusste den Frankenwein zu schätzen und bat seine Christiane: „Sende mir noch einige Würzburger, denn kein anderer Wein will mir schmecken, und ich bin verdrießlich, wenn mir mein gewohnter Lieblingstrank abgeht."

Seit der Mitte des 17. Jahrhunderts ist die Silvanerrebe in Franken heimisch. Angeblich soll sie der weit gereiste Ebracher Zisterzienserabt aus Transsilvanien eingeführt haben. Als Hauptrebe ist die *Silvanerrebe* (20 %) vom *Müller-Thurgau* (45 %) verdrängt worden. Relativ selten sind *Bacchus* (10 %), *Kerner* (6 %), *Riesling* (3 %) und *Scheurebe* (3 %), eine Kreuzung aus Silvaner und Riesling. Nur an wenigen Hängen, so z. B. in Klingenberg und Großheubach, werden auf den dortigen Buntsandsteinböden *Rotweine* (Früh- und Spätburgunder sowie Portugieser) angebaut; sie machen knapp 7 % der Rebflächen aus. Experimentierfreudige Winzer trauen sich heute sogar an Chardonnay und roten Cabernet Sauvignon heran – die immer heißeren Sommer beschleunigten diesen Trend. Zwischen Würzburg und Kitzingen wachsen die Reben vorwiegend auf Muschelkalk. Ein als „trocken" klassifizierter fränkischer Wein darf übrigens nicht mehr als 4 Gramm Restzucker je Liter enthalten (statt 9 Gramm anderswo in der EU). Eine besondere Köstlichkeit – und daher ziemlich teuer – ist der zucker- und säurereiche *Eiswein*. Er wird aus Trauben gewonnen, die bei mindestens minus 6° Celsius gefroren sind. Die Qualitätsweine mit Prädikat garantieren einen natürlichen Mindestalkoholgehalt, der bei einem Kabinett aus Weißweinreben mindestens 10 %, bei einer Spätlese aus Rotweinreben mindestens 12,2 % betragen muss. Die Anbaufläche ist von einst 40.000 Hektar – damals stand der Weinverbrauch noch gleichrangig neben dem Bierkonsum – auf etwa 6.000 Hektar zurückgegangen und erstreckt sich fast ausschließlich auf das Maintal von Bamberg bis Aschaffenburg sowie auf die Täler der Nebenflüsse Wern, Fränkische Saale, Tauber und die Gegend um Bad Windsheim. Zunehmend wird daher in den letzten Jahren Weinbau unter ökologischen Gesichtspunkten betrieben. Etwa 90 % der Winzer (Häcker) besitzen weniger als einen Hektar Rebfläche; sie haben sich daher zu Winzergenossenschaften zusammengeschlossen. Am Untermain (Bürgstadt, Klingenberg etc.) und im Würzburger Raum schenken diese kleinen Winzer seit alters her

Weinberge bei Würzburg

ihren Wein in sog. *Heckenwirtschaften* aus, um entweder rasch an Bargeld zu kommen oder aus Mangel an Lagerfläche.

Mit einem Heckenkranz wird angezeigt, dass für kurze Zeit Federweißer, Most bzw. junger Wein ausgeschenkt wird. Hierzu werden kleine Speisen angeboten. Zudem hat man bei alljährlich mehr als 250 Weinfesten reichlich Gelegenheit, den Rebensaft in geselliger Runde zu probieren. Bei den allgemeinen Informationen zu den Weinbau betreibenden Gemeinden in Mainfranken sind jeweils einige Adressen empfehlenswerter Weingüter angegeben, an die man sich jeder Zeit wenden kann.

Franken von A bis Z

Anreise

Aus dem Norden Deutschlands erreichen *Autofahrer* Franken über die A 7 (Hamburg–Kassel–Würzburg), aus dem Süden über die A 9 (München), die in anderer Richtung Reisende aus Berlin und Leipzig nach Nürnberg führt. Aus dem Westen gelangt man über die A 3 von Köln über Frankfurt oder über die A 6 (Heilbronn) nach Franken. Die Region selbst besitzt ein gut ausgebautes Netz von Bundesstraßen.

Umweltschonender ist sicherlich die Anreise mit der *Bahn*. Von Nürnberg, Fürth, Würzburg, Aschaffenburg und Treuchtlingen hat man mindestens stündlich Anschluss an das IC-Netz der Deutschen Bahn. Andere größere Städte wie Schweinfurt, Coburg, Bamberg, Hof oder Bayreuth sind ebenfalls gut in das Schienennetz der Bahn eingebunden. Sehr günstig ist das Bayern-Ticket, mit dem bis zu 5 Erwachsene und ihre Kinder von Montag bis Freitag zwischen 9 und 3 Uhr nachts für 28 € (als Single-Ticket für 20 €) auf allen Nahverkehrszügen quer durch Bayern fahren können.

Entfernungen bis Nürnberg

Berlin	435 km
Bremen	586 km
Frankfurt	250 km
Hamburg	620 km
Köln	439 km
München	188 km
Regensburg	106 km
Stuttgart	200 km

Preisbeispiele für eine IC-Verbindung (2. Klasse) nach Nürnberg

Abfahrtsort	einfach	hin & zurück
Berlin	89 €	188 €
Bremen	106 €	212 €
Dresden	49,50 €	99 €
Frankfurt/M.	48 €	96 €
Hamburg	114 €	228 €
Hannover	93 €	186 €
Köln	101 €	202 €
München	49 €	98 €
Regensburg	24 €	48 €
Stuttgart	38 €	76 €

Sämtliche Angaben ohne Gewähr – Stand August 2009

Bitte erkundigen Sie sich, ob sich für Sie der Kauf einer BahnCard rechnet, und nutzen Sie die Plan & Spar Angebote.

Eine Alternative stellt auch die Anreise mit dem *Flugzeug* dar. Mit *Eurowings, Air Berlin* und *Lufthansa* wird Nürnberg von folgenden Destinationen angeflogen: Zürich, Wien, Köln/Bonn, Berlin, Dortmund und Düsseldorf. Wer in den Spessart oder nach Würzburg will, kann auch den Weg über Frankfurt wählen.

Informationen Reiseauskunft der Deutschen Bundesbahn, ✆ 11861, www.bahn.de. Flughafenauskunft Nürnberg, ✆ 0911/93700.

Baden

„Franken licht need am Meer" heißt das wohl bekannteste Buch des Mundartdichters Helmut Haberkamm. Wer sich in Franken abkühlen will, muss daher entweder in eines der vielen Freibäder gehen oder an einen Baggersee fahren. Zu einem absoluten Sommertreff hat sich das Fränkische Seenland mit dem Altmühlsee, Rothsee und Großen Brombachsee entwickelt. Im Fichtelgebirge fährt man an den Förmitzspeicher oder an den Fichtelsee, als schönster Badesee der Rhön gilt der Frickenhäuser See. Badeklassiker sind beispielsweise das renaturierte Felsenbad in Pottenstein oder das Wörnitz-Strandbad in Dinkelsbühl. Im Winter locken attraktive Freizeitbäder, die man beispielsweise in Stein bei Nürnberg, Herzogenaurach und Neuendettelsau findet.

Bayern

Franken ist nicht Bayern – dieser Tatsache sollte man sich stets bewusst sein, wenn man durch das Frankenland reist. Kein Franke fühlt sich geehrt, wenn man ihn als Bayern bezeichnet. Mancherorts sind sogar noch tiefe Ressentiments vorhanden, schließlich ist es doch erst 200 Jahre her, dass die fränkischen Kleinstaaten im Zuge der Napoleonischen Kriege ihre Eigenständigkeit verloren und an Bayern fielen. Statt Weiß-Blau werden die Fahnenmasten bei Festlichkeiten in den Regionalfarben Rot und Weiß beflaggt. Als Wappen Frankens gilt der fränkische Rechen; er zeigt drei in Rot getauchte silberne Spitzen.

Eine gewisse Mitschuld am nicht immer ausgewogenen Verhältnis zwischen Franken und Bayern trägt der bayerische Zentralismus: Die Infrastruktur und das kulturelle Leben sind allzu sehr auf München ausgerichtet, ein Umstand, der nördlich der Donau häufig für Unmut sorgt. So traten die Differenzen zwischen Bayern und Franken deutlich zu Tage, als der Protestant Günther Beckstein 2007 zum bayerischen Ministerpräsidenten gewählt wurde. Infolge der schlechten Wahlergebnisse der Landtagswahl vom September 2008 kam es zu einem Aufstand der oberbayerisch dominierten CSU, der zur Wahl von Horst Seehofer führte, in Franken aber wenig Begeisterung hervorrief. Und man kann gespannt sein, ob es in Zukunft jemals wieder einem protestantischen Franken gelingen wird, bayerischer Ministerpräsident zu werden.

Information

Die Fremdenverkehrseinrichtungen der Städte und Ortschaften versenden auf Anfrage Prospekte, Unterkunftsverzeichnisse sowie spezielles Informationsmaterial über Pauschalangebote (Adressen bei den einzelnen Orten). Umfangreiche allgemeine Auskünfte und Prospektmaterial zu Fahrrad- und Wanderreisen bekommen Sie beim:

Tourismusverkehrsverband Franken e.V., Wilhelminenstr. 6, 90461 Nürnberg, ✆ 0911/941510, 📠 0911/9415110, www.frankentourismus.de.

Internet

Wer sich bereits vorab beim Surfen im Internet über Franken informieren möchte, kann dies unter folgenden Adressen tun:

www.frankentourismus.org (offizielle Homepage des Tourismusverbandes Franken)
www.frankenwelt.de (Infoportal)
www.frankentipps.de (Veranstaltungsportal)
www.fraenkischer-albverein.de (zahlreiche Informationen rund um das Thema Wandern)
www.bundesland-franken.de (sehr patriotisch)
www.frankenkulinarisch.de
www.tourismus-nuernberg.de
www.fraenkische-schweiz.com
www.weinland-franken.de
www.naturpark-altmuehltal.de
www.fraenkischeseen.de
www.frankenwald-tourismus.de
www.steigerwald-info.de
www.oberesmaintal-coburgerland.com
www.romantisches-franken.de
www.rhoen.de
www.hassberge-tourismus.de
www.fichtelgebirge.de
www.spessart-touristinfo.de
www.frankenalb.de
www.nuernberg.de
www.burgenstrasse.de
www.bierstrasse.de.

Jugendherbergen

Franken ist mit einem dichten Netz von Jugendherbergen überzogen. Es bietet sich daher geradezu an, von Jugendherberge zu Jugendherberge zu wandern. Jugendherbergen sind zu finden in: Bamberg, Bad Kissingen, Bayreuth, Coburg, Dinkelsbühl, Erlangen, Feuchtwangen, Forchheim, Gößweinstein, Gunzenhausen, Hartenstein, Hof, Kitzingen, Königsberg, Lohr, Marktredwitz, Nürnberg, Pottenstein, Rothenburg ob der Tauber, Schweinfurt, Streitberg, Weißenbrunn, und Wunsiedel.

Achtung: In bayerischen Jugendherbergen dürfen nur Gäste bis zum Alter von 26 Jahren (einschließlich) aufgenommen werden. Diese Altersbeschränkung gilt nicht für Gruppenleiter sowie Familien mit mindestens einem eigenen minderjährigen Kind. Weitere Auskünfte und die genauen Adressen erhalten Sie unter:

Deutsches Jugendherbergswerk, Leonardo-da-Vinci-Weg 1, 32760 Detmold, ✆ 05231/99360, 📠 05231/993666, www.djh.de.

Klettern

Bei Sportkletterern und Alpinisten steht die Fränkische Schweiz dank ihrer Atmosphäre und der Bandbreite der Routen und Touren hoch im Kurs. *Freeclimbing* ist ein genauso faszinierender wie populärer Sport, doch angesichts der zahlreichen Unfälle, die sich jedes Jahr ereignen, ist Vorsicht mehr als angebracht.

Klima

Franken liegt im Einflussbereich des kontinentalen Klimas mit kalten Wintern und warmen Sommern. Die Frankenalb fungiert als Klimascheide, wodurch Unterfranken und der westliche Teil von Mittelfranken mit höheren Temperaturen profitieren. Nicht umsonst sind hier auch die bekannten fränkischen Weinanbaugebiete zu finden. Vom Wetter besonders verwöhnt sind das geschützte Maintal und Tauberfranken. In den Mittelgebirgen, so im Frankenwald, der Rhön und dem Fichtelgebirge, herrscht hingegen raues Klima. Apropos Fichtelgebirge: Hof gilt als „fränkisches Sibirien“, da die Temperaturen hier merklich unter dem Durchschnitt liegen.

Ein kurzer Überblick über die Jahreszeiten: Der Januar ist mit einem Mittel von minus 1,5 Grad für gewöhnlich der kälteste Monat des Jahres. Doch im Februar bewegt sich das Thermometer bereits langsam wieder nach oben, wenngleich oft noch ein russisches Kältehoch klirrend kalte Nächte (besonders zur Monatsmitte) bringt. Im März ist der Frühling schon mit großen Schritten auf dem Vormarsch und sorgt für milde Witterung – manchmal sogar mit deutlich über 15 Grad Wärme! Im April hat sich dann endgültig der *Frühling* durchgesetzt, wenngleich selbst im April noch mit Nachtfrost gerechnet werden muss. Der Mai lässt bereits den nahen *Sommer* erahnen, fast alle Freibäder haben geöffnet. Im Juni kehrt mit schöner Regelmäßigkeit die „Schafskälte" in Franken ein: Nach ein paar sommerlichen Tagen (die mit über 30 Grad manchmal schon tropisch sein können) nehmen Tiefausläufer die Region ins Visier. Der Juli ist in Franken in der Regel der wärmste Monat des Jahres. Im Schnitt zwölf Tage mit über 25 Grad Wärme sowie drei Tage mit über 30 Grad Hitze sorgen vielfach für schönstes Badewetter, bestens geeignet für das Fränkische Seenland. Ende August bescheren Regenfronten den ersten Vorgeschmack auf den bevorstehenden *Herbst*: manchmal wird es dann schon nicht mehr wärmer als 15 Grad! Die erste Monatshälfte des Septembers ist in der Regel von windigen und wolkenreichen Regenfronten geprägt. Doch immer wieder kommt es vor, dass der Altweibersommer schneller Fuß fassen kann. Bei angenehmen Temperaturen zwischen 20 und 25 Grad färben sich dann die ersten Bäume im strahlenden Sonnenlicht in die herbstlichen Farben Rot und Gelb. Der „goldene Oktober" ist meist eine Fortsetzung des Altweibersommers. Mit durchschnittlich 50 Litern Regen pro Quadratmeter ist der Oktober der trockenste Monat des Jahres. Im November ist die Zeit der dichten und trüben Nebelfelder, die ersten Schneeschauer kündigen den *Winter* an. Allerdings ist statistisch gesehen nur jede fünfte Weihnacht in Franken weiß.

„Der Glubb"

Ein Name, eine Mannschaft. Wenn vom „Club" die Rede ist, wissen Fußballfans aus ganz Deutschland, wer gemeint ist: der 1. FC Nürnberg. Im Mai 1900 gegründet, hat der Club den deutschen Fußball vor allem in der Zeit zwischen den Weltkriegen dominiert. Insgesamt neun Titel gewannen die Nürnberger und konnten sich lange Zeit als deutscher Rekordmeister rühmen, bevor ihnen die Münchner Bayern diesen Ehrentitel abnahmen. Nur eins haben die Münchner den Nürnbergern nicht nachgemacht: Im Jahre 1968 gewann der Club seinen letzten Meistertitel, in der darauf folgenden Saison erfolgte der Abstieg in die Zweitklassigkeit – ein bisher einmaliger Vorgang im deutschen Fußball und ein hartes Schicksal für die Fans. Doch die sind ihrem Club auch in den schweren Zeiten der Zweit- und Drittklassigkeit felsenfest verbunden geblieben. Diese Nibelungentreue ist mehrfach mit einem Wiederaufstieg in die Fußballbundesliga belohnt worden, doch etablieren konnte sich der Club noch nicht im Fußballoberhaus.

Metropolregion

Seit April 2005 gehört der fränkische Ballungsraum zum illustren Kreis der europäischen Metropolregionen. Zur Metropolregion Franken zählt der Großraum Nürnberg im Süden, nach Westen erstreckt sich das Gebiet bis Ansbach, im Osten bis Amberg, und nach Norden hin markieren Bayreuth und Bamberg das Terrain.

Nordic Walking

Auch in Franken steht Nordic Walking hoch im Kurs. Inzwischen gibt es mehr als ein Dutzend gut ausgeschilderter Nordic Walking Parks mit Strecken unterschiedlicher Schwierigkeitsgrade, beispielsweise in Treuchtlingen, Roth, Bad Kissingen, Happurg, Bischofsgrün und Wiesenttal. www.nordicaktiv-dsv.de.

Spaßfaktor inklusive – Kanufahren auf der Wiesent

Radfahren

Die Höhenzüge des Fichtelgebirges und der Rhön mit dem Fahrrad zu erklimmen ist zwar nicht jedermanns Sache, aber wer die sportliche Herausforderung liebt, findet hier mit Sicherheit zahlreiche Steigungen. Geruhsamer radelt es sich am Main (www.mainradweg.com) oder am Rhein-Main-Donau-Kanal. Der Main-Radweg wurde als erster deutscher Fernradweg vom Allgemeinen Deutschen Fahrradclub (ADFC) mit dem höchsten Gütesiegel – also mit fünf Sternen – bewertet. Auf einer 180 Kilometer langen Strecke zwischen Bamberg und Weißenburg wurde 2007 der Sand Achse-Radweg (www.sandachse.de) als neuer fränkischer Fernradwanderweg eröffnet. Die gut ausgeschilderte Route führt hauptsächlich über die fränkischen Sandflure entlang der Flüsse. Aufgrund der geringen Steigungen ist der Weg auch für Familien ideal. Da an der Strecke zahlreiche Bahnhöfe liegen, können leicht auch nur Teilabschnitte befahren werden. Neben zahlreichen ausgebauten Radwegen eignen sich die teilweise recht wenig befahrenen Landstraßen gut für Tourenfahrer. An fast allen Ferienorten ist ein Fahrradverleih bereits eine selbstverständliche Einrichtung. Zudem gibt der Tourismusverband Franken die Broschüre „Radeln in Franken“ heraus, die zahlreiche Tipps und Tourenvorschläge beinhaltet. Ein ausgezeichneter Überblick über alle ausgeschilderten Fernradwege findet sich auch im Internet: www.bayerninfo.de/radler/h_radler.htm.

Reisezeit

Franken ist ein ganzjähriges Reiseziel, Hotels und Restaurants haben das ganze Jahr über geöffnet. Selbst im tiefsten Winter lockt der Nürnberger Christkindlesmarkt mehr als zwei Millionen Touristen an. Im milden Frühjahr begeistert die Fränkische Schweiz mit ihrer farbenprächtigen Obstblüte und den aufwendig geschmückten Osterbrunnen. Der Hochsommer lässt sich in einem schattigen Biergarten oder am Baggersee am besten ertragen, während im September und Oktober ein Abstecher zur Weinlese nach Mainfranken lohnt.

Rundfunk

Neben den lokalen Radiostationen können in Franken das bayernweit gesendete Privatradio *Antenne Bayern* und die fünf Programme des *Bayerischen Rundfunks* empfangen werden. *Bayern 3* bringt neben Unterhaltungsmusik die aktuellen Verkehrsinfos, auf *Bayern 5* werden rund um die Uhr Nachrichten gesendet, *Bayern 4* ist das Programm für Klassikfreunde, und *Bayern 2* darf als der Sender mit dem anspruchsvollsten Kulturprogramm in Bayern gelobt werden.

Skifahren

Zwar ist Franken keine ausgesprochene Wintersportregion, doch werden – entsprechende Wetterbedingungen vorausgesetzt – die Loipen gespurt und die Skilifte geöffnet. Die alpinen Skiläufer werden von mehr als zwei Dutzend Liftanlagen die jeweiligen Hänge hoch befördert, mancherorts auch nachts bei Flutlicht. Das größte „Skigebiet" findet man im Fichtelgebirge rund um den 1023 Meter hohen Ochsenkopf. Die skibegeisterten Unterfranken pilgern zum Kreuzberg in der Rhön, während Mittelfrankens längste Piste am Schlossberg unweit von Schnaittach zu finden ist. In der Fränkischen Schweiz gibt es weitere Skilifte in Spies, Hohenstein, Leinburg und Tauchersreuth. P.S.: In Franken gibt es weder Föhn noch Lawinengefahr ...

Tourismus

Der Tourismus ist in Franken ein bedeutender Wirtschaftszweig, insbesondere für die strukturschwachen Regionen. Rund 55.000 Arbeitsplätze sichert der Tourismus in der Region. Das Bayerische Landesamt für Statistik zählte 2005 rund sieben Millionen Gäste in den drei fränkischen Regierungsbezirken, wovon rund 85 Prozent aus dem Inland kamen. Mit rund drei Millionen Gästen ist Mittelfranken dank der Städteregion Nürnberg das begehrteste Feriengebiet. Was den Städtetourismus betrifft, so führt auch hier Nürnberg deutlich vor Würzburg und Rothenburg ob der Tauber. Die Taubermetropole ist übrigens die einzige fränkische Stadt, deren Gäste mehrheitlich aus dem Ausland kommen.

Unterkunft

Von der Luxusherberge – Pflaums Posthotel in Pegnitz gehört zu den besten Hotels in Deutschland – bis zur schlichten Privatunterkunft reicht das Angebot der fränkischen Städte und Ferienorte. Der Standard der Unterkünfte ist allgemein hoch. Selbst zahlreiche Hotels und Gasthöfe der mittleren Preisklasse verfügen über ein eigenes Schwimmbecken im Freien oder in der Halle. Auf dem Land sind reine Beherbergungsbetriebe selten, zumeist wird auch ein Gasthof betrieben. Fast sensationell günstig sind die Preise für *Privatunterkünfte* geblieben: Im Frankenwald oder in der Rhön werden teilweise noch weniger als 20 Euro für eine Übernachtung mit Frühstück berechnet!

Wie alle deutschen Ferienregionen ist auch Franken ein häufiges Urlaubsziel für den Zweit- und Dritturlaub oder ein verlängertes Wochenende, doch herrscht vor allem in den Weihnachtsferien, über Ostern und Pfingsten sowie in den Sommerferien Hochbetrieb. Da kann es Ihnen passieren, dass Sie nur nach mühevollem Suchen ein geeignetes Quartier bekommen. Eine Reservierung ist daher unbedingt anzuraten. In der Vor- und Nachsaison werden oftmals Preisnachlässe gewährt, auch Kurzentschlossene finden problemlos eine Unterkunft. Ferienhäuser und -wohnungen sind eine willkommene Alternative zu Hotel und Pension. Zwar sind sie nicht immer wesentlich billiger, ermöglichen aber einen freieren Tagesablauf, und wer in den Ferien mit Kindern unterwegs ist, weiß diese Freiheit zu schätzen. Kinderbetten und Kinderhochstühle gehören vielfach zum Inventar, der Sandkasten steht im Garten, die Fahrräder vor der Tür.

Franken bietet auch zahlreiche schön gelegene *Campingplätze*. Vom ganzjährig geöffneten Luxusplatz bis zum einfachen Zeltplatz ist alles zu finden. Das Platzangebot ist zwar groß, dennoch empfiehlt sich während der Sommer- und Winterferien eine Reservierung (zu Jugendherbergen siehe S. 43).

Bamberger Traditionsherberge: Hotel Messerschmitt

Wandern

Schon seit den Zeiten eines Wackenroder und Tieck ist das Wandern die klassische Variante, um Franken zu erkunden. Nicht nur die sportlichen Wanderer finden ihren Pfad, auch diejenigen, die es lieber gemütlich angehen möchten, kommen auf ihre Kosten. Auf dem 520 Kilometer langen Frankenweg (www.frankenweg.de), dem jüngsten Fernwanderweg, kann man Franken vom Rennsteig bis zur Schwäbischen Alb durchqueren. Der höchste Punkt ist der 794 Meter hohe Döbraberg, der auch als „Dach des Frankenwaldes" bezeichnet wird. Mit dem „Fränkischen Gebirgsweg" besitzt Franken einen weiteren attraktiven Fernwanderweg. Von Untereichenstein im Frankenwald bis nach Hersbruck erstreckt sich der 420 Kilometer lange Wanderweg und führt dabei vor allem durch gebirgige Regionen (www.fraenkischer-gebirgsweg.de).

Ein großes Lob verdient der *Fränkische-Schweiz-Verein* für den Ausbau zweier Wanderwege, die es auch Schwerbehinderten ermöglichen, die Natur intensiv zu erleben. Der eine Weg führt zwischen Waischenfeld und Burg Rabeneck durchs Wiesenttal, der andere durch den Rabensteiner Forst bei Egloffstein. Der Tourismusverband Franken informiert auch über regionale Angebote zum Thema „Wandern ohne Gepäck". Wer nicht gerne alleine wandert, kann sich an den Fränkischen Albverein wenden, der geführte Wanderungen anbietet und sich auch um die Markierung der Wanderwege kümmert.

- *Adresse* Fränkischer Albverein e. V., 90443 Nürnberg, Heynestr. 41, ✆ 0911/429582, www.fraenkischer-albverein.de.
- *Frankenweg* www.frankenweg.de.
- *Wanderkarten* Im Fritsch Landkartenverlag sind zahlreiche Detailkarten im Maßstab 1:50.000 erscheinen. Erhältlich im Buchhandel. Weitere Informationen im Internet unter www.fritsch-landkartenverlag.de.

Brauchtum, Feste und Veranstaltungen

Januar	Tag der ewigen Anbetung in Obertrubach (3. Januar)
	Lichterfest in Pottenstein (6. Januar)
Februar	Internationale Spielwarenmesse in Nürnberg
April	Geschmückte Osterbrunnen in der Fränkischen Schweiz
	Grenzlandfilmtage in Selb
Mai	Walberlafest (erstes Maiwochenende)
	Barockfest in Würzburg
	Mozartfest in Bayreuth
	Trempelmarkt in Nürnberg
	Erlanger Bergkirchweih (Pfingsten)
Juni	Fürther Grafflmarkt
	Internationale Orgelwoche in Nürnberg (bis Juli)
	Jazz Ost-West in Nürnberg (alle geraden Jahre)
	Kreuzgangspiele in Feuchtwangen (bis August)
	Luisenburg-Festspiele in Wunsiedel (bis August)
	Mozartfest in Würzburg
	Kissinger Sommer (bis August)
	Klosterhofspiele in Langenzenn (bis August)
	Rock im Park in Nürnberg (Pfingsten)
Juli	Annafest in Forchheim
	Bardentreffen in Nürnberg
	Calderón-Festspiele in Bamberg
	Kinderzeche in Dinkelsbühl
	Kulmbacher Bierwoche
	Richard-Wagner-Festspiele in Bayreuth (bis August)
	Rock im Burggraben in Nürnberg
	Rokokospiele in Ansbach
	Samba-Festival in Coburg
	Tag der Franken (2. Juli)
August	Bamberger Sandkerwa
	Fränkisches Weinfest in Volkach
	Schlossplatzfest in Coburg
	Taubertal-Festival in Rothenburg (2. Augustwochenende)
September	Fürther Grafflmarkt
	Trempelmarkt in Nürnberg
	Fränkische-Schweiz-Marathon von Ebermannstadt nach Forchheim
Oktober	Fürther Kärwa
	Internationale Hofer Filmtage
November	Bachtage in Würzburg
	Kabarett-Tage in Bamberg
	Martinsritt in Forchheim (11. November)
Dezember	Krippenrundweg in der Bamberger Innenstadt
	Nürnberger Christkindlesmarkt

Ein besonders attraktives Programm erwartet Musikliebhaber im Rahmen der Veranstaltungsreihe **Musikzauber Franken**. An historischen Spielstätten finden das ganze Jahr über zahlreiche anspruchsvolle Konzerte statt. Das Spektrum ist äußerst vielfältig und erstreckt sich vom Kammerkonzert über Barockmusik bis hin zum Jazz. Eine ausführliche Broschüre mit den genauen Terminen erstellt jedes Jahr der Tourismusverkehrsverband Franken e. V., Wilhelminenstr. 6, 90461 Nürnberg, ☏ 0911/941510, 📠 0911/9415110, www.frankentourismus.de.

Kleine fränkische Literaturgeschichte

Als erster Glanzpunkt einer fränkischen Literaturgeschichte muss natürlich *Wolfram von Eschenbach* aufgeführt werden. Wolfram von Eschenbach war einer der herausragenden unter den zahlreichen deutschen Minnesängern. Zu erwähnen sind neben ihm noch *Konrad von Würzburg, Otto von Bodenlauben, Süßkind von Trimberg, Tannhäuser* und der in Würzburg gestorbene *Walther von der Vogelweide*. Jahrhunderte später nahm Franken – und dabei vor allem Nürnberg, wo Hans Sachs dichtete und lebte – durch den Meistergesang nochmals eine Vorreiterrolle ein. Die Texte von *Hans Sachs*, die von anderen Sängern aufgegriffen wurden, waren bei Gesangsveranstaltungen im ganzen deutschen Sprachraum präsent. Nicht weniger als 4286 Meisterlieder hat Hans Sachs verfasst. Weitere bedeutende volkstümliche Dichter sind die in Vergessenheit geratenen Hans Rosenplüt, Hans Folz sowie Jakob Ayrer. Hans Sachs teilt mit den fränkischen Minnesängern das gleiche Schicksal: Ihre Namen sind weithin bekannt, ihre Texte werden leider nur noch von einem kleinen Kreis von Germanisten gelesen.

Im *Barockzeitalter* entstanden die ersten Versuche, eine anspruchsvolle deutschsprachige Poesie zu begründen. Bis dato dichtete man vorzugsweise lateinisch, weswegen man im Ausland die deutsche Sprache für barbarisch und die deutsche Kultur für minderwertig erachtete. In diesem Zusammenhang ist der von Georg Philipp Harsdörfer und Johann Klaj 1644 in Nürnberg gegründete und heute noch existierende „Pegnesische Blumenorden“ zu sehen. Der maßgebliche Dichter des Ordens war Sigmund Birken.

Mehr als ein Jahrhundert später war der 1763 in Wunsiedel geborene *Jean Paul* der meistgelesene Dichter seiner Zeit. Seine Romane („Siebenkäs“, „Flegeljahre“, „Schulmeisterlein Wuz“), in denen er manch seltsamen Kauz und manch wunderliche Gestalt geschaffen hatte, wurden von den gebildeten Zeitgenossen mehr geschätzt als die Werke von Goethe und Schiller. Jean Paul ist es zudem zu verdanken, dass der Roman die führende Stellung unter den Literaturgattungen einnehmen konnte.

Das Zeitalter der Romantik wurde zwar nicht von einem Franken eingeläutet, dafür, und dies war sicher genauso wichtig, inspirierte die fränkische Landschaft mit ihren Burgen und alten Fachwerkhäusern zwei 1793 in Erlangen studierende Berliner während ihrer Ausflüge ins Umland zu emphatischen Schilderungen. Die Rede ist von *Ludwig Tieck* und *Wilhelm Heinrich Wackenroder*; letzterer veröffentlichte 1796 seine „Herzensergießungen eines kunstliebenden Klosterbruders“. Von nun an strömten die Romantiker erst vereinzelt, später dann in Gruppen nach Franken. Zwei Zeitgenossen dürfen nicht unerwähnt bleiben, da sie die zeitgenössische Literatur maßgeblich geprägt hatten: der 1788 in Schweinfurt geborene und in Erlangen lehrende Orientalist *Friedrich Rückert* sowie *August Graf von Platen*, der einem verarmten Adelsgeschlecht entstammte.

Mit *Jakob Wassermann* und *Hermann Kesten*, die beide ihre Kindheit und Jugend hier verbracht hatten, der eine in Fürth, der andere im benachbarten Nürnberg, kann sich Franken mit zwei herausragenden Schriftstellern des 20. Jahrhunderts schmücken. Nahezu vergessen ist allerdings, dass Wassermann (1873–1934) – neben Thomas Mann und Lion Feuchtwanger – einer der auflagenstärksten Autoren in der Weimarer Republik war. Seine bekanntesten Romane sind „Der Fall Maurizius“, „Das Gänsemännchen“ und „Caspar Hauser oder die Trägheit des Herzens“ sowie das autobiographische Buch „Mein Weg als Deutscher und Jude“. Hermann Kesten debütierte 1927 mit seinem in Nürnberg spielenden Roman „Josef sucht die Freiheit“. Bekannt geworden ist er vor allem durch seine Tätigkeit als Lektor. Zuerst beim Kiepenheuer Verlag in Berlin, dann ab 1933 beim Amsterdamer Querido-Verlag, der zusammen mit Allert de Lange der wichtigste deutsche Exilverlag war. Aus dieser Zeit rührt auch seine Freundschaft mit nahezu allen bekannten Exilschriftstellern. In den 1970er Jahren, als er Präsident des PEN war, wurde er mit dem Georg-Büchner-Preis und dem Nelly-Sachs-Preis ausgezeichnet. Würzburg hat mit *Max Dauthendey* (1867–1918) und *Leonhard Frank* (1882–1961) ebenfalls zwei nicht unbedeutende Schriftsteller hervorgebracht. Vor allem Leonhard Frank siedelte die Handlungen seiner sozialistisch-pazifistisch geprägten Romane gerne in der Umgebung seiner Heimatstadt an. Zu Franks bekanntesten Büchern gehören „Die Räuberbande“, „Der Mensch ist gut“ und „Das Ochsenfurter Männerquartett“. Völlig in Vergessenheit geraten ist leider der Umstand, dass die sozialkritische Autorin und Dichterin *Claire Goll* 1890 als Clara Aischmann in Nürnberg geboren wurde. Weder eine Nürnberger Straße noch eine Schule trägt ihren Namen. Zu Claire Golls Kreis der Pariser Bohème gehörten Chagall, Dalí, Fernand Léger, André Malraux und selbstverständlich ihr Mann Iwan Goll. Zwei Jahre nach Claire Goll erblickte der Schriftsteller und Theaterkritiker *Ernst Penzoldt* in Erlangen das Licht der Welt. Bekannt wurde Penzoldt unter anderem durch seinen im Landstreicher- und Kleinstadtmilieu spielenden modernen Schelmenroman „Die Powenzbande“.

E.T.A.-Hoffmann-Denkmal in Bamberg

Bleibt noch die Gegenwartsliteratur. Unter den Mundart-Dichtern ragt sicherlich *Fitzgerald Kusz* heraus. Sein „Schweig Bub!“ ist nicht nur ein Dauerbrenner am Nürnberger Schauspielhaus, sondern das Stück wurde auch in zahlreiche andere Dialekte „übersetzt“. Unter den mit Franken verbundenen Literaten muss man *Hans Magnus Enzensberger* an erster Stelle nennen. Enzensberger, der im Nürnberger Stadtteil Wöhrd aufwuchs, hat wie kaum ein anderer die geistigen Entwicklungen der Bundesrepublik seit rund 40 Jahren kommentiert und analysiert. Dass der Bilderbuchintellektuelle Enzensberger auch noch zu dichten versteht, spricht umso mehr für ihn. *Ludwig Fels*, der seinen Ruhm vor allem dem erschreckend realistischen Roman „Ein Unding der Liebe“ verdankt, stammt ebenfalls aus Franken. Er wurde in Treuchtlingen geboren und lebte später eine Zeitlang in Nürnberg. Weiter gilt es, den Wahl-Bamberger *Hans Wollschläger* zu erwähnen, der sich auch als Ulysses-Übersetzer einen Namen gemacht hat. *Karlheinz Deschner* stammt ebenfalls aus Bamberg. Neben seinen Romanen (z. B. „Florenz ohne Sonne“) ist er vor allem als Kirchenkritiker bekannt geworden. Seit 1986 meldet er sich aus seinem Wohnort Haßfurt mit seiner mehrbändigen „Kriminalgeschichte des Christentums“ regelmäßig zu Wort und prangert die Verfehlungen und Verbrechen an, die im Namen Christi begangen wurden.

Literaturtipps

Reiseliteratur

Altmühltal und Fränkisches Seenland, Johann Schrenk, Michael Müller Verlag, Erlangen 2010. Umfassendes Reisehandbuch mit vielen Tipps.

Bamberg, Fränkische Schweiz, Merian-Heft, Hoffmann und Campe Verlag, Hamburg 1982. In zahlreichen Antiquariaten erhältlich.

Bayern nördlich der Donau, Heinz Schomann, Belser Verlag, Stuttgart 1971. Höchstens noch in Bibliotheken vorzufinden.

Bayern Nord, Alexander von Reitzenstein/Herbert Brunner, Reclams Kunstreiseführer, Stuttgart 1983. Ebenfalls nur in Bibliotheken zu finden.

Fichtelgebirge, Merian-Heft, Hoffmann und Campe Verlag, Hamburg 1957. Nur noch in Antiquariaten.

Fränkische Schweiz, Michael Müller/Hans-Peter Siebenhaar, Michael Müller Verlag, Erlangen 2010. Mit seinen vielen Tipps zu Kneipen und Wanderungen in der 9. Auflage bereits ein Klassiker.

Franken, Georg Dehio, Handbuch der Deutschen Kunstdenkmäler, Deutscher Kunstverlag, München 1999. Immer noch das kunsthistorische Standardwerk über Franken und dem DuMont-Kunstreiseführer an Fülle und Präzision überlegen.

Franken, Karin Lucke, DuMont – Richtig Wandern, Köln 1994. Nur noch antiquarisch erhältlich.

Franken, Merian-Heft, Hoffmann und Campe Verlag, Hamburg 1995. Ansprechender Streifzug durch Franken in Merian-Qualität.

Frankenwald und Coburger Land, Merian-Heft, Hoffmann und Campe Verlag, Hamburg 1976. Nur noch im Antiquariat.

Mainfranken, Merian-Heft, Hoffmann und Campe Verlag, Hamburg 1957 + 1983. Ebenfalls nur noch im Antiquariat.

Der Main, Andreas Rummler, DuMont-Kunstreiseführer, Köln 1994. Nicht mehr lieferbar.

Der Main, Doris u. Dieter Schiller, Literatur-Reisen, Klett-Cotta Verlag, Stuttgart 1994. Ebenfalls nur noch in Bibliotheken.

Mittelfranken, Joachim Hotz, H.O. Schulze Verlag, Lichtenfels 1976. Mit vielen Abbildungen, steht in vielen Bibliotheken.

Nürnberg und Fürth, Ralf Nestmeyer, Michael Müller Verlag, Erlangen 2010. Ausführliches Reisehandbuch mit vielen praktischen Informationen.

Nürnberg, Merian-Heft, Hoffmann und Campe Verlag, Hamburg 1966,1981. Ebenfalls nur noch antiquarisch. Aktuell im Buchhandel das Heft aus dem Jahr 2007.

Oberfranken, Joachim Hotz/Isolde Maierhöfer, H.O. Schulze Verlag, Lichtenfels 1970. Mit zahlreichen Abbildungen, steht in vielen Bibliotheken.

Oberfranken-Ost, Wilhelm Malter, Deutsche Landeskunde, Glock und Lutz Verlag, Heroldsberg 1984. Steht in manchen Bibliotheken.

Oberfranken-West, Wilhelm Malter, Deutsche Landeskunde, Glock und Lutz Verlag, Heroldsberg 1984. Steht in manchen Bibliotheken.

Rothenburg und das Taubertal, Merian-Heft, Hoffmann und Campe Verlag, Hamburg 1964 + 1970. Antiquariatstitel.

Spessart, Merian-Heft, Hoffmann und Campe Verlag, Hamburg 1955 + 1976. Beide nur noch im Antiquariat.

Würzburg, Merian-Heft, Hoffmann und Campe Verlag, Hamburg 1948 + 1972. Ebenfalls nur noch antiquarisch erhältlich.

Geschichte

Bach-Damaskinos, Ruth – Schabel, Jürgen – Kothes, Sabine: Schlösser und Burgen in Mittelfranken. Umfassende Gesamtaufnahme. Hofmann Verlag, Nürnberg 1993.

Bosl, Karl: Bayerische Geschichte, C. H. Beck Verlag, München 1971.

Engelbrecht, Peter: Touristenidylle und KZ-Grauen. C. und C. Rabenstein, Bayreuth 1997. Ansprechende Dokumentation der nichtbewältigten Pottensteiner NS-Vergangenheit.

Grimm, Claus (Hg.): Aufbruch ins Industrie-Zeitalter, 4 Bände, Ausstellungskatalog des Hauses der Bayerischen Geschichte, München 1985.

Guth, Klaus: Konfessionsgeschichte in Franken 1555–1955, Bayerische Verlagsanstalt Bamberg, Bamberg 1990.

Hamann, Brigitte: Winifried Wagner oder Hitlers Bayreuth. Piper Verlag, München 2002. Materialreiches Werk, das die engen Verbindungen zwischen Winifried Wagner und dem Nationalsozialismus dokumentiert.

Hofmann, Rainer (Hg.): Ritter, Burgen, Dörfer. Bayreuth 1997. Informativer Ausstellungskatalog über das mittelalterliche Leben in Stadt und Land am Beispiel der Fränkischen Schweiz. In den Museen von Forchheim und Tüchersfeld zu erwerben.

Kamp, Michael: Die touristische Entdeckung Rothenburgs ob der Tauber im 19. Jahrhundert. Wunschbild und Wirklichkeit. Selbstverlag, Schillingsfürst 1996. Zu beziehen über den Autor: Michael Kamp, Neue Gasse 1, 91583 Schillingsfürst, ✆ 09868/93035.

Keller, Walter E. – Schnabel, Lothar: Vom Main zur Donau, 1200 Jahre Kanalbau in Bayern, Bayerische Verlagsanstalt Bamberg, Bamberg 1984.

Kohl, Christiane: Der Jude und das Mädchen. Die Geschichte des Nürnberger Fotohändlers Leo Katzenberger, der von den Nazis 1942 aufgrund dubioser Vorwürfe hingerichtet wurde. Goldmann Taschenbuch, München 1999.

Koller, Michael: Die Kartäuser in Franken, Echter Verlag, Würzburg 1996.

Müller, Reiner A. (Hg.): Reichsstädte in Franken, 3 Bände, Haus der Bayerischen Geschichte, München 1987. Informativer Ausstellungskatalog mit zwei Aufsatzbänden. Zeigt die Geschichte der fränkischen Reichsstädte in vielen Facetten.

Pfeiffer, Gerhard (Hg.): Nürnberg – Geschichte einer europäischen Stadt, C. H. Beck Verlag, München 1982.

Radlmaier, Steffen (Hg.): Der Nürnberger Lernprozess. Sehr interessante Darstellung der Nürnberger Prozesse aus der Sicht zahlreicher bedeutender Schriftsteller. Erschienen in einer wunderschönen Ausgabe in der Anderen Bibliothek, Eichborn Verlag, Frankfurt 2001.

Scheib, Asta: Eine Zierde in ihrem Haus, rororo Taschenbuch 2000. Die aufregende Geschichte der Ottilie von Faber-Castell, einer Gräfin, die der Liebe willen auf Familie und Vermögen verzichtete.

Scherzer, Conrad: Franken. Land, Volk, Geschichte und Wirtschaft, Nürnberg 1959. Steht in jeder guten Bibliothek.

Schnurrer, Ludwig: Rothenburg im Mittelalter. Studien zur Geschichte einer fränkischen Reichsstadt, Rothenburg 1997. Verlag des Vereins Alt-Rothenburg e.V.

Schwierz, Israel: Steinerne Zeugnisse jüdischen Lebens in Bayern, Bayerische Landeszentrale für politische Bildungsarbeit, München 1988.

Spindler, Max (Hg.): Handbuch der bayerischen Geschichte, Bd. III, 1, Geschichte Frankens bis zum Ausgang des 18. Jahrhunderts. C. H. Beck Verlag, München 1997. Mit seinen knapp 1500 Seiten eine erschöpfende Darstellung der fränkischen Geschichte (leider sehr teuer).

Rockenmaier, Dieter W.: Das Dritte Reich und Würzburg, Mainpresse, Würzburg 1983.

Weinke, Annette: Die Nürnberger Prozesse. Knappe Gesamtabhandlung, informativ und preiswert. C.H. Beck Verlag, München 2006.

Zelnhefer, Siegfried: Die Reichsparteitage der NSDAP, Schriftenreihe des Stadtarchivs, Nürnberg 1991.

Belletristik/Diverses

Bergmann, Rudolf Maria: Museumsführer Franken. L & H Verlag, Hamburg 1997. Ausführliche Beschreibung (fast) aller fränkischen Museen.

Buhl, Wolfgang: Fränkische Klassiker, Verlag Nürnberger Presse, Nürnberg 1971.

Friedrich, Sabine: Familiensilber. dtv, München 2005. Facettenreicher Familienroman, dessen Schauplatz Neuenburg unschwer als Coburg zu erkennen ist.

Heine, E.W.: Toppler. Ein Mordfall im Mittelalter. Diogenes, Zürich 1990. Die Geschichte von Heinrich Toppler, dem berühmten Rothenburger Bürgermeister.

Jaud, Tommy: Resturlaub. Scherz Verlag, Frankfurt 2006. Witzige Odyssee eines Bamberger Brauerei-Managers nach Argentinien mit vielen Anspielungen auf die fränkische Mentalität.

Kesten, Hermann: Josef sucht die Freiheit. Der 1928 erschienene Debütroman von Hermann Kesten in einer wunderschönen bibliophilen Ausgabe (der Einband wurde von Bernd Pfarr gestaltet). Steidl Verlag, Göttingen 1999.

Kesten, Hermann: Mit Menschen leben. Der Herausgeber Wolfgang Buhl hat in diesem Buch zahlreiche Texte versammelt, in denen Kestens Heimatstadt eine mehr oder weniger große Rolle spielt; selbst Briefe aus dem Exil fehlen nicht. ars vivendi, Cadolzburg 1999.

Klein, Diethard H.: Frankenfahrt mit Kutsche und Dampfbahn, Druckhaus Bayreuth, Bayreuth 1992. Anthologie.

Köthe, Andree/Oellech, Yves: Die beiden Köche des Nürnberger Gourmetrestaurants Essigbrätlein (2 Michelin-Sterne) geben in der SZ Bibliothek der Köche (Band 17) nicht nur einen Einblick in ihre Arbeit, sondern auch ein paar ihrer besten Rezepte preis. München 2008.

Kraft, Thomas/Gasseleder, Klaus: Spaziergänge durch das Franken der Literaten und Künstler. Arche Verlag 2008. Literarische Spurensuche mit vielen Fotos.

Koeppen, Wolfgang: Proportionen der Melancholie. Drei fränkische Städtebilder (Nürnberg, Würzburg, Bayreuth). Kleebaumverlag, 1997.

Korber, Tesa: Falsche Engel. Der Nürnberger Christkindlesmarkt als Krimikulisse. Aufbau Taschenbuch 2003.

Mack, Stefan: Fränkische Brauereikarte. Umfassende Information zu rund 400 fränkischen Brauereien. Stefan Mack Verlag, Großgeschaidt, 1994.

Marenda, Heiko: Tatort. Eine erotische Reise durch Mittelfranken. Marenda vermittelt ungeahnte, indiskrete Einblicke in die fränkische Kulturlandschaft. Koberger & Kompany Verlag 1996.

Nestmeyer, Ralf – Mössler, Stefan – Reuß, Andres – Fröhling, Stefan: Der Ausflugs-Verführer Nürnberg. 38 Touren durch das Nürnberger Umland. ars vivendi, Cadolzburg 2003.

Ollier, Claude: Bildstörung. Die literarisch anspruchsvoll geschilderten Erlebnisse eines jungen Franzosen, der den Zweiten Weltkrieg als Zwangsarbeiter in Nürnberg erlebte. Suhrkamp Verlag, Frankfurt 1991.

Piontek, Frank – Schultz, Joachim: Bayreuth, ein literarisches Porträt. Insel-Verlag, Frankfurt 1996. Ansprechende Anthologie in der im Insel Verlag erschienen Reihe literarischer Landschaftsbegleiter.

Reitzenstein, Wolf-Armin Freiherr von: Lexikon fränkischer Ortsnamen. C.H. Beck Verlag, München 2009. Umfassendes Kompendium zur Entwicklung und Bedeutung von Siedlungs- und Gewässernamen in Franken.

Röhrig, Tilman: Riemenschneider. Piper Taschenbuch, München 2009. Nicht nur eine biografische Annäherung, sondern ein kulturhistorisches Panorama Frankens und Würzburgs zu Beginn des 16. Jahrhunderts.**Romeis, Ulrike – Bieker, Josef – Nestmeyer, Ralf**: Rothenburg und das Taubertal (Bildband). Stürtz-Verlag, Würzburg 1998.

Rosendorfer, Herbert: Bayreuth für Anfänger, dtv, München 1994.

Thierfelder, Walter und Stefan – Nestmeyer, Ralf: Rhön (Bildband), Stürtz-Verlag, Würzburg 1996. Modernes Antiquariat.

Timm, Uwe: Der Mann auf dem Hochrad. dtv, München 2002. Die Geschichte des Tierpräparators Franz Schröder spielt in Coburg zu Beginn des Industriezeitalters.

Warnecke, Kläre: Spaziergänge durch Richard Wagners Bayreuth. Arche Verlag, 2001. Fünf interessante musikalische Rundgänge durch die Festspielstadt.

Wassermann, Jakob: Die Juden von Zirndorf. dtv Taschenbuch, München 2002. Für die Veröffentlichung dieses Romans wurde der Fürther Autor 1897 hoch gelobt. Erzählt wird die Geschichte einer jüdischen Gemeinde in einer fränkischen Kleinstadt im 19. Jahrhundert.

Weinacht, Stefan: Badeseen und Naturbäder in Mittelfranken. ars vivendi Verlag, Cadolzburg 2005. Ausführlich beschriebene Badetipps für die heißen Tage.

Worschech, Reinhard – Weisensee, Bernhard: Weinland Franken, Würzburg 1990. Nur in Bibliotheken.

▲ Königsberg

Franken – Reiseziele

Der Schlosspark von Dennenlohe

Romantisches Franken

Seit 1994 haben sich die Fremdenverkehrsverbände „Rangau" und „Land der Romantischen Straße" zum Verband „Romantisches Franken" zusammengeschlossen. Diese neu geschaffene Tourismusregion erstreckt sich vom fränkischen Teil der Romantischen Straße über den Landkreis Ansbach nach Osten bis nach Fürth: spärlich besiedelt, aber sehr reizvoll.

Die *Romantische Straße*, die älteste und berühmteste Touristikroute Deutschlands, verbindet zwischen Würzburg und Füssen Städte mit klangvollen Namen wie Rothenburg ob der Tauber, Dinkelsbühl, Nördlingen und Augsburg, aber auch kleinere, unbekanntere Orte wie Tauberbischofsheim, Feuchtwangen und Harburg. Zu Franken gehört neben Würzburg aber nur der Bereich zwischen Rothenburg und Dinkelsbühl. Das kunsthistorische Spektrum, das sich entlang der 340 Kilometer langen Romantischen Straße entfaltet, ist schier unermesslich: Neben mittelalterlichen Rathäusern und Kirchen wird sie auch von zahlreichen barocken Kunstwerken, einer bischöflichen Residenz sowie dem Kleinod des bayerisch-schwäbischen Rokokos, der Wieskirche, gesäumt. Die Romantische Straße, das ist Tilman Riemenschneider im Taubertal, Jakob Fugger in Augsburg und Ludwig II. in Neuschwanstein.

Es ist nicht verwunderlich, dass diese Straße 1950 als die „Romantische" bezeichnet wurde. Die Städte Donauwörth, Nördlingen, Dinkelsbühl und vor allem Rothenburg ob der Tauber wurden in der Romantik von den Poeten und Malern als Sinnbild des deutschen Mittelalters „entdeckt". Alle vier Städte haben den Höhepunkt ihrer kulturellen und politischen Bedeutung im Spätmittelalter erlebt, also in jener Epoche, die die Romantiker so sehr verherrlichten.

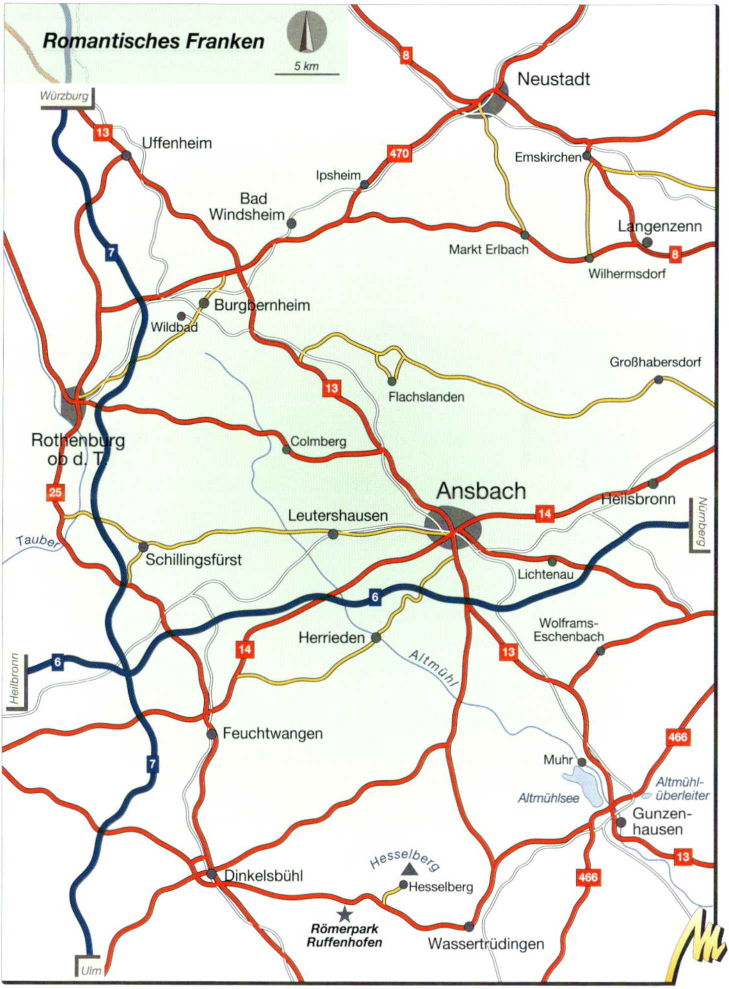

Durch das „Romantische Franken“ verläuft mit der „Burgenstraße“ eine weitere berühmte Touristikroute. Ihr landschaftlicher Mittelpunkt ist der „Naturpark Frankenhöhe“. In diesem rund 1100 Quadratkilometer großen Gebiet scheint die Sonne besonders häufig, und mit nur 60 Einwohnern pro Quadratkilometer ist es die am dünnsten besiedelte Region Bayerns. Nach Osten, zum Mittelfränkischen Becken hin, flachen die meist bewaldeten Höhenrücken ab. Der Naturpark fällt durch die Vielfalt der Baumarten und Strauchflora sowie seinen Vogelreichtum auf: Mäusebussard, Turm- sowie Baumfalke, Hühnerhabicht und Sperber sind nicht selten. An den Südflanken der Frankenhöhe reift dank des günstigen Klimas ein ausgezeichneter Wein. Vom Riesling und Müller-Thurgau einmal abgesehen, hat der Silvaner in Franken seine beste Pflegestätte. Der nordöstliche Teil des „Romantischen Frankens", der bis 1994 noch unter dem Begriff „Rangau" eine eigene Tourismusregion darstellte, gilt mit seinen vielen Fischweihern als Deutschlands Karpfengegend Nr. 1. Auch an Sehenswürdigkeiten herrscht kein Mangel. Die bekannten touristischen Zentren Rothenburg ob der Tauber und Dinkelsbühl sowie die Höhenburgen Cadolzburg, Colmberg und Virnsberg wecken Erinnerungen an das Mittelalter; nicht zu vergessen Ansbach, die Stadt des fränkischen Rokokos.

Information Tourismusverband Romantisches Franken, 91598 Colmberg, Am Kirchberg 4, ✆ 09803/94141, 📠 09803/94144, www.romantisches-franken.de.

Was ist Romantik?

Wenn man von der Romantischen Straße oder vom Romantischen Franken spricht, liegt die Frage nach dem Wesen der Romantik nahe.

Die Romantik, die an der Wende zum 19. Jahrhundert ihren Höhepunkt erreicht hatte, war der große Aufstand der Subjektivität des Geistes und der Seele gegen die Aufklärung und ihre Maximen der Rationalität und Nützlichkeit, gegen die Klassik und ihrem Bedürfnis nach Harmonie und Ordnung, ja gegen die Herrschaft der planen Wirklichkeit, der biederen Moral, der Durchschnittlichkeit; sie hatte die Grenzen menschlicher Wirklichkeit neu abgesteckt, und sie bestimmt die Wirklichkeit unserer Wahrnehmung bis in die Gegenwart. Schon *Friedrich Nietzsche* hatte den Anhängern der Romantik vorgeworfen, ihre Begeisterung sei „kein Zeichen von Stärke, sondern von Mangelgefühl". Die Sehnsucht nach einer unzerstörten Natur, einer intakten Umwelt und der „guten alten Vergangenheit" wird heute einerseits als Klischee angesehen und als Rückzug und Flucht aus einer kalten Realität angefeindet, andererseits aber in Verbindung mit „romantischen" Reisezielen bewusst werbewirksam eingesetzt.

Als literarische Bewegung ist die Romantik mit den Namen *Wackenroder, Tieck, Novalis* und *Schlegel* verbunden. Die romantische Reiseauffassung war ursprünglich gekennzeichnet durch die Verehrung der mittelalterlichen Kunst und Religion und von einer Affinität zum ziellosen Wandern, das nicht als eine Form der Fortbewegung, sondern als eine eigene „Daseinsform" begriffen wurde. Die topographische Realität rückte dabei zumeist in den Hintergrund; die Wirklichkeit wurde von einem romantischen Stimmungszauber umkleidet, und auch die Auswahl eines Reiseziels richtete sich danach, inwiefern es in der Lage sein konnte, eine Gefühlsregung beim Reisenden hervorzurufen.

Rothenburg ob der Tauber

In der Altstadt von Rothenburg ist das Klicken der Fotoapparate an manchen Tagen lauter als der Geräuschpegel der wenigen Autos, die das Zentrum befahren dürfen. Touristen aus aller Herren Länder, insbesondere aus Japan und Amerika, beherrschen das Straßenbild. Kritiker werfen Rothenburg vor, ein fränkisches Disneyland zu sein.

Rothenburg gilt als *die* romantische Stadt schlechthin; mauerbewehrt und turmüberhöht liegt sie mit ihren verwinkelten Gassen und alten Fachwerkhäusern an einem Steilhang über dem Taubertal. Diese einzigartige Symbiose von Stadt und Landschaft bleibt in Deutschland unübertroffen. Und so konnten und können sich bis heute die wenigsten dem Charme Rothenburgs entziehen. Durch zahlreiche Feste und Veranstaltungen wird dieses Image gepflegt. Das 12.000 Einwohner zählende Städtchen kokettiert mit der Vergangenheit und verzeichnet so viele Gäste wie kaum eine andere Stadt in Deutschland: Rund zweieinhalb Millionen Gäste werden pro Jahr gezählt, mehr als die Hälfte davon stammt aus dem Ausland! Wer eine Vorliebe für leere Gassen und stille Winkel hegt, muss Rothenburg allerdings bei Nacht und Nebel durchstreifen, denn tagsüber gehört die Stadt den Besuchern aus aller Welt. Und so verwundert es nicht, dass *Wladimir Kaminer* Rothenburg als ein „als Stadt getarntes Spielzeugmuseum" empfand.

Inszeniertes Mittelalter

Ein farbenprächtiger Höhepunkt im Rothenburger Stadtleben sind die alljährlich im September stattfindenden Reichsstadt-Festtage, die erstmals 1974 zum 700. Jubiläum der Reichsstadterhebung ins Leben gerufen worden sind. Nahezu die gesamte historische Altstadt verwandelt sich drei Tage lang in eine einzige lebendige Freilichtbühne. Zum Auftakt ziehen alle beteiligten Historiengruppen am Freitagabend in einem stimmungsvollen Fackelzug durch das erwartungsvoll gestimmte Rothenburg, bevor sie während der nächsten beiden Tage in den Gassen und auf verschiedenen Plätzen den Besuchern Einblicke in wichtige Episoden der Stadtgeschichte gewähren. Die in authentische Kostüme gekleideten Laiendarsteller spielen mildtätige Franziskanermönche, mit Sensen und Dreschflegeln bewaffnete Bauern, mittelalterliche Musikanten und kühne Ritter; Missetäter werden im Anschluss einer „hochnotpeinlichen" Gerichtsverhandlung ihrer verdienten Strafe zugeführt. Am Samstagabend versinkt die Stadt schließlich in Erinnerung an den Dreißigjährigen Krieg im Kanonendonner und Feuerschein – vollendete Illusion. Selbstverständlich gehören auch Aufführungen des „Historischen Schäfertanzes" und des weit über die Stadtgrenzen hinaus bekannten „Meistertrunk-Schauspiels" zum Festprogramm.

Kritiker sehen Rothenburg hingegen als konservierte Idylle, als eine Art mittelalterliches Disneyland ohne eigene Identität und verweisen darauf, dass kurz vor Ende des Zweiten Weltkriegs ein amerikanisches Bombergeschwader mehr als ein Drittel der Stadt in Schutt und Asche gelegt hatte und es sich bei dem betroffenen Viertel zwischen dem Weißen Turm und dem Rödertor heute um nichts anderes als eine originalgetreue Rekonstruktion handelt. Nicht alles, was alt aussieht, hat bereits im Mittelalter Regen und Schnee getrotzt. Dennoch lebt Rothenburg von und mit seiner Geschichte. Man muss sich Zeit nehmen, um die ungeheure Fülle an Kunstschätzen in ihrer ganzen Breite würdigen zu können. Ein Spaziergang entlang sowie auf dem Wehrgang der mehr als drei Kilometer langen Stadtmauer mit ihren 43 Tor- und Mauertürmen vermittelt einen Eindruck von der Größe der einst so selbstbewussten Reichsstadt.

Geschichte

Auf einer schmalen Bergzunge, verteidigungstechnisch günstig „ob“ der Tauber gelegen, erbauten die Grafen von Kochergau gegen Ende des 10. Jahrhunderts eine Burg. Nach dem Aussterben des Adelsgeschlechts wurde diese von *Konrad III.* erworben, der somit seinen staufischen Gütern ein neues Territorium zuschlagen konnte. Konrad ließ 1142 die Anlage durch den Bau der sog. „vorderen Burg“ erweitern. Neben dieser staufischen Kaiserburg entstand eine kleine Siedlung, die Keimzelle von Rothenburg. Von den beiden Burgen ist allerdings nicht mehr viel zu sehen: Durch ein großes Erdbeben stürzten 1356 die Stauferpfalz und mit ihr auch weite Teile der talseitigen Mauer ein. Mit kaiserlicher Erlaubnis durften die Rothenburger die Steine der zerstörten Burg zum Ausbau ihrer Stadt verwenden, nur die zur Anlage gehörige Blasiuskapelle musste wieder errichtet werden; sie ist daher bis heute erhalten geblieben. Im 13. und 14. Jahrhundert begann und vollendete sich Rothenburgs Aufstieg zu einer bedeutenden Stadt mit reichsstädtischen Rechten. Mehr als 6.000 Menschen lebten um das Jahr 1400 innerhalb der wehrhaften Mauern. Unter der geschickten Führung des kühnen Bürgermeisters *Heinrich Toppler* erlangte die von einem beachtlichen Territorium umgebene Stadt den Höhepunkt ihrer Macht. Das reichstädtische Gebiet erreichte im 15. Jahrhundert eine Ausdehnung von 400 Quadratkilometern und umfasste 167 Dörfer.

Wie viele andere Reichsstädte trat auch Rothenburg zum Protestantismus über. Der Übergang vollzog sich leicht und schnell, da der seit 1512 wirkende Prädikant Teuschlein seit der Jahreswende 1522/23 einfach zur evangelischen Predigtform überging und ihm ab 1524 ein evangelisch gesinnter Pfarrer zur Seite trat. In den beiden nächsten Jahrzehnten vollzog sich ein Konfessionswechsel der gesamten Bürgerschaft. Die zweimalige Eroberung im Dreißigjährigen Krieg der auf Seiten der Protestantischen Union stehenden Stadt hat den Elan Rothenburgs in wirtschaftlicher wie politischer Hinsicht nachhaltig erschüttert. Ein gutes Jahrhundert später war der Wehrwille offensichtlich völlig gebrochen: 1757, während des Siebenjährigen Krieges, reichten tatsächlich 35 Husaren unter der Führung eines unbedeutenden Leutnants aus, um Rothenburg einzunehmen und auszuplündern.

Der Markusturm und der Röderbogen sind Zeugnisse der ersten Stadtmauer

Im Jahre 1802 verdrängte der bayerische Rautenschild den Königsadler. Abseits der wichtigen Verkehrsströme verharrte Rothenburg in seinen Mauern. Erst die Romantiker „entdeckten“ das Städtchen neu. Als *Ludwig Richter* 1826 auf einer Wanderung nach Rothenburg kam, schrieb er tief beeindruckt:

„Der Abend dämmerte bereits, als ich in die engen, holprigen Straßen trat. Die Häuser mit den hohen, spitzen Giebeln, die Stockwerke immer das darunterlie-

gende überragend, altertümliche Schilder und Innungszeichen, gotische Kapellen und Kirchen, aber selten ein paar Menschen in den Gassen, alles so still in dieser Dämmerstunde! – Ich glaubte, plötzlich ins Mittelalter versetzt zu sein, besonders als ich in die Herberge trat. Eine kleine gotische Türe, zwei Stufen abwärts in die Hausflur zu steigen. Die Gaststube ein niedriger Raum, kleine Fenster mit runden Scheiben. An den Tischen saßen einige Männer in Kleidern, die auch aus Großvaters Zeiten zu sein schienen, bei ihrem Biere in hohen Zinnkrügen, wie ich sie nur aus Albrecht Dürer kannte."

Beliebtes Touristenziel – das mittelalterliche Rothenburg

Von den Segnungen des modernen Industriezeitalters vergessen, versank Rothenburg in eine Art Dornröschenschlaf. Erst der fulminante Aufstieg zur romantischen Tourismusmetropole beendete diesen Dämmerzustand. Maler wie Ludwig Richter und Carl Spitzweg streiften, auf der Suche nach der biedermeierlichen Idylle, mit Zeichenstift, Pinsel und Skizzenbuch durch die Stadt; wenige Jahre später strömten die durch Zeitungsberichte neugierig gewordenen Kulturreisenden in Scharen herbei. Rothenburgs Bürger begriffen schnell, welche Möglichkeiten der Fremdenverkehr ihrem pittoresken Tauberstädtchen bot. Man wollte „alles aufbieten, um den Fremden den Aufenthalt in Rothenburg so angenehm als lieb zu machen". Hierzu gehörte nicht nur, dass altehrwürdige Handwerksmeister beinahe von einem Tag auf den anderen Fremdenzimmer vermieteten, ganz Rothenburg wurde in ein adrettes und reinliches Ausflugsstädtchen verwandelt, die Misthaufen jenseits der Stadttore verbannt und die glorreiche Stadtgeschichte mit Schauspielen und Legenden über Heinrich Toppler und den Meistertrunk des Altbürgermeisters *Georg Nusch* aufwendig in Szene gesetzt. Der Erfolg blieb nicht aus: Das Tauberstädtchen gilt seither weltweit als das „Knusperhäuschen der deutschen Seele".

Einen schweren Schlag musste Rothenburg noch kurz vor Ende des Zweiten Weltkriegs hinnehmen. Es wurde von amerikanischen Flugzeugen bombardiert und dabei empfindlich getroffen: Mehr als 40 Prozent der Stadt – 300 Wohnhäuser, neun Türme und 750 Meter Stadtmauer – lagen in Schutt und Asche. Auch das Rathaus wurde schwer beschädigt, die Fassade blieb jedoch unversehrt. Die größten Verluste hatte man im Areal zwischen Weißem Torturm und Rödertor zu beklagen. Das zerstörte Viertel wurde in Anlehnung an den ursprünglichen Zustand wieder aufgebaut, wobei man vor allem bemüht war, den Verlust zumindest optisch wettzumachen.

Der König von Rothenburg

So lautete der Titel eines 1911 erschienenen Romans von Paul Schreckenbach, der das Schicksal von *Heinrich Toppler*, dem berühmtesten und mächtigsten Bürgermeister Rothenburgs, erzählt. Heinrich Toppler, der irgendwann zwischen 1340 und 1350 geboren wurde, war in gewisser Hinsicht ein Emporkömmling, der es durch Geschick und eine planvolle Heiratspolitik verstand, seine Familie mit den ältesten und einflussreichsten Patrizierfamilien Rothenburgs zu verschwägern und zum mit Abstand reichsten Mann der Stadt mit einem fürstlichen Grundbesitz aufzusteigen. Von 1373 bis zu seinem gewaltsamen Tod im Jahre 1408 gehörte Toppler ununterbrochen dem Inneren Rat an, ab 1384 wurde er regelmäßig zum Bürgermeister gewählt. Immer wieder vertrat er die Anliegen Rothenburgs auf dem diplomatischen Parkett und stieg auch, wenn es sich nicht vermeiden ließ, in den Kriegssattel. Die Reichsstadt konnte ihr Territorium in den Jahren seines Wirkens erheblich vergrößern. Für die Außenwelt war Toppler der personifizierte Inbegriff Rothenburgs. Doch das Spiel mit der Macht schafft auch Feinde. Als Rothenburg, dem wegen diplomatischer Kontakte mit dem abgesetzten König Wenzel die Reichsacht erklärt worden war, in einer kriegerischen Auseinandersetzung mit dem Burggrafen von Nürnberg eine empfindliche Niederlage hinnehmen musste, war der Sündenbock schnell gefunden: Toppler wurde verhaftet, ein Gerichtsverfahren angestrengt, dessen Ausgang von vornherein feststand. Am 13. Juni 1408 fand im Gefängnis unter dem Rathaus seine Hinrichtung statt.

Information/Diverses

- *Information* **Kultur- und Tourismus-Service**, Marktplatz, 91541 Rothenburg o. d. Tauber, ✆ 09861/404800, ℻ 09861/404529, www.rothenburg.de. Mo–Fr von 9–12.30 und 14–18 Uhr, Sa 9–12 und 14–16 Uhr.
- *Verbindungen* Stündlich Zugverbindungen nach Steinach, dort umsteigen nach Uffenheim, Ansbach, Nürnberg oder Würzburg.
- *Einwohner* 12.000
- *Literatur* Michael Kamp: Die touristische Entdeckung Rothenburgs ob der Tauber im 19. Jahrhundert; Ludwig Schnurrer, Rothenburg im Mittelalter; Ulrike Romeis, Josef Bieker, Ralf Nestmeyer: Rothenburg und das Taubertal. Bildband, Stürtz Verlag.
- *Markt* Jeden Samstag wird ein schöner Markt auf dem Marktplatz abgehalten.
- *Kino* Lichtspiele Kapellenplatz, Kapellenplatz 14, ✆ 4658, www.kapellenplatz-lichtspiele.de.
- *Theater* **Toppler-Theater**, von Juni bis August werden in dem Freilichttheater im Reichsstadtmuseum auch moderne Stücke gespielt. Kartenvorverkauf, ✆ 404800. www.toppler-theater.de.
- *Käthe Wohlfahrt* Europas größtes **Weihnachtsfachgeschäft**, ganzjährig geöffnet! Mit seinen labyrinthartigen Gängen ein wahres Disneyland für romantische Seelen. Herrngasse 1, ✆ 09861/4090, www.wohlfahrt.com. Mo–Fr 9–18 Uhr, Sa 8–16 Uhr, Mitte Mai bis 24. Dez. auch So und feiertags 10–18 Uhr.
- *Ballonfahrten* Tgl. werden bei guter Witterung zwei bis drei Stunden vor Sonnenuntergang Ballonstarts durchgeführt. Das Vergnügen ist mit 170 € pro Person nicht gerade günstig. Der „Stammstartplatz" befindet sich im Ortsteil Dettwang, gegenüber der Ludleinsmühle. Information über Georg Refferscheid, Paradeisgasse 17, ✆ 87888, www.happy-ballooning.de.
- *Feste* An Pfingsten und an den Reichsstadtfesttagen im Herbst wird die Legende vom **Meistertrunk** gespielt, und Rothenburg hüllt sich in ein mittelalterliches Flair. Am Ostersonntag wird der historische **Schäfertanz** auf dem Marktplatz aufgeführt. Die Reichsstadt-Festtage werden En-

Romantisches Franken
Karte Seite 57

de August/Anfang September abgehalten. Am zweiten Augustwochenende findet das **Taubertal-Festival** statt. Von Freitagabend bis Sonntag pilgern mehr als 20.000 Musikfans ins Taubertal, www.taubertal-openair.de.

• *Museen* siehe „Sehenswertes".

• *Schwimmen* **Franken-Freizeit-Bad**, beheiztes Waldschwimmbad mit Sprungbecken, im Sommer Fr–Mi 8–20 Uhr, Do ab 10 Uhr. Nördlinger Straße, ✆ 4565. Ozon-Hallenbad mit Sauna und Solarium, von Mitte Sept. bis Mitte Mai, Mo 14–21 Uhr, Di–Do 9–21 Uhr, Fr, Sa und So 9–18 Uhr. Nördlinger Straße, ✆ 4565.

• *Tennis* Tennisclub Rothenburg, ab Mitte April tgl. 8.30–17 Uhr. Philosophenweg, ✆ 7893.

• *Stadtführungen* Unter den Arkaden am Marktplatz beginnen die Führungen tgl. um 11 Uhr und 14 Uhr (April–Okt. und Dez.), sowie um 21.30 Uhr (auch April–Dez., in Begleitung eines Nachtwächters). Teilnahmegebühr: 5 €.

Essen/Übernachten

Eisenhut (7), das Traditionshotel am Platz, selbst Winston Churchill und Herbert Grönemeyer sind hier schon abgestiegen. Bereits das Foyer mit der großen, ausladenden Holztreppe stimmt auf die Atmosphäre ein. Die altertümlichen, aber komfortablen Zimmer sind auf vier mittelalterliche Patrizierhäuser verteilt. Gutes Restaurant mit Gartenterrasse, Hauptgerichte von 15–20 €. Menü zu 40 €, so das gebratene Welsfilet auf Zitronenrisotto. Gehobene Preise: EZ ab 99 €, DZ ab 134 € (zuzüglich 17 € pro Person für das Frühstücksbuffet). Herrngasse 3–7, ✆ 09861/7050, 📠 70545, www.eisenhut.com.

*** **Glocke (9)**, zu dem sehr freundlich geführten Hotel gehört der einzige noch verbliebene Rothenburger Winzerbetrieb. Deftige hausgemachte Küche, z. B. Rindsroulade in Burgundersoße oder Saure Nieren. EZ ab 62 €, DZ ab 85 €. Am Plönlein 1, ✆ 09861/958990, 📠 9589922, www.glocke-rothenburg.de.

Tilman Riemenschneider (2), zünftiges, gut ausgestattetes Hotel in einem historischen Haus. Im Restaurant gibt es anspruchsvolle fränkische Küche zu gehobenen Preisen, Menüs zu 21 und 19,80 € (vegetarisch). Den Gästen stehen ein Fitnessraum sowie zwei Whirlpools zur Verfügung. Höheres Preisniveau auch im Hotel: EZ ab 88 €, DZ ab 110 € (inkl. Frühstücksbuffet). Georgengasse 11–13, ✆ 09861/9790, 📠 2979, www.tilman-riemen schneider.de.

Reichs-Küchenmeister (3), direkt hinter dem Chor der Jakobskirche mit schönem schattigem Biergarten. Empfehlenswert ist die frische Tauberforelle Müllerin Art für 15,80 €. Im Flair-Hotel gibt es insgesamt 90 Betten mit rustikalem Flair. Sauna und Whirlpool vorhanden. EZ ab 65 €, DZ 75–135 € (inkl. Frühstück). Kirchplatz 8, ✆ 09861/9700, 📠 970409, www.reichskuechenmeister.com.

Villa Mittermeier (1), stilvolles Hotel wenige Meter außerhalb der Stadtmauer. Die Zimmer wie auch die Suiten sind individuell eingerichtet und sorgen für Atmosphäre. Hervorragend sind die Leistungen des jungen Küchenchefs. Das Restaurant gilt als eines der besten Mittelfrankens (16 Punkte bei Gault Millau, ein Michelinstern)! Lecker ist die Roulade vom Kaninchen mit Pfifferlingen und Radicchiorosen-Risotto. Menüs zu 48 und 90 €. Günstiger, aber ebenfalls sehr gut speist man in der benachbarten Enoteca Blaue Sau (13 Punkte). Kreative italienische Küche (Rotbarbe, Lammhaxe etc.) zu angemessenen Preisen, Tagesmenü 24,50 €. 40 Betten. Hallenbad (10 x 5 m), Sauna und Solarium. EZ ab 66 €, DZ 88–187 €. Vorm Würzburger Tor 9, ✆ 09861/94540, 📠 945494, www.mittermeier.rothenburg.de.

Gasthof Marktplatz (5), gleich neben dem Rathaus mit Terrasse zum Rathausplatz. Die Innenräume sind eher schlicht eingerichtet. In der Küche spiegelt sich die räumliche Nähe zu Schwaben (Maultaschen) wider: Zu vielen Gerichten werden Spätzle serviert. EZ 25 € (ohne Bad), DZ 42–52 € (je nach Ausstattung, alle inkl. Frühstück). Grüner Markt 10, ✆/📠 09861/6722, www.gast hof-marktplatz.de.

** **Klosterstüble (6)**, kleines Hotel mit schmackhafter fränkischer Küche zu angemessenen Preisen. In der einladenden Gaststube mit Balkendecke wird ein fränkischer Krustenbraten mit Klößen für 10,90 € serviert. Die teureren Zimmer sind sehr stilvoll mit viel Holz renoviert, im Studio gibt es gar eine offene Badewanne (176 €). EZ 56–86 €, DZ 86–136 € (inkl. Frühstücksbuffet). Heringsbronnengasse 5, ✆ 09861/6774, 📠 6474, , www.klosterstueble.de.

Gasthof Siebersturm (10), günstige fränkische Küche. Das Hotel wird vom ADFC als besonders fahrradfreundlich empfohlen. Besonders attraktiv sind die Zimmer mit Blick aufs Taubertal. Die geschmackvoll eingerichteten Doppelzimmer kosten 58–84 €. Spitalgasse 6, ✆ 09861/3355, 📠 933823, info@siebersturm.de, www.siebersturm.de.

Café Uhl (8), neben Kaffee und Kuchen bietet Familie Uhl auch Zimmer an, teilweise mit Blick ins Taubertal! EZ ab 34 €, DZ 59–79 € (inkl. Frühstücksbuffet). Plönlein 8, ✆ 09861/4895, 📠 92820, www.hotel-uhl.de.

Goldene Rose (11), das aus dem Jahre 1778 stammende Haus wurde im Frühjahr vollkommen saniert und in ein modernes Boutique-Hotel verwandelt. EZ ab 65 €, DZ ab 85 € (inkl. Frühstücksbuffet). Spitalgasse 28, ✆ 09861/4638, 📠 86417, www.goldene rose-rothenburg.de.

Gasthof Butz (4), mitten im historischen Rothenburg bietet der einfacher Gasthof ein gutes Preis-Leistungs-Verhältnis. Der Schweinebraten kostet 7,20 €. Im Sommer sitzt man gemütlich im Innenhof hinterm Haus. Die netten Zimmer sind ebenfalls recht preiswert. EZ ab 36 €, DZ ab 65 €. Am Kapellenplatz 4, ✆ 09861/2201, 📠 86155, www.butz.kreiselmeier.de.

Privatzimmer, direkt im Zentrum von Rothenburg werden zahlreiche Privatunterkünfte vermietet. Informationen erteilt der Kultur- und Tourismus-Service der Stadt. Viele Vermieter weisen mit Schildern auf ihre Zimmer hin.

• *Jugendherberge* **Rossmühle (12)**, an der südlichen Spitze der Stadtmauer stehen in der, einem historischen Bau aus dem Jahre 1516 184 Betten und 16 Familienzimmer zur Verfügung. Vom 15.12. bis 2.1. geschlossen. Übernachtung mit Frühstück ab 20 €. Mühlacker 1, ✆ 09861/94160, 📠 941620.

Wer hier übernachten will, muss unter 26 J. sein und einen gültigen Jugendherbergsausweis vorlegen. Die Altersgrenze wird allgemein sehr strikt gehandhabt. Ausnahmen gelten nur für Begleitpersonen von Jugendlichen und für Eltern mit Kindern im aufsichtspflichtigen Alter. Man bekommt den Ausweis entweder in den Jugendherbergen selbst oder beantragt ihn beim Deutschen Jugendherbergswerk Landesverband Bayern e. V., Mauerkircherstr. 5, 81679 München, ✆ 089/9220980, 📠 089/92209840.

• Camping Tauber-Idyll, kleiner, beschaulicher Platz mit 40 Stellplätzen. Eine Woche vor Ostern bis Ende Okt. geöffnet. Im Ortsteil Dettwang, ✆ 09861/3177, www.rothenburg.de/tauberidyll.

Tauber-Romantik, bei Dettwang im Taubertal gelegen, 100 Stellplätze. Mitte März bis Anfang Nov. geöffnet. Im Ortsteil Dettwang, ✆ 09861/6191, 📠 9368889, www.camping-tauberromantik.de.

Sehenswertes

Altstadt: Die wichtigste Achse der staufischen Stadt war die heutige Herrngasse, ein breiter, einst als Viehmarkt genutzter Straßenmarkt, der von der Rothenburger Burg nach Nürnberg, einer anderen für die Staufer bedeutenden Stadt, weist. An der Kreuzung mit einer den Norden und Süden verbindenden Straße, über die später der Fernhandel von Würzburg nach Augsburg führte, entstand der viereckige Marktplatz. In der Vielzahl der öffentlichen Gebäude, welche die Stadt am Marktplatz errichten ließ, manifestierte sich ihre wachsende Bedeutung. Zu den pittoresken Winkeln Rothenburgs gehört der als „Plönlein" bezeichnete Platz mit Blick auf den Siebersturm und das tiefer gelegene Kobolzeller Tor.

Die Meistertrunk-Legende

Als Urheber der Meistertrunk-Legende gilt der Rothenburger Chronist Georg Heinrich Schaffert (1739–1794). Die historisch nicht belegte Episode aus dem Dreißigjährigen Krieg diente dem Lokalpoeten Adam Hörber als Grundlage für ein Schauspiel, das 1881 in Rothenburg uraufgeführt wurde. Die Zuschauer waren so begeistert, dass die Meistertrunk-Legende nicht nur einen festen Platz im städtischen Festkalender bekam, sondern schon wenige Jahre später als Kunstuhr den Giebel der Ratstrinkstube zierte. Mehrmals täglich zur vollen Stunde erscheint seither der Altoberbürgermeister Nusch in einem Fenster und leert einen Humpen Wein, während im Fenster auf der anderen Seite der Uhr der kaiserliche Feldherr Graf von Tilly erstaunt mit dem Marschallstab winkt. Der über den Rothenburger Widerstand verbitterte Tilly, so die Legende, wollte im Herbst 1631 die Stadt zerstören und den Rat hinrichten lassen; bei der Übergabe des mehr als drei Liter fassenden Willkommenstrunks hatte er aber den Einfall, Gnade walten zu lassen, „wenn einer von Euch Kraft und Mut besitzt, den Pokal in einem Zug zu leeren". Altoberbürgermeister Nusch trat hervor und gab eine Kostprobe seiner überwältigenden Trinkfestigkeit, woraufhin der schwer beeindruckte Tilly von seinem Vorhaben abließ und die Stadt verschonte.

Stadtmauer: Viele Besucher und auch einige Schüler des Goethe-Instituts der Tauberstadt spendeten anlässlich ihres Aufenthaltes für den Erhalt der Stadtmauer. Japanische Schriftzeichen im fränkischen Sandstein bezeugen die fernöstliche Unterstützung beim Wiederaufbau der im Zweiten Weltkrieg zerstörten Viertel. Von der ersten Stadtumwallung – sie verlief entlang dem Straßenzug Judengasse, Pfarrgasse und Alter Stadtgraben – zeugen noch der *Markusturm* mit dem sog. Röderbogen und der *Weiße Torturm*. Im 14. Jahrhundert wurden dann die Vorstädte durch einen neuen Mauerring, der mit seinen 43 Tor- und Mauertürmen noch erhalten ist, miteinbezogen. Der Wehrgang im östlichen und nördlichen Teil der Stadtmauer ist begehbar, ebenso der *Röderturm*, einer der ehemaligen Tortürme. In der Turmstube befindet sich eine Sammlung von Bildern und Dokumenten über die Zerstörung im Zweiten Weltkrieg.

Öffnungszeiten des Röderturms Ostern bis Okt. tgl. von 9–17 Uhr. Eintritt: 1 €.

Rathaus: Das Rothenburger Rathaus nimmt unter den frühneuzeitlichen Rathäusern zweifellos eine architektonisch herausragende Stellung ein. Der mächtige Bau besteht aus zwei Teilen: Der ältere ist der gotische mit dem weitläufigen Kaisersaal und dem Turm, der vordere Renaissancebau wurde in den Jahren 1572–1577 errichtet, nachdem ein Brand den alten Ostflügel größtenteils zerstört hatte. Ein Lichthof trennt die beiden Gebäude. Die Arkaden wurden erst 1681 angefügt, um einen alten, baufällig gewordenen Gang zu ersetzen. Mit Hilfe eines Bildes von *Friedrich Herlin*, das sich auf der Rückseite des Zwölfbotenaltars in der Jakobskirche befindet, kann man den jetzigen Bau mit dem Rathaus im Jahre 1446 vergleichen.

Besichtigung Der Rathausturm kann zu folgenden Zeiten bestiegen werden: April–Okt. und Dez. 9.30–12.30 Uhr und 13–17 Uhr, Nov.–März Sa und So 12–15 Uhr. Eintritt: 2 €, erm. 0,50 €.

Ratstrinkstube: Die 1446 erbaute Trinkstube durfte nur von den Ratsherren betreten werden. Damals war das Erdgeschoss, in dem heute die Tourist Information untergebracht ist, eine offene Halle, in der die offizielle, geeichte Ratswaage stand. Die Kunstuhr mit der Darstellung des legendären, aber historisch unwahren „Meistertrunks" ist ein Geschenk der Nürnberger Freunde Alt-Rothenburgs von 1910. Täglich zu jeder vollen Stunde von 11 bis 15 sowie um 21 und 22 Uhr hebt der Altbürgermeister Nusch vor dem staunenden Feldherrn Graf Tilly und unter den Augen zahlloser Besucher einen 3,25-Liter-Humpen Wein und leert ihn auf einen Zug. Touristen aus aller Herren Länder halten diese Szene Tag für Tag mit der Kamera fest.

Historiengewölbe: Durch das Portal des gotischen Rathauses gelangt man über den Innenhof zum Eingang in die Historiengewölbe. Die neun Gewölbe geben einen Einblick in die Zeit des Dreißigjährigen Krieges, in die Konflikte zwischen der Katholischen Liga und der Protestantischen Union; auch die damaligen sozialen und religiösen Verhältnisse von Rothenburg ob der Tauber werden nicht ausgespart. In Verbindung mit den Gewölben kann das Verlies der Reichsstadt besichtigt werden, in dem 1408 die Hinrichtung des Rothenburger Bürgermeisters Heinrich Toppler nach mehr als zweimonatiger Kerkerhaft erfolgte.

Öffnungszeiten April–Okt. 9.30–17 Uhr, im Dez. 13–19 Uhr. Eintritt: 2 €, erm. 1,50 €.

St. Jakob: Die von außen schlicht wirkende Stadtkirche mit ihren 57 Meter und 55 Meter hohen Türmen bestimmt von allen Seiten die Silhouette Rothenburgs. Die im 14. und 15. Jahrhundert erbaute gotische Basilika dürfte wohl aus der Grundidee einer Pfarrkirche, die gleichzeitig als Wallfahrtskirche und Aufbewahrungsort für die Heiligblut-Reliquie dienen sollte, hervorgegangen sein. Ihre Größe zeugt vom Selbstbewusstsein des aufstrebenden Rothenburger Bürgertums. Eine Besonderheit ist die Unterführung der Klingengasse unter dem Westchor. Obwohl zahlreiche Kunstgegenstände aus späteren Epochen bei der Restaurierung in der Mitte des 19. Jahrhunderts entfernt wurden, ist die Jakobskirche noch immer sehr reich ausgestattet. Wertvolle Gemälde schmücken das Mittelfenster, der monumentale Hochaltar im Ostchor (Zwölfboten-Altar) ist ein schöner spätgotischer Schreinaltar. Kunsthistorisch herausragend ist der im Westchor (Heiligblut-Kapelle) stehende

Heiligblut-Altar (1501–1504) von *Tilman Riemenschneider.* Der durch den warmen Honigton des natürlich gealterten Lindenholzes förmlich leuchtende Altar verbindet eindrucksvoll Eucharistie und Reliquienkult; das Thema ist die Passion, die Abendmahlsszene in der Mitte. Ein weiteres Werk von Riemenschneider, der *Franziskusaltar,* ist im ersten Joch (Bogen) des nördlichen Seitenschiffes zu finden. Da die Kirche bis zum Jahr 2011 für sechs Millionen Euro saniert wird, kann es zu Beeinträchtigungen bei der Besichtigung kommen.

Öffnungszeiten Ostern bis Okt. 9–17.15 Uhr, sonst 10–12 und 14–16 Uhr. Eintritt: 2 €, erm. 0,50 €.

Jakobskirche

St. Wolfgang: Die spätmittelalterliche Kirche hat man in die Befestigungsanlagen am Klingentor einbezogen. Schießscharten in Chor und Sakristei verdeutlichen den wehrhaften Charakter des Sakralbaus. Hiervon zeugen auch die unterirdischen Kasematten und ein Verlies. Der Wolfgangsaltar, der Marienaltar und der Wendelinusaltar – allesamt um die Wende zum 16. Jahrhundert entstanden – sind die kunsthistorischen Höhepunkte der Kirche.

Öffnungszeiten Ostern bis Okt. tgl. 10–13 und 14.30–17 Uhr. Eintritt: 1,50 €, erm. 0,50 €.

Mittelalterliches Kriminalmuseum: Das bedeutendste Rechtskundemuseum Deutschlands befindet sich in den Räumen der ehemaligen Johanniter-Komturei (erbaut 1396). Auf vier Stockwerken wird das mittelalterliche und frühneuzeitliche Rechtswesen veranschaulicht. Neben Urkunden, Medaillen und Wappen locken vor allem die Folterwerkzeuge (Schandmasken, Halsgeigen, Pranger und ein Stachelstuhl) alljährlich eine Vielzahl von Besuchern an. Die Ausstellungsstücke werden didaktisch anspruchsvoll präsentiert.

Adresse/Öffnungszeiten Burggasse 3. Ostern bis 31.10. tgl. 9.30–18 Uhr, Nov., Jan. und Febr. 14–16 Uhr, März und Dez. 10–16 Uhr. Eintritt: 3,80 €, erm. 2,60 € , www.kriminalmuseum.rothenburg.de.

Puppen- & Spielzeugmuseum: Es enthält Puppen, Puppenhäuser, -stuben, -küchen, Kaufläden und andere Gegenstände aus der Zeit von 1780–1940, die für einen Puppenhaushalt unerlässlich sind, außerdem Eisenbahnen, Fuhrwerke und Bauernhöfe. Die Sammlung, eingerichtet von Katharina Engels, ist in einem Privathaus aus dem 15. Jahrhundert untergebracht.

Adresse/Öffnungszeiten Hofbronnengasse 13. Tgl. 9.30–18 Uhr, Jan. und Feb. 11–17 Uhr. Eintritt: 4 €, erm. 2,50 €.

Reichsstadtmuseum: Das Reichsstadtmuseum, eine beachtliche Sammlung von Gemälden (darunter die 12 Tafeln der Rothenburger Passion), Skulpturen, Möbeln, Waffen, Hausrat, Spielzeug, Judaika sowie von Handwerks- und Bauerngeräten aus acht Jahrhunderten ist in den erhaltenen Räumen des einstigen Dominikanerinnenklosters untergebracht. Das Museum wurde 1987 um eine vor- und frühgeschichtliche Abteilung erweitert. Das weitläufige Kloster zählt zu den schönsten Bauwerken Rothenburgs, die Klosterküche zu den ältesten erhaltenen ihrer Art. Die Dominikanerinnen ließen sich 1258 in Rothenburg nieder. Fast bis zur reformationsbedingten Auflösung des Klosters (1554) wurde der Bau erweitert oder umgebaut. Der Kreuzgang stammt aus dem 14. und 15. Jahrhundert. Der Klostergarten ist auch ohne Museumsbesuch zugänglich und lädt zum Verweilen und Entspannen ein.

Adresse/Öffnungszeiten Klosterhof 5. April–Okt. 9.30–17.30 Uhr, Nov.–März 13–16 Uhr. Eintritt: 3,50 €, erm. 2,50 € , www.reichsstadtmuseum.rothenburg.de.

Alt-Rothenburger Handwerkerhaus: Das Haus stammt aus dem Jahr 1270 und dürfte daher eines der ältesten der Stadt sein. In elf originalgetreu eingerichteten Räumen vermittelt es einen Eindruck von den Wohn- und Arbeitsverhältnissen verschiedener Handwerkszweige.

Adresse/Öffnungszeiten Alter Stadtgraben 26. Ostern bis Okt. 11–17 Uhr, am Wochenende ab 10 Uhr, Nov. bis Jan. 14–16 Uhr. Eintritt: 2,50 €, erm. 1,80 €.

Bäuerliches Museum: Über vier Dutzend erhaltener Scheunen innerhalb der Stadtmauern weisen noch heute auf die bäuerliche Tradition Rothenburgs hin. Die Museumsscheune beherbergt altes bäuerliches Arbeitsgerät, das dem Bauernjahr entsprechend angeordnet wurde. Zahlreiche Fotos und Dokumente erläutern den mittlerweile in Vergessenheit geratenen Umgang mit den Geräten.

Adresse/Öffnungszeiten Klingengasse. Ostern bis Okt. tgl. 10–18 Uhr, im Dez. Sa/So 10–17 Uhr. Eintritt: 1,50 €.

Toppler-Schlösschen: Vor den Toren der Stadt ließ sich der mächtigste und berühmteste Bürgermeister Rothenburgs, Heinrich Toppler, 1388 dieses Schlösschen als kleinen, bewehrten Landsitz erbauen. Angeblich sollte es der Überwachung der Taubermühlen dienen, doch war dieses Schlösschen eher ein persönliches Denkmal, um Topplers Sonderstellung in der Stadt zu dokumentieren. Der Fachwerkoberbau dürfte wohl um 1500 entstanden sein.

Öffnungszeiten Fr–So 13–16 Uhr. Nov. geschlossen. Eintritt: 1,50 €, erm. 1 €.

Umgebung

Dettwang: Unterhalb von Rothenburg liegt das Dörfchen Dettwang mit seinem romanischen Kirchlein *St. Peter und Paul*, dessen Chor einen herrlichen Hochaltar aus der Werkstatt von Tilman Riemenschneider birgt: Der Heilig-Kreuz-Altar wurde ursprünglich für die Michaelskapelle in Rothenburg geschaffen und im 17. Jahrhundert nach Dettwang abgegeben. Im Schrein der Gekreuzigte, links eine Gruppe der klagenden Frauen mit Johannes, rechts eine Gruppe mit dem Pharisäer. Leider wurde der Schrein nachträglich verkleinert, wodurch die Ausgewogenheit der Komposition leidet.

Öffnungszeiten April–Okt. tgl. außer Mo 8.30–12 Uhr und 13–17 Uhr, im Sommer bis 18 Uhr, von Nov.–März tgl. außer Mo 10–12 Uhr und 14–16 Uhr. Eintritt: 1 €, erm. 0,50 €.

Creglingen: Wer sich an Tilman Riemenschneiders Holzschnitzkunst nicht satt sehen kann, sollte noch in das zehn Kilometer weiter nordöstlich gelegene Creglingen fahren. Das in Tauberfranken – heute Baden-Württemberg – gelegene Städtchen beherbergt in seiner Herrgottskirche mit dem Marienalter ein weiteres Hauptwerk des Künstlers.

Radwandern

Radweg Liebliches Taubertal: Von Rothenburg bis nach Wertheim führt ein 100 Kilometer langer, gut ausgeschilderter Radwanderweg durch das Taubertal. Als Etappenstationen bieten sich Weikersheim und Tauberbischofsheim an. Die Route ist relativ entspannend, da sie meist bergab führt.

Hinweis Wer will, kann die Tour bei Manfred Skazel inkl. drei Übernachtungen, Frühstück und Gepäckbeförderung buchen: Preis: ab 149 € pro Person. ✆ 09341/8969396, www.skazel.de.

Toppler-Schlösschen

Wandern

Entlang der Romantischen Straße: Von Rothenburg bis nach Dinkelsbühl verläuft ein Teil des gut ausgeschilderten Main-Donau-Wanderweges (Markierung M-D). Die Gesamtstrecke zwischen den beiden Städten beträgt rund 60 Kilometer. Dies ist natürlich an einem Tag nicht zu bewältigen, deshalb sollte man sich Schillingsfürst und Feuchtwangen als Etappenziele wählen oder überhaupt nur eine Teilstrecke erwandern.

Schillingsfürst

Das mächtige Barockschloss der Fürsten zu Hohenlohe-Schillingsfürst überragt die an einen Höhenrücken des Naturparks Frankenhöhe geschmiegte Kleinstadt.

Der älteste Vorläufer des Schlosses dürfte noch vor der vorletzten Jahrtausendwende entstanden sein. Zuerst herrschte über Schillingsfürst das gleichnamige Adelsgeschlecht, doch dann gelangte die Burg im 14. Jahrhundert in den Besitz der Grafen von Hohenlohe, die mit einer Unterbrechung bis zum Beginn dieses Jahrhunderts das Leben in Schillingsfürst bestimmten. In der Mitte des 18. Jahrhunderts lockten die gefürsteten Grafen von Hohenlohe durch große Vergünstigungen Handwerker an, um die Wirtschaftskraft des Fürstentums zu stärken. Da diese Aktion nicht den gewünschten Erfolg brachte, entschlossen sie sich, auch völlig mittellose Siedler aufzunehmen. Darunter befanden sich viele Landfahrer und Marodeure; sie siedelten sich vor allem entlang der heutigen Neuen Gasse an. Ihre Gaunersprache (das „Jenische") hat noch bis ins 20. Jahrhundert fortgelebt, und angeblich soll es heute noch Schillingsfürster geben, die gebratenen Igel als Delikatesse schätzen ...

• *Information* **Info-Center**, Rothenburger Str. 2, 91583 Schillingsfürst, ✆ 09868/222, 📠 09868/253, www.schillingsfuerst.de. • *Einwohner* 2.700

Romantisches Franken
Karte Seite 57

• *Ludwig-Dörfler-Galerie* Im klassizistischen Amtsgerichtsgebäude werden Werke des Malers Ludwig Dörfler gezeigt sowie Exponate zur Heimatgeschichte. Neue Gasse 1, April – Okt. Di–So 10–13 und 14–17 Uhr. www.doerfler-galerie.de.

• *Literaturtipp* Edith Nierhaus-Knaus, Geheimsprache in Franken – Das Schillingsfürster Jenisch. Rothenburg ob der Tauber 1984.

• *Schwimmen* Baden in chlorfreiem Wasser ist im **Waldschwimmbad** möglich. Eintritt: frei!

• *Essen/Übernachten* *** **Flair-Hotel Die Post**, die Küche bietet eine große Auswahl an Pfannengerichten, aber auch Ausgefallenes wie einen Hohenloher Rostbraten. Panoramaterrasse. EZ ab 49 €, DZ 59–85 €. Mo Ruhetag. Rothenburger Str. 1, ✆ 09868/9500, 📠 950250, www.rothenburg.de/hotel-post.

Schlosscafé-Weinstube, das Lokal begeistert vor allem durch seine schöne, hoch über Schillingsfürst gelegene Aussichtsterrasse. Kein Ruhetag. Am Wall 10, ✆ 7406.

• *Urlaub auf dem Bauernhof* **Sybille Vogel**. Die Ferienwohnung mit 100 qm (bis 7 Pers.) kostet für 2 Pers. 25 €, 4 Pers. 38 € (jede weitere Pers. 5 € zusätzlich); Strom nach Verbrauch; in der Vor- und Nachsaison Ermäßigung. Im Ortsteil Altengreuth bei, Altengreuth 1, ✆ 09868/1518.

• *Camping*: **Frankenhöhe**, mit Kiosk, Sauna, Naturfreibad und Gaststätte. 120 Stellplätze, davon 50 für Dauercamper. Ganzjährig geöffnet. Campingplatz am Fischhaus, ✆ 09868/5111, 📠 08968/959699, www.campingplatz-frankenhoehe.de.

Eine fränkische Geheimsprache: das Schillingsfürster Jenisch

Die von Fürst *Carl Albrecht von Hohenlohe* 1757 angeworbenen mittellosen Siedler brachten ihre eigene Geheimsprache mit, eine mit „Jenisch“ bezeichnete Form des Rotwelschen. Diese nur Eingeweihten verständliche Sprache wurde im Spätmittelalter von den Außenseitern der bürgerlichen Gesellschaft, von Bettlern, Vagabunden und anderem fahrenden Volk entwickelt und gepflegt. Hauptbestandteile des Rotwelschen waren Wörter deutscher Herkunft, so wie das „Gergo“ im Italienischen und das „Argot“ im Französischen wurzeln. Damit das Rotwelsch nur wenigen verständlich war, hat man gebräuchliche Begriffe durch unverständliche Neuschöpfungen ersetzt. Es wurde nicht von Hand, Strumpf oder Fuß gesprochen, sondern von „Griffling“, „Streifling“ oder „Tritt“. Und wenn das „Gronnickel pegert“, dann war die Rede von einem Schwein, das stirbt. Heute wird das Jenische in Schillingsfürst nicht mehr gesprochen. Es lebt nur noch in der Erinnerung einiger weniger älterer Einheimischer fort.

Sehenswertes

Schloss Schillingsfürst: Die eindrucksvolle Residenz kündet vom Glanz des kleinen Fürstentums im 18. Jahrhundert. Da die ursprüngliche Anlage im Dreißigjährigen Krieg zerstört worden war, entstand nach Entwürfen des Darmstädter Oberbaumeisters *Louis Remy de la Fosse* in der ersten Hälfte des 18. Jahrhunderts ein barocker Neubau nach dem Vorbild des alten Stadtschlosses von Madrid. Noch heute wird ein Teil der dreiflügeligen Schlossanlage von den Fürsten zu Hohenlohe-Schillingsfürst bewohnt; zwei Drittel sind öffentlich zugänglich. Hier lebten im 19. Jahrhundert der Reichskanzler *Fürst Chlodwig zu Hohenlohe* und sein Bruder der Kurienkardinal *Gustav Adolf zu Schillingsfürst*. Die prachtvollen Innenräume des Schlosses (z. B. Roter Salon) sind mit reichem Stuck, opulenten Deckengemälden, Gobelins und Möbeln ausgeschmückt. Auf Schloss Schillingsfürst wird zudem ein

Jagdfalkenhof unterhalten. Im Sommer finden täglich Flugvorführungen mit Falken, Geiern und Adlern statt, deren Freigehege man auch besichtigen kann.

• *Öffnungszeiten* Das Schlossmuseum hat von Ostern bis 31.10. geöffnet. Führungen tgl. um 10, 12, 14 und 16 Uhr. Eintritt: 4 €. Die Falknerei ist tgl. von 10–18 Uhr zugänglich. Eintritt: 7 € (inkl. Schlossmuseum), erm. 4 €. Flugvorführungen vom 1. März bis 31. Okt. um 11 und 15 Uhr, am Wochenende auch um 17 Uhr, www.schloss-schillingsfuerst.de, www.bayerischer-jagdfalkenhof.de.

Historische Ochsentretanlage im Brunnenhausmuseum: Hinter diesem Zungenbrecher verbirgt sich eines der bedeutendsten und zugleich ungewöhnlichsten technischen Kulturdenkmäler Deutschlands. In einem alten Brunnenhaus installiert, diente diese 1702 von dem Nürnberger Brunnenmeister *Martin Löhner* erbaute Anlage der Wasserversorgung des 1,5 Kilometer entfernten Schlosses. Die Maschine wurde von dem Körpergewicht eines Ochsen angetrieben, mit seiner Kraft wurde eine schräge Tretscheibe in Bewegung gesetzt. Über ein hölzernes Getriebe und eine Kurbelwelle wurde die Kraft auf drei Pumpen übertragen, die dann das Wasser (40 l/pro min.) in den Turmbehälter drückten. Von dort gelangte es über hölzerne Rohrleitungen zum Schloss. Angegliedert ist das *Heimatmuseum* mit einer Sammlung zur Wohnkultur.

Öffnungszeiten Von Ostern bis Ende Okt. Di–Fr 9.30–12 Uhr und 14.30–17 Uhr, Sa/So 13–18 Uhr. Zusatztermine auf Anfrage: ✆ 5889. Eintritt: 2,50 €, erm. 1 €.

Feuchtwangen

Seit hier erstmals im Jahre 1949 mit Goethes „Faust" ein Theaterstück auf die Bühne (oder besser: in den Kreuzgang) gebracht wurde, erfreuen sich die Freilichtspiele wachsender Beliebtheit. Die neueste Attraktion Feuchtwangens ist die im Jahr 2000 – mit kirchlichem Segen – eröffnete jüngste Spielbank Bayerns.

Mit seinen Kreuzgangspielen hat sich Feuchtwangen einen überregionalen Ruf erworben. Viele bekannte Schauspieler haben hier ihre künstlerische Visitenkarte abgegeben. Traditioneller Bestandteil des Rahmenprogramms sind die wechselnden Kunstausstellungen in der Schranne in der Unteren Torstraße.

In den Bau der *Spielbank* vor den Toren Feuchtwangens investierte der Freistaat Bayern, in dessen Taschen die Einnahmen fließen, die stolze Summe von 34 Millionen Euro. Das futuristische Gebäude liegt – wie eine Raststätte – direkt an der Autobahn.

Geschichte

Der Ort entwickelte sich um das Jahr 1000 vermutlich aus einem Benediktinerkloster. An der Wende zum 13. Jahrhundert stieg Feuchtwangen sogar zur Reichsstadt auf, kam aber 1376 durch Verpfändung für 5.000 Gulden an die Nürnberger Burggrafen und späteren Markgrafen von Brandenburg-Ansbach. Die Folge war der Verlust der Reichsfreiheit, und Feuchtwangen verfügte nicht über die Mittel, sich selbst auszulösen. Einen weiteren wichtigen Einschnitt in die Geschichte Feuchtwangens stellte die Reformation dar. Da sich die Stadt zum Protestantismus bekannt hatte, erfolgte 1563, nachdem man den letzten Stiftsherrn zu Grabe getragen hatte, die Auflösung des Stiftes durch den damaligen Markgrafen. Bis zum Jahre 1806 blieb Feuchtwangens Schicksal noch mit der Markgrafenschaft Brandenburg-Ansbach verbunden, dann bestimmte das Königreich Bayern die Geschicke der Stadt.

• *Information* **Stadt und Tourismusmanagement**, Marktplatz 1, 91555 Feuchtwangen, ✆ 09852/90455, 📠 09852/904250, www.feuchtwangen.de. Hervorragendes Prospektmaterial.

• *Einwohner* 12.000

• *Verbindungen* Busverbindungen nach Ansbach, Dinkelsbühl und Rothenburg.

• *Markt* Freitagvormittag Bauernmarkt.

• *Fahrradverleih* Sport Bräunlein, Marktplatz 13, ✆ 2358.

• *Kino* Regina Lichtspiele, Herrenstraße, ✆ 3600.

• *Kreuzgangspiele* Das traditionsreiche **Freilichttheater** in einem ehemaligen Klosterhof findet jährlich von Juni bis August statt. Information und Kartenvorverkauf über das Kulturamt, ✆ 09852/90444. www.kreuzgangspiele.de.

• *Spielbank* Automaten tgl. 12–2 Uhr, Roulette etc. 15–3 Uhr bzw. 4 Uhr am Wochenende. Eintritt erst ab 21 Jahren. Sakko und Krawatte können an der Garderobe ausgeliehen werden. Adresse: Am Casino 1.

• *Reiten* Reitverein, am Stadion 1, ✆ 9456.

• *Schwimmen* Beheiztes Solar-**Freibad**, Dinkelsbühler Str. 20, ✆ 9700. **Hallenbad** mit Sauna und Solarium am Schulzentrum, Dr.-Hans-Güthlein-Weg 14, ✆ 4647. Öffnungszeiten auf Anfrage.

• *Tennis* Tennisanlage am Moosbacher Weg, sieben Frei- und zwei Hallenplätze, ✆ 1440.

• *Essen/Übernachten* **Romantik-Hotel Greifen-Post**, traditionell das erste Haus am Platz, und, wie der Name andeutet, sind hier zwei Gasthöfe vereint. Ausgezeichnete Küche zu gehobenen Preisen (13 Gault-Millau-Punkte). Hauptgerichte 15–25 €. Das Spektrum reicht von einem Sauerbraten vom Weiderind bis hin zu einer gefüllten Wachtel mit Pfifferlingen. Schöne Straßenterrasse. Übernachtungsgäste können wählen: Himmelbett, Landhaus-, Biedermeier- oder Romantikzimmer. Großer Wellness-Bereich mit Hallenbad, Dampfbad, Sauna und Solarium vorhanden. EZ je nach Saison und Ausstattung 67–113 €, DZ 89–154 € (inkl. Frühstücksbuffet). Marktplatz 8, ✆ 09852/6800, 📠 68068, www.hotel-greifen.de.

Sindel-Buckel, empfehlenswerter Gasthof mitten im Ort. Schöne moderne Zimmer, das Frühstück wird im Wintergarten serviert. Das Restaurant ist auf Wild- und Fischgerichte spezialisiert: Karpfen, Hecht, Zander und Schleien kommen großteils aus der eigenen Fischzucht. Mittwochabend bleibt die Küche kalt. EZ ab 42 €, DZ ab 60 €, Spitalstraße 28, ✆ 09852/2594, 📠 3462, www.sindel-buckel.de.

Zum Ross, dieser herrliche Landgasthof (ehemalige Postkutschenstation) liegt drei Kilometer nördlich in Dorfgütingen. Ambitionierte Küche, die weit über das fränkische Einerlei hinausgeht (von Michelin gelobt). Im Restaurant gibt es beispielsweise eine gefüllte Kalbsbrust oder ein Hohenloher Spanferkel oder so seltene Gerichte wie geschmorte Kalbsbäckchen (13,50 €). Sonntag und Montag Ruhetag. Auch die Zimmer im zugehörigen Hotel sind zu empfehlen. EZ 41 €, DZ 61–72 € (inkl. Frühstück). Dorfgütingen, ✆ 09852/67430, 📠 6743116, www.zum-ross.de.

Café am Kreuzgang, ideale Adresse für Kaffee und Kuchen mit Blick in den Kreuzgang; wer will, kann diesen vom Café aus auch gleich besichtigen. Montag Ruhetag. Marktplatz 3, ✆ 2387.

• *Privatzimmer*: **Bauernhof Unkel**, vermietet in einem schönen alten Steinhaus mit Atmosphäre ebenfalls Zimmer. Das DZ für 22 € pro Person. Die geräumige Ferienwohnung (4–6 Pers.) 52 €. Ortsteil Krobshäuser Mühle 1, ✆ 09852/2489, www.ferienbauernhof-unkel.de.

Jugendherberge, die am südöstlichen Stadtrand am Kronenwirtsberg gelegene Herberge ist zehn Fußminuten vom Zentrum entfernt. Übernachtung mit Frühstück ab 16,60 €. Vom 1.12. bis 15.2. geschlossen. Dr.-Hans-Güthlein-Weg 1, ✆ 09852/670990, 📠 6709920. www.feuchtwangen.jugendherberge.de.

Sehenswertes

Altstadt: Das Bild der Altstadt wird durch zahlreiche frühneuzeitliche Fachwerkhäuser geprägt und von dem ungleichen Turmpaar der Stiftskirche bestimmt. Ein schöner Bau ist der sog. „Kasten", eine lang gestreckte ehemalige Zehntscheune hinter der Stiftskirche, die heute als Stadthalle dient. Der zentral gelegene Marktplatz – von *Georg Dehio* als „Festsaal Frankens" bezeichnet – mit dem Röhren-

Feuchtwangen: Ehemalige Klosterkirche

brunnen weist mit seinen stattlichen Bürgerhäusern und altfränkischen Fachwerkbauten eine ungewöhnliche Geschlossenheit auf. Von der Befestigung aus dem Jahre 1395 sind noch Reste erhalten, was zum Teil auf die an die Mauer gebauten Häusern zurückzuführen ist. Von den ursprünglich drei Toren steht nur noch das völlig umbaute Obere Tor.

Evangelische Pfarrkirche: Die einstige Klosterkirche verfügt über beachtliche romanische Baureste. Im Jahre 1197 wurde das Benediktinerkloster in ein Chorherrenstift umgewandelt, was den Anstoß zu einem Kirchenneubau gab. Die Gründe für die Umwandlung in ein Stift dürften politischer Natur gewesen sein: Während Mönche nach den jeweils besonderen Regeln ihres Ordens lebten, waren Stiftsherren davon unabhängig und somit enger an den Bischof gebunden. Der Unterbau der beiden charakteristischen Westtürme und der dazwischen eingezwängte Westbau sowie der Kreuzgang stammen noch aus dieser Bauphase. Der gotische Chor und die Sakristei wurden im frühen 14. Jahrhundert errichtet. In dem südlich an die Klosterkirche anschließenden spätromanischen *Kreuzgang* finden alljährlich die Kreuzgangspiele statt. Zwei Flügel sind noch erhalten: der Westflügel mit einem Fachwerkobergeschoss aus dem 18. Jahrhundert sowie der Nordflügel als unbedeckter Durchgang. Das Innere der Kirche wurde im 17. Jahrhundert barockisiert. Sehenswert sind der spätgotische Flügelaltar mit Marienszenen aus der Werkstatt von *Michael Wolgemut*, dem Lehrer von Albrecht Dürer, und das Chorgestühl, eine schwäbisch-fränkische Arbeit aus dem 15. Jahrhundert.

Öffnungszeiten Tgl. außer Mo von 9–17 Uhr.

Johanniskirche: Auch die direkt neben der Stiftskirche gelegene schlichte Johanniskirche lohnt einen Besuch. Der Bau stammt im Wesentlichen aus der Zeit um 1400. Der Taufstein, der in der Stiftskirche fehlte, das Sakramentshäuschen, der Epitaph des Jörg von Ehenheim und die Kanzel sind allesamt Steinmetzarbeiten aus dem 15. Jahrhundert. Daneben birgt die Kirche noch einen barocken Altar.

Fränkisches Museum: Es handelt sich hierbei um eines der schönsten fränkischen Heimatmuseen. In 30 Räumen und dem Museumsgarten werden fränkische Kunst und Kultur vorgestellt. Neben vollständig eingerichteten Wohnstuben aus dem Barock, Rokoko, Biedermeier bis hin zum Jugendstil wird die ländliche Alltagskultur vergangener Epochen anschaulich gemacht. Zudem können eine breite Sammlung von Gebrauchsgegenständen, eine reichhaltige Fayencensammlung sowie eine funktionstüchtige Hammerschmiede bewundert werden. Eine eigene Abteilung gibt einen Einblick in das fränkische Brauchtum von der Geburt über Taufe und Hochzeit bis hin zum Tod. Im Museumsgarten gibt es noch das Flachsbrechhaus, eine Hammerschmiede, die Pferdegöpel und eine Scheune mit landwirtschaftlichem Gerät zu besichtigen. Nach umfangreichen Renovierungsarbeiten wurde das Museum auf einer Fläche von 1700 Quadratmetern wieder eröffnet. Der Altbau des Museums erfuhr eine vorsichtige, bestandserhaltende Sanierung. Das neu errichtete Foyergebäude schiebt sich wie ein Riegel hinter Altbau und Erweiterungsbau und erschließt den gesamten Ausstellungsbereich. Neu ist auch der Museumsshop samt Café.

Adresse/Öffnungszeiten Museumstr. 19, ✆ 2575, Mai–Sept. Mi–So 11–17 Uhr, im März, April, Okt., Nov. und Dez. nur Mi–So von 14–17 Uhr. Eintritt: 3 €, erm. 1,50 € oder 1 €. www.fraenkisches-museum.de.

Sängermuseum: Die Sammlung des Fränkischen Sängerbundes ist die repräsentative Zentralstelle zur Dokumentation und Erforschung des Laienchorwesens. Es ist

Fränkische Idylle am Marktplatz

das einzige Chormuseum dieser Art in Deutschland und widmet sich neben der Geschichte des Chorwesens in Franken auch den überregionalen Verflechtungen der Musikkultur.

Adresse/Öffnungszeiten Am Spittel 4–6, ✆ 4833. März–Okt. Mi–So 10–12 und 14–16 Uhr. Eintritt: 2 €, erm. 1 €. www.saengermuseum.de.

Dinkelsbühl

Der schönen alten Reichsstadt an der Wörnitz kommt unter den vom Spätmittelalter geprägten deutschen Städten eine herausragende Stellung zu. Das einheitliche Stadtbild mit seinen unzähligen mehr oder weniger bedeutenden Baudenkmälern nimmt einen auch ungewollt gefangen.

Der Eindruck einer spätmittelalterlichen Stadt wird dadurch verstärkt, dass der Stadtkern nicht nahtlos in die späteren Bebauungen übergeht, sondern durch Türme, Gräben und einen breiten Grünstreifen getrennt ist. Seit gut hundert Jahren lebt Dinkelsbühl zu einem nicht geringen Teil von der touristischen Anziehungskraft seiner Altstadt. Im Gegensatz zu Rothenburg ist der historische Stadtkern von Dinkelsbühl lebendig geblieben und nicht zu einem Denkmal reichsstädtischer Vergangenheit erstarrt. Zwar sind auch hier die Straßenschilder nur in Frakturschrift verfasst und moderne Werbung ist in der Altstadt verboten, doch wird in den Vorgärten eifrig Gemüse angebaut und unter alten Obstbäumen sitzen die Einheimischen im Schatten. Besonders gefällig sind die Häuserfassaden, die zumeist in Ockertönen gestrichen wurden; das Spektrum reicht von Ochsenblutrot bis Lindgrün.

Geschichte

Die Keimzelle von Dinkelsbühl ist ein im 8. Jahrhundert am Ufer der Wörnitz gegründeter Königshof. Diese in Franken recht zahlreichen Höfe waren beliebte Aufenthaltsorte der karolingischen Könige. Bald erkannte man, dass die verkehrsgünstige Lage dieses Hofes gute Voraussetzungen für die Gründung eines Marktes bot; er wurde in der zweiten Hälfte des 12. Jahrhunderts zur Stadt erhoben. Schritt für Schritt vollzog sich die Entwicklung Dinkelsbühls zu einer bedeutenden Reichsstadt an der Grenze zwischen Franken und Schwaben; einzig das Territorium hatte verhältnismäßig bescheidene Ausmaße. Aber erst als 1398 das in der Zwischenzeit zweimal verpfändete Dinkelsbühl die hohe Gerichtsbarkeit erhielt, war die rechtliche Selbständigkeit der Stadt vollendet. Die Lage an den wichtigsten süddeutschen Handelsrouten prädestinierte den Ort als Handelsplatz. Ein Blick auf den Grundriss von Dinkelsbühl verdeutlicht den Charakter der Stadt: Kein Kloster, keine Burg dominieren das Stadtbild; kein geistlicher oder weltlicher Fürst stellten den Führungsanspruch des Bürgertums in Frage. Die ertragreichsten *Wirtschaftszweige* waren das Schmiedehandwerk und das schon früh erwähnte Textilgewerbe. Ende des 15. Jahrhunderts wurden 64 „Meister des gefärbten Gewands“ genannt, die Gesamtzahl der in der Wollweberei tätigen Meister dürfte bei etwa 120 gelegen haben. Ein großer Teil der Textilien wurde in der weiteren Region und im Fernhandel, hauptsächlich in Südosteuropa, abgesetzt. Auf der wichtigen Nördlinger Messe waren zeitweise über 50 Tuchhändler aus Dinkelsbühl vertreten.

In der *Reformationszeit* wechselten weite Teile der Bevölkerung zum Protestantismus über, doch erfolgte 1552 im Auftrag *Kaiser Karls V.* die Restitution des Katholizismus. Die Stadt beherrschte fortan ein katholischer Rat, auch die Georgskirche musste den Katholiken wieder zurückgegeben werden; dennoch blieb die Bevölkerung größtenteils protestantisch. Obwohl der Rat später paritätisch besetzt wurde, blieben konfessionelle Konflikte bestehen: Feiertage wurden gegenseitig nicht respektiert. So störten beispielsweise die Protestanten die Fronleichnamsprozession. Zwischen 1648 und 1803 setzte der Reichshofrat insgesamt zehn Kommissionen

In Dinkelsbühl findet man noch zahlreiche traditionelle Wirtshausausleger

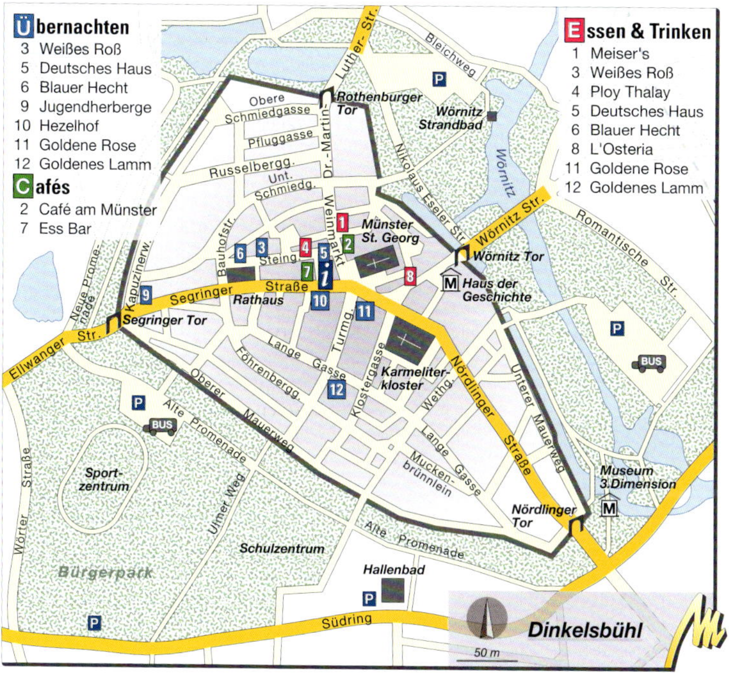

ein, die sich mit derartigen Streitigkeiten innerhalb der Reichsstadt Dinkelsbühl beschäftigen mussten.

Spätestens durch die Wirren des *Dreißigjährigen Krieges* erlitt Dinkelsbühl einen einschneidenden Bedeutungsverlust. Insgesamt achtmal wechselte die Stadt den Besitzer. Im 18. Jahrhundert erlebte das zur einfachen Landstadt herabgesunkene Dinkelsbühl zwar nochmals eine kurze wirtschaftliche Blüte durch das Strickergewerbe, doch führte dies zu keiner nachhaltigen Änderung. Drückende Kriegsschulden und der wachsende wirtschaftliche Einfluss des markgräflichen Nachbarn führten zum Niedergang der kleinen Reichsstadt: Schließlich wurde das Stadtgebiet 1792 sogar von preußischen Truppen besetzt und 1806 im Rahmen der von *Napoleon* betriebenen Neuordnung Europas dem frisch gebackenen Königreich Bayern zugeschlagen. Doch auch jetzt stellte sich nicht der erhoffte wirtschaftliche Aufschwung ein. Dinkelsbühl musste – wie die anderen fränkischen Reichsstädte auch – für seine enormen Schulden selbst aufkommen und war deshalb gezwungen, eine Vielzahl der beweglichen Güter zu veräußern. Dem aus heutiger Sicht glücklichen Umstand, dass Dinkelsbühl im 19. Jahrhundert von der Industrialisierung nur am Rande berührt wurde, verdanken wir das einheitlich erhaltene Stadtbild.

Information/Diverses

- *Information* **Touristik Service**, Altrathausplatz 14, 91550 Dinkelsbühl, ✆ 09851/902440, 📠 09851/902419, www.dinkelsbuehl.de.
- *Einwohner* 11.500
- *Verbindungen* Busverbindungen nach Feuchtwangen, Ansbach, Rothenburg o. d.

Tauber sowie nach Nürnberg. Der Busbahnhof befindet sich wenige Fußminuten östlich der Altstadt.

• *Feste* **Kinderzeche**, die jährlich Mitte Juli stattfindende farbenprächtige Festwoche erinnert an die Sage der Errettung vor den Schweden während des Dreißigjährigen Krieges. Ganz Dinkelsbühl tummelt sich auf den Straßen, und es herrscht eine volksfestartige Stimmung (www.kinderzeche.de). **Fisch-Erntewoche**, alljährlich Ende Oktober. Von Mitte Juni bis Mitte August finden auf der Freilichtbühne am Wehrgang die **Sommerfestspiele** mit wechselnden Theateraufführungen statt.

• *Fahrradverleih* Am Campingplatz und bei der Tourist Information am Marktplatz, ✆ 90240.

• *Kino* **Central-Theater**, Turmgasse, ✆ 553532. **Ring-Theater**, Feuchtwanger Straße 5, ✆ 09852/9910.

• *Markt* An jedem Mittwoch- und Samstagvormittag vor dem Christoph-von-Schmid-Denkmal.

• *Nachtwächter* Dinkelsbühl leistet sich als besondere Attraktion einen Nachtwächter, der von April bis Oktober seine Runden dreht. Er beginnt seinen Gang um 21 Uhr vor dem Münster St. Georg.

• *Schwimmen* **Wörnitz-Strandbad** direkt vor den Toren der Stadt. **Hallenbad** am Kinderloreweg, ✆ 7299. Mo 17–20 Uhr, Di/Do 13.30–21 Uhr, Mi/Fr 13.30–20.30 Uhr, Sa 8–16 Uhr, So 9–12 Uhr.

• *Stadtführung* Von April bis Anfang Oktober wird tgl. um 14.30 Uhr und 20.30 Uhr eine historische Stadtführung angeboten. Im Winterhalbjahr nur am Sa und So um 14.30 Uhr. Treffpunkt: Münster St. Georg.

Essen/Übernachten (siehe Karte S. 77)

**** **Hotel-Restaurant Blauer Hecht (6)**, das größte Hotel in Dinkelsbühl. Mit Schwimmbad (8 x 4 m), Sauna, Dampfbad und Solarium. Die Einrichtung der Zimmer variiert von verspielt bis rustikal. Das Restaurant ist nur Di–Sa abends geöffnet. EZ ab 60 €, DZ ab 80 €. Schweinemarkt 1, ✆ 09851/5810, ℻ 581170, www.blauer-hecht.de.

**** **Hotel Deutsches Haus (5)**, in einem reich dekorierten, alten Fachwerkhaus, das zu den schönsten Süddeutschlands zählt, ist dieses kleine Hotel mit 17 einladenden Zimmern untergebracht. Sauna, Solarium und Whirlpool sind ebenfalls vorhanden. Die Gaststube ist historisch-stilvoll eingerichtet. Ein absolutes Lob verdient das zugehörige Restaurant, das schon von Oberfeinschmecker Wolfram Siebeck gepriesen wurde: köstlich z. B. das Mittagsmenü zu 17,90 € mit einem fränkischen Weinsüppchen, einer Entenbrust und marinierten Erdbeeren mit Pistazieneis! Gourmetmenü 30 €. EZ ab 79 €, DZ ab 129 € (inkl. Frühstücksbuffet). Weinmarkt 3, ✆ 09851/6058, ℻ 7911, www.deutsches-haus-dkb.de.

*** **Hotel Goldene Rose (11)**, modern eingerichtete Zimmer zu angemessenen Preisen. Das ansprechende Tagesmenü in gediegener Atmosphäre kostet 13,80 €. Die Nähe zu Schwaben wird an den häufig gereichten Spätzle deutlich. Mittags werden auch Zweidrittelportionen zum kleinen Preis serviert. Übernachtung mit Frühstück ab 38 € pro Person im DZ bzw. 60 €. 5 % Rabatt bei Internetbuchung. Marktplatz 4, ✆ 09851/57750, ℻ 577575, www.hotel-goldene-rose.com.

Goldenes Lamm (12), hinter einer ansprechenden, rot verputzten Fassade verbirgt sich ein nettes Hotel mit gutem, ansprechendem Restaurant. Die hoteleigene Dachterrasse lädt zum Entspannen ein. EZ ab 38 €, DZ ab 64 €, Halbpension 13 €. Lange Gasse 26, ✆ 09851/2267, ℻ 6441, www.goldenes.de.

*** **Gasthof Weißes Roß (3)**, angenehm freundlicher Gasthof. Fränkische und internationale Küche, auch Vegetarier kommen voll auf ihre Kosten. Spezialitäten vom Hesselberger Lamm. Moderates Preisniveau. EZ ab 46 €, DZ ab 84 €. Steingasse 12, ✆ 09851/579890, ℻ 6770, www.hotel-weisses-ross.de.

Meiser's (1), moderne Mischung zwischen Café, Bar und Lounge, mitten im historischen Zentrum mit großer Terrasse. Internationale Küche mit umfangreicher Salatauswahl, günstige Mittagsgerichte. WLAN. EZ 69 €, DZ 98 € (inkl. Frühstück). Weinmarkt 10, ✆ 09851/582900, www.meisers.com.

Hezelhof (10), das modernste Hotel der Stadt, mit stimmungsvollem Rezeptionsgewölbe. Das Patrizierhaus aus dem 16. Jahrhundert besticht durch seine puristische Ausstattung und versteht sich als "Gesamtkunstwerk". WLAN. EZ ab 94 €, DZ 128–188 € (inkl. Frühstück). Segringer Str. 7, ✆ 09851/555420, ℻ 5554260, www.hezelhof.com.

L'Osteria (8), das stimmungsvolle Gasthaus bietet ein gutes Preis-Leistungs-Verhältnis und wird auch von Einheimischen gerne besucht. Ansprechende italienische Küche mit viel frischem Fisch (Dorade mit Kartoffeln 14,90 €). Schöne Straßenterrasse. Mo Ruhetag. Altrathausplatz 4, ✆ 554759.

Ess Bar (7), angenehme Mischung aus Feinkostgeschäft, Vinothek und Café mit modernem Touch. Günstige Tagesgerichte, beispielsweise Entenbrust mit römischen Nocken 8,50 €. Schöne Straßenterrasse, WLAN vorhanden. Tgl. 8–22 Uhr. Segringer Str. 4, ✆ 553006. www.essbar-dinkelsbuehl.com.

Ploy Thalay (4), ansprechender Thailänder mitten in der Altstadt als Kontrastprogramm zur fränkischen Bratenküche, günstiges Mittagsbuffet. Kleine Straßenterrasse. Di Ruhetag. Steingasse 6, ✆ 552249.

Café am Münster (2), direkt beim Münster bietet das moderne Café rund 120 Sorten Tee, dazu selbst gebackenen Kuchen und Kekse. Sonnige Straßenterrasse. Weinmarkt 2, ✆ 555676, www.CafeAmMuenster.de.

• *Jugendherberge* **Jugendherberge (9)**, mit 148 Betten. Sie liegt sehr zentral in einem alten Kornhaus. Übernachtung mit Frühstück ab 17,70 €. Koppengasse 10, ✆ 09851/9509, 📠 4874, www.jugendherberge.de/jh/dinkelsbuehl.

• *Camping*: **** **Campingpark Romantische Straße**, ganzjährig geöffnet. Großer Terrassenplatz (400 Stellplätze) am Ufer eines Badesees; Restaurantbetrieb. Dürrwanger Straße, ✆ 09851/7817, 📠 09851/7848, campdinkelsbuehl@aol.com, www.campingplatz-dinkelsbuehl.de.

Der Weinmarkt in Dinkelsbühl

Sehenswertes

Altstadt: Dinkelsbühls alter Stadtkern ist ein einzigartiges Ensemble, das den Vergleich mit Rothenburg ob der Tauber keinesfalls zu scheuen braucht, zumal es dessen spätmittelalterlichen Baubestand quantitativ noch übertrifft: Mehr als die Hälfte aller Häuser der Altstadt entstammen der Zeit vor 1600. Diese Quote ist in Süddeutschland einmalig und wird nur noch annähernd von Nördlingen erreicht. Der Grundriss der Altstadt ist vom Verlauf zweier wichtiger Handelsstraßen – nach Würzburg und Augsburg – geprägt. Den Mittelpunkt des schiefen Straßenkreuzes bildet die Stadtpfarrkirche St. Georg mit dem etwas klein anmutenden Marktplatz. Der erste, im Grundriss fast kreisförmige Mauerring, den die Staufer im 13. Jahrhundert anlegen ließen, ist heute noch am Straßenverlauf zu erkennen (Untere Schmiedgasse, Bauhofstraße, Föhrenberggasse, Wethgasse). Gut hundert Jahre später dehnte sich der Stadtkern unter Einbeziehung der Vorstädte ins Umland aus und musste erneut befestigt werden. Die sozialen Verhältnisse der spätmittelalterlichen Reichsstadt spiegeln sich noch sichtbar in der Anlage der Stadt wider: Entlang der straßenmarktähnlichen Hauptstraßen liegen die großen, reich verzierten, hochgiebeligen Häuser des alteingesessenen „ehrbaren“ Bürgertums, während die Bauten der Handwerker zumeist in dem erweiterten Teil der Stadtummauerung zu finden sind. Herausragende Gebäude sind das am Weinmarkt gelegene *Deutsche Haus*, ein wunderschönes Fachwerkhaus der Spätrenaissance, die *Schranne*, ein massiver Bau des frühen 17. Jahrhunderts, das *Hezelhaus* mit seinem malerischen Innenhof (Segringer Str. 7) sowie das *Töpferhaus* (Nördlinger Str. 35).

Stadtbefestigung: In Dinkelsbühl und anderen fränkischen Reichsstädten verkörperte die Stadtmauer den äußerlich sichtbaren Anspruch politischer Unabhängigkeit und Selbstbehauptung. Bau und Erhalt der Befestigungsanlagen wurden daher mit großem Eifer betrieben. Eine Vielzahl runder und viereckiger Mauertürme sicherte die 2,5 Kilometer lange Mauer mit ihrem vorgelagerten Doppelgraben. Aufgrund eines „Denkmalschutzerlasses" von *Ludwig I.* (1826), der sich jedoch ausschließlich auf militärische Erwägungen gründete, blieb die bedeutende Stadtbefestigung mit ihren vier Toren bis in unsere Tage erhalten. Nur die äußeren Vorwerke der Stadttore wurden im letzten Jahrhundert auf Abbruch versteigert. Am längsten steht das *Wörnitztor*, es stammt noch von der vorletzten Stadtumwallung. Sehenswert sind auch die anderen Stadttore: das Nördlinger Tor mit der angrenzenden Stadtmühle, das von einer barocken Kuppel gekrönte Segringer Tor und das Rothenburger Tor im Norden der Altstadt.

Stadtpfarrkirche St. Georg: Die dreischiffige Hallenkirche mit ihrem mächtigen Walmdach ist 77 Meter lang und 22,5 Meter breit. Auf den ersten Blick fällt das proportionale Missverhältnis zwischen dem gewaltigen Langhaus und dem schmächtigen Turm auf. Eine Erklärung gibt die Baugeschichte: Bis auf das Glockengeschoss und den achteckigen Aufbau mit der Kupferhaube geht der Westturm (um 1220) auf den spätromanischen Vorgängerbau zurück; er wurde in den spätgotischen Neubau integriert, da ein geplanter, den Dimensionen des Langhauses angemessener Nordturm wegen finanzieller Schwierigkeiten in der Form nicht mehr zur Ausführung kam – der Turm ist über das Erdgeschoss (Sakristei) nicht hinausgewachsen. Zwischen 1448 und 1499 wurde das Langhaus nach einem Plan des Kirchenbaumeisters *Nikolaus Eseler d. Ä.*, der auch im benachbarten Nördlingen tätig war, in relativ kurzer Bauzeit errichtet. Die vielgliedrigen Pfeiler der Georgskirche und das Tonnengewölbe mit Rippennetz tragen zu ihrer überaus gelungenen Raumwirkung bei. König Ludwig I. war 1845 bei einem Besuch derart begeistert, dass er eine notwendige Restaurierung der Georgskirche veranlasste. Die Altäre im Inneren sind allesamt neugotisch – die barocke Ausstattung ging im 19. Jahrhundert verloren, als man im Prozess der Purifizierung das barocke Dekor entfernte. Weitgehend sind jedoch die Gemälde und Skulpturen aus dem späten 15. Jahrhundert erhalten. Zu den Kostbarkeiten zählen der *Hochaltar* mit einer vollendeten Kreuzigungstafel (um 1490, aus dem künstlerischen Umfeld von *Hans Pleydenwurff)* und der *Sebastiansaltar*. In dem 1480 gestifteten *Sakramentshaus*, das trotz einer Höhe von zwölf Metern durchaus filigran wirkt, wird auch heute noch eine geweihte Hostie aufbewahrt.

Öffnungszeiten Der Turm kann Sa 10–18 Uhr und So 13–18 Uhr bestiegen werden. Eintritt: 1,50 €, erm. 1 €.

Spital: Zur Zeit seiner Gründung (um 1280) lag das Spital, in dem heute das Historische Museum (s. u.) untergebracht ist, noch außerhalb der Stadtmauern. Die erhaltenen Gebäude stammen fast ausschließlich aus dem 15. und 16. Jahrhundert. Durch ein von zwei Treppentürmchen flankiertes Tor gelangt man in den Spitalhof, der sich für eine kurze Rast eignet. Die Spitalkirche wurde ein Jahrhundert nach der Gründung errichtet, doch sind nur noch der Chor und die Sakristei aus jener Zeit erhalten; die Einrichtung ist vorwiegend barock, die Nordwand weist spätgotische Freskenreste auf.

Museum für Aberglauben und Inquisition: Über die Spitalanlage gelangt man in den Rothenburger Torturm, der seit 2006 eine interessante Dauerausstellung über die Inquisition und Hexenverfolgung beherbergt, die in Dinkelsbühl wie in vielen anderen süddeutschen Städten ihr Unwesen getrieben hat. Anhand zahlreicher Textdarstellungen werden Verfolgung und Aberglaube thematisiert.

Öffnungszeiten Mo-Fr 10–16 Uhr. Eintritt: frei!

Bauerngärten vor der Stadtmauer

Haus der Geschichte – von Krieg und Frieden: Im „Alten Rathaus" wurde im Oktober 2008 das „Haus der Geschichte" eröffnet, in das auch die Sammlungen des früheren historischen Museums eingegangen sind. Insgesamt 3,7 Millionen Euro wurden investiert, um die Stadtgeschichte mithilfe phantasievoller Museumsdidaktik authentisch erlebbar zu machen. Unterstützt durch die Möglichkeiten der audiovisuellen Medien werden die über 600 Exponate inklusive einem Stadtmodell buchstäblich ins rechte Licht gerückt. Das Konzept sieht vor, in 15 Räumen neben einer ausführlichen Darstellung der Stadtgeschichte und der reichsstädtischen Bürgerkultur auch die Erinnerung an bedeutende Dinkelsbühler aufrecht zu erhalten. Schwerpunkt der Dauerausstellung sind die konfessionellen Auseinandersetzungen im 16. Jahrhundert, der Dreißigjährige Krieg und dessen Folgen sowie die Eingliederung Dinkelsbühls in das Königreich Bayern und die vor allem von den Malern begründete romantische Wiederentdeckung der Stadt. Neben Grafiken und Möbelstücken gehören selbstverständlich auch Kriegsgeräte und Folterinstrumente zur Sammlung. Der Dinkelsbühler Galerie und der Tradition der Malschulen ist eine eigene Abteilung gewidmet, in der unter anderem auch eine Stadtansicht von Karl Schmidt-Rotluff aus dem Jahre 1938 zu bewundern ist.

Adresse/Öffnungszeiten Altrathausplatz 14, Mai–Okt. Mo–Fr 9–17 Uhr, Sa und So 10–18 Uhr, im Winter tgl. 10–17 Uhr. Eintritt: 4 €, erm. 2 €. www.hausdergeschichte-dinkelsbuehl.de.

Museum der 3. Dimension: Erstes und bisher einziges Museum der Welt, das sich ausschließlich dem Thema 3-D widmet. Auf spielerische und unkomplizierte Weise werden räumliche Phänomene vermittelt. Zum Angebot gehören eine große Holographie-Ausstellung, optische Illusionen, Photogrammetrie, Anaglyphen und vieles mehr, beispielsweise auch ein 20.000-Volt-Heiligenschein und ein „plastischer" Papst. Männer mit mangelndem Selbstbewusstsein dürfen endlich einmal erleben, wie es ist, von den Augen einer schönen Frau in jeden Winkel des Raumes verfolgt zu werden.

Adresse/Öffnungszeiten Nördlinger Tor, ✆ 6336, www.3D-Museum.de. April–Sept. tgl. 10–18 Uhr, Okt. und 26.12–6.1 tgl. 11–18 Uhr, sonst Sa/So 11–16 Uhr. Eintritt: 9 € (Erw.), erm. 7 oder 5 €.

Wassertrüdingen

Das alte markgräfliche Städtchen mit seinen 6000 Einwohnern liegt eingebettet zwischen dem Hesselberg, den bewaldeten Höhen des Oettinger Forstes und den Ausläufern des Hahnenkamms.

Wassertrüdingen wird vom Schlossberg überragt, auf dessen Plateau schon im frühen 13. Jahrhundert die Grafen von Truhendingen wohnten. Aus dieser Zeit stammen auch die Reste der Stadtmauer und das als Wahrzeichen der Stadt bekannte Obere Tor mit seinen Fachwerkgeschossen aus dem 18. Jahrhundert. Das Schloss (heute ein Heim für Behinderte), das seine jetzige Form nach einem Brand (1687) erhielt, ist von einem Wassergraben und einer Ringmauer umgeben. Einen Blick sollte man in die an das Rathaus angebaute Bücherei werfen – ein sehr gelungenes modernes Bauwerk mit viel Glas und Stahl. Ein Lob nach Wassertrüdingen, denn schöne Architektur der Gegenwart findet man in kleineren Städten leider allzu selten. Ein Ausflug auf den nahe gelegenen Hesselberg bietet sich ebenfalls an.

• *Information* **Fremdenverkehrsverband Wassertrüdigen**, Postfach 1146, 91714 Wassertrüdingen, ✆ 09832/682245, 📠 09832/682242, www.hesselberg.de.

• *Einwohner* 6000

• *Fischereimuseum* Alles rund um den Fisch findet man im alten Torturm („Törle"). Nur nach Voranmeldung unter ✆ 1344.

• *Schwimmen* **Wörnitz-Flussbad** in Wassertrüdingen; **Brunner-Weiher** bei Ehingen.

• *Segelfliegen* Auskunft zum Thema Segelfliegen am Hesselberg erteilt der Luftsportverein Irsingen-Hesselberg, ✆ 09163/435 (nur am Wochenende).

• *Essen/Übernachten* **Hotel-Gasthof Zur Ente**, das größte Hotel in Wassertrüdingen. Im Sommer sitzt man auf der Straßenterrasse. Nach einem Pächterwechsel stand die Zukunft des alteingesessenen Gasthofs zuletzt in den Sternen. EZ ab 39 €, DZ ab 62 € (mit Frühstücksbuffet). Dinkelsbühler Str. 1, ✆ 09163/708950, 📠 7089555.

Gasthaus Zum Ochsen, obwohl die Metzgerei weiterhin geöffnet ist, besteht kein Restaurantbetrieb mehr. Übernachtung mit Frühstück 20–25 € pro Pers. Mitten im Zentrum gelegen. Marktstr. 7, ✆ 09163/377, 📠 395.

• *Camping* **Dennenloher See**, der einfache Platz liegt direkt am Dennenloher See, Angler können Tageskarten erwerben. ✆ 09836/970666, 📠 970879, www.dennenlohersee.de.

Wandern

Auf den Hesselberg: Von dem kleinen, westlich des Hesselbergs gelegenen Dorf Wittelshofen führt ein geologischer Lehr- und Wanderpfad auf den Hesselberg, den mit 689 Meter höchsten Berg Mittelfrankens. Die Wanderung beginnt an einem Parkplatz nordöstlich des Ortsteils Grabmühle und erstreckt sich über sechs Kilometer (etwa 2,5 Stunden). Schrifttafeln und Erdaufschlüsse informieren über die fossilienreichen Ablagerungen des Jurameers. An klaren Tagen bietet sich vom Gipfel eine gute Fernsicht auf die Schwäbische Alb und die Frankenalb (Orientierungstafel). Kein Hinweis findet sich mehr darauf, dass der NSDAP-Gauleiter Julius Streicher ab 1928 den „Frankentag" auf dem Hesselberg abhielt und als pseudoreligiöse Veranstaltung inszenierte.

Umgebung

Schlosspark Dennenlohe: Knapp zehn Kilometer nördlich von Wassertrüdigen legt das schmucke Barockschloss Dennenlohe, das sich allerdings in Privatbesitz befindet und daher nicht besichtigt werden kann. Für Besucher offen ist hingegen der großzügige Schlosspark (Eingang beim Parkplatz), den Baron Süsskind seit

1990 mit gärtnerischer Leidenschaft angelegt hat. Er umfasst den größten Rhododendronpark Süddeutschlands, besonders schön ist auch der Wassergarten, der sich entlang mehrerer Inseln am Dennenloher See erstreckt. Bis zum Jahr 2012 ist eine Erweiterung des Parks samt einem Rosenberg und Streuobstwiesen geplant. Der Privatgarten ist nur an wenigen Sonntagen im Jahr zugänglich (Termine auf der Homepage). Einkehren kann man im nahen Gutshof im Marstall-Restaurant oder im Orangerie-Café. Dort gibt es auch noch ein kleines Oldtimermuseum.

Öffnungszeiten Von April bis Anf. Nov. tgl. 10–17 Uhr. Eintritt: 6 € (Drehkreuz, passendes Kleingeld). www.dennenlohe.de.

Römerpark Ruffenhofen: Unweit der Bundesstraße zwischen Wassertrüdingen und Dinkelsbühl wandelt man auf den Spuren der Römer. In dem im Jahre 100 unserer Zeitrechnung errichteten Kastell waren einst 500 Reitersoldaten stationiert. Der Grundriss des Lagers (190 x 197 Meter) lässt sich noch im Gelände ausmachen, da das Kastell von Ruffenhofen zu den wenigen am Limes gehört, die später nicht überbaut worden sind. Informationstafeln vermitteln verschiedene Aspekte des römischen Lebens. Archäologische Funde aus Ruffenhofen werden im Römermuseum der nahen Marktgemeinde Weiltingen gezeigt.

Adresse/Öffnungszeiten Der Römerpark ist jederzeit frei zugänglich. Eintritt: frei! Das Römermuseum in Weiltingen hat Do 9–12 Uhr und So 13–17 Uhr geöffnet. www.roemerpark-ruffenhofen.de

Ansbach

Ein wenig von der glorreichen Vergangenheit als markgräfliche Residenzstadt hat Ansbach bis in die Gegenwart bewahren können: Der 40.000-Einwohner-Ort ist Sitz der Regierung von Mittelfranken, nicht etwa das wesentlich größere Nürnberg.

Als Sitz der mittelfränkischen Regierung ist Ansbach eine typische Verwaltungsstadt. Viele Barockbauten prägen das Stadtbild bis heute. Seine Stellung als Einkaufsmetropole im westlichen Mittelfranken konnte Ansbach vor allem durch das vor wenigen Jahren eröffnete Brücken-Center unterstreichen. Zum Leidwesen der Innenstadtgeschäfte kann man sich dort wetterunabhängig ins Shoppingvergnügen stürzen. In kultureller Hinsicht macht Ansbach vor allem durch seine Bachwoche und sein erst unlängst eröffnetes Stadttheater auf sich aufmerksam.

Fast 500 Jahre herrschte das Geschlecht der Hohenzollern über Ansbach – die Hinterlassenschaft ist unübersehbar. Von der Glanzzeit der barocken Residenz zeugen noch das imposante Markgrafenschloss mit seiner verschwenderischen Rokokopracht sowie zahlreiche schmucke Bürgerhäuser. Jährlich lebt die höfische Kultur während der Bachwoche und bei den Rokokospielen wieder auf. Neben den Markgrafen erinnert man sich gern eines rätselhaften Findelkindes, über dessen Herkunft die verschiedensten Spekulationen grassieren: *Kaspar Hauser*. Viele hielten und halten ihn für einen badischen Prinzen. Die letzten zwei Jahre seines Lebens hat Kaspar Hauser in Ansbach verbracht, wo er im Haus des Lehrers Meyer wohnte und in den besten gesellschaftlichen Kreisen verkehrte. Im Dezember 1833 stirbt Kaspar Hauser an den Folgen eines Mordanschlags, unter ähnlich mysteriösen Umständen, wie er fünf Jahre zuvor in Nürnberg erschienen war. An sich war der Vorfall nur eine Marginalie in der Ansbacher Geschichte, doch heute schlägt man in liebenswerter Form aus dem Schicksal Kaspar Hausers touristisches Kapital.

Karte Seite 57

Geschichte

Ansbach erwuchs aus einem in der Mitte des 8. Jahrhunderts vom heiligen Gumbert gegründeten Benediktinerkloster und zählt somit zu den ältesten fränkischen Gründungen. Zu Beginn des 12. Jahrhunderts fiel die kleine Marktsiedlung an die staufischen Könige. Den Staufern gelang es aber nicht wie anderenorts, Ansbach als Königs- und später möglicherweise als Reichsstadt zu etablieren; die königliche Macht konnte sich gegenüber den anderen Rechtsinhabern, dem Bischof von Würzburg sowie den Edlen von Dornberg, nicht durchsetzen. Nach dem Aussterben der Dornberger gelangte Ansbach zunächst an die Grafen von Oettingen; diese verkauften jedoch 1331 ihr Erbe an die hohenzollernschen Burggrafen von Nürnberg. Nach der Teilung der fränkischen Besitzungen der Hohenzollern wurde Ansbach Ende des 14. Jahrhunderts zu einem beliebten Aufenthaltsort der Familie, weswegen Burggraf *Friedrich VI.* am östlichen Ortsrand eine Wasserburg errichten ließ; 1456 wurde die markgräfliche Hofhaltung von der Cadolzburg hierher verlegt.

An der Wende zum 18. Jahrhundert entwickelte sich Ansbach zu einer imposanten Residenzstadt. Doch der Glanz währte keine hundert Jahre: 1791 dankte *Karl Alexander*, der letzte Markgraf, ab und wanderte nach England aus. Seine Fürstentümer Ansbach und Bayreuth übernahm der preußische König gegen eine Leibrente. Die vierzehn preußischen Jahre hinterließen dank der fortschrittlichen Verwaltung Hardenbergs ein positives Echo. *Napoleon* schanzte Ansbach im Jahre 1806 den Bayern zu, die fast 500-jährige Hohenzollernzeit war dadurch endgültig beendet. Viel Lob erhielt die Stadt wenige Jahre zuvor von dem Schriftsteller *Wilhelm Heinrich Wackenroder*: „Ansbach an sich, die eigentliche Stadt nämlich, ist alt und winkelig, hat aber feste Häuser. Die großen Vorstädte aber haben schnurgerade, breite, wohlgepflasterte Straßen und zierliche weiße Häuser, die ein heitereres Aussehen geben als die besten Straßen in Bayreuth."

Anfahrt/Information/Diverses

- *Anfahrt/Verbindungen* **Zug**: Der Bahnhof liegt im Südosten der Stadt. Ins Zentrum läuft man knapp 10 Min. Von Ansbach fahren **Regionalzüge** nach Nürnberg (R 7), Uffenheim und Gunzenhausen (R 8) sowie über Steinach nach Rothenburg ob der Tauber.

  Auto: Zum Parken empfiehlt sich der großräumige Parkplatz nördlich der Orangerie.
- *Information* **Amt für Kultur und Touristik**, Johann-Sebastian-Bach-Platz 1, 91522 Ansbach, ✆ 0981/51243, ✆ 0981/51365, www.ansbach.de.
- *Einwohner* 40.500
- *Literaturtipp* Diana Fitz, Ansbach unterm Hakenkreuz, Ansbach 1994.
- *Stadtführungen* Von Mai bis Sept. sonntags um 11 Uhr: „**Ansbach zum Kennenlernen**". Treffpunkt: Schlossplatz am „Anscavallo". Teilnahmegebühr: 5 €.
- *Theater* **Theater Ansbach**, eigene Produktionen und Gastspiele, Promenade 29, ✆ 0981/970400. www.theater-ansbach.de.
- *Bachwoche* Alle zwei Jahre Ende Juli (2011, 2013 etc.) bietet die Bachwoche anspruchsvollen Musikgenuss. Internationaler Treffpunkt für Bachfreunde. Karten unter ✆ 51247. www.bachwocheansbach.de.
- *Elektromuseum* Darstellung der regionalen Stromversorgung, Antikes aus Haushalt und Landwirtschaft, Eintritt frei! Geöffnet: Mo–Do 9–15.30 und Fr 9–15 Uhr. Eyber Str. 89, ✆ 969540.
- *Fahrradverleih* **Firma Flink**, Würzburger Str. 31, ✆ 2344.
- *Kino* **Capitol-Kino-Center**, Kanalstr. 13, ✆ 2700; **Schlosslichtspiele** und **Studio-Kino**, Promenade 29, ✆ 970400.
- *Minigolf* Turnieranlage an der Ecke Schlossstr./Hennenbacher Str., ✆ 84449; Mo–Fr ab 14 Uhr, Sa/So ab 9 Uhr.
- *Reiten* **Reitstall Reisinger**, Am Ring 25, ✆ 85283.
- *Rokokospiele* Jährlich erinnert sich die Markgrafenstadt mit Tanz und Musik am

ersten Juliwochenende farbenfroh an ihre große Zeit.

- *Schwimmen* **Aquella-Freizeitbad**, Wellenbad mit Schwimmerbecken, Whirlpool, Riesenrutsche, Wassergrotte und Strömungskanal. Mo–Fr 9.30–21.30 Uhr, Sa und So bis 20 Uhr. Am Stadion 2, ✆ 5757.
- *Tennis/Squash* Tennis- und Squashcenter Ansbach, Am Onolzbach 69, ✆ 64435.

Essen/Übernachten

Hotel-Restaurant Fantasie (5), verschnörkelter Bau außerhalb des Stadtzentrums. Die Speisekarte reicht vom Schweinebraten bis zum Pfeffersteak „Wilder Markgraf". Es werden 41 in Pastelltönen gehaltene Zimmer vermietet. WLAN vorhanden. EZ ab 49 €, DZ 88–118 € (inkl. Frühstücksbuffet). Eyber Str. 75, ✆ 0981/95200, 📠 9520180, fantasie@ansbachhotel.de, www.hotelfantasie.de.

Hotel Grünwald, nach ökologischen Kriterien geführtes Haus am Stadtrand mit großem Garten. Im Restaurant kommen fast ausschließlich Bioprodukte auf den Tisch. Terrasse, Sonntagabend Ruhetag. Mit viel Naturholz und Parkett eingerichtete EZ für 60 €, DZ 90 € (inkl. Frühstück). Am Bocksberg 80, ✆ 0981/460890, 📠 4608958, www.hotel-gruenwald.com.

Platengarten (6), charmante Zimmer mit schönem altem Mobiliar. Alle, die nicht im Schloss nächtigen können, aber wenigstens gegenüber schlafen wollen, haben hier für ab 62 € (EZ) oder 87–145 € (DZ) die Möglichkeit dazu (inkl. Frühstücksbuffet). Promenade 30, ✆ 0981/971420, 📠 9714242, www.hotel-platengarten.de.

Orangerie (5), gute fränkische und neue deutsche Küche in hohen Räumen mit historischem Ambiente. Schöne, große Terrasse zum Hofgarten. Hauptgerichte um die 10 €. Zwei Beispiele: gefüllte Poulardenbrust an Basilikumsoße, Zanderfilet in Senfsoße. Mo Ruhetag. Promenade 33, Im Hofgarten, ✆ 2170.

Museums-Stube (1), kleines Hotel in einem schmucken Barockhäuschen unweit der Johanniskirche. Im zugehörigen Restaurant kosten die Hauptgerichte 10–15 €, Museumstöpfchen mit Rahmpilzen und Butterspätzle. Nur abends geöffnet, kleine Straßenterrasse. Sonntagmittag geschlossen. WLAN. Pro Person 40 €, Schaitbergerstr. 16, ✆ 0981/98898, 📠 0981/13868, www.museums-stube.de.

Schwarzer Bock (2), Rokokohaus mitten im Zentrum. Gehobene fränkische Küche in rustikaler Atmosphäre. Garten hinter dem Haus. Sonntagabend und Montagvormittag geschlossen. Die geräumige Zimmer sind mit kostenlosem WLAN ausgestattet. EZ ab 49 €, DZ ab 88 € (inkl. Frühstücksbuffet). Pfarrstr. 31, ✆ 0981/421240, 📠 4212424, www.schwarzerbock.com.

Zum Lamm (7), schöner Gasthof in einem barocken Gebäude, in der Nähe des Stadtzentrums. Passable Zimmer mit WLAN. DZ ab 78 € (inkl. Frühstücksbuffet). Endresstr. 23, ☎ 0981/969990, 📠 9699912, webmaster@hotelzumlamm.eu, www.hotelzumlamm.eu.

• *Ferienwohnungen* **Schloss Sommersdorf**, mit Antiquitäten möblierte, außergewöhnliche Ferienwohnungen werden in einer alten Wasserburg vermietet. Je nach Größe und Saison 105–140 € pro Tag. 10 km südlich von Ansbach, ☎ 09805/91920, 📠 09805/919293, crailsheim-von-manfred@t-online.de.

La Corona (4), versteckt in einem Hinterhof in der Altstadt findet sich diese ansprechende Vinothek mit zugehörigem Restaurant, deren thematische Menüs vor allem auch bei Einheimischen beliebt sind. Do–Sa 11.30–14 Uhr und 18–22 Uhr. Johann-Sebastian-Bach-Platz 20, ☎ 9090130. www.lacorona.de.

Sehenswertes

Altstadt: Die eigenwilligen, fast strengen Fassaden des im Protestantismus wurzelnden markgräflichen Barocks haben die Straßen bis auf den heutigen Tag geprägt; zahlreiche mittelalterliche Fachwerkhäuser wurden im 18. Jahrhundert barockisiert. Aber auch andere Epochen haben in der verwinkelten Altstadt ihre Spuren hinterlassen, so bei der spätgotischen *Johanniskirche* mit ihren ungleichen Türmen und der Hofkanzlei im Stil der Spätrenaissance. Das *Stadthaus* am Johann-Sebastian-Bach-Platz lässt schön den Übergang von der Gotik zur Renaissance erkennen, während das *Rathaus* ein Beispiel für die gotisierende Renaissance darstellt. Das mittelalterliche Zentrum Ansbachs befand sich rund um den breiten Straßenmarkt zwischen St. Johannis und St. Gumbert; seit 1532 ist der Markt durch das Stadthaus in zwei Teile getrennt. Vor dem barocken Herrieder Tor entstand im 18. Jahrhundert ein neuer, nach geometrischen Richtlinien konzipierter Stadtteil, denn der Glanz des markgräflichen Hofes zog viele Adelige und einfache Leute an.

Ein schöner Garten will gepflegt sein

Markgrafenschloss: Das Markgrafenschloss entstand in Nachfolge einer spätmittelalterlichen Wasserburg (die Gräben im Nord- und Südosten lassen den Vorgängerbau noch erahnen) und eines Renaissanceschlosses. Zu Beginn des 18. Jahrhunderts erteilte Markgraf *Wilhelm Friedrich* dem aus Wien kommenden Italiener *Gabriel de Gabrieli* den Auftrag zur Errichtung eines glanzvollen vierflügeligen Barockschlosses. Gabrieli gab dem Bauwerk durch die monumentale Schaufassade mit ihren 21 Fensterachsen ein bestechendes Äußeres, um das Repräsentationsbestreben des absolutistischen Markgrafen zu befriedigen. Nachdem Gabrieli vom Eichstätter Bischof abgeworben worden war, führten die ortsansässigen Gebrüder *Zocha* und der Italiener *Leopoldo Retti* das Bauvorhaben zu Ende. Retti und sein Künstlerstab schufen von 1735–1745 die (hervorragend erhaltenen) Innenräume, deren Stil den Begriff des „Ansbacher Rokokos“ geprägt hat. Fachleute bezeichnen sie als bedeutendstes Rokokointerieur Frankens. Insgesamt 27 dieser Prunkräume sind im Rahmen einer empfehlenswerten Führung zugänglich. Zu den Höhepunkten zählen der doppelgeschossige *Festsaal* mit einem Deckenfresko von *Carlo Carlone*, das virtuose *Spiegelkabinett*, das *Marmorkabinett*, der *Kachelsaal* mit seinen rund 2.800 Fayenceplättchen aus der Ansbacher Fayencemanufaktur und das *Audienzzimmer* der Markgrafen mit dem Porzellanlüster, einem Geschenk Friedrichs des Großen. Während der Führung durch das Schloss sind mehr als 50 Gemälde aus dem 17. und 18. Jahrhundert zu bestaunen, darunter Werke von Rubens und van Dyck; sie stammen aus dem Besitz der Bayerischen Staatsgalerie. Die ebenfalls im Schloss untergebrachte Sammlung Adolf Bayer zeigt einen reichhaltigen Querschnitt von Erzeugnissen der Ansbacher Fayence- und Porzellanmanufakturen.

Die etwas ungewöhnliche und umstrittene Pferdeplastik vor dem Schloss trägt den Namen „Anscavallo“ und stammt von *Jürgen Goertz*, der in Nürnberg mit seinem modernen Dürerhasen ebenfalls Kritik erntete.

• *Besichtigung* Eine Besichtigung ist nur mit Führung möglich: im Sommer von 9 bis 17 Uhr stündlich, im Winter von 10 bis 15 Uhr stündlich. ✆ 9538390. Eintritt 4 €, erm. 3 €. Die gotische Halle mit Bayerischer Staatssammlung „Ansbacher Fayence und Porzellan“ ist Di–So von 9–12 und 14–17 Uhr (Sommer) und 10–12 und 14–16 Uhr (Winter) geöffnet. Eintritt: frei!

Unterhose mit Blutfleck

„Genforscher lüften ein Jahrhundertgeheimnis“ schlagzeilte der *Spiegel* im November 1996 und behauptete vollmundig, Kaspar Hauser sei kein unerwünschter Prinz aus dem Hause Baden-Zähringen. Der *Spiegel* stützte seine Behauptung auf die Untersuchungen zweier Genforscher, die die Blutflecken auf der im Markgrafenmuseum verwahrten Hose mit dem Blut von Angehörigen des Hauses Baden-Zähringen verglichen und festgestellt hatten, dass keine Verwandtschaftsverhältnisse bestehen. Richtig ist, dass die Gentests dies eindeutig bewiesen haben; allerdings ist nicht geklärt, ob die blutbefleckte Unterhose wirklich von Kaspar Hauser stammt. Da die Unterhose an verschiedenen Örtlichkeiten aufbewahrt worden war, bevor sie 1961 ins Markgrafenmuseum gelangte, könnte durchaus jemand seiner Phantasie freien Lauf gelassen und ein altes Kleidungsstück publikumsträchtig präpariert haben. Seltsamerweise wurde aus dem bis dato ungeöffneten Grab Kaspar Hausers keine DNA-Probe entnommen, so dass die Spiegelredakteure lediglich herausgefunden haben, dass das Blut auf der Unterhose von keinem Angehörigen des Hauses Baden stammt. Aber mit dieser Erkenntnis lässt sich nun mal keine Titelstory füllen und die Auflage steigern ...

Im Dezember 2002 wurde aus Hausers Hut-Schweißband ein genetischer Fingerabdruck erstellt, der mit dem Gen-Code einer Angehörigen des Hauses Baden-Zähringen große, wenn auch nicht lückenlose Übereinstimmungen aufweist. Diese Analyse würde die Erbprinz-Theorie unterstützen.

Karte Seite 57

Orangerie und Hofgarten: Der ab 1723 von *Karl Friedrich von Zocha* angelegte barocke Hofgarten zeichnet sich durch seine eher ungewöhnliche Lage aus; er hat nämlich keinen direkten räumlichen Bezug zum markgräflichen Schloss. Zwanzig Jahre später war der Bau der Orangerie vollendet. Mit einer Länge von mehr als 100 Metern zählt sie zu den größten Gartenschlössern Frankens. Die Gartenfassade mit ihren 29 Achsen ist streng nach Süden ausgerichtet und mündet in eine breite, 250 Jahre alte und über 500 Meter lange Lindenallee. Am Rande des Parks erinnert eine neugotische, achteckige Sandsteinsäule an den geheimnisumwitterten Kaspar Hauser, der am 14. Dezember 1833 hier von einem Unbekannten niedergestochen wurde: „Hic occultus occulto occisus est" (hier wurde ein Unbekannter unter geheimnisvollen Umständen ermordet). Die Orangerie wurde übrigens im April 1945 fast vollständig zerstört und bis 1950 wiederaufgebaut. Sie ist jedermann jederzeit zugänglich.

St. Gumbertus: Die charakteristische Dreiturmfassade der evangelischen Pfarrkirche gilt als Wahrzeichen Ansbachs; zwischen zwei zierlichen Türmen steht ein mächtiger Mittelturm. St. Gumbert ist zudem auch das älteste Baudenkmal der Stadt, da die unter dem Chor gelegene romanische Krypta noch aus dem 11. Jahrhundert stammt. Die vor der Krypta gelegene Markgrafengruft birgt 25 Sarkophage der 1975 von der Johanniskirche hierher verlegten Grablege der Ansbacher Markgrafen. Der große nüchterne Saalbau der Kirche ist wesentlich jüngeren Datums: er wurde 1736–38 von *Leopoldo Retti* geschaffen. Eindrucksvoll ist der einstige Ostchor mit der spätgotischen *Schwanenritterkapelle*. Zahlreiche Epitaphien und Totenschilde sowie der Ordensaltar erinnern an den Schwanenritterorden, einen adeligen Tugend- und Freundschaftsbund.

Öffnungszeiten von Fürstengruft und Krypta Im Sommer Fr–So 15–17 Uhr, So auch von 11–12 Uhr. Eintritt: 1 €.

Ansbacher Kleinstadtidylle

Markgrafenmuseum: Nach langem Ringen und mehrjährigen Renovierungsarbeiten, die insgesamt 2,5 Millionen Euro verschlungen haben, wurde das Markgrafenmuseum unlängst im Schnitzleinshof im Stadtzentrum wiedereröffnet. Jeder markgräfliche Herrscher wird in einem Raum vorgestellt und in den jeweils zeitgenössischen Kontext gestellt. Mittels modernster Licht- und Tontechnik wird der Besucher beispielsweise auf den Dreißigjährigen Krieg eingestimmt, wobei ein riesiges Porträt des Schwedenkönigs Gustav Adolf den Raum dominiert. Das Museum beherbergt zudem bedeutende Sammlungen zur Ansbacher Markgrafengeschichte (Fayencen und Porzellan, umfangreichste Sammlung von Werken Ansbacher Hofmaler, Münzen- und Medaillenkabinett), daneben verfügt es über naturwissenschaftliche Bestände sowie eine vor- und frühgeschichtliche Abteilung. Eine sehr umfassende Kaspar-Hauser-Sammlung mit Schriftstücken und der Kleidung, die der berühmte Findling bei seinem Tod getragen haben soll, rundet das Angebot ab. Eine schöne Aussicht auf Ansbach kann man vom Turmzimmer genießen.

Adresse/Öffnungszeiten Kaspar-Hauser-Platz 1, ✆ 9775056. Tgl. 10–17 Uhr, von Okt. bis April Mo geschlossen. Eintritt: 2,50 €, erm. 1 €.

Lichtenau

Nicht grundlos erinnert die Festung Lichtenau an die Nürnberger Burg, war sie doch jahrhundertelang ein vorgeschobenes Bollwerk der Reichsstadt gegen die Ansbacher Markgrafen und diesen ein steter Dorn im Auge.

Als Friedrich von Heideck 1406 dem Nürnberger Rat Lichtenau zum Kauf anbot, zögerten die Ratsherren nicht lange und erwarben den strategisch günstig gelegenen Ort, da sich die Reichsstadt Nürnberg durch den Kauf provokativ mitten im Territorium des verhassten Nürnberger Burg- und späteren Markgrafen niederlassen konnte. Im ersten sowie im zweiten Markgräflichen Krieg (1552) wurden der Ort und die Festung kampflos aufgegeben und dennoch von *Albrecht Alcibiades* bis auf die Grundmauern in Asche gelegt; freilich nur, um gleich darauf von den Nürnbergern mit großem Kostenaufwand um so stattlicher aufgebaut zu werden. Im Ort sind noch die barocke Dreifaltigkeitskirche sowie mehrere ansehnliche Fachwerkhäuser aus dem späten 17. Jahrhundert und Sandsteinquaderhäuser aus dem 18. Jahrhundert erhalten. Als Sohn eines einfachen Nürnberger Soldaten wurde 1727 der Historiker *Johann Christoph Gatterer* in Lichtenau geboren. Der Autodidakt studierte in Altdorf und erhielt 1759 eine Professur in Göttingen, der damals führenden Universität Deutschlands. In dieser Position trug Gatterer maßgeblich dazu bei, das Fach „Geschichte" als Wissenschaft zu etablieren.

• *Information* **Marktverwaltung**, Ansbacher Str. 11, 91585 Lichtenau, ✆ 09827/92110, 📠 09827/921115. www.markt-lichtenau.de.

• *Burgfest* Jedes Jahr am 1. Samstag im Juli im Innenhof der Burg mit Volkstanzgruppen und Tanzabend.

• *Schwimmen* Beheiztes **Freibad** mit 80-m-Wasserrutsche, ✆ 861.

• *Essen/Übernachten*: **Landgasthof Gotzenmühle**, im Gasthof von Friedrich Ammon kann man Urlaub auf dem Bauernhof machen. Es werden auch Ferienwohnungen vermietet. Dienstag Ruhetag. Für 20,50 € pro Person (im DZ) bzw. 28 € im EZ. Im Ortsteil Gotzenmühle, ✆ 09827/1292, 📠 09827/7160, www.gotzenmuehle.de.

Rotes Ross, netter Gasthof bei der Festung, Nichtfranken benötigen einen Übersetzer für die in Mundart geschriebene Speisekarte. Mittwoch Ruhetag. Von-Heydeck-Str. 4, ✆ 09827/928686.

Ferienhäuser Fritz Schwab, ein direkt am Waldrand gelegenes Haus mit großer Terrasse, Liegewiese, TV und Telefon. Für 30 € pro Tag (4 Pers.). Im Ortsteil Wattenbach, ✆ 09827/1274.

Sehenswertes

Festung: Nach der letzten Zerstörung begann die Reichsstadt Nürnberg 1558 mit der Errichtung eines neuen mächtigen Bollwerks mit dem Grundriss eines fünfzackigen Sterns. Die Zitadelle wurde den zeitgenössischen Anforderungen gemäß nach den Prinzipien des modernen italienischen und holländischen Festungsbaus konzipiert: Sie ist umgeben von einer Wallanlage mit Außenböschungen aus Buckelquadern. An den Wallinnenseiten sind zweigeschossige Kasematten eingebaut, und an jeder Ecke schieben sich keilförmige Bastionen, sog. Batterien, vor. Eine Zugbrücke und ein stattliches Portal weisen den Wegin den rechteckigen Innenhof,

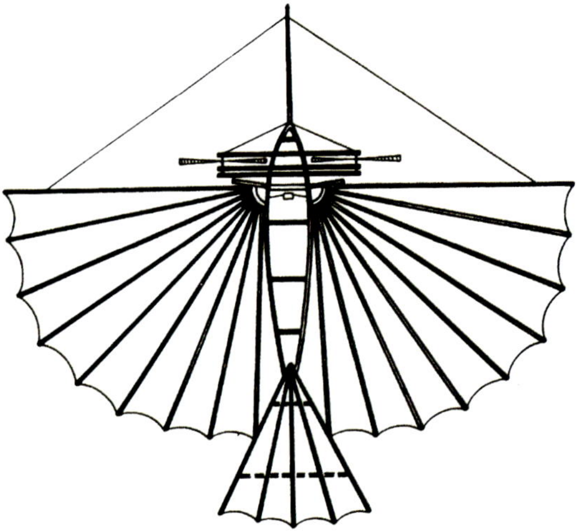

„Flugzeug Nr. 21" – Modell-Skizze von Gustav Weißkopf

Gustav Weißkopf – ein fast vergessener Luftfahrtpionier

Der am 1. Januar 1874 in Leutershausen geborene Gustav Weißkopf war ein begnadeter Erfinder und der erste Mensch, der erfolgreich mit einem motorbetriebenen Flugzeug eine größere Entfernung bewältigte. Von Kindesbeinen an luftfahrtbegeistert, unternahm der geniale Mechaniker seine ersten Flugversuche in Amerika, wohin er nach unsteten Lehrjahren als Einundzwanzigjähriger ausgewandert war. Doch aller Anfang ist bekanntlich schwer. Nachdem Weißkopf 1899 fatalerweise im dritten Stock eines Hauses eine Bruchlandung hingelegt hatte, verjagte ihn die Polizei aus Pittsburgh. Weißkopf zog daraufhin in die Industriestadt Bridgeport im Bundesstaat Connecticut. Dort überflog er in den frühen Morgenstunden des 14. August 1901 – mehr als zwei Jahre vor dem Flug der Gebrüder Wright – am Steuer einer motorbetriebenen Eigenkonstruktion eine Entfernung von einer halben Meile und landete wohlbehalten. Weißkopfs legendäre „Nr. 21" war ein eleganter Eindecker mit Fledermaus-Tragflächen und einer Spannweite von nahezu elf Metern. Mit einem Nachfolgemodell wagte er im nächsten Jahr sogar einen Rundflug von elf Kilometern Länge in 60 Meter Höhe. Zeitlebens blieben ihm allerdings Anerkennung und Ruhm versagt, selbst seine Flugleistungen hat man bestritten und geleugnet. Am 10. Oktober 1927 starb Weißkopf und wurde in einem Armengrab beigesetzt, seine Pioniertaten erst Jahrzehnte später gewürdigt.

in dem sich ein von zwei Rundtürmen flankiertes Schloss erhebt. Nicht nur die Türme erinnern an die Nürnberger Burg: Die Festung Lichtenau soll nach Plänen von *Antonio Fazuni* errichtet worden sein, der auch den Bau der Nürnberger Burgbastei geplant und überwacht hat. Wenigstens waren die Nürnberger Mühen nicht vergeblich. Der Ansbacher Markgraf machte fortan einen Bogen um das trutzige Lichtenau. Nach diversen Verwendungsarten, unter anderem als Zuchthaus und Erziehungsheim, beherbergt die Festung heute eine Außenstelle des Nürnberger Staatsarchivs.

Öffnungszeiten Der Innenhof kann im Sommer von 8–20 Uhr und im Winter von 8–18 Uhr besichtigt werden, Führungen nach Vereinbarung, ✆ 1235.

Leutershausen

In dem mauerbewehrten Altmühlstädtchen dreht sich touristisch alles um den berühmtesten Sohn: Gustav Weißkopf. Dem Erbauer des ersten Motorflugzeugs der Welt wurde das gleichnamige Museum und ein Denkmal gewidmet.

Leutershausen, eine fränkische Gründung aus der Karolingerzeit, gelangte zusammen mit Colmberg im Jahre 1318 in den Besitz der Nürnberger Burggrafen, denen es auch den Mauerring verdankt. Den hohenzollernschen Burg- und späteren Markgrafen diente Leutershausen jahrhundertelang als wichtiges Verwaltungszentrum. Hügelburgen und Adelssitze sind in vier Ortsteilen nachzuweisen. Zwei noch erhaltene Tortürme und Reste der Befestigung sorgen für ein historisches Flair. Neben den Tortürmen zählen die Stadtkirche St. Peter und der ehemalige Getreidekasten, in dem das *Gustav-Weißkopf-Museum* untergebracht ist, zu den schönsten Bauwerken. Viele alte Gebäude wurden allerdings im Dreißigjährigen Krieg zerstört oder verwüstet, und auch ein amerikanischer Bombenangriff kurz vor Ende des Zweiten Weltkriegs richtete enorme Schäden an. Durch die Eingemeindungen der jüngsten Zeit ist Leutershausen zum Mittelpunkt einer Großgemeinde mit 49 Ortsteilen und insgesamt 5500 Einwohnern geworden.

• *Information* **Stadtverwaltung**, Am Markt 1–3, 91578 Leutershausen, ✆ 09823/9510, ✆ 09823/95150, www.leutershausen.de. Hier gibt es auch ein informatives Faltblatt über Wanderwege rund um Forchheim.

• *Verbindungen* Regelmäßige Busverbindungen nach Ansbach.

• *Fahrradverleih* **The Classic Bike Shop**, Rothenburger Str. 3, ✆ 8699.

• *Veranstaltungen* Stadtfest am letzten Juliwochenende.

• *Museen* **Gustav-Weißkopf-Museum mit Heimat- und Handwerkermuseum**, informiert über die Luftfahrtgeschichte und das Leben und Wirken von Gustav Weißkopf. Von Ostern bis Okt. Di–Fr 10–12 Uhr, Mi und So auch 14–16 Uhr. Eintritt: 1 €. Plan 6.

Motorrad-Museum Frankenhöhe, private Sammlung vom Scheunenfund bis zum restaurierten Schmuckstück. Schwerpunkt: deutsche Zweiradveteranen der 20er Jahre. Jeden Sonntag von 10–12 und 13–17 Uhr oder nach Vereinbarung. Ortsteil Hetzweiler, Weiherstr. 16, ✆ 09868/1748.

Museum im unteren Torturm, das Museum zeigt bäuerliche Wohnkultur, landwirtschaftliche Geräte und historische Trachten. Geöffnet nur nach Rücksprache mit der Stadtverwaltung, ✆ 95150.

• *Schwimmen* **Altmühlflussbad**, Naturfreibad mit Kneippanlage, Eintritt frei. **Hallenbad**, ✆ 210, Mo 16–18.30 Uhr, Di 16–19 Uhr, Mi 16–21 Uhr, Do und Fr 16–20 Uhr.

• *Essen/Übernachten*: **Gasthof Neue Post**, kurz vor dem Stadttor. Freundliche Atmosphäre und nicht überteuert: z. B. Schäufele für 7,90 €, als 3-Gänge-Menü für günstige 9 €. Übernachtung mit Frühstücksbuffet pro Pers. ab 27,50 € im DZ. Mühlweg 1, ✆ 09868/8911, ✆ 8268, gasthof.neue-post@t-online.de, www.gasthof-neue-post.de.

Gasthof Zur Krone, in einem 500 Jahre alten Fachwerkhaus mit zünftiger Wirtsstube und einem wunderschönen Ausleger. Auf den Tisch kommen hauptsächlich Pfannengerichte (8–10 €). Kleine Straßenterrasse am lang gestreckten Marktplatz – die hässlichen roten Plastikstühle könnte man allerdings durch schöneres Mobiliar ersetzen. Mo Ruhetag. Die Übernachtung in einem der 3 DZ ab 22 € pro Pers. Am Markt 31, ✆ 09868/91002, 📠 91003.

Ferienwohnungen Ballheim, moderne, sehr freundlich eingerichtete Wohnungen, direkt am Mühlweiher gelegen. Von 179–429 € pro Woche. Rammersdorfer Str. 3, ✆ 09868/91101, 📠 91102, ballheim@t-online.de, www.ballheim.com..

Colmberg

Hoch über dem Tal und der Ortschaft Colmberg erhebt sich auf einem schwer zugänglichen Plateau die gleichnamige Burg mit ihren imposanten Mauern. Nicht grundlos wird der Ort mit seiner Burg gleichgesetzt.

Seit dem Jahre 1318 gehörten Burg und Ort zum Einflussbereich der Hohenzollern, die die Anlage planmäßig ausbauten und mit Erdwall und Graben befestigten. Während der Ort im Dreißigjährigen Krieg von Truppen der Katholischen Liga zerstört wurde, trotzte die Burg – wie schon hundert Jahre zuvor im Bauernkrieg – den feindlichen Angriffen; dieses Mal den Soldaten Tillys. Da die Burg von Zerstörungen verschont blieb, zählt sie zu den wenigen gut erhaltenen mittelalterlichen Wehranlagen Deutschlands – ein Höhepunkt der Burgenstraße. Der aus romanischer Zeit stammende Palas wurde im 19. Jahrhundert gotisiert. Zusammen mit dem mächtigen runden Bergfried ist der dreigeschossige Bau das „Wahrzeichen des Oberen Altmühltals".

Aus Colmberg stammen die Vorfahren eines weltbekannten amerikanischen Popstars. Bis ins 18. Jahrhundert lässt sich die Geschichte der in Colmberg ansässigen jüdischen Familie Joel zurückverfolgen. Aus der familieneigenen Dorfschneiderei entstand zu Beginn des 20. Jahrhunderts ein großes Nürnberger und Berliner Wäscheversandhaus. Der 1923 geborene *Helmut Joel* wanderte zusammen mit seiner Familie während der nationalsozialistischen Herrschaft nach Amerika aus (der Be-

Colmberg: Ehemalige Hohenzollernburg

trieb wurde 1938 entschädigungslos „arisiert“ und von dem späteren Wirtschaftswunderhelden Josef Neckermann für ein Spottgeld erworben). In Amerika wurde 1947 Helmuts Sohn William geboren, besser bekannt unter dem Namen *Billy Joel.*

- *Information* **Markt Colmberg**, Am Markt 1, 91598 Colmberg, ✆ 09803/93290, 📠 09803/932920, www.colmberg.de.
- *Fahrradverleih* **Firma Chorbacher**, ✆ 263.
- *Essen/Übernachten*: **Burg-Hotel Colmberg**, schon das Foyer mit offenem Kamin stimmt auf das historische Ambiente ein. Mit fränkischer und internationaler Küche zu angemessenen Preisen (Hauptgerichte 9–18 €) verwöhnt Familie Unbehauen ihre Gäste. Im Sommer sitzt man im lauschigen Innenhof der Burg. Zum Freizeitangebot gehören Leihräder und ein Wildgehege. Wer will, kann in der Burgkapelle sogar heiraten. Verspielte Zimmer, teilweise mit altem Mobiliar. EZ 42–79 €, DZ 79–130 €. Di und im Februar geschlossen. ✆ 09803/91920, 📠 262, www.burg-colmberg.de.

Gutshof Colmberg, günstige Übernachtungsmöglichkeit am Ortsrand unterhalb der Burg. EZ ab 28 €, DZ 56 €. Burgstr. 26, ✆ 09803/1209, 📠 1449, www.gutshof-colmberg.de.

Ferienwohnungen, vermietet von Ida Schmidt. Zwei gut ausgestattete Appartements ab 30 €. Im Ortsteil Binzwangen, Binzwangen 7a, ✆ 09803/290.

Romantisches Franken
Karte Seite 57

Heilsbronn

Eingebettet in eine hügelige Landschaft stellt Heilsbronn mit seinem ehemaligen Zisterzienserkloster und der Hohenzollern-Grablege einen kulturhistorischen Höhepunkt im Osten von Ansbach dar.

An der Grenze der Bistümer Bamberg, Würzburg und Eichstätt gründete Bischof Otto I. von Bamberg 1132 ein Kloster, das neun Jahre später von den Ebracher Zisterziensermönchen übernommen wurde, die es alsbald zu einem „Bronnen des Heils“ für das Frankenland werden ließen. Über Jahrhunderte hinweg wurde der Westen Mittelfrankens durch das Stift geprägt. Die Reste der mächtigen, mauerbewehrten Klosteranlage erinnern noch daran, dass Heilsbronn einst zu den reichsten Klöstern Frankens gehörte: Die Äbte hatten das Recht, bischöfliche Würden zu tragen, und die Kloster- und Schreibschule waren weithin berühmt. Die Grafen von Abenberg und die hohenzollernschen Burggrafen von Nürnberg wählten die Klosterkirche als Grablege. Im 16. Jahrhundert begann der mit der Säkularisation des Klosters einhergehende Niedergang des Marktfleckens. Erst anlässlich der 800-Jahr-Feier (1932) wurde Heilsbronn zur Stadt erhoben und wuchs bis heute auf stattliche 9.000 Einwohner an. Bei einem Spaziergang durch die Innenstadt wird man unweigerlich auf die klösterliche Vergangenheit stoßen. Teile der Klosterbefestigung und der ehemaligen Klostergebäude sind noch vorhanden, darunter das Refektorium und das Brunnenhaus sowie die Spitalkapelle (1266) mit ihrem Fachwerkaufbau im Brauereihof, das Klosterverwalterhaus (1621) am Marktplatz und der Katharinenturm. Sehenswert ist auch der Güllichshof, ein unter Denkmalschutz stehender Fachwerkbau, der in seiner wechselhaften Geschichte schon als Gutshof, Wirtshaus und Posthalterei gedient hat.

- *Information* **Verkehrsamt**, Kammereckerplatz 1, 91560 Heilsbronn, ✆ 09872/80619, 📠 09872/80666, www.heilsbronn.de. Für 1 € ist eine Wanderkarte mit Tourenvorschlägen erhältlich.
- *Stadtführungen* Von April bis Sept. am ersten Samstag im Monat um 14 Uhr. Treffpunkt: Marktplatz. Teilnahmegebühr: 2 €, erm. 1 €.
- *Schwimmen* Beheiztes **Freibad** mit 3-Meter-Turm und großer Wasserrutsche, Philosophenweg 1, ✆ 956715. Im nahe gelegenen Neuendettelsau findet man das **Novamare**, ein nicht so überfülltes Freizeitbad mit Wasserrutsche, Dampfbad, Strömungskanal und einem Solebecken. Mo–Fr 13–22 Uhr, am Wochenende 10.30–18 Uhr. ✆ 09874/50235, www.novamare.de.

• *Essen/Übernachten* **Klosterhof**, altes Fachwerkhaus direkt beim Münster. Der Koch versteht sich auf kreative Küche, und wir schwanken noch zwischen einem Markgrafensteak und einem Schnitzel Münsterschwarzacher Art (8,50 €). Netter, kleiner Garten hinter dem Haus, man sitzt unter einem Kastanienbaum. Mo geschlossen. Einfache Zimmer, Übernachtung mit Frühstück ab 25 € pro Pers. im DZ. Marktplatz 17, ✆ 09872/1226, ℻ 93092, www.restaurant-klosterhof.de.

Gasthof zum Löwen, das ehemalige Klosterschlachthaus ist der richtige Ort für einen Gasthof. Schweinefilet mit Pfifferlingen in Rahm und Brezenkloßscheiben für 11,50 €. Schöne Straßenterrasse. Sa Ruhetag. DZ 56 € inkl. Frühstück. Marktplatz 6, ✆ 09872/1231, ℻ 1030.

Gasthof Goldener Stern, der Gasthof bietet ansprechende Küche zu angemessenen Preisen, beispielsweise ein Lammrücken mit geröstetem Spargel. Menü zu 23 €. Ordentliche Zimmer ohne besonderen Charme. Die Liegewiese mit Swimmingpool sorgt für einen angenehmen Aufenthalt. Do Ruhetag. EZ ab 37 €, DZ je nach Ausstattung 50–62 €. Ansbacher Straße 3, ✆ 09872/1262, ℻ 6925, www.goldener-stern-heilsbronn.de.

Sehenswertes

Münster: Die ehemalige Klosterkirche wurde in der Mitte des 12. Jahrhunderts als kreuzförmige dreischiffige Basilika errichtet; doch mussten die romanischen Apsiden bereits 1268 einem gotischen Chor weichen, und zu Beginn des 15. Jahrhunderts ersetzte man das südliche Seitenschiff durch eine zweischiffige Halle (Mortuarium). Zahlreiche Umbauten im Inneren der Kirche wurden nach dem Zweiten Weltkrieg beseitigt, um den romanischen Bauzustand der Gründerzeit weitgehend wiederherzustellen. Von einst 29 Altären sind noch neun erhalten. Von der reichen spätgotischen Ausstattung sind besonders der Hochaltar aus dem Künstlerkreis um *Michael Wolgemut* und das Sakramentshäuschen (1515) aus der Werkstatt von *Adam Kraft* hervorzuheben. Im streng romanischen Mittelschiff ruhen die drei ersten Kurfürsten von Brandenburg sowie mehrere Markgrafen von Ansbach in zum Teil prachtvollen Hochgräbern. Nördlich der Klosterkirche sind noch das Re-

Die Grablege der Markgrafen von Ansbach

fektorium (Speisesaal der Mönche), das Dormitorium (Schlafhaus der Mönche) sowie die Neue Abtei (Abtsresidenz) erhalten.

Öffnungszeiten April–Okt. 9–12 Uhr und 13.30–17.30 Uhr. Im Winter Besichtigung nur nach Rücksprache mit dem Kirchner, ✆ 1297. Führungen: April–Okt. jeden Sonntag um 13.30 Uhr.

Museum Vom Kloster zur Stadt: Ende 2006 wurde im Dachgeschoss des Konventhauses ein Museum zur Geschichte des Klosters und der daraus hervorgegangenen Stadt Heilsbronn eröffnet. Dargestellt werden aus der Klosterzeit die Baugeschichte, das Leben und die Bedeutung des Klosters. Die Zeit nach der Säkularisierung wird thematisiert durch das Klosterverwalteramt, die Fürstenschule im ehemaligen Kloster, das religiöse Leben im protestantischen Heilsbronn sowie die politische Gemeinde im 18., 19. und 20. Jahrhundert mit der Darstellung von Heilkunde, Gewerbe, Freizeit, Sicherheit, Krieg und Frieden.

Adresse Hauptstraße 5/7. Öffnungszeiten: Mi–So 14–16 Uhr. Eintritt: 2 €, erm. 1 €.

Romantisches Franken
Karte Seite 57

Burgbernheim

Burgbernheim lockt nicht mit großen Sehenswürdigkeiten, dafür erwartet einen hier das Flair einer typischen fränkischen Kleinstadt. Das etwas außerhalb gelegene „Wildbad" ist eines der ältesten Mineral-Heilbäder Deutschlands. Unweit von Wildbad entspringt die Altmühl.

Am Fuße des Kapellenberges mit seiner mächtigen Kirchenburg liegt Burgbernheim. Die merowingische Gründung wurde 741 erstmals urkundlich erwähnt, als der fränkische Hausmeier Karlmann diese dem Bistum Würzburg schenkte. Die evangelische Stadtpfarrkirche ziert ein romanisches Portal aus dem Jahre 1102. Zum Tal hin wird sie durch das steil aufragende Torhaus und eine einst als Wehrmauer genutzte Friedhofsbefestigung abgeschirmt. Zahlreiche Fachwerkhäuser geben dem Ortszentrum ein historisches Gepräge. Gefällig wirken die breite Marktstraße, aber auch die Rossmühle und der spätmittelalterlichen Seilersturm besitzen viel altfränkischen Charme. Burgbernheim ist von einem ausgedehnten Mischwald mit insgesamt 75 Kilometer langen Wanderwegen, die mit Tiersymbolen markiert sind, umgeben. Der Fremdenverkehrsverein hält ein Informationsblatt mit Wandervorschlägen bereit. Wer sich mehr für die Natur interessiert, sollte den vier Kilometer langen Natur- & Erlebnispfad im Gründlein erkunden. Ausgangspunkt ist der Parkplatz am Minigolfplatz hinter dem Freibad.

Ein lohnenswertes Ziel ist das traditionsreiche Mineral-Heilbad *Wildbad*, schon Kaiser Karl IV. soll sich hier erholt haben. Seine große Zeit erlebte das Kurbad im 18. Jahrhundert, als es zu einem beliebten Aufenthaltsort der Markgrafen aufstieg und allerlei illustre Gäste an dem heilkräftigen Augen-, Musketier- und Doktorbrünnlein kurten. *Carl Alexander* ließ 1789 oberhalb der Badeanlage ein dreiflügeliges Jagdschlösschen errichten. Kein Hinweis erinnert mehr daran, dass nach Ende des Zweiten Weltkriegs im Wildbad einige hundert jüdische Holocaust-Überlebende untergebracht waren, die sich in der fränkischen Waldidylle mit Hebräisch-Kursen und landwirtschaftlichen Schulungen auf die Auswanderung nach Israel vorbereiteten. Der Badebetrieb wurde in den sechziger Jahren des 20. Jahrhunderts eingestellt.

- *Information* **Tourist Information**, Rathausplatz 1, 91593 Burgbernheim, ✆ 09843/3090, ℻ 09824/30934, www.burgbernheim.de.
- *Einwohner* 3000
- *Schwimmen* **Freibad** in der Freibadstraße; beheizt. ✆ 587.
- *Minigolf* direkt neben dem Freibad, Di–So 14–20 Uhr, ✆ 3090.
- *Skisport* 750 Meter lange Abfahrt mit zwei Liften an der Frankenhöhe. Auskunft über Schneelage u. Liftbetrieb unter ✆ 1501.

• *Veranstaltungen* Stadtfest am dritten Samstag im Juni.

• *Essen/Übernachten* ** **Gasthof Zum Goldenen Hirschen**, historisches Gasthaus mit Hausschlachtung und gehobener Küche, so bei einer Rehleber in Cognacrahmsoße mit Kartoffelrösti für 8,90 €. Mi Ruhetag. Kleine Straßenterrasse unter zwei Kastanienbäumen. Modern eingerichtete Gästezimmer mit Du/WC. EZ 30 €, DZ 50 €. Windsheimer Straße 2, ✆ 09843/936880, 📠 9368835, www.gasthofhirschen.de.

Waldgasthof Wildbad, als Heilbad wird das romantisch gelegene Wildbad, knapp drei Kilometer von Burgbernheim entfernt, heute kaum mehr genutzt. Der idyllische Gasthof (Di Ruhetag) bürgt für eine anerkannt gute Küche. Spezialität: Wildgerichte und Forellen. 52 Gästebetten. Hauseigene Sauna mit Quellwasserbecken. EZ ab 35 €, DZ ab 62 € (inkl. Frühstücksbuffet). ✆ 09843/1321, 📠 2877, www.waldgasthof-wildbad.de.

Langs-Keller, nur bei schönem Wetter öffnet die Sommerwirtschaft ihre Pforten. Kaffee, Kuchen und eine deftige Brotzeit werden serviert. Mi und Sa ab 16 Uhr, So ab 14 Uhr geöffnet. Felsenkellerstraße (südöstlich vom Bahnhof), ✆ 95920.

Wilhermsdorf

Das ursprünglich fränkische Straßendorf ist ein Paradebeispiel für einen ritterschaftlichen Ort im Barockzeitalter. Die Grafen von Hohenlohe haben Wilhermsdorf in den Jahren um 1700 zu einer kleinen barocken Residenz ausgebaut.

Obwohl das Schloss im vergangenen Jahrhundert abgerissen wurde, sind zahlreiche Zeugnisse aus dieser Epoche erhalten. Jahrhundertelang herrschten verschiedene Rittergeschlechter über den Marktflecken; im Jahre 1703 wurde sogar der Sitz der Reichsritterschaft des Kantons Altmühl hierher verlegt. Dies geschah in der großen Zeit von Wilhermsdorf (1698–1718), als Gräfin *Maria Franziska Barbara von Hohenlohe*, die „Wohltäterin von Wilhermsdorf", den Ort zu einer merkantilistischen Kleinresidenz ausbaute. Ihr verdanken die Wilhermsdorfer die prächtige Schlosskirche, eine Mischung aus aristokratischer Frömmigkeit und kühler Eleganz. Sehenswert ist der Hochaltar, ein stattliches Viersäulenretabel mit Kreuzigungsgruppe.

• *Information* **Marktgemeindeverwaltung**, Hauptstr. 46, 91452 Wilhermsdorf, ✆ 09102/1441, 📠 09102/1553.

• *Schwimmen* **Hallenfreibad** in der Ulsenbachstr. 19, ✆ 1853. Di–Fr 15–20 Uhr, Mi bis 21 Uhr, Feiertage und jeden 1. und 3. Sonntag im Monat 10–16 Uhr.

Markt Erlbach

Die beiden Attraktionen der Marktgemeinde sind die wehrhafte Kilianskirche und das vorbildlich eingerichtete Handwerksmuseum im Alten Pfarrhaus, einem Fachwerkbau aus dem 15. Jahrhundert.

Vor rund 700 Jahren verliehen die Nürnberger Burggrafen Erlbach das Marktrecht, das sich fortan stolz „Markt Erlbach" nannte. Die erwähnte Kilianskirche stammt noch aus dem 14. Jahrhundert, allerdings fiel das Langhaus im Dreißigjährigen Krieg den Flammen zum Opfer. Der etwas abgesetzt stehende, fünfgeschossige Turm der Kirche ist durch zwei Meter dicke Mauern gesichert und diente einst als letzter Zufluchtsort. Die oberen Turmgeschosse sind nur über einen einziehbaren Steg vom Dach des Chores aus erreichbar; der klein gehaltene Eingang konnte dadurch gut verteidigt werden. Die Handwerkerkultur des Rangaus wird in Markt Erlbach hochgehalten. Auf fünf Stockwerken informiert das Museum über traditionelle

Rangau-Handwerker-Museum in Markt Erlbach

Handwerksberufe und zeigt in funktionsfähigen Werkstätten alte Arbeitstechniken sowie Handwerkerstuben, Geräte und Werkzeuge aus vergangenen Tagen.

- *Information* **Fremdenverkehrsamt**, Neue Straße 16, 91459 Markt Erlbach, ✆ 09106/ 92930, ℻ 09106/929325, www.markt-erlbach.de.
- *Einwohner* 5400
- *Schwimmen* **Hallenbad**, an der Volksschule, Zennhäußer Weg 4, ✆ 755. Schwimmbecken 17 x 8 m. Derzeit wegen technischer Mängel geschlossen.
- *Rangau-Handwerker-Museum* Fachmuseum für Handwerk und Landwirtschaft. Von Ostersonntag bis 1.11. an Sonn- und Feiertagen von 13–16 Uhr. Hauptstr. 2. Eintritt: 2 €, erm. 1 €.
- *Essen/Übernachten* *** **Landgasthof zum Stern**, der schöne Dorfgasthof aus dem 16. Jahrhundert im Ortsteil Linden ist eine herrliche Adresse (seit 1860 in Familienbesitz). Gutes Restaurant mit verschiedenen Themenbuffets, so gibt es jeden Freitag von Sept. bis Dez. ein Karpfenbuffet (All you can eat). Viele Lammgerichte, moderates Preisniveau. Die Zimmer wurden 2008 komplett renoviert und manchen einen netten Eindruck. Auch Ferienwohnungen. Fahrradverleih, kostenlose Reitmöglichkeiten. EZ ab 46 €, DZ je nach Lage ab 72 € (inkl. Frühstück), bei längerem Aufenthalt Ermäßigung. Günstige Halbpension. Linden 60, ✆ 09106/891, ℻ 6666, www.gasthof-zumstern.de.

Gasthof zum Löwen, der herrliche alte Gasthof mit seinem schönen Ausleger soll komplett renoviert werden. Hauptstr. 32, ✆ 243.

Zum Roß, der Gasthof ist in den heutigen Zeiten ein Lichtblick für alle, die den Gürtel nur in finanzieller Hinsicht etwas enger schnallen wollen. Einen Schweinebraten für 4,50 € oder ein Schäufele für 6,30 € findet man in Franken nur noch sehr selten! Viele Steakgerichte. Di Ruhetag. Hauptstr. 24, ✆ 268.

Gasthof Zur Stadt Windsheim, an der Straße von Markt Erlbach nach Bad Windsheim stößt man nach neun Kilometern mitten im Wald auf diesen Ausflugsgasthof. Familiäre Atmosphäre, Hausschlachtung. Mo und Di geschlossen. Einfache DZ für 21 € pro Person inkl. Frühstück. Haaghof 2, ✆ 09846/232.

Im Klosterhof von Langenzenn finden seit 1981 Festspiele statt

Langenzenn

Das kleine Ackerbürgerstädtchen entwickelte sich seit dem 19. Jahrhundert zu einem relativ bedeutenden Gewerbestandort mit 10.500 Einwohnern. Kultureller Höhepunkt ist die ehemalige Klosterkirche mit angrenzendem Kreuzgang.

Langenzenn entstand aus einem Königshof, der 954 Schauplatz eines Reichstages zur Vermittlung im Streit zwischen *Otto dem Großen* und seinem aufständischen Sohn *Liudolf* war. Liudolfs Verbündete, Erzbischof Friedrich von Mainz und Konrad der Rote, Herzog von Lothringen, unterwarfen sich hier dem Kaiser. Um 1200 wurde Langenzenn von den Herzögen von Andechs-Meran zum Markt ausgebaut. Aufgrund seines lang gestreckten Grundrisses wurde der Markt im Zenngrund 1331 erstmals als „Langenzenn" bezeichnet. Wenig später stieg Langenzenn unter den Hohenzollern zur Stadt auf. Im Laufe des 19. Jahrhunderts entwickelte sich Langenzenn von einem Ackerbauerstädtchen hin zu einem wichtigen Industriestandort im Landkreis Fürth. Aufgrund eines regionalen Tonvorkommens florierte vor allem die Ziegelindustrie. Zweites wirtschaftliches Standbein war der Hopfenanbau, der allerdings 1941 eingestellt wurde.

- *Information* **Verkehrsamt**, Klaushofer Weg, 90579 Langenzenn, ✆ 09101/70317, 📠 09101/70370. www.langenzenn.de.
- *Einwohner* 10.800
- *Heimatmuseum* Heimatgeschichte und Geologie des Zenngrundes. Jeden ersten Sonntag im Monat 14–16 Uhr. Martin-Luther-Platz, ✆ 8764.
- *Klosterhofspiele* Seit 1981 bringen Laienspieler jedes Jahr im Juni und Juli ein ausgesuchtes Schauspiel ca. 15-mal zur Aufführung. Kartenvorverkauf: Monika Dröge, Friedrich-Ebert-Straße 7b, ✆ 6321, www.klosterhofspiele.de.
- *Schwimmen* **Hallenbad**, Reichenberger Str. 41, ✆ 70355. Di–Fr 15–21 Uhr, Mi bis 20 Uhr, Sa/So 9.30–16 Uhr.

Sehenswertes

Evangelische Pfarrkirche: Der heutige Kirchenbau entstand Ende des 14. Jahrhunderts, nachdem Nürnberger Truppen den Ort zerstört hatten und die alte Kirche in Flammen aufgegangen war. Im Jahr 1409 stiftete Burggraf *Johann Friedrich VI.* ein Augustinerchorherrenstift. Zur wertvollen Ausstattung der dreischiffigen basilikaähnlichen Anlage zählen mehrere spätgotische Altäre sowie ein Sakramentshäuschen; dessen neugotisch überarbeitetes Verkündungsrelief (1513) ziert das Meisterzeichen von Veit Stoß. Die farbigen Wandmalereien tragen zur gelungenen Raumwirkung bei. An die Nordseite der Kirche grenzt direkt die vierflügelige Klosteranlage an. Beeindruckend ist der weitläufige gotische Kreuzgang mit seinem Kreuzrippengewölbe. In den Sommermonaten geben hier die Laienspieler der Klosterhofspiele ihr Können zum Besten.

Cadolzburg

Majestätisch thront die Cadolzburg über dem gleichnamigen Ort und dem Farrnbach. Einst wurden von hier aus große Teile Frankens beherrscht. Mit seinen ausgedehnten Wäldern ist Cadolzburg heute ein beliebter Ausflugsort der Nürnberger und Fürther mit vielen Wandermöglichkeiten.

Schon in der Mitte des 12. Jahrhunderts ist eine Befestigung des felsigen Bergsporns nachweisbar. Rund hundert Jahre später erbten die hohenzollernschen Nürnberger Burggrafen die Burg von den Abenberger Rangaugrafen. Bis zur Verlegung der Hofhaltung nach Ansbach diente die Cadolzburg über 50 Jahre als burg- bzw. markgräfliche Residenz. Ursprünglich lag der Ort im Tal zu Füßen der Burg, dort, wo heute noch die architektonisch durch den Markgrafenbarock geprägte Cäcilienkirche steht. Erst im 15. Jahrhundert begann man, den Marktort im Bereich der Vorburg anzulegen und zu befestigen. Die beiden Ortsteile sind über Treppen miteinander verbunden. Rund um den lang gestreckten Marktplatz sind einige schöne Fachwerkhäuser aus dem 17. und 18. Jahrhundert erhalten. Erstaunlicherweise findet man hier gleich mehrere schicke, moderne Architekturbüros, die man in dieser Kleinstadt-Kulisse eigentlich nicht erwartet. Sie erinnern daran, dass Cadolzburg nicht weit von den Großstädten Nürnberg und Fürth entfernt ist.

Mächtige Festung: Burg Cadolzburg

Romantisches Franken
Karte Seite 57

- *Information* **Markt Cadolzburg**, Gemeindeverwaltung, Rathausplatz 1, 90556 Cadolzburg, ✆ 09103/50936, 📠 09103/50910, www.cadolzburg.de.
- *Einwohner* 10.600
- *Rangau-Heimatmuseum* In einem ehemaligen Fachwerk-Rathaus von 1670. Geöffnet jeden 1. und 3. Sonntag im Monat. Pisendelplatz 1, ✆ 7886.
- *Aussichtsturm* Anlässlich der Inbetriebnahme der Eisenbahnlinie Fürth-Cadolzburg wurde 1893 ein Aussichtsturm errichtet. Er kann besichtigt werden, den Schlüssel erhält man werktags im Rathaus (Mo–Fr 8–12 Uhr, Do 14–18 Uhr).
- *Essen/Übernachten* **Gaststätte Bauhof**, ein paar hundert Meter unterhalb der Cadolzburg wird anspruchsvolle fränkische Küche zu zivilen Preisen geboten, abends ist es allerdings teurer und der gastronomische Anspruch steigt wie bei der in Balsamico gebratenen Kalbsleber. Mittagsmenü 15 €, abends 30–38 €. Neben der Gaststube gibt es noch zwei kleinere intimere Nebenzimmer. Für spezielle Feierlichkeiten steht eine umgebaute Scheune zur Verfügung. Mo und Di Ruhetag, Bauhof 1, ✆ 713444. www.restaurant-bauhof.de.

Weinländer, wo bekommt man heutzutage noch so ausgezeichnete Krautwickel mit Stopfer (Kartoffelbrei)? Auch das Flair ist familiär. Montagmittag sowie Sa und So geschlossen. Marktplatz 13, ✆ 8840.

Zur alten Schmiede, die beliebte Speisegaststätte im Weiler Roßendorf zieht wegen ihrer preiswerten fränkischen Küche scharenweise Gäste aus der näheren Umgebung an. Bei nur kleinem Hunger kann man auch ein halbes Schnitzel für 5,10 € ordern. Große Straßenterrasse. Mo und Do geschlossen. ✆ 09103/797325.

Sehenswertes

Cadolzburg: Angesichts der bereits weit fortgeschrittenen Sanierungsarbeiten fällt es heute schwer, sich vorzustellen, dass 1945 nur noch die Außenmauern der wuchtigen Anlage aufrecht standen. Die Gesamtkosten für die Wiederherstellung des historischen Gemäuers belaufen sich bis heute auf rund 50 Millionen Euro. Die Cadolzburg wird von einem Verteidigungssystem aus Gräben und hoch aufragenden Mauern geschützt. Ein Turm mit Barbakane (dieser ehemalige Bergfried gehört zu den ältesten Teilen der Burg) und ein weiterer breiter Graben trennen die Haupt- von der Vorburg. Als die hohenzollernschen Markgrafen hier Hof hielten, nächtigten zahlreiche Fürsten und Könige in dem rechter Hand gelegenen Palas. Der Zugang zum äußeren Burghof ist jederzeit möglich, hier befindet sich der Burggarten. Für die Zukunft ist geplant, ein Burgmuseum einzurichten.

Führungen Zu unregelmäßigen Zeiten im Sommer. Oft Do um 13.30 Uhr sowie am 1. So im Monat. Anmeldung erforderlich unter ✆ 09103/50936.

Herzogenaurach

Die Stadt ist weltweit wegen der beiden hier beheimateten Sportartikelhersteller berühmt; der eine wirbt mit drei Streifen, der andere hat eine Raubkatze als Markenzeichen. Selbstverständlich gibt es in Herzogenaurach noch etwas anderes als günstige Schuhe zweiter Wahl, so beispielsweise das beliebte Freizeitbad Atlantis.

Seit dem Jahr 1021 gehörte der einstige Königshof zum Bistum Bamberg. Die Bamberger Bischöfe prägten und förderten Herzogenaurach, das unter ihrer Herrschaft im 14. Jahrhundert zur Stadt aufstieg und wenig später ummauert wurde. Noch heute flankieren zwei markante Tortürme das Ortszentrum. Die aus dem 14. Jahrhundert stammende Pfarrkirche Maria Magdalena mit ihrer barocken Holztonnenwölbung erinnert an die Zeit, als Herzogenaurach ein katholischer Vorposten in ansonsten protestantischem Territorium war. Mehrere Fachwerkhäuser, der 28 Meter hohe Fehnturm, das Rathaus und das ehemalige Amtsschloss tragen zum Flair des altfränkischen Städtchens bei, das mit seinen knapp 25.000 Einwohnern einen sehr lebendigen Eindruck macht. Positiv zu vermerken sind die Umbaumaßnahmen, durch die die Hauptstraße verkehrsberuhigt und zur Fußgängerzone samt Wasserspielen umgewandelt wurde.

Erwähnt werden sollte noch, dass Herzogenaurach seit Jahrzehnten ein beliebter Industriestandort ist. Die meisten denken vor allem an *Adidas* und *Puma* (die Factory outlets – auch Nike ist vertreten – befinden sich an der nördlich der Stadt vorbeiführenden Umgehungsstraße), doch Herzogenaurach ist auch der Firmensitz der INA Schaeffler AG, die im Rahmen der weltweiten Finanzkrise wegen ihrer geplanten Übernahme von Continental in die Schlagzeilen geriet.

- *Information* **Tourist-Information**, Marktplatz 11, 91072 Herzogenaurach, ✆ 09132/901120, ℻ 09132/901129, www.herzogenaurach.de.
- *Einwohner* 23.000
- *Verbindungen* Häufige Busverbindungen mit Erlangen.
- *Schwimmen* **Atlantis**, Freizeitwellenbad mit 110-Meter-Wasserrutsche, Wildwasserkanal, Saunalandschaft, Dampfbad und Whirlpool. Tgl. 10–22 Uhr. Eintritt: Erw. ab 4 €, Kinder ab 2,50 €. Würzburger Str. 35, ✆ 4446, www.atlantis-bad.de. **Freibad** mit Breitrutsche in der Tuchmachergasse 1, ✆ 90187.
- *Stadtmuseum* Zunftwesen und Handwerk, bäuerliche Gebrauchsgegenstände sowie Wohnkultur des 18. und 19. Jahrhunderts. Pfründerspital am Kirchplatz 2. Mi, Sa und So 14–17 Uhr, Do 10–13 und 14–17 Uhr, ✆ 735120.
- *Essen/Übernachten* **Wein & Fein am Turm**, die auf regionale und mediterrane Spezialitäten ausgerichtete Küche verwöhnt auch anspruchsvolle Gaumen. Angenehmes Ambiente, direkt neben dem Stadtturm. Große Weinauswahl. Menüs 18,50–35 €. Günstig ist das Mittagsmenü zu 18,50 €: Auf eine geräucherte Gänsebrust mit Selleriesalat folgt ein gebratenes Welsfilet mit Kartoffelragout; ein Glas Wein, Mineralwasser und ein Espresso sind inklusive.

Schuhmetropole Herzogenaurach

Kleine Straßenterrasse. Sa und So Ruhetag. Hauptstr. 45, ✆ 2212, www.weinamturm.de.

Gästehaus in der Engelgasse, nette Herberge mit hellen, gepflegten Zimmern. EZ 38–63 €, DZ 82–87 € (inkl. Frühstück). Engelgasse 2, ✆ 78690, ℻ 75787, www.engelsschlaf.de.

Osteria Fratelli, ansprechender Italiener, dessen vielfältiges Angebot durchaus gastronomische Ambitionen erkennen lässt. Günstige Mittagsgerichte. Gartenterrasse. So Ruhetag. Marktplatz 6, ✆ 8362260.

Zum Roten Ochsen, traditionsreicher Gasthof (seit 1650) mit hellen, freundlichen Räumlichkeiten. Wechselnde Tageskarte, beispielsweise mit einer Gänsebrust (10,90 €) oder einem Schäufele (8,50 €) in Dunkelbiersoße. Gartenterrasse. Kein Ruhetag. Marktplatz 14, ✆ 745624. www.gasthaus-roter-ochse.de.

Badevergnügen am Brombachsee

Fränkisches Seenland und Altmühltal

Das Fränkische Seenland ist gewissermaßen ein Feriengebiet aus der Retorte, doch das tut seiner Attraktivität keinen Abbruch. Entstanden ist diese Erholungsregion im Rahmen des größten wasserwirtschaftlichen Unternehmens der Bundesrepublik Deutschland, dem umstrittenen Bau des Rhein-Main-Donau-Kanals. Mit der alten Reichsstadt Weißenburg und ihrer römischen Vergangenheit, der barocken Deutschordensstadt Ellingen, mit Pappenheim, Gunzenhausen und Treuchtlingen haben das Fränkische Seenland und das angrenzende Altmühltal etliche kulturelle Highlights zu bieten.

Das Fränkische Seenland ist sozusagen das angenehme „Nebenprodukt" politischen Größenwahns: Im Juli 1970 beschloss der Bayerische Landtag, Teile des südlichen Mittelfrankens in eine Seenplatte zu verwandeln. Grund für diese Entscheidung war vor allem, dass dadurch dem umstrittenen Rhein-Main-Donau-Kanal auf dem Teilstück zwischen Nürnberg und Kehlheim genügend Wasser eingespeist werden konnte, gleichzeitig wurden die Gegensätze zwischen dem wasserarmen Franken und dem wasserreichen Südbayern ausgeglichen. Hierzu wurde die europäische Hauptwasserscheide zwischen Donau und Rhein an zwei Stellen überwunden und Altmühl- sowie Donauwasser in die neu geschaffenen Stauseen übergeleitet. Man hoffte ferner, auf diese Weise den Hochwassern der Altmühl sowie dem Niedrigstand der Rednitz entgegensteuern zu können und eine Verbesserung der Wasserqualität zu erlangen.

Mehr als 2.000 Hektar Wasserfläche sind seit den achtziger Jahren des 20. Jahrhunderts neu entstanden. Der Freizeit- und Erholungswert des Fränkischen Seenlandes ist beachtlich; sehr gelungen ist die Umsetzung einer touristischen Infrastruktur, von der die gesamte Region wirtschaftlich enorm profitiert. Bade-, Segel- und Campingplätze wurden geschaffen, zahlreiche Ferienwohnungen gebaut, 370 Kilometer Radwege angelegt. Ein deutlicher Indikator für den gestiegenen Freizeitwert ist die Bevölkerungszunahme im Landkreis Weißenburg-Gunzenhausen. Während zwischen 1970 und 1988 noch 1.700 Menschen abgewandert waren, war zwischen 1988 und 2002 eine Zuwanderung von 10.000 Personen zu verzeichnen. Hinzu kommen noch rund 2.500 Arbeitsplätze, die der Tourismus in der Region geschaffen hat. Immer häufiger findet jemand, der noch gestern in der Landwirtschaft tätig war, heute sein Auskommen im Tourismusbereich. Gleichwohl hat der Bau solcher Stauseen, der einen schweren Eingriff in die Natur bedeutet, auch seine Schattenseiten: Wertvolle Biotope und Feuchtwiesengebiete, aber auch traditionsreiche Bauernhöfe und alte Mühlen liegen unter den Wassermassen begraben. Nur die wenigsten Touristen sind sich dieser Veränderungen bewusst, da die Natur die vielen Wunden, die der Landschaft zugefügt wurden, längst hat vernarben lassen und man daher leicht denken kann, das Fränkische Seenland hätte es schon immer gegeben.

Information: Tourist Information „Das Neue Fränkische Seenland", Hafnermarkt 13, 91710 Gunzenhausen, ✆ 09831/500120, 📠 09831/500140, www.fraenkischeseen.de. Tourist Information „Naturpark Altmühltal", Notre Dame 1, 85072 Eichstätt, ✆ 08421/9876-0, 📠 08421/9876-54, www.naturpark-altmuehltal.de.

Reiseführer: Johann Schrenk, Altmühltal und Fränkisches Seenland, Michael-Müller-Verlag, Erlangen.

Wanderkarte: Fritsch Wanderkarte Nr. 75, Nürnberg und Fränkisches Seenland, 1:50.000.

Rund um den Rothsee

Mit 220 Hektar Wasserfläche lässt sich der zwischen Roth, Allersberg und Hilpoltstein gelegene Rothsee größenmäßig mit dem Schliersee vergleichen. Mehr als sechs Kilometer ist das Ufer des 15 Meter tiefen Sees lang, der erst seit 1993 vollständig geflutet ist. Da der Rothsee hauptsächlich aus dem Donauraum gespeist wird, verfügt er über die beste Wasserqualität der Badeseen im Fränkischen Seenland; das Nordwestufer wurde als Naturschutzgebiet ausgewiesen, da hier zahlreiche geschützte Vogelarten nisten. Drei Erholungszentren – *Birkach*, *Grashof* und *Heuberg* – sorgen für den nötigen Service; an heißen Sommertagen kommt es rund um den See zum Verkehrschaos. Auch die Sportler haben den Rothsee entdeckt: Die 3,8 Kilometer lange Schwimmstrecke des alljährlich Anfang Juli stattfindenden „Quelle Challenge Triathlon" wurde vom nahe gelegenen Rhein-Main-Donau-Kanal in den Rothsee verlegt.

Roth

Die 25.000 Einwohner zählende Kleinstadt Roth mit ihrem ansehnlichen Renaissanceschloss ist das wirtschaftliche Zentrum der Gegend. Fremdenverkehr wird noch vergleichsweise klein geschrieben.

Die Geschichte Roths – der Ortsname weist auf eine fränkische Rodung hin – ist über Jahrhunderte hinweg eng mit den Nürnberger Burggrafen, den Hohenzollern, verbunden, denn diese gelangten 1199 nach dem Aussterben der Grafen von Abenberg in den Besitz des kleinen, damals noch nördlich des Roth-Flüsschens gelegenen Dorfes. Die Hohenzollern förderten die Entwicklung des schon bald mit dem Marktrecht ausgestatteten Ortes; im Jahre 1361 folgte die Erhebung zur Stadt. Roth blieb im Besitz der Burggrafen, die später zu markgräflichen Würden kamen und ab 1528 den Protestantismus einführten. Das markgräfliche Jagdschloss Ratibor erinnert noch an die bis 1806 währende Vorherrschaft der Hohenzollern. Eine große Bedeutung kommt auch der Ansiedlung der Draht herstellenden Industrie zu, die in Roth von einem aus Lyon vertriebenen Hugenotten begründet und später von der Fabrikantenfamilie *Stieber* fortgeführt wurde. Seine wirtschaftliche Aufwärtsentwicklung in der Nachkriegszeit verdankt die Stadt der Gründung einer Garnison (3000 Soldaten eines Heeresflieger-Regimentes) und der 1972 erfolgten Ernennung zur „Großen Kreisstadt". Hinzu kommt die Nähe zum Großraum Nürnberg, von der Roth auch in kultureller Hinsicht profitiert.

In der Altstadt haben sich noch mehrere andere Bauwerke aus dem 16.–18. Jahrhundert erhalten, darunter die evangelische Pfarrkirche, das Alte Rathaus,

Sonntägliche Ruhe am Rother Marktplatz

das Seckendorff-Schlösschen und das Riffelmacherhaus, das als schönstes Haus Roths gilt und heute die Markgrafenapotheke beherbergt. Die Straßenzüge hinter der Kirche und entlang der Kugelbühlstraße eignen sich hervorragend für einen kurzen architektonischen Streifzug durch die letzten drei Jahrhunderte. Sehr positiv hat sich auch die Umgestaltung und Verkehrsberuhigung des historischen Marktplatzes auf das Flair ausgewirkt. An die Stelle der Parkplätze sind nun die einladenden Straßenterrassen der Cafés und Restaurants getreten.

Information/Diverses

- *Information* **Tourist-Information**, Schloss Ratibor, 91154 Roth, ✆ 09171/848513, 📠 09171/848519, www.stadt-roth.de.
- *Einwohner* 25.000
- *Anfahrt* Ab Nürnberg Hbf. häufige Verbindungen (mindestens stdl.) mit dem Regionalzug nach Roth (30 Min.) und weiter nach Weißenburg.
- *Veranstaltungen* Rother Bluestage (Anfang April, www.bluestage.de); Rothsee-Triathlon (letzter Sonntag im Juni, www.rothsee-triathlon.de); Schlosshofspiele (Juli/August).
- *Stadtführung* Im August jeden Sonntag um 14 Uhr, Treffpunkt: Schloss Ratibor. Teilnahmegebühr: 2,50 €.
- *Bootsverleih* Am Schleifweiher, Auskunft: ✆ 2480.
- *Kino* **Bavaria-Kino-Center**, Bahnhofstr. 66, ✆ 892256.
- *Kulturfabrik* Hier wird das anspruchsvollste Kulturprogramm im südlichen Mittelfranken geboten: Theater, Kleinkunst, Ausstellungen, Lesungen und Konzerte. Programm siehe Tageszeitungen. Stieberstr. 7, Auskunft: ✆ 7346.
- *Schwimmen* Schönes beheiztes **Freibad** mit 50-m-Schwimmbecken (Edelstahl), Sprungbecken, Strömungskanal und Riesenrutsche beim Rothtalübergang, ✆ 97270; bis Anfang Okt. geöffnet! www.stadtwerke-roth.de.

Essen/Übernachten (siehe Karte S. 107)

Hotel Seerose (1), direkt am Schleifweiher. Wild- und Grillspezialitäten sowie Karpfen aus eigener Zucht. Mo geschlossen. Liegewiese und schöne Terrasse sowie Spielplatz und Bootsverleih am Haus. 29 Gästebetten mit Du/WC ab 25 € pro Pers. mit Frühstück. Obere Glasschleife 1, ✆ 09171/892480, 📠 2899.

Ristorante Al Castello (4), in einem äußerlich wenig reizvollen Haus wird in stilvoll eingerichteten Räumlichkeiten anspruchsvolle italienische Küche serviert, die sich auch an saisonalen Angeboten (Spargel) orientiert. Pizza 5–7 €. Kleiner Garten, Mo Ruhetag. Hauptstr. 3, ✆ 88050.

Zum Goldenen Hirschen (5), ein typischer fränkischer Landgasthof mit Biergarten im nahen Eckersmühlen. Gute regionale Küche zu günstigen Preisen, darunter auch einfache Gerichte wie Blut- und Leberwurst mit Kraut oder Stadtwurst mit Musik. Mo und Dienstagmittag geschlossen. Eckersmühlener Hauptstr. 59, ✆ 2815.

Zum Goldenen Schwan (2), fränkische Brauereigaststätte (Valentin-Bräu) direkt am Marktplatz mit sonniger Straßenterrasse. Geschmackvoll, rustikales Ambiente. Hauptgerichte um 8 €. Hauptstr. 48, ✆ 892301.

Flames (6), beliebte Cocktailbar mit herrlichem Garten. Tgl. 15–0.30 Uhr, am Wochenende ab 9 Uhr, Fr und Sa bis 3 Uhr. Münchener Str. 5, ✆ 2786, www.flames-bar.de.

Bistro Mephisto (3), nette Kneipe am Ende einer kleinen, von der Kugelbühlstraße abzweigenden Sackgasse. Mo–Fr 11–1 Uhr, Sa ab 9.30 Uhr, So erst ab 13 Uhr. ✆ 62979.

• *Camping*: **Waldsee**, ganzjährig geöffneter Platz an einem Badeweiher, ruhige Lage. Bei Wallersau, ✆ 09171/5570, 📠 09171/843245, info@camping-waldsee.de, www.camping-waldsee.de..

Sehenswertes

Schloss Ratibor: Im Jahre 1535 beschloss Markgraf *Georg der Fromme*, sich aus den Einkünften seiner oberschlesischen Besitzungen (Oppeln, Ratibor etc.) ein repräsentatives Jagdschloss errichten zu lassen. Er nannte es aus diesem Grund Schloss Ratibor. Ausschlaggebend für den Bau war der Wald- und Wildreichtum der Umgebung von Roth. Die vierflügelige Renaissanceanlage zeigt an verschiedenen Stellen noch spätgotische Züge. Im Jahre 1791 wurde das Schloss von dem Fabrikanten *Philipp Friedrich Stieber* erworben, der hier eine Drahtfabrikation einrichtete. Seine Nachfahren, die 1915 sogar in den Freiherrenstand erhoben wurden, schenkten es 1942 der Stadt Roth. Die Innenräume des Schlosses wurden im Stil des Historismus im 19. Jahrhundert umgestaltet. Sehenswert sind vor allem die Decken- und Wandgemälde des Prunksaals mit Motiven aus der griechischen Götter- und Sagenwelt. Weitere schmucke Räumlichkeiten (Barock- und Musikzimmer) sind zu besichtigen. Das Schloss beherbergt neben der Stadtbibliothek auch ein Museum, das sich der regionalen Volkskultur (Trachten, Keramik, Stadtgeschichte) widmet. Im Innenhof des Schlosses finden im Sommer die *Schlossfestspiele* statt.

Öffnungszeiten April–Okt. Di–So 13–17 Uhr, Eintritt: 2 €, erm. 1 €.

Fabrikmuseum: In den leer stehenden Hallen der Leonischen Fabrik in Roth hat 1988 eine kleine engagierte Gruppe des Historischen Vereins dieses Museum ins Leben gerufen. Anschaulich werden die Methoden der Drahtherstellung erläutert. Der Besucher findet eine rekonstruierte, für die 1920er Jahre typische Fabrikeinrichtung wieder. Neben originalgetreu eingerichteten Wasch- und Toilettenräumen sowie einem „Comptoir“ (Kontor) und einem Musterzimmer liegt der Schwerpunkt selbstverständlich auf alten Maschinen, mit denen in den zwanziger Jahren Bänder und Drähte hergestellt wurden. Die engagierten Mitarbeiter des Historischen Vereins Roth führen die noch funktionstüchtigen Maschinen, darunter auch Jacquard-Webstühle, vor. Eine Druckerei und eine Schlosserei ergänzen die Dauerausstellung.

Adresse/Öffnungszeiten Obere Mühle 4, ✆ 60564. April–Sept. am Wochenende 13.30–16.30 Uhr, in den Sommerferien auch Mi. Eintritt: 3 €, erm. 1,50 €. www.fabrikmuseum-roth.de.

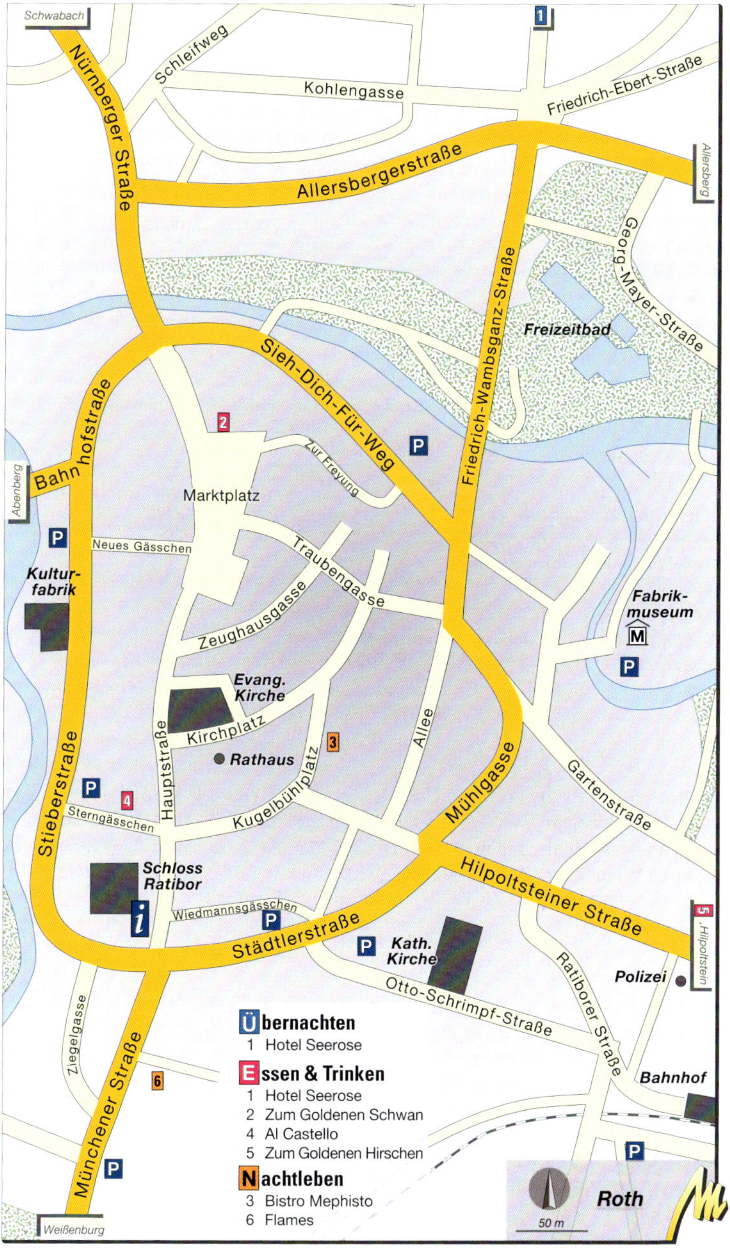
Schwabach
Schleifweg
Nürnberger Straße
Kohlengasse
Friedrich-Ebert-Straße
Allersbergerstraße
Allersberg
Georg-Mayer-Straße
Friedrich-Wambsganz-Straße
Freizeitbad
Sieh-Dich-Für-Weg
Bahnhofstraße
Abenberg
Zur Freyung
Marktplatz
Neues Gässchen
Traubengasse
Kultur-
fabrik
Fabrik-
museum
Zeughausgasse
Evang.
Kirche
Kirchplatz
Allee
Hauptstraße
Rathaus
Kugelbühlplatz
Mühlgasse
Gartenstraße
Stieberstraße
Sterngässchen
Schloss
Ratibor
Hilpoltsteiner Straße
Hilpoltstein
Wiedmannsgässchen
Städtlerstraße
Kath.
Kirche
Polizei
Ratiborer Straße
Otto-Schrimpf-Straße
Ziegelgasse
Münchener Straße
Bahnhof
Weißenburg
Roth
50 m
Übernachten
1 Hotel Seerose
Essen & Trinken
1 Hotel Seerose
2 Zum Goldenen Schwan
4 Al Castello
5 Zum Goldenen Hirschen
Nachtleben
3 Bistro Mephisto
6 Flames

Umgebung

Historischer Eisenhammer Eckersmühlen: Nördlich des kleinen Ortes Eckersmühlen (vier Kilometer östlich von Roth) wird ein alter Eisenhammer als Industriemuseum genutzt. Wie der Ortsname Eckersmühlen andeutet, entstand die Siedlung im Anschluss an eine Mühle, die erstmals 1306 urkundlich erwähnt worden ist. Nur wenig später muss nördlich des Dorfes an dem Bächlein Roth auch eine Eisenschmiede mit Hammer ihren Betrieb aufgenommen haben. Durch die aufstrebende Leonische Drahtindustrie („Leonisch" von Léon in Spanien) spezialisierte man sich nach dem Dreißigjährigen Krieg vor allem auf das Ausschmieden von Kupfer. Eine Vorstellung von der Arbeit in einer Hammerschmiede gewährt der historische Eisenhammer, ein voll funktionsfähiges Hammerwerk mit Luft-, Feder- und Fellhämmern. Beinahe 200 Jahre lang, von 1775 bis 1974, befand sich die Schmiede im Besitz der Familie Schäff. Einen guten Einblick in die verschiedenen Arbeitsabläufe vermittelt ein Videofilm.

Öffnungszeiten 1.4.–31.10. Mi–So 13–17 Uhr. Eintritt: 3 €, erm. 1 €. Auskunft: ✆ 09171/81329.

Allersberg

Der Ort ist mehr als nur eine Ausfahrt an der Autobahn München–Nürnberg. Die schmucken Häuser am barockisierten Marktplatz und der nahe Rothsee laden zu einem Abstecher geradezu ein.

Auffällig am Grundriss von Allersberg sind die zwei parallel verlaufenden Straßenmärkte; um sie herum erfolgte in der ersten Hälfte des 14. Jahrhunderts der stadtähnliche Ausbau des Ortes, wovon noch das Untere Tor beim Stadtweiher zeugt. Das ursprüngliche Zentrum war rund um den Hinteren Markt angesiedelt, wo neben dem ältesten Bauwerk von Allersberg, der *Allerheiligenkirche*, auch eine Burg der Herren von Wolfstein vermutet wird. Im Jahre 1475 musste der stark verschuldete Georg von Wolfstein Allersberg unter Waffengewalt an den bayerischen Herzog Ludwig den Reichen abgeben. Bis 1777 gehörte Allersberg zum Herzogtum Pfalz-Neuburg, seitdem wieder zu Bayern. Ende des 17. Jahrhunderts erfolgte ein großer wirtschaftlicher Aufschwung, nachdem die Familien *Heckel* und *Gilardi* sich hier intensiv der Leonischen Drahtherstellung widmeten. Zeitweise waren bis zu 700 Arbeiter in den Betrieben der „Drahtbarone" beschäftigt. Diesem „goldenen Zeitalter" verdankt Allersberg eine Vielzahl barocker Bauten am Marktplatz, so die neue *Pfarrkirche*, das *Heckelhaus* (Marktplatz 25/27) und das *Gilardihaus* (Marktplatz 30). Die beiden zuletzt genannten wurden von dem Eichstätter Baumeister *Gabriel de Gabrieli* errichtet. Das Gilardihaus (1723–1728) ähnelt stark einem barocken Palais – steinernes Zeugnis des Selbstbewusstseins einer Fabrikantenfamilie im 18. Jahrhundert.

- *Information* **Verkehrsamt**, Kirchstr. 1, 90584 Allersberg, ✆ 09176/50960, 📠 09176/50961, www.allersberg.de. Hier auch Auskünfte über regelmäßige Stadtführungen.
- *Einwohner* 8000
- *Bauernmarkt* Jeden Samstagvormittag wird ein großer Bauernmarkt vor dem Rathaus abgehalten.
- *Fahrradverleih* **Zweirad-Herzog**, Rother Str. 8, ✆ 325.
- *Minigolf* Am Weinberg 28a (nähe Freibad), April–Okt. tägl. ab 13 Uhr.
- *Schwimmen* Beheiztes **Freibad** mit Sprungbecken und 10-Meter-Turm. Im Sommer tgl. 9–20 Uhr. Nürnberger Str. 40, ✆ 50990. Rothsee, Seezentrum Birkach.
- *Essen/Übernachten* **Hotel-Gasthof Roter Ochse**, traditionsreiches Haus am Marktplatz. Diverse Schnitzel und Braten. Der geschmackvoll eingerichtete Gastraum steht

allerdings in einem krassen Gegensatz zur Terrasse mit schrecklichen roten Plastikstühlen. Schweinelendchen mit Spätzle 13,30 €. Di Ruhetag. 20 Zimmer mit Du/WC. Garten und Liegeterrasse. EZ ab 37 €, DZ ab 55 €. Marktplatz 6, ✆ 09176/98030, 📠 1249, www.gasthof-zum-roten-ochsen.de.

Hotel Weißes Lamm, mitten im Ortszentrum mit Café und Konditorei. Die Zimmer sind nicht die modernsten, aber ordentlich. EZ ab 39 €, DZ ab 56 €. Marktplatz 15, ✆ 09176/988580, 📠 988580, www.weisseslamm-allersberg.de.

Goldener Löwe, seit der Komplettrenovierung im Jahre 2008 hat der Gasthof um ein Vielfaches an Attraktivität gewonnen. Bekannt gut ist die bodenständige fränkische Küche, für die auch die hauseigene Metzgerei bürgt. Wechselnde saisonale Küche, mittwochs Schlachtschüssel. Günstige Preise, z. B. Schweinebraten mit Kloß und Salat 7,20 €. Wenn es auch noch neue Terrassenmöbel gäbe, würde der Gesamteindruck nochmals gewinnen. Marktplatz 4, ✆ 09176/265.

Ein früher Fall von Industriespionage

Der Aufstieg der Rother und Allersberger Drahtindustrie ist eng mit der französischen Familie Fournier, die als Hugenotten aus ihrer Heimatstadt Lyon fliehen mussten, verbunden. Vater und Sohn Fournier ließen sich zuerst in Nürnberg nieder, wo sie feine versilberte und vergoldete Kupferdrähte, den sog. Leonischen Draht, produzierten. Nachdem beide vor den Forderungen eines Augsburger Gläubigers geflohen waren, fand der Vater in Freystadt, der Sohn zunächst in Roth, später ebenfalls in Freystadt Zuflucht. Obwohl die Fourniers die Kunst des Gold- und Silberdrahtziehens geheim zu halten versuchten, entstanden zahlreiche neue Werkstätten. „Industriespionage" war schon damals ein florierendes Gewerbe: So warb beispielsweise der Allersberger Bürgermeister Johann Heckel mit Sybilla Mauer eine Arbeiterin aus den Fournierschen Werkstätten ab, um eine eigene Drahtzieherei eröffnen zu können. Mit dieser geglückten Abwerbung war der Grundstock für den wirtschaftlichen Aufstieg Allersbergs gelegt. Sybilla Mauer heiratete Heckels Stiefsohn, nach dessen frühen Tod wurde sie die Frau eines aus Nürnberg stammenden Buchhalters namens Gilardi, der gleichfalls eine Leonische Drahtfabrik eröffnete. Beide Fabriken florierten ungemein, so dass ein Großteil der Allersberger damals bei den „Drahtbaronen" beschäftigt war.

Hilpoltstein

Wie in Allersberg belebt die Flutung des Rothsees auch das Leben in Hilpoltstein. Dem Tourismus gehört die Zukunft. Die erhofften Impulse durch den Rhein-Main-Donau-Kanal für die heimatliche Wirtschaft sind hingegen größtenteils ausgeblieben.

Gar manch alteingesessener Hilpoltsteiner betrachtet das Freizeittreiben am Rothsee mittlerweile mit kritischem Blick, denn der See wird an warmen Sommertagen von Ausflüglern überrollt, von denen nur die wenigsten als Langzeitgäste die Kassen klingeln lassen.

Schon von weitem sind der Kirchturm und die Burgruine von Hilpoltstein zu erkennen. Eigentümlich ist die Lage des Marktplatzes, der nicht im Zentrum, sondern am Rande der Altstadt zu finden ist. Um 1300 stieg die Ansiedlung unter *Hilpolt von Stein* zur Stadt auf und wurde befestigt. Der wuchtige *Döderleinsturm* an der südlichen Stadtmauer ist der einzige von einst acht Stadtmauertürmen, der die Jahrhunderte überstanden hat. Nach dem Aussterben des ortsansässigen Adelsgeschlechts ging Hilpoltstein erst an die Herzöge von Baiern-Ingolstadt, dann an Baiern-Landshut, 1506 schließlich zum neu gegründeten Herzogtum Pfalz-Neuburg über und erlebte eine kurze Blüte, als sich Pfalzgraf *Johann-Friedrich* 1619 hier eine Residenz errichten ließ. Im Laufe des 17. Jahrhunderts verlor Hilpoltstein jedoch zunehmend an Bedeutung.

- *Information* **Amt für Tourismus und Kultur**, Maria-Dorothea-Str. 8, 91161 Hilpoltstein, ✆ 09174/978607, 📠 09174/978609, www.hilpoltstein.de. Hier gibt es auch eine interessante Broschüre zum Mühlenweg samt Wanderkarte.
- *Einwohner* 12.500
- *Verbindungen* Stdl. fahren Regionalzüge nach Nürnberg.
- *Stadtführungen* Informationen beim Amt für Kultur und Tourismus.
- *Fahrradverleih* **Zweirad Häckl**, Marktstr. 18, ✆ 9191.
- *Bauernmarkt* Jeden Freitagvormittag auf dem Marktplatz.
- *Burgfest* Jeden ersten Sonntag im August feiern die Hilpoltsteiner ab 13.30 Uhr mit historischen Kostümen den Einzug der Pfalzgräfin Dorothea Maria. Freilichtaufführungen auf der Burg und ein Trödelmarkt runden das feuchtfröhliche Spektakel ab.

Im Hinterhof vom Schwarzen Roß

- *Kanalfahrten* Von Hilpoltstein aus besteht die Möglichkeit, mit dem Schiff auf dem RMD-Kanal entweder nach Nürnberg oder Berching zu fahren. Rücktransport mit dem Bus. *Auskunft*: Neptun Personenschifffahrt, Hügelstraße, 90449 Nürnberg, ✆ 0911/6002054, www.neptun-personenschiffahrt.de.
- *Schwimmen* Beheiztes **Schwimmbad** mit Edelstahlbecken und Riesenrutsche in der Badstraße.
- *Essen/Übernachten* *** **Brauereigasthof zum Schwarzen Roß**, unlängst restaurierter Gasthof mit viel Flair. Auch Liebhaber von deftiger Kost kommen bei drei blauen Zipfeln nicht zu kurz. Ofenfrischer Schweinebraten für 6,90 €. Nett sitzt man auch auf der Straßenterrasse und in dem wunderschönen Hof hinter dem Haus. Geschmackvoll eingerichtete Zimmer zu angemessenen Preise, Mi Ruhetag. EZ ab 42 €, DZ ab 66 € (inkl. Frühstück). Marktstr. 10, ✆ 09174/47950, 📠 479528, www.hotelschwarzesross.de.

Hotel-Gasthof Zur Post, schmackhafte Pfannengerichte und Braten zu gehobenen Preisen. Für das Schweineschnitzel Wiener Art wird je nach Größe 6–9,50 € berechnet. Zudem wechselnde Tagesgerichte. Im Sommer sitzt man unter alten Bäumen im gemütlichen Biergarten. Große Frühstückskarte, die am Wochenende bis 17 Uhr gilt. Abends Bartreiben im Postkeller. Mo Ruhetag. Moderne Zimmer. EZ ab 59 €, DZ ab 69 € (inkl. Frühstücksbuffet). Marktstr. 8, ✆ 09174/976980, 📠 9769850, www.hotel-post-hip.com.

Hotel-Restaurant Sindersdorfer Hof, modern-rustikal eingerichtetes Restaurant mit fränkischer und internationaler Küche. Mo Ruhetag. 19 Zimmer, teilweise mit Balkon. Übernachtung mit Frühstücksbuffet im EZ ab 45 €, im DZ ab 62 €. Sindersdorf 26, ✆ 09179/6309, 📠 6549, www.sindersdorferhof.de.

Ferienwohnungen Familie Schwing, Sandkasten, Tischtennis und Fahrradverleih vorhanden. Zwei Wohnungen jeweils ab 30 €. Im Ortsteil Zell, Haus Nr. 7, ✆ 09177/1225, www.ferienwohnung-schwing.de.

• *Camping*: **Kauerlach**, 285 Stellplätze. Am Kauerlacher Weiher, ✆ 09179/963452, 📠 09179/79232, www.kauerlach-campingplatz.de.

Sehenswertes

Burgruine: Aufgrund seiner strategisch günstigen Lage wurde der Burgfelsen höchstwahrscheinlich schon im 10. Jahrhundert zur Zeit der Ungarneinfälle erstmals befestigt. Der heute noch erkennbare Aufbau der Burganlage mit dem Palas im Westen und dem Bergfried im Osten stammt allerdings aus der ersten Hälfte des 13. Jahrhunderts. Durch ein geschlossenes Treppenhaus, das 1606 auf Wunsch der letzten Bewohnerin, der verwitweten Pfalzgräfin Maria Dorothea, angelegt wurde, erreicht man die Hauptburg. Sie wurde unlängst mit großem Aufwand von Archäologen erforscht und restauriert. Nach dem Tod der Pfalzgräfin im Jahre 1639 verfiel die Burg zusehends, und man hat sie im 18. Jahrhundert teilweise abgebrochen.

Öffnungszeiten April–Okt. Sa/So von 10.30–17 Uhr. Eintritt: 1,50 €, erm. 1 €.

Brückenheilige signalisieren: Hilpoltstein ist katholisch

St. Johann Baptist: Der spätgotische Kirchenbau wurde 1732 nach den Plänen des Ellinger Deutschordenbaumeisters *Franz Keller* umgebaut und barockisiert. Zu den Kunstschätzen der katholischen Pfarrkirche zählen die Marienfigur aus Terrakotta (um 1430) in einer Nische über dem Portal, die Deckengemälde, die beiden Seitenaltäre sowie der stattliche barocke Hochaltar, der die Enthauptung Johannes' des Täufers darstellt. Das Chorgestühl (1630) und die Kanzel (1758) tragen zur ruhigen Atmosphäre der Kirche bei.

Altstadt: Neben der Burg und der Pfarrkirche sind noch weitere sehenswerte Bauwerke über die Altstadt verteilt. Am Marktplatz befindet sich die einstige *Residenz* des Pfalzgrafen (heute Amtsgericht), deren Innenräume mit Stuckarbeiten verziert sind. Zur Anlage gehörte auch ein eigener Festsaalbau (Spitalwinkel 1), der 1818 teilweise abgetragen wurde; die Wirtschaftsgebäude der Residenz sind sogar komplett abgerissen worden. Das spätmittelalterliche Rathaus erhebt sich inmitten des Marktplatzes. Nicht allzu weit davon entfernt steht am Stadtweiher das *Jahrsdorferhaus* (Johann-Friedrich-Straße 13), ein sehr schöner und liebevoll restaurierter Fachwerkbau mit vorkragenden Giebelgeschossen, den sich 1523 ein hiesiges Adelsgeschlecht errichten ließ. Im spätgotischen, dreigeschossigen Hof- und Getreidekasten an der Südseite der Burg ist das Haus des Gastes mit Tourist Information, Volkshochschule, Stadtbücherei und Kulturamt untergebracht.

Museum Schwarzes Roß: Das im Sommer 2002 in dem historischen Gasthof „Schwarzes Roß" eröffnete Museum bietet einen Einblick in die Stadtgeschichte

Hilpoltsteins (schönes Holzmodell der Burgstadt aus dem Jahre 1670) und in die traditionellen Handwerkstechniken am Bau. Eine weitere Attraktion ist die historische Braustätte im Keller, deren älteste Teile noch aus der Zeit um 1600 stammen.

Öffnungszeiten Mai–Okt. tgl. außer Mo 13–17 Uhr, Nov.–März nur So 13.30–16.30 Uhr. Eintritt: 2 €.

Altmühlsee

Die Altmühl wird durch den nordwestlich von Gunzenhausen gelegenen Altmühlsee künstlich aufgestaut. Von den Ausmaßen her wird er gern mit dem Königsee verglichen, doch der Altmühlsee (450 Hektar) weist mit 2,5 Metern nicht nur eine wesentlich geringere Tiefe auf, es fehlen auch die Berge. Die größten Freizeitanlagen wurden am „Seezentrum Gunzenhausen-Schlungenhof" und am „Seezentrum Muhr am See" errichtet. An einem Wochenende im Hochsommer gleicht die Schar der Radfahrer und Fußgänger, die den See umrunden, einer wahren Völkerwanderung. Im nördlichen Teil des Sees befindet sich die *Vogelinsel*, ein vom Landesbund für Vogelschutz in Bayern betreutes Biotop, in dem seltene Libellen und Vogelarten (z. B. Brachvogel) ihre Heimat haben. Zu lebhaften Diskussionen führte der Plan des Bürgermeisters von Gunzenhausen, einen Ausflugsdampfer über den See schippern zu lassen. Trotz heftiger Proteste von Seiten der Umweltschützer konnte sich das Gunzenhausener Oberhaupt durchsetzen.

Gunzenhausen

Gerne bezeichnet sich die 17.000-Einwohner-Stadt als „Zentrum des Fränkischen Seenlandes" – ein beinahe zwangsläufiges Ergebnis ihrer Lage zwischen Altmühl-, Brombach- und Igelsbachsee.

Im 2. Jahrhundert unserer Zeitrechnung errichteten die Römer im Bereich der heutigen Gunzenhausener Altstadt ein kleines Kastell. Es diente an dem strategisch wichtigen Altmühlübergang der Sicherung des Limes, wurde allerdings schon ein Jahrhundert später wieder aufgegeben, als sich die Römer aufgrund der beständigen Alamanneneinfälle zur „natürlichen" Donaugrenze zurückzogen. Im stadtnahen Burgstallwald (Nähe Bismarckdenkmal) sind noch die Reste von drei römischen Wachttürmen zu erkennen. Erst im Jahre 823, als Ludwig der Fromme das Kloster „Gunzinhusir" an Ellwangen verschenkte, trat der Ort wieder in das Licht der Geschichte. Ab 1368 gehörte Gunzenhausen zum Besitz der mächtigen Burggrafen von Nürnberg, die – zwischenzeitlich zur Markgrafenwürde gekommen – den Ausbau zu einer wehrhaften Stadt vorantrieben und ihr im 18. Jahrhundert einen barocken Touch verliehen. Die verkehrsgünstige Lage führte zu einem gewissen wirtschaftlichen Aufschwung im Zeitalter der Industrialisierung, als die Stadt an das Eisenbahnnetz angeschlossen wurde.

Eine unrühmliche Rolle spielte Gunzenhausen während der NS-Zeit: Bereits 1934, also vier Jahre vor der sog. Reichskristallnacht, kam es hier zu den ersten Pogromen gegen jüdische Mitbürger, und die SA-Horden brüllten in der Altstadt: „Lasst die Messer flutschen in den Judenleib! Blut muss fließen knüppelhageldick!" Am Palmsonntag zog der antisemitische Mob durch die Gunzenhausener Straßen; zwei jüdische Mitbürger wurden brutal ermordet.

In den letzten beiden Jahrzehnten erfolgte ein umgreifender Strukturwandel: Die wasserwirtschaftlichen Baumaßnahmen des Freistaates lösten rund um Gunzen-

hausen einen Boom der Freizeit- und Tourismusindustrie aus. Beim Schlendern durch den altertümlichen Kern Gunzenhausens landet man zumeist recht schnell auf dem lang gestreckten, schönen Marktplatz.

Information/Diverses

- *Information* **Tourist-Information**, Marktplatz 25, 91710 Gunzenhausen, ✆ 09831/508300, 📠 09831/508179, www.gunzenhausen.de.
- *Einwohner* 17.000
- *Anfahrt* Ab Nbg. Hbf fährt stündlich der Regionalzug R 62 über Schwabach nach Gunzenhausen. Zudem bestehen Zugverbindungen über Ansbach nach Uffenheim (R 8). Der Bahnhof liegt wenige Fußminuten nordöstlich der Altstadt.
- *Stadtführungen* Von Mai bis Okt. jeden Do um 10 Uhr. Treffpunkt Haus des Gastes. Kostenlos!
- *Markt* Am Donnerstagvormittag wird in der Altstadt ein bunter Bauernmarkt abgehalten.
- *Internetcafé* **Inside**, Bahnhofplatz 1.
- *Kino* **Movieworld**, Ludwig-Erhard-Str. 10, ✆ 6139850. www.kino-gunzenhausen.de.
- *Fahrrad- und Bootsverleih* **San-Aktiv-Tours**, Bühringer Str. 8, ✆ 4936. www.san-aktiv.tours.de; **Radsport Gruber**, Weißenburger Str. 49, ✆ 2127. www.radsport-gruber.de.
- *Surfen* **Surfcenter Altmühlsee**, Ansbacher Str. 99, ✆ 1240, www.surfcenter-altmuehlsee.de.
- *Minigolf* Weinbergstr., ✆ 9350. Mai–Sept. tägl. 14–21 Uhr. Seezentrum Schlungenhof, ab Pfingsten geöffnet.
- *Schwimmen* **Waldbad am Limes**, ✆ 8004146. Das wohl schönste Erlebnisfrei-

bad Frankens hat viele Attraktionen: Riesenrutsche, Wassergrotte, Strömungskanal, 5-Meter-Sprungturm etc. www.waldbad-am-limes.de. **Bade-Freizeit-Zentrum Juramare**, Bahnhofsplatz 16, ✆ 800450. Hallenbad mit Wasserstrudel, römischem Dampfbad, Saunagarten usw. Geöffnet: Mo–Fr ca. 10–22 Uhr, Sa/So 8–20 Uhr, www.juramare.de.

Essen/Übernachten (siehe Karte S. 113)

**** **Parkhotel Altmühltal (6)**, 1994 eröffnetes Hotel mit Erlebnisschwimmbad, Sauna, Dampfbad, Whirlpool und einem hervorragenden Restaurant. Die 65 DZ und Suiten sind sehr komfortabel ausgestattet. Extra: ein eigener Nichtraucher- und Allergikertrakt. DZ inkl. Frühstücksbuffet ab 128 €. Zum Schießwasen 15, ✆ 09831/5040, 📠 89422, www.aktiv-parkhotel.de.

*** **Hotel Zur Post (1)**, schon 1656 hielten hier die Pferde der Reichspostmeister von Thurn und Taxis, und auch Goethe ist schon einmal hier abgestiegen. Die Küche bietet ansprechende fränkische und internationale Spezialitäten. Das Preisniveau ist nicht überhöht, einen Schweinebraten mit Kloß und Krautsalat gibt es schon für 7,90 €. Einladendes, freundliches Ambiente, schattige Terrasse. Sonntagabend und Mo Ruhetag. Übernachtung mit Frühstücksbuffet ab 48 € (EZ), DZ ab 85 €. Bahnhofstr. 7, ✆ 09831/67470, 📠 6747222, www.hotelzurpost-gunzenhausen.de.

*** **Adlerbräu (3)**, beliebte Brauereigaststätte am Marktplatz mit regionaler und internationaler Küche. Spezialität der eigenen Brauerei ist das feinwürzige unfiltrierte Vollbier. Straßenterrasse sowie Terrasse hinter dem Haus. Komfortable Gästezimmer (teilweise Balkon) mit WLAN. Übernachtung mit Frühstücksbuffet ab 42 € pro Pers. im DZ. Marktplatz 10, ✆ 09831/88670, 📠 886750, www.hotel-adlerbraeu.de.

Hotel Garni La Vigne (5), modernes Nichtraucher-Hotel am Rande der Altstadt. Alle Zimmer mit TV, Haustiere sind nicht erlaubt. Betten in Überlänge. Übernachtung 35–48 € pro Pers. im DZ. Weißenburger Str. 36, ✆ 09831/619680, 📠 619689, www.hotel-la-vigne.de.

Gasthaus Lehner Zum Storchennest (4), ansprechende Gaststätte mit schönem, großem Garten. Der Wirt liebt den Kontrast: Man sitzt zwischen Palmen unter einem Storchennest. Tipp: Ofenfrisches Schäufele für 9,60 €. Mo Ruhetag, im Winter auch So. Weißenburger Str. 24, ✆ 89303. www.lehner-zumstorchennest.de.

Ferienhaus Engel, zentral gelegenes Haus. Es werden Ferienwohnungen (ab 59 €) und Gästezimmer vermietet. Übernachtung mit Frühstück 32 € pro Pers. im DZ. Osianderstr. 18, ✆ 09831/67790, 📠 89879, www.hotel-garni-engel.de.

Baumann-Sonntag, zwei weitere ruhige Ferienhäuser in der Nähe des Burgstallwaldes. Ferienhaus mit 75 qm ab 42,50 €. Specksrothstr. 12, ✆ 09831/2297.

• *Jugendherberge* **Altmühlsee (2)**, moderne Herberge in einem Neubau an der Altmühlbrücke. Fahrradverleih, Volleyballfeld etc. Übernachtung mit Frühstück ab 15,90 €. Spitalstr. 3, ✆ 09831/67020, 📠 670211, www.gunzenhausen.jugendherberge.de.

• *Camping*: **Altmühlsee**, komfortabel ausgestatteter Platz mit Gastwirtschaft und Supermarkt. Seestr. 12, ✆ 09831/9033, 📠 09831/611758, Post@Camping-Herzog.de, www.camping-herzog.de.

Am „Surfufer" im Ortsteil Schlungenhof können Wohnmobile für 6 € die Nacht abgestellt werden.

Sehenswertes

St. Maria: Eine Tafel erinnert dort an das römische Kastell aus dem 2. Jahrhundert, an dessen Stelle die Stadtkirche errichtet wurde. Die heutige evangelische Pfarrkirche stammt größtenteils aus der zweiten Hälfte des 15. Jahrhunderts. Im Hochaltar ein Kruzifix (1701) von *Giuseppe Volpini*.

Markgräfliches Jagdschloss: Das Jagdschloss wurde 1749 unter dem „wilden" Markgrafen *Carl Wilhelm Friedrich zu Brandenburg-Ansbach* errichtet, der in Gunzenhausen exzessiv seinem Hobby, der Falknerei, nachging (genau genommen handelt es sich weniger um ein Jagdschloss als um das einstige Gartenhaus des Hofgartens). Seit 1985 ist hier das Haus des Gastes untergebracht. Im Sommer finden jeden Mittwoch im Falkengarten des Schlosses Konzerte statt. Für weitere Veranstaltungen steht der Markgrafensaal zur Verfügung.

Stadtmuseum Gunzenhausen: Das Museumsgebäude, ein dreigeschossiges ehemaliges Adelspalais aus dem frühen 18. Jahrhundert, befindet sich im Zentrum der Stadt, direkt neben dem Blasturm. In mehr als 20 Räumen wird auf einer Ausstellungsfläche von 790 Quadratmetern das breite Spektrum der regionalen Geschichte in museumsdidaktisch gelungener Form präsentiert. Neben der bürgerlichen und bäuerlichen Vergangenheit, der christlichen und jüdischen Geschichte informiert das Museum auch über Zunftgegenstände und seltene Fayencefliesen. Letztere dokumentieren die markgräfliche Leidenschaft für die Falknerei.

Adresse/Öffnungszeiten Rathausstr. 12, ✆ 508306. 1.5.–15.10. Di–So 10–12 und 13–17 Uhr, 16.10.–30.4. Di–Fr 13–17 Uhr, So 10–12 und 13–17 Uhr. Eintritt: 2 €, erm. 1 € (Kombiticket mit dem Museum für Vor- und Frühgeschichte).

Museum für Vor- und Frühgeschichte: Die 1998 eröffnete Dependance des Stadtmuseums ist im historischen „Faulstichs-Haus" untergebracht. Ausgestellt sind größtenteils Funde, die der „Reichslimesstreckenkommissar" Heinrich Eidam (1849–1934) ausgegraben hat. Das Spektrum der ansprechend präsentierten Fundstücke reicht von Steinbeilen über bemalte Tongefäße aus der Hallstattzeit bis hin zu einem Frauengrab aus der Merowingerzeit.

Adresse/Öffnungszeiten Brunnenstr. 1, ✆ 508306. 1.5.–15.10. Di–So 10–12 und 13–17 Uhr, 16.10.–30.4. Di–Fr 13–17 Uhr, So 10–12 und 13–17 Uhr. Eintritt: 2 €, erm. 1 € (Kombiticket mit dem Stadtmuseum).

Fossilien- und Steindruckmuseum: Das Altmühltal ist bekannt als Fundstätte wertvoller Fossilien. Neben zahlreichen Versteinerungen ist der Skelett-Abguss eines mehr als sieben Meter langen Plateosauriers zu bewundern. Eine umfangreiche Lithographiesammlung gehört ebenfalls zur Dauerausstellung.

Adresse/Öffnungszeiten Sonnenstr. 4. April–Okt. tgl. 9–17 Uhr, Nov. bis März So 10–16 Uhr. Eintritt: 3,50 €, erm. 2 €, www.fossilien-und-steindruck-museum.de.

Blasturm: Vom wuchtigen, 33 Meter hohen Renaissanceturm hat man nicht nur einen guten Blick über Gunzenhausen, sondern kann dort oben auch eine vollständig eingerichtete Türmerwohnung besichtigen.

Öffnungszeiten Mai–Sept. Do und So 11–12 Uhr.

Färberturm: Der stattliche Rundturm (auch Pulver- oder Diebsturm genannt) kann ebenfalls bestiegen werden. Den Namen „Färberturm" verdankt er einer einst an seinem Fuße betriebenen Färberei.

Öffnungszeiten Mai–Sept. Do von 10–12 Uhr und So von 10–16 Uhr.

Markant: Färberturm

Fränkisches Seenland und Altmühltal
Karte Seite 103

Radwandern im Fränkischen Seenland

Das Fränkische Seenland überzeugt mit einer Vielzahl von gut ausgeschilderten Radwanderwegen. Gegen geringen Betrag ist eine Übersichtskarte mit Kurzbeschreibungen bei der Tourist Information „Das Neue Fränkische Seenland" erhältlich. Routenvorschläge mit Kartenmaterial führen auch der Fachhandel und die meisten Verkehrsämter. Hier drei Tourenvorschläge:

Reichswald – Brombachsee (45 km): Röthenbach bei St. Wolfgang – Wendelstein – Leerstetten – Rednitzhembach – Kühedorf – Bechhofen – Abenberg – Obersteinbach – Mosbach – Spalt – Enderndorf – Igelsbachsee – Brombachsee. (Markiert als „Radwanderweg Reichswald–Brombachsee".)

Rund um den Brombachsee (30 km): Pleinfeld (Bahnhof) – St. Veit – Ramsberg – Veitserlbach – Thannhausen – Langlau – Absberg – Enderndorf – Ottmannsberg – Großweingarten – Birklein – Mandlesmühle – Pleinfeld. (Markiert als „Nr. 27".)

Fränkischer Seenlandweg (66 km): Ornbau (Parkplatz Walkmühle/Heidweiher) – Ostufer Altmühlsee – Südufer Großer Brombachsee – Röttenbach – Hilpoltstein – Südufer Rothsee – Allersberg.

Muhr am See

Die Gemeinde Muhr am See besteht erst seit 1970, als Alten- und Neuenmuhr zusammengelegt wurden. Als Seezentrum mit der nahen Vogelinsel erfreut sich Muhr am See einer großen Beliebtheit.

Seit dem 12. Jahrhundert ist das 1586 ausgestorbene Geschlecht der „Herren von Mur" nachzuweisen, das sich in drei Linien spaltete. Verschiedene adelige Herren folgten – heute bewohnt der *Baron von Le Suire* das Schloss Altenmuhr, das einzige noch erhaltene von einst drei Schlössern in Muhr. Die gotische Pfarrkirche St. Johannes, die Grablege der Herren von Lentersheim und das Schloss Altenmuhr sind kulturhistorisch interessant.

- *Information* **Touristinformation Altmühlsee**, Schloßstr. 4, 91735 Muhr am See, ✆ 09831/890370, 📠 09831/890372.
- *Einwohner* 2300
- *Fahrradverleih* **Rudolf Krüger**, Fichtenstr. 3, ✆ 5389.
- *Seezentrum Muhr am See* Hier kann man sich die Zeit vertreiben, z. B. mit Schwimmen, Segeln und Angeln, man findet auch einen Bootsverleih. Empfehlenswerter Sandstrand für Kinder: das Wasser ist sehr flach. ✆ 7496.
- *Essen/Übernachten* **Pension zum Schwan**, nicht nur bei Radfahrern beliebte Pension mit zwölf Gästezimmern. EZ ab 27 €, DZ ab 50 € (inkl. Frühstück). Kirchstr. 4, ✆ 09831/2587, 📠 7438, www.pension-zum-schwan.de.

Ferienhäuser Gertraud Seitz, ein schmuckes Ferienhaus für 5 Pers. (100 qm) mit Garten und Terrasse. Die Schlafräume liegen im Dachgschoss, im Parterre befinden sich ein großer Wohnraum und die Küche. Für 40 € in der HS oder 37 € in der NS (Preise beziehen sich auf 4 Pers., bei 5 Pers. 5 € extra). Kreuzgasse 5, ✆ 09831/5563, www.ferienhaus-seitz.de.

Sehenswertes

Schloss Altenmuhr: Das gut erhaltene quadratische Wasserschloss mit seinem mächtigen, fünfgeschossigen Bergfried, dessen älteste Teile noch aus dem 12. Jahrhundert stammen, ragt hoch über den Ort hinaus. Die Anlage ist von einem Zwinger und einem teilweise aufgeschütteten Graben umgeben. Einige der Innenräume sind mit hervorragenden Stuckarbeiten verziert. Eine Besichtigung ist nur in Absprache mit Baron von Le Suire, Schlossstr. 16, möglich.

Vogelinsel: Im nördlichen Drittel des Altmühlsees liegt die Vogelinsel, ein 120 Hektar großes Biotop für seltene Vogelarten und bedrohte Pflanzen. Die mosaikartig angelegten Tümpel und Flachwasserzonen mit ihrem Schilf- und Gebüschgürtel bieten Brut- und Rastplätze für über 220 Vogelarten. Das Areal wird ganzjährig von einem Vogelwart des LBV (Landesbund für Vogelschutz) in Bayern betreut. Von Muhr am See gelangt man recht schnell zu einem kleinen Lehrpfad mit einer hölzernen Aussichtsplattform. Zu verschiedenen Terminen (15.3.-15.10. So 16 Uhr und 1.6.-15.9. Mo, Mi, Sa 16 Uhr) werden vogelkundliche Exkursionen angeboten.

Information Naturschutzzentrum des LBV am Altmühlsee, Bahnhofstr. 16, Muhr am See, ✆ 4820.

Der Rhein-Main-Donau-Kanal – das dümmste Bauwerk seit dem Turmbau zu Babel?

So jedenfalls bezeichnete der damalige Bundesverkehrsminister Volker Hauff das umstrittene Projekt, das in 32 Jahren Bauzeit immerhin 6,1 Milliarden Mark verschlungen hat. Eine „ökologische Katastrophe“ und „sinnloser Größenwahn“ schimpften die Kritiker. Die Bayerische Staatsregierung sah sich hingegen mit stolz geschwellter Brust als Vollender einer bahnbrechenden Idee, deren Realisierung bereits Karl der Große im Jahre 793 in Angriff genommen hatte. Und CSU-Mann Gerold Tandler schwärmte sogar von der „schnellen Heranführung der Reserven im Fall einer kriegerischen Auseinandersetzung“! Man baggerte, planierte und betonierte: 1992 war die Wasser-Autobahn zwischen Bamberg und Kelheim endlich vollendet. Liebliche Flussauen, unbefestigte Ufer und Altarme wurden gnadenlos geopfert. Auch Alibi-Biotope können über den Raubbau an der Natur nicht hinwegtäuschen. Doch damit nicht genug. Um die neue Wasserstraße ganzjährig schiffbar zu machen, soll nun auch noch die Donau zwischen Straubing und Vilshofen begradigt und die Fahrrinne vertieft werden: Die nächste ökologische Katastrophe bahnt sich an! Wirtschaftlich erwies sich der Kanal als Flop: Die in Aussicht gestellten Frachtprognosen konnten bei weitem nicht erfüllt werden. Einzig das Phänomen „Kanal-Tourismus“ füllt die Kassen der betroffenen Gemeinden.

Wolframs-Eschenbach

In dem kleinen Städtchen führt kein Weg an seinem berühmtesten Sohn vorbei. Der historische Kern der Geburtsstadt des Minnesängers und „Parzival"-Dichters sonnt sich noch immer in mittelalterlichem Glanz – ein Rothenburg ob der Tauber en miniature mit Misthaufen mitten in der Stadt.

Selbst *Georg Dehio*, der Altmeister der deutschen Kunsthistoriker und Begründer des „Handbuchs der Deutschen Kunstdenkmäler" zeigte sich sichtlich beeindruckt: „Als Ganzes gibt Eschenbach das Bild einer Stadt kleinsten Formats in einer Unberührtheit und mit einem historischen Stimmungswert, wie sie ganz selten noch gefunden werden." Auch wenn zwischen diesen Zeilen und der Gegenwart mehr als hundert Jahre liegen, haben Dehios Worte bis heute Bestand: Die von den bunten Kacheln des spitzen Kirchturms behütete Altstadt ist immer noch ausgesprochen malerisch. Die Hauptstraße wird von imposanten Fachwerkfassaden gesäumt; Giebel, Türmchen und Erker, wohin man nur blickt. Die 1500 Meter lange Stadtmauer ist vollständig erhalten und kann in rund zwanzig Minuten auf dem zugeschütteten Wassergraben umrundet werden. Wer den direkten Weg vom Oberen Tor zum Unteren Tor wählt, hat die Stadt gar in fünf Minuten durchquert.

Franken – Land der Minnesänger

Eine der ausdrucksvollsten kulturellen Leistungen des Hochmittelalters war zweifelsohne der Minnesang, der, beeinflusst durch die provenzalischen Troubadours, Mitte des 12. Jahrhunderts den deutschen Sprachraum eroberte und über einhundert Jahre lang die prägende musikalische und poetische Erscheinungsform blieb. Zumeist waren es Angehörige des niederen Adels, die sich im Minnesang übten und diese Kunst zur Vervollkommnung trieben. Im Zentrum dieser höfischen Liebeslyrik stand die Sehnsucht nach einer unerreichbaren Dame, wobei dieses Verlangen oft auf die Gattin des Lehnsherrn projiziert wurde. Die Minnesänger blieben dabei an die Ideale der aristokratischen, ritterlichen Standeskultur und des höfischen Lebens gebunden, zu denen Stetigkeit und Treue genauso wie Zucht und Ehre gehörten. Der Name der Angebeteten wurde nie genannt, denn die Minne sollte vor der Gesellschaft verborgen bleiben. Die Vorstellung von einer erotischen Beziehung zwischen der Angebeteten und dem Minnesänger ist ein Produkt späterer Zeiten. Wie die Lieder geklungen haben, weiß man nur vage, denn in der Regel sind nur die Texte, aber nicht die Noten des Minnesangs überliefert. Das heutige Franken ist zwar nicht das Ursprungsland des Minnesangs, doch hat es eine Vielzahl von bedeutenden Minnesängern hervorgebracht: Neben Wolfram von Eschenbach sind Konrad von Würzburg, Otto von Bodenlauben, Süßkind von Trimberg, Tannhäuser und der in Würzburg gestorbene Walther von der Vogelweide zu nennen.

Bis 1917 hieß das Städtchen noch schlicht Eschenbach, dann ordnete ein königliches Dekret zu Ehren des berühmten Minnesängers, der von 1170 bis etwa 1220 gelebt hat, die Umbenennung in Wolframs-Eschenbach an. Ein Denkmal würdigt den „Stadtheiligen" aber bereits seit 1861: Umgeben von wasserspeienden Schwänen präsentiert er sich dort mit Leier, Schwert und Rittermantel. Vor wenigen Jahren

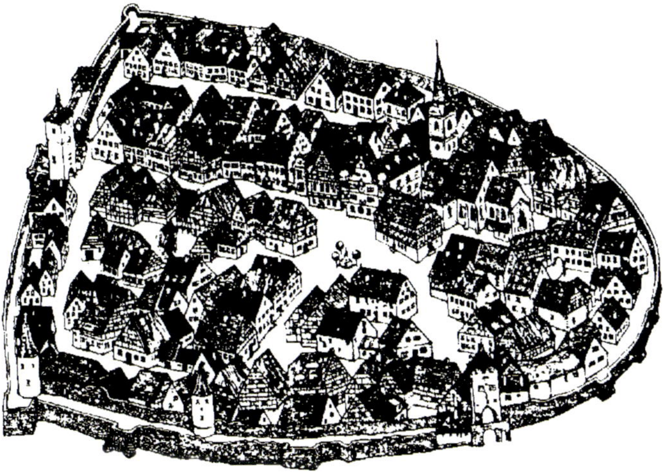

Wolframs-Eschenbach um 1920 (Lithographie von Helmut Lederer)

wurde zudem ein ansprechendes Museum eröffnet, in dem sich wissbegierige Besucher über *Wolfram von Eschenbach* kundig machen können.

- *Information* **Kultur- und Tourismusbüro**, Wolfram-von-Eschenbach-Platz 1, 91639 Wolframs-Eschenbach, ☎ 09875/975532, 📠 09875/9671, www.wolframs-eschenbach.de.
- *Einwohner* 2500
- *Veranstaltungen* Hotzenplotz-Fest am ersten Augustsonntag.
- *Essen/Übernachten* **Hotel-Gasthof Alte Vogtei**, der in einem schönen alten Fachwerkhaus, dem einstigen Sitz des Deutsch-Ordens-Vogtes, untergebrachte Gasthof ist bekannt für seine schmackhafte fränkische Küche zu moderaten Preisen (Fränkischer Zwiebelrostbraten mit Speckbohnen für 11 €). Eine Renaissance-Stuckdecke sorgt im Restaurant für viel Atmosphäre. Schöne Straßenterrasse neben dem Haus. Mo Ruhetag. Alle Zimmer mit Du/WC und TV. Übernachtung mit Frühstück 34 € im EZ oder 57–62 € im DZ. Hauptstr. 21, ☎ 09875/97000, 📠 970070, www.gasthof-altevogtei.de.

Hotel-Pension Seitz, modernes Haus mit großer Liegewiese und Swimmingpool. Einfache, helle Zimmer mit Balkon oder Terrasse. Für Kinder zu empfehlen. Übernachtung mit Frühstück 58 € im DZ, 35 € im EZ. Duchselgasse 3, ☎ 09875/97900, 📠 979040, www.hotel-pension-seitz.de.

Gasthof Sonne, direkt am westlichen Rande der Stadtmauer gelegener Gasthof mit eigener Metzgerei, der unlängst renoviert wurde. Einladend sind die mit hellem Holz möblierten Zimmer. Im zünftigen Restaurant (Kachelofen) gibt es einen Fränkischen Sauerbraten mit Spätzle für 7 €. Mittwochabend geschlossen. DZ inkl. Frühstück 27–29 €. Richard-Wagner-Straße 2, ☎ 09875/97970, 📠 979777, www.gasthof-hotel-sonne.de.

Dölla, Pension, kleine, aber nette Pension mit 13 Betten, mitten in der Altstadt gelegen. Sehr preisgünstig! Übernachtung mit Frühstück, je nach Ausstattung 13,50–16 € pro Pers. im DZ, EZ 20 €. Färbergasse 27, ☎ 09875/336, 📠 9789606, www.doella.de.

Parcival blu, sechs Komfort-Wohnungen und sechs Ferienhäuser vermieten Johann und Rita Stellwag in einem modernen Anwesen am Ortsrand. Balkon/Terrasse, Liegewiese, Kinderspielplatz und Waschmaschine sind vorhanden. Der Clou ist ein kleines Hallenbad mit Gegenstromanlage. Die Preise bewegen sich zwischen 58 und 96 € für 4 Pers. Schlegelgasse 14a, ☎ 09875/97520, 📠 975255, www.parcivalblu.de.

Sehenswertes

Altstadt: Die bis zu vier Meter hohe, vollständig erhaltene Stadtmauer umschließt ein an zwei Ecken abgerundetes trapezförmiges Areal, das hohe Tortürme öffnen. Das jetzt als Rathaus genutzte ehemalige *Deutschordensschloss* ist ein eindrucksvoller Renaissancebau; er erinnert an die annähernd sechs Jahrhunderte währende Herrschaft des Deutschen Ordens über Eschenbach. Der Ort wurde 1332 von Kaiser Ludwig dem Bayern zur Stadt erhoben. Das alte Rathaus, die Vogtei und das ehemalige *Fürstengasthaus* (1609) mit seiner prachtvollen Sgraffitofassade (Hauptstraße 17/19) sind weitere sehenswerte Anwesen. Die meisten historischen Gebäude sind mit kleinen Infotafeln versehen. Herausragend ist jedoch die katholische *Pfarrkirche Mariä Himmelfahrt*, deren älteste Teile noch aus dem frühen 13. Jahrhundert stammen. Das dreischiffige Gotteshaus zählt zu den frühesten gotischen Hallenkirchen in Franken. Von der Barockisierung der Kirche zeugt nur noch eine Marienkapelle an der Südseite, da 1878 eine purifizierende Restauration erfolgte. Wolfram von Eschenbach soll hier seine letzte Ruhestätte gefunden haben.

St. Emmeram ist die älteste Kirche von Spalt

Wolfram-von-Eschenbach-Museum: In zehn Räumen kann man sich der Person und dem Werk Wolframs annähern. Man schlendert durch eine beinahe spirituell anmutende Erlebniswelt, die von ihren Klang- und Lichtinszenierungen lebt.

Adresse/Öffnungszeiten Wolfram-von-Eschenbach-Platz 9. Di–So 14–17 Uhr, So auch 10.30–12 Uhr, Nov.–März Sa und So 13–16 Uhr. Führungen: Jeden 1. So im Monat um 14 Uhr. Eintritt: 2 €, erm. 1 €.

Umgebung

Merkendorf: Das wenige Kilometer südwestlich von Wolframs-Eschenbach gelegene Merkendorf ist ein weiteres mittelalterliches Kleinod der Region. Merkendorf war die einzige Stadt, die – neben zahlreichen Dörfern – dem Zisterzienserkloster Heilsbronn gehörte. Nachdem Kaiser Wenzel Merkendorf 1398 die Stadtrechte verliehen hatte, begannen die Arbeiten an der noch heute hervorragend erhaltenen Stadtmauer, deren Südseite von einem Wassergraben gesichert ist, die besonders malerisch anmutet. Trotz der Befestigungsanlagen besitzt Merkendorf einen sehr ausgeprägten dörflichen Charakter und gilt daher als schönes Beispiel für ein fränkisches Ackerbürgerstädtchen.

Brombach- und Igelsbachsee

Seitdem der Große Brombachsee vor ein paar Jahren geflutet worden ist, verfügt das Fränkische Seenland über eine 1270 Hektar große Wasserfläche, in der sogar der Tegernsee verschwinden würde. Eingebettet in eine waldreiche, hügelige Landschaft, werden rund um den Stauseekomplex eine Vielzahl von Freizeit- und Erholungsmöglichkeiten angeboten. Neben Baden, Angeln und Segeln eignet sich die Gegend auch hervorragend zum beschaulichen Wandern und Radfahren.

Spalt

Spalt – das ist Hopfen. Hier im Zentrum des fränkischen Hopfenanbaus dreht sich alles um das edle Maulbeerbaumgewächs. Hohe Giebelhäuser, deren Dachböden dem Trocknen und Lagern des Hopfens dienten, prägen das Bild Spalts und seiner Umgebung.

Die Geschichte Spalts ist eng mit den beiden Chorherrenstiften verbunden. Vor mehr als elfhundert Jahren gründete der Abtbischof von St. Emmeran in Regensburg an der Fränkischen Rezat ein Kloster, um das sich alsbald ein paar Gehöfte und Handwerker gruppierten. Im 10. Jahrhundert wurde das Kloster in ein Chorherrenstift umgewandelt. Im Jahre 1294 gründeten der Nürnberger Burggraf Konrad der Fromme und seine Gemahlin Agnes von Hohenlohe ein zweites Stift. Wenig später erfolgte die gemeinsame Ummauerung der beiden Stiftsbezirke – sechs Tortürme und Teile der Befestigungsanlagen aus dieser Zeit sind noch erhalten – und die Erhebung zur Stadt. Schließlich wurden die beiden Stifte zusammengelegt (1619); bis zur Säkularisierung im Jahre 1803 blieb Spalt eine eichstättische Enklave, umschlossen vom Territorium der protestantischen Markgrafen von Ansbach. Drei Jahre später erfolgte der Anschluss an das Königreich Bayern, wenig später wurde ein Teil der alten Stadtmauer abgerissen. Durch das nahe Fränkische Seenland hat Spalt in den letzten Jahren an touristischem Renommee gewonnen und ist inzwischen zum staatlich anerkannten Erholungsort ernannt worden. Eine schöne Kurzwanderung führt durch die nördlich der Stadt gelegene *Massendorfer Schlucht.*

- *Information* **Tourist-Information**, Herrengasse 10, 91174 Spalt, ✆ 09175/79650, 📠 09175/796580, www.spalt.de.
- *Einwohner* 5000
- *Verbindungen* Regelmäßige Busverbindungen nach Georgsgmünd, Gunzenhausen, Schwabach und Roth.
- *Angeln* Im Kleinen Brombachsee und im Igelsbachsee möglich. Auskunft und Verkauf: **Angelcenter Götz**, Hauptstr. 4, ✆ 1217.
- *Fahrradverleih* **Rad-Eck**, Achim Memet, Windsbacher Str. 8, ✆ 794723.
- *Feuerwehrmuseum* Im alten Rathaus kann man sich historische Feuerspritzen ansehen, die älteste stammt aus dem Jahre 1685. Nur Juli bis Sept. Di 14–15.30 Uhr oder nach Vereinbarung. Hauptstr. 27. Auskunft beim Verkehrsamt.
- *Veranstaltungen* **Sommertheater** auf der Freilichtbühne im Bürgergarten hinterm Rathaus. An drei Juliwochenenden um 20 Uhr. Sommernachtsfestspiele, www.sommernachtsspiele-spalt.de.
  Spalter Kirchweih, Mitte Okt.
- *Feste* **Stephansritt**, jedes Jahr am 26. Dez. traben gegen 9.30 Uhr ungefähr 150 Reiter von Spalt nach Wasserzell und werden dort nach dreimaliger Umrundung der Stephanskirche gesegnet.
- *Essen/Übernachten*: **** **Zur Hopfenkönigin**, großer Hotelkomplex in erhöhter Lage über dem See in Ennderndorf. Die Besitzerin war ehedem Spalter Hopfenkönigin. WLAN vorhanden. Großzügige Zimmer mit Küche, Essecke und Balkon je nach Saison und Größe 55–70 € pro Pers. (inkl. Frühstücksbuffet). ✆ 09175/79790, 📠 797979, www.hopfenkoenigin.de.

Gasthaus zur Krone, traditionsreiches Haus im Zentrum von Spalt mit Terrasse. Gutbürgerliche Küche mit Schwerpunkt auf Grillspezialitäten. Di geschlossen. EZ 36 €, DZ 52 € (inkl. Frühstücksbuffet), ab drei Tagen Ermäßigung. Hauptstr. 23, ✆ 09175/370, 📠 223.www.gasthof-krone-stengel.de.

Hans-Gruber-Keller, das beliebte fränkische Lokal mit großem, schattigem Biergarten liegt auf einem Hügel im Südwesten von Spalt. Man sitzt unter Lindenbäumen. Do Ruhetag. Hans-Gruber-Straße, ✆ 340, www.hansgruberkeller.de.

Gasthof Blumenthal, ebenfalls außerhalb mit schönem Garten, aber eher der Tipp für anspruchsvolle Gaumen, die auch eine niveauvolle fränkische Küche mit internationalem Einschlag zu schätzen wissen. Lecker ist die Milchlammkeule in Barolosoße für 14,90 €. Jeden Mi, Fr und Samstagabend gibt es ein Gourmetmenü für 30,50 €, das den Namen wirklich verdient hat. Mo und Di Ruhetag. Stiegelmühle 42, ✆ 09873/332, www.gasthof-blumenthal.de.

Zum Hochreiter, dieser Gasthof in Enderndorf ist ein Lesertipp von Liane Horst, die „die gute, feine Küche mit ihrem vegetarischen Angebot“ ebenso wie die schöne Aussichtsterrasse mit Blick auf den See lobte. Angeboten werden viele frische Salate, aber auch ein leckerer Wildschweinbraten mit Spätzle für 12,90 €. Mo Ruhetag. Es wird auch eine Ferienwohnung für 4 Pers. vermietet (48–68 € je nach Saison pro Tag). Seeweg 1, ✆ 9749. www.zumhochreiter.de.

Gasthaus Zur frischen Quelle, südlich von Spalt im kleinen Weiler Hagsbronn. Im Restaurant gibt es Schweinebraten für 7,30 €. Jeden Mittwoch Schlachtschüssel! Lobend hervorzuheben ist die große Terrasse mit schönem Blick auf Spalt. Di Ruhetag. Alle Gästezimmer verfügen über Du/WC, EZ je nach Saison ab 26 €, DZ ab 50 €. Hagsbronn, Unteres Dorf 6, ✆ 09175/591, 📠 9579, www.gasthaus-zur-frischen-quelle.de.

Pension Beil, mit Liegewiese, Fahrrädern und Schwimmbad. 4 DZ mit Du/WC und Frühstück für 38–44 €. Ortsteil Großweingarten, Hintere Dorfstr. 31, ✆ 09175/77917.

Ferienwohnungen Fritz Bickel, 250 Meter vom Igelsbachsee entfernt. Fünf Wohnungen mit Balkon/Terrasse in einem geschmackvollen Neubau. Idealer Standort für geruhsame Badeferien. Die Wohnungen kosten für 2 Pers. in der HS 48 € pro Tag, jede weitere Pers. 15 €. Enderndorf 15, ✆ 09175/77963, 📠 77964, www.ferienwohnung-bickel.de.

• *Jugendherberge* **Burg Wernfels**, hoch über dem Rezattal stehen 150 Betten zur Verfügung. Die weitgehend aus dem 13. Jahrhundert stammende Burganlage gehört dem CVJM, der auch die Jugendherberge betreibt. Swimmingpool, Tischtennisplatten und ein Hartplatz (Volley- und Handball) sind vorhanden. Die schöne Fernsicht ist kostenlos. Die Außenanlagen der Burg sind ganzjährig für jedermann begehbar. 20.–27.12. geschlossen, Übernachtung mit Frühstück ab 24,10 €. Wernfels ist rund sechs Kilometer von Spalt entfernt. Burgstr. 7–9, ✆ 09873/515, 📠 09873/244, www.burg-wernfels.de.

Sehenswertes

St. Emmeram: Die ursprünglich romanische Basilika beherbergte nach der Gründung des zweiten Stifts für knapp zwei Jahrzehnte bis zum Bau der Nikolauskirche beide geistlichen Einrichtungen. Hierzu wurde das Langhaus vom Chor durch eine Mauer abgetrennt und der neuen klösterlichen Gemeinschaft zugeteilt. Der jetzige Bau der katholischen Pfarrkirche St. Emmeram ist im Wesentlichen das Ergebnis einer 1698 begonnenen barocken Neu- und Umgestaltung unter der Leitung des Eichstätter Baumeisters *Jakob Engel*. Er begann die Barockisierung mit einer Verbreiterung der Seitenschiffe und einer Wölbung des gesamten Langhauses, wobei die romanischen Stützen durch neue Pfeiler ersetzt wurden.

St. Nikolaus: Die Kirche des Chorherrenstiftes entstand im frühen 14. Jahrhundert. Der Stifter Konrad der Fromme und seine Gemahlin Agnes von Hohenlohe fanden hier ihre letzte Ruhestätte. Durch den Ellinger Deutschordensbaumeister

Hopfenhaus bei Spalt – Mühlreisig

Matthias Binder erfolgte von 1767–1771 ein durchgreifender Umbau im Stil des späten Rokokos. Lediglich die Stümpfe der beiden ausladenden Westtürme und die Mauern des Chorpolygons stammen noch von dem gotischen Vorgängerbau.

Spalt – die Hopfenstadt

Der Weinanbau hat sogar eine noch längere Tradition als der Hopfenanbau. Schon 1031 labte man sich am fränkischen Königshof am Spalter Rebensaft. Der Hopfenanbau, der letztlich die Oberhand behielt, ist erst 1341 urkundlich bezeugt. Der Spalter Hopfen zeichnet sich durch einen hohen Gehalt an ätherischen Ölen aus und enthält zudem weniger Bitterstoffe als andernorts. Das Spalter Bier ist ein stark gehopftes Bier mit kräftigem Malzaroma. Süffig sind der Bock (süß und kräftig) und das dunkle Export. Das eindrucksvollste Hopfenhaus ist das **Einzelgehöft Mühlreisig** (1746) an der Straße nach Wassermungenau; unter dem fünfgeschossigen Giebeldach wurde der Hopfen gelagert und getrocknet. Der Bürgermeister von Spalt fungiert zugleich als Chef der stadteigenen Brauerei. Demnächst kommt der Spalter Hopfen zu musealen Würden: Das sehenswerte Fachwerk-Kornhaus aus dem 15. Jahrhundert, in dem zeitweise auch Hopfen gelagert wurde, wird bald das Hopfenmuseum beherbergen. Da für einem Hektoliter Bier nicht mehr als 300 Gramm Hopfen benötigt werden, wird der Ernteüberschuss zu Spalter Hopfensalat verarbeitet, eine lokale Delikatesse, die man unbedingt probieren sollte! Ein bisschen stimmt die Begeisterung der Franken für den gehopften Gerstensaft nachdenklich: Gehört doch der Hopfen wie auch die Cannabispflanze zur Familie der Maulbeerbaumgewächse ...

Absberg

Der alte Hopfenort Absberg liegt auf einem Hügel zwischen dem nördlichen Ufer des Kleinen Brombach- und dem Südufer des Igelsbachsees. Seit der Flutung der Seen avancierte Absberg zum Mekka des Badevergnügens im Fränkischen Seenland.

Der Zustrom der Erholungssuchenden hat das kleine geschichtsträchtige fränkische „Bergdorf" in den letzten Jahren grundlegend verändert. Besonders die Badeinsel Absberg, auf der 3000 (!) Parkplätze, Grillplatz, Kioske und ein Bootsverleih bereitstehen, zieht die Massen geradezu magisch an: Rimini auf fränkisch. Und auch der Igelsbachsee liegt gleich nebenan. Ein Blick auf die Geschichte soll dennoch nicht ausbleiben: Ab dem 12. Jahrhundert herrschten die *Herren von Absberg* über den kleinen Ort. Nachdem Hans Veit von Absberg 1647 als letzter seines Geschlechts verstarb, gelangte Absberg in den Einflussbereich des Deutschen Ordens. Dieser ließ 1725 von seinem Ordensbaumeister das stattliche dreiflügelige Schloss errichten, in dem sich heute ein Heim für geistig und körperlich behinderte Mädchen und Frauen befindet.

- *Information* **Tourist-Information**, Hauptstr. 31, 91720 Absberg, ✆ 09175/1710, ℻ 09175/1585, www.absberg.de.
- *Einwohner* 850
- *Fahrradverleih* **Charly's Radstadl**, Griesbuck 28, ✆ 1518.
- *Bootsfahrten* **MS Brombach**, mehrmals tgl. ab Absberg, ✆ 09144/927050, www.msbrombach.com.
- *Essen/Übernachten* **Landgasthof Jägerhof**, bodenständige Küche (eigene Schlachtung und auch vegetarische Kost). Schwei-

nebraten mit Kloß 7,80 €. Pluspunkte sind der kleine Biergarten und die eigene Schnapsbrennerei. Mi Ruhetag. Übernachtung mit Frühstück ab 32 €, im neu errichteten Gästehaus ab 35 € pro Pers. Deutschordensstr. 4, ✆ 09175/865, ✆ 9694, www.jaegerhof-absberg.de.

Gasthof-Pension Zur Post, alteingesessener Gasthof im Kirschenort. Gute fränkische Küche (Schäufele 8,50 €), zuvorkommender Service. Mo und Di Ruhetag. Es werden auch Appartements vermietet. 29 Gästebetten ab 21 € in der NS und ab 25 € in der HS (pro Person inkl. Frühstück). Kalbensteinberg, ✆ 09837/283, ✆ 1361, www.gasthof-zur-post-kalbensteinberg.de.

Ferienwohnungen, das Angebot rund um Absberg ist sehr groß, nähere Informationen im Haus des Gastes. Ein kleiner Tipp: **Familie Walter** vermietet vier Ferienwohnungen in einem stattlichen fränkischen Sandsteinwohnhaus mit Atmosphäre, 200 Meter vom Igelsbachsee entfernt. Die Preise variieren je nach Wohnung, Personenzahl und Saison zwischen 18–35 € pro Tag. Grießbuck 22, ✆ 09175/840.

• *Camping* **See-Camping Langlau**, ein moderner Campingplatz mit eigenem Badestrand. Ein Stellplatz mit 2 Erw. kostet 15 € pro Nacht. Geöffnet: 1.3.–15.11. Der Platz liegt am Südufer des Brombachsees bei Pfofeld. Seestr. 30, ✆ 09834/96969, ✆ 96968, www.seecamping-langlau.de.

Wandern

Rund um den Igelsbachsee: Geht man am nördlichen Ortsende von Absberg hinunter zum Igelsbachsee, so kann er auf einem mit „Nr. 141“ markierten Wanderweg in knapp zwei Stunden umrundet werden. Mit einer kurzen Rast an den zahlreichen schönen Aussichtspunkten und einem Badestopp lässt sich diese Wanderung bequem auf einen halben Tag ausdehnen.

Thannhausen

Das kleine Dorf besticht durch sein einheitliches Erscheinungsbild, weswegen es 1977 die Goldmedaille für den Bundessieg im Wettbewerb „Unser Dorf soll schöner werden“ gewann. Überregional bekannt geworden ist der Ort aber durch die Diskussion um den Herkunftsort des berühmten Minnesängers und Deutschordensritters *Siboto de Tanhusen* (um 1205 bis ca. 1267), besser bekannt als „Tannhäuser“. Es gibt nämlich noch ein zweites Thannhausen in der Oberpfalz, wobei die Forschungsergebnisse eher darauf hindeuten, dass der Minnesänger in „unserem“ Thannhausen seine ersten Schritte unternommen hat. Spätestens seit Richard Wagners romantischer Oper ist Tannhäuser populärer als alle anderen Minnesänger.

• *Essen/Übernachten* **Gasthof zum Tannhäuser**, erst kürzlich renovierter, liebenswerter Gasthof mit großer Terrasse. Wer will, kann sich an einem Minnesängerspieß (9,10 €) versuchen. Vegetarier müssen sich hier nicht mit Kloß und Soß' begnügen, sondern können sich beispielsweise an Bärlauchmaultaschen erfreuen. Do geschlossen. DZ mit Du/WC und Frühstück ab 42 € (NS). sonst ab 47 €. Zusätzlich 3 Appartements, Preise je nach Personenzahl. Thannhausen Nr. 7, ✆ 09834/1278. www.brombachsee.com/Gasthof_Zum-Tannhaeuser.

Theilenhofen und Wachstein – ein Römerbad und ein Mithrasheiligtum

Nordwestlich des Ortskerns von Theilenhofen liegen die Fundamente eines *Römerbades*, die 1968 im Rahmen der Flurbereinigung freigelegt wurden. In der 30 mal 20 Meter großen Anlage kann man noch sieben Räume und das Wasserbecken in Apsidenform ausmachen. Gleich in der Nähe lag ein römisches Kastell, an das aber nur noch eine Steinsäule erinnert. Im nahe gelegenen Wachstein wurde 1939 ein

Mithras-Heiligtum entdeckt. Die Mithras-Religion war ein rein maskuliner Mysterienkult, dem römische Soldaten von Persien bis Britannien anhingen. Der 25. Dezember, der höchste Feiertag dieser Religion, gipfelte alljährlich in der Opferung eines Stieres.

Abenberg

Die Abenberger Burg haben schon Wolfram von Eschenbach und Tannhäuser besungen. Das traditionsreiche Städtchen liegt an der Burgenstraße, die von Ansbach kommend weiter nach Roth führt.

Im Hochmittelalter waren die mächtigen Abenberger Grafen eines der bedeutendsten Adelsgeschlechter in Franken. Sie stellten u. a. einen Salzburger Erzbischof und einen Würzburger Bischof, zudem waren sie die Schirmvögte von Kloster Banz. Besonders die Erinnerung an die Stadtpatronin *Gräfin Stilla* (ca. 1100–1147) wird noch immer hochgehalten. Sie ließ der Überlieferung zufolge auf einer Anhöhe gegenüber der Burg eine kleine Kirche errichten und widmete sich dort aufopfernd den Notleidenden, wofür sie von Papst Pius XI. 1927 selig gesprochen wurde. Doch das Schicksal verwehrte den Abenberger Grafen die Nachkommenschaft: Im Jahre 1200 erlosch das Geschlecht im Mannesstamm. Durch Heirat kamen ihre Besitztümer rund dreißig Jahre später an die Nürnberger Burggrafen, die Abenberg jedoch 1297 dem Eichstätter Fürstbischof Reinboto von Mylenhart verkauften. Dieser sorgte für den Bau einer Stadtmauer, von der heute bis auf zwei Tortürme kaum mehr nennenswerte Reste erhalten sind. Für die nächsten fünf Jahrhunderte gehörte Abenberg zum Bistum Eichstätt. Große Tradition hat in Abenberg das Kunsthandwerk des Spitzklöppelns. Das einzige *Klöppelmuseum* und eine der beiden Klöppelschulen Deutschlands, die derzeit 50 Schülerinnen zählt, können hier besichtigt werden.

- *Information* **Stadt Abenberg**, Stillaplatz 1, 91183 Abenberg, ✆ 09178/988050, 📠 09178/988080, www.abenberg.de.
- *Einwohner* 5200
- *Schwimmen* Abenberger Badeweiher am südlichen Ortsausgang.
- *Golf* 18-Loch-Anlage nordöstlich von Abenberg, direkt am Fuße der Burg. Auskunft: Stadt Abenberg oder ✆ 09178/98960.
- *Reiten* Reiterhof Alexander und Linda Urmoneit, Ebersbach 7, ✆ 09178/1646.
- *Essen/Übernachten* **Gaststätte Kaiserhof**, optisch wenig ansprechender Bau. Eigene Hausschlachtung; Spezialitäten: Karpfen, Räucherforellen, Lammbraten. Günstiges Preisniveau, Schweinebraten für 6,80 €. Garten hinter dem Haus. Mo Ruhetag, 20 Gästebetten. Im Juni Betriebsferien, EZ ab 18 €, DZ 36 €. Hunde erlaubt. Windsbacher Str. 32, ✆ 09178/251.

Burg Abenberg, seit 1993 befindet sich ein Restaurant mit Terrasse im Inneren der Burg. Anspruchsvolle internationale Küche, beispielsweise geschmorte Rinderbacken mit getrüffeltem Kartoffelpüree für 16 €. Die Räumlichkeiten sind hell, modern und freundlich eingerichtet. Zum Ausschank kommt Spalter Bier. Mo Ruhetag. Das Hotel verfügt über insgesamt 22 Zimmer. Davon befinden sich das Hochzeitszimmer, das Deluxe-Zimmer und vier weitere Doppelzimmer im Schottenturm der Burg. Weitere Zimmer im nahe gelegenen Gästehaus. EZ ab 60 €, DZ ab 85 €. ✆ 09178/982990, 📠 9829910, www.burgabenberg.de.

Goldener Stern, fränkische (Schäufele) und internationale Küche. Lecker ist auch die Fischvariation Sternstunden mit Lachs, Zander, Barsch und Scampi auf mediterranem Gemüse für 13,90 €. Straßenterrasse und Biergarten. Marktplatz 14, ✆ 09178/996878.

Ferienwohnungen im Lupinenhof, komfortabel sind die fünf Übernachtungsmöglichkeiten eingerichtet. Extras: Fahrradverleih, Kinderspielplatz, Schwimmbad, Solarium, Dampfbad und Trimmgeräte. Für 3 Pers. ab 39 € in der NS. Dürrenmungenau, Dorfstr. 11/8, ✆ 09873/97900, 📠 979016, www.lupinenhof.de.

Stattlich – Burg Abenberg

Sehenswertes

Burg Abenberg: Auf der Spitze eines Höhenzuges erhebt sich die Burg Abenberg, die einstige Stammburg der Abenberger Grafen. Die heutige Anlage geht allerdings auf die Hohenzollern zurück: Sie stammt aus der ersten Hälfte des 13. Jahrhunderts. Südlich der Burg schließt sich der terrassenförmige Schlossgarten an; es handelt sich dabei vielleicht um den „Anger zu Abenberg", der von Wolfram von Eschenbach mit dem Schlosshof der Gralsburg verglichen wurde. In späterer Zeit erfolgten mehrere bauliche Veränderungen. So ist der Schottenturm im Norden der Anlage ein Produkt der Burgenromantik des 19. Jahrhunderts. Von 1809–1982 befand sich die Burg in Privatbesitz, bevor sie 1982 von der Stadt Abenberg mit Hilfe des Bezirks gekauft und für 10 Millionen Euro aufwendig saniert wurde. 1993 öffnete dort wieder eine Burg-Gaststätte. Ende 1998 zog in die Burg auch das *Haus der fränkischen Geschichte* mit einer sehenswerten Dauerausstellung ein. Im Zentrum stehen die historischen und kulturellen Eigenarten Frankens vom Mittelalter bis zur Gegenwart. Die Ausstellung wird mit den Mitteln moderner Museumspädagogik ansprechend präsentiert. Seit 2001 ist auch das *Klöppelmuseum* auf die Burg gezogen. Das in Deutschland einzigartige Museum zeigt moderne und klassische Klöppelarbeiten: Leinen-, Metallspitzen etc.

Öffnungszeiten April–Okt. tgl. außer Mo 11–17 Uhr, Nov., Dez. und März Do–So 11–17 Uhr. Im Januar und Februar geschlossen. Eintritt: 2 €, erm. 1,50 € (Kombikarte für beide Museen 3 €, erm. 2 €.), www.museen-abenberg.de.

Kloster Marienburg mit Stillakirche: Im Jahre 1488 ließ der Eichstätter Bischof von Reichenau neben der Grabkapelle der seligen Stilla ein Augustinerkloster errichten. Das Kloster wurde durch die Säkularisation aufgelöst und im 19. Jahrhundert größtenteils abgebrochen; 1920 erfolgte durch die franziskanische Ordensgemeinschaft der „Schwestern von der Schmerzhaften Mutter" die Wiedergründung mit einem Krankenhaus und einem Altenheim. Zum heutigen Klosterkomplex gehört auch die von *Jakob Engel* entworfene barocke Stilla-Klosterkirche; sie birgt den Grabstein der seligen Stilla mit einem einfachen Hochrelief (um 1220–1250). Eine weitere Sehenswürdigkeit sind die jederzeit zugänglichen *Klosterkatakomben*, eine Nonnengruft mit 72 Grabnischen: die Grablege des ehemaligen Augustinerklosters.

St. Jakob: Die barockisierte katholische Pfarrkirche lässt noch mittelalterliche Bauteile erkennen: Romanisch ist die nördliche Langhausmauer mit Portal und

Rundbogenfries, der Unterbau des einst als Flucht- und Wehrturm genutzten Turmes (um 1300) ist gotisch, ebenso der Chor (1468). Die Kirche wurde später noch dreimal erweitert.

Pleinfeld

Der in einer Talmulde der Schwäbischen Rezat gelegene Markt Pleinfeld profitierte in den letzten Jahren erheblich vom wachsenden Fremdenverkehr durch den nahen Brombachsee und den Naturpark Altmühltal, als dessen nördliches Tor die Fremdenverkehrswerbung den Ort gerne bezeichnet.

Pleinfeld, das jahrhundertelang unter dem Einfluss der Herren von Pleinfeld gestanden hatte, gelangte 1435 in den Machtbereich des Eichstätter Hochstifts, das sich intensiv um seine „Neuerwerbung" kümmerte und Pleinfeld von einem Vogt verwalten ließ. Schon 1483 gewährte der Eichstätter Bischof Wilhelm von Reichenau dem Ort das Marktrecht. Drei Jahre später verlieh Kaiser Friedrich III. Pleinfeld einen Wappenbrief und erteilte die Befugnis, den Ort zu befestigen. Im Westen sind noch Teile dieses Mauerrings, darunter das Spalter Tor von 1568, erhalten. Bis 1806 gehörte Pleinfeld zu Eichstätt, danach fiel es an Bayern. Touristisch lag Pleinfeld lange im Dornröschenschlaf, doch durch die Flutung des Großen Brombachsees gewann der Ort an Attraktivität.

- *Information* **Verkehrsbüro**, Marktplatz 11, 91785 Pleinfeld, ✆ 09144/920070, 📠 09144/920050, www.pleinfeld-am-brombachsee.de.
- *Einwohner* 7500
- *Verbindungen* Häufige Zugverbindungen mit dem Regionalzug R 6 nach Weißenburg, Roth, Schwabach und Nürnberg.
- *Schifffahrt* **MS Brombach**, das Ausflugsschiff verkehrt im Sommer zwischen auf dem Brombachsee, Abfahrt Pleinfeld Wald, ✆ 09144/927050. www.msbrombachsee.com.
- *Fahrradverleih* **Fa. Maier**, Nürnberger Str. 16, ✆ 269. Verleihgebühr ab 5 € pro Tag.
- *Minigolf* Direkt neben der Rodelbahn; geöffnet April–Okt. Mo–Fr ab 13 Uhr.
- *Schwimmen* Von Sept. bis Mai ist das **Hallenbad** geöffnet: Di–Fr 15.30–21 Uhr, Sa 14–18 Uhr, So 10–15 Uhr. Auskunft: ✆ 929718. Modernes **Freibad** mit Edelstahlbecken und Breitrutsche am nordwestlichen Ortsrand (ab Pfingsten geöffnet). ✆ 927254.
- *Sommerrodelbahn* Die zwei Bahnen à 550 m Länge (Höhenunterschied 65 m) sind von Mitte April bis Okt. tägl. ab 13 Uhr (10 Uhr am Wochenende) in Betrieb. Ein Wildpark, Minigolf, Biergarten und eine Imbissstation runden das Freizeitangebot um die am Ortsrand gelegene Bahn ab. Erw. 2,50 €, Kinder 2 €, ✆ 6300. www.sommerrodelbahn-pleinfeld.de.
- *Essen/Übernachten* **Landhotel Sonnenhof**, modernes Hotel der oberen Preisklasse mit viel Komfort (Sauna, Solarium, Fitnessraum). Das Restaurant bietet internationale und fränkische Spezialitäten. Sehr kinderfreundlich. EZ ab 57 €, DZ ab 78 € (NS inkl. Frühstück). Badstr. 11, ✆ 09144/9600, 📠 960190, www.landhotel-sonnenhof.de.

Landgasthof Siebenkäs, nicht ohne Grund ist es schwierig, hier ohne Reservierung einen Tisch zu bekommen. In dem frisch renovierten Haus herrscht gepflegte, modern-rustikale Gastlichkeit. Der Inhaber und Küchenchef Ulrich Riedel setzt auf eine frische Küche mit deutlichen regionalen Akzenten. Von der Wachtel über das Lammfilet bis zu Polenta und selbstgemachten Teigwaren reicht das häufig wechselnde Speisenangebot. Die Hauptgerichte kosten zwischen 12 und 23 €. Mo und Sonntagabend geschlossen. Wer will, kann auch in einem der freundlichen, komfortablen Gastzimmer übernachten. EZ 75 €, DZ 95 €, jeweils inkl. Frühstück. Kirchenstr. 1, ✆ 09144/8282, 📠 8307, www.landgasthof-siebenkaes.de.

Gasthof-Pension Zum Blauen Bock, malerisch an der Rezatbrücke gelegen. Eigene Metzgerei. Ein Tipp: Hausgemachte Rindsroulade für 10 €. Im Gästehaus (die Zimmer im Erdgeschoss haben eine Terrasse) wird für die Übernachtung mit Frühstück ab 30 € pro Pers. berechnet. Brückenstr. 5, ✆ 09144/1851, 📠 8277, www.blauer-bock.de.

Pleinfeld

Gasthof Buckl, der Gasthof befindet sich schräg gegenüber der Kirche. Die eigene Metzgerei steht für bodenständige fränkische Küche, beispielsweise ein Eisbein mit Sauerkraut für 7 €. Mittwochs gibt es Schlachtschüssel! Einfache, passable Zimmer, in denen auch ein Kreuz über dem Bett nicht fehlt. DZ mit Frühstück ab 30 €. Do Ruhetag. Kirchenstr. 8, ✆ 09144/274, 8795, www.gasthof-buckl.de.

• *Camping* **Wald-Camping Brombach**, riesige Anlage in der Nähe des Waldfreibads. Neben einem Supermarkt und einem Fahrradverleih wird noch ein großes Aktivprogramm geboten. Badstr. 13, ✆ 09144/1721, 6934, www.waldcampingbrombach.de.

Sehenswertes

St. Nikolaus: Von dem romanischen Vorgängerbau ist nur noch der Turmraum erhalten. Das schöne, lichtdurchflutete Innere der Pfarrkirche besitzt eine barocke Ausstattung.

Ehemaliges Vogteischloss: Die einfache, zweiflügelige Anlage ist durch die baulichen Veränderungen des 17. und 18. Jahrhunderts geprägt, im Kern jedoch mittelalterlich. Seit 1984 ist hier das *Heimatmuseum* mit Sammlungen zur Ortsgeschichte untergebracht, dem vor einiger Zeit das erste *Brauereimuseum* Mittelfrankens angegliedert wurde. Letzteres bietet einen umfassenden Einblick in die Geschichte des Brauwesens.

Adresse/Öffnungszeiten Kirchenplatz 3, ✆ 920070. Geöffnet: Di 14–17 Uhr, von April bis Okt. auch So 14–17 Uhr . Eintritt: 1 €.

Ellingen

Mit seinem monumentalen Ordensschloss weist Ellingen ein stilreines spätbarockes Stadtbild auf. Es kann daher getrost als eines der schönsten Barockstädtchen im süddeutschen Raum bezeichnet werden. Fast alles dreht sich in der einstigen Residenzstadt um den Deutschen Orden.

So beschaulich wie heute wirkt der Ort aber erst wieder, seitdem der Verkehr auf einer Umgehungsstraße am Ort vorbeigeführt wird. Ellingens Geschichte ist seit 1216, jenem Jahr, in dem der damals noch junge Deutsche Orden ein Spital übertragen bekam, untrennbar mit den Ordensgeschicken verbunden.

Schon bald entstand hier eine Kommende (Ritterordenshaus), und ab Mitte des 14. Jahrhunderts war Ellingen der Sitz der Ballei (Provinz) Franken, der reichsten der dreizehn deutschen Ordensprovinzen. In der ersten Hälfte des 18. Jahrhunderts nahm der Marktflecken den Charakter einer kleinen Barockresidenz an. Neben dem Schloss entstanden in dieser Zeit auch der Hofgarten, die Pfarrkirche, die Maximilianskirche und das Rathaus mit seiner reich verzierten Fassade sowie eine Vielzahl von Bürger- und Gasthäusern. Die prachtvolle Ellinger *Residenz* zeugt von der Bedeutung der Ballei Franken. Nicht ohne Grund machte von 1788–1796 sogar der Deutschmeister des Ordens, seines Zeichens Herr über sämtliche innerdeutschen Balleien, Ellingen zu seinem Sitz. Doch schon bald darauf fand die Macht des Deutschen Ordens über Ellingen ein Ende: Nach der Säkularisation erhielt der gefürstete bayerische Feldmarschall *Carl Philipp von Wrede*, der sich in den napoleonischen Kriegen um das noch junge Königreich verdient gemacht hatte, die Herrschaft Ellingen als „mannbares Thronlehen"; 1824 ging auch das Schloss in seinen Besitz über. Faszinierend ist das geschlossene Stadtbild in vollendeter barocker Harmonie. Die sich in hässlichen Supermärkten manifestierende Schnäppchenordnung unserer Zeit fehlt vollkommen, und über das Neubaugebiet am nordwestlichen Ortsrand wollen wir einmal gnädig hinwegsehen. Dabei ist Ellingen keineswegs rückständig: Mit dem ab 2010 anvisierten Bau eines erlebnisorientierten Limes-Parks versucht Ellingen touristisches Kapital aus seiner Lage am einstigen Grenzwall zu schlagen.

Ellingen – Stadttor

- *Information* **Tourist-Infoladen**, Weißenburger Str. 1, 91792 Ellingen, ✆ 09141/976543, ℻ 09141/865858, www.ellingen.de. Hier sind zahlreiche Faltblätter mit Wandervorschlägen rund um Ellingen erhältlich.
- *Einwohner* 3700
- *Verbindungen* Häufige Zugverbindungen mit Weißenburg, Pleinfeld, Roth, Schwabach und Nürnberg (R 6).
- *Barock-Rundweg* Die Stadt Ellingen hat einen Rundweg erarbeitet, auf dem sich die barocken Sehenswürdigkeiten erschließen lassen. Broschüre im Tourist-Infoladen (s. o.) erhältlich.
- *Essen/Übernachten* **Schlossbräustüberl**, gemütliches Speiselokal direkt gegenüber dem Schloss. Im Sommer lässt es sich gut vor dem Gasthof unter einem schattigen Baum mit Blick auf das Schloss aushalten. Deftige, fleischlastige fränkische Kost zu teilweise sehr günstigen Preisen, z. B. Schweinshaxe mit Kloß für 5,90 €. Brauereigaststätte der Schlossbrauerei Ellingen. Kein Ruhetag. Schlossstr. 6, ✆ 70340.

Ellinger Sommerkeller, die traditionsreiche Ausflugsgaststätte mit ihrem schönen Biergarten (keine Sperrzeit!) besitzt einen Kinderspielplatz. Mi Ruhetag. Sommerkeller 1, ✆ 874262.

Der Deutsche Orden

Der neben dem Templer- und Johanniterorden mächtigste Ritterorden war im Jahre 1190 während des dritten Kreuzzugs in der Hafenstadt Akkon gegründet worden. Nachdem das Heilige Land an die „Ungläubigen“ verloren gegangen war, breitete sich der Orden vor allem in Ostpreußen aus. Die zur Ehelosigkeit verpflichteten Ordensritter missionierten die „Heiden“ mit Bibel und Schwert und erwarben ein Territorium von fürwahr königlichem Ausmaß. Ihr Expansionsdrang wurde erst 1410 durch die Niederlage gegen Polen in der Schlacht bei Tannenberg gestoppt. Nachdem Albrecht von Brandenburg 1526 die Hochmeisterwürde niedergelegt und das preußische Ordensland in einen weltlichen Staat protestantischer Prägung verwandelt hatte, verlagerte sich der Schwerpunkt des Ordens auf die Kernlande des Heiligen Römischen Reichs Deutscher Nation. Besonders Franken war diejenige deutsche Landschaft, aus der traditionell die meisten Ordensritter stammten und der Orden trotz Bauernkrieg und reformatorischen Gedankenguts noch immer einen gewissen Rückhalt hatte.

Sehenswertes

Altstadt: Der aus dem Mittelalter stammende Verlauf der Straßenzüge wird von vielen kunstvoll verzierten Häusern aus dem 18. Jahrhundert gesäumt, von der Stadtbefestigung sind nur noch Bruchstücke erhalten. Herausragend ist das 1744–1747 von *Franz Joseph Roth* entworfene *Rathaus*, ein verschwenderisch verzierter zweigeschossiger Sandsteinbau. Mächtig erhebt sich das *Pleinfelder Tor* (1660), ein dreigeschossiger Turm mit Ziegelhaube, im Norden der Altstadt. Neben Rathaus und Pleinfelder Tor gibt es noch 141 (!) weitere denkmalgeschützte Häuser zu entdecken ...

Schloss: Das eindrucksvollste Bauwerk in Ellingen ist mit Abstand das imposante Deutschordensschloss. Es entstand auf den Fundamenten einer gotischen Wasserburg und eines Renaissancenachfolgebaus. Vom letzteren wurden der Ostflügel und die Fundamente des Südflügels in den barocken Neubau miteinbezogen. Die quadratische, vierflügelige Anlage ist von lang gestreckten Wirtschaftsgebäuden umgeben. Der Grundriss erinnert immer noch ein wenig an eine Burg. Der nördliche Flügel wird von der barocken Schlosskirche gebildet, die auch schon einen gotischen Vorläufer hatte. Der Ordensbaumeister *Franz Keller* und sein Nachfolger *Franz Joseph Roth* schufen diesen prachtvollen barocken Komplex in der ersten Hälfte des 18. Jahrhunderts. Ein raumgreifendes repräsentatives Treppenhaus führt zu den fürstlichen Residenzzimmern im zweiten Obergeschoss. Diese und die sog. Marschallzimmer der Fürsten von Wrede, deren Einrichtung aus dem 19. Jahrhundert stammt, können nur im Rahmen einer Führung besichtigt werden. Im Westflügel befindet sich mit dem *Kulturzentrum Ostpreußen* ein weiteres Museum, das es sich zur Aufgabe gemacht hat, die Erinnerung an den ostpreußischen Kulturraum zu bewahren. Ausgestellt sind Majolika, historische Jagdwaffen, Bernsteinschmuck, Kupferstiche und ein Königsberger Bürgerzimmer. Einen Abstecher lohnt auch der Schlosspark mit seinem alten Baumbestand, der sich hinter der Schlosskirche erstreckt.

• *Schlossführungen* April–Sept. Di–So stündl. zwischen 9 und 17 Uhr, zwischen Okt. und März um 10, 11, 12, 13, 14 und 15 Uhr. ✆ 3327. Teilnahmegebühr: 4 €, erm. 3 €.

• *Kulturzentrum Ostpreußen* April–Sept. tgl. außer Mo 10–12 Uhr und 13–17 Uhr, Okt.–März tgl. außer Mo 10–12 Uhr und 14–16 Uhr. Eintritt: 2,50 €, erm. 2 €, www.kulturzentrum-ostpreussen.de.

Kastell Sablonetum: Etwas außerhalb von Ellingen liegt das frei zugängliche römische Kastell (leicht zu finden, da gut beschildert). Das im ersten Drittel des 2. Jahrhunderts unserer Zeitrechnung errichtete Kastell wurde schon hundert Jahre später wieder aufgegeben, wobei keinerlei Spuren auf einen Kampf hinweisen. Auf dem etwa 80 mal 90 Meter großen Areal dürften ungefähr 200 Mann stationiert gewesen sein. Das Kastell wurde von einer Mauer mit vier Ecktürmen und zwei Toren gesichert. Der Westturm und die Nordmauer konnten nach den Ausgrabungen rekonstruiert werden.

Weißenburg

Weißenburg ist mit Sicherheit die kulturhistorisch interessanteste Stadt im südlichen Mittelfranken. Neben ihrer reichsstädtischen Tradition kann die 18.000 Einwohner zählende Kreisstadt auch mit einer römischen Vergangenheit aufwarten.

Der spektakuläre Fund des Römerschatzes im Jahre 1979 hat die Stadt in einen richtiggehenden „Römer-Taumel" gestürzt. Das Heimatmuseum wurde flugs in ein Römermuseum umgewandelt, um den Schatz ansprechend präsentieren zu können. Man hat die Thermen des ehemaligen Lagers fachkundig restauriert und das Nordtor des einstigen Kastells rekonstruiert. Vieles spricht dafür, den Römern einmal nicht in Verona oder Rom nachzuspüren, sondern im fränkischen Weißenburg. Nachdem die UNESCO den Limes im Juli 2006 zum Weltkulturerbe erklärt hat, versucht Weißenburg sein Profil als Römerstadt mit einem Informationszentrum zu schärfen.

Neben den Relikten aus der Römerzeit besitzt die einstige Reichsstadt aber auch einen eindrucksvollen alten Kern sowie eine Stadtbefestigung, die noch größtenteils erhalten ist und immer wieder idyllische Ecken preisgibt. Mit der Renaissancefestung *Wülzburg* verfügt Weißenburg über eine weitere Attraktion.

Geschichte

Auch wenn in der Umgebung keltische Spuren nachzuweisen sind, so trat Weißenburg doch erst im Jahre 89 unserer Zeitrechnung, dem vermuteten Baubeginn des Römerkastells, ins Licht der Geschichte. Es war dies die Zeit, als die Römer die nördliche Grenze ihrer Provinz Raetien über die Donau hinaus ins Altmühl- und Rezattal verschoben, um die Verbindungswege zwischen der obergermanischen und der raetischen Provinz, also zwischen Rhein und Donau, zu verkürzen. An dieser neuen Nordgrenze des Römischen Reichs ließ *Kaiser Trajan* den Limes errichten, jenen gewaltigen, 548 Kilometer langen Grenzwall, dessen drei Meter hohe Mauern den Einfall der „Barbaren" abwehren sollten. Im Zuge der Sicherung dieser Landnahme entstand eine komplette Infrastruktur mit Siedlungen, Gutshöfen, Straßen und – nicht zu vergessen – Kastellen für die Hilfstruppen, die den Limes bewachen sollten. Ein ebensolches Holzkastell mit einer Grundfläche von 240 Meter mal 160 Meter stand damals auf dem Gebiet des heutigen Weißenburgs. Ihm folgte um die Mitte des 2. Jahrhunderts unserer Zeitrechnung ein westlich vom alten Lager errichtetes Steinkastell (Biriciana), das des Öfteren zerstört (z. B. 174 u. Z. von den Markomannen und 233 u. Z. von den Alamannen) und von den Römern zurückerobert wurde. Nach dem Jahr 260 bemächtigte sich ein Unterstamm der Alamannen endgültig des Gebiets um Weißenburg. Die freigelegten Reste der größten Thermenanlage Süddeutschlands zeugen außerdem von der Anwesenheit der Römer in Weißenburg.

Erika Mann und der Skandal am Bergwaldtheater

Im Sommer 1932 kam es in Weißenburg zu einem Skandal um das erst zwei Jahre zuvor gegründete Bergwaldtheater. Der Intendant Egon Schmid hatte für die Sommersaison *Erika Mann* engagiert, den Vertrag jedoch wegen Rücksicht auf „national gesinnte Kreise" gekündigt, da „die berüchtigte Tochter eines berüchtigten Vaters" keine Heldinnen der deutschen Klassik spielen sollte. Drahtzieher im Hintergrund war die Münchener Zentrale von Alfred Rosenbergs „Kampfbund für deutsche Kultur", die mit einem Boykott gedroht hatte. Der Weißenburger Oberbürgermeister Dr. Fitz fürchtete finanzielle Einbußen und drängte zur Kündigung. Doch die streitbare Erika Mann klagte mit Erfolg auf ein Ausfallhonorar. Aufgrund von Zahlungsunfähigkeiten des Weißenburger Verkehrsvereins wurde der Theaterfundus beschlagnahmt, das Bergwaldtheater stand vor dem Ende, was jedoch letztlich durch die sog. „Machtübernahme" vom 30. Januar 1933 aufgehalten werden konnte. Erika Mann ging kurz darauf ins Exil.

Im frühen Mittelalter entstand südöstlich der heutigen Pfarrkirche ein merowingischer Königshof, dem sich eine dörfliche Siedlung und eine kleine Händlerniederlassung anschlossen. Diese drei Siedlungselemente wurden unter den Staufern zu einer Stadtanlage zusammengefasst. Seit dem 13. Jahrhundert gewann die Stadt an Bedeutung, erhielt Privileg um Privileg. Der fürwahr krönende Abschluss war die Erhebung zur Reichsstadt gegen Ende des gleichen Jahrhunderts. Doch blieb dieser neu gewonnene Status stets gefährdet: Weißenburg teilte das Schicksal anderer kleiner Reichsstädte und wurde mehrfach verpfändet. Zweimal konnten die reich gewordenen Bürger ihre Stadt selbst auslösen; das letzte Mal, 1360, ließen sie sich von Kaiser *Karl IV.* das Recht auf Unverpfändbarkeit *(Privilegia de non aliendo)* zusichern. Bis zum Jahr 1802 blieb Weißenburg Reichsstadt, erst dann ging dieser Status verloren; 1806 wurde die Stadt dem Königreich Bayern zugeschlagen.

Verbindungen/Information/Diverses

- *Verbindungen* Zwischen Nürnberg, Roth und Weißenburg verkehren sehr häufig Regionalzüge (R 6). Bahnverbindungen auch mit Treuchtlingen. Der Bahnhof befindet sich am westlichen Altstadtrand.
- *Parken* Kostenlose Parkplätze vor dem Ellinger Tor im Parkhaus Doerfler Villa.
- *Information* **Amt für Kultur und Touristik**, Martin-Luther-Platz 3, 91781 Weißenburg, ✆ 09141/907124, 📠 09141/907121, www.weißenburg.info.
- *Einwohner* 18.000
- *Stadtführungen* Diverse Themenführungen, die in der Touristinfo am Römermuseum zu erfahren sind.
- *Rundflug* Mit Segel- oder Motorflugzeug ab Flugplatz Wülzburg. Auskunft unter ✆ 3724, am Wochenende ✆ 3377.

• *Bergwald-Theater* Freilichtbühne am Rande des Ludwigswaldes. Von Juni bis August kommen verschiedene Opern und Operetten zur Aufführung. Die Eintrittspreise variieren zwischen 5–35 €. Auskunft: Kulturamt, ✆ 907123, www.bergwaldtheater.de.

• *Kino* **Regina**, **Mini**, **Camera**; Nordring 18, ✆ 84927. www.kinowug.de.

• *Kulturzentrum Karmeliterkirche* Interessantes Programm mit verschiedenen Ausstellungen, Veranstaltungen, Theatervorführungen und Konzerten. Genaue Informationen über das aktuelle Programm erteilt das städtische Kulturamt, ✆ 907123.

• *Fahrradverleih* **Peter Denk**, Ellinger Str. 3, ✆ 2166. **Radlstation Weißenburg**, Bergerstr. 11, ✆ 86776.

• *Minigolf* Beim Limesbad, Mai–Sept. tägl. von 13–20 Uhr geöffnet.

• *Reiten* In **Hattenhof**, mit Schulpferden und Reitlehrer; 23 Gastboxen. Auskunft: Reitverein, ✆ 3447.

• *Schwimmen* **Limesbad**, Badstr., ✆ 99955. Erlebnisfreibad mit Riesenrutsche (70 m) und Sprungbecken. **Mogetissa-Therme**, mit 25-m-Becken und Sauna. An der Hagenau 22b, ✆ 99956. Von Mitte Sept. bis Mitte Mai tgl. 8–20 Uhr geöffnet.

Essen/Übernachten

Hotel Goldene Rose (3), hier nächtigte 1797 auch schon der preußische Minister Freiherr von Hardenberg. Netter Wirtsgarten im Hinterhof. Gehobene Preisklasse, manche Zimmer haben gar einen kleinen Kronleuchter. WLAN. EZ ab 40 €, DZ je nach Ausstattung zwischen 65 und 85 €. Rosenstr. 6, ✆ 09141/2096, 📠 70752, www.hotel-goldene-rose.net.

*** **Flair-Hotel „Am Ellinger Tor" (1)**, nettes Hotel in einem restaurierten Fachwerkhaus mit Garten. WLAN. Gute Fischküche – von Donauwaller bis Haifischsteak. Günstiges Sonntagsmenü für 12,95 € mit Suppe und Nachtisch. Mo Ruhetag. Übernachtung pro Pers. ab 37 € im DZ, EZ ab 50 €, günstig ist der Halbpensionszuschlag (15,50 € für ein 4-Gang-Menü). Ellinger Str. 7, ✆ 09141/86460, 📠 864650, www.ellingertor.de.

Sigwart Bräustüberl (6), mitten im Zentrum mit schönen Gasträumen und nettem Hinterhofgarten. Neben dem hauseigenen Bier wird fränkische Küche zu zivilen Preisen (Spanferkelschäufele in Biersoße mit Semmelknödel für 8,30 €) serviert. Di Ruhetag. Luitpoldstr. 17, ✆ 1626.

Mocambo-Café-Bar (4), beliebte Café-Bar in alten Gemäuern. Thaiküche, aber auch Kuchen. Schöne Straßenterrasse vor dem Rathaus. Tgl. 10–1 Uhr. Luitpoldstr. 3, ✆ 92518, www.mocambo-weissenburg.de.

Lorenz (5), Café, Saftbar und Club. Es werden auch Frühstück und Salate serviert. Kleine Terrasse. Tgl. 9.30–24 Uhr, am Sa bis 2 Uhr, So 14–20 Uhr. Luitpoldstr. 19, ✆ 979609.

Meyer Museumscafé (2), das einer Buchhandlung angegliederte Café gefällt nicht nur wegen seiner schönen Straßenterrasse und dem angenehm modernen Ambiente. Serviert werden diverse Kaffees (Latte Macchiato 2,50 €) und kleine Häppchen. Mo–Fr 8.30–18 Uhr, Sa 8.30–17 Uhr, So 10–17 Uhr. Rosenstr. 11, ✆ 2177.

Ludwigshöhe (7), Ausflugslokal in der Nähe des Bergwaldtheaters mit Blick auf die Stadt. Fränkische Küche. Von Mai bis Sept. nur Do–So ab 16 Uhr geöffnet (So ab 11 Uhr), im Juli und August auch Mo–Mi ab 16 Uhr. Holzgasse 119, ✆ 874192.

• *Ferienwohnung* **Silbermühle**, zwei Appartements im Dachgeschoss eines barocken Wohnhauses über einem Restaurant. ab 32 € pro Tag. Zehn Fußminuten ins Zentrum. Silbermühle 4, ✆ 09141/86760, 📠 867676, www.die-silbermuehle.de.

• *Naturfreundehaus* Etwa drei Kilometer vom Zentrum entfernt. Die Übernachtung in einem der 43 Betten kostet ab 15 €. Am Rohrberg 19, ✆ 09141/997086.

• *Camping*: **Camping Weißenburg**, nur begrenzte Aufnahmekapazität. Geöffnet vom 1.5.–30.9. Am alten Badeweiher, etwa 1 km vor den Toren der Stadt (Richtung Eichstätt), ✆ 09141/5222, 📠 5222, www.campingplatz-weissenburg.de.

Sehenswertes

Altstadt: Weißenburgs Zentrum wird von einer Vielzahl von gut erhaltenen Bauten aus dem Spätmittelalter und der Frühen Neuzeit dominiert. Das herausragende

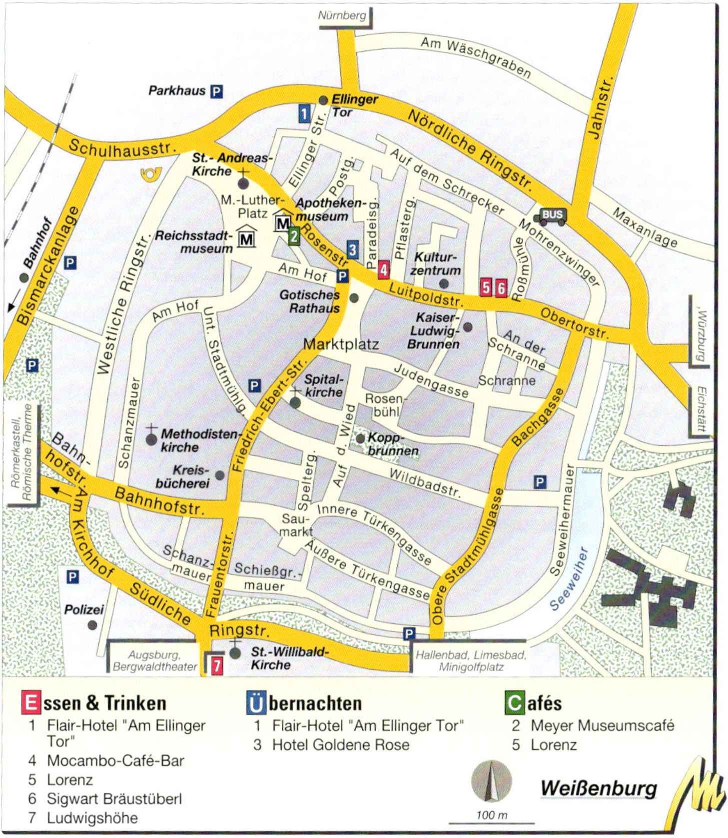

profane Gebäude ist das dreigeschossige spätgotische *Rathaus*, ein Sandsteinquaderbau, der auf dem Höhepunkt der reichsstädtischen Bedeutung zwischen 1470 und 1476 am Schnittpunkt der einst durch Weißenburg verlaufenden Fernhandelsstraßen errichtet wurde. Der mächtige Bau teilt den Marktplatz in drei Teile. Der Turmanbau erfolgte erst 1567. Die verwinkelten Gassen rings um das Rathaus fordern zum Bummeln und Entdecken auf.

Stadtmauer: Als sichtbares äußeres Symbol kündet die imposante Stadtmauer von dem wachsenden Wohlstand und der Macht des Weißenburger Bürgertums im späten Mittelalter. Die Befestigung mit insgesamt 38 Türmen und Holzwehrgängen umschließt heute den alten Stadtkern noch fast vollständig. In ihrer Geschlossenheit ist sie eine der malerischsten Anlagen in ganz Franken: Die Ummauerung erfolgte zu Beginn des 13. Jahrhunderts, aber schon 1372 begann man, den Stadtkern nach Süden hin auf die doppelte Größe zu erweitern, wobei der heutige, annähernd quadratische Grundriss entstand. Ein Teil der Stadtmauer, das *Ellinger Tor*, ist auch das Wahrzeichen von Weißenburg. Der Torturm – er zählt zu den schönsten seiner Art in Deutschland – stammt aus dem 14. Jahrhundert, wurde aber später leicht verändert.

St. Andreas: In der evangelischen Pfarrkirche verbinden sich ähnlich wie in den Nürnberger Kirchen St. Lorenz und St. Sebaldus hoch- und spätgotische Bauelemente zu einer eigenartigen Raumwirkung. Sieben schlanke Säulen tragen ein Netzwerk, das aus den Säulen geradezu herauszuwachsen scheint. Um den hoch aufragenden Chor errichten zu können, mussten die Baumeister aus Platzgründen einen Kunstgriff anwenden und ihn schräg an das Hauptschiff anfügen. Beseelt von dem Wunsch, St. Andreas den neuen gotischen Stiltendenzen anzupassen, wurde allerdings die Gesamtharmonie gestört. Kurios ist der Kirchturm, der östlich des Chors errichtet wurde und dem Hauptfenster das Licht raubt. Sehenswert ist die noch erhaltene Ausstattung, darunter der Hochaltar aus der Zeit um 1480 und der Sebaldusaltar von 1496 (Malereien aus der Schule von Michael Wolgemut) sowie die Steinerne Kanzel (1655). Eine Inschrift neben dem südlichen Seitenportal weist übrigens auf das Jahr der Weihe hin (*1327 dedicatum est hoc templum*).

Apothekenmuseum: In den verwinkelten Gewölben eines historischen Arzneikellers unterhält der Apotheker Arthur Binkert ein interessantes pharmazeutisch-historisches Museum. Schmelztiegel, Waagen, Mörser und andere Gerätschaften sowie eine alte Kräuterkammer und schriftliche Dokumente erinnern an die Geschichte des Arzneiwesens.

Adresse/Öffnungszeiten Einhorn-Apotheke, Rosenstr. 3, ✆ 2307. Besichtigung nur mit Führung Mo, Di, Do, Fr 11 und 14.30 Uhr, Mi und Sa um 11 Uhr. Eintritt: 2 €, erm. 1 €.

Römermuseum: „Mit der Ausstellung des Römischen Schatzfundes von Weißenburg rückt das Römermuseum Weißenburg in die Reihe der bedeutenden archäologischen Sammlungen Deutschlands und darüber hinaus. Niemand, der sich ein Bild von der römischen Zivilisation in Deutschland verschaffen will, kann an dieser Ausstellung vorbeigehen", schreibt *Joachim von Elbe* in seinem Buch „Die Römer in Deutschland". Der spektakuläre Fund, den ein Hobby-Gärtner im Jahr 1979 beim Anlegen eines Spargelbeetes ausgrub, ist im zweiten Stock des Römermuseums untergebracht. In ansprechender Weise werden dort 156 Einzelstücke des aufgrund einer drohenden Gefahr vergrabenen Schatzes präsentiert. Neben Votivblechen, Bronzegefäßen und Hausgeräten sind 16 hervorragend erhaltene Götterfiguren ausgestellt. Seit dem Sommer 2006 ist im Erdgeschoss des Museums auch das „Bayerische Limes-Informationszentrum" untergebracht. Auf über 200 Quadratmetern findet sich allerlei Wissenswertes um eine legendäre Mauer und wie diese die Menschen ihrer Zeit ge-

Ellinger Tor

prägt hat. Leuchttafeln, Landkartenwände, Vitrinen, Modelle römischer Gebäude samt Grenzwallanbindung und vieles mehr lassen den Besucher in eine andere Epoche eintauchen. Ansprechende Multimedia-Präsentationen sowie ausziehbare Schubladen laden dazu ein, die römische Antike und ihre Rolle für das heutige Bayern auf eigene Faust zu entdecken.

Adresse/Öffnungszeiten Martin-Luther-Platz 3, ✆ 907124. April bis Okt. tgl. 10–17 Uhr im März tgl. 10–12.30 und 14–17 Uhr. Eintritt: 2 €, erm. 1,50 €. Kombi-Ticket mit Reichsstadtmuseum und Thermen 4 €, erm. 3 €.

Der Turm von St. Andreas überragt die verträumte Altstadt

Reichsstadtmuseum: Mit dem 1998 direkt neben dem Römermuseum neu eröffneten Reichsstadtmuseum wird nun auch die reichsstädtische Vergangenheit Weißenburgs ihrer Bedeutung entsprechend dokumentiert. In der thematisch geordneten Dauerausstellung sind wertvolle Exponate aus fünf Jahrhunderten vereint, die über den Status einer Reichsstadt, die Entwicklung von Handel, Handwerk und Justiz genauso informieren wie über den Stand der Wissenschaft sowie das Gesundheits- und Schulwesen. Auch die Nöte der Reichsstadt werden gezeigt: So erinnert das sog. „Beschießungsbild" an die Belagerung Weißenburgs (1647) im Dreißigjährigen Krieg.

Adresse/Öffnungszeiten Martin-Luther-Platz. In der Zeit vom 1.3.–31.12. tgl. 10–12.30 und 14–17 Uhr. Eintritt: 1,50 €, erm. 1 €. Kombi-Ticket mit Römermuseum und Thermen 4 €, erm. 3 €.

Haus Kaaden: Im ersten Stock des Hauses – der Name leitet sich von der sudetendeutschen Stadt Kaaden ab – wird die Flucht und Vertreibung der Deutschen aus Mittel- und Osteuropa infolge des Zweiten Weltkriegs geschildert.

Adresse/Öffnungszeiten Pfarrgasse 4. Das Museum ist täglich während der Bürostunden des Amtes für Kultur und Touristik geöffnet. Eintritt: 1,50 €, erm. 1 €. Kombi-Ticket mit Römermuseum und Thermen 4 €, erm. 3 €.

Römerthermen: Durch Zufall wurden 1977 im Westen der Stadt beim Bau einer Reihenhaussiedlung die massiven Grundmauern einer römischen Therme entdeckt. Mustergültig restauriert und von einem Schutzgebäude umgeben, kann die Anlage – es ist übrigens die bedeutendste römische Therme in Deutschland – seit 1985 besichtigt werden. Neben einem Gymnastikhof sind die verschiedenen Wasserbäder und die beheizbaren Räume zu erkennen. Es dürfte sich dabei um zwei nacheinander errichtete Thermen handeln; die ältere Anlage war wohl ein reines Militärbad, das während der Markomannenkriege (174/175) zerstört worden war, während der Nachfolgebau aufgrund seiner Ausstattung auf eine zivile Nutzung schließen lässt; wahrscheinlich fiel auch letzterer einem Brand (um 233) zum Opfer. Die Thermenanlage mit Warmbad *(Caldarium)* und Kaltwasserbad *(Frigidarium)* ist ein hervorragendes Beispiel für den hohen Standard der römischen Zivilisation. Eine Therme spielte im Alltag eines Römers eine ebenso bedeutende Rolle wie ein öffentlicher Brunnen. Man traf sich an diesen angenehmen Orten zu einem lockeren, vergnüglichen Beisammensein; und besonders hier im kalten Norden des Römischen Imperiums wusste man beheizbare Räumlichkeiten zu schätzen. In Weißenburg kann man nachvollziehen, wieso laut Cicero, der Gong, der die Öffnung eines Bades bekannt gab, lieblicher klang als das Stimmengewirr der Philosophen in der Schule.

Adresse/Öffnungszeiten Am Römerbad 17a, ✆ 907127. April bis Anf. Okt. tgl. 10–17 Uhr. Eintritt 1,50 €, erm. 1 €. Kombi-Ticket mit Reichsstadtmuseum und Römermuseum 4 €, erm. 3 €.

Römerkastell Biriciana: Im Westen von Weißenburg, zwischen den Thermen und der Altstadt, hat man 1990 das Nordtor des einstigen Steinkastells rekonstruiert – allerdings wird man eher an alte Schulbuchillustrationen erinnert, denn an das Römische Reich. Seither verfügt Weißenburg über eine zusätzliche römische Attraktion. Die 3,5 Meter breite Durchfahrt wird von zwei nach außen gerundeten, neun Meter hohen Türmen eingerahmt. Das Kastell, in dem eine 1000 Mann starke Reitereinheit stationiert war, nahm eine Fläche von 174 mal 179 Metern ein und ist jederzeit zugänglich. Derzeit wird geplant, auch den nordwestlichen Eckturm zu rekonstruieren und durch Grabungen den Mauerverlauf der Innengebäude nachzuzeichnen.

Außerhalb

Wülzburg: Die Renaissancefestung Wülzburg thront, von mächtigen Bastionen und einem Trockengraben umgeben, auf der mit 630 Meter höchsten Bergkuppe der südlichen Frankenalb. Die fünfzackige Anlage ist ein eindrucksvolles Beispiel für den Festungsbau in der Renaissance und wurde im Auftrag der Markgrafen von Brandenburg-Ansbach von 1588–1604 als südliches Pendant zur Plassenburg bei Kulmbach errichtet. Doch nur wenige Jahrzehnte später wurde die Wülzburg im Dreißigjährigen Krieg kampflos an die katholischen Liga-Truppen unter Tilly übergeben, die von hier aus die Umgebung brandschatzten. Zu Beginn des 19. Jahrhunderts gelangte die Festung an Bayern. Im Jahre 1867 wurde die Wülzburg als Festung aufgegeben und 1882 an die Stadt Weißenburg verkauft. Im Ersten Weltkrieg diente sie als Gefangenenlager; prominentester Häftling war der damalige Hauptmann *Charles de Gaulle*, der von hier aus mehrere gescheiterte Fluchtversuche – einmal sogar in einem Wäschekorb – unternahm.

Festung, Gefängnis und Internat

Nach dem Zweiten Weltkrieg diente die Wülzburg bis 1953 als Flüchtlingslager. Der Schlossbau beherbergt heute eine Berufsschule für Mädchen mit Internat und eine Gastwirtschaft; die Festung ist daher ganzjährig zugänglich. Hauptattraktion ist der 166 Meter tiefe Brunnen. Im Graben wird Rotwild gehalten. Ungeklärt ist derzeit allerdings, ob die dringend benötigten Gelder zur Restaurierung aufgebracht werden können.

Führungen Von Ostern bis Ende Okt. jeweils Sa 13–17 Uhr sowie So 11–17 Uhr. Teilnahmegebühr: 2 €, erm. 1 €.

Wandern

Auf den Spuren der Römer: Ein Abstecher zu dem wenige Kilometer östlich von Weißenburg gelegenen *Burgsalach* lohnt sich besonders für diejenigen, deren Interesse an der römischen Vergangenheit in Franken noch nicht befriedigt ist. Man lässt das Auto am Wanderparkplatz südlich von Burgsalach stehen und folgt dem acht Kilometer langen Rundwanderweg Nr. 2 nach Südosten. Der Weg verläuft neben dem alten raetischen Limes, der im Mittelalter als „Teufelsmauer" bezeichnet wurde, da man geglaubt hatte, nur der Teufel könne so ein gewaltiges Bauwerk errichtet haben. Nach kurzer Zeit stößt man auf einen rekonstruierten *römischen Wachturm*, der wie mehr als 900 andere der Sicherung des Limes diente. Danach führt der Weg durch einen Wald und auf einer alten Römerstraße zu einem *römischen Burgus*. Dieses Kleinkastell war für eine Zenturie (ca. 60–100 Mann) konzipiert. Ein Plan erläutert die Funktion der verschiedenen Räume. Von hier geht es zurück zum Parkplatz, der in nordöstlicher Richtung liegt.

Thalmässing

Thalmässing wurde wahrscheinlich von den Bajuwaren im 6. Jahrhundert gegründet, die erste urkundliche Erwähnung als *Talamazzina* stammt aus dem Jahr 866. Allerdings reichen die Siedlungsspuren, die in der Umgebung gefunden wurden, bis weit in die Vor- und Frühgeschichte zurück. Bei *Ohlangen* lassen sich beispielsweise noch gut die Spuren einer *Keltenschanze* erkennen. Bei der 150 mal 100 Meter großen Anlage handelt es sich um eine spätkeltische Kultstätte.

Ein schmuckes Bauwerk ist die evangelische *Pfarrkirche St. Michael* – Thalmässing war seit der Reformationszeit eine protestantische Enklave –, die der Baumeister Gabriel de Gabrieli unter Einbeziehung eines mittelalterlichen Turmes 1717 entworfen hat. Auch sonst präsentiert sich Thalmässing als ein schmuckes Dorf mit einem breiten Straßenmarkt, an dem sich auf einer Infosäule auch die verschiedenen Vereine vorstellen: Neben dem Wanderverein und den Motorradfreunden finden sich auch so martialische Gruppierungen wie der „Krieger- und Soldatenverein" ...

• *Information* **Verkehrsamt des Marktes Thalmässing**, Stettener Straße 26, 91177 Thalmässing, ✆ 09173/90913, 📠 90932, www.thalmaessing.de.

• *Veranstaltungen* Volksfest am Wochenende nach Pfingsten.

• *Schwimmen* Freibad am Ortsrand neben den Tennisplätzen.

• *Essen* **Gasthof zur Krone**, ein schönes, wuchtiges Steinhaus mit netter Straßenterrasse. Die Preise schonen den krisengeschüttelten Geldbeutel: Schweinebraten 5 €, Leberkäs' mit Ei 4,20 € oder Saure Lunge für unglaubliche 3,50 €. Marktplatz 3, ✆ 9791.

Sehenswertes

Vor- und Frühgeschichtliches Museum: Das direkt am Marktplatz gelegene Museum bietet einen Überblick über die ersten menschliche Besiedlung der Region. Neben zahlreichen Funden (Steinbeile, Pfeilspitzen, Bronzeschmuck, Geschirr etc.) begeistert ein sehenswerter Nachbau einer vor 2.500 Jahren für eine keltische Frau errichteten Grabkammer. Die Grabbeigaben (u. a. Lebensmittel) nähren die Vermutung, dass die Kelten an ein Leben nach dem Tod glaubten.
Öffnungszeiten April–Okt. Di–So 10–12 Uhr und 14–18 Uhr. Eintritt: 1,50 €, erm. 1 €.

Archäologischer Wanderweg Thalmässing: Direkt im Ortszentrum beginnt dieser interessante thematische Wanderweg über die Berge und Hänge des Jura, dessen elf Stationen über vor- und frühgeschichtliche Wohnplätze, Kultstätten, Friedhöfe und Befestigungsanlagen informieren. Besonders eindrucksvoll ist die Rekonstruktion einer Grabhügelgruppe aus der Hallstattzeit sowie ein rekonstruiertes keltisches Bauernhaus am südlichen Ortsrand von Landersdorf.
Gesamtentfernung 16 Kilometer, Gehzeit: 3–4 Stunden, Markierung: schwarze Vase auf weißem Grund. Ein Faltblatt mit Wegbeschreibung und Karte verteilt das Museum.

Naturpark Altmühltal

Die Altmühl, ein linker Nebenfluss der Donau, ist der langsamste Fluss Bayerns. Bis zu ihrer Mündung beträgt das Gefälle gerade einmal 100 Meter. Dafür strahlt die Region viel Ruhe und Gemütlichkeit aus. Die Kelten erachteten die Altmühl als heilig. Sie gaben ihr den Namen *Alkmuna* oder *Alkmona*. Der Name bedeutet entweder „stiller, heiliger Fluss“ oder leitete sich von den Wörtern *alc* (Elch) und *mona* (Fluss) ab, denn bis ins frühe Mittelalter sollen noch Elche im Altmühltal gelebt haben.

Die obere Hälfte der 225 Kilometer langen Altmühl fließt durch Franken, als ihr Ursprung wird eine Quelle bei der Siedlung Erlach angesehen. Im fränkischen Teil des Naturparks Altmühltal, der mit knapp 3000 Quadratkilometern der größte Naturpark der Bundesrepublik ist, liegen jedoch nur noch die Städte Treuchtlingen und Pappenheim. Die träge fließende Altmühl ist nicht nur für gemütliche Bootswanderungen hervorragend geeignet, ihr Tal bietet sich auch für bequeme, steigungsfreie Radtouren an.

Treuchtlingen

Hier in Treuchtlingen, laut Eigenwerbung die „Pforte des Naturparks Altmühltal“, setzt man seit ein paar Jahrzehnten voll auf den Tourismus. Nur allzu gern möchte der Ort wegen seiner Thermalquellen alsbald ein lukratives „Bad“ vor dem Namenszug führen.

Treuchtlingen kann auf eine mehr als zwei Jahrtausende alte Geschichte zurückblicken. Neben Siedlungsfunden aus der Ära der Kelten konnte man rund um die Stadt acht römische Gutshöfe ausmachen, die hier im Schutz des Limes erbaut worden sind – einer davon wurde 1984 bei der Siedlung Weinberghof freigelegt. Im 8. Jahrhundert bauten dann die Franken die Ansiedlung weiter aus. Kurz nach dem Aussterben des Geschlechts der Wiriche im Jahre 1422 verleibten sich die mächtigen Pappenheimer Treuchtlingen ein, denen wiederum die Ansbacher Markgrafen folgten. Zu wirtschaftlicher Bedeutung kam Treuchtlingen im späten 19. Jahrhun-

Repräsentativ: Treuchtlinger Stadtschloss

dert, als die Eisenbahnstrecke München-Nürnberg am Ort vorbeigeführt wurde. Ein neues Kapitel der Stadtgeschichte wurde Ende der 70er Jahre aufgestoßen, als eine örtliche Brauerei zufällig eine heiße Quelle erbohrt hatte: Ein Besuch von Treuchtlingen ist seither auch gesundheitsfördernd.

- *Information* **Kur- und Tourismusinformation**, im Schloss, Heinrich-Aurnhammer-Str. 3, 91757 Treuchtlingen, ☎ 09142/202180, 📠 09142/2021818, www.treuchtlingen.de.
- *Einwohner* 13.300
- *Verbindungen* Häufige Zugverbindungen (R 6) nach Weißenburg, Roth, Schwabach und weiter nach Nürnberg.
- *Markt* Freitags 14–18 Uhr auf der Bahnhofsstraße.
- *Bootsvermietung* **San-aktiv-Tours**, Oberdorferstr. 18, ☎ 09831/4936.
- *Kino* Lichtspieltheater Central, Goethe-Str., ☎ 6566. www.kino-treuchtlingen.de.
- *Schwimmen* **Altmühltherme**, Promenade 12, ☎ 3955. 1998 für rund 40 Millionen Euro erneuertes Thermal-Bewegungs- und Hallenbad mit Sprungturm, Wellenbad, Whirlpool und Dampfsauna. Daneben gibt es noch ein **Thermal-Freibad**, www.altmuehlterme.de.
- *Volkskundemuseum* Heinrich-Aurnhammer-Str. 12 (gegenüber dem Schloss), ☎ 3840. Regionales Geschirr und Keramik, bäuerliche Kultur sowie früh- und vorgeschichtliche Funde. Mi, Do, Fr und So 15–18 Uhr.
- *Essen/Übernachten* **Schlosshotel Treuchtlingen**, leider seit längerer Zeit geschlossen. Ein neuer Pächter wird gesucht. Heinrich-Aurnhammer-Str. 3, ☎ 09142/202180.

Wallmüller-Stuben, schmackhafte Grillspezialitäten, lecker auch das fränkische Filettöpfchen mit hausgemachten Eierspätzle. Dem Trend der Zeit entsprechend werden jetzt auch Tapas für 3,50–6 € angeboten. Zudem werden drei DZ für 20 € pro Pers. vermietet. Hauptstr. 2, ☎ 975353.

Waldgasthof Heumöderntal, am Stadtrand gelegene Ausflugsgaststätte. Es werden auch drei EZ und vier DZ ab 25 € pro Pers. vermietet. Uhlbergstr. 54, ☎/📠 09142/3832.

Ferienwohnung Familie Hauck, zwei Ferienwohnungen auf einem modernen Bauernhof im Weiler Windischhausen, östlich von Treuchtlingen. Eine Wohnung für 4 Pers. kostet 38 € pro Tag. Untermühle 8, ☎ 09142/8822, www.ferienhof-hauck.de.

Sehenswertes

Burg: Von der einstigen Höhenburg der Treuchtlinger Ministerialen, die vermutlich aus dem 13. Jahrhundert stammt, sind größtenteils nur noch Mauerreste vorhanden. Doch wurde das Wenige, das die Jahrhunderte überdauert hat, von einem lokalen Förderverein untersucht und mustergültig restauriert.

Öffnungszeiten Der Bergfried ist von Mai bis Okt. jeden zweiten Sonntag von 14–17 Uhr geöffnet. In der übrigen Zeit ist der Schlüssel beim Verkehrsamt gegen Pfand erhältlich.

Stadtschloss: Die Treuchtlinger sind stolz auf ihr Schloss, in dem 1594 auch der berühmte Reitergeneral *Gottfried Heinrich Graf von Pappenheim* das Licht der Welt erblickte. Mit dem Haus des Gastes, dem bekannten Kurhotel und dem Lambertusbad bildet der Komplex das touristische Zentrum von Treuchtlingen. Der Graben des 1575 erbauten Wasserschlosses, das auf einen gotischen Vorläufer zurückgeht, wurde in eine idyllische kleine Parkanlage verwandelt. Sehenswert ist der *Festsaal* im dritten Obergeschoss. Im zweiten Stock des Südflügels ist eine private Sammlung untergebracht, die die Firmen- und Familiengeschichte der Unternehmerfamilie Aurnhammer darstellt.

Adresse Heinrich-Aurnhammer-Str. 3, ✆ 09142/202180. Die Aurnhammer-Sammlung ist im Sommer sonntags um 15 Uhr geöffnet.

Villa Rustica: Gut einen Kilometer östlich von Treuchtlingen, wurden am Südhang des Nagelbergs, unweit von Weinbergshof, 1984 die Fundamente eines römischen Gutshofs ausgegraben. Die Anlage gehörte zu dem in den römischen Provinzen weit verbreiteten Typus einer Portikusvilla. Der Gutshof wurde im 3. Jahrhundert u. Z. von den Alamannen zerstört.

Einst Riesenbaustelle, heute Idyll - Karlsgraben

Umgebung

Karlsgraben: Der Karlsgraben (Fossa Carolina), eine der bedeutendsten Ingenieursleistungen des frühen Mittelalters, ist zweifelsohne das herausragende Kulturdenkmal der Umgebung. Nach mehr als 1200 Jahren lässt sich an dem 500 Meter langen erhaltenen Teilstück bei dem nordöstlich von Treuchtlingen gelegenen Weiler *Graben* das ehrgeizige Projekt *Karls des Großen*, eine Wasserstraße vom Main zur Donau zu errichten, im Gelände ausmachen. Im Herbst 793 begannen mehr als 6000 Arbeiter den zehn Meter tiefen und 30 Meter breiten Graben auszuheben, um die Rezat mit der Altmühl zu verbinden, doch machten starke Regenfälle und die geographischen Gegebenheiten den Plan zunichte. Erst durch den *Ludwigskanal* (1836–1845) gelang es, den Main mit der Donau zu verbinden. Zwei Rundwege führen um den Karlsgraben, zudem informieren drei Schautafeln und eine Dauerausstellung (tgl. außer Di 14–17 Uhr geöffnet) sehr ausführlich über das Projekt.

Wandern: Am Parkplatz beim Karlsgraben beginnt ein 13–15 Kilometer langer Weg, der meist als „Rundwanderweg 1“ gekennzeichnet ist. Er führt von Graben über Bubenheim und Wettelsheim am Patrichsberg vorbei nach Treuchtlingen, das allerdings nur im Norden gestreift wird. Von hier aus geht es zum Nagelberg, wo sich der Weg mit dem *Naturlehrpfad Nagelsberg* vereint, und schließlich zurück nach Graben. Es gibt zwei Wandermöglichkeiten: In Richtung Westen streift man den Nagelsberg nur; man kann ihn aber auch umrunden. Diese östliche Route ist etwas länger, führt aber an den Fundamenten des römischen Gutshofs vorbei. Ein Faltblatt zu diesem Rundweg ist beim Fremdenverkehrsverein in Treuchtlingen erhältlich.

Gottfried Heinrich Graf von Pappenheim

Pappenheim

Der pittoresk in einer Altmühlschleife gelegene Ort Pappenheim ist bis auf den heutigen Tag aufs engste mit dem gleichnamigen Grafengeschlecht verbunden. Durch Friedrich Schillers „Daran erkenn' ich meine Pappenheimer“ fand das Grafengeschlecht Eingang in die Literaturgeschichte.

Bedingt durch den florierenden Altmühl-Tourismus bietet Pappenheim ein großes Freizeitangebot mit Schwimmbad und Camping. Neben den Paddlern sind es vor allem die Radfahrer, die in ihrer typischen Montur durch den Ort streifen. Die Orientierung ist recht einfach, da die Altstadt von zwei parallel verlaufenden Straßen erschlossen wird.

Noch ein Blick auf die Geschichte: Aus einer Schenkungsurkunde geht hervor, dass im Jahre 802 ein „Papinheim" dem Kloster St. Gallen per Schenkung zufiel. Die St. Galluskirche zeugt noch heute von dieser Verbindung. Im 12. Jahrhundert gewann das Reichsministerialengeschlecht derer von Pappenheim zunehmend an Bedeutung und wurde 1193 mit der erblichen Marschallwürde ausgestattet. In dieser Funktion übten die Pappenheimer über die Juden den Königsschutz aus, so dass sich hier eine der ältesten jüdischen Gemeinden Deutschlands ansiedelte. Bis zum Jahre 1806 bestimmten die später mit der Reichsgrafenwürde belehnten Pappenheimer die Geschicke ihrer Stadt, und noch heute wird das Neue Schloss von einer Gräfin von Pappenheim bewohnt.

• *Information* **Fremdenverkehrsbüro**, Kirchgasse 1, 91788 Pappenheim, ✆ 09143/-60666, 📠 09143/60667, www.pappenheim.de. Hier ist kostenlos eine Wanderkarte mit eingezeichneten Touren rund um Pappenheim erhältlich.

Die Burg in Pappenheim (Holzschnitt von 1499)

• *Einwohner* 2500

• *Verbindungen* Bahnverbindungen mit Weißenburg und Nürnberg.

• *Veranstaltungen* Pappenheimer **Ritterturnier** Ende Juni.

• *Bootsverleih* Im **Gasthaus Zum Hollerstein**, Ortsteil Zimmern, Hauptstr. 32. Kosten: 26–31 € pro Tag. ✆ 753, www.hollerstein.de.

• *Fahrradverleih* **Fa. Schleußinger**, pro Rad und Tag ca. 10 €. Bahnhofstr. 7, ✆ 85577.

• *Schwimmen* Schön gelegenes solarbeheiztes **Freibad** mit Riesenrutsche. Schützenstr. 18, ✆ 60695.

• *Essen/Übernachten* *** **Hotel Krone**, renoviertes komfortables Hotel mit großem Garten an der Altmühl. Das Restaurant versteht sich vor allem auf die Zubereitung von Fisch (Forelle und Saibling), die Forelle gibt es je nach Wunsch geräuchert, gegrillt, gebraten oder blau für jeweils 10 €. Im Sommer sitzt man auf der Straßenterrasse. Günstiger Mittagstisch. Radl-Verleih möglich. Freundliche Zimmer, manche mit Himmelbett. Übernachtung ab 28 €. Marktplatz 6, ✆ 09143/83800, 📠 838038, www.hotel-krone-pappenheim.de.

Lindenwirt, in dem beliebten Gasthof treffen sich die Einheimischen zum Frühschoppen. Die Küche bietet hinter „blumigen" Namen Gerichte wie „Zartes Burgfräulein", worunter man sich ein Rahmschnitzel mit Spätzle vorstellen muss. Schöne Terrasse. Schützenstr. 11, ✆ 6512.

** **Gasthof Zur Sonne**, traditionsreicher Gasthof mit eigener Metzgerei. Ausgezeichnete Küche! Die Spezialität des Hauses ist das Altmühltaler Weidelamm. Lecker ist auch die Schweinelende mit einer Bärlauchkruste und Romanescoröschen. Schöne Terrasse hinter dem Haus! Bei der letzten Recherche gab es nur einen Hotelbetrieb, dort sind die Zimmer hell und einladend. EZ ab 34 €, DZ ab 58 €. Deisingerstr. 20, ✆ 09143/83140, 📠 831450, www.zur-sonne-pappenheim.de.

Gästehaus Engeler, schöne Unterkunft mit Garten direkt unterhalb der Burg. Ferienwohnungen ab 34 €, Übernachtung mit Frühstück ab 21 €. Deisinger Str. 42, ✆ 09143/837330, 📠 837331, www.ferienwohnungen-engeler.de.

• *Camping* **Natur-Camping**, an der Altmühl, auch Bootsverleih. geöffnet vom 1.4.–25.10. Günstige Übernachtungsgebühren. Brötchendienst. Wehrwiesenstr. 4, ✆ 09143/1275, www.camping-pappenheim.de.

Amerikanischer Kultautor heiratete in Pappenheim

Der 1919 geborene *J. D. Salinger* gehört zu den mysteriösesten Autoren der Weltliteratur. Seit 1965 hat der Autor des berühmten „Der Fänger im Roggen" keine Zeile mehr veröffentlicht, seit 1974 hat er sich in der Öffentlichkeit nicht mehr geäußert und lebt völlig zurückgezogen in den Wäldern von New Hampshire. Auch über sein Privatleben breitet Salinger gerne den Mantel des Schweigens aus. Um so größer war daher die Überraschung, als unlängst durch Zufall eine Urkunde gefunden wurde, die dokumentiert, dass J. D. Salinger am 18. Oktober 1945 in Pappenheim geheiratet hat. Was machte Salinger in Pappenheim?

Als Mitglied des amerikanischen Militärgeheimdienstes CIC war Salinger in Franken stationiert, lernte im Sommer 1945 in einem Lazarett in Nürnberg die junge Deutsch-Französin Sylvia Welter kennen. Ein paar Wochen später wohnte Salinger wahrscheinlich in Weißenburg und Gunzenhausen, wo er bei der Entnazifizierung half und untergetauchte Kriegsverbrecher aufspüren sollte. Das junge Paar entschloss sich, in Pappenheim zu heiraten. Doch die Ehe stand unter keinem guten Stern: Schon kurz nachdem die beiden Mitte 1946 in Salingers Heimat New York gezogen waren, ging die Ehe mit der „schrecklichen, dunklen Frau der Leidenschaft" in die Brüche.

Sehenswertes

Burg: Auf einer Erhebung in der Altmühlschleife thront die Stammburg der Pappenheimer. Der Bergfried (hervorragende Aussicht!) und die Burgkapelle der Hauptburg stammen aus der zweiten Hälfte des 12. Jahrhunderts; sie sind durch einen Halsgraben von der Vorburg getrennt. Die Anlage konnte den mehrfachen Angriffen der Schweden im Dreißigjährigen Krieg nicht standhalten und wurde dabei größtenteils zerstört. Neben dem kleinen Burgmuseum lädt auch die Burgschenke zum Verweilen ein. Am Wochenende finden Greifvogel-Flugvorführungen statt.
Öffnungszeiten Ende März bis Anf. Nov. tgl. 10–17 Uhr, Mai–Sept. bis 9–18 Uhr. Eintritt: 4 €, erm. 3 €.

Altes Schloss: Der älteste Teil der uneinheitlichen Anlage, die aus verschiedenen, um einen Hof gruppierten Gebäuden besteht, stammt aus dem frühen 16. Jahrhundert. Das an die Pfarrkirche St. Maria angrenzende Schloss kann nicht besichtigt werden.

Neues Schloss: Das dreiflügelige Neue Schloss wurde 1819/20 nach Plänen von *Leo von Klenze*, dem Hofbaumeister Ludwigs I., im klassizistischen Stil errichtet. Es beherbergt heute die Gräflich-Pappenheimische Verwaltung.

St. Gallus: Die einstige Pfarr- und heutige Friedhofskirche zählt zu den ältesten Gotteshäusern in Franken. Sie dürfte vermutlich im 9. Jahrhundert errichtet und

Burg von Pappenheim

später mehrfach umgebaut worden sein. Ihre gedrungenen Schiffe entstammen noch der romanischen Zeit und beeindrucken durch die schlichte Architektur. Sehenswert sind das Sakramentshäuschen von 1486 und der spätgotische Flügelaltar.

St. Maria: Die 1476 vollendete spätgotische Pfarrkirche birgt eine Vielzahl historischer Grabsteine der Pappenheimer Grafenfamilie, darunter ein mächtiges Denkmal für den 1685 verstorbenen Wolf von Pappenheim, das ihn in Rüstung vor einer Muschelnische mit Pilastern zeigt.

Greding

Für die meisten Autofahrer ist Greding nur aus eine Autobahnausfahrt und eine Raststätte auf dem Weg in den sonnigen Süden. Schade, denn das 7100-Seelen-Städtchen im südöstlichsten Zipfel Frankens besitzt viel mittelalterliches Flair.

Durch die Autobahn ist Greding heute leicht und schnell zu erreichen, doch das war nicht immer so: Bis 1936 konnte man nur über ein paar holprige Landstraßen nach Greding gelangen, das Leben bewegte sich in ruhigen, gemächlichen Bahnen. Aber auch die Autobahn hat einen Umstand nicht zu ändern vermocht: Greding wird nur von wenigen Reisenden besucht, es ist gewissermaßen touristisches Neuland. Daher ein kurzer Blick auf die Stadtgeschichte: Das bereits im 11. Jahrhundert als Königshof urkundlich erwähnte Greding gehörte von 1311 bis zum Jahre 1806 zum Bistum Eichstätt; die Eichstätter Fürstbischöfe erhoben den Ort wenig später zum Markt und ließen ihn befestigen.

Von wo aus man auch das Zentrum der Altstadt anvisiert, in wenigen Minuten steht man mitten auf dem historischen, dreieckigen Marktplatz von Greding, der von stattlichen profanen Gebäuden gesäumt wird. Einen Teil seines Charmes verdankt Greding den Eichstätter Fürstbischöfen und ihrer Vorliebe für barocke Prachtentfaltung und Lebensfreude. In Greding wirkten vor allem zwei aus Graubünden, dem italienischen Teil der Schweiz stammende Architekten: *Jacomo Angelini* (1632–1714) und *Gabriel de Gabrieli* (1671–1747). Angelini, der später nur noch als „Jakob Engel“ in Erscheinung trat, errichtete 1699 das heutige Rathaus sowie das ehemalige fürstbischöfliche Schloss, während Gabriel de Gabrieli das sog. Jägerhaus, in dem heute die Raiffeisenbank residiert, als fürstbischöfliches Forsthaus entwarf. Sehr sehenswert ist vor allem das ehemalige Jagdschloss, ein stattlicher, zweiflügeliger Bau mit Walmdächern und Eckturm. Das Schloss, das heute eine Antiquitätenhandlung beherbergt, entstand laut einer lateinischen Inschrift über dem Portal an der Wende zum 18. Jahrhundert im Auftrag des Eichstätter Fürstbischofs Johann Eucharius Schenk von Castell.

Wer noch Zeit und Lust hat, die Umgebung von Greding zu erkunden, sollte einen Abstecher in das nahe Kinding unternehmen; dort steht die größte Wehrkirche des Bistums Eichstätt, ein hervorragend renoviertes Ensemble.

- *Information* **Kultur- und Verkehrsamt** der Stadt Greding, Marktplatz 13, 91171 Greding, ✆ 08463/90420, 📠 08463/90450, www.greding.de. Hier gibt es auch Wandertipps.
- *Anfahrt* Ab Nürnberg Hbf. mit dem Regionalzug bis Hilpoltstein (stdl. Verbindungen), dann weiter mit dem Bus nach Greding (aufgrund der am Wochenende seltenen Verbindungen sollte man die genauen Abfahrtszeiten vorher erfragen). Bei Anreise mit dem Auto: Autobahn A 9, Ausfahrt Greding.
- *Einwohner* 7100
- *Hallenbad* Am Hallenbad 1, ✆ 1265. Extras: Sauna, Solarium und Liegewiese. Mo 10–18 Uhr, Di–Fr 10–21 Uhr, Sa/So 9–20 Uhr.
- *Sparkassen-Museum* Marktplatz 6, ✆ 64032581. Nur an wenigen Sonntagen im Jahr sowie nach Vereinbarung unter ✆ 64030 geöffnet.
- *Essen/Übernachten* **Hotel am Markt**, wie der Name bereits verrät, liegt das Hotel direkt am Marktplatz und bietet sich mit seiner schönen Straßenterrasse und den gemütlichen Räumlichkeiten für eine Einkehr an. Serviert werden bayerische und fränkische Spezialitäten zu durchweg günstigen Preisen (Schnitzel- und Pfannengerichte). Ein großes Lob verdient der ausgesprochen freundliche Service. Durchgehend warme Küche von 11–22 Uhr. Straßenterrasse, Biergarten. EZ ab 44 €, DZ 58–77 € (inkl. Frühstück). Marktplatz 2–4, ✆ 08463/64270, 📠 6427200, www.hotelammarkt.com.

Hotel Schuster, etwas anspruchsvollere Gerichte bietet das am anderen Ende des Marktplatzes gelegene Hotel Schuster, das zudem höchsten Hotelkomfort inklusive Hallenbad und Sauna bietet. WLAN vorhanden. Der Schwerpunkt der Küche liegt neben internationalen Pfannengerichten auf regionalen Speisen. Tipp: Schmorbraten mit Semmelklößen. Durchgehend warme Küche von 10–23 Uhr. Straßenterrasse. EZ ab 49 €, DZ ab 65 €. Marktplatz 23–25, ✆ 08463/9030, 📠 788, www.hotel-schuster-greding.de.

Sehenswertes

Stadtbefestigung: Da die Gredinger Stadtmauer nur 1250 Meter lang ist, benötigt man für einen Spaziergang um die Wehranlagen gerade einmal eine Viertelstunde. Die hervorragend erhaltene Stadtmauer mit ihren zwanzig kleinen Wehrtürmen und einem Wehrgang umschließt die Altstadt auf dem Grundriss eines stumpfen Dreiecks. Durch drei Tore hindurch wird der Verkehr wie in alten Zeiten gelenkt: das Nürnberger Tor, das Eichstätter Tor und das Fürstentor. Der Name des letzten Tores erinnert daran, dass die Eichstätter Fürstbischöfe durch dieses Tor in Greding einzogen. Besonders mächtig erscheint das Eichstätter Tor, da es noch zusätzlich durch eine Vorbefestigung geschützt wird.

St. Martin: Am höchsten Punkt des Mauerrings erhebt sich die ehemalige Pfarr- und heutige Friedhofskirche St. Martin. An der Stelle eines fränkischen Königshofes errichtet, gilt sie nicht nur als die Keimzelle Gredings, sondern auch als kunsthistorisches Kleinod. Der Westturm der Kirche datiert wohl noch ins 11. Jahrhundert, rund hundert Jahre später erfolgte der Bau einer romanischen Pfeilerbasilika mit drei Apsiden. Trotz einiger baulicher Veränderungen (Erhöhung der Seitenschiffe) ist die Gredinger Martinskirche der größte romanische Bau des Eichstätter Hochstifts. Besonders eindrucksvoll sind die zwischen 1907 und 1915 wieder freigelegten Wandgemälde: In der Apsis thront Christus, umgeben von den Evangelistensymbolen, als Weltenrichter auf einem Regenbogen (12. Jahrhundert), im Mittelschiff sind die Legenden des heiligen Christopherus und des heiligen Martin dargestellt.

Karnerkapelle: Einen Blick sollte man außerdem auf die neben der Martinskirche gelegene doppelstöckige Karnerkapelle werfen, denn es gibt in ganz Bayern nur noch zwei Häuser dieser Art, die meist dem heiligen Michael, dem Totenengel, geweiht sind. Da die Gräber des Friedhofs aus Platzgründen immer wieder neu belegt werden mussten, bewahrte man die Gebeine der wieder ausgegrabenen Toten im Karner auf. Im Laufe der Jahrhunderte sind so die Gebeine von rund 2500 Menschen aufeinander geschlichtet worden. Über dem Beinhaus (im Winter geschlossen) befindet sich noch eine Kapelle, in der die Totenmesse gelesen wurde.

Museum Natur und Mensch: Das Museum gewährt einen Überblick über die Geologie, die Urgeschichte und den ländlichen Alltag des Altmühltals. Ausgestellt sind zahlreiche Fossilien, Mineralien, Gesteine, Steinwerkzeuge sowie Skelettfunde von Mammut und Ren. Zahlreiche Funde stammen aus dem Höhlensystem des nahen Euerwanger Bühls. Die Alltagsgeschichte wird mit einer Bauernstube, landwirtschaftlichen Hilfsmitteln, Trachten und einer Schusterwerkstatt veranschaulicht.

Öffnungszeiten Zur Zeit wegen Umbauarbeiten geschlossen.

Weiträumig: Der Marktplatz von Greding

Sebalder Altstadt von Nürnberg – eine Silhouette wie aus dem Bilderbuch

Region Nürnberg

Die Region rund um Nürnberg, Fürth, Erlangen und Schwabach ist das größte städtische Ballungszentrum Frankens. Knapp eine Million Menschen leben in diesem Großraum mit seinem vielfältigen Kultur- und Freizeitangebot, seinen großen und kleinen Sehenswürdigkeiten. Gerne bezeichnen die Nürnberger ihre Stadt als Frankens Metropole.

Nürnberg

Außer Christkindlesmarkt, Lebkuchen und Bratwürsten hat die einstige Reichsstadt noch eine ganze Menge zu bieten. Nürnberg ist nicht nur Frankens größte, sondern auch lebendigste Stadt. Eine Erkundung Nürnbergs beginnt man am besten von der Burg aus: Hier auf dem strategisch günstig gelegenen Sandsteinfelsen begann nicht nur die Bebauung der späteren Reichsstadt, sondern man hat von der Freiung aus einen wunderschönen Blick auf die gesamte Altstadt.

Das Nürnberger Wahrzeichen, die Kaiserburg, dominiert das historische Zentrum, kein Hochhaus sprengt den Rahmen, nur die hoch gebuckelten Chöre der Sebaldus- und Lorenzkirche ragen aus der Herde steiler Dächer heraus. Nach den beiden Hauptkirchen sind auch die beiden Teile der Nürnberger Altstadt benannt. Der unterhalb der Burg gelegene, bis zur Pegnitz reichende nördliche Bereich wird als „Sebalder Altstadt“, das Gebiet südlich der Pegnitz als „Lorenzer Altstadt“ bezeichnet. Begrenzt wird die Altstadt von der fast vollständig erhaltenen Stadtmauer; an ihr entlang verläuft heute eine Ringstraße. Im Bewusstsein der Einheimischen wird die Altstadt mit der Stadt Nürnberg gleichgesetzt. Selbst jemand, der nur 500 Meter außerhalb der Stadtmauern wohnt, sagt, er gehe „in die Stadt“, wenn er die kurze Distanz zum Einkaufen überbrücken will. Die in Etappen umgesetzte Verkehrsberuhigung der Altstadt hat dazu geführt, dass man nun auf vielen Straßen gemütlich schlendern kann, wo sich noch vor ein paar Jahren die Blechkisten stauten. Tempo 30 in der gesamten Altstadt und nur noch Zufahrts-, aber keine Durchfahrtsmöglichkeiten erhöhen die Attraktivität des Zentrums merklich.

Die *Sebalder Altstadt* ist seit jeher die vornehmere Seite gewesen. Hier lebte das alteingesessene Bürgertum in seinen stattlichen Häusern, hier wurde das Rathaus errichtet. Dieser Eindruck hat sich bis heute erhalten. Unterhalb der Burg öffnen eine Vielzahl von Kneipen und Restaurants, kleineren Läden und Antiquitätengeschäften ihre Pforten. Es wäre aber falsch zu glauben, das Burgviertel befände sich in der Hand der Touristen. Die Nürnberger gehen selbst oft und gerne im Burgviertel aus. Vor allem am Tiergärtnertorplatz herrscht an lauen Sommerabenden reges Treiben.

Im Gegensatz zur „feineren“ Sebalder Altstadt lebten in der *Lorenzer Altstadt* schon immer die einfacheren Leute. Südlich der Pegnitz befand sich im Spätmittelalter das Frauenhaus, und es verwundert nicht, dass hier heute noch die „sündige Meile“ Nürnbergs zu finden ist. Während in der Sebalder Altstadt noch eine größere Zahl an Wohnungen existiert, hat sich die Lorenzer Altstadt fast ausschließlich zu einem Geschäfts- und Büroviertel mit einer sich über mehrere Straßenzüge erstreckenden Fußgängerzone entwickelt.

Geschichte

Trotz der exponierten Lage des mächtigen, 60 Meter über einer Pegnitzfurt aufragenden Sandsteinfelsens gibt es keine archäologischen Anhaltspunkte, die auf eine Besiedlung des Felsens in vorgeschichtlicher Zeit hinweisen. Erst am 16. Juli 1050 trat Nürnberg aus dem Dunkel der Geschichte: *Norenberc* wurde als Ausstellungsort einer kaiserlichen Urkunde genannt, in der sich ein Adeliger namens *Richolf* die Freilassung einer Leibeigenen namens *Sigena* bestätigen ließ. Richolf hatte sich wahrscheinlich unsterblich in jene Sigena verliebt, und da er mit einer Unfreien keine legitimen Erben zeugen konnte, musste er *Kaiser Heinrich III.* um ihre Freilassung ersuchen. Der Name des anlässlich dieser Urkunde erwähnten Ortes *Norenberc* (Nürnberg) soll sich von der mittelhochdeutschen Bezeichnung *nuor* für „Felsen“ ableiten.

Schon bald nach der ersten Besiedlung des Burgfelsens standen wahrscheinlich am südlichen Hang einige strohgedeckte Holzhütten, in denen ein Schmied, ein Krämer und ein paar andere Handwerker ihrem Gewerbe nachgingen. Aber dies ist Spekulation. Gesichert ist, dass der Salier *Heinrich III.* (1039–1056) der kleinen Ansiedlung das Marktrecht übertragen hat. Das wiederholte kaiserliche Wohlwollen begünstigte auch weiterhin die Entwicklung des kleinen, damals noch kaum befestigten Marktfleckens. Seinen eigentlichen Aufstieg verdankt Nürnberg aber den Stauferkönigen. Unter ihrer Herrschaft wurde Nürnberg Kaiserpfalz (1183) und befestigte Stadt. Krönender Abschluss der verschiedenen Privilegien, die Nürnberg verliehen bekam, war ein sog. „Freiheitsbrief“, ausgestellt am 8. November 1219 von *Kaiser Friedrich II.*: Die Nürnberger Bürger waren von nun an direkt dem König untertan. Daraus erwuchs eine besondere gegenseitige Verpflichtung, denn Nürnberg war reichsunmittelbar geworden, und der König forderte einen besonderen

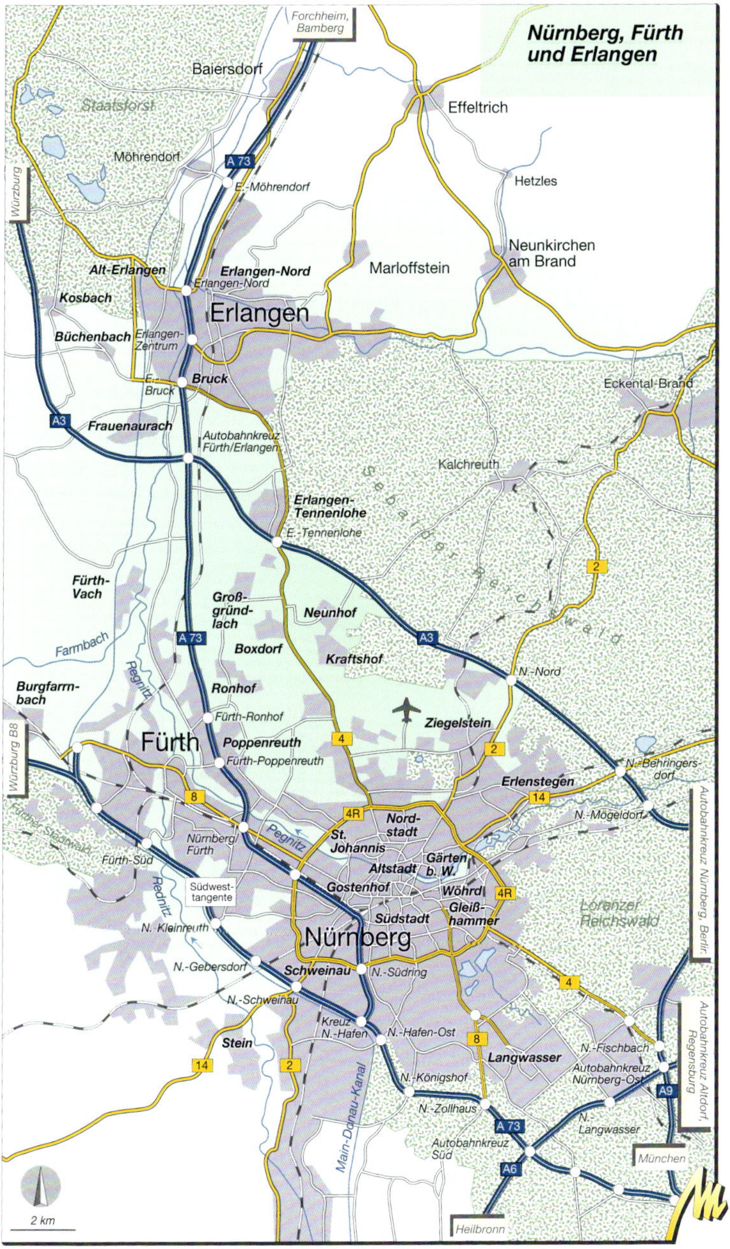

Region Nürnberg
Karte Seite 151

Gehorsam. Im Gegenzug versprach er Hilfe bei Übergriffen Dritter. Nürnberg wurde bis zum 16. Jahrhundert der beliebteste und häufigste Aufenthaltsort der deutschen Regenten. *Kaiser Ludwig der Bayer* weilte in seiner 33-jährigen Herrschaftszeit sogar 74-mal in Nürnberg. Die von *Kaiser Karl IV.* 1356 in Nürnberg verkündete „Goldene Bulle“ besagte neben einer genauen Ordnung der Königswahl, dass jeder neu gewählte König des Heiligen Römischen Reiches seinen ersten Reichstag in Nürnberg abzuhalten habe. Dadurch gehörte Nürnberg zu einem Kreis besonders ausgezeichneter Reichsstädte, wie Frankfurt am Main als Ort der Königswahl und Aachen als Krönungsort. Verschiedene profane und geistliche Bauten wie das Alte Rathaus (1340), die letzte Stadtbefestigung (1346–1452), der Ostchor der Sebalduskirche (1379) und die Frauenkirche (1358) kündeten von der Bedeutung der Reichsstadt an der Pegnitz. Seit 1424 wurden in Nürnberg auch die Reichskleinodien (Zepter, Reichsapfel, Schwert und verschiedene Reliquien) aufbewahrt und alljährlich gezeigt.

In der Mitte des 15. Jahrhunderts begann Nürnbergs „große Zeit“. Der wirtschaftliche Wohlstand und die politische Bedeutung, die sich bis zum Dreißigjährigen Krieg nahezu ungebrochen fortsetzten, bildeten den Grundstock, auf dem sich Kunst und Kultur an der Schwelle von Spätgotik und Renaissance in ungeahnter Weise entfalten konnten. In Nürnberg lebten und arbeiteten damals so bedeutende Gelehrte wie der Astronom *Johannes Regiomontanus*, der Humanist *Willibald Pirckheimer* sowie *Hartmann Schedel*, der Verfasser der berühmten Schedelschen Weltchronik. *Martin Behaim* wurde 1459 in Nürnberg geboren und fertigte hier 1492 den ältesten erhaltenen Globus an, zu einer Zeit als der Nürnberger Buchdrucker *Anton Koberger* das damals größte Verlagsimperium der Welt betrieb. Der Bildhauer *Veit Stoß*, die Erzgießer *Peter Vischer* und *Pankraz Labenwolf*, der Steinmetz *Adam Kraft* und der Goldschmied *Wenzel Jamnitzer* schufen eine Vielzahl von großartigen Kunstwerken, die zu Nürnbergs Glanz beitrugen. Auf den bekanntesten Nürnberger Künstler und größten deutschen Maler seiner Zeit, *Albrecht Dürer*, muss an dieser Stelle selbstverständlich auch verwiesen werden. Mit *Hans Rosenplüt*, *Hans Folz* und *Hans Sachs* hat Nürnberg drei der bedeutendsten deutschen Dichter volkstümlicher Fastnachtspiele, Schwänke und Dramen hervorgebracht.

Ein wichtiger Einschnitt in der Stadtgeschichte war die Hinwendung zur *Reformation*. In den zwanziger Jahren des 16. Jahrhunderts erfolgte der schrittweise Übergang zum Protestantismus. Von nun an blieb die Reichsstadt ein treuer Anhänger des Luthertums. Bis ins Jahr 1806 konnte kein Katholik in Nürnberg mehr das Bürgerrecht erwerben. Kurz vor Ausbruch des Dreißigjährigen Krieges lebten 50.000 Menschen im Schutz der Burg. Damit war Nürnberg zusammen mit Augsburg die nach Köln bevölkerungsreichste Stadt im damaligen Deutschland. Der *Dreißigjährige Krieg* führte nicht nur zu einem erheblichen Bevölkerungsverlust, auch finanziell befand sich die einst so mächtige Reichsstadt in erheblichen Schwierigkeiten – das öffentliche Bauwesen stagnierte. Als 1649/50 in Nürnberg der sog. „Friedensexekutionskongress“ als Abschluss des Dreißigjährigen Krieges stattfand, war die Reichsstadt an der Pegnitz ein letztes Mal in aller Munde. Politisch versank Nürnberg im *napoleonischen Zeitalter* fast in Bedeutungslosigkeit.

Das extrem verschuldete Nürnberg wurde 1806 mitsamt seinem verbliebenen Territorium dem Königreich Bayern zugesprochen. Teile der Bevölkerung nahmen dies nicht gerade freudig auf. Bekannt ist der Ausspruch der Frau des Nürnberger Kaufmanns Paul Merkel. Als die Glocken am 15. September 1806 die Übernahmefeierlichkeiten einläuteten, fiel sie ihren Kindern weinend um den Hals und rief aus: „Ihr armen Kinder, nun seid ihr Fürstenknechte!“ Nur noch gut 25.000 Menschen lebten damals in Nürnberg. Ganz neue Möglichkeiten eröffneten sich fortan freilich den hiesigen Gewerbetreibenden. Seit den zwanziger Jahren des 19. Jahrhunderts setzten in Nürnberg langsam die bahnbrechenden Veränderungen des *Industriezeitalters* ein. Obwohl im Bereich der städtischen Wirtschaftspolitik mittelalterliche Gewerbevorstellungen noch weit bis in das 19. Jahrhundert fortlebten, entwickelten sich einige erfolgreiche Handwerksbetriebe allmählich zu Fabriken. Bedeutende Unternehmer, beispielsweise der Mechaniker *Wilhelm Spaeth*, der spätere Großindustrielle *Theodor Cramer-Klett* (MAN), der Bleistiftfabrikant *Lothar Faber* und der Mechaniker *Sigmund Schuckert* trugen dazu bei, dass Nürnberg zu einem der führenden industriellen Zentren im süddeutschen Raum aufstieg. Ein weiterer Höhepunkt war sicherlich auch die Inbetriebnahme der ersten deutschen Eisenbahnstrecke zwischen Nürnberg und Fürth im Jahre 1835.

Karte Seite 151

Stätte der Rohheit und Gewalt

„Nürnberg, das war in Wahrheit ein Gleichnis. Nürnberg: Gottfried Keller hatte daran geglaubt und es dargestellt als eine Stätte und eine Gemeinschaft des Wissens, der Kunst, der Zivilisation. Nürnberg: Richard Wagner hatte daran geglaubt und es auf die Bühne gezaubert als einen festlichen Rausch von Glanz und Gloria. Nürnberg: die Hitler und Streicher, in diesen Zeiten des „Wartesaals“, hatten es zu einem Versammlungsort des Pöbels gemacht, zum Aufmarschgelände der Dummheit und Gewalt. Jetzt hatte es ein doppeltes Gesicht bekommen, dieses deutsche Nürnberg. Noch war das Nürnberg Albrecht Dürers in den Herzen und den Sinnen vieler, aber fortan wird, wenn der Name der Stadt genannt wird, auch das Nürnberg Hitlers nicht mehr wegzudenken sein. Sowenig wie Größe, Kraft und Kunst werden in Zukunft, wenn der Name der Stadt genannt wird, Rohheit und Gewalt von diesem Nürnberg wegzudenken sein. Vielleicht wird für die Späteren weder Albrecht Dürer noch Adolf Hitler das Wahrbild der Stadt sein, sondern jener große Nürnberger Meister Veit Stoß: bei Tag übte er seine Kunst um der Kunst willen, nachts nützte er sie, um Wertpapiere zu fälschen.“

Lion Feuchtwanger, Exil (1939)

In der *Weimarer Republik* wurden in der Stadtpolitik noch sehr erfolgreiche liberale Akzente gesetzt. Dies änderte sich 1933 mit einem Schlag. Die nationalsozialistische Machtübernahme im Rathaus führte zu einem unerträglichen politischen wie geistigen Klima, das untrennbar mit dem Namen des NS-Gauleiters und Stürmer-Herausgebers *Julius Streicher* verbunden ist. Nürnberg wurde trotz des teilweise heftigen Widerstands gegen das *nationalsozialistische Regime* letztlich mit seiner „Ernennung“ zur „Stadt der Reichsparteitage“ zu einem Symbol für Nazideutschland. Noch 1930 und 1931 hatte sich die Stadtverwaltung erfolgreich gewehrt und verhindert, dass in Nürnberg nach den schlechten Erfahrungen aus dem Jahre 1929 nochmals ein Reichsparteitag der NSDAP stattfand. In den Monaten und Jahren nach Hitlers Machtergreifung entschlossen sich 5.000 Nürnberger Juden zur Emigration; Julius Streichers Hasstiraden, die Angst und Schrecken verbreiteten, waren für viele ein nicht unerheblicher Grund für die Auswanderung.

Spätestens mit dem Bau des Reichsparteitagsgeländes und den dort von 1933–1938 abgehaltenen Parteitagen begann das düsterste Kapitel in der Nürnberger Stadtgeschichte. Durch Albert Speers „Worte aus Stein" und ihr medienwirksames Echo wurde der Name Nürnberg weltweit mit dem Nationalsozialismus in Verbindung gebracht. Nicht umsonst wählten die Amerikaner und ihre westlichen Alliierten Nürnberg als Podium für die vor dem internationalen Militärgerichtshof durchgeführten Verfahren, die unter dem Namen „Nürnberger Prozesse" Eingang in die Geschichte fanden.

Im *Zweiten Weltkrieg* wurde Nürnberg stark im Mitleidenschaft gezogen. Über 90 Prozent der historischen Gebäude und über 40 Prozent der Bausubstanz fielen dem Bombenhagel zum Opfer; damit gehörte Nürnberg zu den am stärksten zerstörten deutschen Städten. In Teilen des alten Stadtkerns, vor allem im Nordosten, stand kein einziges Haus mehr; die Schäden in der Altstadt waren so schwerwiegend, dass ernsthaft überlegt wurde, die Stadt nur außerhalb der Stadtmauern wiederaufzubauen. „Nürnberg", so schrieb der berühmte Berliner Theaterkritiker *Alfred Kerr* 1947, „das war eine Stadt: und ist eine Schutthalde. Das war gemütlich-bürgerlich: und ist ein Grauen." Kaum einer glaubte an die Möglichkeit des Wiederaufbaus. Aber es kam bekanntlich anders: Zehn Millionen Tonnen Schutt wurden weggeräumt, und allmählich entstand in den Ruinen wieder Leben. Der Verlust der historischen Bauwerke und Denkmäler war allerdings nicht wieder gutzumachen.

Anfahrt/Verbindungen

• *Flugzeug* Der **Flughafen** liegt im Norden der Stadt; ✆ 0911/35060; Information: ✆ 93700. www.airport-nuernberg.de. Die U-Bahnlinie U 2 bringt Reisende vom Hauptbahnhof in rund zehn Minuten zum Flughafen. Ein **Taxi** ins Zentrum kostet etwa 20 €.

• *Zug* Der **Hauptbahnhof** liegt am südlichen Altstadtrand; Auskunft: ✆ 11861. Stündlich gehen Intercity-Züge zu allen großen deutschen Städten. Nach Fürth fährt die U-Bahn in recht kurzen Zeitabständen.

• *Auto* Wegen des beschränkten Parkraumes empfiehlt es sich, die **Park & Ride**-Möglichkeiten zu nutzen und mit der U-Bahn oder Straßenbahn ins Zentrum zu fahren.

• *Mitfahrzentrale* Nürnberg verfügt über nur eine Mitfahrzentrale; sie liegt relativ zentral, nur 100 Meter südlich des Hauptbahnhofs im Hummelsteiner Weg 12, ✆ 19444, www.citytocity.de.

• *Öffentliche Verkehrsmittel* Es existiert ein dichtes Netz von U-Bahnen, Bussen und Straßenbahnen, www.vgn.de.

Information/Diverses

• *Information* **Congress- und Tourismus-Zentrale** des Nürnberger Verkehrsvereins, Postfach 4248, 90022 Nürnberg, ✆ 2336-0, Fax 2336166, www.nuernberg.de. **Tourist Information** im Kopfbau des Künstlerhauses, ✆ 2336131. Tourist Information, Am Hauptmarkt, ✆ 2336135, www.tourismus.nuernberg.de.

• *Einwohner* 505.000

• *Fahrradverleih* **Ride on a Rainbow**, Adam-Kraft-Str. 55, ✆ 397337. Ca. 100 Fahrräder stehen zum Ausleihen bereit. www.ride-on-a-rainbow.de.

• *Freibäder* **Naturgartenbad**, das im Stadtteil Erlenstegen gelegene unbeheizte Freibad ist z. Zt. das In-Bad in Nürnberg. Rund ums Schwimmbecken und auf der leicht abschüssigen Wiese daneben tummeln sich all diejenigen, die „dazugehören". Sehen und gesehen werden, heißt die Devise. An warmen Sommertagen findet sich kaum mehr ein Platz für das schmalste Badetuch. Schlegelstr. 20, ✆ 592545.

Stadionbad, das von der Anlage her schönste Freibad Nürnbergs stammt aus den 20er Jahren; Dusch- und Toilettengebäude im Bauhausstil. Große Spielwiese, FKK-Ecke, Sprungturm und Riesenrutsche, die die architektonische Geschlossenheit stört, aber bei den vielen jugendlichen Badegästen dafür umso beliebter ist. Hans-Kalb-Str. 42, ✆ 869287.

Langsee, kleiner, sehr kalter See an der Pegnitz, Planschbecken. Publikum: Naturverbundene Alt-68er und Sonnenanbeter, denen die Leute im Naturgartenbad zu gestylt sind, und solche, die ungechlortes Wasser schätzen. FKK-Sonnen ist möglich Ebenseestr., ✆ 543516.

Palm Beach Freizeitparadies, in Stein b. Nürnberg (siehe Kap. „Stein").

• *Führungen* Mehr als 20 informative Rundgänge bietet der **Verein Geschichte Für Alle** an (keine 08/15-Führungen). Programm erhältlich unter der Adresse: Wiesentalstr. 32, ✆ 332735. www.geschichte-fuer-alle.de. Tägl. findet um 14.30 Uhr eine **Altstadtführung des Verkehrsvereins** statt. Treffpunkt: Tourist Information am Hauptmarkt. Kosten: 7 €.

• *Hallenbäder* **Nordostbad**, Elbingerstr. 85, ✆ 51052; tägl. außer Do von 8–22 Uhr geöffnet. Schönes Hallenbad mit Plansch- und Außenbecken.

Südstadtbad, mit Sprungturm, Rutsche, Sauna und Außenbecken. Allersberger Str. 120, ✆ 0911/443884.

• *Kino* Über das aktuelle Kinoprogramm informieren tgl. die „Nürnberger Nachrichten" und die „Nürnberger Zeitung" sowie die „Abendzeitung". Besonders beliebt ist das Cinecittà am Gewerbemuseumsplatz mit seinen 17 Kinosälen. Fast alle Kinos (**Cinecittà**, **Casablanca**, **Meisengeige**, **Atrium**, **Admiral**, **Atlantik Roxy** und **Rio**) informieren in den kostenlos ausliegenden „Filmtipps" über das aktuelle Programm. Die Kinoansage der Telekom erreicht man unter zwei Rufnummern: Nürnberg-Nord und Stadtmitte: ✆ 11511, Nürnberg-Süd: ✆ 11512. Im Dezember 2001 eröffnete mit dem **IMAX** die neueste Nürnberger Kinoattraktion am Gewerbemuseumsplatz, ✆ 0911/206666.

• *Tiergarten* Im Nürnberger Zoo leben etwa 360 Tierarten und ca. 2200 Tiere. Der 63 Hektar große Landschaftszoo am Schmausenbuck zählt zu den schönsten und größten in Europa. Besondere Attraktionen sind der Aqua Park und das umstrittene Delphinarium (2–3 Vorführungen tägl., 4,50 €), das Gorillafreigehege und das Tropenhaus. Apr.–Sept. 8–19.30 Uhr, Nov.–Feb. 9–17 Uhr, Okt. und März 8–17.30 Uhr. Am Tiergarten 30, ✆ 546158 und 5430348. Eintritt: 7,50 €, erm. 6 €, Kinder 3,70 €. Delphinarium: 4,50 €, erm. 4 €, Kinder 2 €. www.tiergarten.nuernberg.de.

Region Nürnberg
Karte Seite 151

Übernachten (siehe Karte S. 158/159)

Carlton (Arabella Sheraton) (43), das traditionsreiche Carlton-Hotel ist nach den umfangreichen Renovierungsmaßnahmen das wohl schönste Hotel in der obersten Preiskategorie. Die Zimmer in den drei Kategorien Classic, Superior oder Executive präsentieren sich im modernen zeitgenössischen Design. WLAN in allen Zimmern. Toll ist der Wellnessbereich mit Fitnessstudio hoch über den Dächern der Stadt. EZ 105–370 €, DZ 145–430 €. Eilgutstr. 15, Nürnberg, ✆ 0911/20030, 📠 2003111, www.carlton-nuernberg.de.

Landhotel Schindlerhof (2), das geschmackvoll eingerichtete Haus im Nürnberger Vorort Boxdorf ist für seinen überaus freundlichen Service bekannt. Themenzimmer (von Landhaus- bis zum japanischen Ryokan-Stil). Es sind die Details, die es so liebenswert machen: Im traumhaften Innenhof etwa wird knuspriges Landbrot in einem alten Backhaus zubereitet, und in der Herrentoilette liegt die aktuelle Tageszeitung aus ... EZ ab 112 €, DZ 159–189 €. Steinacher Str. 6–8, ✆ 0911/93020, 📠 9302620, www.schindlerhof.de.

Hoteltipp: Schlafen wie in den 50er Jahren

Hotel Vosteen (1), das kleine Hotel (nur 18 Betten) am nördlichen Rand der Altstadt gelegen, ermöglicht eine kleine Zeitreise in die Vergangenheit. Alle Zimmer sind von der Tapete bis zum Lampenschirm konsequent im Stil der 50er und 60er Jahre eingerichtet, wobei man auf modernen Komfort wie das hauseigene WLAN (kostenlos) nicht zu verzichten braucht. EZ ab 75 €, DZ ab 92 €. Lindenaststr. 12, ✆ 95512330, 📠 955123333, www.hotel-vosteen.de.

Intercity Hotel (40), sehr modern eingerichtet, direkt am Hauptbahnhof gelegen. Der Zimmerpreis schließt die kostenlose Benutzung des öffentlichen Nahverkehrs während des Aufenthaltes ein. EZ ab 82 €, DZ ab 106 €. Eilgutstr. 8, ✆ 0911/24780, 📠 2478999, www.intercityhotel.de.

Dürer-Hotel (10), wer ein ruhiges Hotel inmitten historischer Umgebung sucht, liegt hier sicher richtig. Gutes Frühstück. Zum Albrecht-Dürer-Haus sind es gerade einmal 20 Meter. Kostenlose Schwimmbadnutzung möglich, allerdings nicht im Haus (3 Min. zu Fuß). EZ ab 139 €, DZ ab 162 €. Garage vorhanden. Neutormauer 32, ✆ 0911/2146650, 📠 214665555, www.altstadthotels.com.

Hotel Victoria (33), unlängst renoviertes, schönes Altstadthotel in unmittelbarer Nähe zum Hauptbahnhof und dem Altstadthof. Die Zimmer zur Rückseite bieten einen faszinierenden Blick auf die Glasfassade des neuen Museums, in der teuersten Kategorie sogar mit eigenem Balkon. Kostenloses WLAN. EZ ab 78 €, DZ je nach Ausstattung 99–209 €. Königstr. 80. ✆ 0911/24050, 📠 227432, www.hotelvictoria.de.

Burghotel (15), in einem alten Sandsteinhaus in der Sebalder Altstadt. Sehr empfehlenswert ist das Galeriezimmer mit Balkon und Blick über die Nürnberger Dächer für 200 €. Schwimmbad und Sauna im Haus. EZ ab 82 €; DZ ab 105 €. Lammsgasse 3, ✆ 0911/238890, 📠 23889100, www.altstadthotels.com.

Elch (16), das kleine Hotel in einem Fachwerkhaus aus dem 14.Jahrhundert wurde unlängst renoviert und empfiehlt sich für alle, die gerne in historischen Gemäuern schlafen. EZ ab 54 €, DZ 70–125 €. Irrerstr. 9, ✆ 0911/2492980, 📠 24929844, www.hotel-elch.com.

Drei Raben (29), erst kürzlich renoviert, es wird in gut der Hälfte der 22 Zimmer mit künstlerischen Versatzstücken – wie einem originalen Wandgemälde der Adler-Eisenbahn oder einer Nachbildung des Goldenen Rings vom Schönen Brunnen – ein Bezug zur Nürnberger Historie hergestellt. An der Wand kann man die dazu passende Geschichte nachlesen. Ein gelungener Versuch, die optische Gleichheit moderner Hotelzimmer aufzubrechen. Sehr ansprechend und modern ist auch die Lounge, in der das Frühstück serviert wird. Die Lage ist absolut zentral: Das (Nichtraucher-)Hotel liegt auf halbem Weg zwischen Hauptbahnhof und Lorenzkirche. Kostenloses WLAN. Zimmer ab 100 € (inkl. Frühstück). Königstr. 63, ✆ 0911/274380, 📠 232611, www.hotel-drei-raben.de.

Deutscher Kaiser (28), zentral gelegenes Hotel in einem denkmalgeschützten Haus im sog. „Nürnberger Stil". Angenehmes, persönliches Flair, großzügige Zimmer. Fitnessraum vorhanden. 90 Betten. EZ 87–189 €, DZ 106–248 €. Königstr. 55, ✆ 0911/203341, 📠 2418982, www.deutscher-kaiser-hotel.de.

Motel One (39), kein Motel, obwohl es eine Tiefgarage gibt, sondern ein modernes Kettenhotel am südlichen Rande der Altstadt. Preislich attraktiv beweist dieses Hotel, dass modernes Design nicht teuer sein muss. Alle Zimmer sind mit Klimaanlage, TV und WLAN ausgestattet. EZ ab 49 €, DZ ab 59 €, Frühstücksbuffet 7,50 €. Ein Kind bis zu zwölf Jahren übernachtet kostenfrei und inklusive Frühstück bei den Eltern. Steinbühler Str. 13, ✆ 0911/2356260, 📠 23562610, www.motel-one.de.

Etap-Hotel (42), modernes, funktionales Kettenhotel im Süden von Nürnberg, drei Kilometer vom Zentrum entfernt. EZ 50 €, DZ 60 €. Ulmenstr. 52, ✆ 0911/94175820, 📠 94175825.

• *Jugendherberge*: **Nürnberger Jugendgästehaus (9)**, dieses zählt zu den schönsten in ganz Deutschland. Es liegt am höchsten Punkt der Altstadt, direkt neben der Kaiserburg. Zahlreiche Freizeit- und Kulturangebote. In den Sommermonaten empfiehlt sich unbedingt eine rechtzeitige Reservierung. 392 Betten, aufgeteilt in 2- bis 8-Bett-Zimmer. Zur Beruhigung für Nachtschwärmer: Das Haus wird erst um 1 Uhr geschlossen, und zu dieser Zeit ist in Nürnberg sowieso nicht mehr viel los. Achtung: Die Herberge wird 2010 komplett renoviert und bleibt wahrscheinlich das ganze Jahr über geschlossen. Übernachtung mit Frühstück und Bettwäsche 21,90 €, Halbpension 26,30 €. Burg 2, ✆ 0911/2309360, 📠 23093611, jhnuernberg@djh-bayern.de.

Lette'm Sleep Hotel for Backpackers (37), dieses etwa einen Kilometer westlich des Bahnhofs gelegene Hotel wird vor allem von Rucksackreisenden frequentiert (eine Minute vom Germanischen Nationalmuseum entfernt). Insgesamt existieren in dem einem Bürogebäude ähnelnden Haus 59 Betten in 17 Zimmern unterschiedlicher Größe. Sehr schön groß sind die Doppelzimmer, das im dritten Stock bietet einen herrlichen Blick auf die Stadtmauer und das nachts beleuchtete Opernhaus. Gemeinschaftsduschen. Alle Gäste können sich in der Gemeinschaftsküche kostenlos Tee und Kaffee zubereiten oder mitgebrachte Speisen verzehren, ein kostenloser Internetzugang sowie ein Aufenthaltsraum stehen ebenfalls zur Verfügung. Übernachtung je nach Zimmergröße 15–24,50 €. Frauentormauer 42, ✆ 0911/9928128, 📠 9928130, www.backpackers.de.

• *Camping* **Campingpark Knaus im Volkspark Dutzendteich (35)**, 200 Stellplätze umfassendes, ruhiges Gelände gleich hinter dem Fußballstadion. Plätze und Sanitäranlagen gepflegt. In gut fünf Fußminuten ist das Stadionbad zu erreichen, eine knappe Viertelstunde bis zur S-Bahn-Station Frankenstadion. Zelt, Auto und 2 Pers. 25,50 €; Caravan inkl. 2 Pers. 28,50 €. Hans-Kalb-Str. 56, ✆ 0911/9812717, 📠 9812781, www.knauscamp.de.

Essen/Cafés/Einkaufen (siehe Karte S. 158/159)

Essigbrätlein (18), ausgefallene und kreative Küche in einem kleinen, urigen Fachwerkhaus. Das Essigbrätlein ist das mit Abstand beste Restaurant Nürnbergs (zwei Michelin-Sterne!), auch den Testessern von Gault Millau war das Restaurant 18 von 20 möglichen Punkten wert. Zwei-Sternekoch André Köthe und sein Kompagnon Yves Ollech haben ihre „Gewürzküche" längst zu einem Markenzeichen gemacht und überraschen mit teilweise sehr ungewöhnlichen Geschmackskreationen. Krönender Abschluss sind die selbstgemachten Schokoladenplatten zum Kaffee/Espresso. Mehrgängiges Menü mittags ab 49 € oder abends ab 78 €. Eine telefonische Reservierung ist empfehlenswert. Di–Sa 12–14 Uhr und 19–22.30 Uhr. Am Weinmarkt 3, ✆ 0911/225131.

Wonka (6), das im Stadtteil Johannis gelegene Restaurant mit seinem geschmackvollen zeitlosen Interieur ist eines der absoluten kulinarischen Highlights in Nürnberg. Geboten wird kreative Küche auf hohem Niveau. Lecker ist das Filet von der Dorade auf einem Beet aus frischen Bohnen und Koriander oder das Kalbsfilet mit Mango-Spargel und selbstgemachtem Kartoffelbrei. Zu loben sind auch der umsichtige Service und die gute Weinauswahl. Preislich gehört das Wonka zur gehobenen Kategorie, doch lohnt sich die Ausgabe allemal. 16 Punkte bei Gault Millau. Menüs ab 28 € (mittags), abends 45–58 €. Di–Fr 12–14 und 18.30–21.30 Uhr, Sa nur 18.30–21.30 Uhr. Zwei Wochen im August Betriebsferien. Johannisstr. 38, ✆ 0911/396215.

Übernachten
1 Hotel Vosteen
2 Landhotel Schindlerhof
9 Jugendherberge
10 Dürer-Hotel
15 Burghotel
16 Elch
28 Deutscher Kaiser
29 Drei Raben
33 Hotel Victoria
35 Campingpark Knaus
37 Lett'm Sleep Hotel
39 Motel One
40 Intercity Hotel
42 Etap-Hotel
43 Carlton
Cafés
20 Cafe Neef
Einkaufen
22 Brezen Kolb
Essen & Trinken
3 Frankenstube
5 Le Virage
6 Wonka
7 Andalusischer Hund
13 Osteria
14 Pegnitztal
17 Tafelberg
18 Essigbrätlein
19 Kettensteg
23 Lorenz
24 Zwinger
25 Bäckerhof
27 Sushi Glas
30 Ishihara
31 Aumer's La Vie
32 Historische Bratwurstküche
38 Gasthaus Braun
Vestnertorgraben
Tiergärtnertor
Burgschmietstr.
Neutorgraben
Neutor
Albrecht-Dürer-Haus
Albrecht-Dürer-Str.
Obere Schmiedg.
Bergstr.
Agnesg.
Dürer-Denkmal
Lammsg.
Irrerstr.
Weinmarkt
Weißgerbergasse
Spielzeugmuseum
Am Haller-tor
Maxplatz
Kontumazgarten
Westtorgraben
Kettensteg
Weinstr.
Augustinerstr.
Weinstadel
Henkerhaus
Unschlittplatz
Pegnitz
Westtor
Turm der Sinne
Obere Wörthstr.
Kaiserstr.
Karl-Grillenberger-Str.
Hintere Ledergasse
Adlerstr.
Vordere Ledergasse
Karolinenstr.
Splittertorgraben
Rosenau
Elisabethkirche
Ludwigsplatz
Schlotfegergasse
Weißer Turm
Brunnengasse
Färberstr.
Breite Gasse
Fürther Tor
Dr.-Kurt-Schumacher-Str.
Kornmarkt
Jakobsplatz
Ludwigstr.
Spittlertor
Plärrer
Am Plärrer
Jakobstor
Frauentorgraben
Färbertor
Opernhaus
Kartäusertor
Verkehrsmuseum

Altstadt von Nürnberg
Nachtleben
4 Freudenpark
8 Jazz Studio
11 Ruhestörung
12 Meisengeige
21 Treibhaus
24 Zwinger Bar
25 Bäckerhof
26 Club Stereo
34 Stars & Stairs
36 Landbierparadies
41 Hirsch
200 m
Vestnertorgraben
Maxtor
Maxtorgraben
Lange Gasse
Uni
Laufer Tor
Paniersplatz
U. Söldnersg.
Sieben Zeilen
Treibberg
Tucher-schloss
Hirschelgasse
Pellerhaus
Tetzelgasse
Schildgasse
Burgstr.
Stadt-museum
Egidienkirche
Egidien-platz
Äußere Laufer Gasse
Rathenauplatz
Inn. Laufer Platz
Theresienstr.
Innere Laufer Gasse
Beckschlagergasse
Altes Rathaus
Obstmarkt
Grübelstr.
Frauen-kirche
Synagogen-gedenkstein
Hans-Sachs-Platz
Hübnerstor
Kasemattentor
Heilig-Geist-Spital
Königstr.
Cinecittà
Wöhrder Wiese
Stadt-bibliothek
Peter-Vischer-Straße
Lorenzer Platz
Norishalle
Naturhistorisches Museum
Lorenz-kirche
Pfannenschmiedsg.
Lorenzer Str.
Marien-tor
Mauthalle
Kunsthalle
Marienstraße
Königstorgraben
Königstraße
Vordere Sterngasse
Luitpoldstr.
Willy-Brandt-Platz
Neues Museum Nürnberg
Klarissen-platz
Königstor
Hand-werkerhof
Hauptpost
Hauptbahnhof
Bahnhofstraße
Frauentor
Bahnhofs-platz
Frauentorgraben
Haupt-bahnhof

Le Virage (5), anspruchsvolle französische Küche in einem unaufdringlichen Interieur mit Patina. Alle zwei Wochen gibt es eine neue saisonale Karte mit jeweils zwei viergängigen Menüs (37 oder 38,50 €). Jedes Menü bietet eine Vorspeise und einen Zwischengang (das Rotbarbenfilet auf Süßholzrisotto war hervorragend!), anschließend ein Hauptgericht nach Wahl, Rohmilchkäse oder zwei Desserts. Phantastisch waren die Kalbsbäckchen sowie Schweinelendchen aus dem Ofen auf gebratenem Spargel mit Bleu de Bresse und Macairekartoffeln! Fazit: ein kulinarischer Streifzug durch die französischen Regionen zu gehobenen, aber angemessenen Preisen, vor allem angesichts der großzügigen Portionen. Hinweis: Man kann selbstverständlich auch à la carte bestellen und den einen oder anderen Gang in den Menüs austauschen. Di–So 18–1 Uhr. Helmstr. 19, ✆ 0911/9928957.

Historische Bratwurstküche (32), schönes historisches Ambiente. Mo–Sa 11.30–22 Uhr. Zirkelschmiedsgasse 26, ✆ 2059288.

Pegnitztal (14), in dem hellen, freundlichen Gastraum fühlt man sich auf Anhieb wohl. An den großen Holztischen werden traditionelle und vegetarische Gerichte serviert. Selbstverständlich darf auch ein Schäufele nicht auf der Karte fehlen. Kleiner Biergarten vor dem Haus. Tgl. 11.30–15 Uhr und 17.30–23 Uhr, Sa nur 17.30–23 Uhr, So 10.30–23 Uhr geöffnet. Deutschherrnstr. 31, ✆ 264444.www.gasthaus-pegnitztal.de.

Kettensteg (19), in einem alten Fachwerkhaus direkt an der Pegnitz, im Sommer sitzt man im lauschigen Biergarten. Serviert wird fränkische und leichte internationale Küche. Wer will, kann auch nur einen Cocktail an der Freiluft-Bar ordern. Tgl. 11–23 Uhr, im Winter 14.30–18 Uhr geschlossen. Maxplatz 35, ✆ 0911/221081, www.kettensteg.de.

Tafelberg (17), ein kulinarisches Highlight in der fachwerktümelnden Weißgerbergasse. Vorzügliche thailändische Küche, freundlicher, unaufdringlicher Service. Di–Sa 18–24 Uhr. Weißgerbergasse 33, ✆ 0911/203302.

Aumer's La Vie (31), glücklicherweise kommen in der Straße der Menschenrechte auch die kulinarischen Genüsse nicht zu kurz. Das Restaurant von Andreas Aumer (ein Witzigmann-Schüler) bietet anspruchsvolle internationale Köstlichkeiten, so beispielsweise bei der ungewöhnlichen Kombination eines Thunfischsteaks mit Sesamschupfnudeln. Menüs zu 19 € (mittags), abends ab 49 €. Im Sommer sitzt man auf der schönen Straßenterrasse. Di–Sa 12–14 Uhr und 18–23 Uhr. Kartäusergasse 12, ✆ 0911/2449774, www.aumers-la-vie.de.

Zwinger (24), so lautet die neudeutsche Kurzform für Marientorzwinger. Und genau dort, gewissermaßen auf (!) der Stadtmauer, liegt der Zwinger. Die Küche ist fränkisch (empfehlenswert ist das ofenfrische Schäufele) mit einem leichten internationalen Einschlag. Der Zwinger bietet sich gerade dann an, wenn man sich über das „Wohin zum Essen?" nicht einigen kann oder man seinen Fränkischen Sauerbraten in einem historischen Gemäuer mit modernem Ambiente genießen möchte. Im Sommer lockt der große Biergarten. Tgl. 11–1 Uhr geöffnet, am Wochenende bis 2 Uhr. www.marientorzwinger.de. Wer will, kann sich hinterher in der coolen **Zwinger-Bar** im Erdgeschoss noch einen Cocktail genehmigen (tgl. 20–2 Uhr, Fr/Sa bis 3 Uhr). Lorenzer Str. 33, ✆ 0911/222968, www.zwingerbar.de.

Andalusischer Hund (7), authentische Tapas (3–7 €) in lockerer, entspannter Kneipenatmosphäre. Stadtteil St. Johannis. Mo–Fr 19–1 Uhr, Sa und So 19–2 Uhr. Helmstr. 7, ✆ 3932233.

Lorenz (23), anspruchsvolle internationale Bio-Küche (Mittagsgerichte 7–10 €) in hellem, leicht unterkühltem Ambiente. Umsichtiger Service, ausgezeichnetes Preis-Leistungs-Verhältnis. Ein Lob verdient auch das Frühstücksbuffet am Sonntag für 9,50 €. Von der herrlichen Straßenterrasse hat man einen schönen Blick auf den Chor der Lorenzkirche. Tgl. 8.30–1 Uhr, So nur 10–18.30 Uhr. Lorenzer Platz 23, ✆ 0911/2059390, www.restaurant-lorenz.de..

Ishihara (30), vorzügliches japanisches Restaurant. Wer noch nie japanisch essen war, sollte zum Kennenlernen ein – im Vergleich zum Abend – preiswertes Mittagsmenü versuchen. Mo–Sa 12–14.30 Uhr und 18–22 Uhr. Schottengasse 3, ✆ 0911/226395, www.ishihara.de.

Sushi Glas (27), empfehlenswerte Sushibar mit minimalistischem Design, in unmittelbarer Nähe des Germanischen Nationalmuseums. Die kalorienarmen japanischen „Fischröllchen" verführen Augen und Gaumen gleichermaßen. Große Straßenterrasse, günstiges Wochenmenü: Kein Sushi, dafür ein Hauptgericht (z. B. Roastbeef in Ingwersauce mit Gemüse), dazu Misosuppe, Salat und Reis für 11 €! Mo–Mi 12–23

Tiergärtnertorplatz – Speisen mit Burgblick

Uhr, Do–Sa 12–24 Uhr, So 18–22 Uhr. Kornmarkt 5–7, ✆ 0911/2059901.

Gasthaus Braun (38), private Probleme oder Liebeskummer sollte man hier besser nicht besprechen; wegen der engen Sitzordnung an der langen Tafel kann der Tischnachbar beim besten Willen nur schwer weghören. Hervorragendes italienisches Essen. Unbedingt reservieren, da die wenigen Plätze ständig von Stammgästen besetzt sind. Hauptgerichte zwischen 10 und 18 €. Wer will, kann auch einfach einen halben Teller Pasta ordern. Do–Mo 19–24 Uhr. Gostenhofer Hauptstr. 58, ✆ 284876.

Osteria (13), gleich beim Laufer Schlagturm gelegen, bietet dieser Italiener ein phantastisches Pizzaangebot: Knusprig, mit frischen Zutaten und wagenradgroß werden sie serviert. Dass die Portion alleine kaum zu bewältigen ist, weiß auch Salvatore, der Wirt, weshalb man sich auf Wunsch jede Hälfte unterschiedlich belegen lassen kann und auf zwei Tellern serviert bekommt. Eine Pizza Prosciutto e Funghi kostet 8,50 €. Zwar soll man mit Superlativen vorsichtig sein, aber es dürfte die beste Pizzeria der Stadt sein. Straßenterrasse. Tgl. 11–24 Uhr. Innerer Laufer Platz 2, ✆ 0911/555894, www.osteria-pizzeria.de.

Frankenstube (3), links-alternative Szene-Kneipe mit einem breiten vegetarischen Angebot. Manche Gerichte werden mit Öko-Fleisch zubereitet. Großer Garten. Tgl. 11.30–1 Uhr, Pilotystr. 73, ✆ 351107.

Bäckerhof (25), nicht verwirren lassen: Das kleine Restaurant im Erdgeschoss ist nur ein Teil des Bäckerhofs. Die eigentliche Bar mit Lounge-Ambiente ist in einem prachtvollen Jugendstil-Ballsaal mit riesigem Kronleuchter untergebracht. Abgetrennt durch Bücherregale entsteht ein zweiter Restaurantbereich. Serviert wird thailändische Küche (günstig!), von fast allen Gerichten kann man auch nur eine kleine Portion ordern. Je später der Abend, desto mehr füllt sich die **Bar** im Ballsaal, wo auch DJs coole Beats auflegen. Di–Sa 17–2 Uhr. Di–Sa 18–2 Uhr. Schlehengasse 2, ✆ 0911/8013642, www.baeckerhof.de.

Café Kiosk, wenn die Sonne scheint, gibt es wohl kein schöneres Café. Der ehemalige Verkaufskiosk im Rosenau-Park eignet sich wegen seiner Lage besonders auch für Leute mit kleinen Kindern. Sind alle Stühle besetzt, lässt man sich einfach auf der Wiese nieder und nimmt die Getränke mit. Die Küche hält ein vielfältiges vegetarisches Angebot bereit. Tgl. 10–22 Uhr. Bleichstr. 5, ✆ 269030.

Café Neef (20), kleines, traditionelles Café, das für seine ausgezeichneten Backwaren und Torten in ganz Nürnberg gerühmt wird.

Schön sind auch die jüngst renovierten Innenräume. Mo–Fr 8.30–18 Uhr, Sa 8.30–17 Uhr. Winklerstr. 29, ✆ 0911/225179. www.confiserie-neef.de.

Brezen Kolb (22), es steht außer Frage: Die besten Brezeln in Nürnberg (wenn nicht gar weltweit!) gibt es beim Brezen Kolb. Egal, ob nur mit Salz (0,50 €) oder mit diversen Belägen. Über das Stadtgebiet sind mehr als ein Dutzend Verkaufsstellen verteilt. Am meisten frequentiert ist der Stand in der Karolinenstraße unweit der Lorenzkirche, www.brezen-kolb.de.

Nachtleben (siehe Karte S. 158/159)

Club Stereo (26), einer der derzeit angesagtesten Clubs mit vielfältigem „Musikprogramm" und eigenem Label. Auch Livemusik. Do 20–3 Uhr, Fr/Sa 20–4 Uhr. Klaragasse 8, ✆ 0911/2110455, www.club-stereo.net.

Cafébar Metropolis, wie bei (fast) allen Kinos der Weber-Kette (Meisengeige, Atrium) gibt es auch im Metropolis eine angegliederte Cafébar, in diesem Fall auch mit Restaurantbetrieb. Das helle, weiträumige Foyer wirkt sehr einladend. Nicht nur nach einem Kinobesuch zu empfehlen. Straßenterrasse. Tgl. 18–1 Uhr geöffnet. Stresemannplatz 8, ✆ 538838.

Freudenpark (4), am längsten Tresen Nürnbergs oder bei sommerlichen Temperaturen im Cocktailgarten steht der Durstige einem schier überwältigenden Angebot an ausgefallenen Cocktails gegenüber. Tgl. 17–2 Uhr, Fr/Sa bis 3 Uhr. Garten bis 24 Uhr. Kilianstr. 125, ✆ 352702.

Meisengeige (12), direkt neben dem Laufer Schlagturm gelegene Szene-Kneipe mit beinahe legendärem Ruf. Das Publikum setzt sich aus Künstlern, Intellektuellen und solchen, die sich dafür halten, zusammen. War selbst der ZEIT schon ein paar Lobeshymnen wert. Etwas beengte Verhältnisse, hervorragender Kaffee. Auch wenn im Herbst wegen der Kälte in ganz Nürnberg keiner mehr im Freien sitzt, hier harrt sicher jemand aus, bis die letzten Stühle eingesammelt werden. Tägl. 11–1 Uhr, Fr/Sa bis 2 Uhr, So ab 14 Uhr geöffnet. Am Laufer Schlagturm 3, ✆ 208283.

Café Ruhestörung (11), pünktlich eine halbe Stunde vor Schulbeginn öffnet die Ruhestörung ihre Pforten und bleibt bis zum frühen Nachmittag ein beliebter Treffpunkt für all diejenigen, die statt langweiliger Grundkurse und BWL-Vorlesungen Lust auf Kaffee und Frühstück haben. Im Laufe des Tages wird das Publikum zunehmend älter. Jüngst renoviert und seit Jahrzehnten ein Anlaufpunkt im Nürnberger Nachtleben. Große Terrasse. So–Mi 9–1 Uhr, Do–Sa 9–2 Uhr. Tetzelgasse 21, ✆ 0911/221921, www.ruhestoerung.org.

Landbierparadies (36), wer das Monopol der Großbrauereien satt hat, ist hier im Süden Nürnbergs richtig aufgehoben. Ein knappes Dutzend ausgesuchter Flaschenbiere kleiner Landbrauereien und jede Woche ein anderes fränkisches Landbier aus dem Holzfass befriedigen wohl jeden Bierfreund. Daneben werden noch preiswerte Brotzeiten angeboten. Tgl. 17.30–1 Uhr, Fr ab 14 Uhr, Sa ab 12 Uhr, So ab 10 Uhr. Wodanstr. 15, ✆ 468882, www.landbierparadies.com.

Treibhaus (21), attraktives, unweit der Fußgängerzone gelegenes Café, in dem man bis 20 Uhr ein Frühstück ordern kann. Große Straßenterrasse. Tgl. 8.30–1 Uhr, Do–Sa bis 2 Uhr, Sa ab 9 Uhr, So ab 9.30 Uhr. Karl-Grillenberger-Str. 28, ✆ 223041, www.cafetreibhaus.de.

Jazz Studio Nürnberg (8), das Kellergewölbe eines der ältesten deutschen Jazz-Clubs ist für Jazzfreunde aller Stilrichtungen das ganze Jahr über ein Muss. Fr/Sa ab 20.30 Uhr, Paniersplatz 27–29, ✆ 0911/224384.

Stars & Stairs (34), beliebter Club auf drei Etagen in unmittelbarer Nähe des Nürnberger Rotlichtviertels. Do–Sa 22–5 Uhr. Engelhardsgasse 33, ✆ 0911/27437330, www.starsandstairs.de.

Hirsch (41), die alte Fabrikhalle im Süden Nürnbergs steht ganz oben auf der Hitliste der Nürnberger Musikfreaks. Zahlreiche Live-Konzerte und ausgelassene Stimmung, aber auch Lesungen und Disko. Tgl. 20–2 Uhr, am Wochenende 22–5 Uhr. Vogelweiherstr. 66, ✆ 0911/429414. www.der-hirsch.de.

Kunst & Kultur

• *Kunsthalle* In der Kunsthalle werden wechselnde Ausstellungen moderner und zeitgenössischer Kunst gezeigt. Im Mittelpunkt steht die Auseinandersetzung mit

Die Burgbäckerei ist bekannt für ihre selbstgemachten Eilisenlebkuchen

Region Nürnberg
Karte Seite 151

den neuesten Positionen der internationalen Kunst. Lorenzer Str. 32, ✆ 2312403. Di–So 10–18 Uhr, Mi bis 20 Uhr. Eintritt 4 €, erm. 2 €, www.kunsthalle.nuernberg.de.

- *Staatstheater Nürnberg* Dreispartiges Theater mit Schauspielhaus, Opernhaus und Kammerspielen. Klassiker und moderne Inszenierungen. Der Dauerbrenner im Schauspielhaus ist „Schweig Bub!", ein Klassiker in fränkischer Mundart von Fitzgerald Kusz. Richard-Wagner-Platz 2–10, ✆ 0180/1344276. Kartenvorverkauf: Mo–Fr 9–18 Uhr, Sa 9–13 Uhr, www.staatstheater-nuernberg.de.
- *Museum Industriekultur* Das Ziel des Museums, das seinen Platz in einer Halle eines ehemaligen Eisenwerkes fand, ist die Erforschung und Dokumentation der Arbeiter- und Industriekultur des 19. und 20. Jahrhunderts. Am Beispiel der von der Industrialisierung deutlich geprägten Stadt Nürnberg sollen die Auswirkungen des Industriezeitalters auf den Alltag und die Arbeitswelt dargestellt werden. Sehenswerte Sonderausstellungen. Äußere Sulzbacher Str. 60–62, ✆ 2313648. Di–Fr 9–17 Uhr, Sa und So 10–18 Uhr, Eintritt: 5 €, erm. 2,50 € (Tageskarte für 6 Museen), www.museen.nuernberg.de/industriekultur.

Veranstaltungen

- *Bardentreffen* Von einem reinen Amateur-Festival auf Straßen und Plätzen der Nürnberger Altstadt hat sich das alljährlich Ende Juli stattfindende Bardentreffen in den letzten zehn Jahren zu einem internationalen Festival der Liedermacher entwikkelt, bei dem neben renommierten deutschsprachigen Musikern auch Interpreten aus Europa und Übersee auftreten. Die Open-Air-Konzerte zum Nulltarif finden an mehreren Spielstätten in der Altstadt statt. Im Mai 1994 wurde das Bardentreffen vom *Zeitmagazin* geadelt, indem es als einziges Nürnberger Fest zu den „300 Top-Terminen in aller Welt" gezählt wurde, „die eine Reise wert sein können", www.bardentreffen.de.
- *Christkindlesmarkt* Um 17.30 Uhr am letzten Freitag vor dem ersten Advent beginnt alljährlich mit der Eröffnung durch das Christkind der Nürnberger Christkindlesmarkt, der bis 14 Uhr am Heiligen Abend dauert. Tägl. von 9–20 Uhr (Do bis 21 Uhr, So erst ab 10.30 Uhr) sind die Buden am Hauptmarkt geöffnet. Sondermaschinen und unzählige Omnibusse aus aller Welt bringen rund zwei Millionen Besucher heran und machen damit den Nürnberger Christkindlesmarkt zum größten und bekanntesten Weihnachtsmarkt Deutschlands.

• *Internationale Orgelwoche Nürnberg* Als führendes Festival geistlicher Musik setzt sich die ION alljährlich Ende Juni/Anfang Juli ein Thema als Schwerpunkt, www.ion.nuernberg.de.

• *Blaue Nacht* An einem Samstag im Mai haben alle Nürnberger Museen und zahllose weitere kulturelle Einrichtungen (fast) bis in den frühen Morgen geöffnet. Weit mehr als 100.000 Menschen tummeln sich in der Altstadt und verwandeln diese in eine riesige Flaniermeile, www.blauenacht.nuernberg.de.

• *Klassik-Open-Air* An zwei Sonntagen Ende Juli und Anfang August findet im Luitpoldhain ein Klassik-Open-Air-Konzert der Nürnberger Philharmoniker und der Nürnberger Symphoniker unter freiem Himmel statt. Beginn: 20 Uhr. Eintritt frei! www.klassikopenair.de.

• *Trempelmarkt* Jedes Jahr im Mai und September sind die Straßen und Gassen zwischen Hauptmarkt und Lorenzkirche von Freitagnachmittag bis Samstagmittag überfüllt von den Besuchern des „Tremberlarsmargds", wie er in Nürnberg liebevoll genannt wird. Bis tief in die Nacht werden Antiquitäten, Bücher, Platten, Klamotten und diverser Nippes feilgeboten.

Sehenswertes

Sebalder Altstadt

Burg: Nürnberg verfügt nicht über eine Burg, sondern genau genommen über drei Burgen: die Kaiserburg, die Burggrafenburg und eine reichsstädtische Burganlage. Im Westen des 250 Meter langen Felsens befindet sich der noch am besten erhaltene Teil, die Kaiserburg; ungefähr im Bereich der Freiung, Walpurgiskapelle und des Fünfeckturms stand die burggräfliche Burg; der östliche Teil mit der Kaiserstallung befand sich im Besitz der Stadt. Die *Kaiserstallung* war ein Kornhaus, das 1494–1495 vom wohl mit Abstand bedeutendsten städtischen Baumeister *Hans Beheim d. Ä.* gebaut wurde; das untere Geschoss wurde als Stallgebäude genutzt. Heute beherbergt die Kaiserstallung eines der schönsten Jugendgästehäuser Deutschlands. Der *Fünfeckturm*, das älteste Bauwerk Nürnbergs, erhielt seinen Namen aufgrund seines auffallenden Grundrisses (nur jenseits des Grabens genau zu erkennen). Eventuell handelt es sich um den Bergfried der salischen Burganlage aus dem 11. Jahrhundert. Ein eindrucksvolles Beispiel für die Festungsbaukunst des 16. Jahrhunderts ist die polygonale *Burgbastei*. Mehr als 30 Meter ist der Graben breit und über 10 Meter hoch erheben sich die Mauern dieses gewaltigen Bollwerks, das zwischen 1538 und 1545 von dem italienischen Festungsbaumeister *Antonio Fazuni*, genannt „Il Maltese", nach den damals modernsten Erkenntnissen erweitert worden ist. Dem Fünfeckturm gegenüber befindet sich der Eingang zum

Trempelmarkt

Burggarten. Hier, direkt auf den nördlich und westlich der Burg gelegenen Festungsbastionen liegt ein schöner gepflegter Garten. Obwohl der Verkehrslärm noch ein wenig herauftöst, ist der Burggarten ideal zum Ausspannen.

Öffnungszeiten des Burggartens Apr.–Nov. 7.30–19.30 Uhr.

Die Burg – Nürnbergs Wahrzeichen

Kaiserburg: Sie wurde in der Zeit der Stauferkönige in verschiedenen Bauphasen errichtet. Offenbar genügte die erste Burganlage nicht mehr den gestiegenen Ansprüchen der staufischen Könige. Die Kaiserburg verfügt über einen Äußeren und einen Inneren Burghof. Der Äußere Hof mit dem *Sinwellturm* (gute Aussicht!) und dem Tiefen Brunnen war möglicherweise dem kaiserlichen Tross vorbehalten, während der Innere Hof dem Kaiser, seinem engeren Kreis und der Repräsentation diente. Der jetzige Zustand der Kaiserburg entspricht ungefähr dem nach 1500. Der trapezförmige Innenhof mit *Palas* und Kemenate weist deutliche Spuren des Zweiten Weltkrieges auf. Sehr eindrucksvoll ist die romanische *Doppelkapelle,* die anschaulich die Gliederung der mittelalterlichen Gesellschaft demonstriert. Die untere Kapelle, die sog. *Margaretenkapelle,* ist nur spärlich beleuchtet, wirkt kryptenhaft und verfügt über einen eigenen Eingang vom Äußeren Burghof, während die Oberkapelle mit dem Altar und der Kaiserempore nur vom Palas aus betreten werden kann. Ursprünglich war die untere Kapelle dem einfachen Volk vorbehalten, die obere den privilegierteren Persönlichkeiten. Verbunden sind beide Teile durch eine quadratische Öffnung in der Decke bzw. im Boden. Der als *Heidenturm* bezeichnete Chorturm diente im Mittelalter auch Wehrzwecken. Die Nürnberger Burgkapelle ist ein herausragendes Beispiel einer mittelalterlichen Doppelkapelle; dieser spezifisch deutsche Typ einer Herrschaftskapelle hat sich aus den karolingischen Pfalz- und Hofkapellen entwickelt. Inmitten des Äußeren Burghofs liegt der *Tiefe Brunnen.* Der 50 Meter tief in den Sandsteinfelsen geschlagene Brunnenschacht stammt wahrscheinlich aus dem 12. Jahrhundert.

Museum in der Kaiserburg: In der Kemenate der Kaiserburg wurde im Frühjahr 1999 als Dependance des Germanischen Nationalmuseums ein Museum eröffnet, das sich mit der historischen Bedeutung der Nürnberger Burg auseinandersetzt. Neben der Baugeschichte der Burg beschäftigt sich das Museum vor allem mit der mittelalterlichen Wehrtechnik und dem Waffenwesen. Kinder begeistern sich für die zahllosen ausgestellten Ritterrüstungen und Schwerter.

Geöffnet April–Sept. 9–18 Uhr, Okt.–März 10–16 Uhr. Die Besichtigung der Innenräume von Palas, Doppelkapelle, Sinwellturm und Tiefem Brunnen ist nur im Rahmen einer Führung möglich. Eintritt inkl. Museum: 6 €, erm. 5 €. Tiefer Brunnen mit Sinwellturm: 3 €, erm. 2 €. www.schloesser.bayern.de.

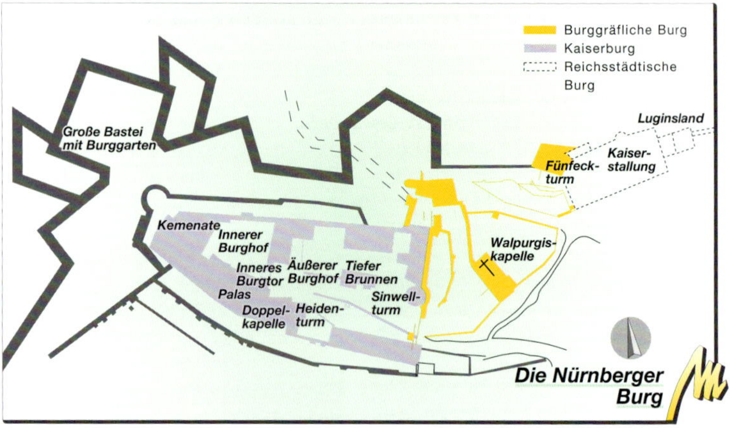

Stadtbefestigung: Die fünf Kilometer lange Nürnberger Stadtmauer, deren Grundriss einem Parallelogramm ähnelt, gehörte zu den größten im spätmittelalterlichen Europa. Die jetzige Mauer wurde 1452 vollendet. Im Gegensatz zu vielen anderen Städten von Nürnbergs Größenordnung blieb die Stadtumwallung bis heute fast vollständig erhalten, nur einige zusätzliche Durchbrüche wurden vorgenommen, um das steigende Verkehrsaufkommen zu bewältigen.

Burgviertel: In dem unterhalb der Burg gelegenen Viertel sind zahlreiche Kneipen und Gaststätten zu finden. Ein Bummel durch die engen Straßen und Gassen im nordwestlichen Teil der Stadtbefestigung vermittelt eine gute Vorstellung davon, wie Nürnberg vor dem Krieg ausgesehen haben dürfte. Unterhalb des Burgviertels befinden sich die *Felsengänge* mit ihren historischen Wasserstollen; sie sind nur im Rahmen einer Führung begehbar. Die bis zu vier Etagen in den Sandstein geschlagenen unterirdischen Anlagen verfügen über ein ausgeklügeltes System zur selbsttätigen Durchlüftung dieses weitläufigen Labyrinthes. Im Laufe der Jahrhunderte hatten die Keller und Gänge verschiedene Funktionen: Sie dienten der Wasserversorgung, als Bier- und Weinkeller, zur Lagerung von Lebensmitteln, und im Zweiten Weltkrieg wurde in den Felsengängen ein großer Teil der Nürnberger Kunstschätze untergebracht, wo sie die Kriegsereignisse unbeschadet überstanden haben.
Adresse/Führungen Bergstr. 19 (Eingang beim Dürer-Denkmal), ✆ 0911/227066. Felsenkeller: Führungen (eine Stunde) tgl. 11, 13, 15 und 17 Uhr. Eintritt: 4,50 €, erm. 3,50 €. Kasematten: Führungen April–Okt. tgl. 16 Uhr. Eintritt: 6 €. www.felsengaenge-nuernberg.de.

Dürerhaus: Das aus dem frühen 15. Jahrhundert stammende Gebäude steht am Tiergärtnertorplatz. Albrecht Dürer hatte es 1509 erworben und bis zu seinem Tod im Jahre 1528 bewohnt. Somit dürften viele seiner bekanntesten Bilder hier entstanden sein. Das Haus wurde später allerdings mehrfach verändert; so stammt z. B. der 1898 hierher versetzte Giebelerker von einem anderen Gebäude (ursprünglich befand sich am Dürerhaus ein Aufzugserker). Das Haus wurde im frühen 19. Jahrhundert ein Wallfahrtsort für Romantiker und Künstler. 1828, zum 300. Geburtstag Dürers, kaufte es die Stadt Nürnberg. Heute befindet sich hier ein Museum, das seit den 1998 abgeschlossenen Renovierungsarbeiten endlich wieder Nürnbergs berühmtesten Sohn vorbildlich in den Mittelpunkt der Dauerausstellung rückt. Ein Lob verdient das ansprechende museumsdidaktische Konzept, das Dürer dem Besucher multimedial näher bringt. In einer rekonstruierten Werkstatt wird gezeigt, wie damals Leim und Farben hergestellt wurden und wie Holzschnitte, Kupferstiche und Tafelbilder entstehen. Im Dachgeschoss sind zudem graphische Arbeiten Dürers im Original zu bewundern.

Adresse/Öffnungszeiten Albrecht-Dürer-Str. 39, ✆ 0911/2312568. Tgl. außer Mo 10–17 Uhr, Do bis 20 Uhr. Juli–Sept. sowie im Dez. auch Mo geöffnet. Kostümführungen: Do 18 Uhr, Di, Mi und Sa um 15 Uhr, So um 11 Uhr. Eintritt: 5 €, erm. 2,50 € (Tageskarte für 6 Museen). Kostümführung: 2,50 €.

Albrecht-Dürer-Weg: Am Albrecht-Dürer-Haus kann man Multimediageräte ausleihen, um mit Hilfe eines innovativen Führungssystems die Nürnberger Altstadt auf den Spuren des großen Künstlers zu entdecken. Die Geräte können am Germanischen Nationalmuseum zurückgegeben werden. Ausleihgebühr: 12 €, erm. 8 €.

Region Nürnberg
Karte Seite 151

Albrecht Dürer – der berühmteste Sohn der Stadt

Als Sohn eines aus Ungarn stammenden Goldschmieds wurde Albrecht Dürer am 21. Mai 1471 in Nürnberg geboren. Nach der Goldschmiedelehre wurde der künstlerisch außerordentlich begabte Albrecht auf seine dringenden Bitten hin von seinem Vater in die benachbarte Werkstatt des damals bekanntesten Nürnberger Malers Michael Wolgemut gegeben. Im Herbst 1494 brach Dürer zu seiner ersten Italienreise auf, der von 1505–1507 eine zweite folgen sollte. Die Erfahrungen der beiden Aufenthalte waren nicht nur für Dürers künstlerische Entfaltung von bahnbrechender Bedeutung, sondern vor allem auch für die Entwicklung der altdeutschen Kunst und den Durchbruch der Renaissance in Deutschland. Eine ganze Epoche, die „Dürerzeit“, ist nach ihm benannt. Dürer hinterließ ein umfangreiches Gesamtwerk: etwa 70 Gemälde, 100 Kupferstiche, 350 Holzschnitte und fast 1000 Handzeichnungen. Das Genre der Porträt- und Landschaftsmalerei wurde von ihm in neue Bahnen gelenkt. Als er 1528 in seiner Heimatstadt, wo er ein hohes Ansehen genoss, starb, hinterließ er auch ein umfangreiches theoretisches Werk, darunter Schriften über die Befestigungslehre. Dass Dürers Ehe mit Gattin Agnes kinderlos blieb, lag übrigens nicht an seiner Schüchternheit, sondern daran, dass er dem eigenen Geschlecht weitaus mehr zugetan war.

Spielzeugmuseum: Im Dürerjahr 1971 eröffnet, dokumentiert das Spielzeugmuseum nicht nur den historischen Wandel des Spielzeugs, sondern es wird auch versucht, die Bedeutung von Spielen und Spielzeug in den unterschiedlichsten Erscheinungsformen darzustellen. Die Sammlung umfasst Spielsachen aus drei Jahrtausenden. Zu den Ausstellungsstücken zählen Holzspielzeug, Kaufläden, Puppenstuben und -küchen, Kinderbücher, Blechspielzeug u. a. m. aus verschiedenen Epochen und Ländern. Seit dem Jahr 2000 wird der bisher vernachlässigte Bereich „Spielzeug nach 1945“ auf 130 Quadratmetern präsentiert.

Adresse/Öffnungszeiten Karlstr. 13–15, ✆ 2313164. Di–Fr 10–17 Uhr, Sa und So 10–18 Uhr. Während des Christkindlesmarktes auch Mo geöffnet. Eintritt: 5 €, erm. 2,50 € (Tageskarte für 6 Museen). www.spielzeugmuseum-nuernberg.de.

Weinstadel: Hier findet man eines der schönsten Fachwerkhäuser Nürnbergs. Der Weinstadel wurde 1446–1448 als Sondersiechenhaus für die Aussätzigen erbaut. Ab 1528 – die Aussätzigen waren mittlerweile vor die Tore der Stadt verbannt worden – diente er als Weinlager. Seit ein paar Jahrzehnten beherbergen seine Mauern ein Studentenwohnheim. Direkt neben dem Weinstadel befindet sich der Wasserturm (ca. 1325), einst Teil der vorletzten Stadtbefestigung. Den schönsten Blick auf das Ensemble hat man vom südlichen Ufer der Pegnitz.

Weißgerbergasse: Typischer, ehemals von Handwerkern geprägter Straßenzug mit zahlreichen erhaltenen Fachwerkhäusern. Hier haben sich heute mehrere Kneipen, Schmuckhändler und eine Weinhandlung angesiedelt.

Fachwerk und der Wunsch nach der Idylle

Es gibt wohl kaum eine deutsche Stadt, in der nicht jeder alte Fachwerkbau emsig freigelegt wird. Nürnberg macht da keine Ausnahme. Wo einst hinter Putz die Fachwerkkonstruktion verborgen schlummerte, bietet sich heute dem Betrachter ein offener Blick auf das Holzgerüst. Der Zeitgeist vernachlässigt dabei den kunsthistorischen Unterschied von Sicht- und Konstruktionsfachwerk fast vollkommen. Einzig der Wunsch nach der Idylle scheint zu zählen. Die gute, alte Vergangenheit wird beschworen, indem man dem Fachwerk, dieser „ehrlichen Bauform", huldigt.

Einst waren die Fachwerkhäuser jedoch bunt bemalt, teilweise, um einen eindrucksvolleren Steinbau vorzutäuschen, teilweise, um das Haus in den Augen der Bewohner zu verschönern. Schon die Reisenden im Zeitalter der Aufklärung sahen sich angesichts der bemalten, unbequemen und dunklen Häuser zu zynischer Kritik herausgefordert. So urteilte *Georg Friedrich Rebmann* abschätzig: „Schade nur, dass man überall keinen Geschmack, oder vielmehr einen sehr widernatürlichen Geschmack erblickt. Die Häuser sind größtentheils gelb und grün, oder roth angestrichen, an den Bassins stehen bunte, hässliche Figuren, kurz man begreift hier, was Lavater unter dem Ausdruck: vernürnbergern, andeuten wollte."

Sebalduskirche: Die kulturgeschichtlich bedeutendste Nürnberger Kirche ist nach dem heiligen Sebaldus benannt. Dem Bau ging vermutlich eine kleine Peter und Paul geweihte Kapelle voraus; ein paar Jahre vor der Mitte des 13. Jahrhunderts entstand dann eine spätromanische Pfeilerbasilika. Bedingt durch die wachsende Bedeutung Nürnbergs und die große Anziehungskraft der Gebeine des heiligen Sebaldus wurde die Kirche schon bald vergrößert. Die Seitenschiffe wurden erweitert, das Querhaus und der Westchor umgebaut. Die wesentlichste Veränderung resultierte aus der Neuerrichtung des Ostchores: 1379 war der Bau des eindrucksvollen spätgotischen Hallenchores abgeschlossen. Die Bedeutung der Sebalduskirche lässt sich daran ermessen, dass der Kaiser, wenn ihn seine Regierungsgeschäfte offiziell nach Nürnberg führten, als erstes stets in die Sebalduskirche zu gehen pflegte, um dem Stadtpatron seine Referenz zu erweisen, selbst dann, wenn er von Süden anreiste und somit zwangsläufig zuerst an der Lorenzkirche vorbeikam. 1524/25 wurde die Kirche wie auch der Rat lutherisch; die Hinwendung zur Reformation führte

Eindrucksvoll: Die Westfassade der Sebalduskirche

zu Problemen mit der Reliquienverehrung und dem Heiligenkult, die fortan verpönt waren. Das ehemals besonders reich ausgestattete Innere des Gotteshauses wurde im Zweiten Weltkrieg stark zerstört; Schwarzweißfotografien in der Kirche zeigen erschreckend eindrucksvoll den damaligen Zustand. Trotzdem birgt sie noch eine Vielzahl von Einzelkunstwerken, die durch Auslagerung den Krieg unversehrt überstanden haben: angefangen vom Taufbecken (um 1430) bis hin zu den verschiedenen Altären, darunter vor allem der Petersaltar (1480/90) im Westchor. Eindrucksvoll ist der sog. „Fürst der Welt" (um 1325) an der Langhausnordseite; sein Rücken ist von Maden und Würmern zerfressen und mahnt die Sterblichkeit des Menschen an. Daneben kann man noch zahlreiche Kunstwerke bewundern, u. a. das Tuchersche Epitaph, ein Marientriptychon des Hans Süß aus Kulmbach von 1508 und gegenüber, an der Südseite des Ostchores, das Votivbild der Familie Behaim, die Volckamersche Passion (1499) von *Veit Stoß* und vieles mehr. Das herausragendste Kunstwerk in der Sebalduskirche ist das *Sebaldusgrab* aus der Werkstatt von *Peter Vischer*; es handelt sich hier darüber hinaus um den wohl bedeutendsten Messingguss der deutschen Kunst. In den Jahren 1508–1519 entstand der aus relativ großen Teilen zusammengesetzte Messingguss, dessen Stil deutlich den Geist der Renaissance und des Humanismus atmet. Das tonnenschwere Sebaldusgrab, fast fünf Meter hoch und von zwölf Schnecken sowie vier Delphinen „getragen", wird von einer Vielzahl von allegorischen Darstellungen und Reliefs aus dem Leben des Heiligen verziert. Das Grab umschließt den mit Silberblech beschlagenen Schrein, der die in purpurne Säckchen eingenähten Reliquien des heiligen Sebaldus birgt. Bis zur Reformation wurde der Reliquienschrein am Sebaldustag in einer feierlichen Prozession von einigen verdienten Ratsherrn im Ostchor umhergetragen.

Öffnungszeiten Juni bis Mitte Sept. tgl. 9.30–20 Uhr, April, Mai und Mitte Sept. bis Dez. bis 18 Uhr, Jan.–März bis 16 Uhr. Turmführung nach Anmeldung unter ✆ 0911/2142500.

Stadtmuseum Fembohaus: Das Fembohaus ist das einzige völlig erhaltene repräsentative Bürgerhaus aus der Zeit der Spätrenaissance und des Barocks. Im Auftrag eines aus den Niederlanden eingewanderten Kaufmanns von 1591 bis 1596 errichtet, beherrscht das Bauwerk weithin sichtbar das Straßenbild. Den eigentümlichen Namen verdankt das Fembohaus seinem späteren Besitzer, einem gewissen *Georg Christoph Fembo*. Seit 1958 beherbergt es das Stadtmuseum, das sehr ansprechend über die Geschichte der Reichsstadt Nürnberg informiert. Das sehenswerteste Exponat ist Joachim von Sandrarts Gemälde „Das Friedensmahl". Nach einer Totalrenovierung präsentierte das Museum am 11. März 2000 seine neu konzipierten Räumlichkeiten. Um die imaginäre Reise durch die Stadtgeschichte beginnen zu können, muss man mit dem Aufzug in den vierten Stock fahren, wo ein hölzernes Stadtmodell mit Ton- und Lichtinstallation den Auftakt bildet. Weiter geht es mit den Themenkomplexen „Kaiser", „Rat", „Handel" und „Handwerk". Beim „Tanz der Generationen" kommen die einstigen Bewohner zu Wort; die jüngere Stadtgeschichte wird mit zeitgenössischen Photographien dokumentiert. Ebenfalls neu ist die Multivisionsshow „Noricama", in der Dürer und Sachs durch ihre Heimatstadt führen.

Adresse/Öffnungszeiten Burgstr. 15, ✆ 2312271. Di–Fr 10–17 Uhr, Sa/So 10–18 Uhr. Die Noricama beginnt zu jeder vollen Stunde (2 € zusätzl.). Eintritt: 5 €, erm. 2,50 € (Tageskarte für 6 Museen), mit Noricama 7 €, erm. 3,50 €. www.museen.nuernberg.de/fembohaus.

Rathaus: Das 1616–1622 entstandene Rathaus war der letzte große Profanbau, der im reichsstädtischen Nürnberg errichtet wurde. An dem von *Jakob Wolff d. J.* entworfenen Bau lassen sich unschwer italienische Einflüsse feststellen. Anscheinend orientierte sich der Architekt an den Renaissancepalästen Italiens, vielleicht dienten ihm der Palazzo Farnese und der Palazzo Spada in Rom als Vorbild. Die Pavillonaufbauten in der Mitte und an den Ecken tendieren stilistisch zur französischen Schlossarchitektur. Der Bau war ursprünglich als vierflügelige Anlage geplant, wegen der drohenden Gefahren des Dreißigjährigen Krieges und finanzieller Probleme kam er jedoch nicht zum Abschluss. Direkt unter dem Rathaus befinden sich seit rund 650 Jahren die mittelalterlichen *Lochgefängnisse*. Die holzverkleideten und mit Holzpritschen ausgestatteten Zellen mit eisenbeschlagenen Türen vermitteln eine genaue Vorstellung von den Zuständen in einem mittelalterlichen Gefängnis. Besonders zwei Strafzellen mit Schließstöcken und die gewölbte, als „Kapelle“ bezeichnete Folterkammer mit den Resten ihres einstigen Instrumentariums (Winde, Leiter etc.), lassen erahnen, unter welchen Umständen damals Verhöre stattgefunden haben.

- *Adresse* Rathausplatz, unter dem Alten Rathaus, ✆ 2312690.
- *Öffnungszeiten* Mitte März–Okt. tgl. 10–16.30 Uhr, im Winter nur Di–Fr 10–16.30 Uhr, während des Christkindlesmarktes tgl. 10–16.30 Uhr. 24.12.–5.2. geschlossen. Der Besuch ist nur im Rahmen einer Führung möglich. Eintritt: 3 €, erm. 1,50 €.

Hauptmarkt mit Frauenkirche

Hauptmarkt: Wenig bekannt ist die Geschichte des Platzes, Ort des weltberühmten Christkindlesmarktes und einst der größte gepflasterte Marktplatz nördlich der Alpen. An der Stelle des Hauptmarktes stand früher das erste jüdische Ghetto Nürnbergs, das 1349 im Rahmen eines Pogroms niedergerissen wurde. Mehr als 600 Juden wurden dabei vor den Toren der Stadt grausam ermordet, ihr Hab und Gut vereinnahmten die Nürnberger, sofern nicht noch andere geistige und weltliche Würdenträger Ansprüche erhoben. Auf den Trümmern der zerstörten Synagoge errichtete man die Frauenkirche, die mit ihrer eindrucksvollen Westfassade seither den Hauptmarkt dominiert. Die Juden durften zwar nach wenigen Jahren zurückkehren, wurden aber 1499 erneut vertrieben. Bis in die zweite Hälfte des 19. Jahrhunderts war es keinem Juden mehr erlaubt, innerhalb der Stadtmauern zu nächtigen. Nach einer kurzen Epoche der Toleranz und Liberalität führte die nationalsozialistische Machtübernahme zu einschneidenden Maßnahmen gegen die jüdische Bevölkerung. Auf dem Hauptmarkt, den die neuen Machthaber – wer hätte das gedacht? – in „Adolf-Hitler-Platz“ umbenannt hatten, wurden 1935 während des sog. „Reichsparteitags der Freiheit“ die „Nürnberger Gesetze“ verkündet.

Markt mit Frauenkirche – im Vordergrund der Schöne Brunnen

Frauenkirche: Die dreischiffige Frauenkirche wurde auf Veranlassung Kaiser *Karls IV.* von 1352 bis 1358 an der Stelle der abgebrochenen Synagoge errichtet und ist die älteste Hallenkirche Frankens; ihr Gesamteindruck zeigt deutlich die Handschrift des Prager Dombaumeisters *Peter Parler*. Besonders eindrucksvoll ist die Westfassade mit dem dort seit 1509 befindlichen *Männleinlaufen*. Jeden Tag um 12 Uhr mittags laufen, elektrisch angetrieben, die sieben Kurfürsten um Kaiser Karl IV. herum, während die Musikanten ihre Instrumente bewegen.

Schöner Brunnen: Der 19 Meter hohe, an eine gotische Kirchturmspitze erinnernde Brunnen wurde Ende des 14. Jahrhunderts auf dem Hauptmarkt errichtet. Bewundernswert ist der reiche biblisch-höfische Figurenzyklus. Die zahlreichen Figuren stellen Allegorien der Philosophie und der Freien Künste, der vier Evangelisten und der vier Kirchenväter, sieben Kurfürsten, neun Helden und in der obersten Reihe Moses und sieben Propheten dar. Der erst kürzlich restaurierte Brunnen ist nur eine knapp hundert Jahre alte Kopie aus Muschelkalk. Die wenigen erhaltenen und z. T. stark verwitterten Reste des steinernen Originals befinden sich größtenteils im Germanischen Nationalmuseum. An der Süd- wie auch an der Nordseite befinden sich in den rautenförmig gekreuzten Eisenstäben zwei drehbare Ringe, denen nachgesagt wird, sie könnten Wünsche in Erfüllung gehen lassen.

Synagogengedenkstein: Schräg gegenüber dem Hans-Sachs-Denkmal erinnert der Gedenkstein an ein unrühmliches Kapitel der Nürnberger Geschichte. Bereits drei Monate vor der „Reichskristallnacht“ wurde die im maurischen Stil erbaute Nürnberger Hauptsynagoge abgerissen, um das „ehrwürdige Nürnberger Altstadtbild zu säubern“, wie es *Julius Streicher* formulierte.

Egidienkirche: Nachdem der auf ein ehemaliges Schottenkloster zurückgehende Vorgängerbau 1696 durch einen Brand fast vollständig zerstört worden war, entschloss man sich 1711, auf den alten Mauerresten einen Neubau zu errichten. Das Ergebnis war eine eindrucksvolle, barocke Neuschöpfung von *Johann und Gottlieb*

Trost. Der Bau vertrat die nüchtern-klassizistische Richtung des Barock. Die Stuckaturen stammten vom Italiener *Donato Polli*, fielen jedoch 1945 größtenteils den Flammen zum Opfer. Weitgehend erhalten geblieben sind aber drei aneinandergebaute mittelalterliche Kapellen, die schon den Brand im Jahre 1696 überstanden hatten.

Laufer Schlagturm: Eines von zwei erhaltenen Stadttoren der vorletzten Stadtbefestigung. Der schlanke Sandsteinquaderbau mit seiner spitzbogigen Tordurchfahrt und den Ausweichnischen dürfte kurz nach 1250 entstanden sein. Nördlich des Turmes schließt sich ein kurzes erhaltenes Stück der alten Stadtmauer und die nicht zugängliche Landauerkapelle an. Direkt neben dem Laufer Schlagturm bietet die „Meisengeige“, eine fast schon legendäre Szene-Kneipe, seit knapp 25 Jahren ihren Gästen erstklassigen Cappuccino.

Region Nürnberg
Karte Seite 151

Die Nürnberger Gesetze: „Legalisierung“ der Unmenschlichkeit

Am 15. September 1935 wurden während des Reichsparteitags auf einer Sondersitzung des Deutschen Reichstages die „Nürnberger Gesetze“ erlassen. Es handelte sich dabei zum einen um das „Gesetz zum Schutz des deutschen Blutes und der deutschen Ehre“ und zum anderen um das „Reichsbürgergesetz“. Das „Blutschutzgesetz“ definierte den Judenbegriff bis hin zum Viertel- und Achteljuden, verbot Ehen und außerehelichen Geschlechtsverkehr zwischen Juden und „Ariern“ und bedrohte „Blutschänder“ mit schweren Strafen bis hin zur Sterilisation und Todesstrafe. Aufgrund des zweiten Gesetzes wurden Juden zu Einwohnern mit minderen Rechten deklariert.

Tucherschloss: Das in der Hirschelgasse gelegene repräsentative Garten- und Sommerhaus wurde in der zweiten Hälfte des 16. Jahrhunderts errichtet. Stilistisch hat man sich wohl an französischen Renaissanceschlössern orientiert. Das Innere des Hauses wurde nach kriegsbedingten Zerstörungen restauriert und in ein Museum umgewandelt. Im neu gestalteten Garten des Schlosses befindet sich der *Hirsvogelsaal* mit einem der schönsten Interieurs aus der Renaissancezeit in Deutschland. Um die Einrichtung des Saals, die den Zweiten Weltkrieg in den Felsenkellern unbeschadet überstanden hat, ansprechend präsentieren zu können, errichtete man nur einen Steinwurf weit von seinem ursprünglichen Standort entfernt einen Neubau, der im Juni 2000 eröffnet wurde.

Adresse/Öffnungszeiten Hirschelgasse 9–11, ✆ 0911/2315421. Mo 10–15 Uhr, Do 13–17 Uhr, So 10–17 Uhr. Eintritt: 5 €, erm. 2,50 € (Tageskarte für 6 Museen).

Lorenzer Altstadt

Hauptbahnhof: An der Eingangspforte zur Lorenzer Altstadt steht der mächtige Neurokokobau aus Muschelkalk. Er ist der Nachfolgebau eines 1844–1846 erbauten Bahnhofs, der den Anforderungen seiner Zeit nicht mehr genügte. Der heutige Hauptbahnhof entstand von 1900–1906 mit finanzieller Unterstützung des Prinzregenten Luitpold – wofür ihm die reiche Nürnberger Bürgerschaft dankbar ein Reiterdenkmal errichten ließ bzw. ihn mit der Aussicht auf dieses Denkmal schön vorher zu „ködern“ versuchte. Dieses Denkmal stand allerdings nicht lange vor dem Hauptbahnhof, da die Nazis es ein paar Jahrzehnte später wegen seines Materialwertes einschmolzen.

Handwerkerhof: Wer sich angesichts der Butzenscheibenromantik ins Mittelalter versetzt glaubt, der muss leider feststellen, dass das ganze Szenario mit den „schnuckeligen“ Häusern nur eine „Disney-Attrappe“ ist, die anlässlich der Feierlichkeiten zum Dürerjahr 1971 (500. Geburtstag) aufgebaut wurde. Zwar hat der Handwerkerhof wenig mit dem mittelalterlichen Handwerksleben gemein, doch sorgen die nicht ausbleibenden Touristenströme für seinen weiteren Fortbestand.

Neues Museum – Staatliches Museum für Kunst und Design: Seit April 2000 besitzt die moderne Kunst in Nürnberg endlich einen ihrer Bedeutung gemäßen Standort. Der Architekt *Volker Staab* hat einen überaus ansprechenden Neubau entworfen: Eine hundert Meter lange Glasfassade lenkt wie ein gläserner Vorhang den Blick auf die Schätze des Museums, davor öffnet sich ein weiter Platz, der zwischen Moderne und Tradition vermitteln will. Architektonisches Glanzstück im Inneren ist eine Treppenspirale, die Assoziationen an das New Yorker Guggenheim-Museum wecken soll.

Neues Museum

Insgesamt stehen 3000 Quadratmeter Ausstellungsfläche zur Verfügung. Eng miteinander verschränkt werden dabei die Kunstsammlungen (Malerei und Plastik treten neben Fotografie, Videokunst und Installationen) und die Designsammlung präsentiert. 700 Quadratmeter bleiben Wechselausstellungen vorbehalten. Eine gut sortierte Kunstbuchhandlung und ein Restaurant runden das Museumsvergnügen ab.

Adresse/Öffnungszeiten Klarissenplatz, ✆ 0911/2402041, www.nmn.de. Di–Fr 10–20 Uhr, Sa/So bis 18 Uhr. Eintritt: 4 €, erm. 3 €, So 1 €.

Mauthalle: Das Gebäude wurde einst als reichsstädtisches Kornhaus errichtet. Die 85 Meter lange, 20 Meter breite und 29 Meter hohe Halle war das größte von insgesamt zwölf Kornhäusern der Reichsstadt, die in Krisenzeiten die Getreideversorgung der Bevölkerung sicherstellen sollten (die Öffnungen im Steildach für die Belüftung des Getreides zeugen noch davon). Der Name Mauthalle ist auf das städtische Zollamt („Maut“) zurückzuführen, das zusammen mit einer Stadtwaage seit 1572 hier untergebracht war. Erbaut wurde das wuchtige Kornhaus 1498–1502 vom städtischen Baumeister *Hans Beheim d. Ä.*

Lorenzkirche: An den frühgotischen Vorgängerbau der Lorenzkirche erinnert heute noch das Langhaus mit seinem kargen Strebewerk und den streng proportionierten Spitzbogenarkaden. Die Orientierung an der Sebalduskirche ist nicht zu übersehen, auch wenn man die Lorenzkirche bewusst größer baute als das Vorbild: So wurde später wie bei der Sebalduskirche der ältere Ostchor abgebrochen und durch einen neuen größeren, lichtdurchfluteten ersetzt; von der Burg aus betrachtet, ähneln sich die Silhouetten sehr. Ein besonders eindrucksvolles Bild bietet die

Westfassade mit ihrem Portal und der Rosette, wenn man sich der Lorenzkirche über die Karolinenstraße nähert. Für die steinerne Rosette (Durchmesser 10,28 Meter), deren Sockel eine Scheingalerie bildet, findet sich kein Vorbild im fränkischen Raum. Man muss bis nach Nordfrankreich, vor allem nach Rouen, aber auch nach Sens und Meaux blicken, um etwas Vergleichbares zu entdecken. Der Platz vor der Lorenzkirche ist tagsüber der lebendigste in der gesamten Stadt. Egal, ob religiös motivierte Moralapostel, Straßenmusikanten oder politische Gruppierungen und Bürgerbewegungen, sie alle nutzen den Platz als Bühne bzw. Diskussionsforum.

Sakramentshäuschen

Dank der geringeren Trefferquote der alliierten Bomberpiloten sind im Inneren der Lorenzkirche weitaus mehr Kunstwerke erhalten geblieben als in der Sebalduskirche. Von den einzelnen Reliefs, Chorfenstern, Altären und Figuren verdienen v. a. zwei bedeutende Kunstwerke, der Engelsgruß und das Sakramentshäuschen, Beachtung. Das an einem Strebepfeiler im Ostchor stehende 18 Meter hohe *Sakramentshäuschen* von *Adam Kraft* entstand zwischen 1493 und 1496. Die Kosten des Kunstwerks in Höhe von 700 Gulden entsprachen seinerzeit dem Wert von drei Häusern in bester Stadtlage. Das schlanke, turmartig aufragende Sakramentshäuschen gehört zu den künstlerisch wertvollsten Schöpfungen der Spätgotik. Der Steinmetz Adam Kraft (mit Klöpfel und Meißel) hat sich selbst mit seinen beiden Gesellen am Fuß des Kunstwerks dargestellt. In den darüberliegenden Stockwerken sind Darstellungen von Christi Leiden, Tod und Auferstehung zu sehen. Der aus Lindenholz geschnitzte *Engelsgruß*, den *Veit Stoß* 1517/18 im Auftrag von Anton Tucher anfertigte, hängt frei in der Mitte des Chores. Am Vorabend der Reformation entstand dieses bedeutende Kunstwerk, das noch ganz dem Geist der Marienverehrung entstammt. Von einem ovalen Rosenkranz umgeben, sind überlebensgroß der Verkündigungsengel und Maria figürlich dargestellt. Als der Berliner Aufklärer *Friedrich Nicolai* 1781 die Nürnberger Kirchen besuchte, wunderte er sich, weshalb der „englische Gruß" des Veit Stoß, „der für ein Meisterwerk gehalten wird ... in einem großen Sacke steckt" und demzufolge nicht bestaunt werden konnte. Nicolai führte dies schließlich auf die Herren Kirchenvorsteher von St. Lorenz zurück und wünschte, ihnen könnte jemand bedeuten, „dass ein Kunstwerk im geringsten nichts verliert, vielleicht gar gewinnt, wenn die Vergoldung nicht so schön ist; und dass sie von jedem verständigen Manne ausgelacht werden, wenn sie ein Meisterstück, das der Stadt Nürnberg Ehre machen soll, ferner in einen Sack stecken, und am Gewölbe hängen lassen, nur um die Vergoldung zu schonen."

Öffnungszeiten Mo–Sa von 9–17 Uhr, So von 13–16 Uhr. www.lorenzkirche.de.

Region Nürnberg
Karte Seite 151

Nassauer Haus: Das Nassauer Haus ist das einzige erhaltene Beispiel mittelalterlicher Turmhäuser der Reichsministerialen, die früher – ähnlich wie heute noch in Regensburg – das Bild Nürnbergs bestimmten; der wehrhafte Charakter des gotischen Wohnhauses hatte schon bei seiner Fertigstellung nur noch symbolischen Wert. Das Erd- und das erste Obergeschoss stammen aus dem späten 12. oder frühen 13. Jahrhundert. Während des letzten Umbaus (1431–1437) hat das Turmhaus seine heutige Form mit Zinnenkranz und den drei Ecktürmchen erhalten.

Germanisches Nationalmuseum: In der Kartäusergasse befindet sich auch der architektonisch anspruchsvolle Eingang zum Neubau des bedeutendsten Museums für deutsche Kultur und Geschichte. Die Sammlung des Museums umfasst 1,2 Millionen Objekte zur Kunst- und Kulturgeschichte des deutschsprachigen Raumes. Etwa 20.000 Exponate sind in den Schausammlungen zu besichtigen: angefangen von der Vor- und Frühgeschichte (herausragend der „Goldkegel von Ezelsdorf“) bis zur modernen Alltagskultur. Der Schwerpunkt des Museums liegt auf Gemälden, Skulpturen, Kunsthandwerk, Möbeln, Spielzeug und Puppenhäusern sowie auf historischen Musikinstrumenten und wissenschaftlichem Instrumentarium. Höhepunkte der Sammlung sind u. a. Gemälde von Dürer und Cranach, der Behaim-Globus und die Kreuzwegstationen von Adam Kraft. Aufgrund der umfangreichen Sammlungen, deren Spektrum auch die moderne Kunst des 20. Jahrhunderts umfasst, ist es ein leichtes, gar Tage in den Museumsräumen zu verbringen. Zudem sind jährlich mehrere attraktive Sonderausstellungen zu sehen. Sehenswert ist auch die *„Straße der Menschenrechte“* von *Dani Karavan* in der Karthäusergasse vor dem Eingang des Germanischen Nationalmuseums. Auf 30 in einer Linie ausgerichteten Säulen sind die Artikel der Menschenrechte jeweils in Deutsch und einer Fremdsprache eingemeißelt.

Straße der Menschenrechte

Adresse/Öffnungszeiten Kartäusergasse, ✆ 13310. Di–So 10–18 Uhr, Mi bis 21 Uhr. Eintritt: 6 €, erm. 4 €. Mi von 18–21 Uhr Eintritt frei! www.gnm.de.

DB Museum und Museum für Post und Kommunikation (Verkehrsmuseum): Anschauliche Dokumentation über die Entwicklung der Bahn und Post in Deutschland. Neben historischen Fahrzeugen (von der Adler-Lokomotive existiert leider nur ein Nachbau), wie z. B. dem Salonwagen des Reichskanzlers v. Bismarck und zwei Wagen aus dem Hofzug Ludwigs II., wird die kulturgeschichtliche Entwicklung der Eisenbahn und des Postwesens gezeigt. Auf rund 2000 Quadratmetern Fläche wird hier die umfassendste Sammlung zur Geschichte der Eisenbahn in Deutschland präsentiert. Für Kinder gibt es einen Erlebnisbereich „Eisenbahntechnik zum Anfassen“.

Adresse/Öffnungszeiten Lessingstr. 6, ✆ 01804/442233 bzw. 0911/230880, www.dbmuseum.de. Di–Fr 9–17 Uhr, Sa und So 10-18 Uhr. Eintritt: 4 €, erm. 3 €.

Weißer Turm: Er gehört wie der Laufer Schlagturm zu den wenigen erhaltenen Resten der vorletzten Stadtbefestigung und wurde kurz nach der Mitte des 13. Jahrhunderts errichtet. Die kleine Barbakane mit den beiden Rundtürmen ist nur eine Rekonstruktion aus dem Jahre 1977.

Außerhalb der Altstadt

Johannis: Der traditionsreiche Stadtteil im Westen der Altstadt verfügt mit seinen Hesperidengärten und dem Johannisfriedhof über zwei kulturelle Highlights. Der in seiner Anlage einzigartige *Johannisfriedhof* kann zu den künstlerisch und kulturgeschichtlich bedeutendsten Friedhöfen in Europa gezählt werden. Und dies nicht nur deshalb, weil hier die berühmtesten Söhne Nürnbergs, darunter auch Albrecht Dürer, Veit Stoß, Willibald Pirckheimer und Wenzel Jamnitzer begraben liegen. Die Epitaphien, die die ansonsten völlig schlichten und gleich ausgerichteten liegenden Sandsteingrabmäler zieren, sind ein wahres Bilderbuch der Sozialgeschichte. Die Inschriften und Wappen künden von der sozialen Stellung des Toten, erzählen von seinem Beruf (Bäcker, Steinmetz, Brauer etc.), seinen Kindern oder ob er keine, eine oder fünf Ehefrauen überlebt hat. Beim gemütlichen Umherschlendern kann man auch leicht die eine oder andere kuriose bzw. humoristische Darstellung entdecken. Die Grabstätten wurden des Öfteren neu vergeben; so ruhen im Grab von Albrecht Dürer (Nr. 649) außer ihm und seiner Frau Agnes noch fünf Personen, die im Heilig-Geist-Spital gestorben waren, sowie drei Kupferstecher. Als man 1811 das Grab öffnete, um Dürers Genie an den Ausmaßen seines Schädels nachzuweisen, konnte man ihm schon keinen der gefundenen Schädel mehr zuordnen. Das seit der Renaissance verstärkt ausgeprägte Bewusstsein für die Natur und der barocke Hang zur Repräsentation führten zur Anlage der *Hesperidengärten* in Johannis. Man pflanzte und züchtete in der Frühen Neuzeit hier bis zu 93 verschiedene Arten von Zitrusfrüchten. Die für die damaligen Verhältnisse extrem teuren und seltenen Zitrus- und Pomeranzenfrüchte sorgten für ein exotisches Flair. In Johannis bildeten diese Gärten einen zusammenhängenden Komplex, der sich von der Johannisstraße bis hinunter zur Hallerwiese und dem Riesenschritt erstreckte. Der typische Grundriss eines Hesperidengartens (Hesperiden waren in der antiken Mythologie Nymphen, aus deren Garten Herakles drei goldene Äpfel entwendete) bestand aus einem hufeisenförmigen Vorderhaus, einem Aufzuchtbereich, dem eigentlichen Ziergarten – dem sich ein Obst- und Gemüsegarten mit einer freien, ungenutzten Fläche anschloss – und aus dem abschließenden Gartenhaus.

Adresse/Öffnungszeiten Johannisstraße 47. April–Okt. tägl. 8–20 Uhr.

Hesperidengärten

Region Nürnberg
Karte Seite 151

Gostenhof: Gostenhof ist der lebendigste Stadtteil Nürnbergs. Eine beispielhafte Sanierung machte das ehemalige „Glasscherbenviertel" zu einer attraktiven Wohngegend mit (noch) bezahlbaren Mieten. Bis weit in die achtziger Jahre hinein war Gostenhof ein ziemlich vernachlässigter Stadtteil. In die heruntergekommenen, schlecht ausgestatteten Mietshäuser aus der Gründerzeit wollte lange Zeit niemand ziehen, so dass sich ein großer Teil der Bewohner aus den sog. „Gastarbeiterländern" rekrutierte: Heute besitzt mehr als ein Drittel der Gostenhofer keinen deutschen Pass. Dies hat dazu geführt, dass sich Gostenhof in eine der schillerndsten Gegenden Nürnbergs gewandelt hat. Neben einer Vielzahl von Türken, Griechen, Italienern und Spaniern, die sich hier in den sechziger und siebziger Jahren Wohnungen mieteten, die sonst keiner haben wollte, wurde Gostenhof auch von Künstlern und Studenten entdeckt.

Nordstadt: Sie ist gewissermaßen Nürnbergs Vorzeigestadtteil. Hier finden sich trotz der Kriegszerstörungen noch zahlreiche großbürgerliche Häuser und Villen aus der Zeit um die Jahrhundertwende. Die herrschaftlichen Wohnungen, in denen einst das gehobene Nürnberger Bürgertum wohnte, wurden in den siebziger Jahren verstärkt von Studenten und Wohngemeinschaften als stilvolle und (damals noch) günstige Wohnmöglichkeit entdeckt. Dadurch entstand eine Vielzahl von Kneipen und Geschäften, die der Nordstadt ein neues, attraktiveres Image verlieh.

Kraftshof: Das 1269 erstmals urkundlich erwähnte Bauerndorf Kraftshof wird auch heute noch von seiner *Wehrkirche* dominiert. Die Anfang des 14. Jahrhunderts dem heiligen Georg geweihte und danach mehrfach renovierte und umgebaute Kirche zählt zu den schönsten Wehrkirchen in Franken. Vor allem aus nördlicher Richtung kommend, bietet sie ein imposantes Bild. Die Kirche brannte im Zweiten Weltkrieg zwar vollkommen aus, doch wurde sie bis 1952 wieder aufgebaut. Beeindruckend sind der fünfeckige Wehrfriedhof und der teilweise begehbare Wehrgang mit seinen bis zu acht Meter hohen, mächtigen Mauern. Einen knappen Kilometer östlich davon liegt der *Irrhain*, versteckt in einem Laubwäldchen. Er ist Eigentum des 1644 gegründeten *Pegnesischen Blumenordens*, der ältesten noch bestehenden literarischen Gesellschaft Deutschlands. Den Mittelpunkt bildete ein durch labyrinthartige Gänge erreichbarer Tempel. Jedes als „Pegnitzschäfer" bezeichnete Mitglied hatte im Hain eine kleine Poeten-Hütte, die mit seinem Abzeichen versehen war und in die er sich zurückziehen konnte, wenn er sich der Dichtkunst hingeben wollte. Von der ursprünglichen Anlage ist allerdings nur wenig erhalten. Es finden sich im Irrhain noch acht Gedenksteine, darunter ein klassizistischer Obelisk für Christoph Martin Wieland und einige Inschriftentafeln.

Patrizierschlösschen in Neunhof: Nördlich von Kraftshof liegt das etwas jüngere Haufendorf Neunhof. Vor allem das im Kern aus dem 15. Jahrhundert stammende Schlösschen, ein ehemaliger Herrensitz der Patrizierfamilie Kress, lohnt einen Besuch. Das einstige Wasserschloss ist von Zwinger und Graben sowie einem vorgelagerten Wirtschaftshof und einer barocken Parkanlage mit Gartenpavillon umgeben. Das Neunhofer Schlösschen ist eines der am besten erhaltenen Beispiele der ehemals so zahlreichen Patriziersitze in der Nürnberger Umgebung. Das Schloss ist heute eine Außenstelle des Germanischen Nationalmuseums und vermittelt mit seiner Einrichtung und den Ausstellungsobjekten einen guten Eindruck vom patrizischen Landleben in der Frühen Neuzeit.

Adresse/Öffnungszeiten Neunhofer Schlossplatz 1–3. Ostern–Sept. Sa/So 10–17 Uhr. Eintritt:2 €, erm. 1,50 €. Der Park ist von Apr. bis Sept. tgl. 10–19 Uhr geöffnet. Eintritt: frei!

Das ehemalige „Reichsparteitagsgelände"

Im Südosten von Nürnberg erheben sich die bröckelnden Reste des ehemaligen Reichsparteitagsgeländes. „Worte aus Stein" nannte sie *Albert Speer*, der Architekt der Anlage. Aus kleinen Anfängen heraus entwickelten sich die Parteitage der *NSDAP* zu Massenveranstaltungen, die von mehr als 750.000 Teilnehmern und 500.000 Zuschauern (1938) besucht wurden. Nach dem Willen Adolf Hitlers sollte Nürnberg von 1933 an „für alle Zeiten" „Stadt der Reichsparteitage" sein. Zwischen 1933 und 1938 fanden die großen sechs Parteitage, die jeweils ca. eine Woche dauerten, alljährlich im Spätsommer in Nürnberg statt. Ihnen war jeweils ein „Motto" vorangestellt: „Parteitag des Sieges" (1933), „Parteitag der Einheit und Stärke" (1934), „Parteitag der Freiheit" (1935), „Parteitag der Ehre" (1936), „Parteitag der Arbeit" (1937) und „Parteitag Großdeutschland" (1938). Scheinbar hehre Parolen, aber die Wirklichkeit sah anders aus: So wurde der für 1939 geplante „Parteitag des Friedens" kurzfristig abgesagt, da mit dem deutschen Überfall auf Polen der Zweite Weltkrieg begonnen hatte ...

Karte Seite 151

Größenwahn und Dummheit

„Seitdem sich die Nazis des Reichs bemächtigt hatten, machten sie aus diesem ihrem Parteitag einen Jahrmarktsrummel, eine ungeheure Parade von Soldatenbeinen, Uniformen, Bannern, Dummheit, Blechmusik und Geschrei. Ihre Redner ließen ihren Größenwahn sich überschlagen und erfanden die irrsinnigsten Märchen, ihre Kraft und Tugend zu preisen und die Schwäche und Schlechtigkeit ihrer Gegner zu verhöhnen. Nach dem Prinzip ihres Führers: „Je dicker eine Lüge ist, um so eher wird sie geglaubt", war diesen Rednern keine Lüge zu dumm, keine Verdrehung zu dreist, sie stellten sich hin und spien sie ihrem in Nürnberg versammelten Pöbel ins Gesicht."

Lion Feuchtwanger (Exil)

Die Nürnberger *Reichsparteitage* waren ein effektvolles Szenario aus Marschieren, Strammstehen und Jubelorgien, eingerahmt von Fahnen, Fackelzügen und Lichteffekten; sie waren die wichtigste öffentliche Machtdemonstration des nationalsozialistischen Regimes und hatten einen dementsprechend hohen Stellenwert. Der Bau des Reichsparteitagsgeländes vollzog sich in Etappen. Bereits 1933 wurden im Luitpoldhain die ersten behelfsmäßigen Arbeiten durchgeführt, ohne dass ein Gesamtkonzept vorhanden gewesen wäre. Im Herbst 1934 wurde *Albert Speer* mit der Erstellung eines architektonischen Gesamtplans für das Reichsparteitagsgelände beauftragt. Hitlers gigantomanischen Wunschvorstellungen entsprechend, sollten keine Zweckbauten, sondern eine „Weihestätte der Bewegung" geschaffen werden; jede andere Nutzung dieses Geländes hätte dem ideologischen Konzept zutiefst widersprochen. Im Winter 1942/43 stellte man die Bauarbeiten endgültig ein. Die Pläne für das Eingangsportal zur Großen Straße und der Bau für die Kulturtagungen wurden überhaupt nicht abgeschlossen. Das fast 25 Quadratkilometer große Gelände hat den Krieg bis auf eine Ausnahme so gut wie unversehrt überstanden und bietet Gelegenheit für eine Erkundung des Areals, das von Kriegsende bis heute immer wieder Umgestaltungsplänen unterworfen war.

Die Nürnberger Prozesse

Am 18. Oktober 1945 trat in Berlin der internationale Militärgerichtshof zusammen. Nach Erhebung der Anklage gegen die sog. „Hauptkriegsverbrecher“ wurde der Prozess am 20. November in Nürnberg fortgesetzt. Nürnberg als ehemalige Stadt der Reichsparteitage und vermeintliche „Geburtsstätte der Naziregierung“ erschien den Amerikanern und ihren westlichen Verbündeten hierfür als der geeignetste Ort. Für Nürnberg sprachen außerdem der Zustand von Justizpalast und Gefängnis (im Stadtteil Gostenhof) sowie die vorhandenen Unterbringungsmöglichkeiten für Personal und Zeugen. Bis zum 1. Oktober 1946 verhandelten die Alliierten gegen 24 führende Angehörige von Reichskabinett, SA, SS, Gestapo, Sicherheitsdienst, Generalstab und Oberkommando der Wehrmacht sowie gegen das Führerkorps der NSDAP. Die Hauptanklagepunkte lauteten: Verschwörung gegen den Frieden, Kriegsverbrechen und Verbrechen gegen die Menschlichkeit. Gegen zwölf der Angeklagten wurden Todesurteile ausgesprochen; am 16. Oktober wurden Franck, Frick, Jodl, Kaltenbrunner, Keitel, Rosenberg, von Ribbentrop, Sauckel, Seyss-Inquart und Streicher gehängt; Göring und Ley hatten zuvor Selbstmord begangen; Bormann wurde in Abwesenheit zum Tode verurteilt. Schacht, von Papen und Fritzsche wurden frei gesprochen, während Dönitz, Funk, Hess, von Neurath, Raeder, von Schirach und Speer zu Freiheitsstrafen von zehn Jahren bis lebenslänglich verurteilt wurden. Danach schlossen sich bis 1949 zwölf Nachfolgeprozesse an, die nur noch vor einem amerikanischen Militärgericht stattfanden. Von den 177 dort Angeklagten wurden 18 hingerichtet.

Im Nürnberger Justizgebäude, Fürther Straße, im Stadtteil Gostenhof fanden auch die zwölf weniger bekannten, bis heute historisch kaum aufgearbeiteten Nachfolgeprozesse (1946–1949) gegen führende Vertreter der Wirtschaft, Justiz, Ärzteschaft und Militärverwaltung statt.

Südöstlich des Luitpoldhaines – die Größe der *Luitpoldarena* lässt sich noch im Gelände des Luitpoldhains ausmachen – erhebt sich der Torso der *Kongresshalle*. Die Form des monumentalen Bauwerks sollte bewusst an sein antikes Vorbild erinnern, auch wenn die Ausmaße der Kongresshalle die des Kolosseums in Rom übertreffen. Mit ihrem für 50.000–60.000 Menschen konzipierten Fassungsvermögen wäre sie (damals) die größte Halle der Welt mit einer Grundfläche von 265 Meter mal 275 Meter geworden. Vom Kongressbau – zwischen dem Großen und Kleinen Dutzendteich hindurch – bis zum Märzfeld bauten die Nationalsozialisten eine zwei Kilometer lange und 60 Meter breite Verbindungsstraße, die sog. *„Große Straße“*. Die mit aufgerauten Granitplatten gepflasterte Chaussee sollte als Aufmarschstraße die Verbindung zum Märzfeld herstellen. Am Ende der Großen Straße, dort wo sich heute die Wohnhäuser von Langwasser-Nord erheben, war einst ein militärisches Demonstrationsgelände, das *Märzfeld*, geplant. An der Westseite der Großen Straße sollte sich ungefähr auf halber Höhe das *Deutsche Stadion* anschließen. Albert Speer plante einen hufeisenförmigen Tribünenbau von 350 Meter Länge, 150 Meter Breite und 80 Meter Höhe. Das Stadion hätte 405.000 Zuschauern Platz bieten und die sog. NS-Kampfspiele (paramilitärische Übungen mit Handgranatenweitwurf und Staffellauf mit Gasmaske) beherbergen sollen. Der

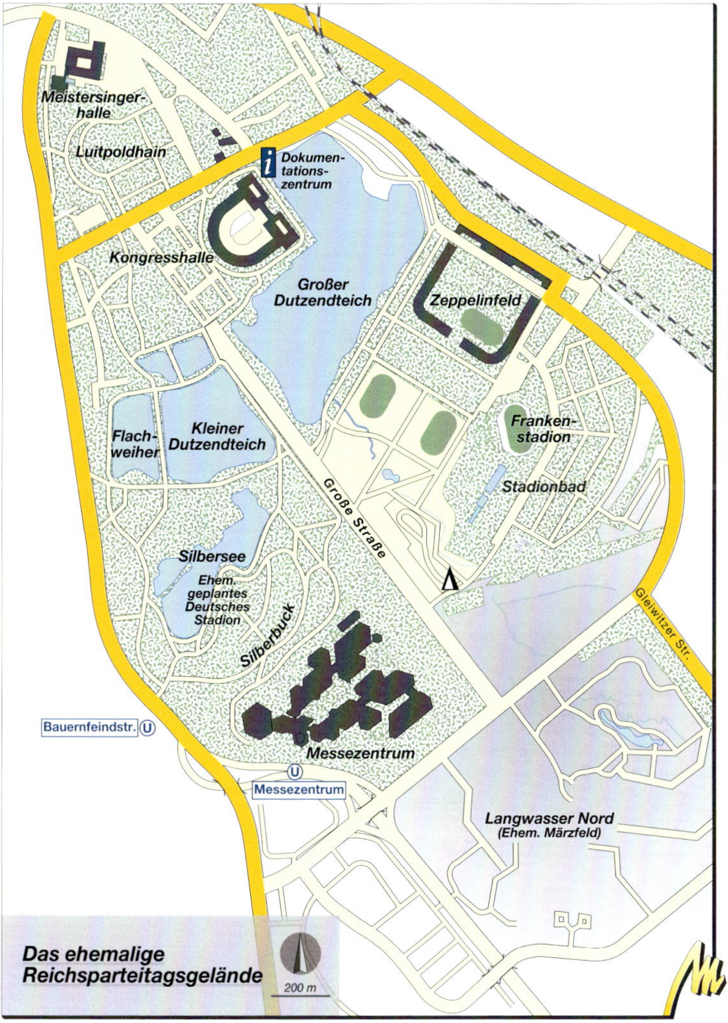

Region Nürnberg
Karte Seite 151

Stadionbau kam allerdings über den Aushub der Baugrube nicht hinaus. Heute erinnert nur noch der aus der Baugrube entstandene Silbersee an Hitlers Größenwahn. Geht man nach Osten am Südufer des Großen Dutzendteiches entlang, so ist der Spiegeleffekt der Kongresshalle zu sehen. Nach ungefähr einem Kilometer taucht das *Zeppelinfeld* auf. Die Haupttribüne ist 350 Meter lang. Ursprünglich wies sie Pfeilerkolonnaden, Mittelrisalit mit Führerempore und Seitenpylone mit metallenen Feuerschalen auf. Das rechteckige Areal wird von den mit 34 Türmen durchsetzten Tribünen begrenzt. Auf dem Zeppelinfeld fanden die meisten Veranstaltungen während der Reichsparteitage statt. Hier marschierten die jungen Männer des Reichsarbeitsdienstes auf, hier wurden Reigen- und Formationstänze am „Tag der Gemeinschaft“ aufgeführt, hier trafen sich die „Politischen Leiter“ und ereignete sich der „Tag der Wehrmacht“. Das Innere des Zeppelinfeldes fasste 250.000 Personen, die Tribünen weitere 70.000 eintrittspflichtige Zuschauer.

Dokumentations-Zentrum Reichsparteitags-Gelände: Mit finanzieller Hilfe zahlreicher Sponsoren, der Stadt Nürnberg, des Bundes und des Freistaats Bayern konnte im Nordflügel der Kongresshalle das längst überfällige Dokumentationszentrum eingerichtet werden. In der 1200 Quadratmeter großen Dauerausstellung „Faszination und Gewalt“ werden verschiedene Präsentationsformen (Interviews von Zeitzeugen, Original-Filme, Hörbilder etc.) eingesetzt, um die Zusammenhänge zwischen NS-Ideologie und der Reichsparteitagsarchitektur zu veranschaulichen und den Stellenwert der Reichsparteitage im System des Nationalsozialismus darzustellen. Der Bogen ist dabei vom Aufstieg der NSDAP bis hin zu den Nürnberger Prozessen gespannt. Von ihrer Größe und von ihrer museumsdidaktischen Ausrichtung her ist die Ausstellung ein Musterbeispiel für den Umgang mit der deutschen NS-Geschichte. Interessant ist auch der Ansatz des Architekten *Günther Domenig*, der einen 130 Meter langen Pfahl aus Glas und Metall durch das Gebäude getrieben und so die monumentale Architektur des Bauwerks mit der dahinterstehenden Weltanschauung der Auftraggeber aufgebrochen hat.

Adresse/Öffnungszeiten der Kongresshalle Zu erreichen mit der Straßenbahn Linie 9 (Haltestelle Doku-Zentrum). Mo–Fr 9–18 Uhr, Sa/So 10–18 Uhr. Eintritt: 5 €, erm. 2,50 € (Tageskarte für 6 Museen). www.museen.nuernberg.de.

Rundgang An der Infotheke im Dokumentationszentrum beginnt auch ein empfehlenswerter Rundgang des Vereins „Geschichte Für Alle“ über das ehemalige Reichsparteitagsgelände. *Termine:* So um 14 Uhr. Teilnahmegebühr: 7 €, erm. 6 €.

Ein geeigneter Ausgangspunkt für einen Spaziergang über das ehemalige Reichsparteitagsgelände ist die Haltestelle der Straßenbahn am Luitpoldhain. Wer nicht mit öffentlichen Verkehrsmitteln unterwegs ist, findet an der gegenüberliegenden Meistersingerhalle leicht einen Parkplatz. Seit dem Jahr 2006 erklären an insgesamt 23, über das Gelände verteilten Stellen drei Meter hohe Edelstahltafeln die Machtarchitektur von Albert Speer sowie die Nutzung des Geländes vor und nach 1945.

Heute findet vor der Kongresshalle zweimal im Jahr das Volksfest statt

Stein

Das „Dorf der Bleistiftmacher" an der Straße nach Ansbach ist so eng mit dem Namen Faber-Castell verbunden, dass die Geschichte von Stein fast eine Firmengeschichte ist.

Zwar gehört Stein (seit 1977 sogar „Stadt") weder zu Nürnberg noch zu Fürth, aber zum großen Nachbarn Nürnberg bestehen seit jeher enge geschichtliche Beziehungen. Nicht von ungefähr versuchte die Stadt Nürnberg 1921, Stein einzugemeinden, was die Gemeinde jedoch erfolgreich ablehnte, wobei der Einfluss des „Schlossherren" eine nicht unbedeutende Rolle gespielt haben soll. Im Jahr 1717 ist in Stein zum ersten Mal die Rede von einem „Bleistiftmacher", 1761 taucht in diesem Zusammenhang erstmals der Name *Caspar Faber* auf. Sein Urenkel *Lothar Faber* baute den kleinen Handwerksbetrieb zur größten deutschen Bleistiftfabrik aus. Einem Patriarchen gleich, bestimmte er die lokale Politik; seine großzügigen Stiftungen und sein privates Engagement für den Ort förderten eine enge Verbindung zwischen den Einwohnern und dem Fabrikanten. Nach seinem Tode errichtete die Gemeinde vor der evangelischen Kirche in Stein ein Denkmal für *Lothar Freiherr von Faber*, wie er sich seit 1881, dem Jahr seiner Nobilitierung, nennen durfte.

Romantische Fabrikantenträume: Das Steiner Schloss

Steiner Schloss: Die Lage des direkt neben der Fabrik errichteten Schlosses ist typisch für die repräsentativen Wohnbauten des Industrieadels im 19. Jahrhundert: Die Nähe zur Fabrik symbolisierte die Allgegenwart des Besitzers. Deutlich ist zu erkennen, dass das „Bleistiftschloss" in zwei unterschiedlichen Bauphasen errichtet wurde. Das kleinere, schlicht wirkende „Alte Schloss" ließ Lothar Faber 1878 im Stil der italienischen Romanik und Frührenaissance erbauen. Drei Flügel umschließen als nördlicher Eckteil der Anlage den quadratischen, viergeschossigen Turm, dessen Kranzgeschoss mit Zinnen besetzt ist. Wenige Jahre nachdem *Ottilie*, Lothars Enkelin und Alleinerbin, *Graf Alexander von Castell* geheiratet hatte, genügten dem jungen Paar die alten Gemäuer nicht mehr. Von 1903–1906 wurde das „Neue Schloss" – Blickfang ist seine mittelalterliche Kalksteinfassade – nach Plänen von *Theodor von Kramer* errichtet. Der dem Historismus entsprungene Bau suggeriert, dass er der ältere sei.

In den luxuriösen Innenräumen des Schlosses (nur während der regelmäßig stattfindenden Ausstellungen teilweise zu besichtigen) finden sich von der Romantik bis zum Jugendstil alle Stilarten. Die Verbindung zum älteren Schloss stellt ein über der Einfahrt errichteter, reich gegliederter, fünfgeschossiger Turm mit steilem Walmdach her, außerdem der sog. Kreuzgang und die Kapelle mit Apsis. Seit 1939 wird das Schloss nicht mehr von der Familie bewohnt. Die Alliierten nutzten die repräsentativen Räumlichkeiten nach Kriegsende für die Unterbringung des internationalen Pressecamps während der Nürnberger Prozesse. Unter den Berichterstattern waren nicht nur so berühmte Schriftsteller wie John Steinbeck, Ernest Hemingway, John Dos Passos und Erika Mann, auch Willy Brandt kam als Korrespondent norwegischer Zeitungen.

Hinter dem Schloss erstreckt sich der weitläufige Faber-Park. Ein Spaziergang durch das naturbelassene Gelände mit seinem alten Baumbestand und dem wildromantischen See ist sehr zu empfehlen. Die Anlage des Parks ist typisch für den Zwiespalt des Industriezeitalters: Einerseits regierte der Fortschrittsglaube, andererseits wurde die Natur idealisiert; die Ruinenstaffage war ein wichtiger Teil dieser Utopie.

• *Information* Stadt Stein, Hauptstr. 56, 90547 Stein, ✆ 0911/6801–0.

• *Schwimmen* **Palm Beach Freizeitparadies**, Wellenbad, Schwimmbecken, mehrere Wasserrutschen, Whirlpool, Saunalandschaft mit Dampfbad und Solarium. Tgl. von 10–22 Uhr geöffnet, Fr ab 19 Uhr FKK-Baden. Albertus-Magnus-Str. 29, ✆ 6887980. www.palm-beach.de.

Schwabach

Die alte Markgrafenstadt Schwabach, eine der kleinsten kreisfreien Städte Deutschlands, schließt den Nürnberger Ballungsraum nach Süden hin ab. In den letzten Jahrzehnten bemühte man sich erfolgreich um die Sanierung des alten Stadtbildes, wofür Schwabach 1979 als einzige deutsche Stadt mit der „Europa-Nostra-Medaille" belohnt wurde.

Eine lange Tradition hat das Handwerk des Goldschlagens und der Nadelherstellung. In über 40 Länder der Welt werden alljährlich fünf Milliarden Nadeln aus Schwabach exportiert. Das Hämmern der Goldschläger bestimmt seit Jahrhunderten den Rhythmus der Stadt, auch wenn heute nur noch fünf Betriebe gezählt werden, im Gegensatz zu den 127 Goldschlägereien von 1924. Sie beschäftigten rund 1000 Personen und verarbeiteten alljährlich eine Tonne Rohgold. Das Blattgold eignet sich übrigens nicht nur zum Verzieren von Kunstgegenständen und Verschließen von Operationswunden, man kann es auch trinken! Es schwimmt nämlich im *Schwabacher Goldwasser*, einem Gewürzlikör mit feinen Goldplättchen. Heute profitiert und leidet Schwabach gleichermaßen von seiner Nähe zu Nürnberg. Mode- und anderen Fachgeschäften fällt es schwer, sich gegen die scheinbar übermächtige Konkurrenz zu behaupten. Und auch eine ansprechende Kneipen- und Cafészene sucht man vergeblich. Viele Schwabacher trauern noch den Zeiten nach, als in den achtziger Jahren noch das *New Wave* und das *Lichtspielhaus* Publikum aus Nürnberg anlockten.

Geschichte

Seit der Mitte des 12. Jahrhunderts gehörte die aus einem Königshof erwachsene Siedlung zum Zisterzienserkloster Ebrach. Der Name Schwabach deutet eventuell auf eine alemannische (schwäbische) Ansiedlung im frühen Mittelalter in. Seinen

Aufstieg zur Stadt verdankt Schwabach den Burggrafen von Nürnberg, die den Ort 1364 erwarben und dadurch den hohenzollernschen Einflussbereich im Westen und Süden der Reichsstadt Nürnberg weiter ausbauen konnten. Einst war Schwabach vollständig von einem nahezu kreisförmigen Mauerring umschlossen, der sich beiderseits des gleichnamigen Baches erstreckte (Reste sind noch im Süden zu erkennen). Dem Lauf der Schwabach folgen die Hauptstraßen beider Stadthälften, wobei die südlichere mit der Stadtpfarrkirche und dem Rathaus großzügiger angelegt

Region Nürnberg
Karte Seite 151

wurde. Nach Ansbach entwickelte sich Schwabach zur zweitgrößten Stadt des Fürstentums. Wie in anderen Städten der Markgrafschaft Ansbach durften sich die hugenottischen Glaubensflüchtlinge auch in Schwabach niederlassen. Sie ließen sich im südwestlichen Teil der Altstadt nieder und errichteten 1686 ein eigenes Gotteshaus, die sog. „Franzosenkirche". Die Hugenotten, aber auch österreichische Glaubensflüchtlinge, belebten spürbar das Wirtschaftsleben Schwabachs. Vor allem die Goldschläger, Nadler und Drahtzieher machten die regionalen Produkte in ganz Europa bekannt. Aus diesen vorindustriellen Anfängen entwickelte sich die bis in die Gegenwart reichende Tradition des metallverarbeitenden Gewerbes.

• *Anfahrt/Verbindungen* **Zug**: Zwischen Nürnberg und Schwabach verkehren sehr häufig Regionalzüge (R 6). Von dem im Osten Schwabachs gelegenen Bahnhof braucht man zu Fuß gut 10 Min. ins Zentrum. Zudem bestehen häufig Busverbindungen nach Nürnberg und Roth.

Auto: Schwabach liegt an der A 6 Nürnberg-Heilbronn und besitzt zwei Autobahnausfahrten.

• *Information* **Tourismus-Büro**, Königsplatz 1, 91126 Schwabach, ✆ 09122/860241, ✆ 09122/860244, www.schwabach.de.

• *Einwohner* 40.600

• *Kino* **Luna-Theater**, ✆ 5200, www.lunatheater-schwabach.de; Scala-Filmtheater, ✆ 13330, www.museum-kinos.de.

• *Stadtrundgänge* Von Mai bis Okt. jeden So um 14 Uhr sowie jeden zweiten Mi um 16.30 Uhr. Treffpunkt: Rathaus. Teilnahmegebühr: 3 €, erm. 2 €.

• *Schwimmen* Beheiztes **Parkbad**, Angerstr. 10, Auskunft: ✆ 81772, Eintritt: 3,60 €, erm. 1,90 €. **Hallenbad** in der Bismarckstr. 6, geöffnet Sept.–Mai, Auskunft: ✆ 82282.

• *Essen/Übernachten*

Holiday Inn Express (4), modernes, jüngst eröffnetes Kettenhotel nahe der Autobahn Ausfahrt Schwabach Süd mit gutem Preis-Leistungs-Verhältnis. WLAN. DZ inkl. Frühstück 59 € (Wochenende), sonst 79 €, ✆ 09122/18800, ✆ 1880888, www.express-schwabach.de.

Goldener Stern (2), in den hellen, freundlichen Räumen werden fränkische und internationale, aber auch einige vegetarische Gerichte serviert sowie Spalter Bier ausgeschenkt. Küchenmeister Dieter Truschel schwört auf Blattgold und hat ein „Gold-Menü" kreiert (26 €). Seine Spezialität ist eine Kürbissuppe mit Blattgold. Von der Straßenterrasse bietet sich ein schöner Blick über den Marktplatz. Ein Hinweis für historisch Interessierte: Im Goldenen Stern wurden 1529 die „Schwabacher Artikel" beraten, die später in die Augsburger Konfession eingingen. Mo Ruhetag. Königsplatz 12, ✆ 2335, www.trutschel-goldstern.de.

Weißes Lamm (5), traditionsreiches Haus, in dem schon Goethe übernachtet hat. Nach dem Zwischenspiel mit einem griechischen Restaurant gibt es wieder einen Pächter mit fränkischer Küche (Schäufele, Schweinebraten etc.), die eine gewisse Finesse nicht zu verleugnen braucht. Günstige Mittagsgerichte (6,90 € inkl. Espresso). Nette Straßenterrasse. Königsplatz 33, ✆ 8751004. www.weisses-lamm.de.

Mönchshof Café (3), nettes Café mit Restaurantbetrieb in einem Hinterhof mit großer Straßenterrasse. Mo–Sa 10–24 Uhr. Ludwigstr. 5, ✆ 17818.

Hotel Löwenhof (1), passables Stadthotel, allerdings ohne besonderes Flair. EZ ab 55 €, DZ ab 85 €. Rosenbergerstr. 11, ✆ 09122/832100, ✆ 8321029, www.hotel-loewenhof-schwabach.de.

Sehenswertes

Stadtpfarrkirche: Schon von weitem sieht man den 72 Meter hohen Turm der äußerlich schlicht anmutenden spätgotischen Stadtpfarrkirche; der lichtdurchflutete Innenraum ist ungewöhnlich reich mit sakralen Kunstwerken ausgestattet. Ursprünglich plante man eine Basilika, doch wurde das Vorhaben vor der Vollendung (1495) abgeändert. Besonders eindrucksvoll ist der *Hochaltar*, ein wahres Glanzstück unter den Schnitzaltären der Spätgotik, auch gemessen an seinem Erhaltungszustand; er stammt aus der Werkstatt von *Michael Wolgemut*, dem Lehrer Albrecht Dürers. Die Schnitzarbeiten der Schreinfiguren wurden wahrscheinlich von *Veit Stoß* oder einem ihm nahe stehenden Meister gefertigt. Weitere sieben Altäre aus der Zeit von 1450–1520 sind im Inneren zu bewundern, darunter der *Veitsaltar* und der *Altar der „Schönen Maria"*, dessen Flügel von *Hans von Kulmbach* bemalt wurden; ihm werden auch die Flügel des Sebastiansaltars zugeschrieben. Die Rosenbergerkapelle bewahrt neben originalen Glasgemälden den effektvollen Schusteraltar. Neben der Kapelle befindet sich ein 14 Meter hohes, schlankes Sakramentshäuschen von 1505.

Altstadt: Die Stadtkirche und das Rathaus mit seinen Rundbogenarkaden liegen an dem wohltuend ästhetischen Marktplatz (Königsplatz). Das *Rathaus* – ursprünglich ein Fachwerkbau von 1509 – wurde im 18. Jahrhundert aufgestockt und nach Norden erweitert. Auf dem Königsplatz stehen zwei Brunnen: der 1717 nach Plänen des markgräflichen Baudirektors von Zocha erbaute *Schöne Brunnen* und der von *Alexander von Heideloff* entworfene, schlichte klassizistische *Pferdebrunnen*, der einst als Rosstränke diente. Die ehemalige Fürstenherberge, in der 1547 Kaiser Karl V. den sächsischen Kurfürsten Johann Friedrich gefangen hielt, mehrere Bürgerhäuser sowie die beiden historischen Gasthöfe „Zum Weißen Lamm" und „Zum Goldenen Stern" runden das Marktplatzensemble ab. Das *Mönchsviertel* in der Ludwigstraße gilt als die Keimzelle Schwabachs. Über die Sägbrücke gelangt man in die Kappadozia, eine Gasse mit schönen alten Fachwerkhäusern.

Schmuckkästchen – Schwabachs Marktplatz

Stadtmuseum: Das neu konzipierte Museum – es befindet sich in einer ehemaligen Kaserne im Norden der Altstadt – widmet sich der Darstellung der Kulturgeschichte Schwabachs und seiner Umgebung, wobei ein Schwerpunkt auf dem 20. Jahrhundert liegt; es besitzt zudem eine naturkundliche Sammlung mit 2600 Vogel- und Reptilieneiern. In den Räumlichkeiten sind auch eine komplette Goldschlägerwerkstatt sowie eine Werkstatt zum Verfertigen von Leonischen Drahtgespinsten eingerichtet. Seit November 2005 ist auch eine Dauerausstellung über die fränkische Modellbaufirma Fleischmann eingerichtet.

Adresse/Öffnungszeiten Museumsstraße, 09122/833933, www.schwabach.de/stadtmuseum. Mi–So 10–18 Uhr. Eintritt: 4 €, erm. 2,50 €.

Fürth

„Kleeblattstadt", „Stadt der tausend Schlote" und „Fränkisches Jerusalem" – Fürth, „Nürnbergs kleine Schwester", hat nicht nur eine mehr als 1200 Jahre alte, immer noch lebendige Stadtgeschichte, sondern auch viele Gesichter. Trotz der räumlichen Nähe zu Nürnberg scheint es manchmal so, als ob die beiden Städte Welten trennten.

Es ist gerade sein Verhältnis zur ungeliebten Nachbarstadt, das einen echten Fürther auszeichnet. Niemals würde er sagen, Fürth läge bei Nürnberg, nein, für ihn liegt es schlicht und einfach in Bayern. Umgekehrt geht ein Nürnberger nur höchst unfreiwillig nach Fürth. Und diejenigen Nürnberger, die die hohen Mieten und die Wohnungsnot der letzten Jahre zwangen, ins etwas billigere Fürth „auszuwandern", wenden alle möglichen Tricks an, um zu vermeiden, dass ihr Auto ein Nummernschild mit dem Kürzel „FÜ" tragen muss. Die Unterschiede zwischen den beiden Nachbarstädten sind in jeder Hinsicht auszumachen. Auch wenn für einen Norddeutschen die beiden Dialekte völlig identisch klingen, so erkennen die echten Fürther gleich, wer mit dem in ihren Augen „dreckigen Pegnitzwasser" getauft worden ist und wer „färderisch" spricht. Fürth ist offen und ehrlich, hier wird nichts kaschiert, nichts beschönt oder gestylt. Ein Fürther träumt nicht vom Großstadtflair und sieht seine Stadt nicht als Frankenmetropole. Er weiß, Fürth ist Fürth – und eben nicht Nürnberg. Alles geht hier ein bisschen ungezwungener und lockerer zu als beim „großen" Nachbarn.

Eine Anekdote, die das Verhältnis zwischen Nürnbergern und Fürthern treffend umreißt, stammt aus den zwanziger Jahren. Es wird berichtet, dass in den Zeiten, als die deutsche Fußballnationalmannschaft noch ausschließlich aus Fürthern und Nürnbergern bestand (lang, lang ist's her ...), sich die beiden Mannschaften außerhalb des Spielfeldes streng voneinander abgrenzten; so reisten die Fürther Nationalspieler mit einem anderen Zug zu einem Länderspiel nach Holland (1924) als ihre Kollegen aus Nürnberg. Auch die Abreise erfolgte in getrennten Zügen. Man wollte sich autonom und unabhängig zeigen, hatten doch die Fürther zwei Jahre zuvor in einer Volksabstimmung mit großer Mehrheit abgelehnt, sich von Nürnberg eingemeinden zu lassen.

Geschichte

An den Furten von Pegnitz und Rednitz gelegen, wurde Fürth höchstwahrscheinlich während der Regierungszeit Karls des Großen als Königshof gegründet. Aber erst als 1007 König *Heinrich II.* sein Königsgut Fürth dem von ihm gegründeten Bamberger Bistum schenkte, wird der Name gesichert erwähnt. Wenig später, 1062, erhielt Fürth das Marktrecht. Jahrhundertelang lebten die Fürther in einem politischen Machtvakuum, was einer expansiven Entwicklung nicht gerade förderlich war. Drei „Herren" – das Bamberger Domkapitel, der Markgraf von Ansbach und der Rat der Reichsstadt Nürnberg – versuchten in Fürth, wo ihre Territorien aneinandergrenzten, ihre Ansprüche geltend zu machen. Viele Gewerbe aus dem nahe gelegenen Nürnberg wurden im liberaleren Fürth heimisch, denn hier gab es nicht nur das in Zünften organisierte Handwerk.

Nach einem vierzehnjährigen preußischen Intermezzo kam der Ort 1806 zum Königreich Bayern; nur zwölf Jahre später wurde Fürth zur „Stadt erster Klasse" erho-

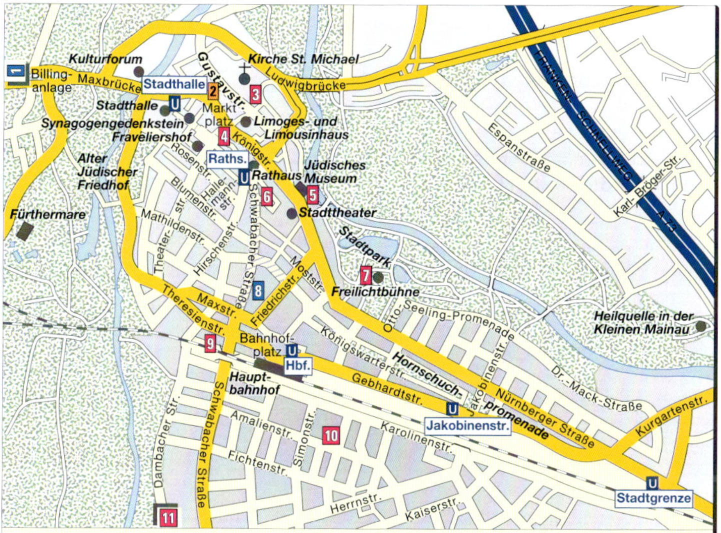

Ü bernachten
1 Pyramide
8 Werners Hotel

N achtleben
2 Blue Note
9 Comödie

E ssen & Trinken
3 Grüner Baum
4 Rest. Walhalla
5 Café im Jüdischen Museum
6 Rest. Stadtwappen
7 Stadtparkcafé
9 Comödie
10 La Palma
11 Zum Blauen Affen

300 m

Fürth

Region Nürnberg
Karte Seite 151

ben und bekam eine eigene Stadtverwaltung. „Erstickend in ihrer Enge und Öde die gartenlose Stadt, Stadt des Rußes, der tausend Schlöte, des Maschinen- und Hammergestampfs, der Bierwirtschaften, der verbissenen Betriebs- und Erwerbsgier, des Dichtbeieinander kleiner und kleinlicher Leute, der Luft der Armut ...“, so charakterisierte der in Fürth geborene und aufgewachsene Schriftsteller *Jakob Wassermann* die Schattenseiten des industriellen Fürths. Und richtig, es waren hauptsächlich die Kaufleute und Industriellen wie *Wilhelm Königswarter*, *Heinrich Berolzheimer* und *Christian Heinrich Hornschuch*, die Fürth im 19. Jahrhundert aus seinem Dornröschenschlaf erweckten. In wenigen Jahrzehnten wandelte sich das bis dahin von Bauern und Handwerkern geprägte Fürth zu einer modernen Industriestadt. Um die Jahrhundertwende zählte Fürth schon 54.000 Einwohner. Nach Kriegsende waren es die Unternehmer *Gustav Schickedanz*, *Max Grundig* und *Paul Metz*, die Fürther Produkte weit über die heimischen Grenzen hinaus bekannt machten. Sie profitierten vom deutschen Wirtschaftswunder, das mit dem Namen eines weiteren Fürthers untrennbar verbunden ist: *Ludwig Erhard*.

Anfahrt/Verbindungen

• *Flugzeug* Der Nürnberger **Flughafen** liegt zehn Kilometer nordöstlich von Fürth, ✆ 0911/93700. Ein **Taxi** ins Fürther Zentrum kostet ca. 20 €.

• *Zug* Der **Hauptbahnhof** liegt nur wenige Gehminuten südlich der Fußgängerzone. Lediglich ein paar Intercity-Züge halten in Fürth. Es bestehen aber sehr gute Regionalzug-Verbindungen ins Umland sowie nach Erlangen und Bamberg. Nach Nürnberg fährt die U-Bahn in recht kurzen Abständen.

• *Öffentliche Verkehrsmittel* Es existiert ein gutes Verkehrsnetz mit U-Bahn und Bussen, www.vgn.de.

Information/Diverses

• *Information* **Tourist Information**, Bahnhofsplatz 2, 90762 Fürth, ✆ 0911/2395870, ✆ 23958710, www.fuerth.de.

• *Einwohner* 109.000

• *Jiddisch-Festival* In der ersten Märzhälfte findet im zweijährigen Turnus (2010, 2012 usw.) dieses Festival statt, das sich der Vermittlung der jüdischen Kultur verschrieben hat.

• *Kirchweih* Michaelis-Kirchweih Anfang Oktober.

• *Grafflmargd* Rund um den Marktplatz und die Gustavstraße findet zweimal im Jahr, im Mai und im Sept., der weithin berühmte Fürther Trödelmarkt statt.

• *Kulturforum Fürth* Einer der lebendigsten Orte im Fürther Kulturleben. Das Kulturforum befindet sich im alten Fürther Schlachthof direkt neben der Altstadt, am linken Ufer der Rednitz. Es beherbergt Übungsräume für Bands, den dem Volkstheater verpflichteten Verein „Bühne Erholung 27" und das Kino „Uferpalast". In der ehemaligen Schweineschlachthalle finden Theater- und Musikaufführungen statt, daneben steht auch der Bildenden Kunst ein geeignetes Forum zur Verfügung. Würzburger Straße 2, ✆ 973840, www.kulturforum.fuerth.de.

• *Schwimmen* **Fürthermare**, im Herbst 2007 eröffnet, mit Thermalbad und Sauna sowie angrenzendem Freibad. Fürth, Scherbsgarten 15, ✆ 0911/9704250. www.fuerthermare.de.

Essen/Übernachten/Nachtleben (siehe Karte S. 189)

Pyramide (1), etwas außerhalb gelegenes, supermodernes Hotel in Pyramidenform. Fürwahr ein gläserner Palast, Design oder Nichtsein! EZ ab 125 €; DZ ab 155 €. Europa-Allee 1, ✆ 0911/97100, ✆ 9710111, www.pyramide.de.

Werners Hotel (8), die beste Adresse in Fürth in dieser Preisklasse. Mitten in der Innenstadt gelegen und mit 27 Zimmern alles andere als eine anonyme Herberge. EZ ab 69 €, DZ ab 89 € (jeweils inkl. Frühstücksbuffet). Friedrichstr. 22, ✆ 0911/740560, ✆ 7405630, www.werners-hotel.de.

Walhalla (4), urwüchsige Fürther Gaststätte mit typischem Fürther Publikum. Die Fischgerichte sind lobenswert, bei Braten oder Geflügel ist die Soße hingegen zu stärkehaltig. Tgl. außer Do 11–14 und 17–21 Uhr. Obstmarkt 3, ✆ 772266. www.gasthaus-walhalla.de.

Grüner Baum (3), Traditionsgaststätte in einem 400 Jahre alten Haus. Mo–Sa 17–1 Uhr, So 11.30–22 Uhr. Gustavstr. 34, ✆ 0911/770554.

Stadtwappen (6), gutbürgerliche Küche mit günstigen Preisen und großen Portionen. Gebratenes Knöchle mit Kloß und Salat zu 8,50 €. Tgl. außer Di 10.30–14 und 16.30–22 Uhr. Bäumenstr. 4, ✆ 771997.

La Palma (10), der anerkanntermaßen beste Italiener in Fürth. Im klassisch zeitlosen Ambiente wird man je nach marktfrischem Angebot auf hohem Niveau verwöhnt. Gutes Preis-Leistungs-Verhältnis. Mo Ruhetag, Karlstr. 24, ✆ 0911/747500.

Comödie (9), Bar- und Restaurantbetrieb in einem wunderschönen Jugendstilambiente. Serviert werden u. a. „fränkische Tapas", das kleine Schäufele für 4 €. Fazit: eine echte Bereicherung für Fürth! Di–Do 17–1 Uhr, Fr und Sa 17–2 Uhr, So 9.30–22 Uhr (bis 14 Uhr Frühstücksbuffet). Theresienstr. 1, ✆ 0911/74929947.

Stadtparkcafé (7), angenehmes Tagescafé direkt im Fürther Stadtpark mit schöner Gartenterrasse. Gemischtes Publikum von der Erzieherin über die Redakteurin bis zum Baureferenten. Tgl. 9–24 Uhr geöffnet. Engelhardstr. 20, ✆ 0911/7418884.

Café im Jüdischen Museum (5), nettes Tagescafé im Erdgeschoss des jüdischen Museums. Tgl. außer Mo 10–17 Uhr, Di bis 20 Uhr. Königstr. 89, ✆ 0911/770577.

Zum Blauen Affen (11), sieht von außen wie eine Vorstadtkneipe aus, präsentiert sich dann aber als alternative Kneipe mit dem wohl schönsten Biergarten von Fürth. Die Küche ist bekannt für ihre großen, leckeren Schnitzel. Tgl. 16–1 Uhr, So schon ab 15 Uhr. Flößaustr. 9, ✆ 0911/711038, www.blaueraffe-fuerth.de.

Blue Note (2), die derzeit wohl beste Adresse im Fürther Nachtleben. Wechselndes Programm (Jazz), zumeist legen DJs auf. Mo–Do 19–1 Uhr, Fr–Sa 19–4 Uhr. Gustavstr. 41, ✆ 0911/9791285.

Sehenswertes

Michaelskirche: Der Kirchturm mit seinen Schießscharten entstand wohl gegen Ende des 14. Jahrhunderts, der spätgotische Hallenchor nochmals hundert Jahre danach. Der Turm und der ummauerte Kirchhof, in dem bis 1811 die Toten beerdigt worden waren, deuten noch darauf hin, dass die Kirche ursprünglich als Wehrkirche dem Schutz der Bevölkerung diente. Das Viertel um die Michaelskirche ist die mittelalterliche Keimzelle Fürths gewesen. Neben der 1617 fertig gestellten Synagoge war die Michaelskirche das einzige Gebäude Fürths, das den Dreißigjährigen Krieg überstand – vermutlich weil die beiden die einzigen Steinbauten waren. In der nicht weit entfernten Gustavstraße finden sich ebenfalls noch Zeugen der dörflichen Vergangenheit. Die wichtigsten Sehenswürdigkeiten im Inneren der Michaelskirche sind ein fast sieben Meter hohes Sakramentshäuschen aus der Werkstatt Adam Krafts und das Tympanon-Relief des Westportals.

Skurriler Hausschmuck in der Fürther Altstadt

Rathaus: Das Fürther Rathaus ist das Wahrzeichen der Stadt. Wem der Bau irgendwie bekannt vorkommt, der irrt nicht, diente doch der Turm des Palazzo Vecchio in Florenz als Vorbild. Fürth besaß bedingt durch die jahrhundertelange Dreiherrschaft kein eigenes Rathaus. Erst als Fürth 1818 zur selbstverwalteten Stadt „erster Klasse“ erhoben wurde, waren die politischen Voraussetzungen für einen derartigen Bau geschaffen. Allerdings währte es noch einmal mehr als drei Jahrzehnte, bis die Fürther einen repräsentativen Rahmen für die Verwaltung ihr Eigen nannten. Der Architekt *Friedrich Bürklein*, eventuell auch sein Bruder *Eduard*, beide Schüler von Friedrich von Gärtner, errichtete einen monumentalen Bau im klassizistischen Stil. Der 55 Meter hohe Turm sollte durch sein florentinisches Vorbild symbolisch das Selbstbewusstsein der aufstrebenden Stadt verkörpern, diente aber auch als Glocken- und Uhrenturm, sowie als Feuerwache. Schon an der Wende zum 20. Jahrhundert erwies sich das Rathaus als zu klein; es wurde 1900/01 durch einen Anbau an der Königstraße erweitert.

Geschichte der Fürther Juden

In Fürth hat niemals ein jüdisches Ghetto existiert; jüdische Bauten sind daher über die gesamte Innenstadt verteilt. In vielen deutschen Städten wurden die Juden mit Verboten und Schikanen in die Isolation gedrängt und die Gewerbetreibenden in ihrer Existenzgrundlage beschnitten. Nicht so in Fürth. Hier hatten sie schon bald einen derart entscheidenden Anteil am Gewerbeleben, dass der Fürther Aufschwung vom Dorf zur Industriestadt zu einem bedeutenden Teil der jüdischen Bevölkerung zu verdanken ist.

Schon im 15. Jahrhundert gab es in Fürth ein „Judengässlein", aber erst als die Nürnberger 1499 ihre Juden vertrieben hatten, sind sie in Fürth in größerer Zahl ansässig geworden. Der mit den Nürnbergern in einer ständigen Rivalität lebende Markgraf von Ansbach ergriff die Gelegenheit, aus der Vertreibung der Juden aus Nürnberg Profit zu schlagen und siedelte sie in Fürth an. Neben einem hohen Schutzgeld versprach er sich auch eine Belebung des Fürther Wirtschaftslebens auf Kosten der Reichsstadt Nürnberg. Der Bamberger Dompropst zeigte sich schon nach kurzer Zeit von der Idee des Markgrafen begeistert und eiferte ihm nach.

Im 17. Jahrhundert etablierten sich die Fürther Juden ziemlich schnell: 1607 wurde der erste Rabbiner berufen und der Friedhof angelegt, nur zehn Jahre später entstand die erste von insgesamt sechs Fürther Synagogen, 1653 ein Krankenhaus. Die mit Hilfe von aus Wien vertriebenen Juden gegründete Talmudhochschule wurde zu einem Mittelpunkt des geistigen jüdischen Lebens in Deutschland: ihre Absolventen erhielten Rabbinatsstellen in ganz Europa. Fast jeder vierte Fürther war damals jüdischen Glaubens, der Reiseschriftsteller *Wilhelm Heinrich Wackenroder* nannte Fürth im Jahre 1793 gar eine von „Juden wimmelnde Stadt".

Jahrhundertelang lebten Juden und Christen in Fürth einträchtig neben- und miteinander. So beteiligten sich die Fürther Juden durch Spenden sowohl am Bau der katholischen Kirche „Zu Unserer Lieben Frau" als auch an der protestantischen Auferstehungskirche. Eine Vielzahl von gemeinnützigen Einrichtungen, wie das Nathansstift, die Krautheimerkrippe und das Berolzheimerianum, wurden ebenfalls durch jüdische Stiftungen begründet. Die Fürther Juden haben eine Vielzahl bekannter Personen hervorgebracht, so z. B. den Verleger *Leopold Ullstein*, den Schriftsteller *Jakob Wassermann* und den ehemaligen US-Außenminister *Henry Kissinger*.

Wie in anderen deutschen Städten machten die Nationalsozialisten auch in Fürth jegliches Gemeindeleben unmöglich: In der „Reichskristallnacht" brannte u. a. die Hauptsynagoge. Von 2.000 Fürther Juden gingen drei Viertel in die Emigration, darunter auch der 1923 geborene Henry Kissinger; 498 fanden in den Konzentrationslagern den Tod. Von der viel gerühmten Fürther Toleranz war in jenen Jahren nichts mehr zu spüren. Eines der traurigsten Kapitel der Fürther Geschichte ereignete sich in der Hallemannstraße 2. Dort, wo sich heute das Zentrum der kleinen jüdischen Gemeinde in Fürth, die Synagoge, befindet, war seit 1868 das jüdische Waisenhaus untergebracht. Es wurde 1763 als erste Einrichtung seiner Art in Deutschland gegründet. Anfangs nur für männliche Waisen gedacht, nahm es seit 1884 auch Mädchen auf. Zwar blieb das Waisenhaus in der Pogromnacht vom 9. auf den 10. November 1938 noch verschont, aber am 22. März 1942 wurden die letzten 33 Waisenkinder zusammen mit dem Personal sowie dem letzten Leiter des Waisenhauses, Dr. Isaak Hallemann, und dessen Familie in das Vernichtungslager Izbica bei Lublin deportiert; keiner von ihnen überlebte den Zweiten Weltkrieg. An die Waisenkinder und Dr. Isaak Hallemann, der seine Schützlinge trotz Fluchtmöglichkeit nicht verlassen hatte, erinnert eine Gedenktafel im Flur des Hauses.

Jüdisches Museum Franken: Im Sommer 1996 begannen die 3,8 Millionen Euro teuren Renovierungsarbeiten an dem stattlichen Haus aus dem frühen 18. Jahrhundert, das die umfangreiche Dauerausstellung zur Geschichte der Fürther Juden beherbergen sollte. Drei Jahre später erfolgte die Eröffnung der Fürther Dependance des Jüdischen Museums Franken. (Der andere Standort in einer alten Synagoge in Schnaittach widmet sich dem fränkischen Landjudentum.) Das Fürther Museum thematisiert die Geschichte und Kultur der Juden in Fürth und Franken, wobei der Blick auch auf die Gegenwart und die Zukunft gerichtet ist. Das Museum versteht sich als Begegnungs-, Gesprächs- und Lernort und bietet über das Jahr verteilt mehrere Sonderausstellungen.

Angeschlossen an das Museum ist noch eine auf Judaika spezialisierte Buchhandlung sowie eine Cafeteria, in der neben aktuellen Tageszeitungen auch jüdische Wochen- und Monatszeitschriften ausliegen.

Adresse/Öffnungszeiten Königstr. 89, ✆ 0911/770577, www.juedisches-museum.org. Tgl. außer Mo 10–17 Uhr, Di bis 20 Uhr. Eintritt: 3 €, erm. 2 €.

Jüdischer Friedhof: Der 1607 angelegte alte Friedhof zeugt von der einstigen Größe der jüdischen Gemeinde. Trotz nationalsozialistischer Schändung sind noch über 1000 Grabsteine erhalten. Bis 1906 begrub die jüdische Gemeinde hier ihre Toten. Da ein Besuch nur mit autorisierter Begleitung möglich ist, muss man mit einem Blick über die Sandsteinmauer vorlieb nehmen. Dies ist an zwei Stellen möglich: am Eingangstor in der Schlehengasse und an der Ecke Bogen/Weiherstraße. Von der Schlehengasse aus lässt sich auch ein Eindruck von den Zerstörungstaten der Nationalsozialisten gewinnen. Mitten im Friedhof, dort, wo heute eine freie Wiese zu sehen ist, legten die Nazis während des Krieges überflüssigerweise einen Löschteich an (die Rednitz ist nur wenige Meter entfernt!) und beseitigten die „störenden“ Grabsteine. Ein Teil davon wurde zum Bahnhof transportiert, um in Heldengedenksteine umgearbeitet zu werden; zu letzterem kam es glücklicherweise nicht, sie konnten nach Kriegsende zurückgeführt werden.

Stadttheater: Das 1902 erbaute Stadttheater besticht durch seine Renaissance- und Neurokokoelemente. Ihm ging das alte, 1806 eingeweihte Theater an der Ecke Theater-/Rosenstraße voraus. Das baufällige Gebäude entsprach gegen Ende des Jahrhunderts nicht mehr den gewachsenen Fürther Ansprüchen, und so erging ein Spendenaufruf für einen Neubau. Das Ergebnis war überwältigend: Innerhalb weniger Tage spendeten die Fürther Bürger 288.000 Goldmark. Über die Hälfte stammte von dem immer sehr großzügigen jüdischen Teil der Bevölkerung. Das Theater war das erste Fürther Gebäude, das mit Strom versorgt wurde. Es ist allerdings kein Unikat, da die Baumeister, Experten für Theaterarchitektur, ihre Pläne ein zweites Mal verwendeten: Seit 1905 steht in Czernowitz in der Ukraine ein identisches Abbild des Fürther Stadttheaters. Ein eigenes Ensemble leistet sich Fürth seit 1971 nicht mehr, das Theater wird nur bei Gastspielen genutzt.

Hornschuchpromenade: Die Hornschuchpromenade und die parallel verlaufende *Königswarterstraße* sind nicht nur die schönsten Straßenzüge Fürths, sie brauchen auch den Vergleich mit anderen deutschen Städten nicht zu scheuen. Ab 1887 erstellten reiche Industrielle und Großbürger diese eindrucksvolle Kulisse der Gründerzeit. Entlang den Gleisen der alten Ludwigsbahn – die Lage galt damals als chic – entstanden repräsentative Geschäftsbauten, die mit prachtvollen Neubarock- und Jugendstildekors verziert wurden. Zeitgenossen rühmten den „Fürther Boulevard“ und verglichen ihn mit den Pariser Prachtstraßen. Wer einmal durch einen

Region Nürnberg
Karte Seite 151

Hofeingang tritt, wird überrascht sein, dass die Rückseite der Häuser aus schlichtem Ziegelmauerwerk besteht. Die Fürther Geschäftsleute bauten recht rationell und funktionsgerecht: Im Erdgeschoss befanden sich zumeist die Büroräume, im ersten Stock die „bel étage", während die nüchternen Rückgebäude als Lagerhallen Verwendung fanden. Der Hauseingang wurde recht geräumig angelegt, da er ja die Verbindung zum Lager herstellen musste.

Der Fürther *Stadtpark* verdient seinen Namen voll und ganz. Zentral und gut erreichbar, erstreckt er sich über ein weitläufiges Gelände am Pegnitzgrund. Der alte Baumbestand und die künstlich angelegten Weiher erhöhen seine Attraktivität. Der Park verfügt über eine schöne Freilichtbühne, die in den Sommermonaten bespielt wird, sowie über einen sehr attraktiven Kinderspielplatz.

Stadtmuseum Ludwig Erhard: Zum 1000-jährigen Stadtjubiläum wurde in der Fürther Innenstadt das „Stadtmuseum Ludwig Erhard" vorgestellt. Es ist im Erdgeschoss einer ehemaligen Schule in der Ottostraße untergebracht, in der neben dem Wirtschaftswunderminister auch Gustav Schickedanz einst die Schulbank drückte. Auf 1400 Quadratmetern werden neben einer Dauerausstellung (Eröffnung 2009) zur Stadtgeschichte auch Wechselausstellungen präsentiert.

Adresse/Öffnungszeiten Ottostr. 2. Di–Fr 10–17 Uhr, Sa/So bis 18 Uhr. Eintritt: 4 €, erm. 3 €. www.stadtmuseum-fuerth.de.

Jüdisches Museum Franken

Schloss Burgfarrnbach: Der geschichtsträchtige Vorort Burgfarrnbach ist schon aus der Ferne zu erkennen. Der charakteristische, weithin sichtbare Turm der um 1500 errichteten St. Johanniskirche weist auf den Ort hin. Einen Steinwurf von der Kirche entfernt, liegt die von einem Park umgebene dreiflügelige Schlossanlage. Der klassizistische Bau wurde von 1830 bis 1834 im Auftrag der *Grafen von Pückler und Limburg* errichtet, nachdem das alte Schloss am Farrnbach durch wiederholte Überschwemmungen derart beschädigt war, dass es abgerissen werden musste. Schon der Aufbau des Schlosses zeigt, dass sich die beiden Grafen Fritz und Louis nicht immer wohl gesonnen waren. Die repräsentative „Stiege" bildet den Aufgang zu zwei getrennten Wohntrakten. Fritz logierte mit seiner Familie im Ostteil, während Louis samt Anhang den Westteil bewohnte. Nur der Festsaal gehörte beiden Familien gemeinsam. Gern wird die Geschichte erzählt, dass, herrschte wieder einmal eine gereizte Stimmung, der

Festsaal mit einem Kreidestrich geteilt wurde, der nicht übertreten werden durfte. Die respektable *Kunstsammlung* zeigt vorwiegend Gemälde deutscher und niederländischer Maler des 16. bis 19. Jahrhunderts.

Adresse/Öffnungszeiten Schlosshof 12, ✆ 752986. Mo 8–17 Uhr, Di–Do 8–16 Uhr, Fr 8–12 Uhr. Führungen durch das Stadtmuseum Fürth: Mo und Do um 10, 11, 14 und 15 Uhr, So um 10, 11 und 12 Uhr. Eintritt: 1,50 €, erm. 1 €.

Fürther Unternehmergeist: Quelle, Grundig, Metz

Drei Unternehmer haben den Namen Fürth im 20. Jahrhundert weit über seine Grenzen hinaus bekannt gemacht: Gustav Schickedanz, Max Grundig und Paul Metz. Wenn man neben ihrer Firmengeschichte auch ihre Vergangenheit im „Dritten Reich" beleuchtet, treten allerdings große Unterschiede hervor.

Der Quelle-Gründer *Gustav Schickedanz* zog Anfang der zwanziger Jahre noch mit einem Bauchladen von Haus zu Haus. Erst eine sechsstellige Versicherungssumme, die ihm nach dem Tod seiner ersten Frau ausbezahlt wurde, ermöglichte ihm den Ausbau seines 1927 gegründeten Versandhauses: „An der Quelle kaufen", lautete das Motto. Schickedanz, der schon 1932 NSDAP-Mitglied war und drei Jahre später Ratsherr wurde, verstand es geschickt, sein Unternehmen durch den Erwerb von „arisierten" Firmen, darunter die Vereinigten Papierwerke Rosenfelder (Tempo-Taschentücher), zu vergrößern. Da bis 1949 gegen Schickedanz ein Entnazifizierungsverfahren lief, durfte er seine Firma in dieser Zeit nicht betreten. Danach ging es schnell wieder aufwärts. Das Wirtschaftswunder spülte Schickedanz' Firma ganz nach oben: Über vier Jahrzehnte war Quelle das größte Versandhaus Europas, doch dann geriet der Konzern in wirtschaftliche Schwierigkeiten und musste 2009 einen Insolvenzantrag stellen.

Auch *Max Grundig* profitierte vom Zweiten Weltkrieg. Durch eine Fülle von Wehrmachtsaufträgen abgesichert, baute er seinen Betrieb in Fürth-Vach auf 600 Beschäftigte aus. In der Nachkriegszeit gelang ihm dann mit seinem „Heinzelmann" (ein Radiobausatz) der Durchbruch, da er damit die Bestimmungen gegen den Verkauf von Radiogeräten unterlaufen konnte. Grundig wurde zu einer festen Größe auf dem Unterhaltungselektronikmarkt. In den achtziger Jahren fusionierte das Unternehmen mit dem Philips-Konzern.

Ganz anders *Paul Metz*, der Gründer der Metz-Apparatewerke. Zwar belieferte auch er die Wehrmacht mit Transformatoren, Sende- und Empfangsgeräten, doch hat sich Paul Metz erfolgreich dafür eingesetzt, verhaftete Widerstandskämpfer aus dem KZ freizubekommen, indem er sie als fachlich unabkömmlich beurteilte. Bekannt wurde Metz dadurch, dass er 1950 das kleinste Kofferradio der Welt herstellte. Die Firma Metz hat sich bis heute auf dem hart umkämpften Markt der Unterhaltungselektronik als eine der wenigen Privatfirmen behaupten können.

Rundfunkmuseum: Seit Herbst 2001 zeigt das Rundfunkmuseum seine Schätze in der Alten Direktion von Grundig in der Kurgartenstraße. Angefangen vom Dampfradio über den „Volksempfänger" bis zum „Heinzelmann" und „Postillon" doku-

Region Nürnberg
Karte Seite 151

mentiert das Museum die Geschichte des Rundfunks in Deutschland in ansprechender Form. Der Schwerpunkt der Dauerausstellung liegt auf der Zeit von 1923 bis 1965, wobei auch sozialgeschichtliche Aspekte nicht vernachlässigt werden. So erfährt man beispielsweise, dass die von den Nationalsozialisten vertretene Parole „Jedem Haushalt ein Radio“ darauf abzielte, die gesamte Bevölkerung mit der Nazipropaganda erreichen zu können. Besonders gelungen ist die Rauminstallation zum „Rundfunk im Wirtschaftswunderland“ mit ihren Tütenlampen und Nierentischen. Wer will, kann an einem alten Detektorapparat oder einem „Heinzelmann“ selbst auf Sendersuche gehen.

Adresse/Öffnungszeiten Kurgartenstr. 37, ✆ 0911/7568110, www.rundfunkmuseum.fuerth.de. Di–Fr 12–17 Uhr, Sa und So 10–17 Uhr, 1. Do im Monat bis 22 Uhr. Eintritt: 4 €, erm. 3 €.

Umgebung

Playmobil Fun Park: Für alle kleinen und großen Freunde der bunten Plastikmännchen gehört ein Besuch im Fun Park in Zirndorf (fünf Kilometer westlich von Fürth) zum Pflichtprogramm. Zahlreiche Attraktionen wie die Piraten- oder Ritterwelt, ein Rutschenhügel, Wasserspiele und eine Kletterwand sorgen für viel Abwechslung.

Adresse Playmobil Fun Park, Brandstädter Str. 2–10, 90513 Zirndorf, ✆ 0911/96660. Tgl. 9–19 Uhr. Eintritt: Je nach Saison 5 € bis 10 €. Achtung: Der Außenbereich ist bei Nässe und Temperaturen unter 8 Grad aus Sicherheitsgründen geschlossen, www.playmobil-funpark.de.

Erlangen

Der Name bürgt für Hightech und studentische Soziokultur. Der größte Teil der Berufstätigen Erlangens arbeitet entweder bei Siemens oder an der Universität. Hinzu kommen noch gut 27.000 Studenten, die hier ihr Studium absolvieren: Diese Zusammensetzung prägt das Erscheinungsbild und den Alltag Erlangens entscheidend.

Die Friedrich-Alexander-Universität Erlangen-Nürnberg ist nicht nur die zweitgrößte Universität Bayerns, sondern sie bietet bundesweit das breiteste Fächerspektrum an. Auch die Kneipenszene ist dank der Studenten für eine Stadt dieser Größenordnung sehr gut entwickelt. Besonders deutlich macht sich in den Semesterferien die Abwesenheit des wissenschaftlichen Nachwuchses bemerkbar. Ein weiteres augenfälliges Merkmal – wahrscheinlich das prägendste – ist die Tatsache, dass halb Erlangen Fahrrad fährt: Mit einem Radnetz von 180 Kilometern zählt Erlangen zu den fahrradfreundlichsten Städten im gesamten Bundesgebiet. Hier radeln nicht nur Schüler, Studenten und Siemensianer, sondern auch Hausfrauen, Beamte und allen voran: der Oberbürgermeister! Das gut überschaubare Erlangen lässt sich am besten mit dem Fahrrad oder zu Fuß durchstreifen. Als Autofahrer hat man hier schlechte Karten. Besondere Rücksicht ist angebracht, zumal vielen Radfahrern die Einsicht in die Straßenverkehrsordnung zu fehlen scheint. Auch behördlicherseits will man offensichtlich den Autofahrern mit wahren „Ampelketten“, roter Welle, Einbahnstraßen etc. die Lust auf Stadtfahrten nehmen. Deshalb sollte man das Zentrum meiden und zielstrebig den Großparkplatz aufsuchen.

Erlangens fünfte Jahreszeit ist die *Bergkirchweih*, bis 1999 schloss sogar die Universität für eine Woche ihre Pforten. Seit 1755 wird alljährlich am Donnerstag vor

Pfingsten die Bergkirchweih unter schattigen Bäumen bei den Felsenkellern am Burgberg eröffnet. Sie dauert zwölf Tage und wird vielfach als schönstes Volksfest Nordbayerns gepriesen.

Geschichte

Wie zahlreiche Ortschaften entlang der Regnitz dürfte auch Erlangen auf einen Königshof zurückgehen, obwohl vieles auch für die Alamannen als früheste Siedler spricht. Der Name „Erlangon" tauchte erstmals im Jahre 1002 in einer Urkunde Heinrich II. auf. Bis 1361 gehörte das Dorf zum Hochstift Bamberg, von dem es Kaiser Karl IV. 1361 käuflich erwarb. Im Jahre 1402 verpfändete sein Sohn Wenzel das mittlerweile befestigte Erlangen an den Burggrafen Johann III. von Nürnberg. Bis 1791 blieb Erlangen im Besitz der Burggrafen und ihrer Nachfolger, der Markgrafen von Brandenburg-Kulmbach; seit 1810 gehört Erlangen zu Bayern.

Lange Zeit blieb Erlangen relativ bedeutungslos, lebte still im Windschatten der Geschichte. Der Aufschwung setzte erst im Jahre 1686 ein, als *Markgraf Christian Ernst von Brandenburg-Bayreuth* südlich des mittelalterlichen Landstädtchens für die reformierten Glaubensflüchtlinge aus Frankreich eine barocke Planstadt in streng geometrischem Grundriss mit dem Namen „Neu-Erlang" – ab 1701 „Christian-Erlang" genannt – errichten ließ. Die Ursache für die Flucht der Hugenotten war das Edikt von Fontainebleau vom 18. Oktober 1685, mit dem der französische König *Ludwig XIV.* das Toleranzedikt von Nantes (1598) widerrief. Markgraf Christian Ernst wollte nicht nur den Flüchtlingen die Möglichkeit geben, ihren Glauben auszuüben, darüber hinaus erhoffte er sich einen wirtschaftlichen Aufschwung sowie einen Bevölkerungszuwachs in seinem noch immer unter den Folgen des Dreißigjährigen Krieges leidenden Land. Die Flüchtlinge erschlossen neue Gewerbezweige, so die Strumpfwirkerei und die Herstellung von Filzhüten und Handschuhen. Erlangen veränderte sich in den nächsten Jahrzehnten vollkommen. Neue Kleider und Trachten waren in den Straßen zu sehen, und aus den Häusern drangen französische Laute. Die fremde Mentalität und die Privilegien (Steuerfreiheit), die der Landesherr den neuen Mitbürgern gewährte, schürten aber auch den Argwohn und die Abneigung unter den Einheimischen; erst nach mehreren Generationen war die gesellschaftliche Eingliederung der Hugenotten vollkommen abgeschlossen.

Erlanger Schloss

Nachdem die Altstadt 1706 durch einen Brand verwüstet worden war, erhielt auch sie einen neuen Grundriss, so dass nun in ganz Erlangen die Geometrie triumphierte. Die Stadt lebte fortan im rechten Winkel. Eine herausragende Stellung nahmen das Schloss und die Hugenottenkirche sowie die von Nürnberg nach Bamberg führende Straße als Hauptachse ein.

Im Jahre 1708 wurde Erlangen durch den *Markgrafen Christian Ernst* zur sechsten Nebenresidenz des Fürstentums erhoben, was zu einem erneuten Aufschwung führte, da Erlangen nach Bayreuth zur bedeutendsten Residenz der Markgrafenschaft aufstieg. Auch die von hochgesteckten Zielen begleitete *Universitätsgründung* am 4. November 1743 sollte sich für die Zukunft als bedeutungsvoll erweisen. Hier studierten und lehrten schon August von Platen, Wilhelm Heinrich Wackenroder, Friedrich Rückert, Johann Gottlieb Fichte, Friedrich Wilhelm Schelling und Ludwig Feuerbach. Mit der Einrichtung der Technischen Fakultät war es aber endgültig vorbei mit der Ruhe und Beschaulichkeit der alten Alma Mater: Im Neuen Campus im Süden der Stadt schlägt der universitäre Puls in einem anderen Rhythmus. Über 12.000 Beschäftigte bilden die Verwaltung der Friedrich-Alexander-Universität. Sie dient dazu, die akademische Ausbildung der mehr als 27.000 Studenten an mehr als 250 Lehrstühlen und die dort betriebene wissenschaftliche Forschung aufrechtzuerhalten.

Erst 1812 erfolgte die Vereinigung der bisher getrennten Städte „Erlang" und „Christian-Erlang". Die *Industrialisierung* belebte das Wirtschaftsleben zwar spürbar, doch erst durch die Ansiedlung der Siemens-Hauptverwaltung 1947 streifte Erlangen den Ruf einer Provinzstadt ab, die mit ihrer Universität gleichzusetzen ist. Die Nachkriegssituation, die Universität und die verkehrsgünstige Lage sowie nicht zuletzt die hauptsächlich in Erlangen tätigen Siemens-Reiniger-Werke (Elektromedizin) führten zur Ansiedlung der Hauptverwaltung. Schon bald lebte der alte hugenottische Geist wieder auf. Wohnten in Erlangen 1939 nur 36.000 Menschen, so hatte die Einwohnerzahl bereits 1974 die magische 100.000er Marke überschritten. Heute sind sechs von 15 weltweit agierenden Geschäftsbereichen des zweitgrößten deutschen Konzerns in Erlangen angesiedelt.

Anfahrt/Verbindungen

- *Flug* Der **Flughafen Nürnberg** liegt ca. 15 Kilometer südlich von Erlangen, ✆ 0911/35060, Information: ✆ 3506200. Von dort kostet das Taxi ins Zentrum rund 35 €.
- *Zug* Der Bahnhof liegt direkt am westlichen Altstadtrand; ✆ 09131/8211 oder 64733, Fahrkartenbestellung: ✆ 601066. Die Nahverkehrszüge nach Nürnberg und Bamberg verkehren sehr häufig.
- *Auto* Es empfiehlt sich, am Großparkplatz (unterhalb des Bahnhofs) zu parken, von wo aus man in wenigen Minuten das Zentrum erreicht. Eine andere zentrale Parkmöglichkeit ist der Parkplatz an der Post.

Information/Diverses/Veranstaltungen

- *Information* **Tourist Information**, Rathausplatz 3, 91052 Erlangen, ✆ 09131/89510, ℻ 895151, www.erlangen.de.
- *Einwohner* 103.000
- *Botanischer Garten* Mehr als 4000 Kultur- und Wildpflanzen sowie ein Arznei- und Gewürzgarten werden dem interessierten Besucher in ansprechender Weise dargeboten. Die Gewächshäuser in der Loschgestraße können tgl. außer Mo von 9.30–15.30 Uhr besucht werden,. Der Freilandbereich ist von April–Okt. tgl. von 8–16 Uhr zugänglich. Führungen: Von Feb. bis Dez. jeden ersten Sa im Monat um 14.30 Uhr. Eintritt: frei!
- *Antikensammlung* Anspruchsvolle Sammlung der Friedrich-Alexander-Universität.

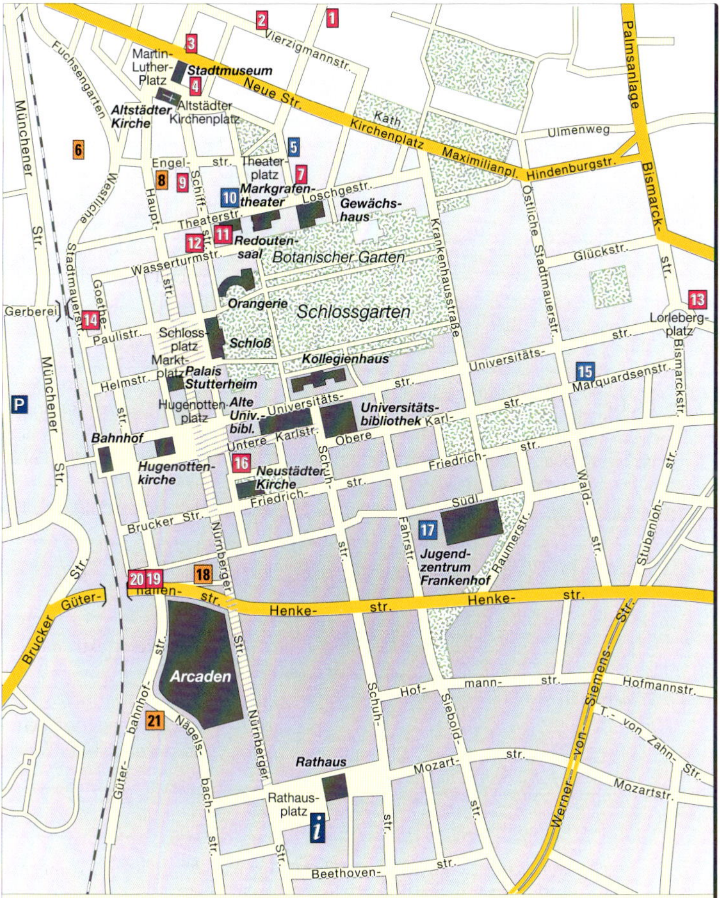

Region Nürnberg
Karte Seite 151

Essen & Trinken

1 Bärengarten
2 Steinbach-Bräu
3 Pleitegeier
4 Zen
7 Altmanns Stube
9 Cucina di Napoli
11 Theatercafé
12 Elements
13 Das Lorleberg
14 El Gomez
16 Mr. Bleck
19 Tio
20 Haru

Übernachten

5 Rokokohaus
10 Hotelchen
15 City-Ost
17 Jugendherberge

Nachtleben

6 Kulturzentrum E-Werk
8 Havana
18 Kino/Café Manhattan
20 fifty fifty
21 Hörsaal

Kochstraße 4. Während des Semesters Di–Do 14–17 Uhr sowie jeden 2. und 4. So im Monat. Eintritt: frei!

• *Platenhäuschen* Das Domizil des Dichters *August Graf von Platen*. Von Mai bis Okt. am ersten So des Monats 11–17 Uhr. Burgbergstr. 92a, ✆ 862219.

• *Fahrradverleih* Das Fahrrad ist in Erlangen die „artgemäße" Form der Fortbewegung. **Fahrradkiste**, Henkestr. 59, ✆ 209940.

• *Kino* **Manhattan (18)**, interessante und anspruchsvolle Filme flimmern hier über die Leinwand. Mit angeschlossener Cafékneipe. Güterhallenstr. 4, ✆ 22223. www.manhattankino.de. **CineStar**, Multiflexionskino, Nürnberger Str. 31, ✆ 8100810. **Lamm-Lichtspiele**, Programmkino, Hauptstr. 86, ✆ 207066. www.lamm-lichtspiele.de.

• *Live im Westbad* Jährlich an einem Wochenende im Juli/Aug. findet das Spektakel im Freibad West statt. Geboten werden Vorführungen, Feuerwerk, Live-Musik, lukullische Genüsse.

• *Markgrafentheater* Meist Gastspiele, aber auch Eigenproduktionen werden in der beeindruckenden Barockatmosphäre aufgeführt. Theaterplatz 1, Abendkasse: ✆ 862511, www.theater-erlangen.de.

• *Theater in der Garage* Größtenteils experimentelle Produktionen und Gastspiele. Theaterstr. 8, Abendkasse: ✆ 862380, www.theater-erlangen.de.

• *Poetenfest* Jährlich Ende August treffen sich Literaten und Interessierte zu Lesungen und Diskussionen bei einem der lebendigsten Literatur-Foren im süddeutschen Raum, www.poetenfest-erlangen.de.

• *Schwimmen* **Röthelheimbad**, beheiztes Freibad mit Sportschwimmhalle, Gebbertstraße 121, ✆ 862902; **Freibad West**: Damaschkestr. 129, ✆ 862942. **Dechsendorfer Weiher**, wenige Kilometer westlich von Erlangen. Der schön am Waldrand gelegene See ist wegen seiner schlechten Wasserqualität wiederholt in Verruf geraten, trotzdem ein sehr beliebtes Naherholungsgebiet mit Lokalen und einem Campingplatz (s. „Camping").

Essen/Übernachten/Nachtleben (siehe Karte S. 199)

Rokokohaus (5), hinter der stilvollen Rokokofassade verbirgt sich ein kleines, verspieltes Hotel (mit Dependance), das zu den schönsten Adressen Erlangens zählt. EZ ab 72 €, DZ ab 110 €. Theaterplatz 13, ✆ 09131/7830, 📠 783199, de, www.rokokohaus.de.

City-Ost (15), erst kürzlich erbautes Hotel in der Nähe des Schlossgartens. Sauna vorhanden. EZ ab 57 €, DZ ab 93 €. Östliche Stadtmauerstr. 4, ✆ 09131/78070, 📠 78070, www.hotel-city-ost.de.

Hotelchen (10), dieses Hotel ist eine kleine intime Adresse im Herzen Erlangens. Im Sommer kann man im lauschigen Innenhof sitzen. Die individuell eingerichteten Zimmer mit Flair kosten als EZ ab 75 €, als DZ ab 104 €. Theaterstraße 10, ✆ 09131/80860, 📠 808686, www.hotelchen-am-theater.de.

Etap-Hotel, die Billigversion der französischen Ibis-Novotel-Kette wurde 1994 eröffnet. Die funktionell ausgestatteten Zimmer sind in ihrer Preisgruppe konkurrenzlos. Ein Zimmer kostet entweder 49 € (2 Pers.) oder 39 € (1 Pers.), Frühstück wird zusätzlich berechnet. Im Ortsteil Tennenlohe, Am Weichselgarten 24a, ✆ 09131/771250, 📠 771258, www.etaphotel.com.

Bärengarten (1), einer der kulinarischen Glanzpunkte Erlangens. Ambitionierte saisonabhängige Küche in einem angenehmen Rahmen. Die Barberie-Entenbrust mit Sellerie-Picatte kostet beispielsweise 18,50 €. Ein ausgezeichnetes Preis-Leistungs-Verhältnis bieten die Menüs zu 25,80 € sowie zu 33 €. Schöner Garten. Tgl. 18–22 Uhr, So, Mi und Do auch 12–15 Uhr. Rathsberger Str. 2, ✆ 09131/25025. www.baerengarten-er.de.

Altmanns Stube (7), gelungene Verbindung traditionsreicher fränkischer Küche und moderner Akzente zu gehobenen Preisen (Hauptgerichte ab 15 €, Menüs ab 25 €). Ansprechende, ausgefallene Fischgerichte, z. B. pochiertes Bachsaiblingsfilet oder Filet vom Knurrhahn mit Bärlauchravioli. Schöner Garten. Reservierung empfohlen. So Ruhetag. Theaterplatz 9, ✆ 89160, www.altmanns-stube.de

Cucina di Napoli (9), italienisches Restaurant mit ambitionierter, dennoch preisgünstiger Küche. Das klassische Saltimbocca alla romana kostet z. B. 11,90 €. Zu loben ist die wechselnde, von den Jahreszeiten bestimmte Zusatzkarte. Di–So 11–14 Uhr und 17–24 Uhr. Engelstr. 15, ✆ 09131/24435, www.cucina-di-napoli.de.

El Gomez (14), die angenehme Kneipe bietet eine gute und günstige Auswahl an spanischen Weinen, dazu bestellt man ein oder zwei Tapas. Wer will, kann mit der Bedienung um einen Cocktail würfeln – wer gewinnt, trinkt umsonst. Tgl. 18–1 Uhr. Goethestr. 14, ✆ 09131/977441, www.elgomez.de.

Pleitegeier (3), wichtiger Anlaufpunkt im Netz der studentischen Infrastruktur. Hunderte von Seminararbeiten wurden schon in den gemütlichen Räumen und im zugehörigen Biergarten besprochen. Mo–Sa 18–2 Uhr, So bis 17–1 Uhr, Hauptstr. 100, ✆ 207324.

Das Lorleberg (13), nüchtern durchgestyltes Tagescafé mit ansprechender Küche. Lauschiger Garten. Mo–Fr 8.30–1 Uhr, Sa und So 10–1 Uhr, Lorlebergplatz 1, ✆ 202176, www.das-lorleberg.de.

Steinbach-Bräu (2), das Mekka der Erlanger Biertrinker. Mit Blick auf die sauber polierten Kupferkessel schmeckt der selbst gebraute Gerstensaft besonders gut, im Sommer trifft man sich im großen Biergarten. Tgl. 17–24 Uhr, Fr und Sa bis 1 Uhr. Vierzigmannstr. 4, ✆ 09131/895912, www.steinbach-braeu.de.

Zen (4), ein stattliches Gründerzeithaus beherbergt auf drei Etagen eine Cocktail-Bar und ein Restaurant mit thailändischer Küche. Tgl. ab 18 Uhr geöffnet. Theaterplatz 22, ✆ 09131/9733166, www.zen-erlangen.de.

Havana (8), die beste Adresse für Cocktails in Erlangen. Mit Innenhof. Di–Do 19–2 Uhr, Fr und Sa 19–3 Uhr, So und Mo 19–1 Uhr. Engelstr. 17, ✆ 09131/205959, www.havana-erlangen.de.

Theatercafé (11), beliebter Treff der Erlanger Künstlerszene. Di–So 16–1 Uhr geöffnet. Theaterstr. 3, ✆ 09131/27950.

Elements (12), in einem alten Hugenottenhaus trifft sich die Schickeria oder das, was sich dafür hält. Tägl. 17.30–1 Uhr, Sa und So bis 2 Uhr, Wasserturmstr. 8, ✆ 21178, www.elements-erlangen.de.

Mr. Bleck (16), unweit des Hugenottenplatzes wird hier amerikanische Cafékultur inszeniert. Der Latte Macchiato kostet 2,70 €, dazu lässt man sich einen der leckeren belegten Bagels schmecken. Mo–Fr 7–21 Uhr, Sa 8–18 Uhr, So 10–21 Uhr. Untere Karlstr. 2, ✆ 09131/884214.

fifty fifty (20), anspruchsvolle Kleinkunstbühne, im Erdgeschoss befindet sich das japanische Restaurant **Haru**. Südliche Stadtmauerstr. 1, ✆ 09131/24855.

Tio (19), direkt nebenan in einem lichtdurchfluteten Glasbau bietet dieses Restaurant ansprechende italienische Küche.

Hugenottenbrunnen

Lecker sind die Rigatoni al Gargano mit Putenstreifen und Austernpilzen. Alle Pizzen und Pasta 5,50 €. Mo–Do 8–1 Uhr, Fr/Sa 8–2 Uhr, So 9–1 Uhr. Südliche Stadtmauerstr. 1a, ✆ 09131/817191, www.tio-erlangen.de.

Zur Ludwigshöhe, beliebte Ausflugsgaststätte, ca. 5 Kilometer nordöstlich von Erlangen. Sobald die Frühlingssonne die ersten warmen Tage beschert, füllt sich der Biergarten. Schöner Blick auf das „Walberla"; gemischtes Publikum. Studenten, Firmenchefs, Lehrlinge und Angestellte verbringen (und überziehen) hier gerne ihre Mittagspause. Preisgünstiges Essen. Do Ruhetag. Adlitz 21, ✆ 52929.

E-Werk (6), städtisch gefördertes Kultur- und Kommunikationszentrum mit Kellerbühne, Kino, Musikgalerie, Disco, Konzertsaal (hier spielen häufig überregional bekannte Bands), Café und Biergarten. Fuchsenwiese 1, ✆ 09131/8005-0.

• *Diskotheken* Derzeit eifern ein paar Discos um die Gunst der Tanzwütigen. Der Sound ändert sich je nach Wochentag und DJ: **Hörsaal (21)**, Fr und Sa ab 21.30 Uhr, Güterbahnhofstr. 3, www.hoersaal.info; **Crush**, Fr 21.30–4 Uhr, Sa 21–5 Uhr, Gundstr. 2 a, ✆ 09131/993844. www.crush-erlangen.de.

• *Jugendherberge*: **Freizeitzentrum Frankenhof (17)**, zentrale Lage, vom Bahnhof zu Fuß in 10 Min, oder mit dem Bus (Langemarckplatz) zu erreichen. Mit Preisen ab 16,70 € für die Übernachtung mit Frühstück zählt die hiesige Jugendherberge (Freizeitzentrum Frankenhof) zu den billigsten in ganz Bayern. In den Weihnachtsferien geschlossen. Südliche Stadtmauerstraße 35, ✆ 09131/862555, 📠 862119, jugendherberge@stadt.erlangen.de.

• *Camping*: **Naturfreunde Erlangen**, ganzjährig geöffnet. Wöhrmühle 6, ✆ 09131/28499.

Camping-Club-Rangau, geöffnet vom 1.4. bis 30.9. Am Südufer des Dechsendorfer Weihers, ✆ 09135/8866, 📠 724743, www.camping-rangau.de.

Sehenswertes

Schloss: Trotz seiner optischen Einbindung in das barocke Stadtbild behauptet sich der Schlossbau mühelos als das ranghöchste Gebäude der Stadt. Seine kompakte Baumasse überragt die umliegenden Häuser um eine volle Geschosshöhe. Ein Stadtschloss als Zentrum einer Planstadt und gleichzeitig Bindeglied einer durch Garten und Park erschlossenen Landschaft ist für die absolutistische Geisteshaltung geradezu charakteristisch. Diese von *Antonio della Porta* entworfene Residenz (erb. 1700–1704) diente vornehmlich als Witwensitz. Nach dem Tod der letzten Markgräfin ging das Schloss in den Besitz der Universität über, die heute von hier aus verwaltet wird.

Schlossgarten: Ein barockes Schloss ohne zugehörige Gartenanlage war undenkbar, und so schließt sich auch in Erlangen der Schlossgarten an die Rückseite des Schlosses an. Er wurde zu Beginn des 18. Jahrhunderts im französischen Stil angelegt und 1785 zu einem englischen Landschaftsgarten umgestaltet. Heute ist er die grüne Lunge Erlangens – ideal zum Ausspannen während eines Stadtbummels oder zwischen zwei Vorlesungen. Der reiche Figurenschmuck ist leider fast vollständig verschwunden. Der barocke *Hugenottenbrunnen*, gleich hinter dem Schloss, bildet mit dem Reiterdenkmal eine Ausnahme. Er war eine Stiftung der Hugenotten und wurde von dem Hofbildhauer *Elias Räntz* geschaffen. Die in mehreren Stufen aufgebaute, etwas überladen wirkende Brunnenpyramide ist das eindrucksvollste barocke Monument Erlangens. Der Brunnen verherrlicht den Markgrafen Christian Ernst als Feldherrn, Schloss- und Stadtgründer, darunter sind antike Gottheiten und in zeitgenössische Tracht gehüllte Hugenottenfamilien dargestellt. Im nördlichen Teil des Schlossgartens steht die *Orangerie*. Der Plan zu dem barocken, im Sommer als Festsaal und im Winter als Gewächshaus genutzten Gebäude von *Gottfried von Gedeler* gelangte 1705/06 zur Ausführung. Von 1826–1863 beherbergte die Orangerie das Anatomische Institut der Universität; die universitäre Nutzung dauert bis in die Gegenwart fort.

Markgrafentheater: Das Markgrafentheater (1717) ist das älteste noch bespielte Barocktheater Bayerns. Die Theaterleidenschaft der *Markgräfin Wilhelmine* – einer Schwester Friedrichs des Großen – führte 1743 zu einer zeitgenössischen Modernisierung des Innenraums durch den Venezianer *Giovanni Paolo Gaspari*. Der Theaterraum wurde – wie in Oberitalien üblich – von drei Rängen eingefasst, die logenartig unterteilt sind. Ende der fünfziger Jahre wurde seine Rokokodekoration von der späteren Übermalung befreit. Zusammen mit dem *Redoutenhaus* und dem

Das Erlanger Poetenfest gilt als das schönste Literaturfestival Deutschlands

Marstall bildet das Theater eine Baugruppe, die den Schlossbereich im Norden begrenzt.

Universität: Die herausragendsten Bauten der Universität Erlangen-Nürnberg sind das *Kollegienhaus* (1889) im Süden des Schlossgartens und schräg gegenüber die alte *Universitätsbibliothek* aus dem Jahr 1913. Letztere besticht durch ihre Jugendstilelemente. Zu den üblichen Öffnungszeiten sollte man einen Blick in den Hausflur werfen.

Hugenottenkirche: Nur zwei Monate nach der Ankunft der ersten Glaubensflüchtlinge ließ Markgraf Christian Ernst seine Soldaten den Grundstein zu einer reformierten Kirche legen, die er aus eigener Tasche bezahlte und seinen neuen Untertanen zum Geschenk machte. Die Pläne für den breit angelegten Bau mit gestuftem Walmdach stammen von *Johann Moritz Richter*. Am 26. Februar 1693 erfolgte die feierliche Einweihung, der der Markgraf mit Familie und Hofstaat beiwohnte. Den Turm errichtete die Gemeinde von 1732–1736 mit eigenen Mitteln. Im Inneren der Kirche ist alles zentral auf die Kanzel ausgerichtet, denn die Predigt steht im Mittelpunkt des reformierten Gottesdienstes, die Gemeinde antwortet mit Gebet und Psalmengesang. Seit 1922 findet in der Kirche allerdings nur noch evangelischer Gottesdienst statt.

Altstädter Kirche: Nach einem verheerenden Stadtbrand wurde die Altstädter Pfarrkirche von 1706–1721 am Martin-Luther-Platz erbaut. Die Saalkirche überzeugt durch ihren dominanten Kanzelaltar.

Neustädter Kirche: Der charakteristische Turm der Neustädter Kirche hebt diese von den umliegenden Häusern ab. In drei Geschossen ist der Turm in der klassischen Abfolge dorischer, ionischer und korinthischer Pilaster gegliedert. Das Gotteshaus wurde 1737 für die deutschen Reformierten errichtet und dient heute als Universitätskirche.

Palais Stutterheim: Bedingt durch den Status als Nebenresidenz ließen sich auch viele Adelige in Erlangen repräsentative Bauten errichten. Das für den fürstlichen Amtshauptmann *Christian Hieronymus von Stutterheim* errichtete dreigeschossige Palais am Marktplatz (1728–1730) diente von 1836–1971 als Rathaus und beherbergt heute die Stadtbibliothek und Ausstellungsräume der städtischen Galerie.

Im Kollegienhaus finden seit mehr als 100 Jahren Vorlesungen statt

Stadtmuseum: In dem barocken, dreigeschossigen ehemaligen Altstädter Rathaus befindet sich das Stadtmuseum. Erst 1993 wurden die umfangreichen Renovierungsarbeiten abgeschlossen. Wer sich für die Geschichte Erlangens interessiert, sollte einen Besuch des Museums nicht versäumen. Von der Vorgeschichte über das mittelalterliche Erlangen bis hin zur Siemensstadt der Nachkriegsgeschichte reicht das Spektrum der Dauerausstellung, wobei der Schwerpunkt auf der barocken Neugründung und der Industrialisierung liegt. Interessant sind aber auch die Darstellung der „städtischen Gesellschaft seit dem Kaiserreich" sowie die Dokumentation des Nationalsozialismus. Zudem finden regelmäßig interessante Sonderausstellungen statt.

Adresse/Öffnungszeiten Martin-Luther-Platz 9, ✆ 862300. Di/Mi 9–17 Uhr, Do/Fr 9–13 und 17–20 Uhr, Sa/So 11–17 Uhr. Eintritt: 3 €, erm. 2 €.

Walderlebniszentrum Tennenlohe: Südlich von Erlangen, und dort am Südrand des Naturschutzgebietes Brucker Lache, beherbergen vier Blockhäuser dieses interessante Waldmuseum. In lauschigen Hörecken kann man sich bei Vogelgezwitscher, Baumknarren und Blätterrauschen entspannen. Ein Erlebnispfad vermittelt zudem sinnliche Eindrücke. Doch will das Museum nicht nur Gefühle ansprechen, sondern auch Wissen vermitteln, wobei der Geschichte des Forstes und neuen ökologischen Forschungen jeweils ein Blockhaus zur Verfügung steht.

Adresse/Öffnungszeiten Franzosenweg 50. Mo 7.30–12 Uhr, Di–Do 7.30–16 Uhr, Fr 7.30–18 Uhr, So/Feiert. 11–18 Uhr. Von Nov. bis Feb. etwas kürzere Öffnungszeiten, ✆ 09131/604640. Eintritt: frei! www.walderlebniszentrum-tennenlohe.de.

Schloss Atzelsberg: Im Osten Erlangens liegt das Schloss Atzelsberg, ein von einem Wassergraben umgebenes, dreigeschossiges Barockschlösschen. Das Schloss wird häufig für private Festlichkeiten, für Tagungen und Empfänge genutzt. Infos unter ✆ 600824.

Einladend: Laufer Marktplatz

Hersbrucker Schweiz

Nur wenige Kilometer östlich von Nürnberg trifft man auf eine Mittelgebirgslandschaft mit der gleichen Entstehungsgeschichte wie die der Fränkischen Schweiz. In der Hersbrucker Schweiz geht es im Vergleich zu ihrer berühmten „Schwester" nur etwas ruhiger und gemächlicher zu.

In der Fremdenverkehrswerbung wird die Gegend etwas verwirrend als „Frankenalb" bezeichnet: Unter geologischen Gesichtspunkten betrachtet, zählt die Hersbrucker Schweiz zur nördlichen Frankenalb und ist somit Teil des Jurabogens, der sich von der Fränkischen Schweiz über den Oberpfälzer Jura bis zur südlichen Frankenalb erstreckt.

Fast das gesamte Gebiet im Umkreis von 30 bis 40 Kilometern im Osten, Nordosten und Südosten von Nürnberg bildete historisch gesehen über drei Jahrhunderte hinweg eine Einheit: Es gehörte vom 16. bis zum 18. Jahrhundert zum ausgedehnten Territorium der Reichsstadt Nürnberg. Innerhalb weniger Jahre hatten es die machtbewussten Nürnberger geschafft, dieses Gebiet unter Einsatz gewaltiger finanzieller Mittel zu erwerben: Sechs Städte, eine stattliche Anzahl von Märkten und wichtigen Gewerbestandorten gehörten nun zur Reichsstadt. Eine – aus Nürnberger Sicht – schmerzlich empfundene Ausnahme bildete die Enklave der Herrschaft Rothenberg. Erst im napoleonischen Zeitalter, mit dem Übergang an das junge Königreich Bayern, änderten sich die Herrschaftsverhältnisse wieder.

Entlang der Pegnitz liegen kleinere städtische Zentren (Lauf, Hersbruck), während die Seitentäler und die zumeist bewaldeten Höhenrücken noch deutlich ländlich geprägt sind. Die Ansiedlungen sind vielfach typische Haufen- und Straßendörfer. Vorwiegend wird in dieser Region Getreide angebaut, daneben aber auch Kartoffeln,

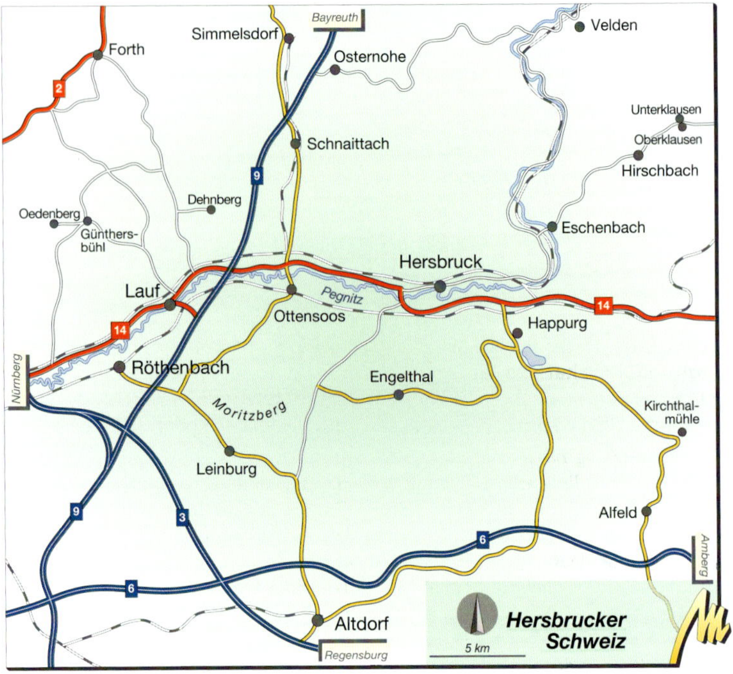

Futterrüben, Mais und Hopfen. Hier sind all jene Attribute vereint, die auch die Fränkische Schweiz auszeichnen: romantische Flusstäler mit satten Wiesen, steil aufragende Dolomitfelsen, geheimnisvolle Karsthöhlen, Burgen und Ruinen. Zu den kulturgeschichtlichen Höhepunkten zählen die einzige Rokokofestung Deutschlands, die Ruine Rothenberg bei Schnaittach, sowie die Städte Lauf, Altdorf und Hersbruck samt Hirtenmuseum.

Schlachtschüsselessen – deftiges Schlemmen

Wenn eine pralle Schweinsblase gut sichtbar vor einem Gasthaus hängt, weiß der Eingeweihte, dass heute Schlachttag ist. Den Schlachtplatten-Fan erwartet frisches, schmackhaftes Fleisch, serviert wird wahlweise Metzelsuppe (zartes Fleisch und Innereien im Kesselsud mit Bauernbrot), Kesselfleisch (das Gleiche mit Kartoffeln und Sauerkraut), Schlachtplatte (Kesselfleisch mit Blut- und Leberwürsten), Blut- und Leberwürste (mit Kartoffeln und Sauerkraut) oder Krautwürste (Leberwurst mit gekochtem Weißkraut untermischt). In der Hersbrucker Schweiz existiert noch eine Vielzahl von Gasthäusern mit Hausschlachtung. Ein Faltblatt des Verkehrsamtes Frankenalb informiert über Gaststätten und ihre Schlachttage.

Dem aufmerksamen Wanderer erschließt sich auf der Fränkischen Alb eine äußerst vielfältige Pflanzenwelt: Türkenbund und Frauenschuh, Felsenhungerblümchen und Sonnenröschen, Salomonssiegel und Hummelorchis – Namen wie aus dem Poesiealbum. Magere Kalkäcker werden von den blauen Blüten des Feldrittersporns geziert, während die rosa Scheinähren des Wiesenknöterichs die Feuchtwiesen der Talniederungen zum Leuchten bringen.

Information: Fremdenverkehrsamt Frankenalb, Waldluststraße 1, 91207 Lauf, ✆ 09123/950254, ✆ 09123/950501, www.frankenalb.de.

Wanderkarte: Fritsch Wanderkarte Nr. 80, Nürnberger Land, 1:50.000.

ADFC-Radtourenkarte, Fränkische Alb/Altmühl, 1:150.000, Bielefelder Verlagsanstalt.

Lauf

Schmuckes Städtchen an der Pegnitz im Einzugsbereich von Nürnberg. Trotz Industrie hat sich Lauf im Zentrum rund um den geschlossenen Marktplatz mit dem freistehenden Rathaus sein mittelalterliches Aussehen weitgehend erhalten können: Fortschritt und Tradition schließen sich nicht aus.

Die Entwicklung Laufs zur Industriestadt war gewissermaßen vorgezeichnet: Begünstigt durch die starke Strömung der Pegnitz („loufe" bedeutet Stromschnelle) entstanden schon früh zahlreiche Mühlen. Zum Schutz der Mühlen und des Flussübergangs errichtete man im 12. Jahrhundert auf der Pegnitzinsel eine Burg. Mit wachsender Bedeutung der Ost-West-Handelsstraße von Nürnberg nach Böhmen blühte die kleine Siedlung schnell auf. Schon im 13. Jahrhundert erhielt sie die Marktrechte, *Karl IV.* verlieh Lauf 1355 dann die Stadtrechte; in dieser Zeit wurde auch die seit 1819 größtenteils abgebrochene Stadtmauer errichtet. Die charakteristische Anlage der Stadt mit dem breiten Straßenmarkt und dem freistehenden Rathaus erfolgte nach einem bayerisch-pfälzischem Schema in Flussrichtung. Von 1377–1504 war die Stadt wittelsbacherisch, bevor sie im Zuge des Landshuter Erbfolgekrieges für drei Jahrhunderte ein Nürnberger Pflegamt wurde. Im Industriezeitalter erlebte Lauf dann eine erneute Blüte.

Hersbrucker Schweiz
Karte Seite 206

Information/Diverses

- *Information* **Stadtverwaltung** Lauf, Urlasstr. 22, 91207 Lauf, ✆ 09123/184113, ✆ 09123/1814184, www.stadt.lauf.de.
- *Einwohner* 27.200
- *Verbindungen* Mit der S-Bahn (S1) alle 20 Min. nach Nürnberg.
- *Feste* **Kunigundenfest**, traditionelle Kirchweih mit Festwagen und Umzügen am 1. Sonntag im Juli.
- *Kegeln* Gasthof **Kunigundenberg**, ✆ 5147; Gasthof **Kühler Grund**, Sichartstr. 40, ✆ 1840.
- *Museum Stadtarchiv* Im früheren Brauhaus des Spitalhofs wurde ein heimatgeschichtliches Museum eingerichtet. Geöffnet: Di–Do 9–12 Uhr und 14–16 Uhr sowie nach Vereinbarung. Spitalstr. 5, ✆ 184166.
- *Schwimmen* Unbeheiztes, sehr schön gelegenes **Freibad** mit Riesenwasserrutsche, Schützenstr. 40, ✆ 74414. **Hallenbad** in der Hardtstr. 37, Mo/Do 16.45–19.45 Uhr, Di/Mi 16.30–20.45 Uhr, Fr 14.30–19.45 Uhr, Sa 13.30–16.45 Uhr, So 9–11.45 Uhr, ✆ 74428.
- *Tennis* Tennishalle Lauf-Süd, ganzjährig geöffnet, ✆ 75639.
- *Theater* Wenige Kilometer nördlich von Lauf, im kleinen Dorf Dehnberg, hat sich das **Dehnberger Hof-Theater** zu einem wahren Kulturmagneten entwickelt. Die von Wolfgang Riedelbauch gegründete und gemanagte Kleinkunstbühne bietet ein interessantes Programm mit Konzerten, Kabarett, Lesungen und Mundartspielen. Die Bühne ist in einem Hopfenbauerngehöft untergebracht. In den Pausen sitzt man im lauschigen Hof bei einem Bier. ✆ 09123/954490, www.dehnbergerhoftheater.de.

Essen/Übernachten

Weißes Lamm, die bürgerliche Küche des unter Einheimischen als „Aschenbrenner" bekannten Gasthofs ist so beliebt, dass es selbst unter der Woche schwer ist, einen Platz zu ergattern. Straßenterrasse. Schweinebraten 7,40 €. Marktplatz 19, ✆ 2707.

Zwinger Melber, altes, wunderschön restauriertes Fachwerkhaus mit einer attraktiven schattigen Gartenterrasse. Viele Salate. Zu empfehlen ist das Melberpfännchen mit Schweinelende oder Truthahnsteak vom Grill 13,40 €. Kein Ruhetag. Hersbrucker Str. 1, ✆ 983214.

Altes Rathaus, historische Räume mit Kachelofen und uralten Balken. Anspruchsvolle fränkische Küche zu gehobenen Preisen, beispielsweise marinierte Rinderfiletscheiben mit mediterranem Gemüse für 15,50 €. Große Straßenterrasse am Marktplatz. Montagmittag geschlossen. Marktplatz 1, ✆ 2700.

Gasthaus an der Mauermühle, am besten munden die Argentinischen Rindersteaks im Garten an der Pegnitz. Wer will, kann sich an einem 400-Gramm-Filetsteak für 23,80 € versuchen. Man sitzt im Schatten einer Linde, ein Wasserrad rauscht und der Blick schweift zum Wenzelschloss ... Johannisstr. 16, ✆ 5552.

Hallerschlößchen, netter Landgasthof mit schönem Biergarten. Di Ruhetag. Die Übernachtung in dem ehemaligen Herrensitz im Ortsteil Nuschelberg kostet ab 30 € pro Person in einem der 6 DZ (inkl. Frühstück). Hauptstr. 1, ✆/📠 09123/3396, www.haller schloesschen.de

Kunigundenberg, auf der Spitze des Berges thront der gleichnamige riesige Biergarten. Brotzeit darf mitgebracht werden. An jedem ersten Sonntag im Juli feiert Lauf das traditionsreiche Kunigundenfest und der Biergarten platzt aus allen Nähten. Am Kunigundenberg 1, ✆ 965356.

• *Essen/außerhalb* **Rockenbrunn**, die als quadratischer Brunnenhof angelegte Gaststätte war schon im 17. Jahrhundert ein Ausflugsziel der dichtenden Mitglieder des Pegnesischen Blumenordens. An den Biertischen sitzt vorwiegend jüngeres Stadtpublikum, das „aufs Land" gefahren ist. Mittags nur kalte Küche, abends wenige warme Gerichte, Forellen aus eigener Zucht. Tägl. außer Di 16–24 Uhr, So ab 10 Uhr. ✆ 09120/798.

Fürsattel, der aus dem 16. Jahrhundert stammende Gasthof Fürsattel in Günthersbühl ist mit seiner wunderschönen überdachten Holzterrasse ein beliebtes Ausflugsziel der Nürnberger. Hier kann es leicht passieren, dass man die gleichen Gesichter beim Sauerbratenessen antrifft, die man in der Nacht zuvor in einer Szene-Kneipe Cocktails trinken sah. Gasträume mit viel Patina, das Essen ist allerdings nur durchschnittlich. Di Ruhetag. ✆ 09123/4157.

Moritzberghütte, traditionsreiche Berggaststätte mit Biergarten direkt auf dem Moritzberg. Einfache Küche. Mo und Di Ruhetag. Tgl. 11–17 Uhr, im Sommer bis 19 Uhr. ✆ 09120/8393, www.moritzberghuette.de.

Gasthaus zum Schloß, gut besuchter Gasthof mit eigener Metzgerei in dem kleinen Bilderbuchweiler Oedenberg. Ausgezeichnete Küche zu sehr moderaten Preisen: 1/2 Wildente mit Kloß und Blaukraut 9,80 €. Extras: Wintergarten , Garten und Kinderspielplatz. Mo und Di Ruhetag. Schlossweg 1, ✆ 09123/6766, www.schloss-oedenberg.de.

Weißes Roß, der zweite Gasthof in Oedenberg liegt nur einen Steinwurf entfernt in einer ehemaligen Scheune. Ansprechende fränkische Küche mit üppigen Portionen, z. B. Sauerbraten mit Kloß (8,80 €). Große Terrasse, Spielplatz vorhanden. Mi Schlachtschüssel, Mo Ruhetag. ✆ 09123/6570, www.weisses-ross-oedenberg.de.

Sehenswertes

Stadtbefestigung: Leider haben nur spärliche Reste von der Stadtbefestigung die Jahrhunderte überdauert. Von den einstigen drei Toren sind noch das Hersbrucker, ein quadratischer Turm mit drei Geschossen, und das Nürnberger Tor erhalten. Sehenswert ist noch der sog. „Judenturm", ein halbrunder Batterieturm. Der Name leitet sich wahrscheinlich von einem einst in der Nähe gelegenen Judenviertel ab.

Schloss: An der Stelle einer im frühen 12. Jahrhundert nachgewiesenen Burg der Reichsministerialen entstand auf der Pegnitzinsel im Auftrag *Kaiser Karls IV.* von

1356–1360 eine rundum erneuerte Anlage, das sog. „Wenzelschloss". Der Name bezieht sich allerdings nicht auf den Sohn Karls IV., sondern auf den Heiligen Wenzel, Patron Böhmens und der Burgkapelle in Lauf. Eindrucksvoll ist die kreuzrippengewölbte Kaiserkammer („Wappensaal") mit 114 in Stein gehauenen und farbig bemalten Wappen; sie wurde einst als Wohn- und Schlafstube genutzt. Die Wappen sind Sinnbilder der böhmischen Hausmacht, denn sie stehen für alle weltlichen und geistlichen Herren, die Karl IV. verpflichtet waren. Im 19. Jahrhundert wurde die Burg als Gefängnis zweckentfremdet. Derzeit wirkt die *Akademie der Bildenden Künste* im Schloss.

Besichtigung Das kulturhistorisch bedeutsamste Bauwerk der Stadt kann nur nach vorheriger Anmeldung im Stadtarchiv Lauf, Spitalgasse 5, ✆ 184166, besichtigt werden.

Rathaus und Marktplatz: Nachdem der Vorgängerbau im Zweiten Markgrafenkrieg (1553) einem Brand zum Opfer gefallen war, wurde in der Mitte des breiten Straßenmarktes im Jahre 1603 ein zweigeschossiger Giebelbau errichtet. Eindrucksvoll ist die Ausrichtung der größtenteils aus dem 17. und 18. Jahrhundert stammenden Häuser rund um den Marktplatz. Die Hinterhöfe werden teilweise bis in die Gegenwart als Wirtschaftshöfe genutzt. Schön ist der Laubenhof des im Jahre 1627 erbauten Gasthofs „Zum Wilden Mann" (Marktplatz 21).

Spital: Der Nürnberger Herman Kessler und seine Frau Elsbeth stifteten 1374 für arme Laufer Bürger ein Spital und eine dem heiligen Leonhard geweihte Kirche; beide Gebäude wurden 1553 zerstört. Während die Kirche eine Ruine blieb, hat man das um einen Hof herum gruppierte Spital wieder aufgebaut; es dient heute als Altenheim.

St. Johannis: Auf den Resten der schon 1275 urkundlich erwähnten Johanniskapelle entstand um die Mitte des 14. Jahrhunderts die heutige evangelische Pfarrkirche im gotischen Stil. Das Innere der seit 1525 lutherischen Kirche wurde 1689 und 1710 nochmals wesentlich verändert. In dieser Zeit entstand auch der Hochaltar von *Balthasar Götz* mit der seltenen Variante austauschbarer Altargemälde. Die ursprünglich sieben Bilder – fünf davon existieren noch – stammen von dem Nürnberger Maler *Johann Keil*.

Industriemuseum: Das Museum dokumentiert die wirtschaftliche Entwicklung von Lauf und zeigt anschaulich den Wandel vom protoindustriellen Handwerk zur industriellen Fertigung. Der Schwerpunkt liegt selbstverständlich bei den wasserradgetriebenen Gewerben, Eisenhämmern, Draht- und Mahlmühlen, aber auch Aspekte wie Alltag und Wohnen zwischen 1900 und 1970 werden berücksichtigt. Eine im Stil der „Nierentischzeit" eingerichtete Wohnung weckt bei manchem Besucher Erinnerungen an die eigene Kindheit.

Adresse/Öffnungszeiten Sichartstr. 5–11, ✆ 184118, www.industriemuseum-lauf.de. 1. April bis 30. Nov. Mi–So 11–17 Uhr. Eintritt: 4 €, erm. 2 €.

Markttag in Lauf

Hersbrucker Schweiz
Karte Seite 206

Wandern

Zum Moritzberg: Der 603 Meter hohe Moritzberg gilt als der Nürnberger Hausberg. Er überragt das Umland so signifikant, dass dies König Ludwig I. angeblich sogar dazu veranlasst haben soll, den Moritzberg als Standort für die Befreiungshalle oder die Walhalla in Betracht zu ziehen. Vom S-Bahnhof Lauf (links der Pegnitz) verläuft ein mit einem roten Kreuz markierter Wanderweg durch den Wald nach Schönberg. Von dort führt ein steiler Anstieg (300 Höhenmeter sind zu überwinden) zum Gipfel. Oben kann man einen Aussichtsturm besteigen oder sich im Wirtshaus erholen. Folgt man dann dem Weg, der mit einem grünen waagrechten Strich markiert ist, erreicht man in einer halben Stunde Haimendorf. Von dort geht es über Grüne Au und Himmelgarten entweder zum S-Bahnhof Röthenbach oder zum Ausgangspunkt zurück. Wanderzeit: Etwa vier Stunden sind für die 12 Kilometer einzuplanen.

Hersbruck

Die im weiten Talkessel der Pegnitz gelegene Kleinstadt gab der „Hersbrucker Schweiz" ihren Namen. Mit seinen malerischen Winkeln und Gassen, den drei erhaltenen Stadttoren und alten Kirchen liegt der staatlich anerkannte Erholungsort inmitten eines einst bedeutenden Hopfenanbaugebiets.

Der eigentümliche Grundriss der Altstadt, bei dem vier Straßenzüge fingerförmig vom Oberen Markt ausgehen, ist eine Folge der mittelalterlichen Fernstraßen und ihren Verlegungen. Im Jahre 1011 wurde Hersbruck als „Brücke des Haderich" (*Haderihesprucga*) erstmals urkundlich erwähnt. Schon 1057 erhielt der Ort vom Bamberger Bischof die Marktrechte, um 1360 von Karl IV. das Stadtrecht. Zur Zeit der Hussitenkriege errichtete man eine Stadtumwallung, von der nur noch Mauerreste erhalten sind. Im Zuge des Landshuter Erbfolgekrieges wurde die Stadt 1503 dem Territorium der Reichsstadt Nürnberg einverleibt, die hier ein Pflegamt einrichtete. Damals war Hersbruck Zentrum der fränkischen Hirtenkultur. Doch zurück zur Gegenwart: Nachdem vor wenigen Jahren eine Thermalwasserquelle in 717 Metern Tiefe entdeckt wurde, setzten die Lokalpolitiker ihre Träume von einem „Bad Hersbruck" überraschend schnell in die Wirklichkeit um: Seit dem Jahr 2004 können Einheimische und Gäste im über dreißig Grad warmen Thermalwasser baden. Das Wasser zeichnet sich durch einen hohen Mineralgehalt aus und soll bei Erkrankungen des Bewegungsapparates, der inneren Organe und der Haut helfen. Stolze 20 Millionen Euro wurden für den Bau der Frankenalb-Therme mit ihren zwölf Süß- und Thermalwasserbecken investiert. Dies ist übrigens die größte Hersbrucker Baumaßnahme seit Errichtung der Stadtmauer!

Doch Hersbruck hat noch andere Qualitäten zu bieten: Seit 2001 darf sich Hersbruck als erste deutsche Stadt „Slow City" nennen. Dies bedeutet nicht etwa, dass die Herren und Damen bei der Stadtverwaltung besonders langsam arbeiten, sondern ist wirklich eine Auszeichnung, da sich Hersbruck zum Ziel gesetzt hat, die Lebensqualität seiner Stadt zu steigern, insbesondere die Bereiche, die Essen und Ernährung betreffen.

- *Information* **Touristinformation Hersbruck**, Unterer Markt 1, 91217 Hersbruck, ✆ 09151/735150, 📠 09151/7359150, www.hersbruck.de.
- *Einwohner* 12.500
- *Anfahrt* Hersbruck wird vom Nbg. Hbf. mit dem Pendolino stdl. angefahren. Fahrzeit: 25 Minuten.

Fast vergessen: Das ehemalige KZ Hersbruck

Erst seit dem November 2009 erinneren zwischen Finanzamt und Therme mehrere mannshohe Stelltafeln daran, dass sich in Hersbruck von 1944–1945 das drittgrößte süddeutsche Konzentrationslager befand. Organisationstechnisch galt Hersbruck als Außenlager des KZ Flossenbürg, doch stand es diesem in punkto menschenverachtender Brutalität in nichts nach. Die Hauptaufgabe der Hersbrucker KZ-Häftlinge war es, Stollen für eine geplante Rüstungsproduktion in die Doggerschicht der Houbirg zu treiben. Hierzu mussten sie täglich zu Fuß den Weg vom Lager, das sich in der Nähe des Strudelbades befand, bis nach Happurg zurücklegen. Ungefähr 10.000, zumeist ausländische Häftlinge, durchliefen das Lager. Der bekannteste war der 1994 verstorbene Schriftsteller Bernt Engelmann. Er hatte das Glück, die Internierung zu überleben – mehr als 4000 Häftlinge starben durch Krankheit, Auszehrung, Willkürakte der Wachmannschaften und beim sog. „Elendsmarsch“, als die verbliebenen Häftlinge kurz vor Kriegsende von den Nazis nach Dachau getrieben wurden.

- *Altstadtfest* Anfang August. Eine besondere Attraktion ist das am 2. Sonntag im August stattfindende Eselrennen.
- *Frankenalb-Therme* Thermalbad mit Saunadorf und Erlebnisbereich (Rutsche). Mo–Fr 9–22 Uhr, Sa ab 10 Uhr, So 9–21 Uhr. Badstr. 16, ✆ 09151/83930, www.frankenalbtherme.de.
- *KZ-Gelände* Führungen für Gruppen, ✆ 735151, www.kz-hersbruck-info.de.
- *Fahrradverleih* **Zweirad Teuchert**, ✆ 824870.
- *Kino* **City-Kino**, ✆ 71423. www.citykinohersbruck.de.
- *Minigolf* In der Ostbahnstraße, bei schönem Wetter tägl. 14–22 Uhr, Sa/So ab 10 Uhr.
- *Stadtführung* Mai–Sept. jeden Sonntag 9.45 Uhr ab Rathaus oder nach Anmeldung beim Verkehrsamt. Kosten: 2,50 €.
- *Schwimmen* Das Strudelbad direkt neben dem Thermalbad an der Pegnitz.
- *Essen/Übernachten* **Schlosshotel Reichenschwand**, drei Kilometer westlich von Hersbruck im Ort Reichenschwand bietet das in einem ehemaligen Wasserschloss untergebrachte Hotel ein ausgezeichnetes Preis-Leistungs-Verhältnis. Weitere Zimmer in einem modernen Anbau. Teures WLAN. EZ 59 €, DZ 79 €, jeweils inkl. Frühstücksbuffet. Schlossweg 12, ✆ 09151/869340, ℻ 869390, www.schlosshotel-reichenschwand.de.

Restaurant Café Bauer, gut geführtes Haus im altfränkischen Stil mit ambitionierter Küche. Ein Genuss ist der Waller in Silvanersud mit Gemüsestreifen oder das Großviehberger Rehgeschnetzelte mit frischen Pfifferlingen und Spätzle für 15 €. Das Hotel wurde unlängst total renoviert und präsentiert sich seither mit hellen, freundlichen Räumen. Mi Ruhetag. Radfahrerfreundlich. Martin-Luther-Straße 16. DZ mit Frühstück ab 80 €, EZ ab 50 €. ✆ 09151/81880, ℻ 818810, www.restaurant-cafe-bauer.de.

Petit Hotel Panorama, vornehmes Hotel mit kleinem Hallenbad in schöner Hanglage. Typischer 70er-Jahre-Bau. Wegen der geringen Bettenzahl sehr private Atmosphäre. WLAN. EZ ab 50 €, DZ ab 85 € (inkl. Frühstücksbuffet). Höhenweg 10, ✆ 09151/3804, ℻ 4560, mail@petit-hotel-panorama.de, www.petit-hotel-panorama.de.

Gasthof Schwarzer Adler, gute fränkische ambitionierte Küche mit sehr schmackhaften Gerichten, auch vegetarisch (Lesertipp von Hilde Barthelmann). Donnerstag und Freitagmittag bleibt die Küche kalt. Im zugehörigen Hotel gibt es helle, freundliche Gästezimmer zu günstigen Preisen. EZ 40 €, DZ 45–65 € (jeweils inkl. Frühstücksbuffet). Martin-Luther-Str. 26, ✆ 09151/2231, ℻ 2236, www.schwarzer-adler-hersbruck.de.

Zum Michelsberg, herrliche Lage über den Dächern von Hersbruck. Allein der Aussicht wegen ist die Gaststätte auf dem Hersbrucker Hausberg schon einen Besuch wert. Serviert wird eine einfache, preiswerte Küche, beispielsweise eine Michelsberger Gröstlpfanne für 6,90 €. April–Okt. tgl. außer Mo geöffnet. Hans-Sachs-Ring 21, ✆ 70420.

Café Kohl, das für seine leckeren Kuchen und Gebäck bekannte Café ist ebenfalls ein Lesertipp von Hilde Barthelmann. Prager Str. 5, ✆ 2133.

Blaues Haus, italienisches Restaurant in einem zartblau gestrichenen, alten Haus (durch einen Durchgang von der Prager Straße zu erreichen). Die Räumlichkeiten haben Charme, der Koch versteht sein Handwerk. Loup de Mer vom Grill mit Salat für 16,50 €. Täglich frische hausgemachte Nudeln, wechselnde Wochenkarte. Pizzen ab 5 €. Idyllischer Innenhof. Di Ruhetag, Prager Str. 27, ✆ 1849.

Sehenswertes

Schloss: Nachdem die Nürnberger in den Besitz der Stadt gelangt waren, errichteten sie auf den Fundamenten der alten Burg 1517 ein neues Schloss, das als Angelpunkt in die Stadtbefestigung einbezogen wurde. Sein heutiges Aussehen erhielt das Schloss erst 1618–1621 durch den Nürnberger Stadtbaumeister *Jakob Wolff d. J.* Die dreiflügelige Anlage deutet schon einen im Barock beliebten Grundrisstypus an; die ursprüngliche Raumaufteilung ist weitgehend erhalten geblieben. Allerdings kann das Schloss nicht besichtigt werden, da hinter den alten Mauern heute das Amtsgericht tagt.

Pfarrkirche: Die ehemals gotische ev. Pfarrkirche wurde im 18. Jahrhundert barockisiert. Das Gotteshaus birgt einen der bedeutendsten spätgotischen Schreinaltäre Frankens; er stammt aus der Zeit um 1490 und musste 1738 einem Barockaltar weichen. Nachdem er 1866 sogar zerteilt worden war, suchte und fügte man 1961 die Überreste wieder zusammen und ersetzte die verloren gegangenen Teile. Der Schrein zeigt Maria und die vier großen Kirchenväter; auf den beweglichen Flügeln sind Szenen aus dem Leben Marias und der Passionsgeschichte dargestellt.

St. Elisabeth: Die Stiftung des Spitals erfolgte noch im 14. Jahrhundert, der Bau der Spitalkirche datiert etwa 50 Jahre später. Sehenswert ist ein Flügelaltar (um 1500), die Skulpturen stammen aus der Schule von *Veit Stoß*, die äußeren Tafelgemälde erinnern an *Michael Wolgemut*.

Hirtenmuseum: In einem aus dem 16. Jahrhundert stammenden Bürgerhaus mit Gartenhof und Rückgebäude ist neben dem einzigen Museum Deutschlands, das sich der Hirtenkultur widmet, auch ein Handwerker- sowie ein Heimatmuseum untergebracht. Im Hirtenmuseum sind rund 200 Schellenbögen, Ringelpeitschen, Schalmeien, Tabakspfeifen, bis zu drei Meter lange Blashörner sowie Texte und Noten alter Hirtenrufe ausgestellt. In der zugehörigen Museumsscheune sind neben zwei Schäferkarren auch eine Handwerksschau sowie eine Friseureinrichtung der dreißiger Jahre und Teile einer Zahnarztpraxis aus den 60er Jahren zu bewundern. Wer es einrichten kann, sollte am 6. Januar, dem traditionellen Hirtentag, das Museum besuchen. Bläser und Peitschenknaller sorgen für eine ausgelassene Stimmung, Kinder erfreuen sich an der kleinen Schafherde.

Adresse/Öffnungszeiten Eisenhüttlein 7, ✆ 2161. Di–So 10–16 Uhr. Eintritt: 3 €, erm. 1 €.

Wandern

Auf dem Hochlandsteig von Hersbruck nach Altdorf: Diese etwa 26 Kilometer lange Tageswanderung (festes Schuhwerk erforderlich) zählt zu den Highlights der Hersbrucker Schweiz. Der mit einem gelben Punkt markierte Weg – daher auch die Bezeichnung „Spiegeleierweg" – beginnt am Bahnhof in Hersbruck (links der Pegnitz, hier ist die Markierung allerdings schwer zu finden) und führt über den *Arz-*

bergweg in Richtung Süden am Ortsteil Ellenbach vorbei. Von hier geht es über den *Deckersberg* (586 Meter) am Oberen Stausee entlang über die Weiler *Hartenberg* und *Hinterhaslach* nach *Traunfeld*. Über die Hälfte der Strecke ist nun bewältigt. Weiter verläuft der Hochlandsteig am Traunfelder Bach entlang nach *Hagenhausen* und Altdorf. Für diese Wanderung empfiehlt sich die Anreise und Rückfahrt mit der Bundesbahn bzw. S-Bahn über Nürnberg. Wanderzeit: etwa 6 Stunden.

Kalorienweg: Dieser am Verkehrsamt in Hersbruck beginnende, sieben Kilometer lange Rundwanderweg (Markierung: Ziffer 8) führt in einer weiten Schleife am Strudelbad vorbei in Richtung Großviehberg. Auf neun, bunt bemalten Tafeln wird man über die jeweils verbrauchte Kalorienmenge informiert.

Altes Stadttor von Hersbruck

Hersbrucker Schweiz
Karte Seite 206

Happurg

Der kleine, beliebte Ferienort liegt unterhalb des mächtigen Bergmassivs der Houbirg. Der bei Seglern und Surfern beliebte gleichnamige Stausee entstand 1960 durch Aufstauen des Förren- und des Kainbachs. Wer will, kann den See auf einem 3,7 Kilometer langen Uferweg umrunden. Auf dem kleineren, bei Deckersberg gelegenen Oberen Stausee ist Wassersport nicht erlaubt; er kann bei einem Spaziergang umrundet werden.

- *Information* **Gemeindeverwaltung** Happurg im Rathaus, 91230 Happurg, Hersbrucker Str. 6, ✆ 09151/83830, 📠 09151/838383, www.happurg.de.
- *Einwohner* 3500 (Gemeinde)
- *Schwimmen* Nur 5 Min. von Happurg entfernt, liegt ein **Baggersee**, der mit diversen Anlagen versehen wurde. Hier herrscht allerdings an den Wochenenden im Sommer großer Andrang.
- *Essen/Übernachten* **Kainsbacher Mühle**, die 1312 erstmals urkundlich erwähnte Mühle, mitten im idyllischen Kainsbachtal gelegen, zählt seit rund 30 Jahren zu den schönsten Landhotels in Franken, und die ausgezeichnete regionale Küche hat daran einen großen Anteil (Fisch- und Wildspezialitäten). Manch einer kommt auch nur wegen der Torten, die die resolute Chefin Rosemarie Herzog höchstpersönlich bäckt. Herrlich ist auch die große Terrasse hinter dem Haus, wo sich auch das Mühlrad dreht. Schöner Garten mit Liegestühlen. Sportliche Ertüchtigung ist in der überdachten Ozonschwimmhalle mit Gegenstromanlage, Whirlpool, Sauna und Dampfbad möglich. DZ mit Frühstück 118–159 €, EZ ab 78 € (die teureren mit Balkon). Mühlgasse 1, ✆ 09151/7280, 📠 728162, www.kainsbacher-muehle.de.

Wandern

Auf die Houbirg: An der Wegeübersichtstafel am Marktplatz von Happurg beginnt ein steil ansteigender, insgesamt fünf Kilometer langer Wanderweg (Markierung: grüner Punkt). Er führt beim Kriegerdenkmal in den Wald, durch die *Hunnenschlucht* und um den bis zu 13 Meter hohen Ringwall herum zur Hallenhöhle *„Hohler*

Fels", einer der bedeutendsten altsteinzeitlichen Siedlungsstätten in der nördlichen Frankenalb, und wieder zum Ausgangspunkt zurück. Die waldbedeckte Hochfläche auf der Houbirg war bereits in der Bronzezeit besiedelt und befestigt; die Kelten bauten den Wall später zu einem sog. „Oppidum" aus, das im Kriegsfall das ringsherum siedelnde Volk samt Vieh aufnehmen konnte. Im Zweiten Weltkrieg mussten die Häftlinge des KZ Hersbruck Stollen von insgesamt 3,5 Kilometer Länge in den Berg treiben, um unter der Tarnbezeichnung „Doggerwerk" eine vor den alliierten Bombenangriffen sichere Rüstungsproduktionsstätte für Flugzeugmotoren einzurichten. Ein zugemauerter Eingang ist in der „Hunnenschlucht" zu sehen.

Alfeld

Sieht man von der evangelischen Pfarrkirche, deren älteste Teile aus dem 12. Jahrhundert stammen, einmal ab, hat die kleine Gemeinde im *Albachtal* kaum Sehenswürdigkeiten zu bieten. Dafür liegt der gut 750 Einwohner zählende Ort in einer beschaulichen, hügeligen Landschaft, die zu erholsamen Spaziergängen einlädt. Weit über die Grenzen der Gemeinde hinaus bekannt, sind die Alfelder Wurstwaren. Kurios ist hingegen eine drei Jahrhunderte währende Episode aus der Ortsgeschichte, als Alfeld infolge des Landshuter Erbfolgekrieges von 1504 bis 1806 geteilt war und zwei verschiedenen Landesherren gehörte. In der einen Ortshälfte hatten die Wittelsbacher das Sagen, in der anderen die Reichsstadt Nürnberg. Seither wird alljährlich am Kirchweihsonntag die „Wiedervereinigung" gefeiert.

- *Information* Bürgeramt, Marktplatz 12, 91236 Alfeld, ✆ 09157/703111, ✆ 09151/703222. www.alfeld.de.
- *Einwohner* 760
- *Essen/Übernachten/Wandern* Zu empfehlen ist eine kleine Wanderung bei der Kirchthalmühle, drei Kilometer nördlich von Alfeld. Hierzu folgt man der Markierung roter Punkt, die anfangs am kleinen Bach entlang verläuft, am Weiler Trossalter vorbei bis Fürnried. Der letzte Teil der sieben Kilometer langen Strecke ist nicht markiert und führt über eine wenig befahrene Nebenstraße zurück zum Ausgangspunkt.

Gasthaus zum Ritter, bodenständige Küche zu günstigen Preisen. Schöner Biergarten. Mo und Di geschlossen. In Eckeltshof (vier Kilometer östlich), ✆ 09157/394.

Hirschbachtal

Das Hirschbachtal zählt – ohne Übertreibung – zu den schönsten Tälern der Hersbrucker Schweiz. Der größere Teil dieses Tals mitsamt der Gemeinde Hirschbach gehört schon nicht mehr zu Franken, sondern zur Oberpfalz – wie der Dialekt auch gleich verrät.

Zum Wandern (insgesamt rund 200 Kilometer markierte Wanderwege) oder für einen naturverbundenen Urlaub bietet die abwechslungsreiche, bizarre Landschaft mit ihren vielen seltenen Pflanzen geradezu ideale Voraussetzungen. Alpinkletterern ist das Tal längst ein Begriff: Mit dem *„Höhenglücksteig"* und dem *„Norissteig"* wartet die DAV-Sektion Noris (Deutscher Alpenverein) mit einem einmaligen Klettergarten auf, der 700 Meter seilgesicherte Felsen in drei Abschnitten umfasst.

- *Information* **Verkehrsverein Hirschbach**, Talstr. 24, 92275 Hirschbach, ✆ 09152/8395, ✆ 986517, www.gemeinde-hirschbach.de.
- *Schwimmen* Beheiztes **Freibad** (Terrassenschwimmbad) am Ortseingang von Hirschbach.
- *Essen/Übernachten* **Goldener Hirsch**, dieser historische Fachwerkbau aus dem Jahre 1630 ziert den Dorfplatz von Hirschbach. Serviert werden Schnitzel- und Bratengerichte für 6–7 €. Wechselnde Tageskarte, nette Terrasse. Übernachtung mit Frühstück ab 19 € pro Pers., je nach Ausstattung der Zimmer. Es werden auch zwei

Ferienwohnungen (ab 30 € pro Tag) vermietet. Dorfplatz 1, ✆ 09152/986300, 📠 09152/986301, gasthof@goldenerhirsch.de, www.goldenerhirsch.de.

Forellenzucht

Mit ihrem hohen Sauerstoffgehalt und den über das Jahr gleich bleibenden Temperaturen eignen sich die Bäche der Hersbrucker Schweiz hervorragend zur Forellenzucht. In den mit Quellwasser gespeisten Teichen leben überwiegend Regenbogenforellen, aber auch die empfindlichere Bachforelle und der Bachsaibling werden gezüchtet. Ursprünglich war nur die Bachforelle in den Gewässern heimisch, die anderen beiden Fischarten wurden erst vor gut 100 Jahren von Nordamerika eingeführt.

Grüner Schwan, der mit Engagement betriebene Gasthof in dem kleinen Ort Eschenbach ist nicht nur dem Liebhaber vegetarischer und ökologischer Küche zu empfehlen. Und alles zu günstigen Preisen. Schöner Wirtsgarten mit Sandkasten. Häufig wird der Schwan auch als alternative Tagungsstätte genutzt. Boots- und Fahrradverleih. Mo, Mi und Do geschlossen, sonst von 15–1 Uhr, Sa/So ab 10 Uhr geöffnet. Einfache Zimmer für 25 € pro Person mit Frühstück. Eschenbach 12, ✆ 09154/8594, 📠 916951, www.gruenerschwan.de.

Das größte Stadion der Welt im Hirschbachtal?

Das größte Stadion der Welt wurde und wird nicht im Hirschbachtal gebaut. Doch hatte *Albert Speer*, Hitlers Lieblingsarchitekt, als er für das Nürnberger Reichsparteitagsgelände das „Deutsche Stadion“ plante, im Hirschbachtal gegenüber dem kleinen Weiler *Oberklausen* ein maßstabgetreues Teilmodell der Tribüne errichten lassen, da der Berghang genau den gleichen Neigungswinkel aufwies wie die Tribünen des geplanten Stadions. Dieses hätte mit seinen 80 Meter hohen Aufbauten alle bekannten Vorbilder bei weitem übertroffen. Mehr als 400.000 Zuschauer sollten in dem Stadion Platz finden. Für das Modell, das mit drei Tribünenrängen 42.000 Sitzplätze fasste, musste der Berghang gerodet werden, anschließend wurden die Fundamente zementiert und die Holztribünen gezimmert. Insgesamt 400 Arbeiter waren eineinhalb Jahre mit den Bauarbeiten beschäftigt. Noch heute sind die Reste des Modells im Gelände („Stadionberg“) zu erkennen – Zeugen eines gigantischen Wahnes.

Wandern

Höhlenrundweg: Dieser 1975 angelegte Weg (Markierung: Ziffer 3 auf grünem Grund) ist 20 Kilometer lang und führt an insgesamt 30 Höhlen vorbei, die teilweise nur mit einer Lampe begehbar sind. Festes Schuhwerk, Taschenlampe und ältere Kleidung – manche Höhle muss man kriechend erforschen – sind sehr zu empfehlen. Die *Starenfelshöhle* diente einst als menschliche Behausung, in der *Dürrnberghöhle* wurden Scherben aus der Hallsteinzeit gefunden. Die Tour beginnt bei der Wegetafel in der Ortsmitte von Hirschbach. Einkehren kann man in *Neutras*, *Hegendorf* und *Hirschbach*. Nähere Infos und eine ausführlichere Beschreibung des Rundweges sind beim Fremdenverkehrsverein Hirschbach erhältlich.

Schnaittach

Die Ortschaft ist der kulturelle und wirtschaftliche Mittelpunkt des Schnaittachtals. Überragt wird die gut 8.500 Einwohner zählende Marktgemeinde von der Rokokofestung Rothenberg.

Eine große Attraktion kam 1996 mit dem Jüdischen Museum Franken hinzu, das in den Räumen einer ehemaligen Synagoge untergebracht und dem ein schon bestehendes Heimatmuseum angegliedert wurde. Das Dorf Schnaittach wurde 1011 von Kaiser *Heinrich II.* dem neu gegründeten Bistum Bamberg geschenkt. Später gehörte Schnaittach zu Böhmen, danach den jeweiligen Herren von Rothenberg. Im Zeitalter der Reformation wurde der Ort protestantisch, bis 1628 die Rekatholisierung erfolgte, die aus Schnaittach eine katholische Enklave machte, umschlossen vom protestantischen Landgebiet der Reichsstadt Nürnberg.

Geschichte der Schnaittacher Juden

Bereits im Spätmittelalter gab es in Schnaittach eine bedeutende jüdische Gemeinde, die sich hier – wie auch in Fürth – jenseits des Nürnberger Territoriums, wo man sie ab 1499 nicht mehr geduldet hatte, ungehindert niederlassen konnte. Ihren Wohlstand, der es ihnen auch ermöglichte, die erforderlichen Schutzgelder zu bezahlen, verdankten die Schnaittacher Juden hauptsächlich dem Hopfenhandel. Auch in den umliegenden Dörfern Hüttenbach, Ottensoos und Forth bildeten sich alsbald jüdische Gemeinden. Schnaittach selbst stieg im 16. Jahrhundert zum Rabbinat auf und war, als die Rabbiner zugleich als Landrabbiner fungierten, Sitz einer Talmudschule. Erst im Zuge der Liberalisierungen des 19. Jahrhunderts, als immer mehr Juden in die größeren Städte abwanderten, erlosch 1883 das Rabbinat Schnaittach. Die Pogrome der Nationalsozialisten besiegelten das Ende der jüdischen Gemeinde; nur ein Jude kehrte nach 1945 in seine Heimatstadt Schnaittach zurück.

• *Information* **Verkehrsverein** im Rathaus, Marktplatz 1, 91220 Schnaittach, ✆ 09153/40901, 📠 09153/409170, www.schnaittach.de. Tägl. 8–12 und 14–16 Uhr geöffnet.

• *Einwohner* 8560

• *Verbindungen* Schnaittach ist vom Nbg. Hbf. mit den Regionalzügen R 3 und R 33 über Neunkirchen am Sand in rund 40 Min. zu erreichen. Mo–Fr tagsüber stdl., Sa und So alle zwei Stunden.

• *Reiten* **Reitstall Weisel** in Kirchröttenbach, ✆ 9233.

• *Schwimmen* **Freibad** in der Badstraße, ✆ 7017; im Sommer tägl. 9–19 Uhr.

• *Skifahren* Die längste Abfahrt Mittelfrankens (1000 m) befindet sich jedoch in der Nähe von Osternohe. Liftbetrieb: Mo–Fr ab 13 Uhr, am Wochenende ab 9 Uhr. Auskunft: ✆ 8007 oder www.osternohe.de/skilift.

• *Bike-Park* im Sommer verwandelt sich die Skipiste in einen Bike-Park. Liftbetrieb: Mo–Fr ab 13 Uhr, am Wochenende ab 9 Uhr. Auskunft: ✆ 8007 oder www.osternohe.de/skilift.

• *Essen/Übernachten* **Gasthof Kampfer**, mit 42 Betten der größte Gasthof in Schnaittach. Heimische Kost dominiert die Speisekarte, Schäufele gibt's für 8,70 €. Das DZ (teilweise mit Balkon) kostet ab 68 €, EZ ab 38 €. Fröschau 1, ✆ 09153/929213, 📠 929245, www.hotel-gasthof-kampfer.de.

Berggasthof am Rothenberg, unterhalb der gleichnamigen Festung gelegen. Von der Terrasse bietet sich ein herrlicher Rundblick über das Schnaittachtal. Große Auswahl an Braten und Pfannengerichten für etwa 6–9 €, eine Roulade mit Kloß kostet 7,50 €. Do Ruhetag. Rothenberg 1, ✆ 09153/8480, 📠 5961.

Berggasthof Igelwirt, von diesem Berggasthof mit eigener Metzgerei genießt man einen schönen Blick ins Tal. Unweit des Gasthofs befindet sich die Ruine Schlossberg, der einstige Sitz der Herren von Osternohe. Umfangreiche und abwechslungsreiche Tageskarte mit teilweise gehobenen Preisen. Im Sommer stehen z. B. Pfifferlinge mit diversen Beilagen auf dem Programm. Das Schäufele kostet 8,60 €. Mo geschlossen. Kostenloses WLAN. Übernachtung im DZ 76–110 €, EZ ab 52 €. Der Gasthof liegt im Weiler Schlossberg oberhalb von Osternohe. Igelweg 6, ✆ 09153/4060, 📠 406166, www.igelwirt.de.

Sehenswertes

Festung Rothenberg: Eindrucksvoll erhebt sich die Ruine mit ihren mächtigen Bastionen auf dem 560 Meter hohen Rothenberg über Schnaittach und dem Schnaittachtal. Auf dem gleichen Platz, auf dem sich ein 1703 zerstörter Vorgängerbau befand, ließ der Kurfürst *Karl Albrecht von Bayern* ab 1729 die einzige Rokokofestung Deutschlands errichten. Der Plan für den unregelmäßigen sechszackigen Grundriss ergab sich aus den topographischen Gegebenheiten und stammte von *Peter de Coquille*. Nur einmal, 1742, kam es zu einer Belagerung durch die Österreicher, die allerdings unverrichteter Dinge von dannen ziehen mussten. Jahrzehntelang diente der mächtige Bau als Festungsgefängnis. Der prominenteste Insasse war *Andreas Andre*, der zweite Ehemann der bayerischen *Herzogin Maria Anna*, der hier im Winter 1779/80 inhaftiert wurde, weil sich seine Frau gegen die Pläne des Kurfürsten Karl Theodor gestellt hatte, der Bayern gegen die Österreichischen Niederlande eintauschen wollte. Im Jahre 1835 wurde die Festung schließlich aufgelassen – die letzte Wache verließ die Festung im Oktober 1841 – und dem Verfall preisgegeben, bis man vor drei Jahrzehnten begann, diesen Prozess aufzuhalten. Die mächtigen Außenfronten mit sauber gefugten Schalenquadern stehen zu dem ruinösen Inneren in einem faszinierenden Gegensatz. Glücklicherweise sind aber seit Jahren umfangreiche Restaurierungsarbeiten im Gange, um die Festung zu erhalten.

Öffnungszeiten Tgl. 10–17 Uhr, im Winter geschlossen. Nur mit Führung zu besichtigen (zu jeder vollen Stunde). Eintritt: 2,50 €, erm. 2 €. Auskunft: ✆ 09153/8078, www.festung-rothenberg.de.

St. Kunigund: Der markante Turm der kath. Pfarrkirche hebt sich deutlich von den übrigen Häusern ab. Der Chor und der untere Teil des Turmes stammen noch aus dem späten 14. Jahrhundert. Vor gut sechzig Jahren erfolgte der Neubau des Langhauses in Querrichtung.

Jüdisches Museum Franken in Schnaittach: Nach einer längeren Planungsphase wurde 1996 in der einstigen Schnaittacher Synagoge eine Außenstelle des Jüdischen Museums Franken eröffnet. Zusammen mit dem im Jahre 1999 eröffneten Fürther Museum bildet das sich der Kultur des Landjudentums widmende Schnaittacher Museum das „Jüdische Museum Franken".

Zum Gebäudekomplex der Synagoge – die ältesten Teile stammen aus dem Jahre 1570 – gehören auch ein jüdisches Ritualbad *(Mikwe)* sowie ein Rabbiner- und ein Vorsängerhaus. Die museumsdidaktisch lobenswerte Dauerausstellung bietet zugleich eine anschauliche Einführung in die jüdische Kultur der Diaspora sowie in den jüdischen Glauben. Am Beispiel von vier Personen wird zudem das Schicksal Schnaittacher Juden während des Nationalsozialismus lebendig nachgezeichnet.

Karte Seite 206

Angegliedert ist inzwischen auch das Schnaittacher *Heimatmuseum*, das Alltagszeugnisse, Kachelöfen sowie religiöse Kunst und historischen Christbaumschmuck zeigt.

Adresse/Öffnungszeiten Museumsgasse 12–14, www.juedisches-museum.org. Am Wochenende 11–17 Uhr. Eintritt: 3 €, erm. 2 €. Eintritt in das Heimatmuseum: 1,50 €, erm. 1 €.

Jüdische Friedhöfe: Schnaittach besitzt neben seiner jüdischen Synagoge noch drei, teilweise recht stimmungsvolle jüdische Friedhöfe am nordöstlichen Ortsrand. Während an den wahrscheinlich ältesten Friedhof (zwischen Krankenhausweg 7 und 9) nur noch ein Grabstein erinnert, sind auf dem schräg gegenüberliegenden spätmittelalterlichen Friedhof noch zahlreiche alte, sehr massive Grabsteine zu sehen, die teilweise schon weit in den Boden eingesunken sind. Hinter dem Friedhofswärterhäuschen in der Krankenhausstraße 12 befindet sich der jüngste Schnaittacher Judenfriedhof; die letzte Bestattung erfolgte im Jahre 1964.

Achtung: Einem Friedhof kommt im jüdischen Glauben eine eminent wichtige Rolle zu, denn die Totenruhe, die bis zur Auferstehung der Toten andauert, ist für Juden ein Bestandteil ihres Glaubens. Die Friedhöfe sind daher eingezäunt, um eine Störung der Totenruhe zu verhindern.

Mehrere Friedhöfe erinnern noch an die jüdische Vergangenheit von Schnaittach

Umgebung

Hohenstein: Wenige Kilometer nordöstlich von Schnaittach liegt die Burgruine Hohenstein in strategisch günstiger Höhenlage. Mit 634 Metern ist der steil aufragende *Dolomitfels* die höchste Erhebung in der nördlichen Frankenalb. Der mächtige Palas und die Kapelle über dem Tor entstammen dem frühen 13. Jahrhundert. In ihrer stürmischen Geschichte hatte das 1163 erstmals erwähnte Hohenstein mehrere Herren, unter anderem die Staufer, die Wittelsbacher und die Reichsstadt

Nürnberg. Nach dem Übergang an Bayern wurden im Jahr 1814 größere Teile der Burg abgebrochen.

Öffnungszeiten in den Wintermonaten geschlossen, sonst ganztägig geöffnet, ✆ 09152/287. Eintritt: 1,30 €, erm. 0,70 €. www.burg-hohenstein.com.

Wandern

Zur Ruine Rothenberg und weiter nach Hohenstein: Vom Bahnhof Schnaittach führt ein gut zwei Kilometer langer Wanderweg (Markierung: rotes Andreaskreuz) zur Ruine auf dem Rothenberg. Von dort aus geht es entweder am Berggasthof „Am Rothenberg" vorbei zurück zum Ausgangspunkt oder dem roten Andreaskreuz folgend weiter nach Hohenstein. Entfernung: nochmals 8,5 Kilometer.

Altdorf

Die auf einer Liasplatte über dem Schwarzachtal gelegene ehemalige protestantische Universitätsstadt ist vor allem wegen ihrer Wallenstein-Festspiele bekannt. Mit seinem fränkischen Kleinstadtflair und den schmucken Altstadtgassen lohnt Altdorf aber nicht nur alle drei Jahre einen Besuch.

Auffällig ist die planmäßige Anlage der Stadt mit ihrem breiten, von Tor zu Tor reichenden Straßenmarkt, wie er auch für die oberpfälzischen Nachbarstädte charakteristisch ist. Am Oberen Markt stehen noch einige sehenswerte Sandsteinhäuser des 16.–18. Jahrhunderts. Altdorf entwickelte sich aus einem Königshof, der wohl ins 8. Jahrhundert zu datieren ist. Bis der Ort im Jahre 1504 an die Reichsstadt Nürnberg fiel, wechselte er mehrfach den Besitzer. Im Zweiten Markgrafenkrieg wurde Altdorf 1553 bis auf die Grundmauern niedergebrannt. Der von Nürnberg betriebene Wiederaufbau hat das Bild des Ackerbürgerstädtchens bis auf den heutigen Tag geprägt. Die Nürnberger gründeten wenige Jahre später eine der bedeutendsten protestantischen Universitäten, die im Zeitalter des Barock und der Aufklärung das geistige Leben der nahen Reichsstadt maßgeblich bestimmte. Obwohl Altdorf seit 1806 zum Königreich Bayern gehört, blieben die Verbindungen zu Nürnberg weiterhin eng. Viele Altdorfer, die die ländliche Lebensqualität schätzen, pendeln täglich nach Nürnberg zu ihrem Arbeitsplatz.

- *Information* **Fremdenverkehrsamt** im Rathaus, Oberer Markt 2, 90518 Altdorf, ✆ 09187/807100, 📠 09187/807290, www.altdorf.de.
- *Einwohner* 16.500
- *Verbindungen* Die S-Bahn (S 2) fährt von Nürnberg aus alle 20 Min. nach Altdorf.
- *Fahrradverleih* **Sport Gillich**, Nürnberger Straße 5, ✆ 1501.
- *Markt* Jeden Samstag wird auf dem Schloßplatz ein Bauernmarkt abgehalten.
- *Feste* Die **Wallenstein-Festspiele** wurden 1894 ins Leben gerufen. Seither finden sie alle drei Jahre (2012, 2015 usw.) im Sommer statt. Auskunft und Programm: ✆ 909099, www.wallenstein-festspiele.de. Berühmt ist die „Lange Nacht" im Juli, dann dürfen nämlich die Gaststätten ohne Sperrzeit ausschenken – und Altdorf steht Kopf.
- *Kino* **Graffiti**, in der Neumarkter Str. 3, ✆ 7272.
- *Schwimmen* Beheiztes **Freibad** in der Hagenhausener Str. 8, ✆ 5240.
- *Essen/Übernachten* **Hotel-Gasthof Alte Nagelschmiede**, einst verkehrten hier ausschließlich Bauern und Fuhrleute, woran die rustikale Einrichtung noch erinnern soll. Heute bietet Werner Recknagel wechselnde Gerichte zu einem guten Preis-Leistungs-Verhältnis. Man versteht sich auf eine gute Mischung aus fränkischer und italienischer Küche. Deftige Kost wie Schweineleber mit Röstzwiebeln (8,90 €) gibt es aber auch im Angebot. Das Menü der Woche kostet 29 €. Es werden auch Zimmer vermietet. EZ ab 49 €, DZ ab 75 € (inkl. Frühstücksbuffet). So geschlossen. Oberer Markt 13, ✆ 09187/95270, 📠 952727, www.alte-nagelschmiede.com.

Karte Seite 206

Hotel Match-Point, modern ausgestattetes, komfortables Hotel mit Sauna und Solarium sowie angegliedertem Fitnesscenter. Kostenloses WLAN. EZ ab 55 €, DZ ab 83 €. Schulstr. 14, ✆ 09187/95260, 📠 952613, www.matchpoint-wellfit.com.

Rotes Ross, die Familie Riedner betreibt den Gasthof mittlerweile in der siebten Generation. Hervorragende Fischgerichte, aber auch das fränkische Zwiebelfleisch mit Bratkartoffeln (8,50 €) ist nicht zu verachten. Breites Weinangebot. Montag- und Donnerstagabend geschlossen. Oberer Markt 5, ✆ 5272. www.rotes-ross-altdorf.de.

Sehenswertes

Ehem. Universität: In der Nähe der südlichen Stadtmauer befinden sich die Renaissance-Bauten der ehemaligen Universität der Reichsstadt Nürnberg. Um einen quadratischen Hof gruppieren sich drei eigenständige Gebäude, die zwischen 1571 und 1583 errichtet wurden. In diese Zeit fallen auch die Verlegung der von Melanchthon in Nürnberg gegründeten Oberen Schule nach Altdorf und ihre Ernennung zur Akademie. Wenige Jahrzehnte später wird Altdorf der Status einer Universität zuerkannt (1622). Kostbare Bibliotheken, ein anatomisches Theater, ein chemisches Labor, ein botanischer Garten und eine Sternwarte zählten zu den Einrichtungen der Hohen Schule, an der der spätere kaiserliche Generalissimus *Albrecht von Wallenstein* studierte – aber mehr durch seine Exzesse in Erinnerung blieb ... Und Goethes Ahnherr *Johann Wolfgang Textor* promovierte 1666 das Universalgenie *Gottfried Wilhelm Leibniz* zum Doktor der Rechte. Im Jahre 1809 wurde die mittlerweile von Erlangen überflügelte Universität geschlossen. Nach einem königlichen Lehrerseminar fand 1925 das zu den Rummelsberger Anstalten gehörende „Wichernhaus“, ein Zentrum für die Betreuung Körperbehinderter, in den ehrwürdigen Mauern sein Domizil.

Universitätsmuseum: Erst im Sommer 1998 eröffnet, gibt das Universitätsmuseum Einblicke in die Zeit, als Altdorf noch Universitätsstadt war. Abgesehen von wichtigen Dokumenten wie der Original-Matrikel, in die sich in 180 Jahren rund 20.000 Studenten eingetragen haben, widmet sich die Ausstellung den hier betriebenen universitären Forschungen ebenso wie dem Alltagsleben. Da der Altdorfer Professor Jacob Baier die wissenschaftliche Paläontologie begründete, stellt das angeschlossene *Fossilienkabinett* (Hauptattraktion: ein Saurier-Baby) eine sinnvolle Ergänzung zum Universitätsmuseum dar.

Adresse/Öffnungszeiten Neubaugasse 5. Sa und So 14–17 Uhr. Eintritt: 2 €, erm. 1 €.

St. Laurentius: Die evangelische Stadtpfarrkirche mit ihrem spätgotischen Chor und dem ausladenden barocken Langhaus bildet neben dem Rathaus den Mittelpunkt der Stadt. Ungewöhnlich ist das Herrschaftsgestühl, zwei durch Verglasung geschlossene Logen am Chorzugang, die im Volksmund „Omnibusse“ genannt werden. Das Gotteshaus war auch Universitätskirche, weswegen an seinem Altar auch 1124 Theologen ordiniert wurden.

Rathaus: Im Jahre 1565 wurde das Rathaus, ein zweigeschossiger, freistehender Quaderbau, an der Stelle eines mittelalterlichen Vorgängerbaus errichtet. Drei Jahrhunderte später erfolgten umfangreiche Erneuerungen. Sehenswert ist ein alter Saal mit Balkendecke.

Pflegschloss: Standesgemäß errichteten die Nürnberger in der zu ihrem Territorium zählenden Stadt 1585 ein sog. „Pflegschloss“. Ursprünglich befanden sich vor dem dreigeschossigen Quaderbau noch zwei Vorhöfe.

„Ohnegleichen" – Sanspareil bei Hollfeld

Fränkische Schweiz

Die Fränkische Schweiz liegt zwischen Nürnberg, Bamberg und Bayreuth gewissermaßen im Herzen Frankens. Seit mehr als zweihundert Jahren zieht dieses kleinräumige, aber dennoch abwechslungsreiche Gebiet mit seinen zahlreichen Naturschönheiten nun schon Wanderer und Reisende an.

Noch zu Beginn des vorigen Jahrhunderts hieß dieser Landschaftsraum schlicht „Muggendorfer Gebürg", aber schon wenige Jahrzehnte später bürgerte sich die Bezeichnung „Fränkische Schweiz" ein. Obwohl weder *Ludwig Tieck* noch *Wilhelm Heinrich Wackenroder* diesen Begriff geprägt haben, stehen diese beiden Namen am Anfang der „Entdeckung" der Fränkischen Schweiz. Pfingsten 1793 machten sich die zwei angehenden Juristen aus Berlin, die ein Semester an der Universität Erlangen absolvierten, auf, die Umgebung ihres Studienortes zu erkunden. Die Eindrücke und Empfindungen, die sie auf der einwöchigen Reise sammelten, hielten sie in ihren Briefen und Tagebüchern fest: „Das Rauschen eines Waldes, ein Bach, der vom Felsen fließt, eine Klippe, die im Tal aufspringt – es kann mich in einen Taumel versetzen, der fast an Wahnsinn grenzt", schrieb Ludwig Tieck. Mit dieser Pfingstreise wurde die Epoche des romantischen Reisens in Deutschland begründet. Den Begriff „Fränkische Schweiz" prägte der Bamberger Kunstschriftsteller Josef Heller im Jahr 1829: „Was die Schweiz im Großen gibt, findet man hier im verjüngten Maßstab, und oft für das Auge angenehmer, indem man es überschauen und als ein Bild auffassen kann."

Die lieblichen Täler, bizarren Jurafelsen, mäandrierenden Flussläufe und die sagenumwobenen Wälder, die zahlreiche Höhlen und idyllisch gelegenen Dörfer der Fränkischen Schweiz ziehen seither die Touristen geradezu magisch an. Die tief eingeschnittenen Täler der Fränkischen Schweiz sind an vielen Stellen von hoch aufragenden Felsen flankiert, deren strategisch günstige Lage im Mittelalter den Bau von Burgen anregte. Etwa achtzig Festungen und Schlösser und weit mehr als hundert Ruinen erwarten den Besucher.

Wandern ohne Gepäck

Es gibt kaum eine bessere Möglichkeit, die Fränkische Schweiz zu entdecken, als auf Schusters Rappen. Die Tourismuszentrale „Fränkische Schweiz" hält ein spezielles Angebot für all diejenigen bereit, die zwar laufen, aber kein schweres Gepäck mit sich herumschleppen möchten. Es werden Wanderungen für die Dauer von fünf, sechs oder sieben Tagen (durch das Herz der Fränkischen Schweiz) angeboten. Vier Wochen vorher muss allerdings gebucht werden. Der Preis für die Übernachtung mit Frühstück beträgt pro Person je nach Unterkunft zwischen 25 und 50 €, hinzu kommen 6 € pro Tag für die Gepäckbeförderung.
Information **Tourismuszentrale Fränkische Schweiz**, Oberes Tor 1, 91320 Ebermannstadt, ☏ 09194/797779, 📠 09194/797776, www.fraenkische-schweiz.com.

Ihr charakteristisches Gepräge erhält die Fränkische Schweiz durch ihre bizarren Felsformationen: dolomitisierte (mit Magnesium verfestigte) Kalksteine, die der Erosion bis heute trotzen konnten. Seit geraumer Zeit streben die Fremdenverkehrsexperten eine Freilegung der markantesten Felsen, die teilweise unter der Vegetation verschwunden sind, an, um das typische Landschaftsbild zu erhalten. Seitdem vor gut einem Jahrzehnt das „Freiklettern" auch hierzulande seinen Siegeszug angetreten hat, werden die Felswände der Fränkischen Schweiz von seinen Anhängern regelrecht umlagert, denn die Felspartien weisen alle Schwierigkeitsgrade auf. Nicht von ungefähr ist hier das deutsche Dorado der Kletterer, die im Sommer zu Hunderten anzutreffen sind. Einen weiteren Superlativ hat die Fränkische Schweiz zu bieten: Sie ist das größte zusammenhängende Höhlengebiet Deutschlands. Auf den Hochflächen zwischen den Tälern ist der Untergrund vielerorts verkarstet. Da das Wasser problemlos durch den verwitterten Kalkstein eindringen konnte, entstanden im Laufe der Zeit viele Höhlenräume. Allen voran erfreut sich die *Teufelshöhle* bei Pottenstein mit etwa 160.000 Besuchern jährlich der größten Beliebtheit, mit erheblichen Abstand dahinter rangieren die *Binghöhle* bei Streitberg und die *Sophienhöhle* im Ailsbachtal.

Auf den sanft gewellten Plateaus hatten die Menschen wegen der Durchlässigkeit der Kalkböden stets unter Wassermangel zu leiden. Das karge Land konnte nicht viele Menschen ernähren. Einzig die Schafszucht und der Obstanbau florierten in bescheidenem Maße. Mancher Bauer verdiente sich mit der Schnapsbrennerei ein Zubrot. Während sich die Schafherden auf den Hochebenen vom Unkraut ernähren, gedeihen auf dem sandig-lehmigen Boden vor allem Kirschbäume, allerdings muss man sie wegen ihrer Frostempfindlichkeit über der Talnebelzone anpflanzen. Landschaftsprägend wurden die Obstbaumkulturen allerdings erst gegen Ende des 19. Jahrhunderts, als eine bessere verkehrstechnische Anbindungen den Transport der Ernte zu den Abnehmern vereinfachte und man das Anbaugebiet Zug um Zug erweiterte.

Mit ungefähr 100.000 Einwohnern zählt die Fränkische Schweiz heute noch immer zu den gering bevölkerten Landstrichen Deutschlands, doch forderte die Zivilisation auch hier ihren Preis. Inzwischen führt durch jedes Tal eine asphaltierte Stra-

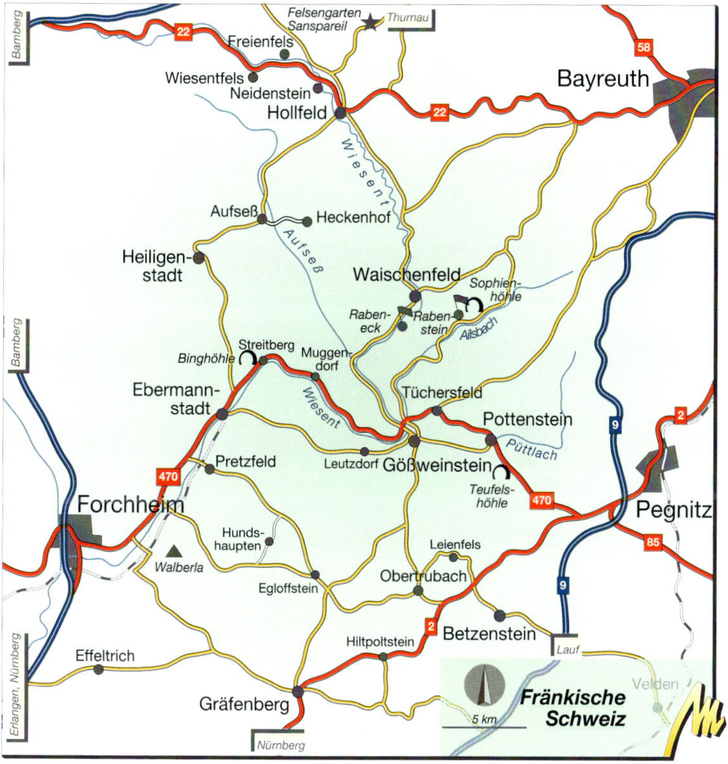

Fränkische Schweiz
Karte Seite 223

ße, Flüsse und Bäche wurden begradigt; Ferienwohnungen und phantasielos gestaltete Neubauviertel prägen allenthalben das Bild der Dörfer. Andererseits konnte der Waldbestand seit der Mitte des vorigen Jahrhunderts durch gezielte Aufforstungen verdoppelt werden. Ein beachtliches Ergebnis – nur dass sich statt des ursprünglichen Eichen-Buchen-Mischwaldes heute Nadelwälder über den Großteil der Fläche erstrecken!

Abseits der Hauptrouten lassen sich noch vergleichsweise unzerstörte Gegenden und lauschige Plätze zum Verweilen und Einkehren finden. Durch die „Fränkische“ sollte man vor allem wandern: es lohnt sich zu jeder Jahreszeit – egal, ob für ein paar Stunden oder mehrere Tage.

Information: Tourismuszentrale Fränkische Schweiz, Oberes Tor 1, 91320 Ebermannstadt, ✆ 09194/797779, 📠 09194/797776, www.fraenkische-schweiz.com.

Reiseführer: Michael Müller/Hans-Peter Siebenhaar, Fränkische Schweiz, Michael-Müller-Verlag, Erlangen, www.michael-mueller-verlag.de.

Wanderkarten: Fritsch Wanderkarte Nr. 53 und 65, Naturpark Fränkische Schweiz, Blatt Süd und Blatt Nord, 1:50.000.

Forchheim

Versteckt hinter der hohen Trasse des Frankenschnellwegs liegt das mittelalterliche Forchheim. Auch wenn die hoch aufragenden Fabrikschlöte und das Industriegebiet im Stadtsüden auf den ersten Blick wenig einladend wirken – ein Besuch lohnt sich.

Wirtschaftlich spielte Forchheim, bedingt durch seine günstige geographische Lage, schon im Mittelalter eine wichtige Rolle. Im Zeitalter der Industrialisierung entwickelte sich Forchheim zu einer für das Umland bedeutenden Kleinstadt; durch Eingemeindungen (1939) und Zuzüge verdreifachte sich die Zahl der Einwohner auf mittlerweile 30.000. Sehr positiv ist die in den letzten Jahrzehnten durchgeführte Sanierung der Altstadt verlaufen: Haus um Haus wurde renoviert, eine Fußgängerzone angelegt und die Hauptstraße mit einem allerdings umstrittenen „Bächla" verschönert. Den festlichen Höhepunkt in Forchheim bildet das weit über die Stadtgrenzen hinaus bekannte *Annafest*, das als eines der originellsten Volksfeste in ganz Franken gilt. Es beginnt jährlich am Annatag (26. Juli) und dauert 11 Tage. Zehntausende pilgern dann täglich zum Festgelände im Osten Forchheims, um sich dort im schattigen Kellerwald niederzulassen. Das Annafest geht auf die Zusammenlegung einer Wallfahrt und eines Schützenfestes zurück, erstere hat eine mehr als 500-jährige Tradition.

Geschichte

Schon um 500 vor unserer Zeitrechnung lassen sich Spuren der Kelten im Regnitztal nachweisen. Spätestens in der Mitte des 8. Jahrhunderts gründeten die Franken hier eine kleine Siedlung, woraus später ein Königshof entstand, der im folgenden Jahrhundert um eine Amtsburg erweitert wurde. Im Jahre 805 machte *Karl der Große* auf seinem böhmischen Feldzug in „Forahhaim" Station. Der Ort war als Fernhandelsplatz für den ersten fränkischen Kaiser politisch und militärisch von großer Bedeutung, da sich von hier aus der Verkehr von und zu den Slawen gut kontrollieren ließ. Da die mittelalterlichen Könige „aus dem Sattel heraus" regierten, avancierte Forchheim mit seiner Kaiserpfalz in den nächsten Jahrhunderten zu einem beliebten Aufenthaltsort der Könige und Kaiser des Heiligen Römischen Reiches. Mehrfach fanden hier Reichstage und bei diesem Anlass im Jahre 911 sogar erstmals *Königswahlen* statt, die seinerzeit *Konrad I.* (911–918) die Krone bescherte; ein Novum in der deutschen Geschichte, denn zuvor legitimierte sich der König stets durch seine Abstammung und nicht per Wahl. Ebenfalls in Forchheim verzichtete der zum Gegenkönig gewählte *Rudolf von Rheinfelden* 1077 ausdrücklich auf die Vererbbarkeit seiner Herrschaft.

Forchheim selbst war schon 1007 in bambergischen Besitz übergegangen; nahezu 800 Jahre sollte das Bistum die Geschicke der Stadt bestimmen. Im Zuge der Streitereien mit den Markgrafen von Ansbach und Bayreuth wurde Forchheim im Spätmittelalter zu einer wehrhaften „Grenzstadt" ausgebaut. Im Jahre 1803 fiel Forchheim durch die Säkularisierung an Bayern.

Anfahrt/Verbindungen

- *Zug* Der **Bahnhof** liegt ca. 10 Gehminuten vom Zentrum Forchheims entfernt. Es gibt gute Bahnverbindungen nach Erlangen, Nürnberg, Bamberg, Staffelstein, Lichtenfels, Coburg sowie Ebermannstadt.

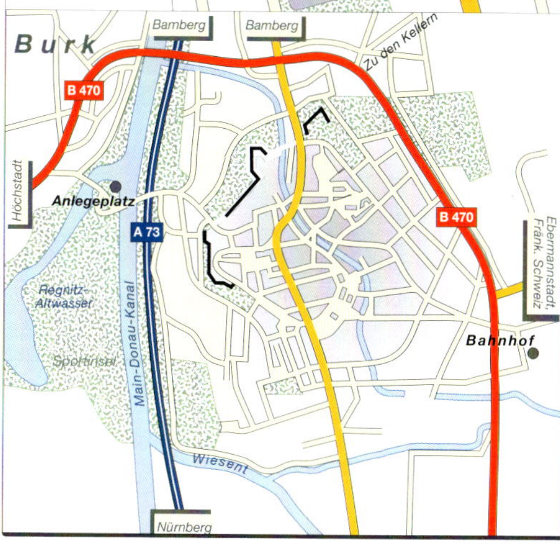

Übernachten

1 Hotel Am Kronengarten
8 Jugendherberge

Essen & Trinken

2 Zum Alten Zollhaus
3 Kammerer's Mühle
4 Neder
5 Hebendanz
6 Wauer's
7 Café Alte Wache

Forchheim

Übersichtskarte: 100 m
Stadtplan: 100 m

• *Auto* Die A 73, auch „Frankenschnellweg" genannt, führt direkt an Forchheim vorbei und hat zwei Ausfahrten, Forchheim-Nord und Forchheim-Süd. Um von hier tiefer in die Fränkische Schweiz zu gelangen, sollte man die Ausfahrt Süd nehmen.

Information/Diverses

• *Information* **Tourist-Information**, Hauptstr. 24, 91301 Forchheim, ✆ 09191/714338, ✆ 09191/714206, www.forchheim.de.

• *Einwohner* 31.000

• *Bootsverleih* Im Regnitz-Altwasser auf der Sportinsel, ✆ 4449.

• *Fahrradverleih* Gleich bei zwei Anbietern möglich (jeweils 5 und 10 € pro Tag): **Verkehrsamt** im Rathaus, ✆ 714338; **FahrRad** Marktplatz 9, ✆ 729290.

• *Schwimmen* Beheiztes **Frei- und Hallenbad** mit Rutschen, Wildwasserkanal, Sauna und diversen anderen Vergnügungen (2009 komplett neu errichtet), tägl. 8–21 Uhr, Käsröthe 4.

• *Kino* **Kino-Center**, Wiesentstr. 39, ✆ 2314.

• *Squash* **Squash-Point**, Daimlerstr. 27, ✆ 65431.

• *Minigolf* Schleuseninsel.

• *Stadtführungen* Das Fremdenverkehrsamt bietet jeden Mi um 15 Uhr und jeden Sa um 10.30 Uhr eine Stadtführung an. Jeden ersten So im Monat um 14 Uhr geht es in die Forchheimer Unterwelt. Treffpunkt: vor dem Rathaus. Unkostenbeitrag: 3 € bzw. 2 € (ermäßigt).

Essen/Übernachten (siehe Karte S. 225)

Hotel Am Kronengarten (1), modernes Garni-Hotel am Rande der Altstadt. Vollkommen ruhig am Ende einer Sackgasse gelegen. EZ 63 €, DZ 77 € (inkl. Frühstücksbuffet). Bamberger Str. 6a, ✆ 09191/72500, ✆ 66331, www.hotel-am-kronengarten.de.

Gasthof zu den Linden, typische Dorfwirtschaft mit Hausschlachtung. Übernachtung ab 21,50 € pro Person mit Frühstück. Zwei Kilometer von Forchheim entfernt in Serlbach Nr. 4, ✆ 09191/13607, ✆ 09191/979306.

Kammerer's Mühle (3), stilvolles Spätrenaissancehaus mit reichem Zierfachwerk am Ufer der Wiesent, kleiner Garten. Unter schweren Deckenbalken wird eine ansprechende Küche geboten, deren Spektrum sich von Entenbrust bis Seeteufel erstreckt. Gute Weinauswahl. Am Wochenende ist eine Reservierung ratsam. Hauptgerichte 18–20 €, Mittagsmenüs 12,50–13,50 €. So Ruhetag, Mo nur abends geöffnet. Wiesentstr. 10, ✆ 704555.

Zum Alten Zollhaus (2), nach dem Umbau erkennt man das alte Zollhaus mit seinen holzvertäfelten Wänden kaum wieder. Statt chinesischem Einerlei hat jetzt die anspruchsvolle Gastronomie Einzug gehalten. Serviert wird regionale Küche mit italienischem Einschlag auf hohem Niveau. Günstige Mittagsmenüs zu 7,90 €, beispielsweise mit Tomatenfenchelcremesuppe und Schweinerückensteak unter einer Bärlauchkruste. Schöne Straßenterrasse! Di Ruhetag. Hauptstraße 4, ✆ 970990.

Wauer's (6), nette Mischung aus Café, Bar und Restaurant mit schöner großer Straßenterrasse direkt vor dem historischen Rathaus. Wie wäre es mittags mit einem Sommersalat mit Artischocken und Thunfisch für 8,90 €? Tgl. 9–1 Uhr, am Wochenende bis 2 Uhr, Marktplatz 25, ✆ 704941.

Café Alte Wache (7), nettes Café in der ehemaligen Kommandantur am Paradeplatz. Große Straßenterrasse. Tgl. 10–23 Uhr. Paradeplatz, ✆ 65720.

Hebendanz (5), selbstgebrautes Bier zu zivilen Preisen (0,5 l zu 1,80 €). Gereicht werden Brotzeiten und wenige warme, sehr preisgünstige Gerichte. Do Ruhetag. Sattlertorstr. 14, ✆ 1222.

Neder (4), zwei Häuser weiter, ein seit 1554 bestehendes Brauereigasthaus mit nahezu identischem Angebot, tgl. außer Di 9–20 Uhr. Sattlertorstr. 10, ✆ 2400.

• *Camping*: **Jugendzeltplatz im Stadtteil Bug**, großflächiger Platz, auch für Familien und Einzelreisende geeignet, Benutzung nur nach vorheriger Anmeldung beim Landratsamt. Geöffnet: 1.6.–30.9. Zur Staustufe 21, ✆ 09191/73880, ✆ 09191/734579.

• *Jugendherberge*: **Jugendherberge Don Bosco Forchheim (8)**, Übernachtung mit Frühstück ab 17,40 €. Don-Bosco-Straße 4, 91301 Forchheim, ✆ 09191/7071-0, ✆ 09191/7071-11, www.donbosco-forchheim.de.

Sehenswertes

St. Martin: Die Wurzeln der kath. Stadtpfarrkirche, einer fränkischen Gründung, reichen bis ins 9. Jahrhundert zurück. Das ursprünglich romanische Gotteshaus – die nördliche Hochwand des Mittelschiffs zeugt noch davon – wurde in späteren Jahrhunderten mehrmals aus- bzw. umgebaut und vereinigt daher alle bedeutenden Baustile. Die Innenausstattung ist vornehmlich barock; der sehenswerte Hochaltar stammt aus dem Jahr 1698, leider verlor er durch einen Umbau in der Mitte des 19. Jahrhunderts an Ausdruckskraft. Beachtenswert ist der 1720 errichtete Apostelaltar von *Leonhard Gollwitzer* im südlichen Seitenschiff. Von der spätgotischen Ausstattung sind noch acht Tafelbilder mit Darstellungen der Passion und der Martinslegende erhalten.

Pfalz und Pfalzmuseum: Der dreistöckige quadratische Gebäudekomplex wird fälschlicherweise oftmals als „Kaiserpfalz" bezeichnet, obwohl es sich um ein bischöfliches Schloss aus dem späten 14. Jahrhundert handelt, dessen Bau Fürstbischof Lambert von Brunn betrieben hat. Es ist zudem so gut wie ausgeschlossen, wie jüngste Forschungen Bamberger Archäologen nachgewiesen haben, dass das Bischofsschloss auf den Überresten der kaiserlichen Pfalz errichtet wurde; das geborgene Fundmaterial stammt ausschließlich aus der Zeit nach dem Jahr 1200. Dies macht einen Besuch aber keinesfalls weniger lohnenswert.

Über eine Brücke betritt man den einst von einem Wassergraben umgebenen vierflügeligen Bau. Der kostbarste Besitz sind die Wandmalereifragmente in der Hauskapelle und im sog. *Kaisersaal* (aufgedeckt in den Jahren 1830 und 1907/8) aus dem ausgehenden 14. Jahrhundert – sie sind die ältesten erhaltenen Wandgemälde Frankens in einem profanen Gebäude und stammen wahrscheinlich von böhmischen Künstlern; im zweiten Stock kann man noch Fresken von *Jakob Ziegler* bewundern (um 1560).

Nach einer umfangreichen Generalrenovierung für sechs Millionen Euro wurde das *Kaiserpfalz* im Mai 2004 pünktlich zur bayerischen Landesausstellung „Franken 500–1500" wiedereröffnet.

Das Museum vereint auf fünf Stockwerken ein Stadtmuseum, ein Trachtenmuseum und seit 2008 auch das Archäologie-Museum Oberfranken. Integriert sind eigene Bereiche für Sonderausstellungen, Veranstaltungen, künstlerische

Imposant: Pfalz und Pfalzmuseum

Aktivitäten und Museumspädagogik. Das Stadtmuseum ist nach modernsten didaktischen Gesichtspunkten gestaltet worden und bietet in Inszenierungen, Multimedia und Mitmach-Stationen eine lebendige Darstellung vergangener Jahrhunderte. Eine kleine Gemäldegalerie zeigt Werke des Forchheimer Malers Georg Mayer-Franken (1870–1926). Das Trachtenmuseum geht dem Phänomen Tracht auf den Grund. Ansprechende Inszenierungen sowie Mitmach- und Hörstationen bieten viel Informationen über die Geschichte der Trachten, die unterschiedlichen Formen wie Festtags-, Werktags- oder Trauertracht, über die Schneiderinnen, den Verkauf und die Verbreitung.

Öffnungszeiten Mai–Okt. Di–So von 10–17 Uhr, Nov.–April nur Mi und Do 10–13 Uhr, So 13–17 Uhr, ✆ 714327. Eintritt: 3 €, erm. 2,50 €. www.forchheim.de/kaiserpfalz.

Festung: Gut erhalten ist die fürstbischöfliche Festungsanlage aus dem 16. Jahrhundert im nordwestlichen Teil der Altstadt. Sie wurde nach dem Zweiten Markgrafenkrieg nach neuestem, italienischem Vorbild angelegt und hat sich im Dreißigjährigen Krieg bewährt. Das eindrucksvollste Stück – von der Bamberger Straße bis zur St. Martins-Schule – wurde in hervorragender Weise in die gärtnerischen Anlagen der Stadt einbezogen. Der Salvatorturm in unmittelbarer Nähe der Pfalz zeugt noch von der Befestigung des 14. Jahrhunderts.

Die Forchheimer Keller – fränkische Gemütlichkeit pur

In Forchheim geht man „auf die Keller" – und das nicht nur während des Annafestes. „Keller" meint im hiesigen Sprachgebrauch einen Hügel mit alten Eichen- und Buchenwaldbeständen am östlichen Stadtrand, der im Sommer als großer Biergarten genutzt wird. Forchheims Traditionsbrauereien halten in den riesigen Natursandsteingewölben ihren Gerstensaft kühl. Insgesamt 22 Kellerwirtschaften auf drei verschiedenen Ebenen laden zum Einkehren ein; viele sind mittlerweile ganzjährig geöffnet. Empfehlenswert sind Schützen-, Neder-, Gottla-, Schaufel- und Rappen-Keller, aber auch die übrigen 17 lohnen eine Einkehr.

Information Ein Faltblatt mit Informationen zu den 46 Bierkellern rund um Forchheim ist beim Fremdenverkehrsamt Forchheim erhältlich.

Marienkapelle: Die Kapelle wurde von Bischof Otto dem Heiligen (1102–1139) gestiftet und später als Pfalzkapelle genutzt. Der einfache Bau besaß ursprünglich einen Verbindungsgang zum Bischofsschloss. Durch eine aufwendige Renovierung wurde unlängst versucht, den ursprünglichen Charakter der Kapelle wiederherzustellen.

Rathausplatz: Der ältere Teil des Rathauses wurde kurz vor der Wende zum 16. Jahrhundert erbaut und nimmt den größten Teil der südlichen Marktseite ein. Mit den angrenzenden Fachwerkhäusern bietet das Rathaus, das zu den schönsten in Franken zählt, ein Bild eindrucksvoller Geschlossenheit. Hier am Marktplatz hat Forchheim den einstigen Charakter einer spätgotischen Fachwerkstadt am reinsten bewahrt. Die von *Hans Ruhalm* errichtete Westseite des Rathauses stammt aus dem Jahre 1535. Besonders schmuck ist der Platz zur Adventszeit, denn dann verwandelt sich das Forchheimer Rathaus in einen überdimensionalen Adventskalender. Täglich um 18 Uhr wird ein Fenster geöffnet, und an den Buden kann man Glühwein trinken.

Umgebung

Schloss Thurn

Thurn wird heute vielfach mit dem gleichnamigen Freizeitpark gleichgesetzt. Es gibt jedoch auch ein ehemaliges Wasserschloss zu bewundern, das im 18. Jahrhundert grundlegend verändert wurde und zu den auffälligsten Beispielen barocker, fränkischer Schlossarchitektur zählt. Die immensen Unterhalts- und Renovierungskosten bewogen den Schlossherrn *Graf von Bentzel-Sturmfeder-Horneck* dazu, 1975 einen Freizeitpark einzurichten. Ein Märchenland, mehrere Tiergehege, eine Riesenwasserrutsche, „schwimmende Autoskooter“ und Westernshows begeistern die zumeist jugendlichen Besucher.

Adresse/Öffnungszeiten Schlossplatz 4, 91336 Heroldsbach, www.schloss-thurn.de. Von Ostern bis Ende Sept. tägl. 9–17 Uhr, in den Ferien bis 18 Uhr. Eintritt: 16 € für Erwachsene, erm. 14 € .

Effeltrich

Das für seine Trachten bekannte Effeltrich ist ein beliebtes Ausflugsziel am westlichen Rand der Fränkischen Schweiz. Vor allem während der Fronleichnamsprozession und beim Georgiritt (Ostermontag) tragen die Frauen und Mädchen wunderschöne Trachten. Absolut sehenswert ist die *Wehrkirche St. Georg*, zählt sie mit ihrem mit Holzfiguren geschmückten Eingang doch zu den schönsten Kirchenburgen Frankens. Der Mauerring mit seinen spitzgedeckten Türmen ist noch vollständig erhalten, ein Teil des Wehrgangs begehbar. Die im Inneren barockisierte Kirche ist weitgehend ein Bau aus der Zeit kurz vor 1500, wenngleich die ältesten Teile des Langhauses noch aus dem 14. Jahrhundert stammen dürften.

Essen **Zur Linde**, direkt neben der eindrucksvollen 1000-jährigen Linde (Laubkronenumfang 60 Meter!) im Ortszentrum finden sich hier schon mal die Effeltricher in voller Tracht am Stammtisch ein. Fränkische Küche, jeden Montag gibt es Schlachtschüssel. Als Spezialität des Hauses gilt der „Saure Karpfen mit Kloß und Soße“. Do Ruhetag. DZ ab 45 €. Neunkirchener Str. 5, ✆ 09133/2639, 📠 5355. .

Walberla

Der Nürnberger Mundartdichter *Fitzgerald Kusz* hat das Walberla als „fränkischen Fudschijama“ bezeichnet, zu dem jeder einmal in seinem Leben hinaufpilgern müsse. Das 514 Meter hohe Walberla ist zwar nur der nördliche Teil des hoch über dem Wiesenttal aufragenden Ehrenbürg, eines sog. „Zeugenberges“, wie man einen alleinstehenden Berg nennt, der zur gleichen geologischen Formation zählt wie der gesamte Höhenzug. Im Volksmund heißt der ganze Berg jedoch schlicht „Walberla“; die andere Erhebung, die das kahle Hochplateau einrahmt, ist der Rodenstein (532 Meter).

Schon im Jahre 1000 vor unserer Zeitrechnung wurde das breite Bergmassiv besiedelt, 200 Jahre später erstmals befestigt. Nach weiteren 300 Jahren wurden die Befestigungen von den Kelten weiter verstärkt, um sich gegen Feinde aus dem Osten besser verteidigen zu können. Ausgrabungen förderten Pfeilspitzen der aus dem Südrussischen kommenden Skythen, aber auch Skelette, die wahrscheinlich auf kannibalistische Kulthandlungen hinweisen, zutage.

Später entwickelte sich die heidnische Kultstätte zum christlichen Wallfahrtsort: Eine der Heiligen Walpurga geweihte Kapelle – daher auch der Name Walberla – wurde errichtet. Der alljährliche Höhepunkt ist das bereits im Jahre 1360 erstmals urkundlich erwähnte *Walberlafest* am ersten Wochenende im Mai, das von Freitag

Fränkische Schweiz Karte Seite 223

Der Fernblick vom Walberla ist beeindruckend

bis Sonntag Tausende auf den Berg lockt. Seitdem das Walberla 1987 mit seinen seltenen Pflanzen (z. B. verschiedene Orchideenarten) und Tieren als Naturschutzgebiet ausgewiesen wurde – das größte in Oberfranken –, stößt die Ausrichtung des Festes aus ökologischen Gründen verstärkt auf Kritik, da die Besucherzahlen die 10.000-Marke bei weitem überschreiten und die Grasnarben unter dem Ansturm erheblich leiden.

Im Schatten des Walberla liegen mehrere kleine Ortschaften, die sicherlich alle einen Abstecher lohnen, z. B. *Kirchehrenbach*, *Leutenbach*, *Schlaifhausen* und *Wiesenthau* mit seinem imposanten dreiflügeligen, von einer Mauer und fünf Rundtürmen umgebenen Schloss. Wer mit dem Auto möglichst nahe ans Walberla heranfahren will, sollte den nördlich von Schlaifhausen gelegenen Wanderparkplatz ansteuern.

• *Information* www.walberla.de bzw. www.walberlafest.de.

• *Essen/Übernachten* Im **Gasthaus Kroder** in Schlaifhausen hat sich schon Prinzregent Luitpold von der fränkischen Küche verwöhnen lassen. Krautwickerla mit Kartoffeln für 4,80 €. Günstige und leckere Brotzeiten, selbstgebrannte Schnäpse und „Schlenkerla-Rauchbier" munden nach einer Wanderung besonders gut. Straßenterrasse. Mo Ruhetag, Di ab 17 Uhr geöffnet, ✆ 09199/416.

Gasthaus Sponsel, eine gastronomische Institution. In dem alten Dorfwirtshaus von Kirchehrenbach (offizieller Name „Zum schwarzen Adler") bekommt der Gast preiswerte fränkische Hausmannskost aus eigener Schlachtung. Zum Verdauen reicht man einen Schnaps aus der eigenen Brennerei. Durchgehend warme Küche. Straßenterrasse. Di Ruhetag. Hauptstr. 45, ✆ 09191/94448, 616768, www.gasthaus-sponsel.de.

Schloss-Hotel Wiesenthau, Restaurant für gehobenere Ansprüche, Kellerschänke und Biergarten. DZ ab 75 € (inkl. Frühstück). Schlossplatz 1, ✆ 09191/79590, 09191/9073, www.schlosshotel-wiesenthau.de.

Buttenheim

Buttenheim, das als „Heim des Budo" bereits im frühen 11. Jahrhundert urkundlich Erwähnung fand, wird in Franken vor allem mit Bier gleichgesetzt. Vier Brauereien sowie die traditionsreichen Bierkeller (St Georgen Bräu, Löwenbräu etc.) haben mit ihren würzigen Bieren diesen Ruf gefestigt. Ganze Horden von Bierfreunden pilgern in den Sommermonaten zu den an einem Hügel südlich des Ortes gelegenen Kellergaststätten. Die meisten Hopfenjünger vergessen darüber ganz die kulturellen

Sehenswürdigkeiten: Die Pfarrkirche St. Bartholomäus geht auf das 12. Jahrhundert zurück, allerdings stammt nur noch der untere Teil des massigen Turmes aus dem Mittelalter. Das im Rokokostil ausgestattete Langhaus wurde in der Mitte des 18. Jahrhunderts von Michael Küchel, einem Schüler Balthasar Neumanns, angefügt und beherbergt einen wertvollen freistehenden Rokokotabernakel sowie sehenswerte Gräber in der Turmkapelle.

• *Essen/Übernachten*: **Landhotel Schloss Buttenheim**, stilvolles kleines Hotel (acht Zimmer), das in einem Nebentrakt des Schlosses untergebracht ist. Kostenpflichtiges WLAN. EZ ab 57 €, DZ ab 84 € (inkl. Frühstück). Schloss-Straße 16, ✆ 09545/94470, ℻ 5314, www.landhotel-buttenheim.de.

Ein Schneider aus Buttenheim

Ein weiterer Grund, nach Buttenheim zu kommen, ist Levi Strauss, der Erfinder der Jeans, der hier in der oberfränkischen Provinz 1829 als Löb Strauss das Licht der Welt erblickte. Nach dem Tod des Vaters wanderte die Mutter 1847 mit den drei jüngsten Kindern nach Amerika aus, Löb Strauss war zu diesem Zeitpunkt 18 Jahre alt. Im Anschluss an einen mehrjährigen Aufenthalt in New York ließ sich Strauss schließlich in Kalifornien nieder, wo er Hemden und Socken an Goldsucher, Siedler und Cowboys verkaufte. Diese beklagten sich vor allem über ihre Arbeitshosen, die den Anforderungen nicht gewachsen waren und viel zu schnell kaputt gingen. Levi Strauss erkannte die Zeichen der Zeit und begann, strapazierfähige und bequeme Hosen zu produzieren. Seine „Jeans“ wurden zum Verkaufsrenner, denn die Goldgräber und Arbeiter des damals noch Wilden Westens schätzten die Hosen wegen ihrer Robustheit als Arbeitskleidung. Levi Strauss wurde mit den Hosen, die noch heute den „Mythos der Freiheit“ verkörpern, zum angesehenen und reichen Mann.

Levi Strauss: Der Erfinder der Jeans

Dass Levi Strauss aus dem oberfränkischen Buttenheim stammt, fand man erst 1983 durch Zufall heraus. Sein heruntergekommenes Geburtshaus in der Marktstraße 33 wurde erst Jahre später von der Gemeinde aufgekauft, für rund 680.000 Euro renoviert und zu einem spannenden Museum umgebaut.

Adresse/Öffnungszeiten Levi Strauss Museum „Jeans & Kult“, Marktstraße 33, ✆ 09545/442602, www.levi-strauss-museum.de. Di und Do 14–18 Uhr (im Winter bis 17 Uhr), Sa und So 11–17 Uhr. Eintritt: 2,60 €, erm. 1,30 €.

Fränkische Schweiz
Karte Seite 223

Unteres Wiesenttal

Wenn man die Fränkische Schweiz von Ebermannstadt aus erkundet, wandelt man auf historischen Spuren. Auch Wackenroder und Tieck folgten 1793 auf ihrer Pfingstreise dem Lauf der Wiesent. In Ebermannstadt legten sie nur eine kurze Pause ein, bevor die beiden nach einem zweitägigen Aufenthalt in Streitberg weiter nach Muggendorf reisten. Das Wiesenttal ist bis heute das beliebteste Tal der Fränkischen Schweiz. Mit den Burgruinen von Neideck und Streitberg sowie der Binghöhle finden sich hier auf engstem Raum all jene Attribute, für die die Fränkische Schweiz bekannt ist.

Ebermannstadt

Das Städtchen liegt an der Pforte zur Fränkischen Schweiz. Flussaufwärts verengt sich das Wiesenttal, die waldgesäumten Hänge treten näher ans Ufer, vereinzelt sind schon ein paar steil aufragende Felsen auszumachen.

Das kleine Provinzzentrum – wahrscheinlich im 6. Jahrhundert durch einen Thüringer namens Ebermar gegründet und 1323 durch *Ludwig den Bayern* zur Stadt erhoben – wurde in seiner mehr als tausendjährigen Geschichte mehrfach durch Brände und Kriege verwüstet. Nur am verkehrsberuhigten Marktplatz sind einige beachtenswerte Häuser mit Zierfachwerk erhalten geblieben. Wenige Meter nördlich davon befindet sich ein pittoreskes, 1603 errichtetes Wasserschöpfrad, außerhalb der ehemaligen Stadtmauern liegt das sehenswerte Scheunenviertel.

- *Information* **Tourist-Information**, Bahnhofstr. 5, 91320 Ebermannstadt, ✆ 09194/50640, 📠 09194/50641, www.ebermannstadt.de.
- *Einwohner* 6000
- *Verbindungen* Häufige Zugverbindungen nach Forchheim sowie Busverbindungen nach Forchheim, Hollfeld, Pottenstein und Heiligenstadt.
- *Markt* Jeden Samstagvormittag wird ein Bauernmarkt auf dem Marktplatz (Honig, Obst, Gemüse, Eier und Eierzeugnisse, Bauernbrot und Kuchen, Wurstwaren etc.) abgehalten.
- *Fahrradverleih* **Hölzlein** (Shell-Tankstelle), Forchheimer Str. 28, ✆ 255.
- *Fliegen* Flugplatz und **Fliegerschule Feuerstein**, ✆ 797575. Motor- und Segelflugkurse, Rundflüge. Detaillierte Preise: www.FFFeuerstein.de.
- *Golf* Gepflegter 18-Loch-Platz in Kanndorf. ✆ 4827.
- *Heimatmuseum* Informiert über Stadtgeschichte, altes Handwerk, bäuerliche Kultur sowie Leben und Werk des aus Ebermannstadt stammenden Bildschnitzers Friedrich Theiler. Bahnhofstr. 5, ✆ 9106 u. 8128. März–Okt. Sa und So 14–17 Uhr. Eintritt: 3 €, erm. 1,50 €.
- *Schwimmen* **Erlebnisfreibad** im Weiler Rothenbühl bei Ebermannstadt, ✆ 9465; beheizt, mit Wildbach, Wasserfall, Riesenrutsche, Beach-Volleyball, sehr kindergerecht; Mo–Fr 10–20 Uhr, Sa und So ab 9 Uhr. In der kalten Jahreszeit (Okt.–April) ist das **Hallenbad**, ✆ 5611, in der Breitenbacher Straße ab 17 Uhr geöffnet.
- *Essen/Übernachten*: **Resengörg**, in einem gemütlichen Fachwerkhaus mitten im Zentrum. Spezialität: Karpfen im Brotteig und andere Süßwasserfische. In zwei Gästehäusern stehen 34 komfortable Zimmer bereit, Montagmittag geschlossen. Übernachtung mit Frühstück ab 30 €, Hauptstr. 36. ✆ 09194/73930, 📠 739373, www.resengoerg.de.

Schwanenbräu, eigene Brauerei (2,20 € für die Halbe) und selbstgebrannte Schnäpse (z. B. Mirabellengeist), schmackhafte Braten, so der Kalbsrahmbraten für 9,60 €. Schöne Straßenterrasse. DZ mit Du/WC 62 € (inkl. Frühstücksbuffet). Sonntagabend geschlossen. Marktplatz 2, ✆ 09194/209, 📠 5836, dotterweich@schwanenbraeu.de, www.schwanenbraeu.de.

Zur Post, preiswerter Gasthof, seit über hundert Jahren in Familienbesitz. Wiener Schnitzel vom Kalb 9,50 €. Straßenterrasse.

Dienstagabend geschlossen. Übernachtung mit Frühstück pro Person ab 25 €. Am Marktplatz 3, ✆ 09194/201, 📠 4356, www.gasthofpost-ebs.de.

• *Ferienwohnung*:: **Haus Vogelparadies**, 90 qm groß, mit privatem Swimmingpool. Für 2–4 Pers. ab 55 € pro Nacht, Breslauer Str. 9, ✆ 09194/796060, 📠 796061, www.fewo-vogelparadies.de.

• *Camping*: **Campingplatz Rothenbühl**, idyllisch, ganzjährig geöffnet, liegt direkt an der Wiesent neben dem städtischen Freibad. Nebenan betreibt der Besitzer Georg Bieger einen Gasthof mit schattigem Biergarten. DZ mit Bad/WC ab 50 €. Rothenbühl 3, ✆ 09194/9534, 📠 9556, lgbieger@t-online.de, www.landgasthof-bieger.de.

Sehenswertes

Marienkapelle: Das aus dem 14. Jahrhundert stammende Gotteshaus – es befindet sich unweit der Hauptstraße – besitzt eine überraschend prächtige Barock- und Rokokoeinrichtung. Bemerkenswert sind die von *Friedrich Theiler* geschaffenen Holzplastiken, die den Heiligen Sebastian, Johannes den Täufer und die Madonna mit dem Strahlenkranz darstellen.

Museumsbahn: Zwischen Ebermannstadt und Behringersmühle gehören die Dampfzüge der Museumsbahn seit 1980 wieder zum gewohnten Bild. Die Lok ist eine Hanomag Ploxeman, Baujahr 1923! Von Mai bis Oktober verkehren die Züge jeweils an den Wochenenden. Empfehlenswert ist es auch, ein Stück mit der Dampfbahn zu fahren und dann zum Ausgangspunkt zurückzuwandern.

Termine Von Mai bis Okt. jeden So um 10, 14 und 16 Uhr ab Ebermannstadt und 11, 15 und 17 Uhr ab Behringersmühle. Rückfahrkarte 10 €, erm. 5 €. Fahrplan-Information auch unter ✆ 09194/794541, www.dfs.ebermannstadt.de.

Keine Nazis in Wohlmuthshüll!

Schon im Juli 1945 fanden in dem kleinen Dorf Wohlmuthshüll bei Ebermannstadt die ersten demokratischen Wahlen in Deutschland seit Kriegsende statt. In allen anderen Gemeinden setzten die Alliierten die vorläufigen Bürgermeister selbst ein. Dies hatte einen einfachen Grund: In Wohlmuthshüll, das zusammen mit Buckenreuth eine selbständige Gemeinde bildete, gab es nur ein einziges NSDAP-Mitglied: den Bürgermeister. Als dieser 1942 starb, musste sein Posten wieder mit einem Parteigenossen besetzt werden. Doch unter den 480 Einwohnern war keiner bereit, der NSDAP beizutreten, so dass die beiden Dörfer provisorisch von Ebermannstadt aus verwaltet wurden. Als Anerkennung für die nazifreie Gemeinde schrieben die Amerikaner deshalb kurz nach Kriegsende in Wohlmuthshüll die ersten freien Wahlen in Deutschland aus.

Wandern

▸ **Zum Schlüsselstein mit Aussichtsturm Wallerwarte**: Am Ortsausgang Richtung Gößweinstein geht es durch den Stadtpark bis zur *Erlachkapelle*. Von hier folgt man einem Stationsweg mit Bildtafeln bis zu einer weiteren Kapelle. Linker Hand erreicht man nach etwa 200 Metern den Aussichtsturm *Wallerwarte*, von dem aus der Blick bei schönem Wetter bis ins Fichtelgebirge reicht. Rechter Hand kommt man nach einer Viertelstunde zum *Kreuzberg*. Zwei überwucherte Gräben, die dabei überquert werden müssen, sind die letzten Spuren einer Schlüsselberger Burganlage.

Karte Seite 223

- **Naturlehrpfad „Langer Berg"**: Am Schotterberg, hinter dem Nietsche-Bierkeller, beginnt der etwa vier Kilometer lange, mit einem grünen Ring markierte Rundwanderweg. Mehr als 20 Tafeln informieren entlang der abwechslungsreichen Strecke (Aussichtsfelsen) über Geologie, Tier- und Pflanzenwelt.
- **Grüner Pfad**: Der 2,5 Kilometer lange Rundwanderweg bei Windischgaillenreuth (mehrere Kilometer östlich von Ebermannstadt) erläutert interessante Fragen zu Landwirtschaft, Acker- und Pflanzenbau. Von der Saat bis zur Ernte können heimische Kulturpflanzen beobachtet werden.

Streitberg

Überragt wird der Kurort von der Burgruine Neideck und den Resten der ehemaligen Streitburg. Altertümliche Fachwerkhäuser und verwinkelte Gassen laden zum Verweilen ein. Einen Abstecher zur Binghöhle sollte man sich nicht entgehen lassen.

Das Dorf, das 1939 nur 420 Einwohner zählte, verzeichnete nach dem Krieg den prozentual stärksten Flüchtlingszuzug Westdeutschlands: 1949 lebten 1400 Menschen in Streitberg. Heute gehört Streitberg zusammen mit dem benachbarten Muggendorf zur Gemeinde Markt Wiesenttal und erfreut sich zahlreicher Tagesbesucher aus dem Großraum Nürnberg.

- *Information* **Verkehrsamt**, Muggendorf-Streitberg, Forchheimer Str. 8, 91346 Wiesenttal, ✆ 09196/19433, 📠 09196/929930, www.wiesenttal.de.
- *Bootsverleih* Beim Schwimmbad, ✆ 298, oder **Aktiv-Reisen**, ✆ 998566, www.aktiv-reisen.com.
- *Fahrradverleih* **Aktiv-Reisen**, ✆ 998566; **Hermann Distler**, ✆ 256.
- *Schwimmen* Richtung Niederfellendorf befindet sich ein schön gelegenes, nostalgisches **Freibad** direkt an der Wiesent, unterhalb der Ruine Neideck. ✆ 298.
- *Essen/Übernachten*: **Altes Kurhaus**, in der ehemaligen Molkenkuranstalt lässt es sich vor dem offenen Kamin ausgezeichnet speisen, gewissermaßen eine Art Magenkur. Empfehlenswert sind der Kurhausteller mit Schweinelendchen für 9,80 € und der Rehrücken mit Pfifferlingen und Rosmarinkartoffeln für 17,80 €. Terrasse, Mo Ruhetag. Übernachtung mit Frühstück ab 38 € pro Person. Streitberger Berg 13, ✆ 09196/736, 📠 1668, kontakt@alteskurhaus-streitberg.de, www.alteskurhaus-streitberg.de.

  Schwarzer Adler, schon seit dem frühen 16. Jahrhundert wird hier Bier ausgeschenkt. Zu Essen gibt es eine auf Speisekarten inzwischen nur noch selten zu findende Roulade mit Kloß und Blaukraut für 8,50 €. Gartenbetrieb. DZ ab 60 €. Dorfplatz 7, ✆ 09196/929490, 📠 09196/9294929.
- *Jugendherberge*: **Jugendherberge Streitberg**, ruhig an einem Südhang in Richtung Wolfsschlucht gelegen, Selbstkocherküche. Übernachtung mit Frühstück ab 15,80 €. Vom 31. Okt. bis 1. März nur Gruppen mit Voranmeldung. Am Gailing 6, ✆ 09196/288, 📠 1543, jhstreitberg@djh-bayern.de.

Sehenswertes

Burgruine Neideck: Der Dichter *Ernst Moritz Arndt* bezeichnete Neideck 1798 als „die größte und romantischste Ruine, die schönsten Trümmer einer Burg, die ich je auf deutschem Boden gesehen habe". Majestätisch und erhaben thront der einstige Stammsitz des mächtigen Geschlechts der Schlüsselberger über Streitberg. Archäologische Grabungen haben belegt, dass bereits zur Zeit Friedrich Barbarossas eine Vorgängerburg im Wiesenttal stand, die Jahrzehnte später durch einen neuen Wohnturm sowie einen Bergfried erweitert wurde. Von Graf *Konrad von Schlüsselberg* 1347 durch die Errichtung einer Zollstelle im Wiesenttal provoziert, entsandten seine Nachbarn, die Burggrafen von Nürnberg und die Bischöfe von Bamberg

Burgruine Neideck – viele schöne Trümmer

Fränkische Schweiz
Karte Seite 223

und Würzburg, im Gegenzug ihre Truppen zur Burg Neideck und belagerten sie erfolgreich. Graf Konrad, der letzte aus dem mächtigen Geschlecht der Schlüsselberger, wurde von einem mit einer Steinschleuder geworfenen Felsbrocken getötet, woraufhin die erheblich in Mitleidenschaft gezogene Festung an den Bamberger Bischof fiel. Die wieder aufgebaute Burg Neideck wurde 1553 während des Zweiten Markgrafenkrieges von Markgraf Albrecht Alcibiades zerstört und verfiel zur Ruine. Vom Schwimmbad aus ist der Aufstieg in einer Viertelstunde zu schaffen. Empfehlenswert ist es, den Weg durch einen Abstecher zu der aus mehreren kleineren Höhlen bestehenden Neideckgrotte (Wegweiser) zu unterbrechen.

Ruine Streitberg: Von der zu Beginn des 12. Jahrhunderts erstmals erwähnten Burg Streitberg zeugen heute nur noch das Burgtor mit dem markgräflichen Wappen, Teile der Wallmauer sowie das alte Kellergewölbe. Auch die Streitburg wurde 1553 zerstört, jedoch 1565 als Schloss mit Uhrturm im Renaissancestil wiedererrichtet. Nachdem die Burg im Dreißigjährigen Krieg erneut in Flammen aufgegangen war, überließ man sie ihrem Schicksal; die Natur besorgte den Rest. Der kurze Aufstieg lohnt sich schon allein wegen der Aussicht auf Streitberg und das Wiesenttal.

Binghöhle: Hier erwartet Sie eine der schönsten Tropfsteinhöhlen Deutschlands. Der Weg ist ab der Ortsmitte gut beschildert. Die Binghöhle wurde 1905 von dem Nürnberger Fabrikanten *Ignaz Bing* – er besaß in Streitberg ein Landhaus – entdeckt; seit 1907 ist sie elektrisch beleuchtet. Auf einer Gesamtlänge von ca. 400 Metern führt der Weg den Besucher an zahlreichen schönen Tropfsteingebilden vorbei. Am Aufgang zur Binghöhle befindet sich die Probierstube „Höhlenklause" der Adlerbrennerei Schütz (41 verschiedene, teilweise sehr ausgefallene Likör- und Edelbranntweine).

Öffnungszeiten April bis Anf. Nov. tägl. 9–17 Uhr; im Winter nach Rücksprache mit dem Höhlenwart. Auskunft: ✆ 340. Eintritt: 3,50 €, erm. 2,50 € bzw. 2 €, www.binghoehle.de.

Muggendorf

Der von pittoresken Felsen umgebene Luftkurort ist neben Pottenstein und Gößweinstein einer der meistbesuchten Orte der Fränkischen Schweiz. Zusammen mit Streitberg und den umliegenden Dörfern bildet Muggendorf den Markt Wiesenttal.

Die Ursprünge Muggendorfs reichen bis ins 12. Jahrhundert zurück. Mehrmals wurde Muggendorf in seiner Geschichte durch Krieg und Feuer stark beschädigt. Im Dreißigjährigen Krieg ging sogar der gesamte Ort in Flammen auf. Im frühen 19. Jahrhundert bezeichnete der Name „Muggendorfer Gebürg" noch die Gegend, die uns heute als „Fränkische Schweiz" vertraut ist. Der berühmteste Gast, *Richard Wagner*, weilte im Jahre 1879 mit seiner Familie in Muggendorf.

Das schönste Bauwerk ist die protestantische *Laurentiuskirche* mit einem beachtenswerten, erst 1971 wiederentdeckten Bilderzyklus an den Emporentäfelungen, die im 17. und 18. Jahrhundert noch in ganz Franken verbreitet waren.

• *Information* **Tourist-Info**, Forchheimer Str. 8, 91346 Wiesenttal, ✆ 09196/19433, 📠 09196/929930, www.wiesenttal.de.

• *Feste* **Kürbisfest**, Anfang Oktober. Am Erntedankfest tragen Kinder mit Ornamenten verzierte Kürbisse durch die Straßen.

• *Minigolf* Muggendorf Stille Wiese, beim Parkhotel, Forchheimer Str. 8, ✆ 244.

• *Höhlen- und Klettertouren* **Aktiv-Reisen**, bietet geführte Höhlen und Klettertouren für Kleingruppen. Auch Hochseilgarten. Infos: Forchheimer Str. 14, ✆ 998566. www.aktiv-reisen.com.

• *Fahrradverleih* **Aktiv-Reisen**, Forchheimer Str. 14, ✆ 998566. www.aktiv-reisen.com.

• *Schwimmen* Das kleine stilvolle **Waldschwimmbad** wird von ungechlortem Quellwasser gespeist, ✆ 277.

• *Essen/Übernachten* **Kohlmannsgarten**, liebevoll geführte Gastwirtschaft mit einer schönen, schattigen Terrasse. Sauerbraten für 7,80 €. Dienstagnachmittag geschlossen. Übernachtung pro Pers. ab 20 €. Appartements für 2 Pers. ca. 21 €. Lindenberg 2, ✆ 09196/201, webmaster@kohlmannsgarten.de, www.kohlmannsgarten.de.

Zur Wolfsschlucht, preisgünstiger Gasthof mit eigener Metzgerei, jeden Mittwoch Schlachtschüssel (6,90 €). Wer leichte Kost bevorzugt, kann auch einen der vielen Salate bestellen. Di Ruhetag. Kleine Terrasse. Die Nacht in den modern ausgestatteten Zimmern kostet ab 28 € pro Pers. Wiesentweg 2, ✆ 09196/324, 📠 670, wolfsschlucht@fraenkische-schweiz.de, www.gasthof-zur-wolfsschlucht.de.

Ferienwohnungen Ingeborg Neubauer, die drei ruhigen Wohnungen, sind zu empfehlen. Mit Swimmingpool. Für 2–5 Pers., ab 32 €. Oberer Bahnhofsweg 2, ✆ 09196/559. www.ferienwohnungen-neubauer.de.

Wandern

Ein etwa 15 Kilometer langer Rundwanderweg (Markierung: roter Senkrechtbalken bis Engelhardsberg, danach gelber Ring) führt von Muggendorf, an der Straße nach Engelhardsberg, hinauf zur *Oswaldhöhle* – eine 60 Meter lange Durchgangshöhle – und weiter zum *Quakenschloss*, dem Rest eines alten Höhlensystems. Von hier geht es über einen Felsensteig (festes Schuhwerk) zum 531 Meter hohen *Adlerstein*, von dem sich ein faszinierender Rundblick bietet. Die weiteren Stationen sind *Engelhardsberg*, das romantische Felsengebilde *Riesenburg* und *Doos*. Von hier aus kann man entweder über eine kleine Landstraße nach Muggendorf abkürzen oder in einem Bogen über *Kuchenmühle* und *Albertshof* zurückkehren.

Mysteriöser Druidenhain

Etwa zwei Kilometer von Muggendorf entfernt, in der Nähe von Wohlmannsgesees, liegen in einem Mischwald mehrere Dutzend bemooste tonnenschwere Felsbrocken, die 1912 erstmals als „Druidenhain" erwähnt wurden. Esoteriker schließen aus ihrer scheinbar geometrischen Anordnung auf eine keltische Sonnenkultstätte, auf der einst astronomische Berechnungen durchgeführt wurden. Sie nehmen an, dass nur einige kleinere Steine von Menschenhand in ihre heutige Position gebracht worden sind. An nebeligen Tagen oder in der Dämmerung strahlt der geheimnisumwitterte Platz zwar ein ganz besonderes Flair aus, doch haben Erlanger Geologen in jahrelangen Forschungen weder Holzkohlenreste, noch Keramikscheiben oder Tierknochen im Boden gefunden, die normalerweise für solche Kultplätze typisch sind. Ihr ernüchterndes Fazit: „Es gibt keinen wissenschaftlichen Beweis, dass es sich um mehr als eine Naturerscheinung handelt." Doch was stört einen echten Esoteriker schon die Wissenschaft?

Karte Seite 223

Gößweinstein

Der Pilgerort Gößweinstein mit seiner barocken Wallfahrtskirche zur Heiligen Dreifaltigkeit ist alljährlich das Ziel zahlloser Pilgergruppen, die von Mai bis September aus nah und fern heranströmen: ein Altötting der Fränkischen Schweiz.

Vom Tal der Wiesent aus ist Gößweinstein nicht zu sehen. Erst wenn man die Burg nach einem steilen Aufstieg von der Stempfermühle aus erreicht hat (für motorisierte Reisende gibt es selbstverständlich auch eine Straße), sieht man die um die Kirche gruppierten Wohnhäuser, Gaststätten und Scheunen des Wallfahrtsortes. Der Blick reicht bis zum Gotteshaus und dem sehenswerten Pfarrhof herab. Der Fremdenverkehr floriert: Rund 200 Wallfahrten und 140.000 Übernachtungen werden pro Jahr gezählt. Die Pilger lassen viel Geld in den ortsansässigen Gaststätten und Cafés. Die Pilgersaison dauert von Mai bis September und erreicht ihren Höhepunkt am ersten Sonntag nach Pfingsten (Dreifaltigkeitssonntag), dem Namenstag der Basilika.

- *Information* **Tourist-Information**, Burgstraße 6, 91327 Gößweinstein, ✆ 09242/456, ℻ 09242/1863, www.goessweinstein.de.
- *Einwohner* 4400 (Gemeinde)
- *Verbindungen* Busverbindungen nach Bayreuth, Ebermannstadt und Pegnitz.
- *Parken* Im Ortsbereich kann man seinen Wagen nur auf dem gebührenpflichtigen Parkplatz (2 €) abstellen.
- *Boots- und Kajakverleih* An der Stempfermühle von Ostern bis Okt. tägl. 10.30–18 Uhr. ✆ 92596, www.leinen-los.de.
- *Fahrradverleih* **Schumann's Fahrrad-Shop**, Balthasar-Neumann-Str. 42, ✆ 7336.
- *Minigolf* Schöne Anlage an der Behringersmühler Straße, ✆ 1718.
- *Schwimmen* **Familienbad** mit Sauna, Balthasar-Neumann-Str. 91, Do und Fr ca. 14–21 Uhr, an Samstagen, Sonntagen und Feiertagen 14–18 Uhr. ✆ 1475. www.hallenbad-goessweinstein.de.
- *Theater* In der Saison finden regelmäßig Aufführungen in der **Theaterhöhle** statt. Auskunft: ✆ 456.
- *Essen/Übernachten* **Schönblick**, modernes Haus in schöner Hanglage. Thomas Werner versteht sein Handwerk und kocht auf gehobenem Niveau. Auch Menüs für Metabolicer. Di geschlossen, werktags ab 17 Uhr, am Wochenende ab 11 Uhr geöffnet. Übernachtung im modernen DZ (teilweise mit Balkon) mit Frühstück ab 54 €.

August-Sieghart-Str. 8, ☏ 09242/377, 📠 847, www.schoenblick-goessweinstein.de.

Stern, alteingesessenes Gasthaus mit herrlicher Terrasse und gutem Restaurant. Viele Fischgerichte von Zander über Waller bis zum Bachsaibling. Auch als Hotel sehr reizvoll, es gibt auch Themenzimmer (DZ 74 €) wie das Schokoladenzimmer oder das Froschkönigzimmer. EZ ab 33 €, DZ ab 56 € (inkl. Frühstücksbuffet). Günstiger bei längerem Aufenthalt. Pezoldstr. 5, ☏ 09242/98765, 📠 98777, www.sternteam.de.

Fränkische Schweiz, unter alten Ahornbäumen im Garten schmecken die selbstgemachten Klöße und diversen Braten am besten. Lecker ist die gekochte Ochsenbrust mit Meerrettich und Kartoffeln für 6,60 €. Durchschnittliches Preisniveau. Ausgeschenkt wird Schlenkerla Rauchbier. Am Nachmittag gibt es hausgemachte Backwaren. Schöner Biergarten neben dem Haus. Di geschlossen. DZ mit Bad/WC ab 42 €. Pezoldstr. 21, ☏ 09242/290, 📠 7234, www.gasthof-fraenkische-schweiz.de.

Scheffel, historischer Gasthof, in dem der aus Karlsruhe stammende Dichter Victor von Scheffel 1883 logierte. Spezialität ist der fränkische Sauerbraten für 8,50 €. Auch jenseits der Fastenzeit werden viele Fischgerichte serviert. Biergarten hinter dem Haus neben der Basilika. Mo Ruhetag. DZ mit Bad/WC ab 45 €. Balthasar-Neumann-Str. 6, ☏ 09242/201, 📠 7318, scheffel-gasthof@t-online.de, www.scheffel-gasthof.de.

Stempfermühle, beliebte Ausflugsgaststätte am Ufer der Wiesent. Als Spezialität des Hauses gelten daher auch die frischen Forellen in verschiedenen Variationen. Große Terrasse. März–Okt. geöffnet. Es gibt auch zwei Gästezimmer und eine Ferienwohnung. Behringersmühle 19, ☏ 092421658, 📠 7146, www.stempfermuehle.de.

Zur Martinswand, gepflegte Pension am Waldrand mit großer Sonnenterrasse. Übernachtung mit Frühstück ab 14 € (Aufschlag bei weniger als drei Übernachtungen). An der Martinswand 20, ☏ 09242/836, 📠 743299, www.haus-martinswand.de.

• *Camping*: **Zum Pfaffenstein**, ganzjährig geöffnet. Einfache und günstige Anlage. Jenseits der Wiesent beim Dorf Moritz auf der Jurahöhe, ☏ 09242/359. www.zum-pfaffenstein.de.

Die Wallfahrtskirche von Gößweinstein gilt als eines der Hauptwerke von Balthasar Neumann

Sehenswertes

Wallfahrtsbasilika zur Heiligen Dreifaltigkeit: Der im 15. Jahrhundert einsetzende Pilgerstrom zum Gnadenbild der Heiligen Dreifaltigkeit hatte drei Jahrhunderte später solche Ausmaße angenommen, dass der Bamberger Fürstbischof Friedrich Karl von Schönborn einen Neubau errichten ließ. Der Baumeister *Balthasar Neumann* schuf 1730–39 dieses imposante barocke Meisterwerk. Die 1948 durch *Papst Pius XII.* zur „Basilica minor“ erhobene Wallfahrtskirche beeindruckt durch ihre harmonische Innenausstattung mit einer Stuckdekoration des Bamberger Hofstuckateurs *Franz Jakob Vogel* und dem sehenswerten Hochaltar. Die Freskenmalereien wurden erst von 1915 bis 1927 ausgeführt. Bemerkenswert ist auch das perspektivische Schmiedeeisengitter der nebenan gelegenen Kapelle von *Friedrich Dohny*. Die Basilika wird von den Mönchen aus dem Franziskanerorden betreut.

Wallfahrtsmuseum: In einem Nebengebäude der Basilika befindet sich das Wallfahrtsmuseum, das sich auf drei Stockwerken dem Phänomen Pilgern an sich, aber auch dem zur Dreifaltigkeitswallfahrt in Gößweinstein widmet.

Öffnungszeiten Ostern bis Allerheiligen tgl. außer Mo 10–18 Uhr, im Winter nur Sa und So 10–17 Uhr. Eintritt: 3 €, erm. 2,50 €. www.wallfahrtsmuseum-goessweinstein.de.

Burg Gößweinstein: Der Name Gößweinstein hat nichts mit Weinanbau zu tun, sondern übertrug sich auf den Ort wie auf die Burg von einem Grafen namens Goswin, der hier im 11. Jahrhundert gelebt hat. Die Burg gehört zu den ältesten Festungsanlagen der Fränkischen Schweiz. Im Jahre 1890 wurde sie von den Freiherren von Sohlern erworben. Die neuen Besitzer veränderten das Äußere im Sinne der Burgenromantik mit Zinnen und Giebeln. Von der Burg wird gerne behauptet, sie habe Richard Wagner, der sich 1879 in Gößweinstein aufgehalten hat, als Vorbild für seine Parsifal-Gralsburg gedient. Der kurze Aufstieg lohnt sich allein schon wegen der beeindruckenden Aussicht. Von der Burg selbst kann nur ein kleiner Teil besichtigt werden.

Öffnungszeiten Ostern bis 15. Okt. tägl. von 10–18 Uhr (bei schönem Wetter). Eintritt: 1,80 €, erm. 1 €.

Wandern

Ein ansprechender Wanderweg führt von Gößweinstein hinunter zur Stempfermühle und von dort aus weiter flussabwärts, dem Lauf der Wiesent folgend, an der Sachsenmühle vorbei hinauf nach *Burggaillenreuth*, wo sich eine Einkehr im Gasthof Wolf anbietet (Markierung: rotes Kreuz). Von Burggaillenreuth geht es über Leutzdorf nach Gößweinstein zurück (Markierung: blauer senkrechter Strich). Auf dem Rückweg lohnt sich ein Abstecher zu einem keltischen Ringwall (beschildert) und der nahe gelegenen, seinerzeit als Kultstätte genutzten *Heinrichsgrotte*. Nach einem weiteren Kilometer stößt man auf die *Esperhöhle* (Besuchsverbot vom 1. Oktober bis 30. April beachten!); von hier sind es noch 3,5 Kilometer bis nach Gößweinstein zurück. Wegstrecke: insgesamt etwa 10 Kilometer.

Püttlachtal

Bei *Behringersmühle* münden die Püttlach und der Ailsbach in die Wiesent. Folgt man dem Lauf der Püttlach, stößt man schnell auf das Felsendorf Tüchersfeld. Zwischen Tüchersfeld und Pottenstein liegt linker Hand die *Bärenschlucht*, die größte prähistorische Fundstätte der Fränkischen Schweiz. Die Fundstücke sind teilweise im Fränkische-Schweiz-Museum ausgestellt.

Tüchersfeld

Steil aufragende Felsentürme dominieren das kleine Dorf im Püttlachtal, das in seinem „Fränkische-Schweiz-Museum" in ansprechender Weise alle Aspekte dieses Landschaftraums aufzeigt. Tüchersfeld dürfte wohl der am häufigsten fotografierte Ort der Fränkischen Schweiz sein.

Auf den pittoresken Felsentürmen thronten im 13. Jahrhundert zwei Burgen, von denen nur noch kümmerliche Reste übrig geblieben sind; sie verfielen nach Zerstörungen im Hussitenkrieg bzw. Dreißigjährigen Krieg. Die spätere Umbauung des unteren Burghofes mit bäuerlichen Anwesen schuf ein reizvolles Ensemble, das heute das „Fränkische-Schweiz-Museum“ beherbergt.

- *Information* Über das **Verkehrsbüro** Pottenstein, Forchheimer Str. 1, 91278 Pottenstein, ☎ 09243/70841–42, 📠 09243/70840. Mo–Fr 8.30–17 Uhr, Sa 10–12 Uhr.
- *Camping*: **Campingplatz Fränkische Schweiz**, idyllische Lage mit modernen Sanitäreinrichtungen. Geöffnet von Ostern bis Ende Sept. ☎ 09242/1788 oder 440 (Winter), 📠 1040, spaetling@t-online.de, www.campingplatz-fraenkische-schweiz.de.

Fränkische-Schweiz-Museum: Seit dem Sommer 1985 ist im sog. „Judenhof“ in Tüchersfeld das Fränkische-Schweiz-Museum untergebracht. Mit einem Kostenaufwand von 1,4 Millionen Euro wurde der Gebäudekomplex restauriert. Ein Besuch der umfassenden Dauerausstellung lohnt sich! Angefangen bei den geologischen Verhältnissen und den archäologischen Funden, die Auskunft über die ersten Bewohner der Region geben, einer historischen Abteilung, die über den Siedlungsraum im Mittelalter informiert, bis hin zu bäuerlicher Wohnkultur, Brauchtum, Handwerkstechniken und dem Zunftwesen werden alle Facetten des Landschaftsraumes Fränkische Schweiz dargestellt. In den jetzigen Räumlichkeiten des Museums lebte seit dem Anfang des 18. Jahrhunderts eine kleine jüdische Gemeinde, bis sie sich wegen Überalterung der Mitglieder oder deren Wegzug in andere Städte 1872 auflöste. Eine Vorstellung vom religiösen Leben der Juden vermittelt die erhalten gebliebene Synagoge.

Öffnungszeiten April–Okt. jeweils Di–So 10–17 Uhr; im Winter nur So von 13.30–17 Uhr oder nach Vereinbarung, ☎ 09242/1640. Eintritt: 2,30 €, erm. 1,50 €, www.fsmt.de.

Pottenstein

Das von hohen Bergkuppen und Felspartien eingeschlossene Pottenstein ist der mit Abstand beliebteste Ferienort der Fränkischen Schweiz. Fast 200.000 Übernachtungen und 650.000 Ausflugsgäste im Jahr sprechen für sich.

Bedingt durch die günstige Lage an der wichtigen Handelsstraße Nürnberg-Bayreuth gelangte Pottenstein im Mittelalter zu Wohlstand. Im frühen 14. Jahrhundert wurden dem Ort die Stadtrechte verliehen. Von der einstigen Befestigung zeugen allerdings nur noch spärliche Reste. Zwei verheerende Brände (1526 und 1736) haben zu einschneidenden Veränderungen im Ortsbild geführt. Beim Wiederaufbau erhielt Pottenstein einen barocken „Touch“, dennoch können im Ortskern einige sehenswerte Fachwerkhäuser sowie die zweischiffige gotische Stadtpfarrkirche St. Bartholomäus bewundert werden. An das kleine Außenlager des KZ Flossenbürg, das die Nazis hier unterhielten (die über 700 Häftlinge mussten unter anderem den Schöngrundsee anlegen), erinnert eine kaum zu findende Gedenktafel auf dem Friedhof, schließlich will man ja die Touristen nicht scheu machen: Auch eine Form der Vergangenheitsbewältigung, besonders wenn man bedenkt, dass Pottenstein dem für die Gräuel mitverantwortlichen SS-Standartenführer und Höhlenforscher Dr. Brand auf einer – mittlerweile geklauten – Gedenktafel „Verehrung und Dankbarkeit“ bekundet hatte ...

- *Information* **Verkehrsbüro und Kurverwaltung**, Forchheimer Str. 1, 91278 Pottenstein, ☎ 09243/70841–42, 📠 09243/70840, www.pottenstein.de. Hier sind auch mehrere kleine Broschüren mit Wandervorschlägen und Radtouren durch die Umgebung Pottensteins erhältlich.
- *Einwohner* 5600
- *Verbindungen* Busverbindungen nach Pegnitz, Ebermannstadt und Bayreuth.
- *Literaturtipp* Peter Engelbrecht, Touristenidylle und KZ-Grauen. Vergangenheits-

bewältigung in Pottenstein. C. und C. Rabenstein Verlag 1997.

- *Wohnmobilpark* Langer Berg, ✆ 1788.
- *Bootsverleih* Etwas außerhalb von Pottenstein kann man am **Schöngrundsee** Tret- u. Ruderboote mieten. Tretboot, 30 Min. 6 €.
- *Fahrradverleih* **Familie Batzel**, Am Minigolfplatz, ✆ 812.
- *Minigolf* Stadtmitte beim Kurzentrum.
- *Golf* 18-Loch-Anlage im Ortsteil Weidenloh, ✆ 929210.
- *Sommerrodelbahn* Auf einer Streckenlänge von 1160 Metern wird es einem bei Geschwindigkeiten bis zu 40 km/h nicht so schnell langweilig. Seit 2003 gibt es zudem den 1000 Meter langen Frankenbob. Lage: Direkt gegenüber dem Felsenbad, ✆ 92200. Von April bis Okt tgl. 10–17 Uhr, Mi und Sa bis 21 Uhr. Einzelfahrt 2 €, Kinder 1,50 €. www.sommerrodelbahnen-pottenstein.de.
- *Schwimmen* **Juramar**, Erlebnisbad mit 50-Meter-Rutsche, Dampfbad und Sauna. Uneinheitliche Öffnungszeiten, im Sommer ca. 10–18 Uhr, im Winter ca. 13–18 Uhr. Eintritt: ab 2,90 €, erm. ab 1,90 €. Das wunderschöne **Felsenschwimmbad** wurde unlängst wiedereröffnet und bietet naturbelassenes Badevergnügen mit großartigem Ambiente. Die Liegewiese ist recht klein, so dass es am Wochenende oft eng wird, Eintritt: 3 €, www.felsenbad-pottenstein.de.
- *Essen/Übernachten*: **Schwan**, modernes Ferienhotel direkt neben dem Juramar-Erlebnisbad. DZ ab 76 € (inkl. Frühstücksbuffet). Am Kurzentrum 6, ✆ 09243/9810, ✆ 7351, ferienhotel-schwan@pottenstein.de, www.hotel-bruckmayer.de.

Brauerei Hufeisen, in der zünftigen Gaststätte kommt ein dunkles, feinherbes Bier zum Ausschank (der halbe Liter für 2,20 €). Die Küche bietet fränkische Kost mit ein paar innovativen Gerichten, aber auch Salate. Verdaut wird das Ganze mit einem Bierschnaps. Mo Ruhetag. Hauptstr. 36–38, ✆ 260, www.hufeisen-braeu.de.

Gasthof Bauernschmitt, traditionsreicher Familienbetrieb. Gute Hausmannskost, aber auch das Schäufele (8,10 €) sowie das Cordon bleu sind sehr zu empfehlen. Große Portionen, die nicht überteuert sind. Im Sommer sitzt man auf der Terrasse vor dem Haus. Übernachtung inkl. Frühstücksbuffet ab 30 € pro Person. Liegt im vier Kilometer entfernten Kirchenbirkig (1985 Ehrenpreis im Wettbewerb „Unser Dorf soll schöner werden"), ✆ 09243/9890, ✆ 98945, bauernschmitt@t-online.de, www.landgasthof-bauernschmitt.de.

Mit dem Fels verwachsen: Burg Pottenstein

Goldene Krone, netter Gasthof mit großer Straßenterrasse, direkt neben dem Brunnen auf dem Marktplatz. Serviert werden fränkische Spezialitäten bis hin zur Schlachtschüssel. Sauerbraten 8,35 €. Mi Ruhetag. Es werden auch Zimmer vermietet. Marktplatz 2, ✆ 09243/92430, ✆ 924310. www.goldene-krone-pottenstein.de.

Wald-Café, beliebtes Ausflugslokal am Eingang zum Püttlachtal. Überdachte Terrasse und schöner Garten. Von Ostern bis Nov. tägl. 12.30–18 Uhr geöffnet. ✆ 903040.

- *Jugendherberge*: **Jugendherberge Pottenstein**, hübsche Hanglage am westlichen Ortsrand von Pottenstein. Nov. und Dez. geschlossen. Übernachtung mit Frühstück ab 17,90 €. Jugendherbergsstr. 20, ✆ 09243/92910, ✆ 0929111, jhpottenstein@djh-bayern.de, www.pottenstein.jugendherberge.de.

• *Camping*: **Campingplatz Bärenschlucht**, schön gelegen, ganzjährig geöffnet. Etwa zwei Kilometer in Richtung Tüchersfeld, ✆ 09243/206, ✆ 880, www.baerenschlucht-camping.de.

Sehenswertes

Burg Pottenstein: Hoch über der Stadt thront die mehr als tausend Jahre alte Burg auf einem mächtigen Felsplateau. Sie wurde 918 als Befestigung gegen Magyaren und Slawen angelegt und später vom Pfalzgrafen Botho von Kärnten erweitert. Das heutige Aussehen entspricht ungefähr dem des 16. Jahrhunderts. Der Nürnberger Apotheker *Kleemann* rettete 1878 die Burg vor dem Abbruch, indem er für 400 Taler die gesamte Anlage erwarb. Seit 1918 ist sie im Besitz der *Freiherren von Wintzingerode*. Ein Teil der Burg und die Zehntscheune können besichtigt werden.
Öffnungszeiten Mai–Okt. Di–Sa 10–16.30 Uhr. Eintritt: Erw. 4,50 €, erm. 4 € bzw. 2,50 €. www.burgpottenstein.de.

Teufelshöhle: Sie ist die größte begehbare Höhle der Fränkischen Schweiz. Auf einer Länge von 1,5 Kilometern kann man nicht nur verschiedene elektrisch beleuchtete Tropfsteingebilde mit geheimnisvollen Namen wie „Barbarossabart" oder „Kerzensaal" gefahrlos bewundern, sondern auch das Skelett eines ausgewachsenen Höhlenbären. In der Teufelshöhle befindet sich außerdem eine Therapiestation für Atemwegserkrankungen.
Öffnungszeiten 1. April bis 1. Nov. tgl. 9–17 Uhr, im Winter nur Di sowie am Wochenende 10–15 Uhr. Eine Besichtigung ist nur im Rahmen einer einstündigen Führung möglich. Eintritt: 3,80 €, erm. 2 €, www.teufelshoehle.de.

Erfrischend: Felsenschwimmbad

Pottensteiner Lichterfest: Der alljährliche Höhepunkt ist die sehenswerte Lichterprozession am 6. Januar (Heilige Drei Könige) mit dem Abbrennen von Bergfeuern rund um Pottenstein. Die Prozession beginnt zwar erst kurz nach Einbruch der Dämmerung, es ist jedoch wegen des großen Andrangs sehr ratsam, schon eine Stunde vorher in Pottenstein zu sein.

Wandern

Von Pottenstein bis zur sieben Kilometer entfernten Ortschaft *Püttlach* erschließt sich dem Wanderer im oberen Püttlachtal eine wunderschöne Landschaft. Mehr als drei Dutzend verschiedene Orchideenarten sind hier zu Hause. Der Weg ist von Pottenstein (Richtung Waldcafé orientieren) bis zum Heiligensteig mit einem roten Kreuz und anschließend bis nach Püttlach mit einem waagrechten gelben Strich markiert. Beim Rückweg kann man dann einen guten Kilometer vor Heiligensteig rechts abbiegen und am Adamsfels (steinzeitliche Wohnsiedlung) vorbei zurück nach Pottenstein wandern (Markierung: gelber Punkt).

Radfahren

Pottenstein ist der Ausgangspunkt dieser Fahrradtour, die durch eine zumeist spärlich besiedelte Landschaft führt. Zuerst geht es nach einem steilen Anstieg nach *Weidmannsgesees*, dann weiter in nordwestlicher Richtung in die Niederungen des Ailsbachtals. Flussaufwärts führt eine gewundene Straße nach Kirchahorn, und von dort nach Adlitz. Über die Dörfer *Hohenmirsberg* und *Haselbrunn* gelangt man in einer weiteren knappen Stunde wieder nach Pottenstein zurück (Strecke: ca. 25 km, Dauer: ca. 3 Std.).

Trubachtal und Gräfenberg

Das Trubachtal erstreckt sich auf einer Länge von rund 25 Kilometer in Ost-West-Richtung. Mehr als zehn Schlösser und Burgruinen sowie zahlreiche Mühlen säumen das verträumte Tal. Kleine idyllische Nebentäler, von denen das *Urspringtal* das reizvollste ist, laden zum Wandern ein; kleinere Orte wie *Wolkenstein, Wichsenstein, Thuisbrunn* und *Bärnfels* bieten sich geradezu zum Verweilen an.

Pretzfeld

Die 2300 Einwohner zählende Marktgemeinde Pretzfeld bildet sozusagen das Tor zum Trubachtal. Der Ort ist bekannt für seinen Obstreichtum (viele Schnapsbrennereien) und liegt mitten im größten und bedeutendsten Süßkirschenanbaugebiet der Europäischen Union. Besonders lecker mundet auch der Pretzfelder Apfelsaft.

Auch wenn sich Pretzfeld auf den ersten Blick wenig reizvoll ausnimmt, so überrascht der Ort doch angenehm durch seine erhaltenen historischen Strukturen. Bei einem kurzen Spaziergang durch Pretzfeld sollte man die Rokokokirche *St. Kilian* aufsuchen und einen Blick auf das dahinter gelegene Schloss werfen. An nahezu allen kleineren Straßen rund um den Ort kann man im Sommer zur Erntezeit günstige Steigen mit Süßkirschen direkt beim Erzeuger kaufen.

- *Information* **Rathaus**, Hauptstr. 3, 91362 Pretzfeld, ✆ 09194/73470, 📠 09194/734720. www.pretzfeld.de.
- *Veranstaltungen* Kirschfest alljährlich Mitte Juli mit Festumzug.
- *Essen/Übernachten* **Gasthof Herbst**, einfache, ländliche Küche, auch die Einheimischen gehen gerne zum „Hardl", wie der Wirt genannt wird. Die diversen Bratengerichte kosten etwa 7 €. Mo Ruhetag. Bahnhofstr. 5, ✆ 365.
- *Außerhalb*: **Brauereigasthof Meister** in Unterzaunsbach: Mit Superlativen sollte man vorsichtig sein, doch der gehört sicherlich zu den fünf Top-Privatbrauereien der Fränkischen Schweiz. Vom dunklen, würzigen Lagerbier kosten 0,5 l nur 1,70 €. Empfehlenswert sind die frischen Forellen aus eigener Zucht; Schweinebraten 5,80 €. Tägl. außer Di 9–23 Uhr, warmes Essen nur bis 20.30 Uhr. Schöner Biergarten. In der ersten Augusthälfte sind Betriebsferien. Fremdenzimmer, pro Pers. ab 18 €. Unterzaunsbach 8, ✆ 09194/9126.

Hetzelsdorf: Auch sollte man auf keinen Fall versäumen, das dunkle Vollbier von Braumeister **Karl Penning** zu probieren. Der Brauereigasthof ist die Attraktion in diesem kleinen Dorf. In der Wirtsstube oder im Biergarten bietet man Brotzeit und warmes Essen. Mo und Di geschlossen. Hetzelsdorf 9, ✆ 09194/252.

Fränkische Schweiz
Karte Seite 223

Verwunschene Fachwerkidylle in Pretzfeld

Sehenswertes

Pretzfelder Schloss: Das im Bauernkrieg zerstörte Schloss stammt ursprünglich aus dem 12. Jahrhundert. Innerhalb der alten Ummauerung wurde es als Zweiflügelanlage mit Treppenturm neu errichtet. Das Schloss kann nicht besichtigt werden, da es seit mehreren Jahrzehnten vom Siemens-Konzern genutzt wird. Besichtigt werden kann nach vorheriger Absprache die Gemäldegalerie Curt Herrmann. Der bedeutende Neoimpressionist *Herrmann* (1854–1929) lebte bis zu seinem Tode auf dem Schloss, das er auch mehrfach gemalt hat. Die Nazis brandmarkten ihn als „entartet" und verbrannten Teile seines Werkes auf dem Forchheimer Marktplatz.

St. Kilian: Pretzfeld ist die Mutterpfarrei des unteren Wiesenttales. Lange Zeit glaubte man, dass hier eine der vierzehn Slawenkirchen Karls des Großen gestanden habe, die dieser zur Einführung des Christentums in Franken erbauen ließ. Die gotische Kirche wurde 1739 durch den Einsturz eines neu errichteten Turmes zerstört. Der von 1742–1761 entstandene Neubau im Rokokostil zählt mit seiner prachtvollen Innenausstattung und dem repräsentativen Hauptportal zu den Schmuckstücken der Fränkischen Schweiz.

Umgebung

Wildgehege Hundshaupten: Wenige Kilometer westlich von Egloffstein liegt das 1971 von Freifrau von Pölnitz eingerichtete Wildgehege Hundshaupten, das sie 1991 dem Landkreis Forchheim schenkte. Auf einer Fläche von 45 Hektar leben zahlreiche Rot und Damhirsche, aber auch Steinböcke und Muffelwild in großräumiger, natürlicher Umgebung. Die Wisente – das „Urrind" der Fränkischen Schweiz – und Wildschweine werden in eigenen Gattern gehalten. Auf ausgebauten Wanderwegen kann man das Areal durchstreifen oder sich auf einer der zahlreichen Ruhebänke entspannen.

Öffnungszeiten Vom 1. April bis 31. Okt. tgl. 9–18 Uhr, Nov.–März an Samstagen, Sonn- und Feiertagen von 9–17 Uhr. Auskunft: ✆ 86117. Eintritt: 3,50 €, erm. 1,50 €. Am Eingang gibt es eine Tüte Futtermais zu kaufen. www.hundshaupten.de.

Schloss Hundshaupten: Die 1369 erstmals urkundlich erwähnte Burg liegt auf einem ins Tal vorspringenden Felssporn. Nach mehreren Zerstörungen ist das Erscheinungsbild der Anlage heute weitestgehend barock, einzig der um das Schloss führende Halsgraben und das trutzige Untergeschoss erinnern an einen wehrhaften Bau. Die repräsentativen Räumlichkeiten im Obergeschoss gewähren einen Einblick in das Landleben einer fränkischen Adelsfamilie. In den Sommermonaten finden im Schloss regelmäßig klassische Konzerte statt, ein Programm ist über die Tourist-Information erhältlich.

Wandern

Wer will, kann das ganze Trubachtal von Pretzfeld bis nach Obertrubach durchwandern (Markierung: waagrechter blauer Strich). Der Weg ist gut ausgebaut und führt den Durstigen an zahlreichen Einkehrmöglichkeiten vorbei.

Egloffstein

Majestätisch thront die Burg über Egloffstein, dem Zentrum des Fremdenverkehrs im Trubachtal. Zahlreiche Fachwerkhäuser schmiegen sich terrassenförmig ansteigend an den Burghang.

Seit vielen, vielen Jahrzehnten ist Egloffstein ein beliebtes Ausflugsziel der Nürnberger, die dem hektischen Stadtleben für einige Stunden entfliehen wollen. Das breite Tal ist ein idealer Ausgangspunkt für Wanderungen und Radtouren rund ums Püttlachtal. Seit 2005 ist das Trubachtal auch als Nordic-Walking-Zentrum mit speziellen Touren ausgewiesen.

- *Information* **Tourist-Information**, Felsenkellerstr. 20, 91349 Egloffstein, ✆ 09197/202, ℻ 09197/625491, www.markt-egloffstein.de bzw. www.trubachtal.com. Hier auch Infos zu den Nordic-Walking-Touren.
- *Einwohner* 2200
- *Fahrradverleih* Bei der Tourist-Infomation kann zu den oben genannten Öffnungszeiten ein Drahtesel für 5 € pro Tag gemietet werden.
- *Galerie* Im Keller des denkmalgeschützten **Pfarrhauses** können Sie sonntagnachmittags Bilder von Künstlern unterschiedlichster Stilrichtungen betrachten und kaufen. ✆ 1266.
- *Minigolf* Beim **Gasthof Schlehenmühle**. Tgl. außer Do 9.30–21 Uhr.
- *Kneippanlage* an der Trubach, gleich beim Schwimmbad.
- *Schwimmen* beheiztes **Freibad**, tägl. 10–18 Uhr geöffnet.
- *Essen/Übernachten*: **Gasthof Zur Post**, wenn hier schon die Rockgruppe „Slade" und der Bamberger Erzbischof nächtigten, muss an der Post etwas dran sein. Einfallsreiche bodenständige, aber auch vegetarische Küche. Viertel Wildente mit Kloß für 8,80 €. Schöne Terrasse. Mo Ruhetag. Liegewiese und Sauna vorhanden. DZ ab 62,50 €, die modernen Zimmer auch mit Balkon. Talstr. 8, ✆ 09197/555, ℻ 8801, www.gasthofzurpost-egloffstein.de.

Trubachtal, das im Jahr 2006 renovierte Hotel bietet nette Gästezimmer. Sonnige Lage. Kostenloses WLAN. EZ 40 €, DZ 70 € ohne Balkon, 75 € mit Balkon. Badstr. 133, ✆ 09197/-62662890, ℻ 62662891, www.trubachtal.eu.

Pension Mühle, das 1811 erbaute Haus mit der gelb-weißen Fassade (eine ehemalige Mühle) im Ortszentrum an der Trubach besitzt nett eingerichtete Zimmer und Ferienwohnungen mit viel Holz. Sauna und Solarium vorhanden, außerdem süße Gaumenfreuden aus der hauseigenen Bäckerei. EZ

Fränkische Schweiz Karte Seite 223

ab 22 €, DZ mit Du/WC ab 37 €. Ferienwohnungen je nach Größe ab 30 €. Talstraße 10, ☏ 09197/1544, 📠 554, www.pension-muehle.com.

Ferienwohnung Burg Egloffstein, direkt neben der Burg Egloffstein wird eine herrlich gelegene Ferienwohnung mit Gartenanteil vermietet. Absolut stimmungsvolles Ambiente mit „Felsenkulisse" in den Räumen. Für 2 Pers. 62 €, für 4 Pers. 72 €, 30 € Endreinigung. Rittergasse 80b, ☏/📠 09197/8780, albegloffstein@debitel.net, www.burg-egloffstein.de.

Sehenswertes

Burg Egloffstein: Malerische Lage auf einem steil abfallenden Bergsporn. Die ältesten Teile der Stammburg des fränkischen Uradelsgeschlechtes von Egloffstein stammen aus dem 12. Jahrhundert. Wiederholt wurde die Anlage stark beschädigt und baulich verändert. Bis heute befindet sich die Burg im Besitz der *Freiherren von Egloffstein* und kann daher nur bei Führungen besichtigt werden.

Geöffnet Führungen von April bis Okt. Mi 10 Uhr, So 10.30 Uhr oder ab 10 Pers. auf Anfrage ☏ 8780. Eintritt: 4 €, erm. 2 €.

Burgkirche St. Bartholomäus: Unterhalb der Burg befindet sich die evangelische Pfarrkirche St. Bartholomäus. Sie wurde 1750–1752 im schönsten „Bauernbarock" errichtet.

Wandern

Rund um Egloffstein besteht ein dichtes Netz von Wanderwegen. Am Ortsausgang (Richtung Obertrubach) bietet sich ein Parkplatz mit Wandertafel als gute Ausgangsposition an, am Marktplatz befindet sich eine weitere Tafel.

Zur Kirchenruine auf dem Dietersberg: Vom oben erwähnten Parkplatz gelangt man über die Tal- und Angerstraße zum Augustusfelsen. Von dort geht es weiter zu

Und ganz oben die Burg – Egloffstein

dem schon im 11. Jahrhundert bezeugten Berghof Dietersberg, wenige Meter südlich erhebt sich die Kirchenruine; sie war bis ins 18. Jahrhundert die Pfarrkirche von Egloffstein. Am Paradiesweg entlang geht es zum Ausgangspunkt zurück (Markierung: roter Ring und Hinweisschilder). Wegstrecke: vier Kilometer.

Osterbrunnen – farbenfrohes Brauchtum

Zu den schönsten und farbenprächtigsten Bräuchen der Fränkischen Schweiz zählt das Schmücken der Dorfbrunnen zur Osterzeit. Ursprünglich waren die Osterbrunnen nur auf den kargen Hochflächen anzutreffen, wo die Dorfbrunnen als Zeichen der lebensspendenden Kraft des Wassers verehrt wurden, indem man sie mit Eiern als Symbol für die Fruchtbarkeit schmückte. Mittlerweile sind sie jedoch auch in den Tälern verbreitet, ihre Gesamtzahl wird auf über 200 geschätzt. Den größten Osterbrunnen kann man in *Bieberbach* nahe Egloffstein bewundern, über den schönsten streiten sich die Lokalpatrioten. Mit kunstvoll geflochtenen Fichtenzweigen, Papiergirlanden und bis zu 7000 (!!!) farbenfrohen Eiern verziert, bleiben sie in der Regel von Karfreitag an für zwei Wochen geschmückt. In manchen Orten findet nach dem gemeinsamen Schmücken des Brunnens das traditionelle Osterbrunnenfest statt.

Fränkische Schweiz
Karte Seite 223

Obertrubach

Das von Wäldern umschlossene Obertrubach ist ein bisschen kleiner als Egloffstein. Hier geht es etwas beschaulicher zu, große Sehenswürdigkeiten hat der im Jahre 1007 erstmals erwähnte Ort zwar nicht zu bieten, dafür versöhnt die schöne Umgebung um so mehr. Einmal im Jahr ist in Obertrubach eine besondere Attraktion zu bestaunen: Am 3. Januar, am Tag der ewigen Anbetung, sind die Talhänge rund um den Ort kurz nach der Dämmerung von einem Lichtermeer erfüllt. Ausflüge oder Wanderungen nach *Wolfsberg*, Bärnfels (Burgruine) und ins abgeschiedene Leienfels bieten sich an. Besonders anziehend ist der kleine Weiler *Leienfels*: Er liegt am Ende einer Stichstraße und besteht aus einer Kapelle, einer Gastwirtschaft und einigen Bauernhöfen sowie den Resten einer Burganlage.

- *Information* **Verkehrsamt**, Teichstr. 5, 91286 Obertrubach, ✆ 09245/9880, 📠 09245/98820. www.trubachtal.com. Mo–Fr 8–12 Uhr, Do 14–18 Uhr.
- *Einwohner* 2300
- *Fahrradverleih* beim **Hotel Ottilie**, Neudorfer Weg 23, ✆ 1277 oder beim **Café-Pension Leistner**, Trubachtalstraße 27, ✆ 473.
- *Essen/Übernachten*: **Fränkische Schweiz**, der Name ist Programm, die fränkische Küche lässt nichts zu wünschen übrig. Ausgeschenkt wird Wolfshöher Bier. Nette Straßenterrasse. Manche Zimmer mit Balkon zur Straße. Donnerstagabend geschlossen. Übernachtung mit Frühstück ab 25 € pro Pers. Bergstr. 1, ✆ 09245/983751, 📠 983752, gasthof.maier@gmx.de, www.gasthoffraenkischeschweiz.de.

Gasthof Burgruine, beliebtes Ausflugslokal mit guter ländlicher Küche und schöner Terrasse im Weiler Leienfels. Mo Ruhetag. Übernachtung mit Frühstück ab 21 €. Leienfels 2, ✆ 09244/366, 📠 1645, www.zur-burgruine.de.

Hotel Ottilie, moderner Bau für gehobene Ansprüche, mit kleinem Hallenbad, Sauna und großer Liegewiese. Alle Zimmer mit Balkon. DZ ab 76 € (inkl. Halbpension). Neudorfer Weg 23, ✆ 09245/9800, 📠 98044, www.hotel-ottilie.de.

Friedrichs-Hof, das Appartementhotel mit Ferienpark bietet viele Annehmlichkeiten –

vom beheizten Swimmingpool, Sauna und Solarium bis hin zum Kinderspielplatz und Ponyreiten. EZ ab 47 €, DZ ab 72 € (inkl. Frühstücksbuffet). Hundsdorf 15, ✆ 09245/418, ✆ 356, www.der-friedrichshof.de.

Wandern

Durchs Pitztal: Am Wanderparkplatz oberhalb von Obertrubach beginnt ein sog. therapeutischer Rundwanderweg (Länge: 5,7 Kilometer, Markierung: rotes Herz), der mit regelmäßigen Steigungen durch das verspielte Pitztal führt. Wer einen kurzen Abstecher zur Burgruine *Leienfels* (blaues Kreuz auf weißem Grund) unternimmt, wird mit einer großartigen Aussicht belohnt und kann sich im Gasthof Burgruine stärken.

Hiltpoltstein

Mit seiner auf einem Felsklotz thronenden Burg und der benachbarten Matthäuskirche besitzt die Marktgemeinde einen attraktiven Blickfang. Die Umgebung bietet sich mit ihrer sanften Hügellandschaft zum Wandern an.

Hiltpoltsteins Wurzeln reichen bis ins Hochmittelalter zurück, eine Urkunde aus dem Jahre 1109 bezeichnet es als „Hildepoldesdorf“. Die Herren von Wildenstein errichteten später eine Burg, die nach Zerstörungen im 16. Jahrhundert als dreiflügeliges Schloss (Privatbesitz) wiederaufgebaut wurde, dessen einzigen Zugang ein vorgelagerter Treppenturm bildet. Kulturhistorisch bedeutender als der schmucklose Schlossbau ist die benachbarte Pfarrkirche (17. Jh.), die einen bemerkenswerten spätgotischen Flügelaltar mit Passions-Motiven beherbergt. Wer durch Hiltpoltstein schlendert kann ein unverfälschtes fränkisches Städtchen entdecken, das viele schöne Ecken besitzt, beispielsweise das restaurierte Hiltpoltsteiner Tor (1417) mit einer schmucken Fachwerkfassade.

Verschachteltes Hiltpoltstein

- *Information* **Gemeindeverwaltung Hiltpoltstein**, Hauptstr. 44, 91355 Hiltpoltstein, ✆ 09192/1778, Di und Fr 17.30–20 Uhr. www.hiltpoltstein.de.
- *Einwohner* 1400

Gräfenberg

Das attraktive mittelalterliche Städtchen ist das südliche Einfallstor zur Fränkischen Schweiz. Von Nürnberg lässt sich das verkehrsberuhigte Gräfenberg sogar mit dem Nahverkehrszug erreichen.

Die planmäßige Anlage des Ortskerns geht auf das 14. Jahrhundert zurück, als Gräfenberg 1347 von Karl IV. die Stadtrechte verliehen wurden. Der Ort befand sich in strategisch bevorzugter Lage an der einstigen Verbindungsstraße von Nürnberg nach Sachsen. Von der Stadtbefestigung, die im frühen 16. Jahrhundert entstanden ist, zeugen heute nur noch drei Stadttore: Hiltpoltsteiner, Egloffsteiner und Nürnberger Tor. Sehenswert ist der mittelalterliche Marktplatz mit seinen gut erhaltenen Bürgerhäusern, dem Rathaus und der evangelischen Stadtpfarrkirche. Die übermächtige Reichsstadt Nürnberg verleibte Gräfenberg 1537/38 ihrem Gebiet ein und errichtete ein Pflegamt, um ihr reichsstädtisches Territorium nach Nordosten hin abzusichern. Diese Tradition scheint sich bis in die Gegenwart fortgesetzt zu haben, gilt das Städtchen allen Nürnbergern doch als südliches Einfallstor in die Fränkische Schweiz und ist bequem mit einem Nahverkehrszug zu erreichen. Ein Ärgernis für die Stadt ist es, dass die NPD regelmäßig in Gräfenberg zum Kriegerdenkmal marschiert. Trotz engagierten Gegenveranstaltungen ist es bisher nicht gelungen, dem braunen Spuk ein Ende zu bereiten.

• *Information* **Städtisches Verkehrsamt**, Kirchplatz 8, 91322 Gräfenberg, ✆ 09192/7090, 📠 09192/70975, www.graefenberg.de.

• *Einwohner* 4000

• *Verbindungen* Gräfenberg ist von Nürnberg per Bahn zu erreichen, täglich verkehren mehr als 20 Züge ab Nürnberg Nordostbahnhof, von dort hat man direkten Anschluss an das Nürnberger U-Bahn-Netz.

• *Schwimmen* Schönes unbeheiztes **Freibad** aus den 30er Jahren in der Egloffsteiner Straße. **Hallenbad**, in der Pestalozzistr. 2. Öffnungszeiten: Mo und Di 16–17 Uhr, während der Ferien geschlossen. Sauna: Mo, Mi Damensauna ab 18 Uhr, Do ab 18 Uhr für Herren.

• *Essen/Übernachten* **Friedmann's Bräustüberl**, gemütliche Gaststätte mit netter Straßenterrasse. Zahlreiche Bratengerichte und Schnitzel sowie fränkische Kost. Mo Ruhetag. Bayreuther Str. 14, ✆ 997435, www.kleinerwirt.de.

La Grotta, beliebter Italiener, gleich hinter dem Hiltpoltsteiner Tor. Pizza und Pasta unter 6 €. Kleine Terrasse und Eisverkauf. Mo geschlossen. Bayreuther Str. 7, ✆ 8747.

Brauereigasthof Lindenbräu, neben dem Fassbier aus der hauseigenen Brauerei sollte man unbedingt den Bierschnaps probieren. Sonntags warme Küche zu günstigen Preisen (Braten und Bratwürste), an Wochentagen Brotzeit, beispielsweise eine hausgemachte Stadtwurst mit Brot für 4,10 €. Es werden auch fünf Gästezimmer für vermietet. Übernachtung pro Pers. 30 € inkl. Frühstück. Fr Ruhetag. Am Bach 3, ✆ 348.

Ein Hauch Mittelalter – Gräfenberg

• *Essen/außerhalb* **Zum Lillachtal**, etwa drei Kilometer von Gräfenberg entfernt, in der Ortschaft Dorfhaus. Bürgerliche Küche: Sauerbraten 7,80 €. Besonders lecker ist der Ziegenbraten aus eigener Zucht. Im Sommer stehen Biertische auf einer kleinen Wiese vor dem Haus. Do Ruhetag. Achtung: Anfang Juli sind zwei Wochen Betriebsurlaub. ✆ 09192/8404.

Brauerei Hofmann, drei Kilometer nördlich von Gräfenberg in Hohenschwärz braut die Familie Hofmann seit 1898 ein hervorragendes dunkles, untergäriges Bier („Hofmannstropfen" 1,90 €), dazu werden kleine deftige Speisen serviert. Ausgezeichnet ist der „Obatzte". Schweinebraten 6,40 €. Di geschlossen. ✆ 09192/251.

Gasthof Seitz, wunderschöner fränkischer Dorfgasthof im Weiler Thuisbrunn (fünf Kilometer nördlich) mit rot-weißen Fensterläden. Zur regionalen Küche reicht man das selbstgebraute Elch-Bräu (1,90 €) oder selbstgebrannte Schnäpse. Günstige Küche, Rehbraten mit Kloß 9 €. Schöner Biergarten neben dem Haus. Mi und Do Ruhetag. ✆ 09197/221, www.gasthof-seitz.de.

Fränkische Schweiz Karte Seite 223

Wandern

Zur Lillachquelle: Am südlichen Ortseingang, gegenüber der Feuerwache, zweigt am Städtepartnerschaftsschild ein Weg (Markierung: blauer Punkt) ab, der in östlicher Richtung durch Laubwälder hindurch zum *Lillingbrunnen* führt, einer aus einem Kalkfelsen hervorspringenden Karstquelle. Von hier aus folgt man der Lillach mit ihren schönen Sinterterrassen nach *Dorfhaus* und weiter über *Weißenohe* (ehemaliges Benediktinerkloster und barocke Pfarrkirche) zurück zum Ausgangspunkt. Wegzeit: gut drei Stunden.

Rund um den Veldensteiner Forst

Der von den Orten Pegnitz, Betzenstein und Neuhaus an der Pegnitz eingerahmte Naturpark Veldensteiner Forst gehört zu den größten zusammenhängenden Waldgebieten Bayerns und eignet sich aufgrund seines ausgedehnten Wegenetzes ausgezeichnet zum Wandern. Wer in Richtung Osten durch den Veldensteiner Forst streift, betritt bei Michelfeld und Auerbach unüberhörbar oberpfälzischen Boden. Geologisch besonders interessant sind die rund hundert, als Dolinen bezeichneten Stellen, an denen die verkarstete Erdoberfläche trichterförmig eingebrochen ist. Drei zusammenhängende Einbruchstellen, die sog. Eislöcher, veranschaulichen mustergültig, dass die Dolinen unterirdischen Wasserläufen – aus denen übrigens Nürnberg seit mehr als hundert Jahren einen großen Teil seines benötigten Trinkwasser bezieht – folgen. In früheren Zeiten rankten sich um die auffälligen geologischen Erscheinungen viele Sagen, weswegen die mit 25 Metern tiefste Einbruchstelle im Veldensteiner Forst auch Teufelsdoline genannt wird.

Pegnitz

Der staatlich anerkannte Luftkurort ist das östliche Eingangstor zur Fränkischen Schweiz. Die von lieblichen Höhenzügen umgebene Stadt zählt 15.000 Einwohner und ist touristisch noch wesentlich weniger erschlossen, als es sich die Stadtväter wünschen.

Pegnitz liegt auf ehemals markgräflichem Gebiet. Schon 1844 stellte ein Reisender lobend fest: „Das Städtchen Pegnitz ist sehr gewerbsam und treibt neben dem Ackerbau auch Handel ... gehört unter die wohlhabenderen Städtchen des bayerischen Gebietstheiles, die durch Sprache und Sitten das sogenannte Bayreuther Oberland repräsentiren.“ Der ursprünglich befestigte Ort liegt auf einem Höhenrücken und entwickelte sich entlang eines sich nach Westen verbreiternden Straßenmarktes, wie er sonst für Siedlungen in der Oberpfalz typisch ist. Am malerischen, aber auch hektischen Marktplatz steht das aus dem 16. Jahrhundert stammende Rathaus, umgeben von Bürgerhäusern. Die Landschaft nördlich von Pegnitz ist herber als andere Teile der Fränkischen Schweiz; Wiesen, Felder und Nadelwälder bestimmen das Bild.

Geschichte

Pegnitz ist aus zwei verschiedenen Siedlungen hervorgegangen: dem 1119 erstmals urkundlich erwähnten Dorf an der „Begenze“, auch „Altenstadt“ genannt, und einer 1347–1357 von den Landgrafen von Leuchtenberg aufgrund der verteidigungstechnisch günstigen Lage angelegten Planstadt, dem eigentlichen Ort Pegnitz. Erst vor gut hundert Jahren wurden beide Ortsteile miteinander vereinigt.

Stille Tage in Pegnitz

Seit 1357 gehörte das zwei Jahre zuvor zur Stadt erhobene Pegnitz zum Königreich Böhmen, woran heute noch der Name der 1553 durch die Reichsstadt Nürnberg zerstörten Burg Böheimstein erinnert. Sie befand sich im Westen der heutigen Stadt auf dem 544 Meter hohen Schlossberg; einige wenige Überreste sind noch vorhanden. Im Jahre 1402 verpfändete Wenzel, der Sohn Kaiser Karls IV., Pegnitz an Johann III., den hohenzollernschen Burggrafen von Nürnberg. Da die böhmische Krone das Pfand nicht einlösen konnte, blieb die Stadt über die Jahrhunderte hinweg in hohenzollernschem Besitz; 1792 wurde Pegnitz dann preußisch und 18 Jahre später bayerisch. Pegnitz zählte zu diesem Zeitpunkt nicht einmal 1000 Einwohner, die auf den kargen Juraböden rund um die Stadt ein bescheidenes Auskommen fanden. Erst von der Eröffnung der Bahnlinie Nürnberg-Bayreuth (1877) ging eine spürbare Belebung der Wirtschaft aus. Bis heute hat Pegnitz seine regionale Bedeutung als Industriestandort nicht nur bewahren, sondern auch ausbauen können. Entschieden dazu beigetragen haben die Vertriebenen nach dem Zweiten Weltkrieg: Pegnitz verdoppelte durch den Zustrom seine Einwohnerzahl.

- *Information* **Tourist-Information**, Hauptstr. 73, 91527 Pegnitz, ✆ 09241/72311, 📠 09241/7238811. www.pegnitz.de. Hier erhält man auch Infos über eine Fünf-Tages–Tour „Wandern ohne Gepäck" durch die südöstliche Fränkische Schweiz, deren Start und Ziel Pegnitz ist.
- *Einwohner* 15.000
- *Verbindungen* Pegnitz ist seit 2005 dem Verkehrsverbund Großraum Nürnberg (VGN) angeschlossen. Regelmäßige Zugverbindungen nach Nürnberg, Creußen, Bayreuth und Hof. Busverbindungen nach Pottenstein, Gößweinstein und Ebermannstadt.
- *Schwimmen* Im Sommer 2010 soll in Pegnitz ein Ganzjahresbad eröffnen.
- *Fahrradverleih* **Radio-Aktiv**, Bayreuther Straße, ✆ 8181. Zudem stehen im Stadtgebiet sechs City-Fahrräder, die man für 2 € Pfand im Stadtgebiet für den Einkauf kostenlos nutzen kann. www.radioaktiv-bikes.de.
- *Kino* **Reginatheater**, Pfarrer-Dr.-Vogel-Str. 7, ✆ 2136.
- *Kunsteisstadion* Pegnitz' großer Stolz: Badstraße 4, Auskunft: ✆ 1588.
- *Minigolf* Stadionstraße, Mo–Fr 16.30–20 Uhr und Sa/So 10–22 Uhr.
- *Tennis & Squash* **Sportwelt-Pegnitz**, Kleiner Johannes 7, ✆ 1234. www.sportwelt-pegnitz.de.

• *Fliegen* **Flugsportverein** Pegnitz, ✆ 3331. Auskunft und Voranmeldung: www.fvpegnitz.de.

• *Essen* **Gasthaus Ponfick** („Schlappenwirt"), das typische fränkische Wirthaus ist für deftige Küche (Schlachtschüssel) bekannt. Von außen eher unattraktiv, aber von den Einheimischen hoch gelobt. Hauptstraße 2 am Schweinemarkt, ✆ 2751.

• *Ferienwohnungen*: **Heinrich Brütting**, „Böhmerhof", viele Tiere. Drei Ferienwohnungen für 2–8 Pers. ab 30 €. Kosbrunn 7, ✆ 09241/3007, 09241/91471, www.boehmerhof.de.

Immer den Flinderbuschen nach

In Pegnitz sollte man zwischen April und Anfang Juni auf ausgesteckte Flinderbuschen achten, denn die im Wind „flindernden" Birkenlaubzweige weisen auf frisch gebrautes Bier von örtlichen Privatbrauereien hin, die dazu deftige Hausmannskost aus eigener Schlachtung servieren. Geflindert wird heutzutage in zehn, wechselnden Gasthäusern, über die das städtische Verkehrsamt gerne informiert.

Sehenswertes

Evangelische Pfarrkirche: Die erste evangelische Kirche wurde von 1531 bis 1533 errichtet. Schon 20 Jahre später war sie jedoch zu klein, wurde abgerissen und durch einen 1693 fertiggestellten Neubau ersetzt. Zweihundert Jahre später war die barocke Kirche mit ihrem wuchtigen Turm so baufällig, dass auch sie erneut abgerissen werden musste. Der Choraltar von Konrad Schleunig (1697) und die Kanzel (um 1700) fanden in der neuen, kurz vor der Jahrhundertwende errichteten Kirche wieder einen Platz.

Zaußenmühle: Das eindrucksvolle, am Fuße des Schlossbergs gelegene Privathaus mit seinem reichen Zierfachwerk wurde im Jahre 1710 errichtet. Wenige Meter oberhalb der Mühle entspringt die Pegnitzquelle, eine typische Karstquelle. Seit 1984 beherbergt das Gebäude eine Gastwirtschaft mit Garten.

Karstwunder: Bei der in der Altstadt gelegenen Röschmühle verschwindet die Pegnitz nach der Vereinigung mit dem Flüsschen Fichtennohe im „Wasserberg", um nach 320 Meter langem unterirdischen Lauf wieder aus dem Felsengeklüft an der Südseite des Berges hervorzutreten.

Wandern

Über den Langen Berg zur Burgruine Hollenberg: Unterhalb des Schlossbergs in Pegnitz führt der Leo-Jobst-Weg (Markierung rotes Kreuz) über einen lang gestreckten Bergrücken, Langer Berg genannt, von dem sich immer wieder schöne Ausblicke bieten, zu einem Wanderparkplatz. Nach gut hundert Metern geht es hinunter zur Autobahn und durch eine Unterführung hindurch. Danach erst 80 Meter nach Süden, bevor der Weg rechter Hand durch einen Hochwald zu dem kleinen Weiler Hollenberg unterhalb der gleichnamigen Burgruine (Einkehrmöglichkeit im Landgasthof Schatz), führt. Von der 540 Meter hohen Erhebung hat man eine wunderschöne Fernsicht bis zur Burg Gößweinstein und zum Wichsenstein. Zurück gelangt man von Hollenberg über einen mit einem blauen Punkt markierten Weg, der 200 Meter westlich von Hollenberg nach Körbeldorf führt. Von hier geht es wenige hundert Meter nach dem Ortsausgang links ab, durch eine Unterführung hindurch und wieder über den Langen Berg zurück nach Pegnitz. Wegstrecke etwa

12 Kilometer, in gut vier Stunden zu bewältigen. Wer weniger Zeit hat, kann auch erst vom Wanderparkplatz Pegnitz-Körbeldorf loswandern.

Trockau

Trockau liegt ein wenig im Schatten der Autobahn Nürnberg-Berlin. Das Schloss der Freiherren Groß von Trockau und die katholische Schlosskapelle St. Oswald sind die bedeutendsten Bauten.

In freundlichem Weiß und Gelb hebt sich das Schloss von seiner Umgebung ab. Die Ursprünge der einstigen Burg reichen wahrscheinlich bis ins 13. Jahrhundert zurück. Der wehrhafte Charakter der 1316 erstmals erwähnten, an drei Seiten von Mauern umschlossenen Burg lässt sich noch an den drei Rundtürmen, zwei davon mit welscher Haube, erkennen. Der fast kubische Bau des heutigen Schlosses mit seinem hohen Walmdach wurde 1769 von dem Waischenfelder Baumeister Wenzel Schwesinger erstellt. Das Innere zieren außergewöhnliche Spätrokokodekorationen: Bemalte Wandbespannungen und Stuckdecken von Rudolph Albini vermitteln einen phantastischen Raumeindruck. Die katholische Schlosskapelle St. Oswald, ein im Kern mittelalterlicher Bau, lehnt sich an die Ummauerung an. Die Kapelle wurde zu Beginn des 17. Jh. umgebaut, das Innere nochmals 1777 umgestaltet.

Das Anwesen befindet sich in Privatbesitz und kann daher leider nicht besichtigt werden. Auch Besucher, die sich in den Schlosshof vorwagen, werden nicht gerne gesehen.

• *Übernachten/Essen*: **Gasthof Löffler**, preiswerte, bürgerliche Küche in modernem Ambiente. Schnitzel 6,40 €, gebackene Leber mit Bratkartoffeln und Salat für 5,90 €. Auch Zimmervermietung, Wintergarten und Aussichtsterrasse. Mo Ruhetag. Übernachtung mit Frühstück ab 20 € pro Pers. Bischof-Heinrich-Str. 5, ✆ 09246/266, ✆ 1463.

Lindenhardt

Das kleine Dorf ist relativ unbekannt, es gilt gewissermaßen noch immer als Geheimtipp. Und dies, obwohl es in Lindenhardt eines der herausragendsten Kunstwerke der gesamten Region zu bewundern gilt: ein auf das Jahr 1503 datierter Choraltar, dessen Rückseite Gemälde von einem der bedeutendsten spätgotischen Maler Deutschlands, Matthias Grünewald, aufweist.

Michaelskirche: Nicht nur der Altar, auch die Michaelskirche ist ein Juwel spätmittelalterlicher Kunst. Ursprünglich wurde die spätgotische Kirche als Propstei des oberpfälzischen Klosters Ensdorf errichtet. Der untere Teil des als Wehrturm konzipierten Westturms stammt noch aus dem 14. Jahrhundert, der Vorchor und das Langhaus wurden im 15. Jahrhundert angebaut. Die Kirche ist von einem beschaulichen Garten umgeben. Den berühmten Choraltar verdankt Lindenhardt einem an sich unerfreulichen Ereignis: Im April 1684 wurde der Ort bis auf fünf Häuser ein Opfer der Flammen; auch die Kirche blieb davon nicht verschont. Die nördlich von Bayreuth gelegene Gemeinde Bindlach schenkte den stark gebeutelten Lindenhardtern ihren alten, ausrangierten Altar. Jahrhundertelang verkannte man allerdings dessen kunsthistorische Bedeutung: Erst im Jahre 1915 wurde dieses Frühwerk von Mathis Gothart Nithardt, besser bekannt unter dem Namen Matthias Grünewald (ca. 1470/75–1528), dem berühmten Zeitgenossen und Antipoden Dürers, entdeckt. Grünewald, der die spätgotische Malerei in Deutschland zu ihrem Höhepunkt führte, malte auf der Rückseite des Altars die Vierzehn Nothelfer und Christus als

Fränkische Schweiz
Karte Seite 223

Schmerzensmann. Höchstwahrscheinlich bemalte Grünewald die Rückseite des Altars während einem Aufenthalt in der Nürnberger Werkstatt von Michael Wolgemut. Die Gemälde auf der Vorderseite werden seit den achtziger Jahren der Werkstatt von Wolgemut zugeschrieben. Neben diesem Höhepunkt enthält die Kirche noch weitere Sehenswürdigkeiten, darunter einen Grabstein mit der überlebensgroßen Sandsteinfigur des Albert Groß von Trockau (um 1490).

Öffnungszeiten Tgl. außer Mo 9–12 und 13–18 Uhr, im Winter nur am Wochenende 9–12 und 13–17 Uhr. Neben der Kirchentür ist angeschlagen, welches Gemeindemitglied momentan den Schlüssel verwahrt. Die Kirche ist für eine Spende zu ihrem Erhalt dankbar.

Leups

Das *Brauereiwirtshaus Gradl* im kleinen, südlich von Lindenhardt gelegenen Dorf Leups bietet ein vorzügliches, leicht malziges Dunkles, die Halbe für 1,70 € und eine schmackhafte Brotzeit (Stadtwurst mit Musik, also mit Zwiebeln in Essigsud 3 €). Ohne Zweifel, Braumeister Hans Wolfring versteht sein Handwerk. Di Ruhetag. Leups (= 91257 Pegnitz), ✆ 09426/247.

Schnabelwaid

Der kleine Ort gehörte bis zum Jahre 1410 zur Landgrafschaft Lichtenberg. Schnabelwaids Attraktionen sind ein Renaissanceschloss und die evangelische Pfarrkirche.

Schloss: Die erste Erwähnung des Schlosses geht auf das Jahr 1402 zurück. Von 1580 bis 1624 ließen sich die Edlen von Küßberg einen Neubau im Renaissancestil errichten – das Ergebnis ist ein typisches Beispiel für ländliche Spätrenaissancearchitektur. Ursprünglich war das vierflügelige Schloss vollständig von einem Wassergraben umgeben, jedoch wurden im 19. Jahrhundert die beiden Wirtschaftsflügel abgebrochen und ein Teil des Grabens zugeschüttet. An der Anlage hat der Zahn der Zeit mächtig genagt: Der wuchtige dreigeschossige Rundturm und das Renaissanceportal wirken aber noch immer recht eindrucksvoll.

Evangelische Pfarrkirche: Ende des 16. Jahrhunderts ersetzte man die spätmittelalterliche Schlosskapelle durch einen Neubau. In der von Außen schlicht wirkenden Kirche befinden sich ein frühbarocker Choraltar und eine prunkvolle Kanzel sowie zwei Grabsteine aus der Werkstatt von Elias Räntz.

Wandern

Zum Ursprung des Roten Main: Der flache, mit einem blauen Querstrich markierte Weg führt durch den Lindenhardter Forst zur Quelle des Roten Main. Von hier folgt man dem Rotmainweg (Markierung rotes Andreaskreuz) nach Creußen. Auf einer kleinen, wenig befahrenen Landstraße über Gottsfeld und Schwürz zurück nach Lindenhardt.

Betzenstein

Im Gegensatz zu anderen fränkischen Städten besitzt Betzenstein gleich zwei malerische Burgen, die hoch über dem Ort thronen. Beide sind allerdings in Privatbesitz und können daher leider nicht besichtigt werden.

Auch wenn es angesichts des kleinen Marktfleckens schwer vorstellbar erscheint, wurden Betzenstein bereits 1359 von Kaiser Karl IV. die Stadtrechte verliehen! Neben den Burgen, die allerdings ihren Wehrcharakter stark eingebüßt haben, sorgen zwei gut erhaltene Stadttore und mehrere stattliche Fachwerkhäuser für ein mittelalterliches Flair. Das Hintere Tor beherbergt ein Heimatmuseum, das eine interessante naturkundliche Abteilung mit Mineralien und Fossilien besitzt. Berühmt ist der Tiefe Brunnen, der 92 Meter tief in den Felsen gegraben wurde und Betzenstein bis ins 20. Jahrhundert hinein mit Wasser versorgte. Der beste Blick auf Betzenstein, das mit einst nur 600 Einwohnern übrigens eine Zeitlang die kleinste Stadt Bayerns war, bietet sich von dem den Burgen gegenüberliegenden Aussichtsturm Schmidberg.

- *Information* **Verkehrsamt**, Bayreuther Str. 1, 91282 Betzenstein, ✆ 09244/264, ℻ 09244/8140, www.betzenstein.de. Hier ist auch eine Broschüre mit Wandervorschlägen rund um Betzenstein erhältlich.
- *Einwohner* 3000 (Gemeinde)
- *Verbindungen* Busverbindungen nach Nürnberg sowie nach Pegnitz und weiter nach Bayreuth.
- *Heimatmuseum* Sammlung mit heimatkundlichen und geologischen Exponaten. Geöffnet: Mo 14–1 Uhr, Mi und Fr 11–12 Uhr. Eintritt: 1,50 €, erm. 1 €.

Schwimmen Beheiztes städtisches **Freibad** mit 25-Meter-Becken, Sprungbecken und Rutsche. Eintritt: 3,50 €.

- *Abenteuerpark* Der 2006 eröffnete Abenteuerpark bietet die Möglichkeit, sich in einem faszinierenden Kletterwald auszutoben. Geöffnet: April bis Okt. 9–19 Uhr. Eintritt: 21 €, erm. 16 €, www.abenteuerwerkstatt.com.
- *Essen/Übernachten*: **Gasthof Burghardt**, einfacher Gasthof mit eigener Metzgerei direkt gegenüber dem Tiefen Brunnen. Große Brotzeitkarte, aber auch Pfannengerichte werden serviert (Kalbschnitzel mit Pommes für 8,90 €). Wolfshöher Bier wird ausgeschenkt. Kleine Terrasse. Mi und So Ruhetag. Im Winter nur Samstagmittag und Mo geöffnet. EZ ab 39 €, DZ mit Du/WC 56 € (inkl. Frühstück). Hauptstr. 7, ✆ 09244/206, ℻ 8293, www.burghardt-betzenstein.de.

Landgasthof Pension Fischer, der nette Gasthof in Stierberg ist ein Lesertipp von Sigrid Martin: „Hier wird man von der Familie Fischer-Raum dermaßen kulinarisch und gastlich verwöhnt, dass es kaum zu beschreiben ist. Der Chef ist Konditor, Metzger und Koch und alles von der Praline bis zum selbstgemachten Pressack wird selbst hergestellt, ganz zu Schweigen von der fränkischen Küche überhaupt. Die Pension hat hübsche Zimmer mit Dusche und Fernseher und für Kletterer ein Matratzenlager. Zudem kann man auf der Wiese das Zelt aufstellen und für geringes Entgelt duschen.". EZ 30–37 €, DZ 48–64 €, im Bettenlager 11,50 € (ohne Frühstück). Stierberg 25, ✆ 09244/384, ℻ 920090, www.gasthof-pension-fischer.de.

Schilderhaus statt Schilderwald

Fränkische Schweiz
Karte Seite 223

Umgebung

Fränkisches Wunderland in Plech: Der unweit von Betzenstein, am östlichen Rand der Fränkischen Schweiz gelegene Freizeit- und Erlebnispark hält mit seinen Fahrgeschäften, Naturlehrpfaden und Spielmöglichkeiten zahlreiche Attraktionen für Groß und Klein bereit. Besonders Freunde und Fans des Wilden Westens kommen im fränkischen „Kansas City“ auf ihre Kosten, Western-Shows sowie von Azteken-indianern vorgeführte Original-Indianertänze beleben die Westernatmosphäre.

Öffnungszeiten Ostern bis Mitte Okt. tgl. 9–18 Uhr, ✆ 09244/9890. Eintritt: 12 €, erm. 10,50 €, www.wunderland.de.

Velden: Am Südrand des Veldensteiner Forstes liegt das kleine, namensgebende Städtchen, das auf eine mehr als tausendjährige Stadtgeschichte zurückblicken kann. Sehenswert ist die ungewöhnlich reich ausgestattete evangelische Pfarrkirche mit ihren gotischen Flügelaltären. Die historische Bausubstanz wurde zwar im Zweiten Weltkrieg schwer beschädigt, doch finden sich wie am Mühltor noch immer reizvolle Ecken. Wer in Velden nach der Burg Veldenstein Ausschau hält, wird allerdings vergeblich danach suchen. Die Burg befindet sich nämlich im nahen Neuhaus an der Pegnitz. Zwischen Rupprechtstegen und Velden zeigt sich das Pegnitztal von seiner schönsten Seite, die Straße schlängelt sich, eingerahmt von steil aufragenden Felsgruppen, durch das enge Tal.

Neuhaus an der Pegnitz: Der gefällige Marktflecken wird von der mächtigen Burg Veldenstein gekrönt. Von starken Wällen, Mauern und Bastionen umgeben, ist die Burganlage ein eindrucksvolles Beispiel spätmittelalterlicher Wehrarchitektur. Als markanter Blickfang ragt der schlanke, 21 Meter hohe Bergfried über dem Marktflecken empor. (Tgl. 9–18 Uhr, Eintritt: 1 €). Ein Teil der Burg, die eine Zeitlang Hermann Göring gehörte, wurde zum Hotel umgebaut. Drei Kilometer östlich von Neuhaus gelegen, lohnt die *Maximiliansgrotte* mit ihren herrlichen Tropfsteinen einen Besuch. (Von Ostern bis Oktober Di bis Sa 10–17 Uhr und So 9–18 Uhr geöffnet, Eintritt: 2,40 €).

Wildgehege: Inmitten des Veldensteiner Forstes hat die Bayerische Staatsforstverwaltung ein großzügiges Wildgehege eingerichtet. Beim Schlendern durch das Areal kann man Wildschweine, Rehe und Damhirsche beobachten und füttern. Achtung: Es ist verboten, Hunde mitzuführen.

Öffnungszeiten Tgl. 9–18 Uhr. Eintritt: frei!

Nördliche Fränkische Schweiz

Der nördliche Teil der Fränkischen Schweiz wird durch den Verlauf dreier Täler geprägt: das Leinleiter- und Aufseßtal im Westen sowie das Tal der Wiesent im Osten.

Waischenfeld

Kleines Städtchen im oberen Wiesenttal mit altfränkischem Charme. In der Umgebung finden sich mit der Sophienhöhle und den Burgen Rabenstein und Rabeneck mehrere Sehenswürdigkeiten. Rund um das Ailsbachtal bestehen gute Wandermöglichkeiten.

Das Wahrzeichen von Waischenfeld ist der „Steinerne Beutel“; dieser auf einem Felsen stehende Rundturm ist der romanische Bergfried der ältesten Burganlage. Nach der Erteilung der Stadtrechte im Jahre 1316 wurde der Ort mit einem geschlossenen Mauerring befestigt; infolge der zahlreichen Kriege und der damit verbundenen Zerstörungen blieb davon jedoch nichts mehr erhalten. Sehenswert ist die auf den Resten einer Burgkapelle erbaute Stadtpfarrkirche St. Johannes aus dem 16. Jahrhundert. Im Dritten Reich spielte die Gemeinde eine eher unrühmliche Rolle. Schon früh regierte die NSDAP im örtlichen Rathaus und seit 1943 residierte die

„Stiftung Ahnenerbe“ in Waischenfeld, die in den Konzentrationslagern Dachau und Natzfeld auch medizinische Menschenversuche durchführte. Wolfram Sievers, der Reichsgeschäftsführer des „Ahnenerbes“ wurde nach Kriegsende in Waischenfeld verhaftet und 1948 zusammen mit sechs Nazi-Ärzten hingerichtet. Am Alten Rentamt prangte noch bis zum Abriss im Jahre 1968 die Parole „Meine Ehre heißt Treue“ ...

- *Information* **Tourist-Information**, am Marktplatz 58, 91344 Waischenfeld, ✆ 09202/960117 od. 1088, 📠 09202/960129, www.waischenfeld.de.
- *Einwohner* 3100
- *Verbindungen* regelmäßige Busverbindungen nach Bayreuth, Ebermannstadt und Hollfeld.
- *Bootsverleih* Kajakmietservice im Ortsteil Doos.
- *Schwimmen* Beheiztes **Freibad** an der Wiesent mit Kinderspiel- und Grillplatz, tgl. 9–19 Uhr, Mo erst ab 10 Uhr.
- *Essen/Übernachten*: **Pulvermühle**, traditionsreicher Gasthof mit eigenem Fischwasser. Anspruchsvolle Küche. Hier traf sich 1967 die „Gruppe 47“ zum letzten Mal. Im Restaurant erhält man fränkische Küche zu gehobenen Preisen (Schäufele für 11,30 €). Gartenterrasse. Nach dem Essen kann man von hier aus zur Burg Rabenstein oder Burg Rabeneck wandern. EZ ab 31 €, DZ 65 € (inkl. Frühstück). Mai–Sept. durchgehend, Dez.–März nur Do bis So geöffnet Im Okt. und April ist Mo Ruhetag. Pulvermühle 35, ✆ 09202/970070, 📠 9700770, hotel@pulvermuehle.de, www.pulvermuehle.de.

Zur Sonne, in den einfachen Räumen des seit drei Generationen in Familienbesitz befindlichen Gasthauses wird man herzlich bedient. Die ungekünstelten Gerichte sind lecker und preisgünstig, der Service freundlich. Mi Ruhetag. Übernachtung mit Frühstück in einem Gästehaus ab 28 €. Hauptstr. 4, ✆ 09202/818, 📠 972254, www.sonne-waischenfeld.de.

Sta'häusla, in einem roten Backsteinhaus trifft sich vorwiegend jüngeres Publikum zu Pizza und Nudelgerichten. Mo Ruhetag, werktags ab 17 Uhr, am Wochenende ab 11 Uhr. Vorstadt 31b, ✆ 1540.

- *Camping*: **„Steinerner Beutel“**, unmittelbar an der Wiesent liegt der Campingplatz mit direktem Zugang zum Schwimmbad. Ganzjährig geöffnet. Stellplatz inkl. 2 Pers. pro Nacht etwa 20 €. Hauptstraße 205, ✆ 09202/359, 📠 09202/1796, www.campingplatz-waischenfeld.de.

Die „Gruppe 47“ in der Pulvermühle

Im Oktober 1967 war der Gasthof Pulvermühle drei Tage lang der Brennpunkt der bundesrepublikanischen Literaturszene. Die legendäre „Gruppe 47“ traf sich hier in der Ruhe der Fränkischen Schweiz, um ungestört diskutieren zu können. Mehr als 80 Schriftsteller, Kritiker und Publizisten, darunter so prominente Namen wie Günter Grass, Erich Fried und Günter Eich, aber auch Rudolf Augstein, Marcel Reich-Ranicki und Fritz J. Raddatz waren dem Ruf von Hans Werner Richter in den romantischen Landgasthof gefolgt. Bei Wurst, Bier und Natur war die Gruppenatmosphäre so intensiv wie schon lange nicht mehr. Neue Literatur stand auf dem Prüfstand, Jürgen Becker erhielt für seinen Text „Ränder“ den Preis der „Gruppe 47“. Daneben gab es Streitereien über Politik. Die nächste, in Prag geplante Tagung kam wegen der politischen Folgeereignisse des Prager Frühlings nicht mehr zustande. Fast ohne Vorwarnung zerfiel der lockere Zusammenschluss nahezu aller nennenswerten deutschen Nachkriegsautoren und Kritiker nach dem letzten Treffen in der Fränkischen Schweiz.

Sehenswertes

Burg Waischenfeld: Die erstmals 1122 erwähnte Anlage bestand einst aus einer Haupt- und verschiedenen Nebenburgen, die von einem komplizierten Verteidigungssystem umgeben waren. Der allein stehende „Steinerne Beutel" ist ein Rest der Befestigungsanlagen. Der Dreißigjährige Krieg hinterließ an der Burg schwere Brandschäden. Erst im Jahre 1980 wurde die Anlage aufwendig restauriert und zu einem „Haus des Gastes" ausgebaut. Darin untergebracht sind Burgschenke, Tagungsräume, Freilichtbühne, Galerie und ein kleines Heimatmuseum im Dachgeschoss.

Öffnungszeiten Di–So 11–18 Uhr.

Burg Rabeneck: Einige Kilometer flussabwärts liegt die im 13. Jahrhundert von den Schlüsselbergern gegründete Burg versteckt oberhalb des Tales. Sie gehört *Norman Schiller*, der sich vorbildlich um ihren Erhalt kümmert. Deshalb bezahlt man auch gerne den kleinen Obolus, den er für die Besichtigung der Burg erhebt. Man kann Rabeneck auch für ein paar Tage mieten oder sich in der Schlosskapelle das Ja-Wort geben.

Öffnungszeiten So 11–18 Uhr. Auskunft: ✆ 09202/565. Eintritt: 1,50 €, erm. 1 €.

Burg Rabenstein: Von einem 60 Meter hohen wildromantischen Felsen aus dominiert die Burg das Ailsbachtal. Sie ist ohne Zweifel eine der schönsten in der Fränkischen Schweiz. Die ältesten Bauteile stammen noch aus dem 12. Jahrhundert, doch wurde Rabenstein mehrmals erobert und zerstört. Anlässlich eines Besuchs des bayerischen Königs wurde die Anlage 1829/30 erneut instand gesetzt. Heute beherbergt sie ein Eventhotel mit angeschlossener *Falknerei* sowie Greifvogelpark und kann im Rahmen einer Führung besichtigt werden.

Führungen April–Okt. tgl. außer Mo um 11, 14 und 16.30 Uhr, Sa und So 11–17 Uhr halbstündlich. Kosten: 3,50 €, erm. 2,50 €. www.burg-rabenstein.de.

Öffnungszeiten des Greifvogelparks April–Nov. tgl. außer Mo 11–17 Uhr. Eintritt: 2,50 €, erm. 1,50 €. Flugvorführungen der Falknerei: April–Okt. jeweils Di–So um 15 Uhr. Kosten: 6 €, erm. 4 € inkl. Greifvogelpark, www.falknerei-rabenstein.de.

Sophienhöhle: Einen knappen Kilometer flussaufwärts von der Burg Rabenstein geht es linker Hand zur Sophienhöhle. Die drei Hallen mit eindrucksvollen Tropfsteingebilden und Knochenresten eines Höhlenbären sind der Öffentlichkeit seit 1833 zugänglich. Sie zählt zu den schönsten Tropfsteinhöhlen der Fränkischen Schweiz. Auf der gegenüberliegenden Talseite liegt der vierzehn Meter hohe Eingang der frei zugänglichen *Ludwigshöhle*. Es lohnt auch ein Besuch der oberhalb der Sophienhöhle gelegenen *Klaussteinkapelle* mit romanischen und barocken Stilelementen.

Öffnungszeiten der Sophienhöhle April–Okt. tgl. außer Mo 10.30–17 Uhr, Nachtvorführungen am Sa von 18–20 Uhr. Auskunft: ✆ 09202/972599. Eintritt: 3,50 €, erm. 2,50 €, Nachtvorführungen 6,50 €, erm. 5 €.

• *Essen/Übernachten*: **Burg Rabenstein**, die ideale Adresse für Freizeitburggrafen. Romantische und komfortable Zimmer (Himmelbetten etc.) in einer einzigartigen Atmosphäre. EZ ab 117 €, DZ ab 158 € (inkl. Frühstück). Rabenstein 33, 95491 Ahorntal, ✆ 09202/9700440, ℻ 09202/970044520, www.burg-rabenstein.de.

Gasthof Neumühle, unterhalb der Burg Rabenstein bietet der alteingesessene, im Ailsbachtal gelegene Gasthof leckere Gerichte zu moderaten Preisen. Neben den fangfrischen Forellen sind vor allem die Lammgerichte von Tieren aus eigener Schlachtung zu empfehlen, der Lammrollbraten mit fränkischen Klößen kostet 7,20 €, ein Schweinebraten gar nur 7,10 €. Schöne Gartenterrasse. Dez. bis Feb. geschlossen. Neumühle 31, ✆ 09202/228.

Gutsschenke Burg Rabenstein, nur hundert Meter von der Burg entfernt, ist die Gutsschenke „ein nettes und freundliches

Haus mit Restaurant", das Leserin Sabine Hogräve-Heinisch gerne weiterempfiehlt. Die Karte enthält einen Burgherrensalat oder ein Jägerbraten mit Pilzrahmsoße und Kloß für 7,90 €. Großer, schattiger Biergarten. Mo Ruhetag. 95491 Ahorntal, ✆ 09202/95079.

Gut Schönhof, ein toller Bauerhof in dem nahe gelegenen Weiler Eichenbirkig mit angeschlossenem Gasthof, der streng nach ökologischen Zutaten wirtschaftet. Wurst und Brot werden selbst zubereitet. Und was nicht selbst produziert wird, kommt aus der näheren Umgebung. Zimmervermietung. Extras: Etwas ganz besonderes ist eine Nacht im „Heuhotel". Übernachtung mit Frühstück ab 15 €. Auch Wohnmobil-Stellplätze sind vorhanden. ✆ 09202/1228, 📠 1421. www.gut-schoenhof.de.

Blick von Neumühle zur Burg Rabenstein

Wandern

Das *Ailsbachtal* erstreckt sich von Behringersmühle bis hinauf nach Ahorntal und besticht durch seine landschaftliche Schönheit. Sehenswert sind die Barockkirche von Oberailsfeld, die Burg Rabenstein sowie die Sophien- und die Ludwigshöhle. Durch das gesamte Tal führt ein mit einem blauen Kreuz markierter Wanderweg, der stellenweise hundert Meter über dem Talgrund verläuft. Die Entfernung von Behringersdorf bis Freiahorn beträgt etwa 17 Kilometer. Der Weg führt über *Oberailsfeld* (sehenswerte Barockkirche) zur *Burg Rabenstein* und weiter zur Sophienhöhle. Zudem gibt es den sechs Kilometer langen *Promenadenweg*, einen Rundwanderweg, der an der Burg Rabenstein beginnt und zur Sophien- und Ludwigshöhle führt. Gute Einkehrmöglichkeit in *Neumühle* im gleichnamigen Gasthof.

Heiligenstadt

Der bedeutendste Ort im Leinleitertal mit seinem weitläufigen Marktplatz und den schmucken, denkmalgeschützten Fachwerkhäusern ist ein beliebtes Ausflugsziel. Seit der Gemeindereform gehören mehr als 20 Dörfer und Weiler zu Heiligenstadt.

Vermutlich bestand der in einer Talmulde gelegene Ort (erste urkundliche Erwähnung um 1165) schon im 9. Jahrhundert. Wie bei vielen anderen Dörfern der Fränkischen Schweiz wechselten auch hier des Öfteren die Herren. Anfangs unterstand Heiligenstadt den Schlüsselbergern, nach deren Aussterben dem Bischof von Bamberg, der den Ort den Streitberger Rittern überließ. Schließlich ging das Gebiet im Jahre 1691 an die Grafen von Stauffenberg über, die noch heute auf Schloss Greifenstein residieren. In Heiligenstadt gab es einst auch eine jüdische Kultusgemeinde. An ihre Anwesenheit erinnert ein Friedhof 700 Meter nordöstlich des Ortes auf einer Anhöhe; die letzte Bestattung erfolgte 1895. Von der Synagoge oder anderen jüdischen Bauwerken sind bis dato weder Standort noch Schicksal bekannt.

Fränkische Schweiz
Karte Seite 223

• *Information* **Touristinformation**, Hauptstr. 21, 91331 Heiligenstadt, ✆ 09198/929932, 📠 09198/929940, www.markt-heiligenstadt.de.

• *Einwohner* 3800

• *Fahrradverleih* im **Bürgerbüro**, Hauptstr. 21, ✆ 929932.

• *Essen/Übernachten*: **Brauereigasthof Aichinger**, direkt am Marktplatz gelegen. Hier gibt es süffiges Bier und preiswerte Küche. Bis auf das Kaninchen kosten die reichlich portionierten Gerichte weniger als 6,20 €! Die halbe Bier kostet 1,70 €, der Service ist schnell und freundlich. Die Zimmer erinnern ein wenig an Tante Ernas Gästezimmer, aber bei dem Preis darf man da nicht meckern. Übernachtung mit Frühstück 15 €, Halbpension 20 €. ✆/📠 09198/522.

Heiligenstadter Hof, auf der Speisekarte dominieren Pfannengerichte zu gehobenen Preisen. Schöne Straßenterrasse neben dem Bach. Übernachtung mit Frühstück ab 26 € im DZ, 33 € im EZ. Die modernen Zimmer verfügen teilweise über einen kleinen, aber netten Balkon. Marktplatz 9, ✆ 09198/781, 📠 8100, www.hotel-heiligenstadter-hof.de.

**** **Sponsel Regus**, vornehmes Landhotel in Veilbronn, verteilt auf drei verschiedene Häuser (seit 1760 in Familienbesitz). Sehr komfortable Zimmer mit Balkon. Wellness-Bereich mit Hallenbad und Sauna. EZ ab 52,50 €, DZ ab 94 € (inkl. Halbpension). Veilbronn 9, ✆ 09198/222, 📠 1483, www.sponsel-regus.de.

Schloss Unteraufseß, in der Burg werden auch zwei repräsentative Suiten vermietet. Preis auf Anfrage. ✆ 09198/656. www.schloss-unteraufsess.de.

• *Essen & Trinken/außerhalb* **Heckenhof**, die Hauptattraktion dieses Weilers ist die kleine Privatbrauerei **Kathi-Bräu** – einst der Geheimtipp in der Fränkischen Schweiz, heute vor allem ein Mekka der Motorradfahrer: Ein Zwischenstopp in Heckenhof ist bei jeder Tour fast obligatorisch. In der angeblich kleinsten Brauerei Deutschlands wird ein sog. Braunbier ausgeschenkt, das durch einen hartnäckigen Beigeschmack auffällt. Dazu gibt es einfache Brotzeiten. Zahlreiche Bänke stehen im Freien. Tägl. 9–23 Uhr. ✆ 09198/277. http://kathi.brauereien.bierland-oberfranken.de.

Sehenswertes

St. Veit und St. Michael: Die evangelische Pfarrkirche hat eine kuriose Entstehungsgeschichte: Während der Kirchturm, der isoliert neben dem Langhaus steht, auf eine frühere Burg zurückgeht, ist das Langhaus aus einer mittelalterlichen Zehntscheune hervorgegangen. Die barocke Bemalung der hölzernen Emporen und der Felderdecke ist ein schönes Beispiel für die ländliche Kunstfreude am Barock.

Burg Greifenstein: Die im Kern mittelalterliche Burg (1172 erstmals erwähnt) beherrschte jahrhundertelang die Gegend rund um Heiligenstadt. Ende des 17. Jahrhunderts ließ der Fürstbischof *Marquard von Stauffenberg* die im Bauernkrieg zerstörte Burg nach Plänen von *Leonhard Dientzenhofer* zum barocken Jagdschloss ausbauen. Ein Park im französischen Stil – den sich die Natur längst wieder zurückgeholt hat – und die noch immer vorhandene Lindenallee rundeten den repräsentativen Bau ab. Bei der Besichtigung der Innenräume kommen vor allem Waffenfreaks und Jagdliebhaber auf ihre Kosten. Der Vater des jetzigen Burgherrn *Berthold Graf Schenk von Stauffenberg*, ein Onkel des Hitlerattentäters *Claus Schenk von Stauffenberg*, starb im November 1944 im Gefängnis, nachdem die Nationalsozialisten ihn und seine Familie infolge des Attentats vom 20. Juli 1944 inhaftiert hatten.

Öffnungszeiten Von Mai bis Ende Okt. tgl. 9–12 Uhr und 13.30–16.45 Uhr, im März und April nur Mi–So zu den gleichen Zeiten. Eintritt mit Führung 4,40 €, erm. 2,40 €. ✆ 423. Bei der Burg befinden sich eine kleine Kneipe und ein Wildschweingehege. www.schloss-greifenstein.de.

Umgebung

Schloss Unteraufseß: Die vor mehr als 850 Jahren errichtete Burg ist seit ihrer Fertigstellung der Stammsitz der *Freiherren von Aufseß*, die einst 50 Burgen und

Schlösser sowie 43 Ortschaften in der Umgebung ihr eigen nennen konnten. Die Burg Unteraufseß, die den kleinen, fünf Kilometer östlich von Heiligenstadt gelegenen Ort Aufseß optisch beherrscht, kann besichtigt werden. Der Bergfried, der wohl älteste Steinbau der Fränkischen Schweiz, und das angelehnte Meingotzhaus sowie das 1677 erbaute Neue Schloss sind von einer Ringmauer umgeben. In der Burgkapelle befinden sich mehrere Kunstwerke, darunter ein Schnitzaltar aus der Zeit um 1520. Im Meingotzhaus hatte *Hans von Aufseß*, der 1852 das Germanische Nationalmuseum in Nürnberg gründete, sein Studierzimmer – es ist nahezu unverändert. Ein Teil der Burg wird noch von der Familie derer von Aufseß bewohnt.

Öffnungszeiten April–Okt. tgl. außer Sa 11–17 Uhr, zudem Führungen (ab 6 Pers.) auf Anfrage. Eintritt: 3,50 €, erm. 2 €. www.schloss-unteraufsess.de.

Wandern

Zur Burg Greifenstein: Vom Ortsteil Neumühle geht es am Wildschweingehege vorbei hinauf zur Burg Greifenstein. Nach deren Besichtigung folgt man dem mit einem gelben Ring markierten zum Judenfriedhof. Auf einer kleinen Anhöhe inmitten eines Buchenwaldes befinden sich etwa 60 Grabsteine mit hebräischen Schriftzeichen; 1895 fand hier letztmals eine Beerdigung statt. Von hier geht es auf einem Trampelpfad über die Schlossblickstraße nach Heiligenstadt zurück. Wegstrecke: etwa vier Kilometer.

Leidingshofer Tal: Das Leidingshofer Tal bei Veilbronn gehört zu den schönsten Tälern der Fränkischen Schweiz. Am Wanderparkplatz von Veilbronn beginnen mehrere markierte Rundwanderwege (1,5–4 Kilometer), auf denen man geruhsam zwischen steil aufragenden Felspartien und den einst für die Fränkische Schweiz so typischen, heute aber nur noch selten anzutreffenden, mit Wacholder bestandenen Hängen spazieren kann.

Hollfeld

Das an der nördlichen Grenze der Fränkischen Schweiz gelegene Städtchen eignet sich als Ausgangspunkt für Erkundungen im oberen Wiesenttal. Trotz mancher Veränderungen hat Hollfeld sein mittelalterliches Stadtbild weitgehend erhalten.

Hollfeld liegt glücklicherweise etwas abgeschieden von den großen Tourismuszentren der Fränkischen Schweiz. Die ehemals ummauerte Höhenstadt mit ihrem geräumigen zentralen Platz geht wahrscheinlich auf eine ottonische Gründung zurück. Spätestens 1329 wurde *Holvvelt* zur Stadt erhoben – ein Indiz für die schnell erlangte wirtschaftliche Bedeutung. Später diente die Stadt den Bamberger Bischöfen als östlicher Stützpunkt gegen die Markgrafen von Kulmbach-Bayreuth. Zahlreiche Bauten fielen dem Markgrafenkrieg sowie dem Dreißigjährigen Krieg zum Opfer. Im Zuge der politischen Neuordnung Europas wurde Hollfeld 1803 dem „Kurfürstentum Baiern" zugeschlagen. Bis in die Gegenwart konnte es sich eine Zentrumsfunktion in der spärlich besiedelten Nördlichen Fränkischen Schweiz bewahren.

- *Information* **Gäste-Information** im Wittauerhaus am Marienplatz 18, 96142 Hollfeld, ✆ 09274/98015, 📠 09274/98041, www.hollfeld.de. Mo 13–16.30 Uhr, Di–Do 13–17 Uhr, Fr 8–12 Uhr. Im Foyer ist eine Ausstellung zur Geschichte von Hollfeld aufgebaut.
- *Einwohner* 5600
- *Gangolfbühne* Das Freilichttheater spielt an verschiedenen Bühnen der Region. Weitere Infos: www.theatersommer.de.
- *Museumsscheune* Einblick in die bäuerliche Arbeitskultur und in die Tradition alter

Handwerksberufe. Marienplatz 18. Mai–Okt. Sa und So 14–16 Uhr, Eintritt: 2 €, erm. 1 €, www.kunst-museum-hollfeld.de.

• *Fahrradverleih* für 6 € pro Tag bei der Stadt Hollfeld. ✆ 9800.

• *Kintopp-Filmtheater* Das einzige Programmkino der Fränkischen Schweiz wird von einer Filmjournalistin und einem Kameramann betrieben. Vorstellungen Do–So. Theresienstraße 8, ✆ 9676, www.kintopp-online.de.

• *Schwimmen* Schönes unbeheiztes **Freibad** mit Wasserrutsche im Kainachtal. Den Badelustigen steht zudem – außer im Sommer – das **Hallenbad** in der Gesamtschule Mo, Mi und Fr 18–21 Uhr zur Verfügung. Im zehn Kilometer entfernten **Obernsees** hat im Mai 1998 ein **Thermalerlebnisbad** eröffnet. Tgl. ca. 9–22 Uhr geöffnet, Erw. zahlen für drei Stunden 10 €, Kinder 6,50 €, www.therme-obernsees.de.

• *Essen/Übernachten* **Wittelsbacher Hof**, der Landgasthof ist ausgesprochen kinderfreundlich. Anspruchsvolle Genießer werden genauso zufriedengestellt wie Braten-Fans (Geschmorte Lammhaxe mit Klößen und Bohnengemüse für 9,70 €). Der Wirt organisiert auch mehrtägige Wandertouren durch die Fränkische Schweiz (mit Gepäcktransport). Terrasse. Mo Ruhetag. Für die Nacht in einem der 26 Betten werden rund 35 € berechnet (inkl. Frühstück). Langgasse 8, ✆ 09274/90960, 📠 909626, www.wittelsbacher-hof-hollfeld.de.

Gasthof Schrenker, bei Einheimischen beliebter Gasthof, ein passabler Kalbsnierenbraten mit Kartoffeln wird zu 7 € serviert. Mi Ruhetag. DZ ab 56 € (inkl. Frühstück). Spitalplatz 2, ✆ 09274/201, www.gasthof-schrenker.de.

Hotel Bettina, das knapp zwei Kilometer südlich des Ortes gelegene moderne Hotel besitzt einen Fitnessbereich samt Sauna und Solarium. Restaurant vorhanden. Mo Ruhetag. Übernachtung im DZ ab 70 €, EZ ab 42 € (inkl. Frühstück). Treppendorf 22, ✆ 09274/747, 📠 1408, hotel.bettina@t-online.de, www.hotel-bettina.de.

Kintopp, das zum gleichnamigen Kino gehörende Kaffeehaus ist nicht nur dank seines modernen Glasanbaus einen Abstecher wert. Auf der Terrasse oder in der Kneipe trifft man sich gerne auf ein Bier. Das kulturelle Highlight in der nördlichen Fränkischen Schweiz! Lage: etwas außerhalb vom Zentrum, an der Straße nach Aufseß. Do–Mo 19–1 Uhr, So ab 17.30 Uhr. Theresienstr. 8, ✆ 9676.

• *Camping*: **Campingplatz Waldmühle**, einfache Anlage in Freienfels zwischen zwei Flussarmen der Wiesent. Geöffnet: 15.4.–15.10. Freienfels 31, ✆ 09274/255.

Sehenswertes

Maria Himmelfahrt: Zwar wurde die katholische Stadtpfarrkirche schon im Jahre 1017 erstmals erwähnt, allerdings ist von diesem Bau nichts mehr zu sehen: Nach mehreren Zerstörungen und einem Brand entstand zwischen 1778 und 1782 ein Neubau mit frühklassizistischen Anklängen. Der Innenraum wirkt weiträumig und schlicht. Die Einrichtung stammt größtenteils aus der Dominikanerkirche von Bamberg. Herausragend sind vier Rokokobeichtstühle, der Hochaltar und die Kanzel.

Gangolfturm: Der viereckige, auffällige Turm der Gangolfkirche ist das Wahrzeichen von Hollfeld. Einst diente der Turm mit seiner vorspringenden Holzgalerie und einer Türmerwohnung als Wachturm. In der Kirche – sie wurde übrigens von den Nazis zur „Weihehalle" umfunktioniert – finden im Sommer Kunstausstellungen und Veranstaltungen (Aufführungen der Gangolfbühne) statt. Der Schlüssel für den Turm ist zu den üblichen Amtszeiten (Mo–Fr) kostenlos im Rathaus am Marktplatz erhältlich. Gute Aussicht!

Salvatorkapelle: Die Wallfahrtskirche mit ihrem üppigen Interieur wurde 1704 von Baumeister *Johann Leonhard Dientzenhofer* errichtet. Die gesamte barocke Ausstattung stammt von Mitgliedern der Familie *Lauter*, aus Hollfeld stammende Schreiner- und Bildschnitzer.

Umgebung

Die Wiesent, der Hauptfluss der Fränkischen Schweiz, entspringt in der Nähe des Dörfchens Steinfeld. Über knapp 70 Kilometer hin schlängelt sich die Wiesent, von mehreren kleineren Zuflüssen gespeist, durch die bizarre Juralandschaft, bevor sie bei Forchheim in die Regnitz mündet. Mit Neidenstein, Freienfels und Wiesentfels stehen gleich drei der rund ein Dutzend Burgen und Ruinen, die das Tal der Wiesent krönen, an ihrem Oberlauf.

Markant – Gangolfturm

- **Neidenstein**: Winziges Dorf im Wiesenttal mit einer baufälligen Burgruine, die im Dreißigjährigen Krieg zerstört und danach nicht wieder aufgebaut wurde. Das Gelände kann nicht betreten werden (Privatgrundstück)! Die Neidensteiner Bauern nennen die Burg wegen ihrer Form kurz „Salzfass".
- **Freienfels**: Auf einem 45 Meter hohen Fels thront das barocke Schloss Freienfels über der Wiesent. Das Schloss geht auf eine Burganlage aus dem 13. Jahrhundert zurück; der Graben ist noch auszumachen. Mit dem Bau des heutigen Schlosses wurde 1693 begonnen. Von der einst prachtvollen Innenausstattung ist nur noch wenig erhalten. Die Nazis beschlagnahmten das Schloss 1941 als „Gauschule für die Deutsche Arbeitsfront", nach Kriegsende nutzte es die Stadt Nürnberg als Kinderheim.
- **Wiesentfels**: Das herrlich gelegene Schloss Wiesentfels mit seinen gotischen Treppengiebeln und einem spitzen Uhrturm gehörte von 1333 bis 1938 den *Grafen von Giech*. Der Adelssitz wurde 1525 im Bauernkrieg von Aufständischen niedergebrannt, doch konnte der Graf sein Schloss von der Entschädigungssumme wieder aufbauen. Eine Besichtigung ist leider nicht möglich, da es sich in Privatbesitz befindet.
- **Königsfeld**: Bei der katholischen Pfarrkirche St. Jakobus und Kilian von Königsfeld, einem im 8. Jahrhundert errichteten karolingischen Königshof, handelt es sich eventuell um eine der von *Karl dem Großen* zur Betreuung der Slawen gegründeten Kirchen. Der mächtige Turm und die Kirchhofbefestigung stammen noch aus romanischer Zeit, der Chor ist frühgotisch, das Langhaus aus der Zeit nach dem Dreißigjährigen Krieg.
- **Mistelgau**: Eingebettet in die hügeligen Ausläufer der Frankenalb liegt Mistelgau, das vor allem wegen seiner evangelischen Pfarrkirche einen Besuch wert ist. Die Kirche überrascht durch ihre üppige barocke Ausstattung, die von namhaften

Künstlern, wie beispielsweise Johann David Räntz und Johann Caspar Fischer, geschaffen wurde.

- **Sanspareil**: „Ohnegleichen" ist, wie schon der Name sagt, der Felsengarten Sanspareil. Den durch Schwämme des Jurameeres entstandenen Felsenhain rund um Sanspareil ließ die *Markgräfin Wilhelmine von Bayreuth* in den Jahren 1745–1748 in einen Landschaftsgarten umgestalten. Das Programm für dieses eindrucksvolle Denkmal der Naturromantik des Rokokozeitalters wurde Fénélons Erziehungsroman „Die Abenteuer des Telemach" entnommen. Viele der Skulpturen, Gemälde, Pavillons, Türme und Häuschen, die der Hofarchitekt *Joseph Saint-Pierre* zusammen mit dem Hofstuckateur *Pedrozzi* geschaffen hat, sind allerdings im Laufe der Jahrhunderte zerstört worden. Ludwig I. verkaufte 1838 durch „allerhöchste Verfügung" das Areal auf Abbruch. Beim Spaziergang durch den stets zugänglichen Park gibt es noch immer viel zu entdecken, z. B. die *Sybillen-* und *Äolusgrotte*, den Küchenbau sowie das Ruinentheater. Herausragend ist der maurisch anmutende *Morgenländische Bau*, ein mit bunten Steinen, Bergkristallen und phantasievollen Verzierungen besetzter Palast im Kleinformat, ausgestattet mit wertvollen Möbeln, Teppichen und Porzellan. Wer will, kann noch auf der Terrasse des Schlosscafés verweilen.

Verspielt – Sanspareil

Öffnungszeiten Von April–Sep. 9–18 Uhr finden regelmäßig Führungen statt. Mo geschl. Eintritt mit Burg Zwernitz: 2,50 €, erm. 2 €.

- **Burg Zwernitz**: Der einstige Stammsitz der Walpoten von Zwernitz diente später den Markgrafen von Bayreuth als Amtssitz. Auf der Burg Zwernitz handelte der Kurfürst Friedrich I. von Brandenburg als Führer des Reichsheeres einen Waffenstillstand mit den Hussiten aus. Vom Burgturm bietet sich ein weiter Rundblick.

Öffnungszeiten Die Öffnungszeiten entsprechen denen des Morgenländischen Baus.

Wandern

Von *Treunitz* aus führt ein Rundwanderweg (Markierung: blauer Ring) durch das idyllische *Paradiestal*. Der Weg verläuft anfangs flussaufwärts die Wiesent entlang und geht dann rechter Hand durch das Paradiestal bis zur B 505. Dort geht man 500 Meter in östliche Richtung und biegt dann nach Süden ab, um über den *Schultersberg* zurück nach Treunitz zu gelangen. Wegzeit: gut zwei Stunden.

Thurnau

Am nördlichen Rand der Fränkischen Schweiz liegt Thurnau, ein gefälliger Marktflecken mit einem imposanten Schloss, stattlichen Bürgerhäusern und einer schönen Pfarrkirche mit spätgotischem Chor. Bekannt ist Thurnau vor allem für seine Töpferei, die – wie im Töpfermuseum gezeigt wird – bis ins 14. Jahrhundert zurückreicht.

Der 1137 erstmals urkundlich erwähnte Ort verdankt seinen Aufstieg einem meranischen Ministerialengeschlecht, den Förtschen von Menchau. Auch nach dem Aussterben der Meranier konnten die Förtsche ihre führende Stellung in Oberfranken beibehalten, die sich auch darin ausdrückt, dass sie neben den Wirsberg eine Zeitlang die einzigen Herren waren, die die Halsgerichtsbarkeit ausüben und damit auch Todesurteile aussprechen durften. Nachdem 1564 mit Jörg das Geschlecht der Förtsche im Mannesstamm ausgestorben war, teilten sich die Giech und die Künßberg, zwei alte fränkische Adelsgeschlechter, Schloss und Herrschaft von Thurnau. Ungefähr zur gleichen Zeit nahm auch das Töpferhandwerk einen steten Aufstieg. Noch heute beherbergen die reizvoll verschieferten Häuser Thurnaus mehrere Töpfereien, die diese Tradition aufrecht halten. Zum Abschluss einer Ortsbesichtigung empfiehlt sich noch ein geruhsamer Spaziergang um den Schlosssee.

- *Information* **Tourist-Info Thurnau**, Rathaus, Oberer Markt 28, 95349 Thurnau, ✆ 09228/9510, 📠 09228/95151, www.thurnau.de. Hier ist ein sehr schön gemachter Kinderführer erhältlich.
- *Einwohner* 4600
- *Verbindungen* Tgl. drei Busverbindungen nach Hollfeld, Bayreuth und Kulmbach.
- *Schwimmen* Unbeheiztes **Freibad** beim Sportplatz an der Schorrmühlstraße, ✆ 5347.
- *Golf* **Golfclub Oberfranken**, Petershof, ✆ 319.
- *Veranstaltungen* **Weihnachtstöpfermarkt** im Schlosshof: drei Tage am zweiten Adventswochenende.
- *Einkaufen* Die **Töpferei Renner** zählt zu den ältesten Töpfereien Thurnaus. Der Kunsthandwerksbetrieb versteht sich auf geschmackvolle Hafner-Keramik in dem für die Gegend typischen Honiggelb oder Dunkelblau mit weißen Tupfen. Eckersdorfer Weg 1, ✆ 09228/353, www.renner-keramik.de. Geöffnet: Mo–Fr 7.30–12 und 13–18 Uhr, Sa 7.30–14 Uhr.
- *Essen/Übernachten* **Schloss Thurnau**, das im Schloss untergebrachte Wissenschaftszentrum vermietet auch 14 Zimmer. Die Nacht im DZ kostet 72 €, EZ 54 €. ✆ 09228/954220, 📠 954818, www.schlossthurnau.de.

Antikhaus Hagen, in unmittelbarer Nähe des Schlosses gelegen, kann man in dieser stilvollen Privatherberge mit individuell eingerichtete Zimmern angenehme Tage verbringen. Übernachtung mit Frühstück ab 31 €. Kirchplatz 8, ✆ 09228/1580, 📠 8365, www.antikhaus-hagen.de.

Sehenswertes

Schloss: Zusammen mit der über eine Brücke, dem „Kirchgang“, verbundenen Pfarrkirche bildet das Schloss nicht nur ein malerisches Ensemble, es ist auch eine der bedeutendsten Schlossanlagen Oberfrankens. Die wehrhafte Anlage besitzt mehrere Trakte, die einen unteren und oberen Schlosshof umschließen. Das älteste, wohl noch aus dem 13. Jahrhundert stammende Gebäude ist der nördliche, zum unteren Schlosshof gehörende Teil der Kemenate, der aus einem mittelalterlichen Wehrturm hervorging. Im 15. und 16. Jahrhundert wurde das Schloss in Anlehnung an das Vorbild der nahen Plassenburg stetig erweitert, vor allem durch den von drei Flügeln gebildeten oberen Schlosshof mit seinem imposanten Torbau. Im Rahmen einer 6,5 Millionen Euro teueren Baumaßnahme wurden verschiedene Teile des

Fränkische Schweiz
Karte Seite 223

Schlosses renoviert. Das ehemalige Kutschenhaus beherbergt seither ein Theater samt Kleinkunstbühne.

Pfarrkirche St. Laurentius: Während der den Turm umschließende Chor noch spätgotisch ist, wurde das Langhaus zu Beginn des 18. Jahrhunderts neu errichtet. Ihrer Funktion als Schlosskirche gemäß, verdankt sie ihre prächtige Ausstattung mit pompösen Stuckdekorationen. Der aufwendig gestaltete doppelstöckige *Herrschaftsstand*, der über einen Brückengang mit dem Schloss verbunden ist, ist ebenso wie der Altar ein Werk des Bayreuther Hofbildhauers Elias Räntz. Sozialgeschichtlich interessant ist, dass der prächtigere, obere Stand das Wappen der höher gestellten Grafen von Giech trägt und ein paar Zentimeter über den Stand der Freiherrn von Künßberg hinauskragt.

Öffnungszeiten Tgl. 9–18 Uhr.

Töpfermuseum: In einem der ältesten Renaissancehäuser des Ortes, der ehemaligen Lateinschule, kann man die Tradition der Thurnauer Töpferei bis ins 14. Jahrhundert zurückverfolgen. Die Exponate reichen vom einfachen Milchkrug bis hin zu kostbaren Fayencen, sehenswert ist auch ein Kachelofen aus der Biedermeierzeit. Zudem werden Arbeitsgeräte und Techniken von der Tonaufbereitung über Drehen und Dekorieren bis hin zum Brennen in systematischer Abfolge erläutert und vorgestellt. Im Museumsshop kann man zudem Keramik aus Thurnau und seinen Nachbarorten erwerben.

Adresse/Öffnungszeiten Kirchplatz 12. Apr.–Sept. Di–Sa 14–17 Uhr, So 11–17 Uhr, von Okt. bis 6. Januar sowie im März Sa 13–16 Uhr, So 11–16 Uhr. Eintritt: 2 €, erm. 1 €. www.toepfermuseum-thurnau.de.

Thurnau – Kirchgang zwischen Schloss und Pfarrkirche

Klein Venedig – Bambergs verträumtes Flussufer

Steigerwald

Der Steigerwald, das ist eine waldgeschützte Idylle kleiner Märkte und Weiler, die oft noch mit Wehrmauern, Tortürmen und Wassergräben umgeben sind. In den teilweise recht unberührten Laubwäldern lebt noch eine beachtliche Anzahl Wildschweine. Dort, wo die Menschen seit Jahrhunderten das Land kultivieren, bezaubert die verwitterte Schönheit dieses Landstrichs: Holzfachwerk, Brückenheilige und säkularisierte Klöster.

Im Dorf Füttersee steht eine uralte Eiche mit einem Umfang von 8,50 Meter, die zur Zeit der Kaiserkrönung Karl des Großen gepflanzt worden sein soll. In die ursprüngliche Landschaft eingebettet sind zahlreiche typisch fränkische Haufendörfer, nur gelegentlich durch moderne Wohnbauten und Gewerbeansiedlungen verfremdet.

Der Steigerwald bildet das Herzstück des fränkischen Keuperlandes; begrenzt durch den Steilabfall im Westen, den Main im Norden und die Windsheimer Bucht mit dem Aischtal im Südosten, reichen seine größten Erhebungen knapp an die 500-Meter-Grenze heran. Die Hälfte der Waldfläche wird von ausgedehnten Buchenwäldern eingenommen: Nach dem Spessart ist der Steigerwald das zweitgrößte Laubwaldgebiet Bayerns. Ein Naturparadies für diverse Spechtarten, die hier noch ausreichend alte Baumbestände vorfinden. Aus diesem Grund soll ein 11.000 Hektar großes Kerngebiet des Steigerwaldes auf Wunsch vieler Naturschützer zum Nationalpark erklärt werden, doch wehren sich einige Anwohner vehement gegen die Nationalparkpläne, da sie befürchten, dass sich dadurch Schädlinge ausbreiten könnten und die Waldnutzung eingeschränkt wird. Alle drei fränkischen Regierungsbezirke haben übrigens ihren Anteil am Steigerwald und seinem Naturpark, sichtbar geschieden nur am Dreifrankenstein bei Sixtenberg. Die Weinberge liegen in Unterfranken, die Wälder in Oberfranken, die Karpfenteiche sind fest in mittelfränkischen Händen. Ideal zur Erkundung des Steigerwaldes ist die gleichnamige, von den Fremdenverkehrsämtern ausgezeichnete Höhenstraße; eine einzige durchgehende Nord-Süd-Verbindung, die alle von Westen nach Osten ausgerichteten Höhenzüge überwindet. Sie führt von Eltmann, Untersteinbach nach Ebrach und von dort weiter über Aschbach nach Schlüsselfeld. Die letzte Etappe der 70 Kilometer langen „Steigerwaldstraße“ führt über *Hombeer* nach Neustadt an der Aisch. Zum Wandern bietet sich der 2009 eröffnete *Steigerwald-Panoramaweg* an, der über 160 Kilometer von der Aisch an den Main führt.

Kulturhistorischer Höhepunkt der Region ist zweifelsohne Bamberg, doch auch die einzigartige frühgotische Basilika des Klosters Ebrach sowie die relativ unbekannten romanischen Kirchenbauten in Großbirkach und Münchsteinach sollte man keinesfalls links liegen lassen. Während das von *Johann Dientzenhofer* errichtete Pommersfelder Sommerschloss Weißenstein mit seinem berühmten Treppenhaus als barockes Juwel gilt, besticht Prichsenstadt durch seine mittelalterliche Bilderbuchatmosphäre.

Information: Tourismusverband Steigerwald, Hauptstraße 1, 91443 Scheinfeld, Postfach 120, ✆ 09162/12424, 📠 09162/12433, www.steigerwald-info.de. bzw. www.steigerwald-panoramaweg.de.

Wanderkarten: Fritsch Wanderkarte Nr. 67, Naturpark Steigerwald, 1:50.000; Nr. 71, Frankens gemütliche Ecke, 1:50.000.

Radtourenkarte: Haßberge/Steigerwald, 1:100.000, Haupka Verlag.

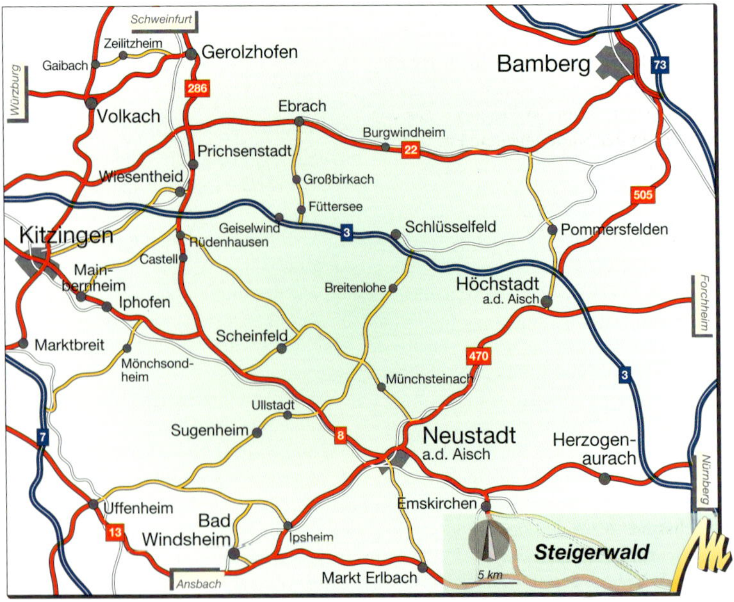

Bad Windsheim

Auch wenn man das Heilbad mit seiner reichsstädtischen Vergangenheit nicht aus gesundheitlichen Gründen aufsucht, ist der Erholungswert groß. Der Kurpark und das weitläufige Gelände des Fränkischen Freilandmuseums eignen sich für geruhsame Spaziergänge.

Bad Windsheim liegt an der Nahtstelle der Naturparks „Steigerwald" und „Frankenhöhe", ein Grund, weshalb Natur und Erholung groß geschrieben werden. Darüber hinaus stehen in der Altstadt noch zahlreiche Fachwerkhäuser aus dem 15. und 16. Jahrhundert, ganz unvermutet tauchen immer wieder pittoreske Fassaden auf. Den Mittelpunkt des historischen Stadtkerns bildet der dreieckige Marktplatz mit dem barocken Rathaus, das mit seiner aufwendigen Fassade wie ein kleiner Palast wirkt. Direkt gegenüber befindet sich das ehemalige Kastenamt (heute Einhorn-Apotheke) des Klosters Heilbronn. Ein Eindruck vom wehrhaften mittelalterlichen Charakter der einstigen Reichsstadt stellt sich beim Besucher nicht mehr so ohne weiteres ein. Zum einen war die Bebauung im Zentrum nicht so dicht wie in Nürnberg, zum anderen wurde die Stadtbefestigung im 19. Jahrhundert vollständig abgetragen; einzig der um die Altstadt verlaufende Grüngürtel erinnert an den einstigen Mauerverlauf. Doch im Zentrum zwischen Holzmarkt und Sauberplatz begeistert man sich schnell für die winkeligen Gassen, in denen noch gelebt und gearbeitet wird. Hier herrscht kein Puppenstubenflair wie in Rothenburg und auch Japaner sieht man nur sehr selten. Die große Touristenattraktion ist hingegen das vor den Toren der Stadt gelegene Fränkische Freilandmuseum, das seit seiner Gründung im Jahre 1982 beständig ausgebaut wird und zu den eindrucksvollsten Freilandmuseen Europas gezählt werden darf. Eine weitere Attraktion kam 2005 durch die Eröffnung der Franken-Therme hinzu, die über mehrere Thermal-Badehallen verfügt.

Das Rathaus von Bad Windsheim ist ein schmucker Barockbau

Steigerwald
Karte Seite 268

Geschichte

Die aus einem Königshof erwachsene Ansiedlung gehörte 741 zur Ausstattung des Würzburger Bistums, löste sich aber allmählich von dessen Einfluss, fiel 1235 an das Reich und wurde 1280 zur Stadt erhoben. Nur durch die Hilfe der befreundeten Reichsstadt Nürnberg konnte sich Windsheim 1360 aus der Verpfändung befreien – Nürnberg handelte aber nicht uneigennützig, benötigte es doch Windsheim als verlässlichen Vorposten seiner Macht im fränkischen Raum. Seinen Machthöhepunkt erreichte Windsheim im Spätmittelalter; als Krönung erfolgte um 1430 die Erhebung zur Reichsstadt. In dieser Zeit wurden auch die Wehranlagen wegen der drohenden Hussitenkriege erheblich verstärkt. Im 16. Jahrhundert begann dann die Stadt an Wirtschaftskraft und Bedeutung zu verlieren; dies lag einerseits an der Verlegung der Fernhandelsstraße Nürnberg-Würzburg und andererseits an der schwierigen Nachbarschaft mit den machtvollen und -bewussten hohenzollernschen Markgrafen, die es geschickt verhinderten, dass Windsheim eigenes Territorium erwerben konnte. Windsheim blieb die kleinste fränkische Reichsstadt. Der Magistrat regierte dennoch in geradezu absolutistischer Weise weiter, wovon heute noch das fürstliche Rathaus zeugt. Zu Beginn des 20. Jahrhunderts wurden die Mineralquellen entdeckt, die Windsheim im Jahr 1961 den Namenszusatz „Bad" eintrugen. Insgesamt sechs Quellen haben den Ruf Windsheims als Kurstadt begründet, wobei die Kiliansquelle, eine Natrium-Kalium-Chlorid-Sulfat-Quelle zu Trinkwasserkuren genutzt wird.

• *Information* **Kur-, Kongress- und Touristik GmbH**, Erkenbrechtallee 2, 91438 Bad Windsheim, ✆ 09841/4020, 📠 09841/40299, www.bad-windsheim.de.

• *Einwohner* 12.100

• *Verbindungen* Regelmäßige Zugverbindungen mit Neustadt/Aisch und Uffenheim.

• *Franken-Therme* Mehrere Thermal-Badehallen, Saunen und ein großer Wellness-Bereich. Tgl. 9–22 Uhr geöffnet, Sauna ab 10 Uhr. Eintritt: ab 8 €, www.franken-therme.net.

• *Fahrradverleih* **Kur-, Kongress- und Touristik-GmbH**, Marktplatz 1, ✆ 4020. Leihgebühr: 7 € pro Tag.

• *Theater* Wechselnde Aufführungen im Freilandmuseum, www.freilandtheater.de.

• *Veranstaltungen* Kiliani-Altstadtfest, Anfang Juli.

• *Golf* 18-Loch-Golfanlage, tgl. 8–21.30 Uhr (Sommer). Am Weinturm 2, ✆ 5027.

• *Kino* **Central-Theater**, Pastoriusstraße, ✆ 650554.

• *Minigolf* Im **Kurpark**, geöffnet: Mai–Okt., Mo–Fr 14–22 Uhr, Sa/So 11–22 Uhr, ✆ 5395.

• *Reichsstadtmuseum* Die reichsstädtische Geschichte steht im Mittelpunkt der volkskundlichen Sammlung. Das Museum ist im Ochsenhof, ursprünglich ein Getreidekasten, untergebracht. Seegasse 27, ✆ 1073. Ostern bis Okt. jeweils Sa und So 14–17 Uhr. Eintritt: 3 €, erm. 2 €.

• *Schwimmen* **Sole-Hallenbad** im Kurzentrum, Schwarzallee 10. Mo–Fr 8–11 und 13–19.30 Uhr, Mi nur bis 19 Uhr, am Wochenende 9–16.30 Uhr. **Freibad** am Südrand der Altstadt.

• *Stadtführungen* Von Ostern bis Ende Okt. Do–So um 15 Uhr am Marktplatz, im Winter nur Di. Teilnahmegebühr: 3,50 €, erm. 2,50 €

• *Essen/Übernachten* **** **Arvena Reichsstadt (4)**, gelungene Verbindung von Alt und Neu. Direkt hinter der Kilianskirche gelegen. Zimmer mit komfortabler Ausstattung. Sauna vorhanden. EZ ab 74 €, DZ ab 99 € (inkl. Frühstücksbuffet). Pfarrgasse 20, ✆ 09841/9070, 📠 907200, www.arvena.de.

**** **Pyramide (1)**, modernes Wellness-Hotel direkt bei der Franken-Therme. Funktionale helle Zimmer. EZ ab 79 €, DZ ab 104 € (inkl. Frühstücksbuffet). Erkenbrechtallee, ✆ 09841/68200, 📠 6820200, www.pyramide-badwindsheim.de.

*** **Gasthof Zum Storchen (6)**, am malerischen Weinmarkt liegt dieses schon 1580 erbaute Gasthaus mit Terrasse und einem herrlichen Ausleger. Spezialität des Hauses ist das „Storchennest", ein Kartoffelnest gefüllt mit gegrilltem Rinder- und Schweinefilet (15,20 €). Straßenterrasse. Mo Ruhetag. Sehr schöne, moderne Zimmer, die keinen Komfort vermissen lassen, vor allem die etwas teureren Premiumzimmer. WLAN. EZ ab 59 €, DZ ab 88 €. Weinmarkt 6, ✆ 09841/669890, 📠 6698930, www.zumstorchen.de.

Gästehaus Schulz und Marie Kristin (2), in einem Alt- und einem angegliederten Neubau stehen 30 Betten in zentraler Lage bereit. DZ ab 50 € (inkl. Frühstück). An der Neuen Weed 2, ✆ 09841/1649.

Pastoriushaus (3), das wunderschön restaurierte Fachwerkhaus am Rande der Altstadt beherbergt eine Nichtraucher-Pension, die von der Pastorius Gesellschaft geführt wird. WLAN. Das EZ kostet ab 28 €, das DZ 44 €. An der Heuwaag 1, ✆ 09841/7078, 📠 403116, www.pastoriushaus.org.

Brauhaus Döbler (5), über dem Eingang des alten Fachwerkhauses prangt die Jahreszahl 1763. Zu einfachen Brotzeiten trinkt

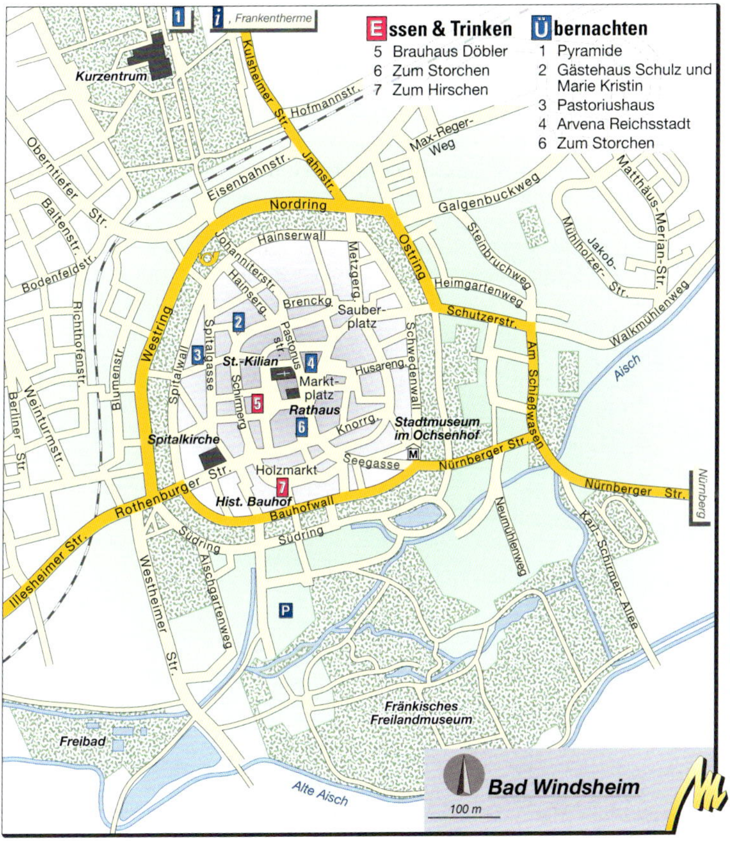

Steigerwald
Karte Seite 268

man das hauseigene Helle (2,20 €). Brauereiführungen mit Bierprobe möglich. Sonn- und feiertags geschlossen, tgl. ab 9 Uhr, Di, Samstagabend und So geschlossen. Kornmarkt 6, ✆ 2002. www.brauhaus-doebler.de.

Zum Hirschen (7), direkt neben dem historischen Bauhof befindet sich dieser Gasthof, der viel Flair ausstrahlt. Zum Zeitpunkt der Recherche wurde ein neuer Pächter gesucht. Terrasse. Holzmarkt 14, ✆ 2696.

Sehenswertes

St. Kilian: Die Stadtpfarrkirche mit ihren ungleichen Kuppeltürmen stammt ursprünglich aus dem 15. Jahrhundert. Ein Brand im Jahre 1730 machte jedoch einen Neubau des Langhauses erforderlich, der im barocken Stil einer Predigtkirche erfolgte und sich direkt an das Rathaus anschließt. Von der einst reichen Ausstattung ist nicht mehr viel vorhanden, das herausragendste Stück, der Zwölfbotenaltar *Tilman Riemenschneiders*, steht heute in Heidelberg im Kurpfälzischen Museum. Die Kanzel und der Altar sind ein Werk von *Georg Brenck*, einem Mitglied der bedeutenden einheimischen Bildhauerfamilie.

Fränkisches Freilandmuseum: Das 1982 eröffnete Bad Windsheimer Freilandmuseum genießt auch in der Fachwelt hohes Ansehen und hält mit seinen rund 100 Gebäuden jedem Vergleich mit anderen europäischen Freilandmuseen problemlos stand. Hervorzuheben ist, dass hier nicht nur alte Häuser versammelt sind, sondern darüber hinaus die wichtigsten Bereiche des Alltagslebens der unteren und mittleren Bevölkerungsgruppen vom 14. Jahrhundert bis zur Gegenwart dokumentiert werden. Auf einem 50 Hektar großen Gelände sind die originalgetreu wieder aufgebauten Häuser und Hofensembles zu drei dorfähnlichen Baugruppen „Nürnberger Land und Frankenalb“, „Altmühlgebiet“ und „Frankenhöhe, Steigerwald, Maingebiet“ sowie zu den Sonderbaugruppen „Mittelalter“ und „Technik“ zusammengefasst. Auf dem Gelände stehen auch das älteste erhaltene Bauernhaus Mitteleuro-

Rund 100 alte Gehöfte wurden im Freilandmuseum wiedererrichtet

pas und ein barockes Jagdschlösschen aus Eyerlohe, das 2009 aufgestellt wurde und über die Geschichte des Landadels und die Geschichte der Jagd in Franken berichtet. Die authentischen Einrichtungen mit Möbeln und Gerätschaften gewähren Einblicke in Wohnkultur und Arbeitsweise vergangener Zeiten. Ein etwa vier Kilometer langer Rundweg führt durch diese einzigartige Museumslandschaft. Zwischen den einzelnen Häusergruppen liegen Felder und Wiesen, die bewirtschaftet werden und auf denen die traditionellen Pflanzen- und Getreidearten wie Flachs und Dinkel wachsen, aber auch Nutztiere gehalten werden. Ein Blick in die Ställe fasziniert vor allem die kleinen Gäste. Ein historisches Gasthaus mit Biergarten sorgt für das leibliche Wohl der Besucher. In der Altstadt von Bad Windsheim befindet sich noch die Baugruppe Stadt mit dem historischen Bauhof und der Spitalkirche, die seit 2006 das Museum „Kirche in Franken“ beherbergt, das über die durch die Reformation bedingten Veränderungen im Alltag, Leben und Glauben der Bevölkerung, sowie in der gottesdienstlichen Praxis informiert.

• *Adresse/Öffnungszeiten* Eisweiherweg 1, ✆ 66800, www.freilandmuseum.de. 11.3.–16.10. Di–So 9–18 Uhr, 17.10. bis 5.11 Di–So 10–17 Uhr, 7.11. bis 3. Advent Di–So 10–16 Uhr. Oster- und Pfingstmontag sowie die Montage im Juli und August ist ebenfalls geöffnet. Die Mühle ist von Mai–Okt. an Sonn- und Feiertagen von 14–17 Uhr in Betrieb. Eintritt: Erw. 5 €, erm. 4 €.

Bauhof: Dieses einzigartige Meisterwerk fränkischer Zimmermannskunst befindet sich am südlichen Rand der Altstadt, nur wenige Fußminuten vom Freilichtmuseum entfernt und gehört zur „Baugruppe Stadt". Die mächtige Holzkonstruktion stammt aus dem 15. Jahrhundert und gehört zu den eigentümlichsten spätgotischen Bauwerken Frankens. Das steile, über 17 Meter hohe Walmdach besteht aus 35.000 Biberschwanz-Ziegeln und überdacht eine Fläche von 14 Meter mal 24,6 Meter. Die Besichtigung ist im Eintrittspreises des Freilandmuseums inbegriffen.
Adresse/Öffnungszeiten Holzmarkt. Öffnungszeiten siehe Freilandmuseum.

Umgebung

▶ **Burg Hoheneck**: Von der auf einer Bergnase gelegenen Hohenzollernburg Hoheneck hat man einen wunderschönen Blick auf die Windsheimer Bucht und den oberen Aischgrund. Die von einer Graben- und Zwingeranlage geschützte Burg kann man in wenigen Minuten umrunden. Sie wurde erstmals im Jahre 1132 erwähnt, jedoch mehrfach zerstört und beschädigt (zuletzt im Zweiten Weltkrieg), so dass von der älteren Bausubstanz nicht mehr viel erhalten ist. Während des Nationalsozialismus wurde die Burg Hoheneck als „Führerschule" zum Kristallisationspunkt der NS-Bewegung in Franken. Heute nutzt die Stadt Nürnberg Burg Hoheneck als Jugendbildungsstätte: ein nahezu idealer Tagungsort.

Wandern

Ipsheim – Burg Hoheneck – Linden – Neustadt: Von Ipsheim folgt man dem roten Andreaskreuz hinauf zur Burg Hoheneck und dann (gleiche Markierung) weiter über Jobstgreuth, Wilhelmsgreuth bis zum Wanderparkplatz Waldhaus. Jetzt geht es in nördlicher Richtung (Markierung: grünes Kreuz) nach Linden. Von hier aus gelangt man, dem Grünkreuz weiter folgend, durch den Hohenecker Forst über Oberroßbach nach Neustadt an der Aisch und mit dem Zug zurück zum Ausgangspunkt. Wer will, kann entlang der Markierung rotes Andreaskreuz auch weiter bis nach Markt Erlbach (Bahnverbindung nach Nürnberg) wandern.

Uffenheim

Die Markgrafenstadt Uffenheim ist das historische Zentrum des Gollachgaus. Einst wurde hier die Produktion des reichen bäuerlichen Hinterlandes umgeschlagen und ein Teil der Markgrafenschaft verwaltet.

Die erste Ansiedlung entstand wahrscheinlich schon um 500, zur Zeit der fränkischen Landnahme. Im 12. Jahrhundert stieg der Ort zum Markt auf. Nach dem Aussterben der ortsansässigen Edelfreien von Uffenheim kam es zwischen den *Grafen von Henneberg* und den *Grafen von Hohenlohe* zu Streitereien um die herrenlosen Güter, die 1266 in der Ritterschlacht von Kitzingen zugunsten derer von Hohenlohe endete: Uffenheim wurde Amtssitz und eine Residenz der Gewinner. Sie ließen eine Wasserburg errichten, den Ort befestigen und wie eine Stadt ausbauen. Aus finanziellen Gründen verpfändeten die Hohenloher ihren Besitz gut hundert Jahre später an Rothenburger Geldgeber, die Uffenheim wiederum 1378 an den

Burggrafen Friedrich IV. von Nürnberg verkauften. Bis zum Übergang an Bayern (1806) gehörte Uffenheim schließlich zur Markgrafschaft Ansbach. Die Industrialisierung ging weitgehend spurlos an ihm vorbei, der Ort bewahrte sich sein kleinstädtisches Flair mit der mittelalterlichen Stadtmauer. Heute ist Uffenheim Mittelpunkt des stark landwirtschaftlich geprägten Gollachgaus. Das Schlendern durch die Gassen macht Spaß, einzig das einstige Schloss enttäuscht: Seit Jahren harrt es seiner Renovierung.

- *Information* **Fremdenverkehrsamt**, Rathaus, 97215 Uffenheim, ✆ 09842/20721, 📠 09842/20732, www.uffenheim.de.
- *Einwohner* 6350
- *Verbindungen* Regionalzugverbindungen (R 8) nach Steinach (Umsteigen nach Rothenburg) und Ansbach.
- *Gollachgaumuseum* Im Schnellerturm ist eine regionale Sammlung von Fossilien, prähistorischen Funden und Waffen untergebracht, daneben auch die „älteste Apotheke Deutschlands", Handwerkerstuben und historische Wohnkultur. Mit anderen Worten: ein reizvolles Sammelsurium. Ende April bis Mitte Okt. jeden Sonntag 13.30–16 Uhr. Eintritt: 2,50 €, erm. 1,50 €. Schlossplatz 5, ✆ 98700, www.gollachgaumuseum.de.

Der Scherenhof und das Würzburger Tor

- *Schwimmen* **Hallenbad**, geöffnet: Mi–Fr 63–20 Uhr, So 9–17 Uhr, Im Krämersgarten 10, ✆ 8257. Unbeheiztes **Freibad** mit Riesenrutsche, Sportstr. 1, ✆ 670.
- *Essen/Übernachten* **Landgasthof Lichterhof**, einfache fränkische Küche mit vielen Wildgerichten. Lohnend ist die Rinderbrust in Wurzelgemüse für 9,90 €. Ein kulinarisches Kontrastprogramm ist das Ritteressen mit zehn Gängen. Straßenterrasse. Farbenfrohe Zimmer. Übernachtung mit Frühstück je nach Ausstattung und Wochentag ab 24 €. Marktplatz 14, ✆ 09842/98310, 📠 983188, www.ritteressen.de.

*** **Gasthof Schwarzer Adler**, der Gasthof mit seinem markanten Hausportal am Altstadtrand gehört zu den schönsten Häusern Uffenheims. Der Koch ist ein Anhänger der regionalen Küche: Empfehlenswert ist der Uffener Schweinebraten mit Kartoffelklößen für 5,75 €. Lecker ist auch das gesottene Gollachstierle. Im Inneren schlichte Einrichtung, über die Straße ein großer Biergarten mit schattenspendenden Kastanienbäumen. Übernachtung mit Frühstück je nach Ausstattung ab 30 € im EZ oder 46 € im DZ. Adelshöferstr. 1, ✆ 09842/98800, 📠 988080, www.gastsein.de.

Schloss Frankenberg, hoch oben in aussichtsreicher Lage inmitten von Weinbergen liegt das schmucke Schloss. Mo Ruhetag. Es werden auch sechs Appartements für 100–150 € vermietet. 97215 Weigenheim, ✆ 09339/97140, 📠 971417, www.schloss-frankenberg.de.

- *Camping* **Camping Uffenheim**, kleiner, einfacher Platz (60 Stellplätze) beim Schwimmbad. Hunde erlaubt. Geöffnet: 1.5.–30.9. Platz für 2 Pers. ca. 15 €, ✆ 09842/1568.

Sehenswertes

Altstadt: Die *Stadtmauer* mit ihren zahlreichen Mauertürmen ist bis auf wenige Durchbrüche vollständig erhalten, allerdings ist sie größtenteils verbaut. Durch

zwei historische Tortürme, das Würzburger und das Ansbacher Tor, gelangt man in die recht verwinkelte Altstadt. In der Würzburger Straße 3, unweit des gleichnamigen Tores, steht der 1571 erbaute *Scherenhof*, eines der schönsten Fachwerkhäuser der Region. Wie der Name schon sagt, wurden hier bis ins 19. Jahrhundert Scheren gefertigt. Bemerkenswert an dem stattlichen Bau ist der mehreckige Erker an seiner Südseite. „Wilde Männer und Feuerböcke" im Fachwerk gliedern rhythmisch die erste Etage und den Erker des Hauses. Das größte Bauwerk ist das ehemalige *Schloss*; es steht an der Stelle einer 1462 abgebrannten mittelalterlichen Wasserburg und beherbergt heute das Finanzamt. Einzig der Torturm erinnert noch an das Spätmittelalter, der Rest der vierflügeligen Anlage stammt aus dem frühen 17. und 18. Jahrhundert. Bedingt durch die Zerstörung der Stadt- und der Friedhofskirche im Zweiten Weltkrieg ist die spätmittelalterliche *Spitalkirche* das einzige historische Gotteshaus Uffenheims. In ihr hat sich eine kunsthistorisch bedeutende Grabplatte erhalten, die 1357 für Ludwig von Hohenlohe angefertigt wurde.

Wandern

Durch den Steigerwald von Uffenheim nach Haßfurt: Dieser knapp 100 Kilometer lange Fernwanderweg (Markierung: roter Löffel) ist auch unter dem Namen *Johann-Ludwig-Klarmann-Weg* bekannt. Er führt von Uffenheim über Weigenheim, Dornheim, Castell, Gräfenneuses, Ebrach, Prüßberg und Wonfurt nach Haßfurt. Einen kostenlosen Prospekt mit ausführlicher Wegbeschreibung hält der Steigerwaldclub, Rathausplatz 2–4 in 96157 Ebrach, ✆ 09553/9220, bereit.

Neustadt an der Aisch

Mitten im Aischgrund, eingerahmt von den Höhen und Wäldern der Naturparks Steigerwald und Frankenhöhe, liegt die Kreisstadt Neustadt, die mit ihren 13.000 Einwohnern der Hauptort des Aischtals ist.

Wie viele Orte der Umgebung geht auch Neustadt mehr oder weniger direkt auf einen fränkischen Königshof (Roedfeld) zurück, in dessen Umgebung Karl der Große aufständische Sachsen unter Zwang ansiedelte. Ihm gegenüber, am Südufer der Aisch, gründeten die Hohenzollern im späten 13. Jahrhundert eine neue Stadt „Newenstad", deren Name mit der Zeit auf die ganze Siedlung überging. Der Markgraf *Albrecht Achilles* plante die Errichtung einer Residenz und ließ um 1430 das heute noch erhaltene Alte Schloss im Nordosten der Stadt bauen. Die erst kürzlich restaurierte Stadtmauer stammt im Wesentlichen aus dem 15. Jahrhundert; erhalten sind das prachtvolle Nürnberger Tor mit der vorgelagerten halbrunden Bastion, sechs Mauertürme und Teile der Befestigung. Vor einigen Jahren ist der Marktplatz mit dem stattlichen Rathaus zur verkehrsberuhigten Fußgängerzone umgewandelt worden. Seitdem säumen den Marktplatz verstärkt gemütliche Eiscafés und zahlreiche Restaurants.

- *Information* **Kultur- und Fremdenverkehrsamt**, Marktplatz 5, 91413 Neustadt an der Aisch, ✆ 09161/6660, ✆ 09161/66615, www.stadt-neustadt-aisch.de.
- *Einwohner* 13.000
- *Stadtführungen* Von Mai bis Anf. Okt. jeden Sa um 11 Uhr vor dem Rathaus.
- *Fahrradverleih* **Klör Zweirad & mehr**, Karl-Eibl-Str. 52, ✆ 1276.
- *Heimatmuseum* In 14 Räumen des Alten Markgräflichen Wasserschlosses werden die Wohn- und Arbeitswelt der Stadt und ihrer Umgebung sowie Zeugnisse zur Geschichte der markgräflichen Nebenresidenz gezeigt. Eine eigene Abteilung ist als Karpfenmuseum ausgewiesen. Interessant auch der Bereich „KinderSpielWelten". Untere Schlossgasse 8, ✆ 66611. Di 19–21 Uhr, Sa 10.30–13 Uhr, So 14–17 Uhr.
- *Markgrafenhalle* Hier gelangen das ganze Jahr hindurch Theater- und Musikveranstaltungen zur Aufführung. Für Auskünfte und Kartenvorverkauf ist das Kulturamt zuständig.
- *Kino* **CINEA**, Wilhelmstr. 6, ✆ 307850.
- *Minigolf* Beim Waldbad, Stadtpark 100, Tgl. 8–20 Uhr, ✆ 2416.
- *Reiten* Reitanlage Comeniusstraße, ✆ 4611.
- *Schwimmen* **Waldbad** (Freibad), Am Stadtpark 10, ✆ 2416. **Hallenbad** in der Comeniusstr. 2, ✆ 3860. Mo–Fr 17–21.30 Uhr, Mi und Sa geschl., So 9–17 Uhr.
- *Essen/Übernachten* **Gasthof Kohlenmühle**, stimmungsvoller Gasthof – ein Lesertipp von Gert Hautsch – mit großem Biergarten (Selbstbedienung), unweit des Zentrums gelegen. Im Restaurant werden leckere Schmankerl serviert, beispielsweise ein "Mühlen-Geschnatter" (Hühnerbrustgeschnetzeltes in Braunbiersoße mit Butternudeln für 9,70 €). Auch Zimmervermietung. Mo geschlossen. EZ 43 €, DZ 66 €. Bamberger Str. 53, ✆ 09161/662270, ✆ 6622777, www.kohlenmuehle.de.

**** **Allee Hotel**, das am Rande der Altstadt gelegene Hotel ist ein klassizistischer Bau – ehemalige Präparandenschule – und verfügt über 24 großzügige komfortable Zimmer. Für Ende 2009 ist die Eröffnung eines Erweiterungsbaus geplant. Übernachtung mit Frühstück 64,50 € im EZ, 85 € (Wochenende) oder 94 € für das DZ. Alleestr. 14, ✆ 09161/89550, ✆ 895589, www.allee-hotel.de.

Bamboleo, nette Café-Kneipe mit Tex-Mex-Küche, abends gelegentlich mit Livemusik. Marktplatz 10, ✆ 60102.

Umgebung

▶ **Münchsteinach**: Wenige Kilometer nördlich von Neustadt an der Aisch liegt Münchsteinach idyllisch in der waldreichen Hügellandschaft des Steigerwaldes. Die romanische *Benediktinerklosterkirche St. Nikolaus* ist diesen Abstecher wert. Die ältesten Teile des Sakralbaus stammen aus dem späten 12. Jahrhundert, leider wurde die Kirche 1525 durch einen Brand verwüstet. Die erheblichen Beschädigungen konnten glücklicherweise durch umfangreiche Restaurierungsarbeiten in den sechziger Jahren weitgehend behoben werden. Die Wirkung des romanischen Raumbildes der dreischiffigen Pfeilerbasilika nimmt den Besucher schnell gefangen. Außergewöhnlich ist die freigelegte farbige Fassung der Architekturteile: das rote Fugennetz, die Pfeiler in rotem, weißem und gelbem Ornament sowie die Scheidbögen in rot-gelber Quaderung. Dadurch lässt sich eine hervorragende Vorstellung von der originalen Farbigkeit romanischer Architektur gewinnen. In der Umgebung der Kirche steht noch das Schlösschen des letzten Abtes Christoph von Hirschfeld.

▶ **Wilhelmsdorf**: In der Gemeinde Wilhelmsdorf, in der 1753 der Ansbacher Markgraf Hugenotten ansiedelte, hat die Reißzeugherstellung Tradition. Das im Obergeschoss des Rathauses untergebrachte *Reißzeugmuseum* informiert über diesen Gewerbezweig von den Anfängen in der Zirkelschmiede bis zur modernen industriellen Fertigung.

Adresse Hugenottenplatz 8. Öffnungszeiten: April–Okt. 1. und 3. So im Monat 14–17 Uhr, ✆ 764.

Höchstadt an der Aisch

Höchstadt ist das Zentrum der fränkischen Karpfenzucht. Jedes Jahr im Herbst läutet das Abfischen der Aischgründer Spiegelkarpfen in den rundum gelegenen Weihern die „fünfte Jahreszeit" ein. Kein Wunder, dass ein steinerner Karpfen auch den Kreisverkehr am Ortseingang verziert.

Ein Kilogramm gilt als ideales Schlachtgewicht. Zwischen September und April steht in jeder Gastwirtschaft im Aischgrund Karpfen auf der Speisekarte. Schließlich werden in Franken jedes Jahr 1,2 Millionen Karpfen verzehrt, weitere 1,8 Millionen gehen in den „Export". Egal, ob „gebacken" oder „blau" zubereitet, muss der Karpfen vor allem eines, nämlich schwimmen. Und zwar dreimal: erst im Wasser, dann in Butterschmalz und zuletzt im Magen – in Bier oder Frankenwein.

Ab der Mitte des 12. Jahrhunderts gehörte Höchstadt für mehr als ein halbes Jahrtausend zum Bistum Bamberg. Das auf einer kleinen Anhöhe errichtete Bamberger Amtsschloss prägt bis heute das Bild des Städtchens und stammt ursprünglich aus dem frühen 13. Jahrhundert. Der abweisende Baukörper der unregelmäßigen, dreiflügeligen Anlage wurde dem Lauf der Aisch angepasst und um 1400 im hochgotischen Stil umgebaut, letzte Veränderungen wurden zu Beginn des 18. Jahrhunderts von *Johann Dientzenhofer* vorgenommen. Gleich nebenan liegen die historische Stadtmühle und eine malerische alte Steinbrücke mit einer Statue des Heiligen Nepomuk (um 1720). Bei einem Spaziergang durch das Städtchen lassen sich immer wieder schmucke Fachwerkhäuser entdecken.

Steigerwald
Karte Seite 268

Eine Episode aus dem Zeitalter der Gegenreformation

Nachdem 1588 die protestantische Linie des Hauses mit Graf Johann d. J. ausgestorben war, fiel die Herrschaft über das Schloss und den Ort Schwarzenberg an die katholische Linie des Hauses. Obwohl Johann die Markgrafen von Brandenburg-Ansbach testamentarisch zum Schutzherrn seiner protestantischen Untertanen bestellt hatte, konnten diese nicht verhindern, dass ab 1616 in der Schlosskapelle und ab 1627 in der Pfarrkirche wieder katholische Gottesdienste abgehalten wurden. Motor der konsequenten Rekatholisierung war der Würzburger Bischof Philipp Adolf von Ehrenberg; er betrieb aufgrund des kaiserlichen Restitutionsediktes von 1629 vehement die Rückkehr zum alten Glauben. Zwar lautete eine der – in konfessioneller Hinsicht – wichtigsten Bestimmungen des Westfälischen Friedens, dass das für die künftige Konfessionszugehörigkeit im Heiligen Römischen Reich deutscher Nation maßgebliche „Normaljahr" das Jahr 1624 sei, doch blieb dies in der Grafschaft unbeachtet. Der Glaube der Bevölkerung interessierte wie so oft niemanden ...

• *Information* **Stadt Höchstadt**, Marktplatz 5, 91315 Höchstadt, ✆ 09193/6260, 📠 09193/626153, www.hoechstadt.de.

• *Einwohner* 14.100

• *Fahrradverleih* **Gustav Reinl**, Große Baierngasse 47, ✆ 7380.

• *Eislaufen* Kunsteishalle, 30 x 60 Meter, von Sept. bis März geöffnet. Am Kieferndorfer Weg, ✆ 2895.

• *Heimatmuseum* Im Stadtturm (Schlossberg) mit einer reichhaltigen Sammlung über mittelalterliche Zünfte. Geöffnet am 2. und 4. So im Monat von 14–16 Uhr sowie an den Marktsonntagen von 13–17 Uhr, Kirchgasse 2, ✆ 279.

• *Schwimmen* **Wellenfreibad** mit separatem Schwimmer- und Sprungbecken, Kieferndorfer Weg 77, ✆ 2895. **Ozon-Hallenbad** mit Riesenrutsche in der Kerschensteiner Str., ✆ 7637; Mo–Fr 14.30–21.30 Uhr, Di nur bis 19 Uhr, Sa 13–20 Uhr, So 10–20 Uhr.

• *Essen* **Blauer Löwe**, der Brauereigasthof am Altstadtrand bietet bodenständige Kost, z. B. Blaue Zipfel zu 4,20 €, die halbe Bier kostet 2,20 €. Am Sonntag treffen sich die Einheimischen hier zum Frühschoppen. Straßenterrasse. Sonntagabend und Mo Ruhetag. Schillerplatz 8, ✆ 1330.

Weberskeller, über die Kellerstraße erreicht man den im Norden der Stadt gelegenen Kellerberg. In den über den Felsenkellern errichteten Kellerhäuschen pflegen urige Gaststuben Höchstädter Gemütlichkeit. Der Weberskeller (große Terrasse) bietet einfache Brotzeiten, wer will, kann aber auch Rinderzunge in Kapernsoße ordern. Traditionell hat sich die Wirtsfamilie Linsner aber dem Karpfen verschrieben, der in zahlreichen Variationen zubereitet wird. Do Ruhetag. Kellerberg 22, ✆ 8395.

• *Essen & Übernachten/außerhalb* **Gasthof Scheubel**, ca. zwei Kilometer vor Höchstadt (von der Autobahn Würzburg-Nbg. Ausfahrt Höchstadt-Ost), gepflegte Atmosphäre, gutes Essen, schöne Zimmer. Die Übernachtung mit Frühstück kostet 49,50 € (EZ) oder 35 € (DZ). Gremsdorf, Hauptstr. 1, ✆ 09193/63980, www.scheubel.de.

Scheinfeld

Das Städtchen rühmt sich, das „südliche Tor zum Steigerwald" zu sein. Das Stadtbild wird vom Stammschloss der Fürsten von Schwarzenberg beherrscht. In die Literaturgeschichte ging Scheinfeld durch Goethes „Götz von Berlichingen" ein, denn der erste Akt beginnt in der Herberge zu Schwarzenberg in Franken.

Scheinfeld ist eine der ältesten Ansiedlungen im Steigerwald; bereits im Jahre 795 wurde der Ort als *Villa Scegisfeldon* erwähnt. Später übten die jeweiligen Herren der Burg Schwarzenberg auch die Herrschaft über den Ort aus. Im Mittelalter war die Burg im Besitz der Grafen von Castell, später residierten hier die Grafen von Hohenlohe und die Herren von Vestenberg. Zu Beginn des 15. Jahrhunderts erwarb Ritter Erkinger von Seinsheim die Burg Schwarzenberg und nannte sich fortan nach ihr. Scheinfeld wurde zur Stadt erhoben und erhielt das Recht, Mauern und Türme zu errichten. Das Geschlecht nahm einen steten Aufstieg und wurde 1670 sogar in den Reichsfürstenstand erhoben. In dieser Zeit entwickelte sich Scheinfeld zaghaft zu einer barocken Amtsstadt. Schmuck und ansehnlich wirkt der breite Marktplatz, der nach einer Seite vom „Oberen Turm" eingerahmt wird. Es ist das letzte noch vorhandene Stadttor und neben dem Schloss das Wahrzeichen der Stadt.

• *Information* **Verkehrsamt**, Hauptstr. 1a, 91443 Scheinfeld, ✆ 09162/929131, 📠 09162/929126, www.scheinfeld-online.de.

• *Einwohner* 4800

• *Heimatstuben* Das Heimatmuseum befindet sich im oberen Torturm (erbaut um 1460). Auskunft: ✆ 1461.

• *Schwimmen* Ozon-**Hallenbad**, ✆ 235, Mo, Di 17–21 Uhr, Mi, Do 16–21 Uhr, Sa 13–17 Uhr, So 9–12 Uhr. Beheiztes **Freibad** mit 50-Meter-Becken am Ortsrand in der Badstraße.

• *Essen/Übernachten* **Gasthof Krone**, das Ehepaar Lax hat den traditionsreichen Gasthof zu einem kulinarischen Anlaufpunkt im Steigerwald gemacht. Egal, ob fränkischer Bauernschmaus oder Rinderroulade – aus der Küche kommen nur frisch zubereitete Gerichte. Mi Ruhetag. Freundliche, funktionale Zimmer. Übernachtung mit Frühstück ab 27,50 € im DZ. Hauptstr. 17, ✆ 09162/546, 📠 6741, www.gasthof-krone.de.vu.

• *Camping*: **Camping- und Reisemobilstellplatz am Freibad**, ✆ 09162/7248.

Sehenswertes

Schloss Schwarzenberg: Die 1150 erstmals urkundlich erwähnte Burg lag auf einer Bergzunge, die durch einen Halsgraben gesichert wurde. Nachdem 1607 die Burganlage den Flammen zum Opfer gefallen war, erfolgte nach den Plänen des Augsburgers *Elias Holl* ein weitgehender Neubau, der von dem Nürnberger Baumeister *Jakob Wolff* und seinem gleichnamigen Sohn in den nächsten zehn Jahren ausgeführt wurde. Die beiden haben wahrscheinlich Holls Pläne nach eigenem Gutdünken verändert. Das Ergebnis war eine großartige, von einem kraftvollen Bering umklammerte Renaissanceanlage. Sein markantes Wahrzeichen erhielt Schloss Schwarzenberg 1672–1674 mit dem „Schwarzen Turm". Die Hauptgebäude sind um einen dreieckigen Hof gruppiert, dessen Spitze mit dem Turm abgeschlossen wird. Seit 1965 beherbergt das Schloss ein Internat, das derzeit von rund 500 Schülern besucht wird.

Führungen Mai–Okt. jeden Sonntag um 14 Uhr, sonst nach Vereinbarung mit dem Verkehrsverein. Eintritt: 2 €.

Schloss Schwarzenberg

Umgebung

▸ **Sugenheim**: Die fünf Kilometer südlich von Scheinfeld gelegene Marktgemeinde hat gleich zwei Schlösser zu bieten. Das Neue Schloss mit seinem großen Park im englischen Stil befindet sich in Privatbesitz und kann nicht besichtigt werden. Dafür birgt das völlig restaurierte Alte Schloss, ein ehemaliges Wasserschloss aus dem 14. Jahrhundert mit vier zinnenbekrönten Rundtürmen, heute in mehreren Räumen ein attraktives *Spielzeugmuseum*, das Kinderträume wahr werden lässt. Angefangen von Puppen, Puppenhäusern und Blechspielzeug über Schaukelpferde, Kinderuniformen und Zinnfiguren ist hier einiges versammelt. Die anderen Räume geben einen Einblick in die Wohnkultur vergangener Zeiten.

• *Öffnungszeiten* Ostern bis 4. Advent Sa, So und an Feiertagen 14–17 Uhr, ✆ 09165/650. Eintritt: 2 €. www.spielzeugmuseum-sugenheim.de.

• *Essen/Übernachten* **Landgasthof Ehegrund**, direkt gegenüber dem Schloss speist und schläft man gut. Wir erfreuten uns nach einer Bärlauchsuppe an einem leckeren Rehbraten (9,80 €). Freundliche, helle Räumlichkeiten. Straßenterrasse. Mo Ruhetag. Gästezimmer mit viel Holzmöbeln. Übernachtung mit Frühstück ab 24 € pro Pers. im DZ. Hauptstr. 30, ✆ 09165/360, 📠 460, www.landgasthof-ehegrund.de.

▸ **Ullstadt**: An der Stelle einer Wasserburg errichtete der Bamberger Hofbaumeister *Johann Dientzenhofer* von 1718–1725 ein stattliches Barockschloss mit einem weitläufigen Park. Die von Flügelbauten flankierte Anlage befindet sich im Besitz der *Freiherren von und zu Franckenstein*. Eine Besichtigung ist leider nicht möglich.

Schlüsselfeld

Schlüsselfeld mit seinem schmucken Marktplatz liegt mitten im Steigerwald, im Schatten der Autobahn. In nicht einmal einer Stunde erreicht man Bamberg, Würzburg oder Nürnberg.

Schlüsselfeld ist eine Gründung des mächtigen Adelsgeschlechts der Schlüsselberger. *Konrad III.* hinterließ 1347 bei seinem Tod die stattliche Zahl von vierzehn Burgen. Vom Hochstift Würzburg gefördert, wurde Schlüsselfeld 1396 zur Stadt erhoben. Seine teilweise noch erhaltene Befestigung verdankt Schlüsselfeld dem Würzburger Bischof *Rudolf von Scherenberg* (um 1480). Am westlichen Ende des lang gestreckten breiten Straßenmarktes erhebt sich der reizvolle Obere Torturm mit seinem barocken Mansardendach und seiner vorgreifenden Barbakane, die im Zuge der fürstbischöflichen Baumaßnahmen errichtet wurde.

• *Information* **Stadtverwaltung**, Marktplatz 5, 96132 Schlüsselfeld, ✆ 09552/92220, 📠 09552/9222300, www.schluesselfeld.de.

• *Einwohner* 5850

• *Stadtmuseum* Das Stadtmuseum im Alten Rathaus bietet eine Einführung in die Geologie und Natur des Steigerwaldes. April–Nov. jeden So 10–16 Uhr, Marktplatz 25, ✆ 92220.

• *Essen/Übernachten* *** **Gasthof Zum Storch**, der alteingesessene Gasthof in der Stadtmitte versteht sich auf die Zubereitung delikater Suppen. Storchenpfannenmedaillons vom Schweinefilet mit Pfeffersoße für 15,90 €. Hauptgerichte zwischen 7 und 13 €. Nette Straßenterrasse. Im gut bestückten Weinkeller wird vorwiegend Frankenwein gelagert. Extras: Fahrradverleih und Kinderspielecke. Die Übernachtung in einem der 61 schön eingerichteten Zimmer kostet ab 52 € (EZ) bzw. 75 € (DZ) jeweils mit Frühstücksbuffet. Marktplatz 20, ✆ 09552/9240, 📠 924100, www.hotel-storch.de.

Schwarzer Adler, renovierter Gasthof in einem dunkelrot gestrichenen Haus. Fränkische Küche, viele Bratengerichte, moderates Preisniveau. Straßenterrasse. Mo und Mi Ruhetag. Marktplatz 6, ✆ 359.

• *Camping*: **Zur alten Schleifmühle**, Hunde erlaubt. Geöffnet vom 15.4.–31.10. Wiesentheider Straße 21 Geiselwind, ✆ 09566/214, 📠 1225, berndschmidt@t-online.de, www.zur-alten-schleifmuehle.de.

Umgebung

▸ **Breitenlohe**: Der Wall und der trockene Graben erinnern daran, dass die mächtige, quadratische Anlage mit ihren vier runden Ecktürmen früher eine Wasserburg war. Der wehrhafte mittelalterliche Charakter des Vorgängerbaus wurde um 1570 reizvoll mit der Wohnlichkeit der Renaissance verbunden.

Besichtigung Die Burg kann nur im Rahmen einer Gruppenführung besichtigt werden. Voranmeldung erforderlich, ✆ 09522/256.

▸ **Freizeitland Geiselwind**: Der beliebteste Freizeitpark Frankens bietet auf 40 Hektar eine Vielzahl von Attraktionen. Das ganze Angebot kann hier nur stichpunktartig aufgelistet werden: 500 Vogelarten aus ganz Europa, 100 zahme, sprechende Papageien, Affenreservat, Safariland, Streichelzoo, Abenteuerspielplätze, Drachen- und Western-Express und andere Fahrattraktionen, Schwanbootfahrten, Kamel- und

Pony-Reiten, Acapulco-Springer und Ponderosa-Ranch sowie zahlreiche gastronomische Betriebe.

• *Anfahrt* Geiselwind hat eine eigene Ausfahrt an der Autobahn Nürnberg-Würzburg.

• *Öffnungszeiten* Von Frühjahr bis Wintereinbruch tgl. 9–18 Uhr geöffnet, in der Nebensaison 9–17 Uhr. Volles Showprogramm zwischen 1. Mai und Ende Sept. Eintritt: ab 140 cm Körpergröße 22,50 €, ab 110 cm 19,50 €, darunter frei. ✆ 09556/224 und 357, www.freizeit-land.de.

Geruhsames Sonntagstreiben am Marktplatz von Schlüsselfeld

Wandern

Schlüsselfeld – Burgebrach – Ebrach und zurück: Diese herrliche 3-Tages-Wanderung führt abseits der Zivilisation in unberührter Natur durch die weitläufigen Wälder des Steigerwaldes. Die Gesamtentfernung beträgt rund 50 Kilometer und lässt sich bequem in drei, etwa gleich lange Etappen einteilen. Verpflegung mitnehmen, denn bei dieser Wanderung kommt man oft stundenlang nicht einmal an einem Gehöft vorbei. Von Schlüsselfeld nach Burgebrach folgt man dem gut ausgeschilderten *Kunigundenweg* (stilisierte blaue Dom-Silhouette auf weißem Grund). Weiter geht es auf der Hohen Straße (blauer Löffel) bis kurz vor Neudorf und dann nach Ebrach (grüner Löffel). Die letzte Etappe zurück nach Schlüsselfeld ist mit einem grünen Querstrich mit Punkt markiert.

Pommersfelden

Das Pommersfeldener Schloss Weißenstein ist eine der glanzvollsten Barockanlagen Frankens. Vor allem das Treppenhaus und der Gartensaal stellten die zeitgenössischen Vorbilder in den Schatten und blieben maßgebend für die deutsche Barockarchitektur.

Seit dem Spätmittelalter beherrschten die Truchsesse von Nainsdorf und Pommersfelden den kleinen Ort; die Reste ihrer Wasserburg sind heute noch im Dorfweiher zu erkennen. Der letzte des Geschlechtes, Friedrich Ernst, setzte seinen Vetter, den Fürstbischof *Lothar Franz von Schönborn*, zum Erben seiner Güter, aber auch seiner Schulden ein. Dies war verwunderlich, denn die protestantischen Pommersfeldener wurden dadurch einem katholischen Oberhaupt unterstellt.

Fürstbischof Lothar Franz hatte große Pläne mit seiner Erbschaft. Zuerst beabsichtigte er, die alte Wasserburg zum Schloss auszubauen, doch dann entschied er sich für einen völligen Neubau südöstlich des Dorfes. Mittel waren reichlich vorhanden, denn *Kaiser Karl VI.* hatte Lothar Franz von Schönborn 100.000 Gulden „geschenkt" als Dank dafür, dass sich der Fürstbischof erfolgreich für seine Wahl im Kurfürstenkollegium engagiert hatte. Das wiederum bewog Lothar Franz dazu, den Grundstein für Schloss Weißenstein just am 1. Oktober 1711, dem Krönungstag, legen zu lassen.

Alljährlich im Sommer regiert in den ehrwürdigen Mauern die Musik: Aus allen Teilen der Welt werden dann begabte Musiker im Rahmen der Sommerakademie eingeladen, vier Wochen lang im Schloss zu verweilen. Unter der Schirmherrschaft des *Grafen von Schönborn-Wiesentheid* werden in dieser Zeit im Marmorsaal öffentliche Konzerte und Kammermusikabende gegeben.

• *Information* **Gemeindeverwaltung**, Hauptstr. 11, 96178 Pommersfelden, ☏ 09548/92200, 📠 09548/8077, www.pommersfelden.de.

• *Einwohner* 700

• *Verbindungen* Busverbindungen nach Bamberg und Höchstadt/Aisch.

• *Essen/Übernachten* **Schlosshotel Pommersfelden**, das in einem Nebentrakt untergebrachte Hotel verfügt über diverse Extras: Sauna, Solarium, kleines Hallenbad, Kegelbahn, Leihfahrräder. EZ ab 60 €, DZ ab 82 €. ☏ 09548/680, 📠 68100, www.schlosshotel-pommersfelden.de.

Grüner Baum, sympathischer, alteingesessener Gasthof im Dorfzentrum. Erwähnenswert ist, dass die Küche auch auf Produkte aus biologischem Anbau zurückgreift. Lecker sind die Bio-Lammbratwürste oder das Biorindfleisch mit Meerrettich für 11 €. Im Sommer sitzt man auf der Terrasse. WLAN. Übernachtung mit Frühstück je nach Ausstattung ab 49 € im EZ oder ab 34,50 € im DZ. Hauptstr. 18, ☏ 09548/92270, 📠 922750, www.hotel-gruener-baum.de.

Allee-Café Burkard, das östlich des Schlosses gelegene Café ist ein Lesertipp von J. Brink, der die kleine Terrasse mit Sonnensegel sowie die Backwaren und Kuchen lobte. Pfarrer-Schonath-Straße 7. www.baeckerei-burkard.de.

Sehenswertes

Schloss Weißenstein: Lothar Franz von Schönborn war als Kurfürst und Erzbischof von Mainz (und somit Erzkanzler des Heiligen Römischen Reiches Deutscher Nation) sowie als Fürstbischof von Bamberg einer der mächtigsten deutschen Fürsten seiner Epoche. So nimmt es im Zeitalter des Absolutismus nicht wunder, dass Lothar Franz versuchte, seine reichspolitische Stellung mit einem entsprechenden Schlossbau nach außen hin sichtbar zu machen. Mit dem Bamberger Hofbaudirektor *Johann Dientzenhofer* hatte er den geeigneten Architekten für sein repräsentatives Privatschloss gefunden. Ihm zur Seite standen der aus Wien stammende *Johann Lucas von Hildebrandt* und der Mainzer *Maximilian von Welsch*. In der Rekordzeit von nur etwas mehr als fünf Jahren war der Bau von Schloss Weißenstein 1716 weitgehend abgeschlossen. Das dreiflügelige Schloss – noch heute im Besitz der Familie Schönborn – umschließt einen großzügigen Ehrenhof, der nach Süden geöffnet ist. Turmartige

Barockes Prunkschloss

Pavillons und ein wuchtiger Empfangsbau betonen den monumentalen Charakter. Dem Mittelbau steht der halbrunde, eineinhalbgeschossige *Marstall* gegenüber, der gelungen zur Gesamtwirkung beiträgt. Hinter dem Marstall erstrecken sich die Wirtschaftsgebäude, nördlich des Schlossbaus schließen sich ausgedehnte Gartenanlagen – seit 1786 im englischen Stil – an.

Aus der reichen Innenausstattung stechen das Treppenhaus, der Marmorsaal sowie der Gartensaal hervor. Der Bauherr selbst rühmte sich, die „Invention" zum sicherlich schönsten barocken Treppenhaus Deutschlands gegeben zu haben. Die zweiläufige Treppe führt über zwei Umkehrpodeste zur Galerie im ersten Obergeschoss, das zusammen mit der Galerie des darüberliegenden Stockwerks das Treppenhaus hofähnlich umschließt. Zur lebendigen Raumwirkung tragen die Stuckarbeiten von *Daniel Schenk* und das Deckengemälde von *Johann Rudolf Byss* erheblich bei. Der 1717 vollendete *Festsaal* („Marmorsaal") schließt sich an den Empfangsraum an. Pilaster und Säulen in rotem Stuckmarmor mit Bronzekapitellen treten vor seinen Wänden hervor; das Gewölbe zieren wieder Stuckarbeiten von Schenk und ein allegorisches Deckenfresko von *Franz Michael Rottmayr*. Unter dem Marmorsaal liegt der ovale, grottenartige Gartensaal, der sich zum Garten hin öffnet und somit zwischen der Außenanlage und den Schlossräumen vermitteln sollte. Ein *Spiegelsaal* durfte selbstverständlich auch nicht fehlen; die Einlegearbeiten im Schloss Weißenstein gehören zu den Meisterleistungen deutscher Marketeriekunst.

Da man den Spiegelsaal, die Kurfürstenzimmer und die Galerie mit Werken u. a. von Dürer, Breughel, Rubens, Caravaggio nur im Rahmen einer großen Führung zu sehen bekommt, sollte man unbedingt eine Karte hierfür lösen. Nach der Schlossbesichtigung steht ein Spaziergang durch den Park und/oder ein Besuch des Schlossrestaurants auf dem Programm. Im Jahre 1996 ist das Schloss in eine gemeinnützige Stiftung eingebracht worden, um den Erhalt des Schlosses auch für die nachfolgenden Generationen zu sichern. Seither wurden umfangreiche Renovierungsmaßnahmen in Angriff genommen.

Öffnungszeiten April–Okt. tgl. Führungen (60 Min.) von 10 bis 16 Uhr stündlich. Kosten: 6 €, erm. 4 €. Eintritt in den Park: 1 €. ✆ 98180, www.schoenborn.de. Hinweis: Die Führungen finden erst ab 5 Pers. statt, wie uns eine Leserin schrieb, die eine Stunde gewartet hatte und dann rüde abgewiesen wurde, weil es zu wenig Teilnehmer gab.

Steigerwald
Karte Seite 268

Ebrach

Ebrach, die „Perle des Steigerwaldes", mit seinem 1127 als erste fränkische Niederlassung des Zisterzienserordens gegründeten Kloster ertrinkt fast im barocken Goldglanz. Nur der stete Besucherstrom beeinträchtigt die Ruhe in der Seelenoase.

Das enge, geschützte Tal erschien den Zisterziensern gerade recht, um in der Abgeschiedenheit des Waldes ein Kloster zu gründen, dessen mächtige Abteikirche heute trotz barocker Veränderungen zu den bedeutendsten frühgotischen Bauwerken Deutschlands zählt. Die prunkvolle Klosteranlage mit ihren um ausladende Höfe gruppierten Abteigebäuden folgt den barocken Stilvorstellungen und ist ein Werk der drei großen fränkischen Baumeister *Johann Leonhard Dientzenhofer*, *Josef Greising* und wahrscheinlich auch von *Balthasar Neumann*. Alljährlich findet im Kloster der bekannte „Ebracher Musiksommer" statt. Der Abteigarten bzw. der Kaisersaal und die Klosterkirche bieten eine stimmungsvolle Kulisse für die Konzertreihe.

Das 1127 von dem Adeligen Berno gestiftete Kloster war die erste rechtsrheinische Gründung des Zisterzienserordens; es wurde mit Mönchen der Abtei Morimond (Burgund) beschickt. Die Gunst der Staufer und anderer weltlicher Fürsten mehrten alsbald den Besitz Ebrachs und führten zu einer ersten Blüte. Sechs Männer- und drei Frauenklöster wurden von hier aus gegründet, mit deren Tochterklöstern umfasste die Filiation Ebrach insgesamt 23 Abteien. Trotz intensiver Bemühungen gelang es den Ebracher Äbten nie, sich aus dem Machtbereich des Würzburger Hochstifts zu lösen und eine reichsunmittelbare Stellung zu erreichen. Demonstrativ ließen die Würzburger Bischöfe bis zum 16. Jahrhundert ihre Herzen in der Kirche der freiheitslüsternen Abtei beisetzen. Nach diversen Kriegsereignissen blühte im Zeitalter des Barock dann das Klosterleben wieder auf, bevor das Kloster Ebrach 1803 im Rahmen der Säkularisation aufgelöst wurde. Seit 1851 wird Ebrach als Haftanstalt genutzt, einst als Zuchthaus, heute als Jugendvollzugsanstalt. Wahrscheinlich erhoffte man sich, dass die sakralen Bauten „bessere" Menschen formen: Gesetzesfurcht statt Gottesfurcht, Gefängniszelle statt Mönchszelle.

- *Information* **Verkehrsamt**, Rathausplatz 4, 96157 Ebrach, ✆ 09553/92200, ℻ 09553/922020, www.ebrach.de.
- *Einwohner* 2000
- *Schwimmen* **Naturbad** am westlichen Stadtrand. www.acquasana.de.
- *Essen/Übernachten* *** **Historikhotel Klosterbräu Landidyll**, das Hotel mit angegliedertem Restaurant wird vor allem gehobenen Ansprüchen gerecht, ohne dabei überteuert zu sein. Lecker ist Steigerwälder Spießbraten für 8,60 €. Zentrale Lage, direkt neben dem Kloster; mit Gartenterrasse. Sauna, Dampfbad, Solarium, Whirlpool und Fitnessraum vorhanden. EZ ab 50 €, DZ ab 90 €. Marktplatz 4, ✆ 09553/180, ℻ 1888, www.landidyll.de/klosterbraeu.

Zum alten Bahnhof, der Gasthof wartet mit delikater fränkischer Küche und freundlichem Service auf. Im Sommer sitzt man auf der beschaulichen Terrasse standesgemäß neben einem ausrangierten Speisewagen. Die Preise sind nahezu unschlagbar günstig: Wo bekommt man noch fränkische Bauernwürste mit Sauerkraut und Brot für 3,80 €? EZ ab 28 €, DZ ab 42 € (inkl. Frühstück), Halbpension 8 € zusätzlich. Bahnhofstr. 4, ✆ 09553/1241, ℻ 1468, www.gaststaette-zum-alten-bahnhof.de.

Ferienhäuser Familie Ulrich, im Ortsteil Großgressingen. Ein ruhig gelegenes Ferienhaus für 4 Pers. mit TV, Telefon und Liegewiese. 2 Pers. 26 €, 4 Pers. 38 €. Haustiere erlaubt. Kleingressinger Str. 21, ✆ 09553/445, ℻ 09553/989304, www.ferienwohnungenulrich.de.

Sehenswertes

Ehem. Klosterkirche: Eine erste hölzerne Klosterkirche wurde schon 1200 durch den 85 Jahre später geweihten heutigen Kirchenbau ersetzt. Die kreuzförmige Pfeilerbasilika mit ihrem 85 Meter langen Langhaus ist ein geradezu klassisches Beispiel für die Zisterzienserarchitektur. Leider wird die architektonische Ausstrahlung der Klosterkirche durch die im 18. Jahrhundert höher gelegte Durchgangsstraße spürbar geschmälert. Die Westfassade ziert eine reich gegliederte Fensterrose (eine 1866 angefertigte Kopie, das Original befindet sich im Bayerischen Nationalmuseum in München). Der schlichte, fast asketisch anmutende Kirchenbau entsprach im 18. Jahrhundert allerdings nicht mehr dem zeitgenössischen Geschmack. Der Würzburger Hofstuckateur *Materno Bossi* gestaltete das Innere nach eigenem Gutdünken im frühklassizistischen Stil; dies verleiht der mittelalterlichen Anlage ein feierliches, mit den alten Stilformen gut harmonierendes Gepräge. Nur der älteste Bauteil der Abtei, die *Michaelskapelle* (1200–1207), die, an der Stirnfront des Nordquerarmes angelehnt, einen eigenen Kirchenbau bildet, blieb unverändert. Ein Musterbeispiel der sakralen Stuckkunst ist die südliche Querhauswand: Hinterlegte Pilaster rahmen die reich verzierte Sakristeitür ein und stützen einen Balkon, auf dem Maria und die Apostel vor einer illusionistisch angedeuteten Halle versammelt sind, um das Pfingstwunder zu erleben. Prachtvoll ist das schmiedeeiserne Gitter; es stammt von *Johann Georg Oegg*, dem wohl bedeutendsten deutschen Kunstschlosser der Barockzeit; es riegelte ursprünglich die allein den Mönchen zugänglichen Teile der Klosterkirche von den übrigen Bereichen ab.

Öffnungszeiten 15. April bis 31. Okt. tgl. von 10–12 Uhr und 14–18 Uhr.

Ehem. Zisterzienserabtei: Südwestlich der Kirche schließen der große Komplex des fünf Höfe umfassenden Klosters sowie der Abteigarten an. Nachdem das Kloster im Bauernkrieg (1525) niedergebrannt worden war, begann Johann Leonhard Dientzenhofer 1687 mit dem Bau der weitläufigen, heute noch erhaltenen Gebäude. Die Baupläne wurden 1715 abgeändert und von *Joseph Greising* weitergeführt; neu war unter anderem die Gestaltung des westlichen Ehrenhofes, der zum Abteigarten geöffnet ist. Im Inneren beeindrucken das großartige, dem Pommersfeldener Vorbild nachempfundene Treppenhaus des Empfangsgebäudes und der Kaisersaal im Mittelpavillon des Ehrenhofes.

Öffnungszeiten 1. April bis 31. Okt. tgl. Führungen um 10.30 Uhr und 14.30 Uhr. Auskunft: ✆ 17150. Eintritt: 1,50 €. Der ehemalige Abteigarten ist von Frühjahr bis Herbst von 8 Uhr bis Einbruch der Dunkelheit geöffnet. Eintritt: frei!

Die heilige Kunst der Zisterzienser

Adam, der erste Abt von Ebrach, war ein enger Vertrauter des Heiligen Bernhard von Clairvaux, der Leitfigur des Zisterzienserordens. Dieser hatte in den wenigen Jahren seit seinem Eintritt in den Zisterzienserorden (1112) eine gewaltige Erneuerung des abendländischen Klosterwesens in die Wege geleitet, die auch eine Erneuerung der klösterlichen Baukunst nach sich ziehen sollte. Schon die Organisation der Klöster zielte auf Wachstum ab. Nie mehr als zwölf Brüder und ein Abt mit etwa der gleichen Anzahl Laienbrüder sollten in einem Kloster leben. Wurde diese Zahl überschritten, sandte man die Überzähligen aus, sich einen neuen Ort zu suchen. Durch diese Selbstbeschränkung auf die Anzahl der Apostel entstanden zahllose Tochtergründungen, die den jeweiligen Mutterklöstern unterstellt waren; die stammbaumartige Verästelung führte schließlich zurück zum Urkloster von Cîteaux, dem der Orden auch seinen Namen verdankt. Bis ins 13. Jahrhundert hinein verbreiteten die Ordensbrüder den Typus des Zisterzienserklosters in der gesamten westlichen, christlichen Welt. Das „Alleinsein mit sich selbst", die Einsamkeit der Meditation spiegelt sich in der Weltabgeschiedenheit der Klöster, die Rückkehr zu Armut und Schlichtheit in der asketischen Einfachheit der Bauten, die körperliche Arbeit, Teilnahme am Werk Gottes, im Funktionalismus der Anlagen wider. Klöster wie Ebrach wurden geschaffen von „Mönchen, deren Stimmen im Chorgesang miteinander verschmolzen und die ohne Grabinschrift in der bloßen Erde bestattet wurden – am Ort ihres Schaffens, mitten unter den Steinen der Baustelle" (Georges Duby).

Umgebung

▸ **Burgwindheim**: Der beliebte Wallfahrtsort an der alten Poststraße derer von Thurn und Taxis gehörte von 1278 bis zur Säkularisation zum Kloster Ebrach. Von der barocken Machtfülle der Ebracher Äbte zeugt das Amtsschloss des Klosters, ein

Musterexemplar barocker Profanarchitektur in Franken. Die Wallfahrtskapelle zum Heiligen Blut entstand kurz vor der Wende zum 17. Jahrhundert.

- **Großbirkach**: Die Pfarrkirche von Großbirkach ist ein kunsthistorisches Kleinod. Der Bau geht auf eine karolingische Gründung zurück. Viele Epochen haben ihre Spuren hinterlassen: Der Chorturm und das Langhaus sind romanisch, Letzteres wirkt durch eine barocke Holzdecke und Empore allerdings sehr gedrängt, den Chor ziert ein gotisches Kreuzrippengewölbe. Die Nordwand des Altarraums ist mit einer sehr alten romanischen Reliefplastik von Johannes dem Täufer geschmückt, die wahrscheinlich aus dem 11. Jahrhundert stammt, vielleicht aber noch älter ist. An der Turmaußenwand prangen in luftiger Höhe rätselhafte vorchristliche Figuren (heidnische Dämonen?), während das Portal an der Südseite von einem unregelmäßigen, „normannischen“ Zackenfries umrahmt ist.

  Führungen Gruppenführungen sind nach telefonischer Vereinbarung mit dem Pfarramt möglich, ✆ 09166/483.

- **Kaisereiche**: In dem kleinen, südlich von Großbirkach gelegenen Weiler Füttersee wird man im wahrsten Sinne des Wortes mit den historischen Wurzeln des Steigerwaldes konfrontiert. Am Ortsrand ragt nämlich auf einer Anhöhe eine mächtige, uralte Eiche 31 Meter hoch in den Himmel, die bereits zur Kaiserkrönung Karls des Großen gepflanzt worden sein soll. Wenn man den Stamm (Umfang 8,5 Meter) betrachtet, könnte man sogar glauben, die „Kaisereiche“ sei noch ein paar Jahre älter.

Wandern

Rund um den Schmerber Berg: Diese etwa einstündige Rundwanderung führt durch einen Teil des Koppenwinder Forstes. Sie ist mit einem Wildschwein-Symbol markiert; ein günstiger Ausgangspunkt ist der Wanderparkplatz im Osten von Ebrach, nahe der B 22.

Rundweg nach Großbirkach: Der gut elf Kilometer lange Wanderweg ist mit einem Reh markiert und führt von Ebrach über Großgressingen und Winkelhof (ehemaliger Fischhof des Klosters Ebrach) nach Großbirkach. Zurück geht es entlang der gleichen Markierung über Hof, St. Rochus und Großgressingen.

Prichsenstadt

An der Westflanke des Steigerwaldes liegt Prichsenstadt, ein altfränkisches Musterstädtchen wie es im Buche steht. Mauerbewehrt und von Weihern geschützt, bietet sich dem Reisenden in den verwinkelten Gassen ein wahrhaft pittoreskes Bild.

Als ausgesprochen positiv bleibt zu vermerken, dass Prichsenstadt trotz seines wunderschönen mittelalterlichen Stadtbildes noch immer ein Geheimtipp ist, der abseits der Haupttouristikrouten liegt. Von Hektik hält man hier nicht viel. Vielleicht liegt es daran, dass Prichsenstadt aus einem Schafhof im Wald entstanden ist. *Kaiser Karl IV.* erwarb in der Absicht, einen Landkorridor zwischen seinen luxemburgischen und böhmischen Gütern zu schaffen, das Dorf 1366 für die böhmische Krone und erhob es im nächsten Jahr zur Stadt. Von kurzen Unterbrechungen abgesehen, gehörte Prichsenstadt von 1403 an für exakt 400 Jahre zum Territorium der Nürnberger Burggrafen und späteren Markgrafen von Brandenburg-Ansbach. Mit Ausnahme von zwei kriegsbedingten Verwüstungen – einmal durch den Würzburger Bischof und das andere Mal durch kaiserliche Truppen im Dreißigjährigen Krieg – lebten die Prichsenstädter in Frieden und gewissem Wohlstand. Zolleinnahmen brachten Reichtum in die kleine Stadt. Um 1700, als der Weinbau in der Umgebung seine erste Blütezeit erlebte, umschloss der Mauerring genau 124 Bürgerhäuser. Das doppeltürmige Tor der westlichen Vorstadt und die durch den Inneren Torturm zweigeteilte Hauptstraße mit zahlreichen sehenswerten Barock- und Fachwerkhäusern rufen leicht romantische Gefühle hervor. Dies wurde auch offiziell gewürdigt: Bereits zweimal, 1967 und 1986, wurde die Kleinstadt im Wettbewerb „Unser Ort soll schöner werden" mit einer Goldmedaille ausgezeichnet. In einem schmucken Anwesen mitten im Ort wohnt übrigens die Familie von *Michael Glos*, der vom gelernten Müller bis zum Bundeswirtschaftsminister aufstieg und seiner Heimatgemeinde noch immer sehr verbunden ist.

- *Information* **Fremdenverkehrsverein**, Karlsplatz 5, 97357 Prichsenstadt, ✆ 09383/975012, 📠 09383/975040, www.prichsenstadt.de.
- *Einwohner* 800
- *Veranstaltungen* Straßenweinfest (zweites Wochenende im Juni), Kirchweih (zweites Wochenende im Aug.).
- *Angeln* Im **Kuhsee**, der Angelmöglichkeit des Fremdenverkehrs- und Heimatvereins, Auskunft: ✆ 6548.
- *Privatmuseum* Ausgestellt sind Mineralien, Fossilien, Edelsteinschmuck, landwirtschaftliche Geräte sowie Funde aus der Vor- u. Frühgeschichte. Schulinstr. 28. Tgl. 9–19 Uhr. Eintritt: frei!
- *Reiten* **Reiterhof Hallhuber**, Hindenburgstr. 8, ✆ 6528.
- *Schwimmen* Beheiztes **Schwimmbad** in Abtswind.
- *Essen/Übernachten* **Alte Schmiede**, das Restaurant befindet sich in der ehemaligen Dorfschmiede, einem der ältesten und schönsten Fachwerkhäuser der Stadt. Herrlich sitzt man im Sommer auf Holzbänken vor dem Haus neben einem alten Brunnen mit Blick auf einen Torturm. Im Inneren steht noch die erhaltene Esse. Hauptgerichte ab 8 €, große Salatkarte. Die freundlichen, hellen Zimmer kosten 42 € (EZ), DZ 62 € (inkl. Frühstück). Karlsplatz 7, ✆ 09383/97220, 📠 972249, www.landhotel-alte-schmiede.de.

Mit dem Nachtwächter durch Prichsenstadt

Gasthaus zum Storch, die 1658 erstmals erwähnte Schankstätte mit eigenem Weingut liegt in der westlichen Vorstadt. Die mit dunklem Holz getäfelten Gasträume vermitteln eine gemütliche Atmosphäre, großer schöner Innenhof. Fränkische wie auch mediterrane Küche. Lecker ist das fränkische Hochzeitsessen mit einer Ochsenbrust und Kren für 10,50 €. Ausgeschenkt werden Weine aus eigenem Anbau (0,25 l für 1,90 €). Di Ruhetag, im Winter auch Mo. Im „Fürstenzimmer" logierte einst der bayerische Prinzregent Luitpold. Schöne Gästezimmer, teilweise mit Balkon. WLAN. DZ ab 60 €, am Wochenende 5 € teurer (inkl. Frühstücksbuffet). Luitpoldstr. 7, ✆ 09383/6587, 📠 6717, www.gasthof-storch.de.

Grüner Baum, einfacher, solider Gasthof mit netten Zimmern. Günstig ist das Winzerrippchen mit Salatteller für 7,60 €. DZ 52 € (inkl. Frühstück). Schulinstr. 14, ✆ 09383/1572, 📠 2672, www.gasthaus-gruener-baum.com.

Wörner's Schlosshotel, traumhaftes Schlosshotel mit eigenem Weingut und Sauna, drei Kilometer nördlich in Neuses. Die Zimmer mit den Namen Zofenkammer oder Turmgemach strahlen viel Flair aus. EZ ab 50 €, DZ ab 80 € (inkl. Frühstück). ✆ 09383/7179, 📠 2513, www.woerners-schloss.de.

Umgebung

▶ **Wiesentheid**: Wegen seiner zahlreichen barocken Bauten wird Wiesentheid des Öfteren als „Barockresidenz am Steigerwald" gerühmt, denn zu Beginn des 18. Jahrhunderts wählte Graf Rudolf Franz Erwein von Schönborn Wiesentheid zu seiner Residenz. Dies entfachte eine rege Bautätigkeit und verwandelte das gesamte Erscheinungsbild des Ortes. Kein Geringerer als Balthasar Neumann war an den Planungen für die katholische Pfarrkirche *St. Mauritius* beteiligt. Die beeindruckende Raumwirkung der Kirche beruht nicht zuletzt auf der Scheinarchitektur der Wand- und Deckenmalereien, die *Giovanni Francesco Marchini* 1728 ausgeführt hat. Besonders eindrucksvoll ist die Scheinkuppel auf der flachen Decke. Gleich nebenan steht das heute noch von den Grafen von Schönborn bewohnte Schloss, ein barock veränderter Renaissancebau. Es ist allerdings nicht zu besichtigen, nur der Schlosspark im englischen Stil ist öffentlich zugänglich.

• *Essen/Übernachten* **Landgasthof zu Brücke**, sehr einladender Gasthof mit kulinarisch anspruchsvoller Küche. Geschmorte Kalbsbäckchen mit sautierten Pfifferlingen und Selleriepüree für 15 €. Menü zu 22 €. Wirtsgarten, Mi Ruhetag. Es werden auch zehn sehr geschmackvoll eingerichtete Zimmer vermietet. EZ ab 49 €, DZ 68–74 € (inkl. Frühstücksbuffet). Marienplatz 12, ✆ 09383/99949, 📠 99959, www.landgasthof-zur-bruecke.de.

▶ **Castell**: Das Winzerdorf Castell ist der Stammsitz der 1901 gefürsteten *Grafen zu Castell*. Sie gehören einem der ältesten, noch „blühenden" deutschen Adelsgeschlechter an und sind seit jeher in Castell ansässig. Hier findet sich all das, was ein Graf einst benötigte: ein barockes dreiflügeliges Schloss mit Park und eine Schlosskirche, die den Ort weit überragt. Letztere ist im klassizistischen Stil gestaltet und besitzt einen mächtigen Kanzelaltar. Auf dem Schlossberg steht die Ruine der 1746 abgebrochenen Stammburg; der Graben und der Treppenturm sind noch erhalten.

• *Übernachten/Essen* **Zum Schwan**, ausgezeichneter fränkischer Gasthof mit gastronomischem Anspruch. Familie Lösch verwöhnt ihre Gäste seit Jahren mit Leckereien wie Kalbskopf-Carpaccio mit gebratenen Steinpilzen oder einem Lammschäufele, zudem gibt es hausgemachte Wildschwein- und Lammbratwürste. Di und Mittwochnachmittag geschlossen. Es werden auch neun moderne Gästezimmer vermietet. EZ 45 €, DZ 65 € (jeweils inkl. Frühstück). Birklinger Str. 2, ✆ 09325/90133, 📠 09325/90134, www.schwan-castell.de.

Weinstall, im ehemaligen Rossstall der Grafen von Castell wird heute der Saft heimischer Reben kredenzt, dazu gibt es anspruchsvolle Gerichte, so ein Casteller Wildteller mit Ragout, Bratkartoffeln und Holunderrotkraut für 18,50 €. Die Gasträumlichkeiten befinden sich im ehemaligen Stall. Mit weinüberrankter Terrasse vor dem Haus. Mo und Di Ruhetag. Castell, Schlossplatz 3, ✆ 09325/902561, www.weinstall-castell.de.

▶ **Rüdenhausen**: Seit 1546 hat sich eine Seitenlinie derer von Castell in Rüdenhausen niedergelassen. Gleich zwei Schlösser sind erhalten. Das Alte Schloss ist eine malerische ehemalige Wasserburg, die durch häufige Umbauten und Erweiterungen Stilelemente aus Gotik, Renaissance und Barock vereint. Westlich der alten Wasserburg steht der zweite, klassizistische Schlossbau.

Kloster Ebrach: Ehemalige Zisterzienserabtei

FUNDANT ET ORNANT

Wandern

Von Wiesentheid nach Schlüsselfeld: Vom Wanderparkplatz im Osten von Wiesentheid, bei der Bundesstraße 286, startet dieser mit einem blauen Löffel markierte Fernwanderweg. Um die 27 Kilometer zwischen den beiden Orten zu bewältigen, muss man einen ganzen Tag einplanen. Der Weg führt fast ausschließlich durch die Natur, d. h. es gibt unterwegs kaum Einkehrmöglichkeiten. Vergessen Sie also keinesfalls, Verpflegung und Getränke mitzunehmen.

Der Weinlehrpfad bei Abtswind: 1971 wurde im Südosten von Abtswind der erste bayerische Weinlehrpfad eingerichtet. Zu Beginn wird man durch Info-Tafeln mit den Geheimnissen des Weinbaus vertraut gemacht, und es werden alte sowie moderne Anbaumethoden vorgestellt. Danach – es ist ja ein Lehrpfad – folgen mehrere Tafeln mit Fragen, die Sie am Ende des Weges beantworten können (sollten!).

Auskünfte und Betreuung Fremdenverkehrsverein Abtswind, Weinstr. 8, ✆ 09383/2692.

Gerolzhofen

Gerolzhofen ist mit seinen 7000 Einwohnern das wirtschaftliche Zentrum der nördlichen Steigerwaldregion. Bei einem Streifzug durch die historische Altstadt lassen sich zahlreiche ältere Bauwerke entdecken. Für Wasserfreunde hält das Badeparadies „Geomaris" diverse Annehmlichkeiten bereit.

Der Legende zufolge soll der Markgraf Gerold, der im Auftrag Karls des Großen ins Land gekommen war, hier die Errichtung der ersten Hofgebäude veranlasst haben. Irgendwann in den nächsten Jahrhunderten fiel „Gerolteshove in Folcfelden" an das Bistum Würzburg, wurde befestigt und zur Stadt ausgebaut. Der Versuch, sich zusammen mit anderen fränkischen Städten aus der bischöflichen Abhängigkeit zu lösen und zur Freien Reichsstadt aufzusteigen, wurde im Jahre 1400 in der Schlacht von Bergtheim niedergeschlagen. Im Bauernkrieg nahmen Gerolzhofener Bürger Rache und plünderten bischöfliche Besitzungen in der Stadt. Doch anstatt nun auch noch die linke Backe hinzuhalten, wie man es von einem guten Christen erwarten könnte, schlug der Bischof zurück und ließ drei der Rädelsführer hinrichten. Der Aberglaube trieb in Gerolzhofen ein besonderes Unwesen: In zahlreichen städtischen Hexenprozessen wurden von 1616 bis 1619 allein 261 Personen auf dem „Schießwasen" oder „Henkerwasen" verbrannt, stranguliert oder mit dem Schwert hingerichtet, nicht mitgerechnet sind diejenigen Angeklagten, die im „Hexenturm" und „Zehntgefängnis" gestorben sind.

- *Information* **Tourist-Information**, Altes Rathaus, Marktplatz 20, 97447 Gerolzhofen, ✆ 09382/903512, ℻ 09382/903513, www.gerolzhofen.de.
- *Einwohner* 7000
- *Fahrradverleih* **2-Rad-Haus Ortloff**, Am Floriansbrunnen, ✆ 90423.
- *Erlebniszentrum* Tennishalle, Squashcourts, Fitnesscenter, Sauna und Solarium, Schallfelder Str. 50, ✆ 4718, www.lifefit.de.
- *Kino* **Das Kino**, Bahnhofstraße 16, ✆ 4112.
- *Stadtmuseum* Im Zentrum der Dauerausstellung steht die Präsentation „Welterfolg Nähmaschine", die die Entwicklung der Nähmaschine dokumentiert; weitere Abteilungen beschäftigen sich mit den Themen Volksfrömmigkeit sowie Haus- und Hofgeräten; im zweiten Stock Schulmuseum. Mo–Fr 9–12 Uhr und 13–16 Uhr, Sa und So 10–12 Uhr und 14–17 Uhr. Eintritt: 1,50 €, erm. 0,50 €.
- *Sakralmuseum* Seit dem Herbst 2006 zeigt das Sakralmuseum in der Johanniskapelle eine Ausstellung über „Kunst und Geist der Gotik". Mo–Fr 9–12 Uhr und 13–16 Uhr, Sa und So 10–12 Uhr und 14–17 Uhr. Eintritt: 2,50 €, erm. 0,50 €.
- *Schwimmen* Badeparadies **Geomaris** mit Riesenrutsche, Sprungturm, Saunadorf, Dampfgrotte, Strömungskanal und Freige-

Steigerwald
Karte Seite 268

lände zum Sonnen. Tgl. geöffnet von 10–22 Uhr (mit geringen Abweichungen), Eintritt: ab 3 €, Tageskarte: 7 €. Dingolshäuser Straße, ✆ 261, www.geomaris.de.

• *Essen/Übernachten* **Hotel- und Weinstube am Markt (2)**, im Restaurant mit seiner schönen Straßenterrasse wird fränkische wie auch internationale Küche geboten. Auch durch die Gasträume weht ein mediterranes Flair. Mo Ruhetag. Das im ältesten Barockhaus der Stadt untergebrachte Hotel gefällt mit seinen freundlichen, geschmackvoll eingerichteten Zimmern. WLAN. DZ ab 60 €. Marktplatz 5-7, ✆ 09382/900910, 📠 900919, www.hotel-weinstube.de.

Tor zum Steigerwald (3), das Gasthaus direkt gegenüber dem Badeparadies Geomaris legt Wert auf regionale Produkte. Hauptgerichte ab 8,50 €: z. B. Mastochsenbrust mit Meerrettichsoße bzw. Fränkischer Sauerbraten. Schöner Garten mit einem Kastanienbaum. EZ ab 45 €, DZ ab 68 € (inkl. Frühstücksbuffet). Dingolshäuser Str. 1, ✆ 09382/97460, 📠 974652, www.torzumsteigerwald.de.

Brauereigasthof Weinig (1), frisch aus dem Holzfass läuft hier der Gerstensaft aus der eigenen Brauerei in durstige Kehlen. Jeden Mo ab 12 Uhr Schlachtschüssel. Fr ab 14 Uhr geschlossen. Straßenterrasse und Biergarten im Hof. Rügshöfer Str. 5, ✆ 1024.

• *Wohnmobile* auf dem Parkplatz „An der Volkach" in der Schallfelder Str. (nahe der Altstadt) warten sechs Wohnmobilparkplätze.

Sehenswertes

Altstadt: Die quadratische Altstadt – hier stehen noch zahlreiche Fachwerkhäuser – ist von zwei, teilweise noch gut erhaltenen Mauergürteln umgeben; im Osten und Westen stehen sich der runde Weiße Turm und der Eulen- oder Hexenturm in Sichtweite gegenüber. Auffällig ist, dass die zum zentralen Marktplatz führende Hauptstraße nicht auf der Längsachse, sondern diagonal verläuft. Sehenswert ist die katholische Pfarrkirche mit dem poetischen Namen St. Maria de Rosario und St. Regiswindis, auch „Steigerwald-Dom" genannt. Die dreischiffige spätgotische

Hallenkirche mit überhöhtem Mittelschiff stammt aus dem 15. Jahrhundert und verfügt über eine prächtige barocke Ausstattung. Das 1580 errichtete Würzburger Amtsschloss, ein dreigeschossiger Renaissancebau mit Schneckenvolutengiebeln, wird seit 1979 als Rathaus genutzt.

Bamberg

Das „fränkische Rom“ steht nicht nur auf sieben Hügeln, sondern auch im Schatten des Domes. Durch die Gassen der Altstadt weht ein konservativer Geist. Bamberg lebt vom Gegensatz: auf der einen Seite die romanisch-gotische Kirchenmacht, auf der anderen die barocke Bürgerlichkeit. Die Bausubstanz der Bamberger Altstadt ist einmalig. Das wusste auch die UNESCO zu würdigen, die das Altstadtensemble 1993 in die Liste des Weltkultur- und Naturerbes aufgenommen hat.

Die UNESCO begründete ihre Entscheidung damit, dass die städtebauliche Entwicklung Bambergs den politischen, sozialen und ökonomischen Wandel, der sich in der mitteleuropäischen Geschichte vollzogen hat, widerspiegelt. Dieser Wandel lässt sich in der Stadt nicht zuletzt deshalb ablesen, weil die historische Bausubstanz in einem für Deutschland einzigartigen Maße erhalten geblieben ist. Bamberg ist ein Gesamtkunstwerk, ein Bilderbuch der Baukunst. Egal, ob Romanik, Gotik, Renaissance oder Barock, die verschiedenen Stilrichtungen durchziehen die Stadt wie Jahresringe. Die behutsame Restaurierung hat sich bezahlt gemacht. Doch auch in Bamberg konnte der Denkmalschutz manchen barbarischen Akt nicht verhindern. Banken, Versicherungen und Kaufhäuser haben hässliche Lücken geschlagen. Siebzehn Prozent der historischen Baudenkmäler wurden seit Kriegsende abgerissen!

Erkennbar ist noch die von alters her typische Gliederung in drei verschiedene Bereiche: die *Domstadt* als geistiges Zentrum, die *Bürgerstadt* auf einer Insel zwischen den Regnitzarmen gelegen und ein gärtnerisch genutztes *Wirtschaftsviertel*. Geschäftiger Mittelpunkt der 70.000 Einwohner zählenden Stadt ist heute, wie bereits im Mittelalter, der Bereich entlang des Grünen Marktes sowie der Maxplatz, wo wochentags dicht gedrängt die Stände der Gemüsebauern stehen. Ein besonders schönes Fachwerkensemble sind die als „Klein-Venedig“ bekannten Fischerhäuser; sie stehen am rechten Ufer des linken Regnitzarms zwischen der Unteren Brücke und der Markusbrücke.

Das *Bierbrauen* hat Tradition in Bamberg. Manche Leute behaupten sogar, Bamberg würde von drei Strömen durchflossen – vom rechten Arm der Regnitz, vom linken Arm der Regnitz und vom Bier. Wer sich theoretisch darüber informieren möchte, der ist im Fränkischen Brauereimuseum gut aufgehoben, dem mehr praktisch veranlagten Leser sei hingegen das „Schlenkerla“ mit seinem vorzüglichen Rauchbier empfohlen. Bambergs *Kulturleben* ist vielfältig: Calderón-Spiele in der Alten Hofhaltung, E.T.A.-Hoffmann-Theater, Konzerte im Dom, im Kaisersaal und in den Kreuzgängen, nicht zu vergessen: die weltberühmten, 1946 als „Emigrantenorchester“ gegründeten *Bamberger Symphoniker* in ihrer Konzerthalle am Regnitzufer. Aber nicht nur als Kulturstadt ist Bamberg ein Magnet, auch als *Wirtschaftszentrum* zieht Bamberg tagtäglich mehrere tausend Pendler an, zudem ist Bamberg die einzige Hafenstadt Oberfrankens. Seitdem 1972 die universitäre Tradition Bambergs wiederbegründet wurde, wird das Stadtbild verstärkt durch junge Leute geprägt und belebt. Knapp 9000 Studenten sind an der Universität mit ihren 23

Bachelor- und 20 Magisterstudiengängen immatrikuliert. Und (fast) alle wissen die intime Atmosphäre und den günstigen Mietspiegel zu schätzen. In der Altstadt gibt es eine regelrechte „Unimeile". Viele historische Gebäude werden jetzt von der geisteswissenschaftlichen Fakultät genutzt: das ehemalige Jesuitenkolleg, ein Gymnasium, ein bürgerliches Hochzeitshaus, ein historisches Feuerwehrhaus, ein Stadtmauerturm, ein früheres Schlachthaus, die ehemalige staatliche Frauenklinik Bamberg und das ehemalige staatliche Gesundheitsamt. Hinzu kommen Studentenheime in restaurierten Fachwerkhäusern. Seit 1997 existiert auch ein Skulpturenweg, der sich mit Plastiken von Botero oder Mitoraj durch die Stadt zieht.

Geschichte

Der Name Bamberg verweist auf das Geschlecht der *Babenberger*, die im 8. Jahrhundert eine Burg auf dem Domberg besaßen. Nach dem Sturz der Familie wurde das Castrum Babenberg 906 erst Reichsgut und gelangte 973 an *Heinrich den Zänker*, den Herzog von Bayern. Dessen Sohn, der spätere Kaiser *Heinrich II.*, war Bamberg in großem Maße zugetan. Noch mehr liebte er aber seine Frau Kunigunde; ihr schenkte er seine Lieblingsstadt sogar als Morgengabe. Die Erhebung Bambergs zum Bistum, die der zum König gekrönte Heinrich II. im Jahre 1007 vor Synode und Reichstag gegen die Bischöfe von Würzburg und Eichstätt durchsetzte, beruhte auf politischen Überlegungen. Der Widerstand war verständlich, denn vor allem der Würzburger Bischof musste große Teile seines Gebietes abtreten. Das neue Reichsbistum sollte – Aachen und Rom als Vorbild – zugleich auch Herrscherpfalz sein. Nur fünf Jahre später wurde die neue Bischofskirche, eine dreischiffige Basilika, im Zentrum Bambergs eingeweiht. Innerhalb kurzer Zeit gewann Bamberg an Bedeutung, was sich auch daran zeigt, dass bereits der zweite Bamberger Bischof Suitger 1046 als *Clemens II.* zum Papst gewählt wurde. Seine Gruft im

Schmuck und bunt: Altes Rathaus

Kaiserdom ist das einzige Papstgrab in Deutschland; Kaiser Heinrich II. und seine Gemahlin Kunigunde ruhen gleichfalls dort.

In den nächsten beiden Jahrhunderten bauten die Bamberger Bischöfe ihren Sitz zu einer eindrucksvollen geistlichen Stadt aus und gewannen durch eine gezielte Territorialpolitik weitere Gebiete hinzu. Ehrfurchtsvoll sprach man vom „deutschen Rom“. Das Bistum erstreckte sich vom Frankenwald bis Fürth, vom Ebrach- und Aischtal bis zur Pegnitz, ganz zu schweigen von den Kärntener Besitzungen. Zahlreiche Hof- und Reichstage wurden in dieser ersten Blütezeit an der Regnitz abgehalten. Mit dem Aufblühen der Stadt entwickelten sich langsam erste Anzeichen eines neuen Selbstbewusstseins im aufstiegsbeflissenen Bürgertum. Die in dem Gebiet zwischen den Flussarmen wohnende Bürgerschaft Bambergs unterlag mit ihren ehrgeizigen Bestrebungen nach Autonomie und Selbstbestimmung jedoch der bischöflichen Machtfülle: 1435 scheiterte ein Aufstand.

Die *Reformation* erschütterte das Bistum merklich; bei Anbruch der Reformation bekannte sich mehr als die Hälfte des Bamberger Kirchensprengels zum lutherischen Glauben. Eine außerordentliche Bedrohung für die Bischöfe stellten der mächtige protestantische Nachbar Markgraf *Albrecht Alcibiades* und zwei Generationen später im *Dreißigjährigen Krieg* die schwedischen Truppen dar. Die Überwindung dieser Gefahren und die erfolgreichen gegenreformatorischen Anstrengungen schufen die Grundlage für die repräsentativen Bauten der Barockzeit. Die Fürstbischöfe *Peter Philipp von Dernbach* (1672–1683), *Marquard Sebastian Schenk von Stauffenberg* (1683–1693), *Franz Lothar von Schönborn* (1693–1729) und dessen Neffe *Friedrich Karl* (1729–1746) sorgten für goldene oder besser barocke Zeiten.

Bamberg – Bayerns Hauptstadt

Während *Johannes Hoffmann* (SPD), der regierende bayerische Ministerpräsident, in Berlin weilte, wurde am 7. April 1919 in München die Räterepublik ausgerufen. An ihrer Spitze standen acht Volksbeauftragte und der Provisorische Revolutionäre Zentralrat, dem Ernst Niekisch und später Ernst Toller vorstanden. Hoffmann wich mit der legalen, demokratisch gewählten Regierung nach Bamberg aus, ohne eigene Machtmittel und außerstande, in die Ereignisse einzugreifen. Die Neue Residenz wurde zum Regierungssitz umfunktioniert, das Justizministerium im Gerichtsgebäude und das Verkehrsministerium sinnigerweise im Bahnhof untergebracht. Im August 1919 verabschiedete der Landtag in den Harmoniesälen am Schillerplatz die sog. „Bamberger Verfassung“, die erst 1933 durch die nationalsozialistische Gleichschaltung außer Kraft gesetzt wurde.

Eine tiefe Zäsur brachte das Jahr 1803; das Fürstentum wurde säkularisiert, Bamberg wurde bayerisch. Die nun ihrer weltlichen Macht beraubten Bischöfe wurden durch das Konkordat von 1817 in den Rang von Erzbischöfen erhoben.

Im Zeitalter der *Industrialisierung*, die nur geringe Veränderungen herbeiführte, wuchs Bamberg in die Ebene östlich der Altstadt hinein.

Im *Zweiten Weltkrieg* blieben Bamberg die Bombenteppiche, die seine bedeutenden Nachbarn Würzburg und Nürnberg in wahre Trümmerfelder verwandelten,

„Klein Venedig“

Steigerwald
Karte Seite 268

erspart. „Bamberg hatte Glück; es hat die städtefressenden Kriege fast heil überlebt“, jubilierte der Schriftsteller Hermann Kesten bei einem Abstecher an die Regnitz. Viel schlechter erging es hingegen der seit dem 11. Jahrhundert bestehenden jüdischen Gemeinde: Die nationalsozialistische Schreckensherrschaft bedeutete das Ende des Gemeindelebens. Nur zwei von 270 Juden, die im Land geblieben und nicht emigriert waren, kehrten lebend zurück.

Anfahrt/Verbindungen

• *Zug* Der **Bahnhof** liegt am Ostrand des Zentrums. Bamberg ist D-Zug-Station an den Strecken Stuttgart-Hof und München-Berlin mit günstigen Anschlüssen nach Nürnberg, Schweinfurt, Würzburg, Coburg sowie über Lichtenfels nach Kronach und Kulmbach. Auskunft: ✆ 0951/832353.

• *Auto* Bamberg liegt an der A 73, dem Frankenschnellweg, und hat mehrere Ausfahrten. Es gibt einige gut ausgeschilderte **Parkplätze**, mit Buspendelverkehr (im Abstand von 10 Min.) ins Zentrum; Fahrpreis 0,50 €. **Parkhaus** Schützenstraße am östlichen Zentrumsrand (tgl. durchgehend geöffnet), **Tiefgarage** Geyerswörth (tgl. durchgehend geöffnet) und Maxplatz (Mo–Sa jeweils bis Ladenschluss). **Busparkplätze**: Rhein-Main-Donau-Damm. Achtung: Für Falschparker gibt es im historischen Stadtzentrum kein Pardon.

Bambergcard

Der ultimative Tipp für jeden Bamberg-Besucher: Für 9 € gewährt die Bambergcard drei Tage lang die freie Benutzung der Stadtbusse, ein Exemplar der örtlichen Tageszeitung Fränkischer Tag, die Teilnahme an einer Stadtführung, diverse Ermäßigungen sowie freien Eintritt zu folgenden Museen: Diözesanmuseum, Historisches Museum, Naturkundemuseum und Sammlung Ludwig.

• *Bus* 20 städtische Buslinien zu allen Punkten u. Sehenswürdigkeiten der Stadt nach Fahrplan (Auskunft: ✆ 77715) **Bahn- und Postbus**verbindungen nach Bayreuth, Coburg, Ebrach, Pommersfelden.

• *Schiff* Personenschifffahrt auf Regnitz und Main; Hafenrund- und Tagesfahrten. Auskunft: **Bamberger Personenschifffahrt Fritz Kropf**, Kapuzinerstr. 5, ✆ 26679, für Fahrten bis 300 Personen. März bis Okt. tgl. ab 11 Uhr im Stundentakt. Fahrpreis: 6 €, erm. 4 €, www.personenschiffahrt-bamberg.de.

Information/Diverses

• *Information* **Tourismus & Kongress Service**, Geyerswörthstr. 3, 96047 Bamberg, ✆ 0951/2976200, ✆ 0951/2976222, www.tourismus.bamberg.de bzw. www.bamberg.info. Veranstaltungen sind in der kostenlos ausliegenden Illustrierten „Bamberg aktuell" aufgeführt. Ein Radlguide mit Tourenvorschlägen ist ebenfalls erhältlich. Das Fremdenverkehrsamt organisiert auch die Stadtführungen. Zudem kann man für 8,50 € einen Audio-Guide ausleihen, der durch die Stadt führt.

• *Einwohner* 71.000

Bamberg, Stadt der Künste

• *Literaturtipp* **Tommy Jaud**: Resturlaub. Scherz Verlag, Frankfurt 2006. Witzige Odyssee eines Bamberger Brauerei-Managers nach Argentinien mit vielen Anspielungen auf die fränkische Mentalität.

• *Fahrradverleih* Tourist-Information.

• *Gärtner- und Häckermuseum* Altes Gärtnerhaus mit Hausgarten im Stil der Jahrhundertwende, in dem Brauchtum, Geschichte, Lebensweise und Arbeitswelt der Bamberger Gärtner und Häcker gezeigt werden. Mittelstr. 34. Mai–Okt. jeden Mi und So von 14–17 Uhr. Eintritt: 1 €, erm. 0,50 €.

• *Konzerte* Orchesterkonzerte der **Bamberger Symphoniker** (**Bayerische Staatsphilharmonie**) in der Konzerthalle am Regnitzufer (Mussstr. 12, Kartenvorbestellungen: ✆ 9808220; sowie Kammermusik- und Serenadenabende im Kaisersaal der Neuen Residenz (siehe „Sehenswertes"), www.bamberger-symphoniker.de

• *Missionsmuseum Bug* Begegnung mit Kultur und Christentum in Indien und Südamerika. Schlossstr. 30, ✆ 56214. Sonn- und Feiertage 14–17 Uhr. Eintritt: frei!

• *Museum für frühislamische Kunst* Das erst 1995 eröffnete Museum beherbergt eine der weltweit größten und wertvollsten Privatsammlungen islamischer Kunst. Austraße 29, ✆ 871142. Mai–Okt. Sa 14–17 Uhr, So 15–17 Uhr. Eintritt: frei! www.museum-fuer-fruehislamische-kunst.de.

• *Naturkundemuseum* Fürstbischof Franz Ludwig von Erthal richtete das Museum bereits 1793 in einem schönen frühklassizistischen Saal ein. Mehr als 10.000 Objekte, von seltenen Tieren bis zu Fossilien, sind ausgestellt. Fleischstr. 2, ✆ 8631248. Di–So von April–Sept. 9–17 Uhr, Okt.–März 10–16 Uhr. Eintritt: 2 €, erm. 1,50 € od. 0,80 €.

Weitere Museen siehe „Sehenswertes".

• *Veranstaltungen* Die **Sandkerwa**, das größte Volksfest der Region, verwandelt alljährlich im August die Sandstraße in eine kilometerlange Theke. Am Samstag um 22 Uhr erleuchtet ein prächtiges Feuerwerk den Himmel. Zum Rahmenprogramm gehört das **Fischerstechen**: auf der Regnitz vor der malerischen Kulisse der Fachwerkhäuser von „Klein-Venedig". Zu den **Bamberger Kurzfilmtagen** kommen im Januar Filmschaffende aus ganz Deutschland. Infos: www.bambergerkurzfilmtage.de.

• *Stadtführungen* Werktags um 14 Uhr, sonntags 11 Uhr, April–Okt. zusätzlich werktags um 10.30 Uhr. Teilnahmegebühr: Erw. 6 €, erm. 4 €; Anmeldung und Treffpunkt beim Fremdenverkehrsamt. Die Tourist-Info informiert zudem über Spezialführungen („Auf den Spuren des Sams" etc.).

• *Schwimmen* Originelles **Flussbad** im Stadtteil Hain, Kinderplanschbecken und Spielplatz vorhanden, Mühlwörth 18a, ✆ 776571. **Stadionbad**, beheiztes Freibad in der Pödeldorfer Str. 176. Im Jahr 2011 eröffnet direkt nebenan mit dem **Bambados** das erste Hallenbad Europas, das nach Passivhaus-Standard-Richtlinien errichtet wurde. www.bambados.de.

• *Stadtgalerie Villa Dessauer* Wechselnde Ausstellungen zeitgenössischer Kunst. Hainstr. 4a, ✆ 871861. Di–Do 10–16 Uhr, Fr–So 12–18 Uhr. Eintritt variiert je nach Ausstellung.

• *Kino* **Odeon**, Luitpoldstr. 25, ✆ 27024; **CineStar**, Ludwigstr. 2, ✆ 3028810; **Lichtspiel**, Untere Königstr. 34, ✆ 26785. Letzteres ist ein engagiertes Programmkino.

• *Theater* **E.T.A.-Hoffmann-Theater**, Schillerplatz 3–7, ✆ 871431. Schauspielaufführungen des eigenen Ensembles von Sept.–Juli im unlängst renovierten Theater. Oper und Operette: Gastspiele auswärtiger Bühnen. Freilichtaufführungen in der Alten Hofhaltung jeweils im Juni und Juli, www.theater.bamberg.de.

Mit dem Segway durch Bamberg

Eine Alternative zur herkömmlichen Stadtführung ist eine Tour mit dem Segway (Elektroroller) durch Bamberg, staunende Blicke der Passanten inklusive.

Tourpreis: 50 € für 2,5 Stunden. Auskunft und Buchung: Lugbank 3, ✆ 5193034. www.segwaytour-bamberg.de.

Calderon-Festspiele: im Juli, in der Alten Hofhaltung (siehe „Sehenswertes"). Kartenvorbestellungen: ✆ 0951/871433. Für Marionettenliebhaber empfiehlt sich ein Besuch im **Marionettentheater**. Untere Sandstr. 30, ✆ 67600, www.bamberger-marionettentheater.de.

Steigerwald Karte Seite 268

Essen/Übernachten/Nachtleben (siehe Karte S. 298/299)

**** **Hotel Residenzschloss (2)**, das zum 4-Sterne-Hotel umgebaute ehemalige Krankenhaus ist die erste Adresse in Bamberg. Ein Fitnesscenter mit Sauna, Dampfbad, Whirlpool und Solarium steht den Gästen zur Verfügung. WLAN. Zwei Restaurants bieten Gaumenfreuden an. Zimmer je nach Ausstattung 139–196 €. Untere Sandstr. 32, ✆ 0951/60910, ℻ 6091701, www.residenzschloss.com.

*** **Messerschmitt (8)**, prominentes Gourmet-Restaurant mit gediegener Atmosphäre. Hinter der reich stuckierten Fassade dinierte auch schon Willy Brandt. Die vorzüglichen Fischgerichte, z. B. Äschenfilet in Bärlauchsoße oder eine Roulade von Mainfischen in Dillsoße mit Butterreis, belasten den Geldbeutel mit 18–25 €. Menüs zu 33,50 und 48 €. Schöne komfortable Räume, ein besonderes Lob verdient das Frühstück. Lange Straße 41. Das DZ im angeschlossenen Hotel – im Mai 2006 erweitert und mit Wellness-Bereich – kostet pro Nacht ab 137 €, EZ ab 89 €. Lange Str. 41, ✆ 0951/297800, ℻ 2978029, www.hotel-messerschmitt.de.

*** **Brudermühle (18)**, repräsentatives, zum Hotel umgebautes Mühlenanwesen im Zentrum der Altstadt. Mit Restaurationsbetrieb (fränkische Küche), schöne Straßenterrasse. Mo Ruhetag. EZ ab 79 €, DZ ab 110 €. Schranne 1, ✆ 0951/955220, ℻ 9552255, www.brudermuehle.de.

*** **Sankt Nepomuk (23)**, das Restaurant liegt herrlich auf einer Insel inmitten der Regnitz. Man speist mit Blick auf das romantische mittelalterliche Rathaus, wohlig vom offenen Kamin gewärmt. Die Küche bietet Gutbürgerliches, Regionales und Speisen im Stil der Nouvelle Cuisine, darunter zahlreiche Fischgerichte. Ausgesuchte Weinkarte. Die Zimmer gefallen mit ihrer Mischung aus modernstem Komfort und historischer Bausubstanz. Fahrradverleih. EZ ab 95 €, DZ ab 138 € (inkl. Frühstücksbuffet). Obere Mühlbrücke 9, ✆ 0951/98420, ℻ 9842100, www.hotel-nepomuk.de.

*** **Hotel am Hain (20)**, kleines, sehr reizvolles Hotel in einem schönen Bürgerhaus aus der Zeit um 1900. Unlängst behutsam komplett renoviert. Vermietet werden fünf modern eingerichtete Appartement-Zimmer, teilweise mit Wintergarten oder Balkon sowie eine Ferienwohnung. Ab 57 € als EZ, bis 99–126 € als DZ. Schützenstr. 10, ✆ 0951/208690, ℻ 2086920, www.hotel-am-hain.de.

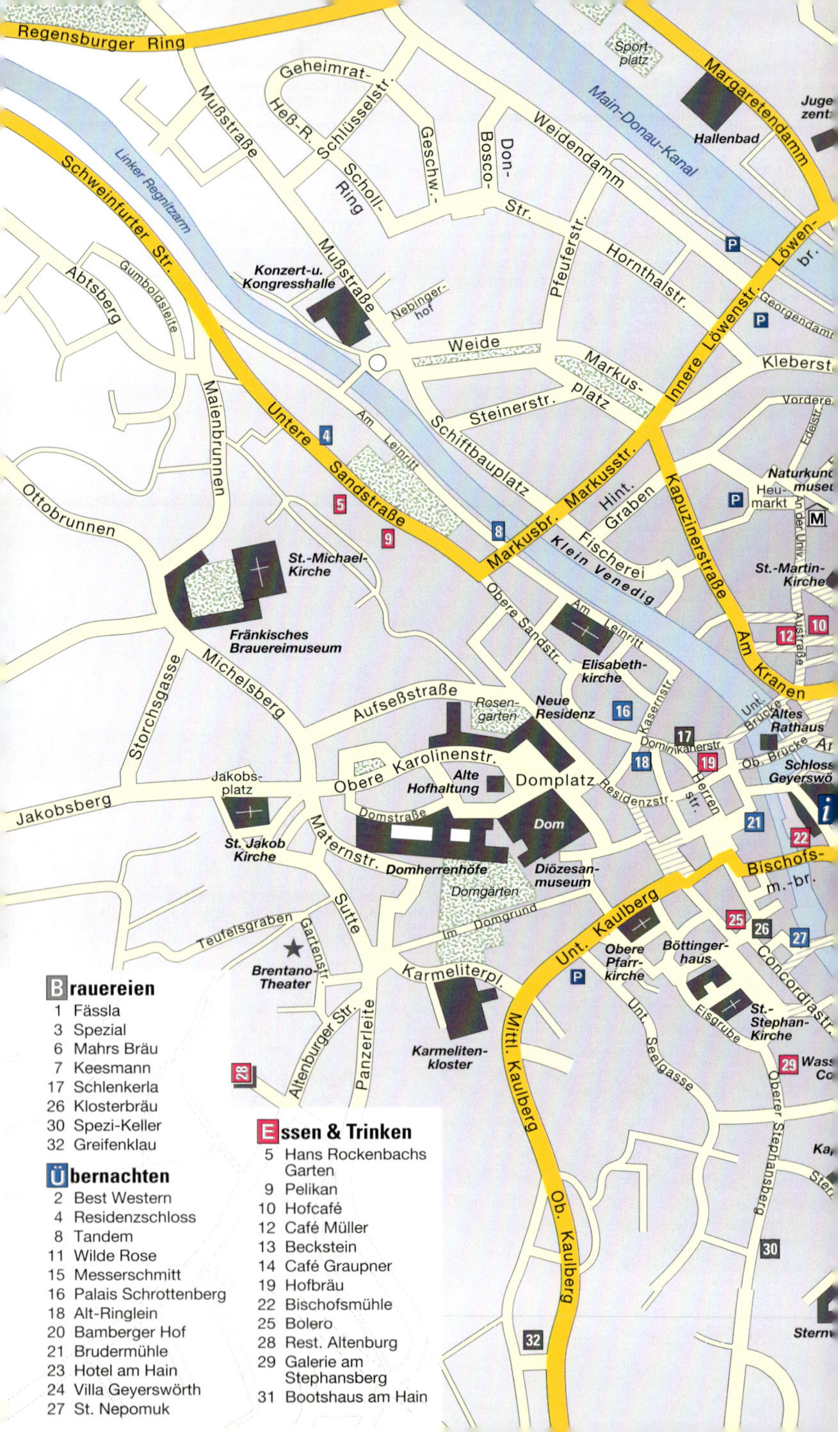
Regensburger Ring
Schweinfurter Str.
Linker Regnitzarm
Mußstraße
Geheimrat-
Heß-R.
Schlüsselstr.
Scholl-
Ring
Geschw.-
Bosco-
Don-
Str.
Weidendamm
Main-Donau-Kanal
Sport-
platz
Margaretendamm
Hallenbad
Juge
zentr
Löwen-
br.
P
Pfeuferstr.
Hornthalstr.
Georgendamm
Konzert-u.
Kongresshalle
Nebinger-
hof
Abtsberg
Gumboldsleite
Weide
Markus-
platz
Innere Löwenstr.
Kleberst
Vordere
Edelstr.
Maienbrunnen
Steinerstr.
Untere Sandstraße
Am Leinritt
Schiftbauplatz
4
5
9
8
Ottobrunnen
Markusbr.
Markusstr.
Hint.
Graben
Kapuzinerstraße
Naturkund
museu
Heu-
markt
An der Univ.
M
St.-Michael-
Kirche
Fischerei
Klein Venedig
St.-Martin-
Kirche
Fränkisches
Brauereimuseum
Obere Sandstr.
Am
Leinritt
Elisabeth-
kirche
Austraße
10
12
Am
Kranen
Storchsgasse
Michelsberg
Aufseßstraße
Rosen-
garten
Neue
Residenz
16
Kasernstr.
Unt.
Brücke
Altes
Rathaus
17
Dominikanerstr.
19
Ob. Brücke
Schloss
Geyerswö
Jakobs-
platz
Obere Karolinenstr.
Alte
Hofhaltung
Domplatz
Residenzstr.
18
Herren
str.
i
Jakobsberg
Domstraße
Dom
21
22
St. Jakob
Kirche
Maternstr.
Domherrenhöfe
Diözesan-
museum
Bischofs-
m.-br.
Domgärten
Im Domgrund
Kaulberg
Unt.
25
26
27
Teufelsgraben
Gartenstr.
Sutte
Obere
Pfarr-
kirche
Böttinger-
haus
Concordiastr.
Brentano-
Theater
Karmeliterpl.
P
Eisgrube
St.-
Stephan-
Kirche
Altenburger Str.
Panzerleite
Karmeliten-
kloster
Unt. Seelgasse
29
Wass
Co
28
Mittl. Kaulberg
Oberer Stephansberg
Ka
Ster
30
Ob. Kaulberg
32
Sternw
B Brauereien
1 Fässla
3 Spezial
6 Mahrs Bräu
7 Keesmann
17 Schlenkerla
26 Klosterbräu
30 Spezi-Keller
32 Greifenklau
Ü Übernachten
2 Best Western
4 Residenzschloss
8 Tandem
11 Wilde Rose
15 Messerschmitt
16 Palais Schrottenberg
18 Alt-Ringlein
20 Bamberger Hof
21 Brudermühle
23 Hotel am Hain
24 Villa Geyerswörth
27 St. Nepomuk
E Essen & Trinken
5 Hans Rockenbachs Garten
9 Pelikan
10 Hofcafé
12 Café Müller
13 Beckstein
14 Café Graupner
19 Hofbräu
22 Bischofsmühle
25 Bolero
28 Rest. Altenburg
29 Galerie am Stephansberg
31 Bootshaus am Hain

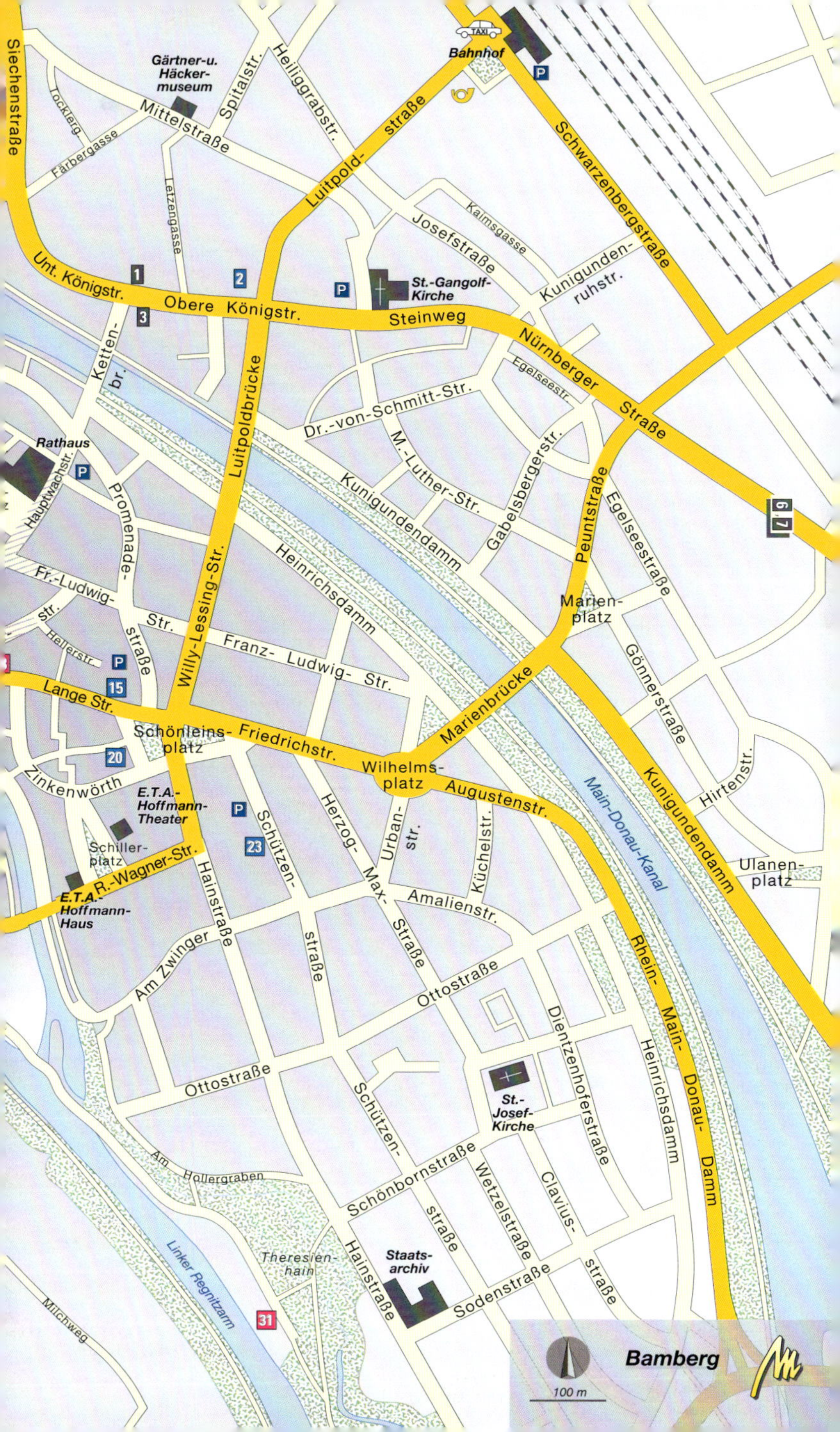
Siechenstraße
Gärtner-u. Häcker-museum
Mittelstraße
Spitalstr.
Heiliggrabstr.
Bahnhof
Luitpold-straße
Schwarzenbergstraße
Färbergasse
Letzengasse
Josefstraße
Kaimsgasse
Kunigunden-ruhstr.
Unt. Königstr.
Obere Königstr.
St.-Gangolf-Kirche
Steinweg
Nürnberger Straße
Ketten-br.
Egelseestr.
Dr.-von-Schmitt-Str.
Luitpoldbrücke
Rathaus
Hauptwachstr.
Promenade-straße
M.-Luther-Str.
Kunigundendamm
Gabelsbergerstr.
Peuntstraße
Egelseestraße
Willy-Lessing-Str.
Heinrichsdamm
Fr.-Ludwig-str.
Marien-platz
Hellerstr.
Str.
Franz-Ludwig-Str.
Gönnerstraße
Lange Str.
Schönleins-platz
Friedrichstr.
Marienbrücke
Wilhelms-platz
Zinkenwörth
E.T.A.-Hoffmann-Theater
Augustenstr.
Main-Donau-Kanal
Kunigundendamm
Hirtenstr.
Herzog-Max-Straße
Urban-str.
Küchelstr.
Schützen-straße
Schiller-platz
R.-Wagner-Str.
E.T.A.-Hoffmann-Haus
Hainstraße
Amalienstr.
Ulanen-platz
Am Zwinger
Ottostraße
Rhein-Main-Donau-Damm
Dientzenhoferstraße
Heinrichsdamm
Ottostraße
St.-Josef-Kirche
Schützen-straße
Am Hollergraben
Schönbornstraße
Wetzelstraße
Clavius-straße
Theresien-hain
Linker Regnitzarm
Hainstraße
Staats-archiv
Sodenstraße
Michweg
Bamberg
100 m

*** **Weierich (16)**, alteingesessenes (Nichtraucher-)Hotel in Domnähe mit einem italienisch anmutenden Innenhof. Gut ausgestattete Zimmer. WLAN. EZ ab 54 €. DZ ab 79 € (inkl. Frühstücksbuffet). Lugbank 5, ✆ 0951/955660, 📠 9556636, www.hotel-weierich.de.

** **Am Blumenhaus (22)**, dieses im Sommer 2008 unweit der Altstadt eröffnete (Nichtraucher-)Hotel gefällt mit seinem modernen Touch, der sich bereits in der Rezeption zeigt. Der Name bezieht sich auf die vielen Blumenmotive, die über die Hotelräume verteilt sind. Nette Zimmer, teilweise mit Dachschräge. WLAN. DZ 75–79 €, EZ ab 52 € (inkl. Frühstück). Amalienstr.1, ✆ 0951/2080225, 📠 2080226, www.hotel-am-blumenhaus.de.

Hoffmanns (17), anspruchsvolles Restaurant mit viel Ambiente und schöner Straßenterrasse. Die Küche zeigt sich mediterran mit fränkischen Einschlägen, beispielsweise beim Röllchen vom fränkischen Landschwein mit Ricotta und Spinat gefüllt, das mit Thymianschupfnudeln und Rotweinjus serviert wird (13,80 €). 5-Gänge-Menü 44,50 €. Mo–Sa ab 17.30 Uhr geöffnet. Schillerplatz 7, ✆ 7000885, www.hoffmanns-bamberg.de.

Kachelofen (13), urgemütliche altfränkische Gaststätte mit liebenswerter Bedienung. Die durchgehend warme Küche bringt köstliche Blaue Zipfel und ofenfrische Haxen hervor. Nette Straßenterrasse. Obere Sandstr. 1, ✆ 57172, www.zumkachelofen.de.

Hofbräu (15), gelungene Mischung zwischen Gaststätte und Kaffeehaus, untergebracht in der ehemaligen Münzmeisterei gleich beim alten Rathaus. Saisonale fränkische Küche mit modernen internationalen Akzenten. Rauchbierhaxe mit Sauerkraut und Kloß 10,50 €. Zum Ausschank kommt Schlenkerla-Bier. Einladende Straßenterrasse, freundlicher Service. Karolinenstr. 7, ✆ 53321, www.hofbraeu-bamberg.de.

Schlenkerla (11), das Rauchbier (2,30 €) der Brauereigaststätte ist weltberühmt. Seit 1678 hat es auch genug Zeit gehabt, sich bei Einheimischen und Fremden einen Namen zu machen. Di Ruhetag. Dominikanerstr. 6, ✆ 56060, www.schlenkerla.de.

Ambräusianum (14), Gasthausbrauerei mit zünftigem Ambiente. Zu empfehlen ist die gefüllte „Bamberger Zwiebel“ in Biersauce mit Kartoffelbrei für 7,60 €. Montagmittag geschlossen. Dominikanerstr. 10, ✆ 5090262, www.ambraeusianum.de.

Spezial (1), jedes Jahr zum Bockbieranstich im November bilden sich wahre Menschentrauben vor dem Spezial. 16 Prozent Stammwürze und 6 Volumenprozent Alkohol üben auf manche Zeitgenossen scheinbar eine magnetische Wirkung aus. Unter den Gästen sind vor allem Einheimische! Es werden auch sieben Zimmer ab 20 € pro Pers. vermietet. Obere Königstr. 10, ✆ 0951/24304, 📠 26330, www.brauerei-spezial.de.

Bassanese (12), nicht nur wegen seiner schönen Straßenterrasse beim Alten Rathaus ist das Café mit seinen Eisspezialitäten ein beliebter Sitzplatz mitten in Bamberg. Karolinenstr 2, ✆ 509568.

Bergschlösschen, schönes, designtes Aussichtscafé mit Lounge unweit des Michelsbergs. Auch Zimmervermietung (topmoderne DZ 130 €, EZ 99 €). Am Bundleshof 2, ✆ 0951/20858890, 📠 208588990, www.hotelbergschloesschen.de.

Brasserie (19), die historischen Räumlichkeiten wurden mit einem angenehm modernen Touch versehen. Sehr schön sitzt man auch im lauschigen Innenhof. Ein Klassiker auf der Speisekarte ist das Bamberger Zwiebelfleisch mit Bratkartoffeln für 8,60 €. Abends auch viel junges Publikum. Mo Ruhetag, Pfahlplätzchen 4, ✆ 57735

Pelikan (4), der Klassiker unter den Studentenkneipen, neben diversen Salaten kommen aus der Küche zahlreiche Thai-Spezialitäten. Zu loben sind auch das große vegetarische Angebot und die den Geldbeutel schonenden Preise (Hauptgerichte zwischen 7 und 10 €). Tgl. 17–1 Uhr geöffnet, Fr bis 2 Uhr, Sa bis 3 Uhr, So ab 12 Uhr. Untere Sandstr. 45, ✆ 603410, www.pelikan-bamberg.de.

Café Müller (6), in den hohen Räumen herrscht ein südländisches Flair. Das „Müller“ ist von frühmorgens bis kurz nach Mitternacht geöffnet. Gleich bei der Uni, daher viel studentisches Publikum. Austr. 23, ✆ 202943.

Singers (7), eine tolle Cafébar mit einer großen sonnigen Straßenterrasse. Neben einem großen Frühstücksangebot (Bioeier!) gibt es auch Steinoffenpizza oder thailändische Gerichte. Viel junges Publikum. Tgl. 7.30–1 Uhr, Mo–Mi nur bis 20 Uhr. Lange Str. 17, ✆ 2086144. www.singers-cafebar.de.

Da Francesco (3), guter Italiener in traumhafter Lage oben auf dem Michaelsberg, mit herrlicher Gartenterrasse und einem wunderschönen Jugendstil-Wintergarten. Sizilianische Küche, große Weinkarte, Nudelgerichte 7,50–8,50 €. Mo Ruhetag. Am Michelsberg 10f, ✆ 2085777

Orlando Spaghetteria (5), ebenfalls mitten im Studentenviertel gelegen. Es versteht sich fast von selbst, dass ein Großteil der Gäste an der Uni studiert. Neben diversen Salaten kann man seine Lieblingsnudelsorte (Tagliatelle, Spaghetti, Casarecce etc.) mit rund zwanzig Soßen kombinieren. Die leckeren Gerichte kosten jeweils zwischen 4,50 und 8,80 €. Sommerliche Straßenterrasse, innen einfache, aber nette Holztische. Tgl. ab 11.30 Uhr geöffnet. Austr. 18, ✆ 2082634.

Teegießerei (21), „in gemütlicher Wohnzimmeratmosphäre werden über 60 Teesorten angeboten, dazu selbstgemachte Kuchen und kleine Snacks", lobten Hilka Link und Carina Seitel diesen netten Teesalon, der auch Nicht-Teetrinkern zu empfehlen ist. Tgl. außer Mo 11–19 Uhr, am So ab 14 Uhr. Pfahlplätzchen 2, ✆ 2972595, www.teegiesserei.de.

Easy Living (9), coole Cafébar mit Loungeflair und 17 Meter langer Theke. Tgl. ab 9 Uhr geöffnet. Lange Str. 24, ✆ 3014260. www.easyliving-bamberg.de.

Live Club (10), eine feste Adresse im Bamberger Nachtleben mit zahlreichen Motto-Partys und Livemusik. Obere Sandstr. 7/18. www.live-club.de.

Bierkeller, bei schönem Wetter pilgert man von Anfang Mai bis Ende Sept. tgl. außer Mo ab 15 Uhr (So ab 10 Uhr) „auf die Keller" am Stephansberg. Beliebt sind **Spezial**, **Wilde Rose** und **Mahr**. Traditionsgemäß gilt: die Brotzeit wird mitgebracht.

• *Ferienwohnungen* Die Tourist Information listet in ihrem Unterkunftsverzeichnis zahlreiche Ferienwohnungen und Appartements auf.

Christine Albert, ! drei günstige Wohnungen bzw. Appartements ab 43 € für 2 Pers. In der Judengasse 11, ✆ 0951/2960209, ✆ 291646, www.urlaubinbamberg.de.

Das Fürstenportal am Dom

• *Jugendherberge* **Wolfsschlucht**, romantisch und abgelegen im Stadtteil Bug. Zum Zentrum 15 Min. zu Fuß entlang der Regnitz. Busverbindung. Übernachtung mit Frühstück ab 18,20 €. Oberer Leinritt 70, ✆ 0951/56002, ✆ 55211, www.bamberg.jugendherberge.de.

• *Camping*: **Insel**, im Ortsteil Bug. Ganzjährig geöffnete, große und gut ausgestattete Anlage direkt am Fluss. Am Campingplatz 1, Bug, ✆ 0951/56320, ✆ 56321, buero@campinginsel.de, www.campinginsel.de.

• *Privatzimmer*: **bed and breakfast**, vermittelt Gästezimmer in und um Bamberg. Altenburger Straße 34, ✆ 0951/49736, ✆ 4073209, www.bed-and-breakfast.de.

Steigerwald Karte Seite 268

Sehenswertes

Dom: Der Bamberger Dom ist das unumstrittene Wahrzeichen der Stadt. Eingerahmt von vier fast filigran anmutenden Türmen, atmet die in ihrer heutigen Gestalt zwischen 1215 und 1237 errichtete Bischofskirche in nahezu idealtypischer Weise den Geist romanischer Baukunst. Genau genommen ist der Dom bereits das dritte Gotteshaus an dieser Stelle. Sein Bau war notwendig geworden, da die erste Bamberger Bischofskirche, die Basilika Heinrichs II., 1081 ebenso ein Opfer der Flammen geworden war wie der nachfolgende Dombau. Der Stauferkaiser Friedrich II. finanzierte den Neubau, der in seiner kunstgeschichtlichen Bedeutung mit den großen Kaiserdomen am Rhein (Speyer, Mainz und Worms) zu vergleichen ist. Die dreischiffige Basilika verfügt über zwei Chöre – der spätromanische Georgschor im Osten, der frühgotische Peterschor im Westen – und verdankt ihren besonderen Reiz der Harmonie zwischen ihren stilistisch verschiedenen Teilen. Der von einem schlanken Turmpaar flankierte wuchtige Georgschor bildet den Blickfang zur Regnitz, während der Peterschor mehr im Hintergrund bleibt. Sehenswert sind auch die drei Eingänge: die Adamspforte mit einem „normannischen" Zickzackband, die tief gestaffelte Gnadenpforte, die auf lombardische Einflüsse hinweist, sowie das Fürstenportal am nördlichen Seitenschiff mit einer Darstellung des Jüngsten Gerichtes. Letzteres gilt als Höhepunkt der späten Bamberger Romanik. Die Umweltverschmutzung, insbesondere der saure Regen, hat dem Bamberger Dom in den letzten Jahrzehnten stark zugesetzt. Die Dombauhütte ist ständig damit beschäftigt, Ausbesserungsarbeiten auszuführen, da der Dom gefährlich vor sich hin bröckelt. Der gelbliche Mainsandstein wird dabei durch weniger anfälliges Material ersetzt, das zuvor allerdings noch eingefärbt werden muss.

Das Innere des Doms wirkt recht karg, denn auf Wunsch des bayerischen Königs Ludwig I. wurde 1826 der „ungestörte Anblick dieses erhabenen Tempels in dem Geiste seines Styles" wiederhergestellt. Man entfernte damals die nachmittelalterliche Ausstattung fast ausnahmslos. Das weitaus bekannteste Kunstwerk im Dom ist der sog. *Bamberger Reiter*. Um 1235 schuf ein unbekannter Bildhauer dieses zu den Meisterleistungen abendländischer Bildhauerei zählende Standbild. Es ist bis heute ungeklärt, wer mit dieser Figur dargestellt werden sollte: Die Ansichten reichen von Heinrich II. über Konrad II. bis hin zum heiligen Stephan von Ungarn. Im 19. Jahrhundert beriefen sich die Nationalisten auf den Bamberger Reiter, um gegenüber Frankreich einen deutschen Anspruch auf die wahre und echte Gotik gelten zu machen. Und auch die Nationalsozialisten waren von dem in die Ferne blickenden Jüngling angetan: Sie propagierten den Bamberger Reiter als Idealtypus des mittelalterlichen König- und Rittertums. Zur sehenswerten Ausstattung gehören ferner der *Marienaltar* aus Lindenholz von *Veit Stoß* (1523) im südlichen Querschiff, das von *Tilman Riemenschneider* aus Juramarmor geschaffene *Hochgrab* für Kaiser Heinrich II. und seine Gemahlin Kunigunde zwischen den Treppen zum Georgschor, das gotische *Gestühl* im Peterschor sowie das *Grab* von Papst Clemens II. In der großen, dreischiffigen *Krypta* unter dem Ostchor ruhen die Gebeine von König Konrad III. und Bischof Gunther von Bamberg.

Ein Meisterwerk der Bildhauerei – der Bamberger Reiter

Führungen Nur Dom: Mo–Fr 14 und 15 Uhr (Ostern bis Okt.), Sa 13, 14 und 15 Uhr, So 13 und 15 Uhr; Teilnahmegebühr: 3 €, erm. 2,50 €. Dom und Domschatz: Di–Sa 10.30 Uhr. Teilnahmegebühr: 3 €, erm. 2 €.

Diözesanmuseum: Gleich neben dem Dom ruht der Domschatz mit den goldbestickten Mänteln Kaiser Heinrichs II. und seiner Gemahlin Kunigunde. Zudem besitzt das Museum das früheste, fast vollständig erhaltenen Ornat eines Papstes; es stammt aus der Mitte des 11. Jahrhunderts. Die Sammlung umfasst weitere herausragende mittelalterliche Kunstgegenstände, beispielsweise das Grabtuch des Bischofs Gunter und einen filigran gewebten byzantinischen Seidenteppich aus dem 11. Jahrhundert, dessen Darstellungen an die Mosaikarbeiten der Hagia Sophia erinnern, aber auch gotische und barocke Exponate sind vertreten.

Öffnungszeiten Tgl. außer Mo von 10–17 Uhr, ✆ 502317. Eintritt: 3 €, erm. 2,50 €. www.erzbistum-bamberg.de.

St. Kunigunde überwacht die Brücke

Neue Residenz: *Lothar Franz von Schönborn*, der wohl bedeutendste Bamberger Fürstbischof, gab trotz knapper Finanzmittel den Anstoß zum Bau eines Barockpalastes. Der elegante Winkelbau, den der fürstbischöfliche Baumeister *Johann Leonhard Dientzenhofer* in nur wenigen Jahren schuf, erreichte allerdings nicht die Brillanz des größeren Schönbornschlosses in Würzburg. Die weitgreifenden Pläne von Lothar Franz – er wollte den ganzen Domberg in eine Art Hradschin verwandeln – konnten aus den schon erwähnten Gründen nicht realisiert werden (dies hätte den Abriss der Alten Hofhaltung bedeutet). Im Rahmen einer Führung werden die prachtvollen Wohn- und Repräsentationsräume der Fürstbischöfe gezeigt, darunter der große *Kaisersaal*, dessen plastische Deckenbemalung – sie lässt den in der Höhe begrenzten Saal größer wirken – von *Melchior Steidel* geschaffen wurde. Im älteren westlichen Flügel, dem sog. „Gebsattelbau", ist die *Staatsgalerie* der Bayerischen Staatsgemäldesammlung untergebracht. Schwerpunkt: altdeutsche sowie barocke Kunst; herausragendes Exponat ist das Bildnis der Lucretia von *Lucas Cranach d. Ä.*

Öffnungszeiten Tgl. 9–18 Uhr, von Okt.–März nur bis 16 Uhr. ✆ 519390. Eintritt: 4 €, erm. 3 €, www.schloesser.bayern.de.

Alte Hofhaltung: Dort, wo seit dem 10. Jahrhundert die königliche Pfalz gestanden hatte, ließen sich die Bamberger Bischöfe später einen repräsentativen Renaissancebau errichten. Seither ist der Bau nicht mehr auf den Innenhof, sondern auf den Domplatz ausgerichtet. Eine von hervorragend gearbeiteten Reliefs gesäumte Pforte (u. a. Maria, flankiert von Heinrich II. und Kunigunde) führt in den reizvollen Innenhof, der von spätgotischen Fachwerkhäusern mit hohen Satteldächern umgeben ist. Hier finden im Sommer die Inszenierungen der *Calderón-Festspiele* statt. In der Ratstube und den angrenzenden Bauten ist das *Historische Museum* untergebracht; es widmet sich der Stadtgeschichte von der Steinzeit bis in die Gegenwart, wobei auch das Leben am Fluss dokumentiert wird. Im Nordflügel ist die

Steigerwald Karte Seite 268

Dauerausstellung „Bürgerkultur im 19. Jahrhundert in Bamberg" untergebracht. Präsentiert werden zudem rund hundert Meisterwerke der Malerei von Lucas Cranach über Pieter Breughel bis zu Otto Modersohn.

Öffnungszeiten Das Historische Museum ist von Mai bis Okt. tgl. außer Mo 9–17 Uhr geöffnet, im Winter nur bei Sonderausstellungen. ✆ 871142. Eintritt: 3,50 €, erm. 2,50 € bzw. 1 €.

Altes Rathaus: Werbetexter würden heute wohl von einem „Eye Catcher" sprechen, um die exponierte Lage des Alten Rathauses zu beschreiben. Auf Pfählen wurde der gotische Bau im 15. Jahrhundert in die Regnitz gesetzt. Da er ein wenig an ein Schiff erinnert, könnte man auch sagen, er wurde „verankert". Die Brücke, die „durch" das Rathaus führt, verbindet die Bischofs- mit der Bürgerstadt. Im 18. Jahrhundert erlebte das mit allegorischen Fresken verzierte Rathaus eine Barockisierung. Im Juli 1995 wurde die weltbekannte barocke Porzellan- und Fayencen-Sammlung „Glanz des Barock" des unlängst verstorbenen Kölner Kunstmäzens *Peter Ludwig* im Erdgeschoss des frisch renovierten Gebäudes untergebracht *(Sammlung Ludwig)*. Die Meißner Abteilung birgt so kostbare Schätze wie Porzellane Johann Friedrich Böttgers und das Papstservice Benedikts XIV. Doch sind auch andere europäische Manufakturen vertreten, etwa Wien, Nymphenburg und Capodimonte.

Öffnungszeiten Die Fayencen-Sammlung ist tgl. außer Mo 9.30–16.30 Uhr zu besichtigen. Eintritt: 3,50 €, erm. 2,50 €. Der Eingang befindet sich auf der oberen Brücke im Torbogen des Alten Rathauses.

St. Michael (ehem. Benediktinerkloster): Das Kloster war eine der Keimzellen des geistigen Bamberg. Wie viele andere Bamberger Baudenkmäler wurde auch das Benediktinerkloster barockisiert, und es verwundert nicht, dass die Familie Dientzenhofer auch hier am Werk war. Botaniker sollten sich das *Herbarium* in den Gewölbefeldern des Haupt- sowie der beiden Seitenschiffe nicht entgehen lassen. Ungefähr 600 naturgetreu dargestellte Kräuter und Pflanzen schmücken die Decke. Von der hinter der Kirche gelegenen Terrasse des 1015 gegründeten Klosters eröffnet sich ein schöner Blick auf die zu Füßen liegende Stadt. Die terrassenartig angelegten Gärten des Klosters eignen sich hervorragend zum Ausspannen. Wer will, kann sich ins Café setzten und anschließend direkt auf einem Fußpfad zur Neuen Residenz hinunterlaufen. Heute befindet sich auf dem Michelsberg ein Altenheim sowie ein Museum, in dem sich alles um Bier dreht:

Fränkisches Brauereimuseum: Selbst erlesene Geister wie der Philosoph Georg Wilhelm Friedrich Hegel haben sich für die heimische Braukultur begeistert: „Das Bier hier ist gut", lautete sein lapidares, ganz unphilosophisches Urteil. Und Jean Paul rief entzückt: „Himmel, welch ein Bier!" Ein 1979 gegründeter Förderverein hat es sich zur Aufgabe gemacht, die jahrhundertelange Verarbeitung von Hopfen und Malz in einem musealen Rahmen zu würdigen. In den historischen Gewölben der ehemaligen Benediktiner-Brauerei auf dem Michelsberg dokumentiert das Museum auf 900 Quadratmeter den gesamten Produktionsprozess von der Malzherstellung bis hin zum fertigen Bier.

Adresse/Öffnungszeiten Michaelsberg 10f, ✆ 53016. April–Nov. Mi–So 13–17 Uhr. Eintritt: 3 €, erm. 2,50 €, www.brauereimuseum.org.

Karmelitenkloster: Das einstige Benediktinerinnenkloster wurde 1589 vom Orden der Karmeliten wiederbelebt. Von der romanischen Kirche sind nur die Westfassade und ein großer Teil der Seitenschiffmauern erhalten, denn ab 1692 erfolgte ein barocker Neubau des Gotteshauses unter Leitung von *Johann Dientzenhofer*, wobei der Chor nach Westen verlegt wurde. Durch die erhöht liegende Klosterpforte

Alte Hofhaltung

betritt man den gut erhaltenen spätromanischen Kreuzgang mit seinen teilweise wunderschönen Kapitellen.

Adresse/Öffnungszeiten Karmelitenplatz 1, ✆ 95290. Tgl. von 8.30–11.30 Uhr und 14.30–17.30 Uhr, Sa/So nur bis 17.15 Uhr.

St. Jakob: Oberhalb des Domes auf einem schmalen Bergrücken steht die zu den ältesten Sakralbauten Bambergs zählende Jakobskirche. Die Raumwirkung der gut erhaltenen dreischiffigen romanischen Säulenbasilika ist phantastisch.

Obere Pfarre: Bambergs bedeutendstes gotisches Baudenkmal am Unteren Kaulberg ist die Stiftung eines Bürgers. Laut einer Inschrift im nördlichen Seitenschiff wurde 1338 mit dem Bau begonnen. Die Hanglage unterstreicht noch die Wirkung des hochragenden spätgotischen Chores. Beachtenswert sind die Brautpforte an der Nordseite und das Gnadenbild der thronenden Muttergottes (14. Jahrhundert) im Zentrum des barocken Hochaltars. Das Kircheninnere wurde ab 1711 barockisiert, so dass die gotische Raumwirkung fast gänzlich verschwunden ist.

Böttingerhaus: Dies ist der wohl schönste Bürgerpalast in der Altstadt. Der Hofrat *Johann Ignaz Tobias Böttinger* beauftragte wahrscheinlich keinen Geringeren als *Johann Dientzenhofer* mit dem Plan für den zweiflügeligen, an italienischen Vorbildern orientierten Barockbau.

Adresse Judenstraße 14, ✆ 54074.

E.T.A.-Hoffmann-Haus: Schmalbrüstig wie der Dichter, der „winzig kleine Mann", ist das Haus am Schillerplatz, in dessen oberen Stockwerken *E.T.A. Hoffmann* (1776–1822) zusammen mit seiner Frau wohnte. „Neue angenehme Wohnung bezogen mit herrlicher Aussicht in Berg und Thal. Auch ein Poeten-Stübchen ist dabei!" Heute ist hier ein Museum untergebracht, das sich seines ehemaligen Bewohners würdig erweist. Das Dichterstübchen in der Mansarde blieb fast unverändert.

Steigerwald
Karte Seite 268

Man könnte meinen, es sei erst gestern gewesen, dass Hoffmann wegen einer unglücklichen Liebe zu einer 15-jährigen Gesangsschülerin die Stadt verlassen habe, in der er fünf Jahre lang als Theaterkapellmeister gewirkt hatte, „um nicht auf immer verloren zu sein". Auf dem Rundgang durch das erst 2003 für 50.000 Euro renovierte Haus begleitet den Besucher Musik aus der Feder des Komponisten Hoffmann.

Adresse/Öffnungszeiten Schillerplatz 26. Mai–Okt. Di–Fr 16–18 Uhr, Sa/So 10–12 Uhr. Eintritt: 2 €, erm. 1 €.

Katakomben: Auch Bamberg hat seine Katakomben. Allerdings wurden in dem zehn Kilometer langen Stollen nur Bier, Wein und Malz gelagert.

Führungen nur für Gruppen ab 20 Pers. nach vorheriger Anmeldung beim Fremdenverkehrsamt, ✆ 0951/871730.

Künstler in der Villa Concordia

Jahrhundertelang war die Villa Concordia nicht viel mehr als ein schmuckes Wasserschloss am Ufer der Regnitz. Doch seit 1998 weht ein neuer Geist in dem von Johann Dientzenhofer errichteten Barockbau: Damals wurde ein internationales Künstlerhaus eröffnet, um die kulturellen Beziehungen des Freistaats Bayern zu anderen Ländern zu vertiefen. Seither werden von einem Kuratorium alljährlich zwölf Stipendiaten aus dem Bereich der Bildenden Kunst, der Literatur und der Musik ausgewählt, die finanziell abgesichert die Gelegenheit bekommen, ein Jahr lang ungestört an einem bestimmten Projekt zu arbeiten. Zu den Stipendiaten gehörten beispielsweise der Schriftsteller Guntram Vesper, der Komponist Johannes Quint und die Fotografin Claire Angelini. Sie alle nutzten die kreative Atmosphäre und die gemeinsamen Gespräche und Treffen, um sich künstlerisch weiterzuentwickeln. Und auch die Stadt Bamberg profitiert von den Stipendiaten: Mit ihren Ausstellungen, Lesungen und Konzerten bereichern sie das städtische Kulturleben.

Weitere Infos www.villa-concordia.de

Umgebung

▸ **Schloss Seehof**: Sommerschlösser waren im Barockzeitalter bekanntlich groß in Mode; Fürstbischof *Marquard Sebastian Schenk von Stauffenberg* lag mit seinem Schloss Seehof also voll im Trend. In der Nähe von *Memmelsdorf*, umrahmt von Feldern und Seen, errichtete *Antonio Petrini* 1686–1696 auf fürstbischöflichen Wunsch ein barockes vierflügeliges Lustschloss mit einem geometrisch ausgerichteten, obligatorischen Park. Die herrschaftliche Bedeutung der Residenz mit den markanten Türmen wird durch ihre Lage auf einem kleinen Hügel noch unterstrichen. Als Eingangspforte zum Schlossgarten dient das von den Orangeriegebäuden umrahmte Memmelsdorfer Tor. Nach der Säkularisierung verkam das Schlossensemble. Die letzten Besitzer machten noch einmal richtig Kasse und verramschten alles, was nicht niet- und nagelfest war. Stark heruntergekommen und verfallen, wurde das Schloss 1975 vom Freistaat Bayern erworben und seither mit großem Erfolg saniert. So erstrahlt der Rokokogarten mit seinen wiederhergestellten Kaskaden und Sandsteinskulpturen inzwischen wieder in alter Pracht. Insgesamt sind neun Räume zugänglich, darunter der „Weiße Saal“ mit dem opulenten Deckengemälde von Giuseppe Appiani.

Öffnungszeiten Schlossführungen (35 Min.) von April–Okt. Di–So 9–18 Uhr, der Park ist von Ostern bis Okt. tgl. 8–18 Uhr, am Wochenende bis 19 Uhr frei zugänglich. Führung: 3,50 €, erm. 2,50 €, www.schloesser.bayern.de.

Wandern

Vom Alten Rathaus zur Altenburg: Rund eine Stunde braucht man vom Alten Rathaus hinauf zur Ruine Altenburg. Erst geht es ein Stück entlang der Straße Unterer Kaulberg, dann rechts ins Gässchen Hinterer Bach und weiter auf dem Fuß- und Radweg im Domgrund. Dieser endet an einer Kreuzung, von wo aus eine wenig befahrene Straße zur Altenburg mit ihrem 33 Meter hohen Bergfried führt. Dort oben kann man sich in der Burggaststätte (✆ 0951/56828) vorzüglich stärken und den Blick auf Bamberg genießen.

Ein barocker Traum – Schloss Seehof

Haßberge
Karte Seite 308

Haßberge

Die im Süden durch den Main begrenzten Haßberge gelten als ein unverfälschtes Stück Franken. Laubwälder und Streuobstwiesen, Sandstein und Fachwerk sowie ein Dutzend Burgruinen prägen das Bild. Einen schönen Eindruck von den Haßbergen vermittelt eine Fahrt auf der „Straße der Fachwerkromantik“.

Auf die Franken, die Mitte des 6. Jahrhunderts die ersten Wehrsiedlungen auf dem Haßbergkamm gründeten, ist die für die Region typische Erbteilung zurückzuführen, die eine buntscheckige Landschaft entstehen ließ. Charakteristisch sind auch die zahlreichen Streuobstwiesen. Unter geologischen Gesichtspunkten sind die Haßberge Teil des fränkischen Schichtstufenlandes, sie bestehen aus jenem Keuper, der vor rund 150 bis 200 Millionen Jahren durch Meeresablagerungen entstand. Während die Westflanke eher steil ansteigt, gehen die Haßberge nach Osten hin in ein wasserreiches Hügelland über. Warum übrigens die Haßberge Haßberge heißen, konnte bisher weder von passionierten Heimatforschern noch von Etymologen zufriedenstellend erklärt werden.

Ideal zur Erkundung der Haßberge ist eine Fahrt auf der „Straße der Fachwerkromantik“; sie führt von Haßfurt über Königsberg, Hofheim und Stadtlauringen nach Bad Königshofen und verbindet damit alle sehenswerten Orte. Wer Erholung sucht, findet in Bad Königshofen ein kleines, aber angenehmes Kurbad, mehr Spaß und Abkühlung verspricht der südlich von Stadtlauringen gelegene Ellertshäuser See.

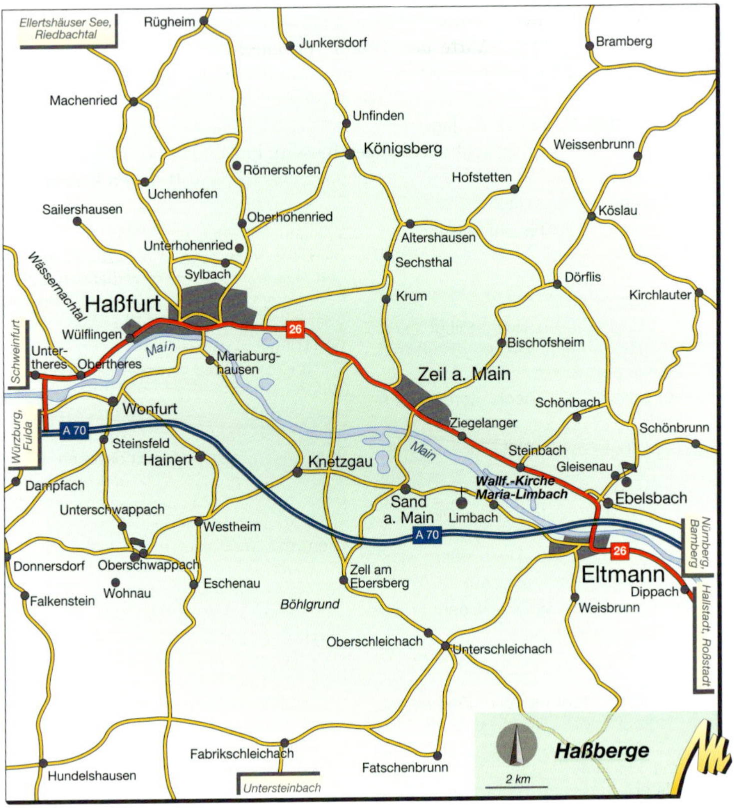

Information: Tourist Information „Haßberge", Obere Senningstr. 4, 97461 Hofheim, ✆ 09523/92290, 🖷 09523/267, www.hassberge-tourismus.de.

Wanderkarte: Fritsch Wanderkarte Nr. 89, Naturpark Haßberge, 1:50.000.

Haßfurt

Das kleine Städtchen am Main hält für Freunde sakraler Kunstwerke zahlreiche Schätze bereit. Ein besonderer Reiz muss von Haßfurt ausgehen, sonst hätte Karlheinz Deschner, der in Bamberg geborene leidenschaftliche Kenner der fränkischen Kultur und Mentalität, sich wohl kaum hier niedergelassen.

Haßfurt trat gewissermaßen mit einem Blitzstart ins Licht der Geschichte. Nur fünf Jahre nach der ersten urkundlichen Erwähnung verlieh der Würzburger Bischof *Hermann I. von Lobdeburg* dem Ort 1235 die Stadtrechte. Hermann von Lobdeburg gründete den Ort neben einem schon bestehenden, älteren Siedlungskern, aus dem die spätere Vorstadt mit der Ritterkapelle hervorging. Ausschlaggebend war der Wunsch nach einem festen Stützpunkt zum angrenzenden Bamberger Bistum. Im fränkischen Städtekrieg strebten die Haßfurter nach Unabhängigkeit vom Würzburger Hochstift, doch währte der Traum von einer selbständigen Reichsstadt nicht lange, schon bald stand Haßfurt wieder unter der Herrschaft der Fürstbischöfe. Im 15. Jahrhundert wählte die fränkische Reichsritterschaft Haßfurt wiederholt als Tagungsort. Mitte des 19. Jahrhunderts wurde Haßfurt – das seit 1814 zu Bayern gehörte – an das Eisenbahnnetz angeschlossen, hinzu kam der Bau der Mainbrücke, so dass die Stadt seither auch verkehrstechnisch Schritt halten konnte und eine Verbindung zum südlichen Mainufer hergestellt war.

- *Information* **Verkehrsamt**, Hauptstr. 5, 97437 Haßfurt, ✆ 09521/688227, ℻ 09521/688280, www.hassfurt.de.
- *Einwohner* 14.000.
- *Verbindungen* **Bahn**, Haßfurt liegt an der Strecke Bamberg–Würzburg, Fahrkartenausgabe ✆ 01805/996633.
- *Ballonfahren* **Rainer Hoch**, Kirchenschlag 7, ✆ 5931.
- *Bootsverleih* **Astrid Schmitz**, Flugplatzstr. 8, ✆ 3577. Verleih von Kanus und Kajaks, tage- und wochenweise.
- *Eislaufen* Überdachte Eishalle, Okt.–März geöffnet; Großer Anger 21, ✆ 94940.
- *Fahrradverleih* **Peters Bike Shop**, Brückenstr. 9, ✆ 8619. Meister Bär (Altstadthotel).
- *Markt* Jeweils Di und Fr auf dem Marktplatz.
- *Reiten* Reit- und Fahrverein Haßfurt e.V., Augsfelder Str. 30, ✆ 4344.
- *Schwimmen* **Freizeit**- und **Erlebnisfreibad**, großzügige Badelandschaft mit Dampfgrotte, Strömungskanal, Sprungturm und mit Frankens längster Riesenrutsche 127 Meter. Auch im Herbst mit eingeschränkten Öffnungszeiten. Großer Anger 21, ✆ 94570 oder 94940. Eintritt: 4 €, erm. 2,50 €, www.stwhas.de/fzz/bad_allg.html.
- *Essen/Übernachten* **Hotel Goger**, modernes Hotel mit eigenem Weingut im Stadtteil Augsfeld, an der Straße von Haßfurt nach Zeil. Große Terrasse und Kinderspielplatz sind vorhanden. Die Küche weiß mit ungewöhnlichen Gerichten zu gefallen, viele Wildgerichte wie ein Wildschweinbraten für 9,90 €. Viele Zimmer besitzen einen Balkon. Sauna und Solarium vorhanden. EZ ab 49 €, DZ ab 74 € (inkl. Frühstück). Bamberger Str. 22, ✆ 09521/9250, ℻ 5339, www.hotel-goger-augsfeld.de.

Meister Bär (Altstadthotel), das direkt neben der Kirche in der einstigen Volksschule untergebrachte Hotel ist die schönste Möglichkeit, in Haßfurt zu übernachten. Viel Komfort zu einem angemessenen Preis. Extras: spezielle Zimmer für Körperbehinderte und Allergiker, Sauna und Fitness. Gute Küche, beispielsweise ein Lammrücken mit mediterraner Olivenkruste mit Speckbohnen und Rosmarinkartoffeln für 17,90 €. Fahrradverleih ab 10 € pro Tag. EZ ab 69 €, DZ ab 89 € (inkl. Frühstück). Pfarrgasse 2, ✆ 09521/9280, ℻ 928888, www.mb-hotel.de.

Walfisch, der Gasthof ist bekannt für seine einfache, unverfälschte Küche (Schweinebraten mit Sauerkraut 7,80 €). Radlerfreundlich. Freitag Ruhetag. EZ ab 25 € (nur mit Waschgelegenheit) bis 36 €, DZ ab 58-65 €. Obere Vorstadt 8, ✆ 09521/92270, ℻ 922750, www.walfisch-hassfurt.de.

Mainaussicht, wie der Name schon sagt, mit Blick auf den Main. Moderne, unspektakuläre Zimmer, einfache Küche. EZ ab 24 € (mit Etagendusche), DZ ab 52 €, jeweils inkl. Frühstück. Fischerrain 8, ✆/℻ 09521/1409, www.gasthof-mainaussicht.de.

Sehenswertes

Altstadt: Das relativ gerade verlaufende Straßennetz der Altstadt sowie die parallel zum Main verlaufende Hauptstraße lassen auf eine planmäßige Gründung schließen. Ein Stück der Stadtmauer und drei Türme erinnern noch an die einstige Wehrhaftigkeit, die Vorstadt vor dem Bamberger Tor war ebenfalls befestigt. Mittelpunkt der Altstadt ist der geräumige Marktplatz, der im Süden vom freistehenden Rathaus und im Norden von der Pfarrkirche abgeschlossen wird. Gleich beim Bamberger Tor steht die ehemalige fürstbischöfliche Zehntscheune, ein stattlicher Bau, der heute als Stadthalle genutzt wird.

St. Kilian, Kolonat und Totnan: Die spätgotische katholische Stadtpfarrkirche mit dreischiffiger Halle liegt mitten im Zentrum von Haßfurt. Prunkstücke der Kirchenausstattung sind zwei von *Tilman Riemenschneider* geschaffene Statuen: „Johannes der Täufer" und „Maria mit dem Kind". Sie werden auf das Jahr 1490 datiert und sind somit zwei Frühwerke des großen „Bildschnitzers von Würzburg". Auch die in einem neu entworfenen Altarschrein vereinten Kirchenpatrone werden der Werkstatt Riemenschneiders zugeschrieben.

Ritterkapelle: Die Kapelle wurde in der Mitte des 15. Jahrhunderts auf den Fundamenten der früheren Pfarrkirche errichtet. Der spätgotische Charakter der Ritterkapelle hat sich trotz späterer Veränderungen recht gut erhalten, besonders markant ist der Chor. Am Rundbogenfries wurden 248 Wappenschilder von größtenteils fränkischen und schwäbischen Adelsgeschlechtern in dreifacher Reihe angebracht. Beeindruckend ist auch die Figurensprache des Tympanons über dem mittelalterlichen Westportal; es stellt den Zug der Heiligen Drei Könige mit zahlreichem Gefolge und ihre Ankunft im Stall von Bethlehem dar.

Kloster Mariaburghausen: Auf der gegenüberliegenden Mainseite wurde kurz nach der Stadterhebung von Haßfurt ein Zisterzienserinnenkloster gegründet. Nach einem Brand errichtete man in der ersten Hälfte des 14. Jahrhunderts die heutige Klosterkirche: Die auffallend lang gestreckte einschiffige Kirche ist typisch für die Gotteshäuser der Zisterzienserinnen. Bereits im Jahre 1582 wurde das Kloster vom Würzburger Bischof Julius aufgehoben, der die Einkünfte des Klosters lieber seiner Universität zuführen wollte. Die Nonnenempore wurde nach der Säkularisation in einen Getreidespeicher umfunktioniert.

Besichtigung Interessenten werden gebeten, sich vorab unter ✆ 1484 anzumelden.

Sonntagsruhe in Haßfurt

Umgebung

▸ **Zeil**: Die Weinstadt Zeil am Main ist ein kleines Fachwerkjuwel mit Resten der mittelalterlichen Stadtbefestigung und einem Torturm. Rund um den Marktplatz und in der Hauptstraße sind die schönsten Gebäude zu finden. Hervorstechend sind das Rathaus und das Zehnthaus sowie das sog. „Jörg-Hoffmann-Haus" (Hauptstr. 3), das der begabte Zeiler Zimmermann, der auch in Königsberg, Scheßlitz und Burgkunstadt gewirkt hat, für seinen Schwager erbaute.

▸ **Maria Limbach**: Für Verehrer von *Balthasar Neumann* gehört die Wallfahrtskirche Maria Limbach – mainaufwärts zwischen Zeil und Eltmann – zum Pflichtprogramm. Die 1751 begonnene, aber erst zwei Jahre nach Neumanns Tod vollendete Kirche ist „in der betonten Kühle ein typisches Alterswerk des Meisters" (Georg Dehio).

Königsberg

Mit seinen holprigen Pflastergassen, seinen fachwerkverzierten Häusern und Stadttoren weist Königsberg das wohl reizvollste Gepräge auf, das unter den Städten und Dörfern der Haßberge zu finden ist.

Der aus einem karolingischen Königshof hervorgegangene Ort – 1358 von Ludwig dem Bayern zur Stadt erhoben – erlebte ein bewegtes Schicksal mit zahlreichen Herrschaftswechseln. Zuletzt gehörte Königsberg als sächsische Enklave zum Hause Coburg-Gotha, bevor das Städtchen 1920 endgültig zu Bayern kam. Der kunsthistorisch bedeutendste Bau ist die dreischiffige evangelische Hallenkirche, die noch an die spätmittelalterliche Blütezeit Königsbergs erinnert. Neben der Kirche hat die Stadt auf dem schattigen Marktplatz ihrem größten Sohn, Johannes Müller, ein Denkmal auf dem Brunnen errichten lassen. Über dem Ort ragen zudem die schmucken Reste einer Stauferburg empor. Glücklicherweise strahlt Königsberg keine museale Atmosphäre aus, sondern besitzt ein lebendiges Kleinstadtleben mit Traditionsgasthof, uralter Metzgerei und Zeit für einen Plausch mit dem Nachbarn.

Ein Genie aus Königsberg

Johannes Müller (1436–1476) war seinerzeit der berühmteste Mathematiker und Astronom Europas, bekannt ist er allerdings nur unter seinem lateinischen „Pseudonym“ Regiomontanus (Königsberger). Regiomontanus gründete in Nürnberg die erste deutsche Sternwarte und beschäftigte sich in seinen Werken mit zahlreichen theoretischen Problemen; er berechnete Sinus- und Tangenstafeln und schuf mit seiner auf arabischen Quellen beruhenden Dreieckslehre die Grundlage für die moderne Trigonometrie. Zu einem nicht geringen Teil ist auch die Wiederentdeckung Amerikas der Verdienst von Regiomontanus: Erst mit Hilfe der von ihm publizierten Ephemeriden zur Vorausberechnung der täglichen Stellung der Himmelskörper waren genaue Ortsbestimmungen auf See – und damit die damaligen Entdeckungsfahrten eines Columbus oder Vasco da Gama – möglich.

- *Information* **Fremdenverkehrsamt** im Rathaus, 97486 Königsberg in Bayern, ✆ 09525/922211, 📠 09525/950343, www.koenigsberg.de.
- *Einwohner* 4200
- *Verbindungen* Stdl. Busverbindungen nach Haßfurt.
- *Lesetipp* **Michael Imhof**, Bauen und Wohnen in einer fränkischen Kleinstadt vom 16. bis 19. Jahrhundert am Beispiel von Königsberg in Bayern. Bamberg 1993.
- *Ausstellung* Regiomontanus-Ausstellung im Rathaus am Marktplatz. Mo–Do 8–12 und 13–16 Uhr, Fr nur 8–12 Uhr.
- *Glockenspiel am Rathaus* Die Figuren treten im Sommer um 11.30 und 15.30 Uhr heraus.
- *Königsberger Pfingstfest* Am Dienstag nach Pfingsten mit dem Auszug der 1848er Bürgerwehr.
- *Handwerk* Kunsthandwerkerhof im ehemaligen Brauhaus.
- *Essen/Übernachten* **Goldner Stern**, das älteste Gasthaus der Stadt steht direkt am historischen Salzmarkt. Hier trifft sich auch der Haßfurter Rotary Club. Einladende Straßenterrasse, freundlicher Service. Mo Ruhetag. EZ ab 45 €, DZ ab 63 € (inkl. Frühstück). Marktplatz 6, ✆ 09525/92210, 📠 922133, www.goldnerstern.com.

Schwarzer Adler, einen Kilometer nördlich von Königsberg in dem schmucken Dorf Unfinden findet sich der von Leser Gert Hautsch empfohlene historische Gasthof. Preiswerte einfach Küche, Blaue Zipfel für 3,60 €, die Halbe Krautheimer Pils kostet

Haßberge
Karte Seite 308

2 €. Weine aus eigenem Anbau. Do Ruhetag. ✆ 09525/303.

Jugendherberge Schön renovierte Herberge am Schlossberg. Übernachtung mit Frühstück 16,20 € in der NS, 18,50 € in der HS. Schlossberg 10, ✆ 09525/237, 📠 8114. jhkoenigsberg@djh-bayern.de, www.koenigsberg.jugendherberge.de.

Umgebung

▸ **Hofheim**: Umgeben von drei Torhäusern, Türmen sowie den Resten seiner Stadtmauer macht Hofheim einen recht beschaulichen Eindruck. Im Zentrum des Ortes steht die Johannes dem Täufer geweihte katholische Pfarrkirche, eine spätgotische Hallenkirche mit stattlichem Turm.

- *Information* **Tourist-Info** Haßberge, 97461 Hofheim, ✆ 09523/92290, 📠 09523/267, www.stadt-hofheim.de.
- *Einwohner* 5250
- *Schwimmen* Beheiztes Freibad.

▸ **Stadtlauringen**: Fachwerkliebhaber kommen am Stadtlauringer Marktplatz auf ihre Kosten. Hervor sticht das aus dem 16. Jahrhundert stammende Rathaus, ein mächtiger Bau auf dreischiffigem Grundriss. In der Umgebung des Ortes finden sich mehrere Schlossanlagen, so in Birnfeld, Craheim, Oberlauringen und Wetzhausen.

Die Pfarrkirche von Königsberg

- *Information* Marktverwaltung, Marktplatz 1, 97488 Stadtlauringen, ✆ 09724/91040, 📠 09724/910450. www.stadtlauringen.landkreis-schweinfurt.de.
- *Einwohner* 4260

▸ **Ellertshäuser See**: Der Ellertshäuser See liegt im Süden von Stadtlauringen. Mit seinem Bootshafen, Segel- und Surfmöglichkeiten ist der mit 33 Hektar größte See Unterfrankens eines der meistbesuchten Ausflugsziele in den Haßbergen.

▸ **Serrfeld**: Serrfeld kann auf eine mehr als 1000-jährige Geschichte zurückblicken. Bereits Kaiser Friedrich Barbarossa soll hier am Fuße der Haßberge übernachtet haben. Zweifel werden schnell ausgeräumt, denn angesichts der mächtigen Kirchenburg mit ihren 28 Gaden fühlt man sich sofort ins Mittelalter versetzt. Archäologische Grabungen haben unlängst untermauert, dass die Serrfelder Kirchenburg aus dem 10. Jahrhundert stammt und somit eine der ältesten in Franken ist.

Bad Königshofen

ist das zweitjüngste Heilbad der Rhön; erst vor gut zwei Jahrzehnten wurde der alte karolingische Königshof zum „Bad" erhoben. Seither tummeln sich die Erholungsbedürftigen in der Frankentherme.

Auf das Heilwasser stießen die Königshofener nur zufällig, als sie im Jahre 1896 nach Trinkwasser bohrten. Natrium-Calcium-Sulfat-Chlorid lautet die chemische Bezeichnung für die wertvollen Inhaltsstoffe des sprudelnden Nass. In Bad Königshofen lassen sich außerdem noch zahlreiche Relikte vergangener Zeiten bewundern, schließlich kann der Ort auf eine mehr als 1250-jährige Geschichte zurückblicken. So ist die katholische *Pfarrkirche Mariae Himmelfahrt* mit ihrem schlanken Chorflankenturm eines der schönsten gotischen Gotteshäuser der Region; alte Stadttore und das sehenswerte Spätrenaissance-Rathaus vervollständigen das Bild. Der rechteckige Stadtkern ist noch von den Resten einer 1830 geschleiften Festungsmauer umgeben.

- *Information* **Kurverwaltung**, Am Kurzentrum 1, 97631 Bad Königshofen im Grabfeld, ✆ 09761/91200, 📠 09761/912040, www.bad-koenigshofen.de.
- *Einwohner* 6900
- *Verbindungen* Busverbindungen nach Schweinfurt.
- *Markt* Am letzten Samstag des Monats wird von 9–12 Uhr ein Bauernmarkt abgehalten.
- *Museum* Das Archäologische Museum in der Schranne, Martin-Reinhard-Str. 9, gibt auf drei Etagen einen Einblick in die Vor- und Frühgeschichte des östlichen Unterfrankens. Geöffnet: April–Okt. Di–So 10–12 und 14–16 Uhr (Do 14–17 Uhr), Nov.–März Di und Do 10–12 Uhr, So 14–17 Uhr. Eintritt: 2 €. www.dieschranne.de. Im Salzhaus der Schranne beleuchtet das Museum für Grenzgänger die deutsch-deutsche Teilung aus vielen Perspektiven. Gleiche Öffnungszeiten. www.museum-fuer-grenzgaenger.de.
- *Frankentherme* Gesundheits- und Erlebnisbad mit finnischem Saunadorf und Natur-Heilwassersee. Eintritt: ab 6,50 €. Am Kurzentrum 1, ✆ 91200, www.frankentherme.de.
- *Kino* **Stadtsaal-Kino**, ✆ 2063, www.stadtsaal-kinos.de.
- *Minigolf* Kellereistr. 63, tgl. außer Mi.
- *Märchenwald* Verspielte Freizeitanlage im nahen Samsbachhof, ✆ 09761/2614. Von April bis Mitte Okt. tgl. 9–18 Uhr geöffnet. Eintritt: ab 6 €. www.maerchenwald-sambachshof.de.
- *Golf* Golf Club Maria Bildhausen, ✆ 09766/1601.
- *Essen/Übernachten*: *** **Hotel Ebner**, modernes, komfortables Hotel in unmittelbarer Nähe des Kurparks. Großzügige Badelandschaft mit Dampfgrotte und Sauna vorhanden. Übernachtung mit Frühstück ab 36,50 € im funktionalen Doppelzimmer. Schottstr. 36, ✆ 09761/91190, 📠 9119333, hotel.ebner@t-online.de, www.hotel-ebner.de.

*** **Hotel-Restaurant Schlundhaus**, historische Gaststätte (seit 1660) am Marktplatz mit anspruchsvoller fränkischer Küche, so eine Barbarie-Entenkeule in Orangensauce, dazu Kroketten und frischer Salat für 9 €. Der Weinkeller liegt in einem alten Sandsteingewölbe. Di Ruhetag. Einige wenige stimmungsvolle Zimmer. Übernachtung mit Frühstück ab 33,50 € im DZ, EZ ab 40 €. Marktplatz 25, ✆ 09761/1562, www.schlundhaus.de.

Haßberge
Karte Seite 308

Umgebung

▸ **Wasserschloss Irmelshausen**: In Irmelshausen liegt das Renaissance-Schloss der Freiherrn von Bibra-Irmelshausen. Aufgrund seines hervorragenden Erhaltungszustandes und seines fachwerkverzierten Obergeschosses zählt der Bau zu den schönsten Wasserschlössern Frankens. Der fünfeckige, von einem Teich umgebene Schlosskomplex entstand im späten 15. Jahrhundert, die letzten Flügel wurden in der Mitte des 16. Jahrhunderts errichtet. Eine Besichtigung ist leider nur von außen möglich (Privatbesitz).

Auf kleinen Fähren gelangt man mit dem Fahrrad von einem Ufer zum anderen

Fränkisches Weinland

Die Kelten sollen dem Main seinen Namen gegeben haben: „Moine", was in ihrer Sprache soviel bedeutete wie „vorbeiziehen". Ein treffender Name für den Fluss: Auf einer Länge von exakt 524 Kilometern durchfließt der Main in weit ausgreifenden, gemächlichen Schleifen die fränkische Kulturlandschaft von der Quelle bis zur Mündung. Beide Ufer bieten viel Kunst, Sonne und Wein – was will man mehr?

Für Ricarda Huch ist der Main mit seinem südländischen Flair der „schönste aller deutschen Flüsse", und Wolfgang Koeppen schwärmte: „Ich kam aus der norddeutschen Tiefebene ... überquerte zum ersten Mal den Main, der eine Linie im politischen Reich sein sollte, ich dachte an ein andres Klima für den Kopf, erreichte Süddeutschland, das man dort, wo ich geboren war, immer verlangend sah, schon als den Süden an sich, sonnenbeschienen und warm, weinselig, geschichtsträchtig, die Häuser gar italienisch, das Vaterland der Kultur mit der ausschweifenden Frömmigkeit des Barock oder voll der Sinnlichkeit des Mittelalters mit seinen Madonnen und Märtyrern."

Relativ jung ist die Bezeichnung „Mainfranken". Erst seit Anfang des 20. Jahrhunderts wird die Flusslandschaft zwischen Bamberg und Aschaffenburg so genannt. Der Name wurde allerdings von den Nazis in Misskredit gebracht, die während ihrer Zwangsherrschaft einen gleichnamigen Gau einrichteten. Touristisch hat sich für die Landschaft am mittleren Main die Bezeichnung „Fränkisches Weinland" etabliert.

Aus kunsthistorischer Sicht zählt Mainfranken zu den bedeutendsten Regionen Frankens. Fast könnte man meinen, die Landschaft diene einzig als Staffage für die architektonischen Meisterleistungen. Mehr als tausend Jahre lang haben die Würzburger Bischöfe das Maindreieck mit unzähligen Baudenkmälern geradezu vollgestopft. Genies wie Riemenschneider oder Tiepolo sorgten für eine glanzvolle Innenausstattung. Die Städte und Dörfer erinnern noch lebhaft an die Vergangenheit: Schlösser, Türme, Stadttore und Mauerringe zeugen vom mainfränkischen Mittelalter und einer überschwänglichen barocken Lebensfreude der Würzburger Fürstbischöfe. Gelegentlich wird der Reiz der lieblichen Mainlandschaft jedoch empfindlich getrübt: Von den riesigen Kühltürmen des Atomkraftwerkes in Grafenrheinfeld werden Dorf und Kirche regelrecht erschlagen, die Gesundheit der Bewohner ist bedroht: Die Zahl der Kinder, die mit Fehlbildungen zur Welt kommen, übertrifft das statistische Mittelmaß um rund 50 Prozent, berichtete die Süddeutsche Zeitung in einer Reportage.

Und dann bleibt noch der Wein: 6.500 Winzer sorgen mit ihren rund 5.500 Hektar Rebfläche dafür, dass aus Mainfranken „Weinfranken“ wird. Drei Anbaugebiete lassen sich unterscheiden: Auf dem Muschelkalk des Maindreiecks rund um Würzburg und Volkach gedeihen hauptsächlich *Silvaner* und *Scheurebe*, der Buntsandstein im Mainviereck eignet sich auch hervorragend für *Rotwein*, und an den Hängen des Steigerwaldes begünstigt der nährstoffreiche Gipskeuper den Anbau von *Müller-Thurgau*.

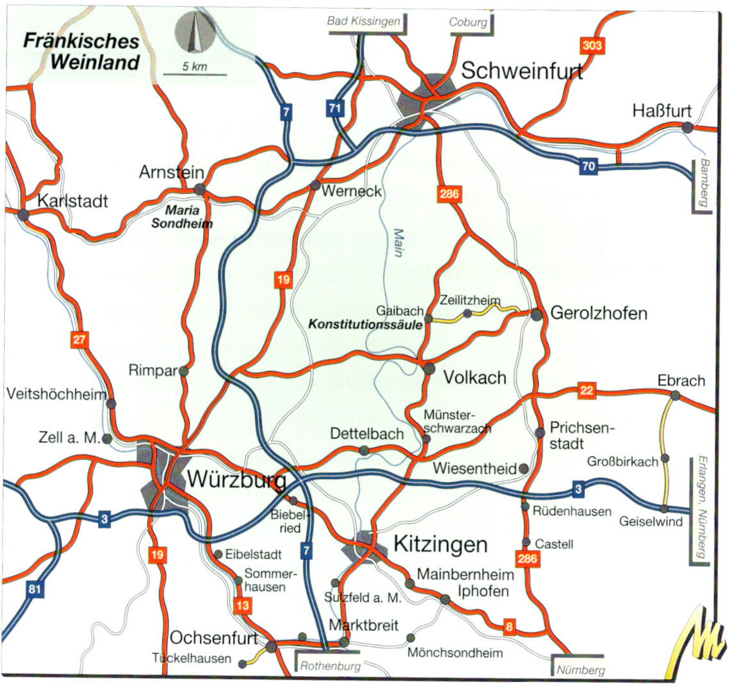

Fränkisches Weinland
Karte Seite 315

Information: Tourist Information „Fränkisches Weinland", Am Congress Centrum, 97070 Würzburg, ✆ 0931/372335, ℻ 0931/373652. www.fraenkisches-weinland.de.

Wein: Bei den jeweiligen Ortsbeschreibungen wird auf empfehlenswerte Weingüter hingewiesen.

Wanderkarten: Fritsch Wanderkarte Nr. 83, Landkreis Würzburg, 1:50.000; Nr. 87, Landkreis Schweinfurt, 1:50.000; Nr. 88, Main-Spessart, 1:50.000.

Radwanderkarte: Maintal Radwanderweg, 1:100.000, erhältlich bei den Fremdenverkehrsämtern und im Buchhandel.

Schweinfurt

In erster Linie ist Schweinfurt eine lebendige Industriestadt, obwohl die Stadt auch auf eine mehr als 1200-jährige Geschichte zurückblicken kann. Historische Sehenswürdigkeiten sind eher selten; die alliierten Bombardements im Zweiten Weltkrieg haben ganze Arbeit geleistet.

Inmitten des von Industrieanlagen gesäumten Stadtkerns sind dennoch einige altehrwürdige Bauten erhalten geblieben, so hat beispielsweise das schöne zweiflügelige Renaissance-Rathaus am Markt den Krieg glücklicherweise unbeschadet überstanden. Dies täuscht aber nicht darüber hinweg, dass Schweinfurt eine nüchterne und funktionelle Stadt ist, deren Leben vom Business bestimmt wird, wie man in der großen Fußgängerzone rasch feststellen kann. In den letzten beiden Jahrzehnten vollzog sich allerdings schrittweise ein wirtschaftlicher Abstieg der Kugellagerstadt zu einer Krisenregion. Wo einst auf 50.000 Einwohner dieselbe Anzahl an Stellen kam, gehörte auf einmal Arbeitslosigkeit zum alltäglichen Schicksal. Erst in jüngster Vergangenheit konnte der Abwärtstrend erfolgreich gestoppt werden. Eine Erweiterung der Fußgängerzone erhöhte die Attraktivität als Einkaufsstadt. Durch das überregional bedeutende Museum Georg Schäfer und mehrere Sanierungsmaßnahmen konnte das Image erfolgreich aufgepeppt werden: „Schweinfurt – Industrie und Kunst" – lautet das neue Motto.

Geschichte

Schweinfurt entstand nicht – wie man eventuell annehmen könnte – an einer bei Schweinehirten beliebten Furt, vielmehr weist das mittelhochdeutsche „swin" auf eine Furt nahe eines Sumpfes (*swin*) hin. Was nicht verwundern würde, da der Main mit seinen vielen Seitenarmen und Totgewässern damals das Bild einer amphibischen Landschaft bot. Schweinfurts Wurzeln reichen zurück bis in die Zeit der fränkischen Landnahme; die erste urkundliche Erwähnung stammt aus dem Jahre 791. Zeitweise herrschten über den Ort und das beigegebene Kloster die einst mächtigen Markgrafen von Schweinfurt (1057 ausgestorben). In der Mitte des 13. Jahrhunderts fiel Schweinfurt den Streitigkeiten zwischen dem Bischof von Würzburg und den Grafen von Henneberg zum Opfer und wurde vollständig zerstört; rund vier Jahrzehnte später gingen die Schweinfurter mit der 1282 verliehen Reichsfreiheit jedoch politisch gestärkt aus den Auseinandersetzungen hervor. Aber erst eineinhalb Jahrhunderte danach wurde die juristische Selbständigkeit durch das Recht der Blutgerichtsbarkeit (1442) so gut wie abgeschlossen. Schweinfurt entwickelte sich in dieser Zeit zu einem überregionalen Zentrum mit einem

Landgebiet von rund 53 Quadratkilometern. Durch den 1542 vollzogenen Übertritt zum Protestantismus war die Reichsstadt Schweinfurt, deren Territorium vom Fürstbistum Würzburg umschlossen war, auch in Hinsicht auf Glaubensangelegenheiten vollkommen isoliert. Die neuen religiösen Strömungen ließen Schweinfurt zu einer Hochburg des Humanismus werden. Der Zweite Markgräfliche Krieg brachte Schweinfurt das zweite „Stadtverderben“: Im Jahre 1554 wurde die an den Kriegshandlungen unbeteiligte Reichsstadt nahezu vollständig zerstört. Neun Tage lang wüteten die Eroberer, kaum ein Haus blieb stehen. Doch Schweinfurt erholte sich bald wieder. Das geistige Leben stand im 17. Jahrhundert in voller Blüte: 1652 erfolgte die Gründung der „Leopoldina“, der ersten naturwissenschaftlichen Forschungsgesellschaft nicht nur Deutschlands, sondern des gesamten Abendlandes.

Am 6. September 1802 ergriff der bayerische Kurfürst *Maximilian IV. Joseph* aufgrund der Vereinbarungen des Friedens von Lunéville militärischen Besitz von Schweinfurt. Knapp drei Monate später erfolgte dann die zivile Übernahme durch eine Kommission. Damit war es mit Schweinfurts Eigenständigkeit vorbei. Von nun an gehörte die Stadt – abgesehen von den Jahren 1810–1814, als Schweinfurt zum fränkischen Staat des Ferdinand von Toskana zählte – zum Königreich Bayern.

Friedrich Rückert – Urmitglied von Greenpeace?

Erschreckend modern sind manche Gedanken des Dichters und Orientalisten Friedrich Rückert, der 1788 in Schweinfurt geboren wurde (sein Geburtshaus steht am Markt). Man könnte Rückert dadurch geradezu als Stammvater der heutigen Grünen bezeichnen:

„Was die Chemie für Segen stiftet?
Durch sie werden die Weine vergiftet,
Daran den Tod sich trinken Prasser;
Durch sie sterben die Fisch' im Wasser
Unter der äzenden Blaichanstalt.
Und Rauch, der Öfen und Schlöten entwallt,
Tötet den Vogel in der Luft,
Und den Pflanzenwuchs in der Felsenschlucht.
Ja, wir empfinden es immer mehr:
Von Menschengeist bezwungener
Naturgeister heimliche Rach' ist schwer.“

Im 19. Jahrhundert entwickelte sich Schweinfurt neben Nürnberg und Augsburg zu einer Hochburg der Industrialisierung in Bayern. In der Frühphase des Industriezeitalters verdankte Schweinfurt seinen wirtschaftlichen Boom vor allem der Farbenindustrie, und hierbei insbesondere der Herstellung von Bleiweiß und „Schweinfurter Grün“. In aller Herren Länder wurden Schweinfurter Farben exportiert. Doch der wirtschaftliche Erfolg zeigte auch eine Schattenseite. Die Zeitgenossen waren sich der produktionsbedingten Umweltprobleme schon sehr bewusst, wie das Beispiel *Friedrich Rückert* zeigt.

Karte Seite 315

Wilhelm Sattler und das „Schweinfurter Grün" – Umweltprobleme im 19. Jahrhundert

Mit einem etwas eigenartigen Slogan wirbt die Stadt Schweinfurt in einer Hochglanzbroschüre für ihre Park- und Grünanlagen: „Schweinfurter Grün – altes Markenzeichen mit neuer Bedeutung." Mit dem von Wilhelm Sattler erfundenen „Schweinfurter Grün" hat es nämlich eine besondere Bewandtnis ...

Der 1784 geborene Wilhelm Sattler darf ohne Zweifel als derjenige Schweinfurter Unternehmer bezeichnet werden, der den Wandel der ehemaligen Reichsstadt hin zu einer aufstrebenden Industriestadt am meisten geprägt hat. Politisch und sozial engagiert, stellte der Freimaurer und Landtagsabgeordnete Sattler den Prototyp eines Unternehmers im 19. Jahrhundert dar. Bereits als 24-jähriger hatte er sich mit einer Bleiweißfabrik selbständig gemacht. Im Selbststudium machte sich Sattler mit chemischen und technischen Prozessen vertraut. Im Jahre 1814 gelang ihm die industrielle Herstellung des „Schweinfurter Grün", einer beliebten, wenngleich hochgiftigen Farbe, deren Vertrieb ihm große Gewinne zuführte. Genau genommen handelt es sich beim „Schweinfurter Grün" um ein Kupferarsenitacetat: $3Cu(AsO_2)_2\text{-}Cu(CH_3COO)_2$. Sogar die bayerische Regierung warnte 1839 davor: „Da der Gebrauch von Tapeten, welche mit arseniksaures Kupfer enthaltenden Pigmenten, dem sogenannten Scheeleschen oder Schweinfurter Grün tingiert sind, dem Bewohner der mit solchen Tapeten ausgeschlagenen Zimmer nach unzweifelhaften Erfahrungen schädlich werden kann, so wird hier Jedermann vor Anwendung solcher Tapeten gewarnt ..." Sattlers Sohn Carl, ein promovierter Chemiker, bestritt in einer wissenschaftlichen Arbeit jegliche Gefahr, und ein Freund der Familie wusste zu berichten: „In den Sattler'schen Wohnhäusern wurde von schweinfurtergrünen Tapeten der ausgedehnteste Gebrauch in jeder Art von Zimmern gemacht, ohne irgend einen Nachteil für die Gesundheit Derer, welche diese Zimmer bewohnten, in ihnen schliefen oder arbeiteten."

Einen zweiten Aufschwung nahm die Schweinfurter Industrie gegen Ende des 19. Jahrhunderts dank der mit den Namen Fichtel, Sachs und Schäfer verbundenen Herstellung von Präzisionskugellagern. Der Grund hierfür lag in einer rasch expandierenden Fahrradindustrie, deren enorme Nachfrage nach Kugellagern befriedigt werden wollte. Waren im Jahr 1900 genau 346 Personen in der Schweinfurter Kugellagerindustrie beschäftigt, so stieg ihre Zahl in nur 10 Jahren auf 3.344 Arbeitnehmer. Dies führte Jahrzehnte später zu unangenehmen Folgen für die Stadt: Dass ein großer Teil der deutschen Wehrmacht auf Schweinfurter Kugellagern rollte, war auch den Kriegsgegnern zu Ohren gekommen: Alliierte Bomber legten die Stadt samt ihrer Industrieanlagen in Schutt und Asche. Ein großer Teil der Kulturdenkmäler wurde dabei unwiederbringlich zerstört, und der nicht gerade behutsam zu nennende Wiederaufbau wirkte sich keineswegs förderlich auf das Stadtbild aus. Die eigene Geschichte aufzuarbeiten vergaß die Stadt bis heute: So ist das Fußballstadion noch immer nach Willy Sachs benannt, obwohl der einstige Besitzer der Kugellager-Firma Fichtel&Sachs ein überzeugter Nationalsozialist gewesen war, der eng mit Himmler und Göring befreundet war. Doch nicht genug: Bis jetzt ist der „SS-Obersturmbannführer" Sachs noch immer „Ehrenbürger" von Schweinfurt ...

Anfahrt/Verbindungen

• *Zug* Der **Hauptbahnhof** liegt ca. zwei Kilometer westlich der Altstadt (ins Stadtzentrum gelangt man am besten mit dem Stadtbus). Es existieren gute Zugverbindungen nach Würzburg sowie über Bad Kissingen und Meiningen nach Erfurt. Östlich der Altstadt liegt der alte **Stadtbahnhof** (Regionalzüge nach Bamberg). Auskunft: ✆ 11861. Busbahnhof am Bahnhof, ✆ 804277.

• *Auto* Das Zentrum von Schweinfurt ist weitgehend als Fußgängerzone ausgewiesen. Gute Parkmöglichkeiten findet man im **Parkhaus am Graben**, **Parkhaus in der Hadergasse** oder im **Parkhaus im „Centrum"** (in der Nähe des Rathauses).

Information/Diverses

• *Information* **Tourist-Information Schweinfurt**, Brückenstr. 20, 97421 Schweinfurt, ✆ 09721/51498, ✆ 09721/51588, www.schweinfurt.de. Hier ist auch ein ausführlicher Stadtführer mit Beschreibung der Sehenswürdigkeiten erhältlich (2 €). Infos zum Nachtleben unter: www.nightfurt.de.

• *Einwohner* 55.000

• *Stadtführungen* Von Mai bis Sept. jeden Sa Treffpunkt um 11 Uhr am Rückert-Denkmal (Marktplatz).

• *Veranstaltungen* **Honky-Tonk-Kneipenfestival**, Ende Juni wird in fast dreißig Kneipen und Open-Air-Bühnen Blues, Salsa, Jazz, Rock und Pop gespielt, www.honky-tonk.de. **Pflasterklang**, Ende September stehen rund ein Dutzend Konzerte auf dem Programm, www.kulturpackt.de.

• *Theater* **Theater der Stadt Schweinfurt**, Roßbrunnstr. 2, ✆ 51475, www.theaterschweinfurt.de.

• *Kino* **Kuk** (Kino und Kneipe), Ignaz-Schön-Str. 32, ✆ 82358; **Weltbio Kinocenter**, Rückertstrasse, ✆ 22140.

• *Eisstadion* **Icedome**. Geöffnet von Mitte Okt. bis Mitte März. Niederwerrner Str. 98, ✆ 796720, www.ervsw.de.

• *Fahrradverleih* **Radsport Hofmann**, Friedrich-Stein-Str. 12, ✆ 24862.

• *Gunnar-Wester-Haus* Hier sind seit 1986 die „Sammlungen Graf Luxburg" über Gegenstände der Feuererzeugung und Beleuchtung von der antiken Öllampe bis zur mittelalterlichen Laterne untergebracht. Martin-Luther-Platz 5. Di–Fr 14–17 Uhr, Sa und So 10–13 und 14–17 Uhr. Eintritt frei!

Fränkisches Weinland
Karte Seite 315

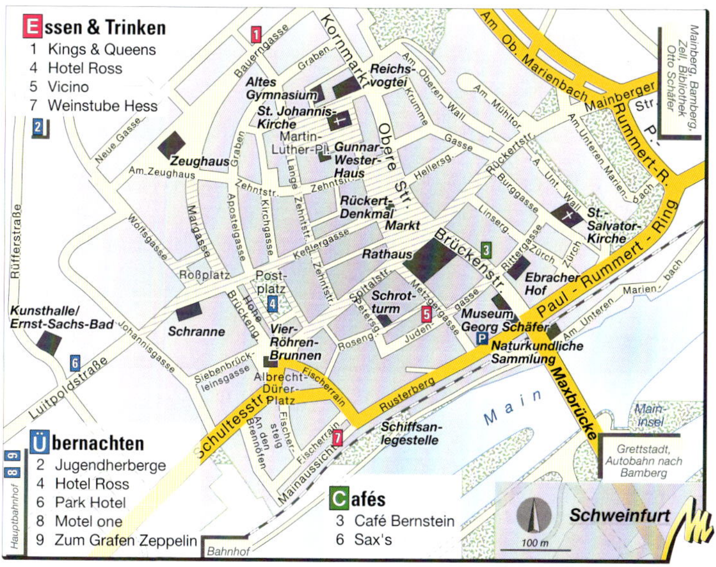

• *Minigolf* Gleich drei Anlagen gibt es hier, eine beim Silvana-Bad, eine am Wildpark an den Eichen und in der Kronacher Str. 9.

• *Naturkundliches Museum* Der Schwerpunkt liegt auf Vogelkunde. Brückenstr. 39. Sa und So 10–13 und 14–17 Uhr, Di–Fr nur 14–17 Uhr. Eintritt frei!

• *Schwimmen* **Silvana**, Sport- und Freizeitbad mit Großwasserrutsche und 10-Meter-Sprungturm sowie ein Hallenbad mit Sauna und Außenbecken. An den Unteren Eichen 1, ✆ 931399. www.silvana.de. 15 Kilometer nordöstlich von Schweinfurt liegt der 33 Hektar große **Ellertshäuser See**.

Essen/Übernachten (siehe Karte S. 319)

**** **Hotel Ross (4)**, anspruchsvolles Hotel mitten im Zentrum, mit Hallenbad und Sauna. Seit 1918 im Besitz der gleichen Familie. Das Restaurant bietet eine große Straßenterrasse und bürgerliche Küche, jedoch nicht einfallslos. Hier trifft sich auch der örtliche Lions Club. Wer Fisch liebt, sollte einmal den gegrillten Wolfsbarsch versuchen. Große Weinauswahl. Günstige Mittagsgerichte, Menü zu 32 €. So Ruhetag. EZ ab 85 €, DZ ab 105 € (jeweils inkl. Frühstücksbuffet). Postplatz 7–9, ✆ 09721/20010, 📠 200113, www.hotel-ross.de.

*** **Park Hotel (6)**, in unmittelbarer Nähe der Kunsthalle Ernst-Sachs-Bad bietet dieses – in einem zugegeben wenig ansprechenden Gebäude – gelegene Hotel insgesamt 39 freundliche und moderne Zimmer, die nach Feng Shui eingerichtet sind. EZ 81 €, DZ 91–115 € (jeweils inkl. Frühstücksbuffet). Am Jägersbrunnen 6a, ✆ 09721/1277, 📠 27332, www.park-hotel-mpm.de.

** **Zum Grafen Zeppelin (9)**, das Hotel liegt rund einen Kilometer außerhalb des Zentrums an der Luitpoldstraße. Fahrradfreundlich. Straßenterrasse. Das italienische Restaurant hat Sonntag Ruhetag, Pizza ab 6 €. Die Zimmer des „Flair-Hotels" kosten für eine Person ab 35 €, das DZ kostet mindestens 50 €. Cramerstr. 7, ✆ 09721/22173, 📠 25472, www.hotelzumgrafenzeppelin.com.

Motel one (8), modernes Kettenhotel in einem Gewerbepark unweit der Autobahnausfahrt. Preislich attraktiv beweist dieses Hotel, dass modernes Design nicht teuer sein muss. Alle Zimmer sind mit Klimaanlage, TV und WLAN ausgestatte, Ein Kind bis zu zwölf Jahren übernachtet kostenfrei und inklusive Frühstück bei den Eltern. EZ ab 39 €, DZ ab 49 €, Frühstück ab 4 €. Strassburger Str. 2, ✆ 09721/675460, 📠 675461, www.motel-one.de.

Kings & Queens (1), der Gastraum ist in hellen Tönen gehalten, am Herd steht der junge Koch Marc Wiederer, der sich einer gehobenen regionalen Küche verschrieben hat, so beim Filet vom Rhöner Weiderind auf Rotweinspinat mit Liebstöckelpüree. Seine Kreationen waren dem Gault-Millau beachtliche 14 Punkte wert. Der Schwerpunkt der Weinkarte liegt auf fränkischen Tropfen. Menüs zwischen 35,50 und 56,50 €, Hauptgerichte etwa 20 €. Di–So ab 18 Uhr, im Juni und Juli auch So Ruhetag. Anfang Aug. drei Wochen Betriebsferien. Bauerngasse 101, ✆ 533242, www.kings-u-queens.de.

Weinstube Hess (7), in der ältesten Weinstube Schweinfurts mundet nicht nur der Rebensaft. Sehr gut sind die frischen Pfifferlinge auf Rosmarinsoße mit Fettucine. Die große Fischauswahl weist auf die Nähe des Mains hin, von dem man leider durch die Bahnlinie getrennt wird. Lecker sind die gebratenen Seeteufelbäckchen auf Fenchel für 16,50 €, Menüs ab 22 €. Nur abends geöffnet, So geschlossen. Anfang Juni zwei Wochen Betriebsferien. Fischerrain 67, ✆ 185888, www.weinstube-hess.de.

Vicino (5), passabler Italiener in Rathausnähe. Große, einladende Straßenterrasse. Nudelgerichte ab 6 €. So Ruhetag. Metzgergasse 14, ✆ 538883.

Sax's (6), direkt bei der Kunsthalle (Ernst-Sachs-Bad) bietet sich dieses modern gestylte Café zum Verweilen an. Günstige Wochenkarte. Große schöne Straßenterrasse, abends Barstimmung. Tgl. 9–24 Uhr, So 11–23 Uhr. Am Jägersbrunnen 6a, ✆ 25509. www.cafe-saxs.de.

Café Bernstein (3), nicht nur bei jüngeren Leuten beliebtes Tagescafé mit großer Straßenterrasse. Gefälliges, modernes Ambiente, abends mit Restaurantbetrieb. Tgl. bis 23 Uhr geöffnet. Brückenstr. 17-21, ✆ 27364.

Eastside, die Schweinfurter Kultdisko im Osten der Stadt. Do bis 3 Uhr, Fr und Sa bis 5 Uhr geöffnet. Schweinfurter Str. 1, Sennfeld, www.disco-eastside.de.

• *Jugendherberge* **Jugendherberge Schweinfurt (2)**, Die Jugendherberge liegt ungefähr fünf Minuten vom Stadtzentrum entfernt. Übernachtung mit Frühstück ab 15,75 €. Niederwerrner Str. 17, ✆ 09721/21404, 📠 23581, www.jugendherberge-schweinfurt.de.

Sehenswertes

St. Johannis: Trotz starker Kriegszerstörungen hat sich die evangelische Stadtpfarrkirche ihren ursprünglichen Charakter bewahren können. Neben spätromanischen Elementen herrschen die Merkmale gotischer Baukunst – wie beim Chor – vor. Auffallend ist die ungewöhnliche Breite des zweischiffigen Querschiffes. Eine gelungene Verbindung von alt und neu stellt der aus Kloster Heidenfeld stammende frühklassizistische Hochaltar dar. Er wurde 1783 von *Materno Bossi* aus Stuckmarmor geschaffen, das Altarbild zeigt eine 1959 von *Adolf Kleemann* gemalte Auferstehungsszene. Die fein gearbeiteten Portale verdienen Beachtung: Das Brautportal am südlichen Querhaus weist z. B. sehr schöne Blattwerkornamente auf.

Rathaus: Mehr noch als Kirchen waren Rathäuser Repräsentationsbauten und die Kosten daher zweitrangig. Nach den Zerstörungen des Zweiten Markgrafenkriegs (1554) flossen erhebliche Mittel in den Rathausbau: Die aufgenommenen Schulden konnten erst nach 44 Jahren getilgt werden. In beherrschender Lage steht das Rathaus auf dem Kreuzungspunkt der vier alten Hauptstraßen der Stadt, kein annähernd so hohes Gebäude befindet sich in seiner Nähe. Der 1570–1572 von *Niklas Hoffmann* ausgeführte Bau ist wohlproportioniert und zählt zu den frühesten Rathäusern im Stil der Renaissance.

Öffnungszeiten Bei Ausstellungen: Di–Fr 10–13 und 14–17 Uhr.

Museen und Galerien der Stadt Schweinfurt (Museum Altes Gymnasium): Die städtischen Sammlungen Schweinfurts widmen sich der Heimatgeschichte von der Frühzeit bis zur Industrialisierung. Das alte reichsstädtische Gymnasium, ein Renaissancebau von 1582, eignet sich vortrefflich für diese historische Dauerausstellung. Im Rückert-Zimmer wird die Erinnerung an den in Schweinfurt geborenen Dichter gepflegt.

Adresse/Öffnungszeiten Martin-Luther-Platz 12. Sa und So 10–13 und 14–17 Uhr, Di–Fr nur 14–17 Uhr. Eintritt: frei!

Museum Georg Schäfer: Durch das im Herbst 2000 eröffnete Kunstmuseum – es befindet sich in der Nähe des Rathauses – ist Schweinfurt um eine Top-Attraktion reicher, und zwar auch in architektonischer Hinsicht. Der renommierte Berliner Architekt *Volker Staab* hat die schwierige Aufgabe, ein Museum auf dem Dach einer drei Meter hohen Tiefgarage zu errichten, mit Bravour gelöst. Das mit Travertin verkleidete Gebäude öffnet sich in den Eingangsbereichen auf zwei Loggien nach außen. Die damit verbundenen Freitreppen schaffen einen fließenden Übergang zum Stadtraum. Im Inneren begeistert das sich über das gesamte Foyer erstreckende Deckenfensterband. Um eine der umfangreichsten Privatsammlungen deut-

Museum Georg Schäfer

scher Malerei (rund 5000 Werke) des 19. und frühen 20. Jahrhunderts zeigen zu können, hat der bayerische Staat 14,5 Millionen Euro für den Museumsbau zur Verfügung gestellt. Die nach seinem Stifter, dem Industriellen *Georg Schäfer*, benannte Sammlung ist chronologisch und thematisch angeordnet. Zum Fundus gehören Werke von Caspar David Friedrich, Georg Ferdinand Waldmüller, Wilhelm Leibl, Max Liebermann, Max Slevogt und Lovis Corinth. Der Höhepunkt der Dauerausstellung ist die Spitzweg-Sammlung (die größte weltweit). Angefangen vom „Bücherwurm" über „Die disputierenden Mönche" bis hin zum „Kaktusfreund" hängt hier ein Original neben dem anderen. Der erste Stock steht für Wechselausstellungen zur Verfügung, Entspannung vom Kunstgenuss findet man im angeschlossenen Museumscafé.

Adresse/Öffnungszeiten Brückenstraße 20. Di–So 10–17 Uhr, Do bis 21 Uhr. Eintritt: 3,50 €, erm. 3 bzw. 1,50 €, Sonderausstellungen (inkl. ständige Sammlung) 7 €, erm. 6 €, www.museumgeorgschaefer.de.

Museum Otto Schäfer: Der Industrielle Otto Schäfer (1912–2000) sammelte leidenschaftlich wertvolle Exponate der Buchkunst, graphische Arbeiten und Kunstdrucke. Zum Museumsfundus gehören Werke von Michael Wolgemut, Albrecht Dürer und Caspar David Friedrich. Hinzu kommen wertvolle Erstausgaben aus der Goethezeit sowie moderne Graphik (Gulbransson, Hrdlicka, Ernst Fuchs etc.).

Adresse/Öffnungszeiten Judithstr. 16 (nordöstlich des Zentrums). Di–Sa 14–17 Uhr, So 10–17 Uhr (geschlossen: Mitte Juli bis Mitte Sept. sowie im Dez.). Eintritt: 3 €, erm. 2 €, www.museumottoschaefer.de.

Kunsthalle im ehemaligen Ernst-Sachs-Bad: Das vom Industriellen Ernst Sachs 1932 gestiftete Hallenbad wurde im Frühjahr 2009 zu einer Kunsthalle umgebaut, in der zeitgenössische Kunst präsentiert wird. Auf insgesamt drei Ebenen wird die neue Ausstellungsfläche bespielt, wobei die ehemalige Schwimmhalle natürlich beste Voraussetzungen für anspruchsvolle Wechselausstellungen bietet. In die Umkleideräume im Erdgeschoss ist die „Galerie für zeitgenössische Kunst in Franken" eingezogen, die zuvor in der alten Reichsvogtei zu sehen war. Die Untergeschosshalle ist für die Dauerpräsentation von Werken zur deutschen Kunst der Zwischenkriegsjahre (Sammlung Hierling) reserviert, die sich dem Expressiven Realismus widmet.

Adresse/Öffnungszeiten Rüfflerstr. 4. Di–So 10–17 Uhr, Do bis 21 Uhr. Eintritt: 3,50 €, erm. 2,50 €. www.kunsthalle-schweinfurt.de.

Umgebung

▸**Schloss Mainberg**: Östlich von Schweinfurt liegt das ehemals hennebergische Schloss malerisch auf einer Erhebung am nördlichen Mainbogen. Die Burg wurde im Bauernkrieg niedergebrannt. Im Tausch gegen Meiningen

Friedrich Rückert in Denkerpose

gelangte die wiedererrichtete Burg 1552 zum Entsetzen der Schweinfurter an das Hochstift Würzburg, das dadurch direkt vor den Toren der protestantischen Reichsstadt Fuß fassen konnte. Der größte Teil der Bausubstanz des vierflügeligen Schlosses ist spätgotisch, allerdings wurden von privaten Besitzern im 19. Jahrhundert diverse bauliche Veränderungen in die Wege geleitet. Eine Innenbesichtigung ist nicht möglich.

▸ **Schloss Werneck**: Würde man einen Preis für das schönste deutsche Krankenhaus ausschreiben, stände das von einem weitläufigen Park umgebene Schloss Werneck ganz oben auf dem Podest. Für *Georg Dehio*, den 1932 verstorbenen Altmeister der deutschen Kunsthistoriker, stellt Schloss Werneck gar den „vollkommensten Schlossbau des deutschen Barock" dar. Nachdem der in Wien als Reichsvizekanzler amtierende *Friedrich Carl von Schönborn* 1729 zum Bischof von Bamberg und Würzburg gewählt worden war, beauftragte er *Balthasar Neumann* mit dem Bau einer repräsentativen Sommerresidenz an der Wern. Von 1733–44 wurde das Schloss als dreiflügelige Anlage mit vier vorgezogenen Eckpavillons errichtet, wobei der Bauherr und sein Wiener Architekt *Lucas Hildebrandt* korrigierend in die Neumannschen Pläne eingegriffen haben. Besonders gelungen ist die Schauseite zum Garten. Von der originalen Inneneinrichtung blieb nur die Schlosskapelle im Nordwestpavillon erhalten.

▸ **Maria Sondheim bei Arnstein**: Die Wallfahrtskirche Maria Sondheim besitzt ungewöhnlich viele schön gearbeitete Grabsteine und Epitaphien, größtenteils solche des Rittergeschlechts von Hutten, dem die Kirche als Grablege diente. An der Südwand steht ein Gedenkstein von Loy Hering mit der ältesten deutschen Darstellung nackter Indianer. Er erinnert an Philipp von Hutten, der im Auftrag des Handelshauses Welser zwei große Erkundungsreisen durch Südamerika unternahm und 1546 in Venezuela ermordet wurde. Der Chor wartet mit einem farbenfrohen Deckengemälde zur Seeschlacht von Lepanto von J. Philipp Rudolf (1770) auf. Über den Schiffen des Sultans zucken die Blitze, während die christliche Flotte mit göttlicher Hilfe zum Sieg geführt wird.

Volkach

Die Mainschleife bei Volkach gehört zu den eigenwilligsten und schönsten Abschnitten des Flusses. Vielleicht haben ja auch Weinreben einen Sinn für Ästhetik, denn rund um die Volkacher Mainschleife reifen besonders edle Trauben heran, berühmt ist die Weinlage Volkacher Kirchberg.

Zusammen mit seiner Schwestersiedlung Obervolkach wurde der Ort vor rund 1100 Jahren dem Kloster Fulda überschrieben. Später traten die *Grafen von Castell* an die Stelle der Fuldaer Äbte. Die Castellschen Grafen bauten Volkach in der Mitte des 13. Jahrhunderts zur befestigten Stadt aus, 1520 trat das Hochstift Würzburg an ihre Stelle. Das historische Flair ist noch heute spürbar: Volkach erstreckt sich zwischen zwei Tortürmen längs einer breit angelegten Hauptstraße. Zum Main hin sind noch Mauern und Türme der Stadtbefestigung erhalten. Das prächtige Rathaus unterstreicht, dass es den Volkachern durch ihren ertragreichen Weinbau nicht an Selbstbewusstsein mangelte. Der Renaissancebau weist eine für Unterfranken typische doppelläufige Treppe auf. Einen Besuch wert ist die spätgotische Stadtpfarrkirche *St. Bartholomäus* mit ihrem auffallend quadratischen Turm und einer reich stuckierten Decke. Die meisten Bürgerhäuser stammen aus dem 17. und 18. Jahrhundert. Besonders reich gegliedert ist die barocke Fassade des *Schelfen-*

hauses, des Wohnsitzes eines ehemaligen Ratsherrn. Im Festsaal des Hauses finden bei Kerzenlicht Weinproben statt, die das Verkehrsamt für interessierte Gruppen organisiert. Für Reisende sehr interessant ist das große Angebot an guten Restaurants und Hotels, die in der Altstadt zu finden sind.

Information/Diverses

- *Information* **Tourist-Information Volkacher Mainschleife**, Rathaus, Marktplatz 1, 97332 Volkach, ✆ 09381/40112, 📠 09381/40116, www.volkach.de.
- *Einwohner* 5500
- *Verbindungen* **Bus bzw. Bahn**, über Seligenstadt nach Würzburg, über Dettelbach nach Kitzingen, über Gaibach bzw. Fahr nach Schweinfurt.
- *Mainschifffahrt* April bis Ende Okt. flussaufwärts nach Wipfeld und wieder zurück nach Volkach. Termine: Mo–Fr um 14 Uhr, an Wochenenden u. Feiertagen auch um 10, 12, 14 und 16 Uhr. Kosten: 9 €, erm. 6 €, www.mainschiffahrt.info.
- *Fahrradverleih* **2-Rad Weissenseel**, Im Seelein 14, ✆ 3988.
- *Kanuverleih* Familie Höhn, Köhler 31, Volkach-Köhler, ✆ 9253, www.weingut-hoehn.de.
- *Reiten* Reitverein Obervolkach, ✆ 9963.
- *Schwimmen* Städtisches **Freibad** in der Fahrer Straße, ✆ 40157. Städtisches **Hallenbad**, unter der Woche nur abends geöffnet, ✆ 40158.
- *Stadtführungen* Jeden Samstag April–Okt. um 10.30 Uhr mit Besichtigung des Schelfenhauses und des Museums „Barockscheune". Treffpunkt: Rathaus Volkach. Teilnahmegebühr: 2,50 €.
- *Museum Barockscheune* In einer Scheune mit Mansardwalmdach informiert eine Ausstellung über die Stadtgeschichte sowie die Kulturlandschaft der Mainschleife. Sonderausstellungen. Adresse: Weinstr. 7. Geöffnet: April–Okt. Fr 14–17 Uhr, Sa und So 11–17 Uhr. Eintritt: 2 €, erm. 1 €. www.museum-barockscheune.de.
- *Weinbauliche Führungen* Von Mitte Mai bis Okt. veranstaltet das Verkehrsamt samstags um 16 Uhr Führungen auf verschiedenen Rebsortenlehrpfaden, selbstverständlich mit Weinprobe. Informationen zu den genauen Terminen im Verkehrsamt. Teilnahmegebühr: 9 €.
- *Weinfest* Jedes Jahr im August wird in Volkach das **Fränkische Weinfest** gefeiert.
- *Weingut* Im Ortsteil Escherndorf, einem der berühmtesten Weinbauorte Frankens, liegt das Weingut **Michael Fröhlich**, Bocksbeutelstr. 41, ✆ 2847. Die Weine reifen überwiegend in Edelstahlgebinden, edle Tropfen werden in Holzfässern ausgebaut. Verkauf Mo–Sa 9–18 Uhr, www.weingut-michael-froehlich.de.

Essen/Übernachten

Zur Schwane (5), seit rund 600 Jahren ist das Romantik-Hotel das erste Haus am Platz. Die Küche stellt sicher auch anspruchsvolle Feinschmecker zufrieden (Menüs von 39,50 bis 58 €, 15 Punkte bei Gault Millau), kredenzt werden edle Tropfen aus dem eigenen Weingut (hauptsächlich Silvaner und Riesling). Besonders schön sitzt man im Innenhof. Nichtraucherrestaurant. Montagmittag und in den Weihnachtsferien geschlossen. Das Hotel gefällt mit seinen geschmackvoll modernen Zimmern. Extras: Fahrradverleih. EZ ab 64 €, DZ ab 105 € (jeweils inkl. reichhaltigem Frühstücksbuffet). Hauptstr. 12, ✆ 09381/80660, 📠 806666, www.schwane.de.

Kreuzer (2), das zu einem Hotel ausgebaute stattliche Anwesen aus dem 16. Jahrhundert begeisterte Leserin Gerlinde Braun: „Hier ist es wirklich märchenhaft schön! Überaus angenehme Atmosphäre und wunderschöne Zimmer! Hier stimmt alles bis aufs I-Tüpfelchen." Diesem Lob braucht man nicht viel hinzuzufügen. EZ ab 50 €, DZ 80 € (inkl. Frühstücksbüffet). Hauptstr. 33, ✆ 09381/80720, 📠 807211, www.hotelkreuzer-volkach.de.

Vier Jahreszeiten (3), Hotel mit Flair in einem schmucken Renaissancehaus. Die Zimmer sind liebevoll mit teilweise antikem Mobiliar und Himmelbetten eingerichtet. Zum Hotel gehört das ansprechende Restaurant & Weinlounge Sachs, das mit 14 Gault-Millau-Punkten bewertet wurde. Menüs zu 55, 57 und 72 €. EZ ab 80 €, DZ ab 120 € (inkl. Frühstück). Hauptstr. 31, ✆ 09381/

Fränkisches Weinland
Karte Seite 315

84840, ✆ 848444, www.restaurant-sachs.de.

Behringer (4), das Hotel mit seinen modernen Zimmern befindet sich gleich neben dem Rathaus. Das Wirtshaus im Erdgeschoss (Ratsherrenschänke) präsentiert sich bodenständig mit modernem Touch, während die Marktblickstuben im Obergeschoss nach Höherem streben. Lobenswert ist, dass beim Frühstück Obst, knusprige Brötchen, hausgemachte Marmelade und Brot aus ökologischem Anbau sowie Vollwertmüsli angeboten werden. EZ ab 47 €, DZ ab 80 € (inkl. Frühstücksbuffet). Marktplatz 5, ✆ 09381/8140, ✆ 814299, www.hotel-behringer.de.

Zur Rose (6), ein Haus mit Tradition (1690 erstmals erwähnt), zudem das Geburtshaus des fränkischen Malers Peter Geist. Der preislich im gehobenen Mittelfeld anzusiedelnde Gasthof besitzt ein eigenes Weingut und eine Brennerei. Von der Straßenterrasse hat man einen schönen Blick auf das Sommeracher Tor. Angefügt ist ein modernes, sehr komfortables Hotel mit gehobenem Niveau, Zimmer teilweise mit Balkon. Fahrradverleih (6 €). EZ ab 52 €, DZ ab 85 € (inkl. Frühstücksbüffet). Oberer Markt 7, ✆ 09381/8400, ✆ 840333, www.rose-volkach.de.

Schloss Hallburg, in den alten Gemäuern der Hallburg befindet sich seit 1991 ein an-

Volkach: Barocke Portale finden sich überall in der Altstadt

sprechender Gastronomiebetrieb (die Hallburg liegt rechts von der Straße nach Sommerach). Wöchentlich wechselnde Speisekarte, großer Wein- bzw. Biergarten mit Lindenbäumen. Von Juni bis Sept. So 11 Uhr Jazz-Frühschoppen, im Winter Mo und Di Ruhetag. ✆ 2340, www.schlosshallburg.de.

Weinstube Torbäck (1), in der alten Backstube und im urigen Gewölbekeller werden zu den fränkischen Spezialitäten und Grillgerichten (ab 13 €) ausgesuchte Weine gereicht. Günstig ist der Torbäckschoppen: 0,25 l für 2,20 €. Mo geschlossen, Di ab 17 Uhr. Hauptstr. 35, ✆ 803506.

Weingut-Pension Höhn, vier moderne Gästezimmer in einem Weingut. Extras: Kanuverleih. Übernachtung mit Frühstück ab 20 €. Köhler 31, Volkach-Köhler, ✆ 09381/9253, ✆ 4792, weingut-hoehn-koehler@t-online.de, www.weingut-hoehn.de.

• *Camping* **Campingplatz Ankergrund**, empfehlenswerter Platz in schöner Lage mit Gaststätte liegt direkt am Main. Von April bis 4. Okt. geöffnet. 2 Pers. zahlen für einen Stellplatz rund 20 €. Fahrer Str, ✆ 09381/6713, ✆ 4114, www.campingplatz-ankergrund.de.

Campingplatz Mainschleife, geöffnet von April bis Okt. Im Ortsteil Escherndorf, an der Güß 9A, ✆ 09381/2889, www.camping platz-escherndorf.de.

Camping Katzenkopf, 1.4.–20.10. geöffnet. Ein Stück mainabwärts kann man in Sommerach an einem Badesee campieren, ✆ 09381/9215, ✆ 6028, www.camping-katzen kopf.de.

Sehenswertes

St. Maria im Weingarten: Die aus der ältesten Pfarrkirche Volkachs hervorgegangene Wallfahrtskirche steht etwas außerhalb von Volkach auf einer kleinen Anhöhe inmitten von Weinstöcken. Ungefähr seit der Mitte des 15. Jahrhunderts strömten die Pilger zum Gnadenbild der Schmerzensmutter. Das kunsthistorische Glanzstück der Innenausstattung ist die von Tilman Riemenschneider in den Jahren 1521–1524 geschaffene Rosenkranzmadonna aus Lindenholz; es handelt sich um eines seiner letzten Werke. Die Muttergottes wird von einem ovalen Kranz geschnitzter Rosen mit fünf Medaillons, die Szenen aus dem Leben Marias darstellen, umrahmt. Das Schmuckstück geriet 1962 durch einen spektakulären Raub in die Schlagzeilen. Da die Diebe jedoch erfahren mussten, dass ein Kunstwerk dieser Größe und Bedeutung unverkäuflich ist, erpressten sie ein Lösegeld; 100.000 Mark wurden von einer Illustrierten (Stern) aufgebracht. Die ausgelöste Madonna war allerdings stark beschädigt, so dass sie erst aufwendig restauriert werden musste, bevor sie, nun elektronisch gesichert, an ihren angestammten Platz zurückkehren konnte.

Öffnungszeiten Tgl. 9.30–12 Uhr und 13.30–18 Uhr (im Winter bis 17 Uhr), Ausnahmen: So 10–12 und 13–17 Uhr. Eintritt: 1 €.

Umgebung

▸ **Kartause Astheim**: In dem nur unweit von Volkach gelegenen Dorf Astheim sind noch die Kirche und weitere Gebäude des 1803 säkularisierten Kartäuserklosters Pons Mariae zu besichtigen. Die lang gestreckte einschiffige Klosterkirche ist ein nachgotischer Bau. Schön anzusehen sind das Netzgerippe und der mächtige barocke Hochaltar. Seit dem Sommer 1999 beherbergt das angegliederte Priorat einen Ableger des Würzburger Diözesanmuseums. Die Dauerausstellung, zu deren Höhepunkten eine Sammlung von Hinterglasbildern gehört, widmet sich dem Themenkomplex „Bild und Frömmigkeit". In der Klosterkirche und im Kellergewölbe der Kartause finden regelmäßig Konzerte und andere kulturelle Veranstaltungen statt.
Öffnungszeiten des Museums Fr–So 14–17 Uhr, im Winter nur So/Fei 14–17 Uhr. Eintritt: 2,50 €, erm. 1,75 €, www.museen.bistum-wuerzburg.de/astheim.

▸ **Konstitutionssäule**: Kein Geringerer als Leo von Klenze hat die innen begehbare, 32 Meter hohe klassizistische Säule entworfen. Sie erinnert an die 1818 von Max I. Joseph erlassene bayerische Verfassung. Auftraggeber war Graf Franz Erwein von Schönborn, der mit diesem Bauwerk die Verfassung als freiheitliches Fanal würdigen wollte. Von der Spitze der nördlich von Gaibach im Park des Gaibacher Schlosses aufgestellten Konstitutionssäule bietet sich ein herrlicher Rundblick.

▸ **Gaibach**: In dem kleinen Ort Gaibach haben gleich zwei große Barockbaumeister ihre Spuren hinterlassen. Die einschiffige katholische *Pfarrkirche zur Heiligen Dreifaltigkeit* wurde 1742–1745 nach den Plänen von Balthasar Neumann mit einer für ihn typischen Kuppelhaube erbaut. Die andere Gaibacher Sehenswürdigkeit, das ehemalige *Wasserschloss*, liegt schräg gegenüber. Nachdem das Schloss 1650 in den Besitz der Grafen von Schönborn gekommen war, erfolgte 1694–1710 ein barocker Umbau unter der Leitung von *Johann Leonhard Dientzenhofer*.

▸ **Sommerach**: Das uralte Winzerdorf mit seiner Stadtmauer und Türmen ist Weinfreunden wegen seines *Katzenkopf*, einer sonnigen Weinlage, bekannt. Das Dorf selbst bietet zwar keine besonderen Sehenswürdigkeit, ist aber in seiner Gesamtheit recht charakteristisch für die Städtchen am Unterlauf des Mains.

Fränkisches Weinland
Karte Seite 315

Radwandern im Maintal

Durch das gesamte Maintal von Bamberg bis Aschaffenburg führt ein markierter Radwanderweg. Ohne nennenswerte Steigungen folgt er die meiste Zeit direkt dem Lauf des Mains. Dabei wechseln sich die charakteristischen Landschaften der breiten Untermainebene mit den schmalen Talabschnitten entlang des Spessarts und des Odenwaldes ab. Wer die gesamte Strecke abradeln will, muss mit Besichtigungen rund eine Woche veranschlagen. Zurück kommt man bequem mit dem Zug, da alle größeren Städte über eine Bahnverbindung verfügen.

Markierung: grünes Zeichen mit weißem MR (Maintal-Radwanderweg), Radwanderkarte „Maintal Radwanderweg", 1:100.000, erhältlich bei den Fremdenverkehrsämtern und im Buchhandel. ADFC-Radtourenkarte „Mainfranken/Taubertal", 1:150.000, Bielefelder Verlagsanstalt.

Wandern

Über den Volkacher Kirchberg nach Zeilitzheim: Diese Wanderung verbindet geschickt mehrere Sehenswürdigkeiten aus dem Volkacher Raum. Von *Volkach* aus geht es zuerst an einem Stationsweg entlang durch das Weinbaugebiet Volkacher

Kirchberg zur Wallfahrtskirche *St. Maria im Weingarten*, dann weiter in Richtung Norden nach *Gaibach* (Schloss und Pfarrkirche). Hier bietet sich ein kleiner Abstecher zur Konstitutionssäule an, bevor man sich nach *Zeilitzheim* wendet. Auch dieser Ort kann mit einem Schlossbau (Frühbarock) aufwarten, der sich längst zu einem regionalen Kulturzentrum etabliert hat (www.barockschloss.de). Bis hierher ist der Weg durchgehend mit einem blauen M markiert. Zurück nach Volkach folgt man entweder der kleinen Landstraße von Zeilitzheim über Obervolkach oder man orientiert sich an dem links der Straße fließenden kleinen Bächlein namens Volkach und sucht sich seinen eigenen Weg unterhalb der Ruine Stettenburg. (Wegstrecke: rund 15 Kilometer)

Dettelbach

Dettelbach ist ein typisches mainfränkisches Winzerstädtchen mit allen wesentlichen Merkmalen: einer fast vollständig erhaltenen Stadtmauer, kopfsteingepflasterten Gassen, Fachwerkhäusern und einem das Stadtbild dominierenden Rathausbau.

Dettelbach sei „der verkörperte Dornröschentraum mit Stallgeruch", behauptete einer, der es wissen müsste: Der Schriftsteller und Kirchenkritiker *Karlheinz Deschner*, ein passionierter Franke, ist in dem hübschen Städtchen einst zur Schule gegangen und verbindet damit eher traumatische Erlebnisse.

Dettelbach ist ein uraltes fränkisches Dorf; es wurde erstmals 741 – im gleichen Jahr, in dem Bonifatius das Bistum Würzburg gründete – urkundlich genannt. Dies war wohl kein Zufall, denn mit Würzburg blieb Dettelbach seither eng verbunden: 1484 wurden den Dettelbachern vom Würzburger Fürstbischof *Rudolf von Scherenberg* die Stadt- und Marktrechte verliehen. Aus dieser Zeit stammt auch die Stadtbefestigung. Die Mauertürme sind einer bestimmten Ordnung gemäß rund um die Stadtmauer angeordnet: auf zwei kleinere, folgt stets ein größerer. Ein beträchtlicher Teil von einst 52 Türmen ist erhalten geblieben und wurde vielfach in Wohnhäuser miteinbezogen. Sehenswert sind die barock ausgestattete Pfarrkirche St. Augustin sowie das spätgotische Rathaus. Letzteres besitzt eine doppelläufige Freitreppe und einen Durchgang im Erdgeschoss. Entlang der Hauptstraße fließt ein beschauliches Bächlein mitten durch den alten Stadtkern, in dem ein halbes Dutzend guter Restaurants und Hotels zu finden sind.

• *Information* **Kultur- und Verkehrsamt**, Rathausplatz 1, 97337 Dettelbach, ✆ 09324/3560, 📠 09324/4981, www.dettelbach.de.

• *Einwohner* 6600 (Gemeinde)

• *Verbindungen* Busverbindungen nach Würzburg (8102) und Kitzingen (8110).

• *Feste* **Altstadtweinfest** im Juni.

• *Handwerkermuseum* Exponate fränkischer Handwerkskunst. Sonntagsnachmittags und nach Vereinbarung geöffnet, ✆ 2321.

• *Schwimmen* **Hallenbad** in der Realschule, Luitpold-Baumann-Str. 37, ✆ 676. Geöffnet: Mo 16.30–22 Uhr, Mi 12–19 Uhr, Do 15–21 Uhr, Fr 13–17 Uhr, Sa 14–22 Uhr und So 8–17 Uhr.

• *Kino* **Cineworld**, www.cineworld-main.de

• *Weingut* Mit 23 Hektar Anbaufläche zählt das Weingut **Georg Apfelbacher** zu den Riesen der Branche. Kellerei im ehemaligen Zehntkeller. Neuseser Str. 3, ✆ 869, www.apfelbacher-wein.de.

• *Essen/Übernachten* **Grüner Baum**, uriger Gasthof mit 500 Jahre alten Gewölben. Forelle Müllerin 9,50 €. Von So 15 Uhr bis Di 17 Uhr geschlossen. EZ ab 39 €, DZ ab 58 €. Falterstr. 2, ✆ 09324/97230, 📠 972333, www.gruener-baum-dettelbach.de.

**** **Franziskaner**, seit alters her ist bekannt, dass Wallfahrer großen Hunger und Durst mitbringen. So ist auch in Dettelbach gleich neben der Wallfahrtskirche ein Gasthof zu finden. Schöne Terrasse mit alten Kastanienbäumen. Die geschmackvollen Zimmer des Hotel sind groß, modern und ruhig. Den Gästen steht ein Wellness-Bereich mit Sauna, Dampfgrotte und Fitness zur Verfügung. EZ ab 70 €, DZ ab 85 €. An der Wallfahrtskirche, ☏ 09324/973030, 973059, www.dettelbach-hotel.de.

Restaurant Himmelstoß, selbst der schöne Innenhof des Feinschmeckerlokals (eigenes Weingut, 15 Gault-Millau-Punkte) bietet eine noble Atmosphäre. Gehobenes, aber nicht überteuertes Preisniveau, empfehlenswert ist das Spanferkel mit sautierten Pfifferlingen. Zuvorkommender Service, Menüs zu 36 €, 47 € und 58 €. Mo und Di Ruhetag. Bamberger Str. 3, ☏ 4776, www.kuffer-herbert.de.

Zum Bacchus, einfacher Gasthof mit Gärtchen direkt am Bach. Bacchuspfännle mit Schweinemedaillons und Spätzle für 10,50 €. Die meisten Schoppenweine kosten um die 2,30 €. Mi Ruhetag. Häfnermarkt 5, ☏ 778.

Galeria, nettes Eiscafé mit schöner, schattiger Straßenterrasse direkt unterhalb der Kirche. Günstige Eisbecher und für alle Weinfreunde gibt es sogar ein Silvaner-Eis! Nur im Sommerhalbjahr geöffnet. Kirchplatz 2, www.eiscafegaleria.de.

• *Camping* **** **Camping Mainblick**, mit Swimmingpool. Von April bis Okt. geöffnet, zusätzlich zwei Ferienwohnungen zu je 40 € für 2 Pers. Im Ortsteil Schwarzenau direkt am Main gelegen, Nachtigallenstr. 31, ☏ 09324/605, 3674, www.camping-mainblick.de.

Einkaufen wie anno dazumal

Sehenswertes

Wallfahrtskirche Maria im Sand: Die ein Stück außerhalb von Dettelbachs Altstadt liegende Wallfahrtskirche war im 16. und 17. Jahrhundert der meistbesuchte Wallfahrtsort in ganz Mainfranken. Der Vorgängerbau aus dem frühen 16. Jahrhundert, eine Kapelle, wurde kurzerhand zum Chor umfunktioniert, als man 1610–1613 im Auftrag von Julius Echter einen Neubau errichtete. Maria im Sand ist ein typisches Beispiel für die „Echter-Gotik“ bzw. den „Juliusstil“. Wie alle unter der Ägide des Fürstbischofs Julius Echter von Mespelbrunn entstandenen Kirchen ist auch Maria im Sand ein eindrucksvolles Baudenkmal der fränkischen Gegenreformation. Die Wallfahrtskirche weist noch das von Echter favorisierte schwarze Kirchendach auf. Julius Echter selbst hat sich neben Petrus und Paulus sowie anderen Figuren im prunkvollen Westportal mit seinem Wappen verewigen lassen. Optischer Glanzpunkt im Inneren ist der in der Vierung stehende *Gnadenaltar* von *Antonio Bossi.* Er wurde 1778 aus Stuckmarmor gefertigt und weist sowohl Rokoko- als auch klassizistische Elemente auf.

Umgebung

▸ **Münsterschwarzach**: In Münsterschwarzach ist einer der seltenen gelungenen Kirchenbauten aus dem „Dritten Reich“ zu bewundern und ein außerordentlicher Verlust zu beklagen. Die *Benediktinerabtei St. Felicitas* ist eines der ältesten Klöster Frankens. Es wurde im frühen 9. Jahrhundert als Frauenkloster gegründet und 877 in ein Männerkloster umgewandelt. Von 1696–1726 erfolgte ein barocker Neubau der Abtei nach Plänen von *Pezzani* und *Greising*, zu dem *Balthasar Neumann* eine grandiose Klosterkirche beisteuerte, die von *Giovanni Battista Tiepolo* ausgemalt wurde. Fürstbischof Friedrich Carl von Schönborn behauptete von der 1743 vollendeten Kirche, dass „kaum in dem ganzen teutschland eine schönere oder gleiche wird zu finden sein". Während der Säkularisation erfolgte 1803 die Auflösung des Klosters, 1810 wurde die Kirche durch einen Blitzschlag stark beschädigt und danach abgetragen, nur ein Modell im Bayerischen Nationalmuseum in München erinnert heute noch an den prachtvollen Bau. 1913 kehrten die Benediktiner nach Münsterschwarzach zurück. Von 1935–1938 entstand nach Plänen von *Alfred Bosslet* und unter tatkräftiger Mithilfe der Mönche die heutige Abteikirche. Dieser an historischen Vorbildern orientierte, aber dennoch moderne Kirchenbau ist einer der wenigen monumentalen Sakralbauten aus der Hitler-Zeit. Bereits 1942 wurden die Benediktiner von den Nationalsozialisten aus dem Kloster gejagt; sie konnten erst nach Kriegsende wieder zurückkehren.

Kitzingen

Kitzingen ist einer der ältesten Orte am Main. 1995 konnte die Stadt ihren 1250. Geburtstag feiern. Nicht grundlos weist das Stadtwappen eine Brücke auf, denn seine Bedeutung verdankt Kitzingen der Mainbrücke, zu deren Schutz die Stadt im Mittelalter ausgebaut worden war.

Ungefähr im 13. Jahrhundert dürfte Kitzingen den rechtlichen Status einer Stadt erlangt haben. Aus dieser Zeit stammt auch der heutige, innere Mauerring. An seiner Südseite, in der Kapuzinergrabengasse, ist noch ein Teil dieser relativ rechteckig angelegten Befestigung erhalten, außerdem im Norden der mächtige Marktturm. Von der äußeren Stadtmauer, die in die zweite Hälfte des 15. Jahrhunderts datiert wird, künden noch der Falterturm und die Mauern an der Mainseite. Auftraggeber für diese Erweiterung der Stadtmauer waren die Markgrafen von Brandenburg, die seit 1443 über Kitzingen herrschten. Als markgräfliche Stadt schloss sich Kitzingen schon früh der Reformation an, was erhebliche Probleme mit sich brachte, als die Stadt 1629 durch Pfandeinlösung wieder an das Hochstift Würzburg zurückfiel. Fürstbischof *Philipp Adolf von Ehrenburg* betrieb vehement die Rekatholisierung und ließ die verbleibenden Protestanten, rund 1.000 Einwohner, rigoros aus der Stadt weisen. Erst nach Ende des Dreißigjährigen Krieges setzte sich die Einsicht durch, dass die Einnahmen am besten fließen würden, wenn in Kitzingen die Bürger unterschiedlicher Konfessionen friedlich nebeneinander lebten.

Der schwärzeste Tag in der Geschichte Kitzingens war der 23. Februar 1945: Wenige Wochen vor Kriegsende wurde die Stadt mit einem vernichtenden Bombardement überzogen, das zahlreiche alte Gebäude zerstörte und darüber hinaus knapp 700 Menschenleben forderte. Die Kriegsschäden sind auch heute noch nicht zu übersehen; schmerzhaft vermisst man das historische Flair anderer Mainstädtchen. Dafür besitzt Kissingen ein großes Gewerbegebiet und in der näheren Umgebung noch eine ausgeprägte Landwirtschaft, die nicht nur in Franken für ihren guten Spargel bekannt ist.

- *Information* **Touristinfo**, An der Alten Mainbrücke, 97318 Kitzingen, ✆ 09321/920019, 📠 09321/21146, www.kitzingen.info.
- *Einwohner* 21.000
- *Verbindungen* Bahnverbindungen nach Iphofen, Dettelbach und Würzburg, Busverbindungen nach Marktbreit und Sulzfeld.
- *Fahrradverleih* **Fahrrad Mattaei**, Schrannenstraße.

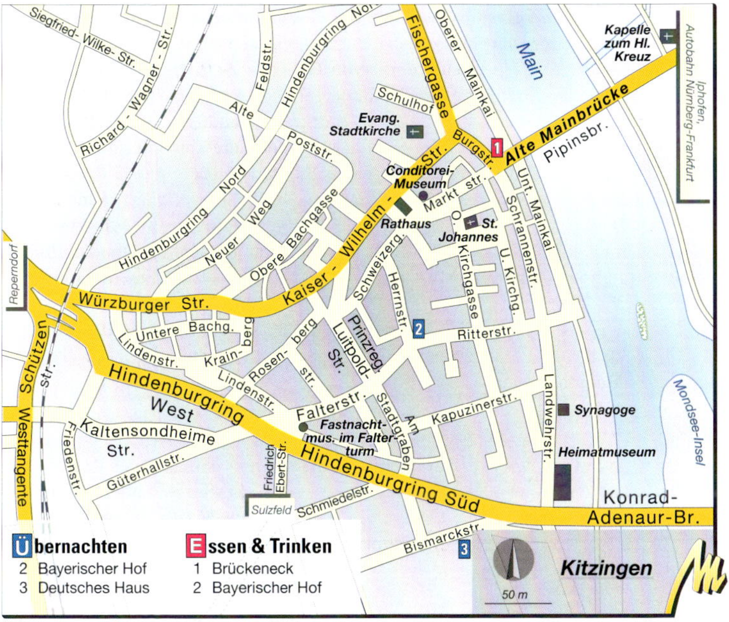

Fränkisches Weinland
Karte Seite 315

• *Minigolf* Am Bleichwasen, ✆ 31197. Tgl. 14–21 Uhr, So schon ab 10 Uhr.

• *Schwimmen* Städtisches **Freibad** auf der Mondseeinsel mit 10-Meter-Sprungturm und Riesenrutsche. Sole-**Hallenbad** an der Marktbreiter Straße.

• *Städtisches Museum* Heimatmuseum, Landwehrstr. 23, ✆ 200272. Das Stadtmuseum informiert über die Stadt-, Wirtschafts- und Kulturgeschichte Kitzingens sowie über die Siedlungsgeschichte des Landkreises. Di–Fr 15–18 Uhr, Sa und So 14–17 Uhr. Eintritt: 2 €

Deutsches Fastnachtmuseum, s. „Sehenswertes".

• *Weinproben* Stilvolle Weinproben sind nach Vereinbarung im alten Klosterkeller, dem ältesten deutschen Weinkeller, möglich. Alte Poststraße, Fr 11–18 und Sa 10–13 Uhr, ✆ 700589.

• *Essen/Übernachten* **Bayerischer Hof (2)**, traditionsreicher Gasthof in der Altstadt, in dessen zünftigen Räumen sich auch der örtliche Lions-Club trifft. Regionale Küche, darunter eine Lammhaxe mit Rösti und Salat für 11,80 €. Straßenterrasse. Zum Hotel gehört ein kleines Hallenbad. EZ 52 €, DZ ab 72 €. Herrnstr. 2, ✆ 09321/1440, Fax 14488, www.bayerischerhof.info.

Brückeneck (1), moderne Mischung zwischen Restaurant und Bar, alles in hellen, beigefarbenen Tönen gehalten. Die coolste Adresse in Kitzingen. Schöne Terrasse zum Main sowie Straßenterrasse. Alte Burgstr. 2, ✆ 922680.

*** **Deutsches Haus (3)**, modernes, funktionales Hotel. EZ ab 52 €, DZ ab 72 €. Bismarckstr. 8–10, ✆ 09321/91690, Fax 916955, www.deutsches-haus-hotel.de.

• *Camping* **Schiefer Turm**, der Campingplatz, liegt unter schattigen Bäumen am Mainufer. April–Sept. geöffnet. Marktbreiter Str. 20, ✆ 33125, Fax 384795, www.camping-kitzingen.de.

Sehenswertes

Altstadt: Ein schöner, lang gestreckter Bau ist das *Rathaus*. In den Jahren 1561–1563 von Hans Eckhardt von Schaffhausen geschaffen, kommt der massive Bau mit den drei Dachgeschossen durch seine Ecklage besonders gut zur Geltung. Nur wenige Schritte davon entfernt erhebt sich die katholische Pfarrkirche *St. Johannes der Täufer*. Die dreischiffige Hallenkirche gilt als eines der bedeutendsten spätgotischen Gotteshäuser Frankens. Das Hauptportal ziert ein sehenswertes Tympanon mit dem Jüngsten Gericht (um 1400), während im Westportal an gleicher Stelle die Krönung Marias zu sehen ist. Die evangelische *Pfarrkirche* ist seit 1817 in der ehemaligen Benediktinerinnenabtei und späteren Ursulinerinnenklosterkirche untergebracht. Auffallend ist die reich gegliederte und in den Farben Weiß und Gelb gehaltene Fassade.

Kitzingens Pfarrkirche

Deutsches Fastnachtmuseum: Nicht etwa am Rhein, sondern in Kitzingen ist das einzige deutsche Fastnachtmuseum zu finden. In sieben Geschossen des Falterturms, den man wegen seiner schrägen Dachspitze auch gerne den „Schiefen Turm" nennt, wird die Geschichte des Fastnachtstreibens in Deutschland dokumentiert. Angefangen bei den keltisch-germanischen Vorfrühlingskulten über die mittelalterlichen Zunftbräuche bis zum politisch motivierten bürgerlichen Carneval des 19. Jahrhunderts werden die fastnächtlichen Bräuche anhand von Bilddokumenten, Masken und Kostümen dargestellt.

Adresse/Öffnungszeiten Falterstr. 23, ✆ 23355. Mo-Fr 9-12 Uhr und 14-16 Uhr, Sa und So 14–17 Uhr. Eintritt: 2,50 €, erm. 0,50 €.

Umgebung

▸ **Etwashausen**: Am anderen Mainufer, Kitzingen gegenüber, liegt die kleine Ortschaft. Als Gärtnervorstadt war Etwashausen in den Befestigungsgürtel von Kitzingen einbezogen und sicherte den Mainübergang. Die Hauptsehenswürdigkeit des Kitzinger Ortsteils – wohlbekannt und von jedem gerne betrachtet – ist die von Balthasar Neumann errichtete Heiligkreuzkirche. Wer jetzt behauptet, die Kirche noch nie gesehen zu haben, schwindelt unbewusst, denn auf jedem 50-Mark-Schein war der Grundriss der Kirche aufgedruckt (die andere Seite zierte ein Bild des großen Baumeisters selbst). Die kleine Heiligkreuzkirche gilt wegen ihrer Schmucklosigkeit – ein Wunsch des Auftraggebers, des Fürstbischofs Friedrich Carl von Schönborn – als besonders reine Architekturschöpfung. Neumann verzichtete vollkommen auf Stuck und Farbe. Die Kuppel wird von vier schräg zueinander gestellten Säulenpaaren getragen.

- **Biebelried**: Dieser Name dürfte den meisten nur als Bezeichnung für ein Autobahnkreuz im Osten Würzburgs, hauptsächlich in Verbindung mit einer Staumeldung, geläufig sein. Vermutlich wissen jedoch nur wenige, dass hier die auffälligen Reste eines Johanniterkastells aus dem 13. Jahrhundert stehen. Es handelt sich dabei um eine fast quadratische Anlage aus mächtigen Buckelquadern, die in ihrem gesamten Aufbau völlig untypisch für Süddeutschland ist. Der unbekannte Baumeister dürfte sich an mediterranen, wenn nicht sogar orientalischen Vorbildern orientiert haben. Wer sich für Tilman Riemenschneider begeistert, sollte unbedingt einen Blick in die katholische *Pfarrkirche St. Johannis Enthauptung* werfen, denn dort befinden sich ein Kruzifix und die Figur des Salvators, die Riemenschneider ursprünglich für den Hochaltar des Würzburger Domes geschaffen hat.
- **Sulzfeld**: Versteckt hinter einer bescheidenen Ringmauer, durchsetzt mit kleinen Türmchen, liegt Sulzfeld, mit Sicherheit eines der ursprünglichsten Dörfer Frankens. Fast gigantisch muten die Ausmaße des Rathauses an; wahrscheinlich würden alle 1.300 Einwohner von Sulzfeld spielend in den Renaissancebau (1609) mit seinem schönen Giebel hineinpassen. Vor dem Rathaus: die für katholische Gemeinden fast obligatorische Mariensäule. Doch Sulzfeld hat noch mehr zu bieten: Im Gasthaus „Zum Löwen“ wurde in der Nachkriegszeit die „Meter-Bratwurst“ erfunden. Seither gilt Sulzfeld als „Schlaraffenland der Wurstesser“. Wer will, kann sich an einem Wettessen beteiligen, doch um Bratwurstkönig zu werden, muss man in zwei Stunden mindestens 560 Zentimeter bewältigen.

Radfahren: Vom Main zur Aisch

Kitzingen liegt nicht nur direkt am Maintalradweg, sondern in Kitzingen beginnt auch der 49 Kilometer lange Radweg „Vom Main zur Aisch“. Er verläuft durch die unterfränkische, leicht hügelige Weinlandschaft mit ihren typischen kleinen Städten und Dörfern, die ihre mittelalterlichen Ortskerne weitgehend erhalten konnten. Die Strecke führt von Kitzingen über Mainbernheim, Iphofen, Mönchsondheim und Scheinfeld bis nach Neustadt an der Aisch.

Iphofen

Mauerbewehrt, fachwerkbestückt und kopfsteingepflastert. Keine Frage: Wenn Iphofen direkt am Main läge , dann wäre das Städtchen die mainfränkische Bilderbuchstadt schlechthin.

Iphofen ging aus einem im 8. Jahrhundert angelegten fränkischen Königshof hervor, der bald danach dem Würzburger Bistum übereignet wurde. Bischof Manegold erhob 1293 den Ort zur Stadt. Noch im gleichen Jahr wurde mit dem Bau der Stadtbefestigung begonnen, die später noch durch die Vorstadt des „Gräbenviertels“ erweitert werden sollte. Im Dreißigjährigen Krieg stellte das kleine Städtchen einen unrühmlichen, wenngleich guinessbuchwürdigen Rekord auf: In den zwölf Monaten des Jahres 1632 wurde Iphofen ganze vierzehnmal geplündert! Glücklicherweise haben die diversen Kriege und Katastrophen dem Stadtbild keine nachhaltigen Schäden zufügen können. Mauerbewehrt präsentiert sich Iphofen als Urbild eines von Landwirtschaft und Weinbau geprägten fränkischen Landstädtchens. Die Weine aus Iphofen haben einen hervorragenden Ruf: So wurde beispielsweise bei der

Krönung Elisabeths II. ein „Julius Echterberg" kredenzt. Neben dem Weinbau hat sich seit einigen Jahrzehnten mit der Gipsindustrie ein neuer Erwerbszweig etabliert. Iphofen ist nämlich der Unternehmenssitz des größten westeuropäischen Gipsproduzenten. Auf der einen Seite freut sich der Bürgermeister sicherlich über die Gewerbesteuereinnahmen, auf der anderen Seite stört die überdimensionale Fabrik das Stadtbild empfindlich.

- *Information* **Tourist Information**, Kirchplatz 7, 97346 Iphofen, ✆ 09323/870306, 📠 09323/870308, www.iphofen.de.
- *Einwohner* 4200
- *Verbindungen* Iphofen liegt an der Bahnstrecke Nürnberg–Würzburg; es gibt fast stündlich Verbindungen in beide Richtungen. Der Bahnhof befindet sich wenige Fußminuten südlich des historischen Zentrums.
- *Fahrradverleih* **Zweirad Hermann**, Avia Tankstelle, Bahnhofstr. 36, ✆ 3331.
- *Feste* **Marktplatz-Winzerfest** an einem Wochenende im Juli.
- *Schwimmen* **Hallenbad**, Boverystraße, ✆ 871550. Über ein kleines **Freibad** verfügt der nahe Markt Einersheim.
- *Stadtführungen* Von Ostern bis Mitte Nov. Sa um 10.30 Uhr, Treffpunkt am Verkehrsbüro. Kosten: 1,50 €.
- *Weingüter* **Johann Ruck**, Marktplatz 19, ✆ 800880, www.ruckwein.de. Liebevoll gehegte Weinberge. **Hans Wirsching**, Ludwigstr. 16, ✆ 87330, www.wirsching.de. Auf rund 50 Hektar Fläche wird besonders die Silvanerrebe gepflegt. **Claußen-Wintzheimer**, Mühlenweg 1, ✆ 3477, www.claussen-wintzheimer.de. Neben Silvaner und Spätburgunder wird hier die Rebsorte Regent angebaut, die anschließend zwei Jahre im Barriquefass heranreift. Ein herrlicher Rotwein!
- *Essen/Übernachten* **Zehntkeller (5)**, fränkische Gemütlichkeit mit einem Touch Noblesse im ehemaligen Amtshaus der Würzburger Fürstbischöfe. Eigenes Weingut. Der Küchenchef versteht sich vor allem auf die Zubereitung von anspruchsvollen Fischgerichten (14 Gault-Millau-Punkte). Menüs zu 24, 56 und 62 €. Im Sommer sitzt man im schönen Innenhof. Gehobenes Preisniveau, aber angesichts des Angebots keineswegs überteuert. Mit 67 Betten ist das gediegene Romantik-Hotel das größte Hotel in Iphofen. EZ ab 76 €, DZ ab 118 € (inkl. Frühstück). Bahnhofstr. 12, ✆ 09323/8440, 📠 844123, www.zehntkeller.de.

Zur Iphöfer Kammer (3), das mehrfach ausgezeichnete Feinschmeckerrestaurant im Biedermeierstil befindet sich in einem alten Bürgerhaus am Marktplatz und bietet auch unter neuer Leitung anspruchsvolle kulinarische Kost. Perlhuhnbrüstchen mit Spargelgemüse und neuen Kartoffeln für 14,50 €. Wegen der geringen Platzkapazität empfiehlt sich eine Reservierung. Schöne Gasträume, Straßenterrasse. Dienstagmittag, Mo sowie Sonntagabend Ruhetag, zweite Augusthälfte Betriebsferien. Marktplatz 24, ✆ 09323/398938.

Deutscher Hof (4), der Gasthof von Franz und Kreszentia Steinruck liegt in einer beschaulichen Nebenstraße. Die Küche verdient die Auszeichnung „kreativ" und ist dennoch nicht überteuert. Der Koch legt Wert auf regionale frische Produkte, wobei zu einem großen Teil auch Bioprodukte verarbeitet werden, den Service erledigt die Wirtin mit viel fränkischem Charme. Absolut lecker war der Milchziegenbraten mit Frühlingsgemüse für 14,50 €. Die Weinauswahl beschränkt sich auf heimische Gewächse aus Iphofen und Umgebung und ist nicht überteuert. Nette Straßenterrasse.

Stadt mit bäuerlicher Tradition

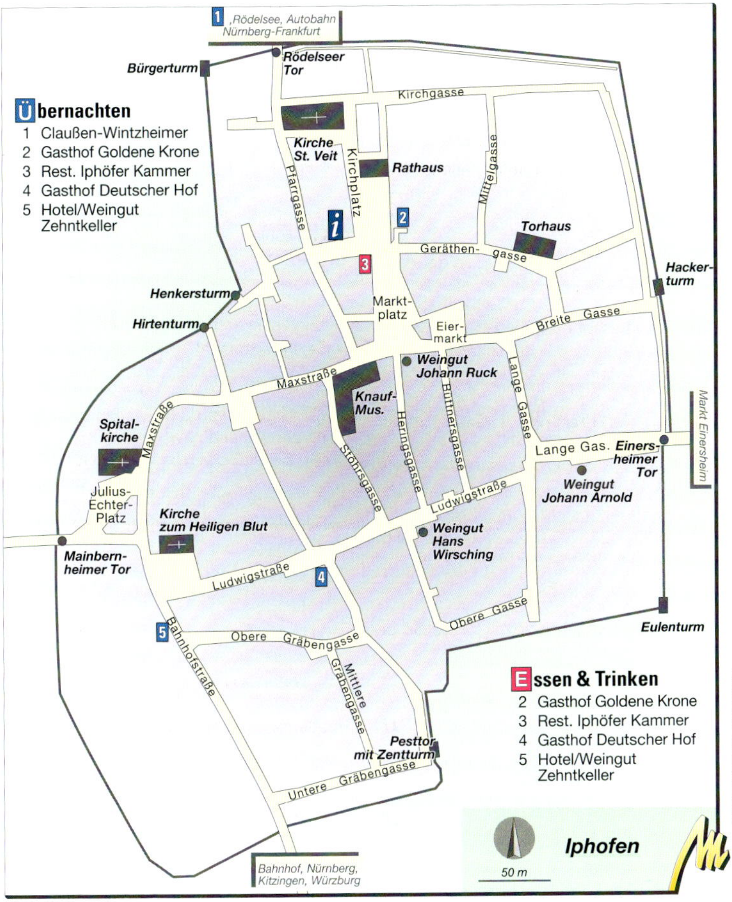

Mi und Do geschlossen. In der ersten Etage werden auch fünf geschmackvolle eingerichtete Zimmer vermietet. EZ 45 €, DZ ab 62 € (inkl. Frühstück). Ludwigstr. 10, ✆/℻ 09323/3348, www.deutscher-hof-iphofen.de.

Goldene Krone (2), auf der Speisekarte stehen hauptsächlich Braten und Wildgerichte, z. B. Wildschweinsteak mit Kirschpfeffersoße und Polentatalern für 14,50 €. Große Straßenterrasse vor dem Rathaus, die rosa Tischdecken passen zur Farbe des Hauses. Di Ruhetag. Kostenpflichtiges WLAN. Gepflegte, funktionelle Zimmer. EZ ab 45 €, DZ 72–95 € (inkl. vielfältigem Frühstücksbuffet, Nebensaison günstiger). Marktplatz 2, ✆ 09323/87240, ℻ 872424, www.gasthof-krone-iphofen.de.

Claußen-Wintzheimer (1), nette Pension in einem Weinbaubetrieb. Moderne Appartements und Zimmer, das mit der Nummer 3 hat sogar einen eigenen Balkon. Das Frühstück wird in der Weinprobierstube serviert, wo man auch die leckeren Weine aus eigener Produktion verkosten kann. DZ 59 € (inkl. Frühstück), Appartement 47 €. Mühlenweg 1, ✆ 3477, ℻ 6776, www.claussen-wintzheimer.de.

Heckenwirtschaft, wie alle Heckenwirtschaften nur wenige Wochen im Spätherbst geöffnet. Familie Guckenberger, Kirchgasse 32, ✆ 3863.

Sehenswertes

Altstadt und Stadtbefestigung: Bewunderer alter Stadtmauern werden wohl nicht umhin können, den gesamten, im Grundriss fast viereckigen Mauergürtel abzuschreiten. Mehrere Türme und drei bemerkenswerte Stadttore sichern Iphofen zusätzlich ab. Das aus dem 15. Jahrhundert stammende *Rödelseer Tor* mit seinem vorgelagerten Zwinger wirkt besonders pittoresk. Ein viertes Stadttor, das sog. „*Pesttor*", hatte man schon um 1600 zugemauert – vergeblich, der „Schwarze Tod" fand einen anderen Eingang. Neben dem *Mainbernheimer Tor* steht die aus einer Stiftung hervorgegangene Spitalkirche; das angrenzende *Spitalgebäude* besitzt einen originellen Westgiebel mit Voluten und Kreuzen. Der Würzburger Baumeister *Joseph Greising* schuf das barocke *Rathaus* (1716–1718) am Marktplatz mit seinem Prunkportal über der zweiläufigen Treppe.

St. Veit: Fast zwei Jahrhunderte zog sich der Bau der Kirche hin. Im frühen 15. Jahrhundert begonnen, erhielt St. Veit erst unter dem Würzburger Fürstbischof Julius Echter sein endgültiges Erscheinungsbild. Die vorherrschende Stilrichtung ist trotz einiger Renaissancedetails die Spätgotik. Die großartige Raumwirkung basiert auf der in der „Echterzeit" beliebten farblichen Gestaltung des Innenraums: Das Gewölbe ist weißocker, die hohen, mit antikisierenden Kapitellen abschließenden Rundpfeiler erstrahlen in kräftigem Gelb. Zu der reichen Ausstattung der katholischen Pfarrkirche gehören neben der aus einer Nürnberger Werkstatt stammenden „Schönen Madonna von Iphofen" auch zwei wertvolle Figuren: Der Evangelist Johannes wird *Tilman Riemenschneider* selbst zugeschrieben, Johannes der Täufer dürfte vermutlich aus seiner Schule stammen.

Knauf-Museum: Das ehemalige fürstbischöfliche Rentamt beherbergt seit 1983 eine private Reliefsammlung der großen Kulturepochen. Meisterwerke des alten Ägypten, Mesopotamiens, Persiens, Griechenlands und Roms sowie indischer u. amerikanischer Kulturen sind als originalgetreue Repliken ausgestellt, darunter ein 3,90 Meter großes irisches Hochkreuz im Innenhof. Regelmäßig finden anspruchsvolle Sonderausstellungen statt.

Adresse/Öffnungszeiten Am Marktplatz, ✆ 31528. Mitte März bis Anfang Nov. Di–Sa 10–12 Uhr und 14–17 Uhr, So und Fei 14–18 Uhr. Eintritt: 2 €, erm. 1 €, www.knauf-museum.de.

Umgebung

▸ **Kirchenburg in Mönchsondheim**: Die Kirchenburg mit ihren zahlreichen Gaden und Kellern zählt zu den bedeutendsten und besterhaltenen Anlagen dieser Art in Franken; im Kern geht sie auf das 15. Jahrhundert zurück. Die trapezförmig um die Kirche angeordneten zweistöckigen Kirchenhäuser beherbergen heute das *Fränkische Bauern- und Handwerkermuseum*. In 18 Handwerksstätten, zwölf Räumen für Landwirtschaft und sechs für Winzerei, werden die Exponate gezeigt. Die *Kirchenburgschänke* im Torhaus ist ein gemütliches Kellerlokal mit Gartenbetrieb. Alljährlich am 1. Juli wird ein *Kirchenburgfest* veranstaltet. Auch außerhalb der Kirchenburg gibt es einiges zu entdecken, denn Mönchsondheim bezeichnet sich selbst als „bewohntes Museumsdorf". Wer will, kann auf einem der sechs Wanderwege (3–17 Kilometer Länge) die Gegend rund um Mönchsondheim erkunden.

Adresse/Öffnungszeiten Kirchstr. 7, ✆ 09326/1224. 15. März bis Ende Nov. Di–Sa 10–18 Uhr, So schon ab 11 Uhr. Eintritt: 3 €, erm. 1 €. Die Kirchenburgschänke ist Di–Sa von 10–18 Uhr und So 11–18 Uhr geöffnet, www.kirchenburgmuseum.de.

Postkartenidylle: Rödelseer Tor

Fränkisches Weinland
Karte Seite 315

▸ **Mainbernheim**: Der Ort ist ein weiteres städtebauliches Kleinod in Mainfranken. Kaum zu glauben, dass das kleine, lang gestreckte Mainbernheim schon 1382 die Stadtrechte besaß. Vorher bereits mehrfach verpfändet gelangte die Stadt 1525 als Pfand an die Markgrafen von Ansbach, in deren Besitz Mainbernheim 1628 endgültig überging. Hervorragend erhalten ist der mit Bruchsteinen ausgeführte Mauerring mit seinen 18 Wehrtürmen aus dem frühen 15. Jahrhundert. Die Gemüsegärten entlang der Stadtmauer tragen zur beschaulichen Dorfatmosphäre bei.

• *Übernachten/Essen* **Zum Falken**, alteingesessener Gasthof (seit sechs Generationen von der Familie Jaeger bewirtschaftet) mitten im Ort. Empfehlenswert ist die hausgemachte Rindsroulade mit Kloß und Salat für 13,80 € oder ein Rehbraten. Straßenterrasse. Di Ruhetag, im Winter auch Mo. Moderne Zimmer. EZ ab 42 €, DZ ab 68 € (inkl. Frühstück). Herrnstr. 27, ✆ 09323/87280, ℻ 872828, www.zum-falken.de.

Marktbreit

Etwas unterhalb der Spitze des Maindreiecks liegt Marktbreit, das sich mit dem Titel der südlichsten Stadt am Main schmücken darf. Ursprünglich hieß der Ort Niedernbreit, aber durch die 1557 verliehenen Marktrechte wurde daraus konsequenterweise Marktbreit.

Marktbreit verdankt seinen Aufstieg vom unbedeutenden Häckerdorf zum lebhaften Handelsplatz dem Rittergeschlecht der Seinsheimer, das im 15. Jahrhundert seinen Hauptsitz hierher verlegt hatte. Im Gegensatz zu den anderen Städten am Maindreieck bekannte sich Marktbreit 1552 zur Reformation. Dies war natürlich nur deshalb möglich, weil Marktbreit nicht zum Würzburger Hochstift gehörte, sondern den nunmehrigen Grafen von Seinsheim-Wässerndorf (ab 1643 dann den Fürsten von Schwarzenberg). In der Stadtmitte steht noch heute das Seinsheimer Schloss. Nachdem Marktbreit ab 1562 das kaiserliche Recht erhalten hatte, Zölle erheben zu dürfen, begann ein rasanter Aufstieg, der sich in zahlreichen privaten und öffentlichen Bauten niederschlug.

Das Stadtbild wurde regelrecht aufgemöbelt, ein der neuen Bedeutung gemäßes Rathaus im Renaissancestil errichtet und die Pfarrkirche vergrößert. Der wirtschaftliche Aufschwung war der liberalen Wirtschaftspolitik und einer prosperierenden jüdischen Gemeinde zu verdanken. Gegen Ende des 19. Jahrhunderts waren ein knappes Drittel der Marktbreiter Juden. Zusammen mit dem Rathaus bildet das über den Breitbach errichtete Maintor ein malerisches und häufig fotographiertes Ensemble. Einer der bekanntesten Söhne der Stadt ist der Mediziner *Aloys Alzheimer* (1864–1915), der als Erster die nach ihm benannte Erkrankung des Gehirns diagnostizierte. Sein Geburtshaus in der Ochsenfurter Straße 15a wird seit 1995 als Gedenk- und Tagungsstätte genutzt.

• *Information* **Fremdenverkehrsverein**, Marktstr. 4, 97340 Marktbreit, ✆ 09332/591595, 📠 09332/591597, www.marktbreit.de.

• *Einwohner* 3800

• *Verbindungen* Marktbreit ist mit der **Bahn** einfach zu erreichen. Der Ort liegt an der Bahnlinie Ansbach–Würzburg. Stündlich Zugverbindungen.

• *Essen/Übernachten* *** **Hotel Löwen**, hinter der imposanten Fachwerkfassade der einstigen Fürstenherberge verbirgt sich das wahrscheinlich zweitälteste Gasthaus Bayerns. Die Speisen sind schmackhaft und nicht überteuert (1/4 Bauernente mit Klößen und Blaukraut für 10,90 €). Viele Wildgerichte. Großes Angebot an Schoppenweinen. Im Sommer sitzt man auf der Gartenterrasse. In dem wuchtigen Fachwerkbau wohnten die Mitglieder der Gruppe 47 während ihrer fünften Tagung – damals allerdings noch ohne fließendes Wasser. Heute ist natürlich alles viel komfortabler, erst recht im modernen Anbau. Besonders schön ist übrigens das Fürstenzimmer mit seinen historischen Möbeln und der herrlichen alten Stuckdecke. Fahrradverleih. EZ 62 €, DZ 86–92 € (inkl. Frühstück). Marktstr. 8, ✆ 09332/50540, 📠 9438, www.loewen-marktbreit.de.

Goldener Stern, gemütliches Speiselokal mit fränkischen und internationalen Spezialitäten. Mit dem Fränkischen Sauerbraten mit Kartoffelklößen (10,50 €) liegt man sicher nicht falsch. 3-Gang-Menü 23 €. Mi Ruhetag. EZ 49 €, DZ 74 €, der Altbau bietet einfachere DZ ab 44 € mit Etagendusche (inkl. Frühstück). Bahnhofstrasse 9, ✆ 09332/1316, 📠 1399, www.goldener-stern.info.

Alter Esel, das kulinarische Highlight von Marktbreit! Seit 2007 unter neuer Leitung (13 Gault-Millau-Punkte), hinter den einfachen Bezeichnungen verbergen sich wahre Gaumenfreuden. 4-Gang-Menü 42 €, inkl. korrespondierender Weine 64 €, Hauptgerichte ca. 15 €. Schöner, holzgetäfelter Raum mit puristischem Touch. Di–Sa ab 17 Uhr. Marktstr. 10, ✆ 590791, www.restaurant-alteresel.de.

Schloss Marktbreit, das ehemalige Seinsheimer Schloss beherbergt eine Weinstube mit Café. Die Räumlichkeiten sind stilvoll, hell und freundlich, die große Straßenterrasse wirkt ebenfalls recht einladend. Mi Ruhetag. Schlossplatz 3, ✆ 4100, www.marktbreit-schloss.de.

Goldenes Schiff, in diesem gemütlichen Gasthof werden nette Gästezimmer vermietet. EZ ab 34 €, DZ ab 54 € (inkl. Frühstück). Mainstr. 8, ✆ 09332/1481, 📠 9677, www.gasthofzumgoldenenschiff.de.

Sehenswertes

Museum Malerwinkelhaus: Das sehenswerte Museum erstreckt sich über drei aneinandergebaute Fachwerkhäuser und widmet sich neben der Stadtgeschichte vor allem dem ländlichen Leben in Marktbreit mit einem schönen Gründerzeitwohnzimmer. Interessant ist insbesondere die Darstellung der sozialgeschichtlichen Aspekte, angefangen von der Rolle der Frau im aufstrebenden Bürgertum bis hin zu den Lebensumständen der Dienstboten in christlichen und jüdischen Haushalten. Ein originales Dienstbotenzimmer im Dachgeschoss aus den 1940er-Jahren zeigt die einfachen Wohnverhältnisse der Haushaltshilfen. Im Jahre 2005 wurde ein *Rö-*

Marktbreit: Am Alten Kranen

merkabinett eingerichtet, das anhand von Funden und Darstellungen ein anschauliches Bild vom Leben und Wirken der Römer in Marktbreit vermittelt. Eine Figur mit originalgetreuer Ausrüstung zeigt, wie die Legionäre bewaffnet waren. Regelmäßig finden Wechselausstellungen statt.

Adresse Bachgasse 2. Öffnungszeiten: Di–Fr 10–12 Uhr sowie Fr–So 14–17 Uhr. Mitte Juli bis Mitte Sept. nur Sa und So geöffnet. ✆ 40546. Eintritt: 2 €, www.marktbreit.de/museum/index.htm.

Malerwinkel: Mit seinen schiefen Fachwerkhäusern und dem Maintor, das den Breitbach überspannt, gehört der Malerwinkel zu den beliebtesten Fotomotiven im Maindreieck.

Friedhof: Bedingt durch den Schlossbau und die Erweiterung der St. Nikolauskirche musste der Friedhof 1566 in den Südwesten der Altstadt verlegt werden. Es entstand eine überaus bemerkenswerte Anlage mit zahlreichen kunstvollen Renaissancegrabmälern, wie man sie in Deutschland nur selten antrifft.

Kranen: Der historische Mainkranen aus dem Jahre 1784 erinnert an die Glanzzeiten des Marktbreiter Handels. Da der hölzerne Vorgängerbau bei einem Hochwasser vernichtet worden war, errichtete man nun einen soliden Steinkran mit Eisbrecher. Arbeiter, manchmal auch Strafgefangene, betrieben den Kran, indem sie auf Tretleisten auf- und abhasteten. Neben dem Marktbreiter Kranen existieren nur noch drei vergleichbare im Bundesgebiet.

Kapellenberg: Eine Sensation war die Entdeckung eines römischen Lagers auf dem Kapellenberg bei Marktbreit. Damit gab es in Franken erstmals gesicherte archäologische Befunde, die die Anwesenheit römischer Truppen am Main bewiesen. Das rund 37 Hektar große Lager wurde zu Beginn unserer Zeitrechnung angelegt und sollte wahrscheinlich als Angriffskeil für weitere Vorstöße ins Innere Germaniens dienen. Vom Parkplatz am Main führt ein Römerrundweg mit acht großen Infotafeln zum Römerlager, das ehemals rund 12.000 Legionären Platz bot.

Das drohende Ende der „Gruppe 47"

Marktbreit ist übrigens auch in die Literaturgeschichte eingegangen: Im sog. „Hochzeitszimmer", einem schönen holzgetäfelten Raum mit Kachelofen im ersten Stock des Rathauses (heute Trausaal), fanden im April 1949 drei Tage lang die Sitzungen der legendären „Gruppe 47" statt. *Hans Werner Richter* hatte in dem kleinen Mainstädtchen zahlreiche bekannte deutschsprachige Nachkriegsschriftsteller um sich versammelt, darunter Günter Eich, Nicolaus Sombart und Alfred Andersch. Bei einem „weinseligen Streit" am letzten Sitzungstag – Sombart hatte satirische Glossen über die anwesenden Autoren vorgetragen – erhitzten sich die Gemüter zu später Stunde derart, dass Günter Eich weinend das Ende der Gruppe 47 – nach nur zweijährigem Bestehen – vorhersagte. In zwei feindselige Gruppen gespalten, brach man am nächsten Morgen auf, um sich – die Zeit heilt bekanntlich alle Wunden – ein Jahr später in Inzighofen wiederzutreffen.

Ochsenfurt

Das mauerbewehrte altfränkische Städtchen an der Südspitze des Maindreiecks nennt eines der schönsten Rathäuser der Gegend sein eigen. Als Blickfang dient das berühmte Erkertürmchen mit Kunstuhr an der Rathausfassade.

Schon in karolingischer Zeit war am südlichen Maindreieck bei Ochsenfurt ein Flussübergang bekannt. Um die Mitte des 8. Jahrhunderts entstand auf der gegenüberliegenden Mainseite in *Kleinochsenfurt* ein Benediktinerinnenkloster. Als im Hochmittelalter an dieser Stelle der Handelsverkehr über den Main zunahm, gründeten die Würzburger Bischöfe in der zweiten Hälfte des 12. Jahrhunderts eine Stadt, deren Bedeutung noch zunahm, als man knapp hundert Jahre später eine Brücke errichtete. Ochsenfurt entwickelte sich schnell zu einem der wichtigsten Handelsplätze im Maintal und erhielt dann im 14. Jahrhundert seine nahezu quadratische Stadtummauerung. Abgesehen von geringen Verlusten ist die Befestigung noch gut erhalten; *Ricarda Huch* schwärmte von dem „Städtchen im Harnisch". Wie bei vielen anderen Mainstädtchen verläuft die wichtige Durchgangsstraße, von Tor zu Tor, parallel zum Fluss. Entlang der Hauptstraße erstreckt sich eine auffällige Häuserzeile mit schönem fränkischem Zierfachwerk. An einer exponierten Gabelung der Hauptstraße steht das ochsenblutfarbene prächtige Neue Rathaus. Sehenswert sind auch die zahlreichen Türme, die man auf einer Wanderung durch die Stadt erkunden kann.

- *Information* **Tourist-Information**, Hauptstr. 36, 97199 Ochsenfurt, ✆ 09331/5855, 📠 09331/7493, www.ochsenfurt.de. Hier erhält man zahlreiche interessante Faltblätter mit Wandervorschlägen rund um die Stadt.
- *Einwohner* 12.000
- *Verbindungen* Ochsenfurt ist mit der **Bahn** einfach zu erreichen. Der Ort liegt an der Bahnlinie Ansbach–Würzburg. Halbstündlich Zugverbindungen über Winterhausen nach Würzburg.
- *Parken* sehr zentral und einfach am Main

(Alte Mainbrücke). 700 kostenlose Parkplätze.

• *Fahrradverleih* **Adi Kleinschrod**, Frickenhausen, am Sportplatz, ✆ 1638.

• *Gaubahnradweg* Bis 1992 fuhr von Ochsenfurt nach Bieberehren die sog. Gaubahn, die in ihrer letzten Zeit nur noch Zuckerrüben transportiert hat. Nach der Stilllegung der etwa 25 Kilometer langen Strecke wurde 1996 daraus ein Radweg.

• *Heimatmuseum* Informationen zur Stadtgeschichte, über historischen Weinbau und das Büttnerhandwerk. Im Schlösschen an der Mainbrücke, Brückenstr. 26, ✆ 5855. Ostern bis Allerheiligen an Wochenenden und Feiertagen von 14.30–16.30 Uhr. Eintritt: 1 €. Kinder frei! Jeden ersten Sonntag im Monat frei!

• *Kino* **Casablanca**, Programmkino, Wagstr. 4a, ✆ 5441, www.casa-kino.de.

• *Mainschifffahrt* In den Sommerferien findet jeweils am Mi und Sa eine Ausflugsfahrt ab Ochsenfurt nach Würzburg bzw. Marktbreit statt. Fahrpreis hin und zurück 13 €. Auskunft: ✆ 0931/55633. www.mainschifffahrt.de.

• *Schwimmen* Städtisches **Freibad Maininsel** (beheizt) mit 3-Meter-Sprungturm, ✆ 2600. **Hallenbad** in der Pestalozzistr. 6, ✆ 3315. Di–Sa ca. 16–19 Uhr, So 9–12 Uhr.

• *Trachtenmuseum* Im Mittelpunkt steht die prächtige Ochsenfurter Gautracht mit ihren vielen Variationen. Greising-Haus, Spitalstr. 13, ✆ 5855. Ostern bis Allerheiligen am Wochenende und an Feiertagen von 14.30–16.30 Uhr. Eintritt: 1 €. Kinder frei! Jeden ersten Sonntag im Monat frei!

• *Essen/Übernachten* **Zum Bären**, direkt beim Oberen Torturm. Die Küche ist fränkisch mit internationalem Einschlag (Thaiküche). Ein Beispiel: gefüllter Ochsenschwanz mit Gemüse. Mi Ruhetag. Übernachtung mit Frühstück von 32,50 € (im DZ pro Person) bis 56,50 € im EZ. Es gibt zudem günstige Radlerzimmer mit Etagendusche (DZ 30–45 €). Alle inkl. Frühstück. Hauptstr. 74, ✆ 09331/8660, ℻ 866405, www.gasthof-baeren-ochsenfurt.de.

Zum Schmied, uraltes Fachwerkhaus. Spezialität des Hauses ist das Ochsenfurter Zwiebelfleisch mit Bratkartoffeln für 9,80 €. Schöne Straßenterrasse. Mi Ruhetag. Die Zimmer sind hell und im Landhausstil gehalten. EZ ab 35 €, DZ ab 60 € (inkl. Frühstück). Hauptstr. 26, ✆ 09331/2438, ℻ 20203, www.hotel-schmied.de.

Zum Kauzen, erst kürzlich renovierter Gasthof. Die holzgetäfelten Wände und der Kachelofen sorgen für Gemütlichkeit. Lecker

In der langgestreckten Hauptstraße reiht sich ein Fachwerkhaus an das andere

ist der Sauerbraten mit Blaukraut für 8,60 €. Für die Nacht in einem der schönen DZ muss man mindestens 33 € pro Pers. bezahlen (inkl. Frühstück). Hauptstr. 37, ✆ 09331/2237, ℻ 80782, www.gasthof-kauzen.de.

Zum Anker, mit zünftiger holzgetäfelter Gaststube, lecker ist der Ochsenfurter Flößerbraten (geschmorte Schweineschulter in pikanter Soße mit rohen Klößen und Salat) für 8,20 €. Im Hinterhof sitzt man im Biergarten. Mo Ruhetag. Übernachtung mit Frühstück pro Pers. ab 21 €. Brückenstr. 10, ✆ 09331/7409, ℻ 980715, www.anker-ochsenfurt.de.

Früher wurde das Fachwerk mit Ochsenblut angestrichen

Bäckerei Spenkuch, tolle Bäckerei im Alten Rathaus mit vielen Blechkuchen. Schöne Straßenterrasse. Brückenstr. 1.

• *Jugendherberge* **Klingentorturm**, Die kleinste Jugendherberge Bayerns (nur 24 Betten) ist im 300 Jahre alten Torturm untergebracht und bietet einen herrlichen Rundblick auf die Stadt und das Maintal. Nur von Mitte April bis Mitte Okt. geöffnet. Übernachtung mit Frühstück ab 14,60 €. Hauptstr. 1, ✆ 09331/2666, ℻ 2696, www.ochsenfurt.jugendherberge.de.

• *Camping*: **Camping Polisina**, ganzjährig geöffnet. Marktbreiter Str. 265, ✆ 09331/8440.

Sehenswertes

St. Andreas: Der 1288 errichtete Turm, der älteste Teil der dreischiffigen katholischen Pfarrkirche, stammt von einem Vorgängerbau; Chor und Langhaus sind knapp hundert Jahre jünger. Von der Inneneinrichtung sind das kostbare Chorgestühl, ein zierliches Sakramentshäuschen von 1496 sowie ein reich gegliedertes bronzenes Taufbecken, das wahrscheinlich in der Vischer-Werkstatt zu Nürnberg gefertigt wurde, hervorzuheben. Das Glanzstück ist allerdings eine vorzüglich gearbeitete Holzfigur des heiligen Nikolaus, die *Tilman Riemenschneider* um 1510 gefertigt hat.

Neues Rathaus: Das repräsentative Gebäude (1496–1513) mit seiner bemerkenswerten Freitreppe (spätgotische Maßwerkbrüstung) zählt zu den schönsten Rathausbauten am Main. Wer früher zu viel am Frankenwein „genippt" hatte, landete in der unter der Treppe befindlichen Ausnüchterungszelle, dem sog. „Narrenhäuslein". Zu jeder vollen Stunde tritt am Lanzentürmchen des Rathauses ein besonderes Figurenspektakel in Aktion: Zwei Ochsen, die an den Namen der Stadt erinnern, gehen aufeinander los, aus dem Fenster blickt ein hölzerner Ratsherr, und ein die menschliche Vergänglichkeit symbolisierendes Gerippe dreht eine Sanduhr um.

Umgebung

▸ **Frickenhausen**: Zusammen mit Dettelbach, Sommerhausen und Eibelstadt wird Frickenhausen zu den „wehrhaften Zwergen am Main“ gezählt, wie man diese kleinen, von starken Mauern umgebenen Orte mit Ehrfurcht nennt. Im Aufbau gleichen sie sich alle: So besitzt auch das Weinbauerndorf Frickenhausen eine von Tor zu Tor verlaufende Hauptstraße, eine ansehnliche Pfarrkirche, ein stattliches Rathaus und einen schönen Marktplatz. Die barocke Mariensäule (1710) vor dem Rathaus weist auf die katholische Vergangenheit Frickenhausens hin.

• Essen/Trinken **Zum Frickenhäuser Fischer**, ausgezeichnete fränkische und mediterrane Küche. Einladender Innenhof. Mi und Do Ruhetag. Hauptstr. 40, ✆ 09331/20133.

• *Camping* **** **Knaus Campingpark**, komfortabler Campingplatz direkt am Mainufer mit Swimmingpool. Ganzjährig geöffnet. Ochsenfurter Str. 49, ✆ 09331/3171. www.knauscamp.de.

Das Motto der Kartäuser: gemeinsam einsam

Die Kartause von Tückelhausen ist ein Musterbeispiel für einen neuen Klostertypus, der das Gemeinschaftsleben mit dem Leben in der Isolation architektonisch sehr geschickt verknüpfte. Entsprechend den Vorstellungen des Ordensgründers, des heiligen Bruno, waren die Kartäuser ein Einsiedlerorden, doch gab es auch klösterliche Elemente. Rund um einen riesigen Klosterhof waren die Häuser der Mönche angeordnet. Die Mönche trafen sich im Chor, im Kapitelsaal sowie im Refektorium (Speisesaal) zu bestimmten liturgischen Übungen bzw. Festtagsmählern. Bei den gemeinsamen Gottesdiensten war tägliche Anwesenheit Pflicht, das Refektorium wurde nur sonntags aufgesucht, der Kapitelsaal an Festtagen, in der Weihnachts-, Oster- und Pfingstwoche, beim Tod eines Ordensbruders sowie bei der Wahl eines neuen Ordensoberen. Ansonsten verbrachte der Mönch den ganzen Tag in seiner Zelle, nur gestört von einem anonymen Diener, der ihm sein karges Mahl durch ein Klappfenster hereinreichte. Nach den Ordensstatuten muss ein Kartäusermönch „sorgfältig darüber wachen, dass er keine Gründe schafft, die Zelle zu anderen Zwecken zu verlassen als zum Besuch der regelmäßigen, gemeinsamen Andachten; vielmehr muss er seine Zelle als ebenso notwendig für sein Seelenheil erachten, wie es das Leben im Wasser für die Fische und der Schafpferch für die Schafe ist. Je länger er in seiner Zelle bleibt, desto mehr wird er sie lieben, vorausgesetzt, er beschäftigt sich zuchtvoll und nützlich mit Lesen, Schreiben. Psalmensingen, Gebet, Meditation, Kontemplation und Arbeit, wohingegen er die Zelle rasch unerträglich finden wird, wenn er sie häufig und ohne Not verlässt“.

Fränkisches Weinland
Karte Seite 315

▸ **Ehemaliges Kartäuserkloster in Tückelhausen**: Ein kleiner Abstecher von Ochsenfurt führt am Thierbach entlang zu einem 1138 von den Prämonstratensern gegründeten und seit 1351 von den Kartäusern übernommenen Kloster. Der Klosterberg wurde von einem festungsartigen Mauerring aus dem 16. Jahrhundert umrahmt. Die Anlage zeigt noch deutlich den für die Kartäuser typischen Grundriss: Rund um den ehemaligen Kreuzgang sind vierzehn Kartausen angelegt, kleine Häuschen mit Wohnkammern, einem Abtritt und jeweils einem eigenen Gartenanteil. Im Rahmen der Säkularisation wurden die Mönchszellen von der Bevölkerung in Wohnungen umgewandelt. In den Kreuzgang, der früher auch als Friedhof diente, ragt der Chor der Klosterkirche hinein. Diese, wie bei den Kartäusern üblich, einschiffige Kloster- und heutige Pfarrkirche *St. Georg* ist zwar im Kern romanisch, ihr jetziges Aussehen mit dem charakteristischen Portal erhielt sie jedoch zu Beginn des 17. Jahrhunderts unter der Ägide des Fürstbischofs Julius Echter. Das Innere beherrscht ein unter Verwendung von viel Gold geschaffener barocker Hochaltar (1758). An die Kirche schließt sich im Westen ein Wirtschaftshof mit zwei Brunnenbecken an. In einem Teil des Klosterkomplexes befindet sich heute das *Fränkische Kartausenmuseum*. Zur Stärkung empfiehlt es sich, die neben dem Kloster gelegene Brauereigaststätte zu besuchen.

Öffnungszeiten Mai bis Okt. Sa und So von 14–17 Uhr. Eintritt: 2 €, erm. 1 €. Oder nach Vereinbarung mit dem katholischen Pfarramt, Schlosshof 4, ✆ 0931/38665600, www.museen.bistum-wuerzburg.de/tueckelhausen/info.htm.

Wandern

Von Ochsenfurt nach Würzburg: Dieses 18 Kilometer lange Teilstück des *Main-Donau-Bodenseeweges* (Markierung: blaues M) führt von der alten Mainbrücke in Ochsenfurt anfangs etwa 45 Minuten durch den Ochsenfurter Forst, bevor man kurz vor Sommerhausen das erste Weingut erreicht hat. Von Sommerhausen geht es dann nach *Eibelstadt* am rechten Mainufer entlang noch gut 3 Stunden an Weinbergen vorbei bis Würzburg.

Sommerhausen

Das Winzerdorf Sommerhausen hat den Ruf eines Künstlerdorfes, ein fränkisches Worpswede. Zwar waren es eher Außenseiter der Kulturszene, die diesen Ruf begründeten, doch das Image veränderte die Dorfstruktur. 1.500 Einwohner und zwei Bühnen: ein gutes Verhältnis.

Zu Beginn der zwanziger Jahre kam mit *Carl Großberg*, einem der Wegbereiter der neuen Sachlichkeit, der erste Maler in den kleinen, von Mauern und Türmen beschützten Ort. Weitere folgten, vom Sommerhausener Flair und den guten Lichtverhältnissen angezogen; eine kleine *Künstlerkolonie* entstand. Durch den Zweiten Weltkrieg wurde dem munteren Leben ein schnelles Ende bereitet. Doch schon kurze Zeit später zog mit dem gebürtigen Triester *Luigi Malipiero* wieder ein Künstler nach Sommerhausen. Nachdem er sein Berliner Atelier durch den Krieg verloren hatte, ließ sich der Maler und Bühnenbildner 1944 in dem kleinen Winzerdorf nieder. Ab 1950 betrieb Malipiero im Würzburger Torturm das mit knapp 50 Sitzplätzen kleinste Theater Deutschlands. Auf engstem Raum wirkte er als Regisseur und Schauspieler, und zusammen mit jungen Talenten führte er auf hohem Niveau zumeist moderne Stücke auf. Nach Malipieros Tod 1975 übernahm das Allroundtalent *Veit Relin* das Theater und setzte die Tradition mit eigenen Schwerpunkten (Uraufführungen) bis heute fort. Bei so viel Kunst wundert es nicht, dass sich das kleine Sommerhausen einer wachsenden Beliebtheit erfreute: Schon Ende der fünfziger Jahre galt es als schick, in Sommerhausen einen Zweitwohnsitz zu haben. Wirtschaftlich potente Großstädter kamen – von der südländischen Atmosphäre angezogen – und erwarben jahrhundertealte Fachwerkjuwelen. Die Einheimischen bauten sich von dem Geld außerhalb des Zentrums neue Häuser und verfolgten die Veränderungen mit Skepsis. Im Laufe der Jahre entstand die für einen Künstlerort so typische Infrastruktur mit zahlreichen Boutiquen, Galerien und Ateliers. In den Sommermonaten tritt in die beschaulichen Gassen nur schwerlich Ruhe ein.

• *Information* **Verkehrsbüro**, Hauptstr. 15, 97286 Sommerhausen, ✆/📠 09333/8256, www.sommerhausen.de.

• *Einwohner* 1500

• *Theater* **Torturmtheater**, Würzburger Tor, ✆ 09333/268; So und Mo geschlossen. www.torturmtheater.de.

Theater Sommerhaus, Katharinengasse 3, ✆ 09333/9049867, www.theater-sommerhaus.de.

• *Weingüter* Weingut **Schloss Sommerhausen**, Ochsenfurter Str. 17–19, ✆ 260. www.sommerhausen.com. Gilt seit Jahren als eines der besten Weingüter Deutschlands; Verkauf in der Hauptstr. 25. Winzerhof **Artur Steinmann**, Plan 5, ✆ 90460. Das Weingut befindet sich im Geburtshaus von Franz Daniel Pastorius. Beachtliche Sortenvielfalt.

• *Fahrradverleih* **Jochim Prötzel**, Kreuzweg 1, ✆ 8281.

• *Wildpark* Im Wildpark Sommerhausen leben nur in Europa heimische Tiere. Eintritt: 3,50 €, erm. 1,80 € ✆ 1076. www.umwelt station-wildpark.de.

• *Essen/Übernachten* **Restaurant Philipp**, in den intimen Räumlichkeiten wird von Heike und Michael Philipp internationale Spitzenküche geboten (Mittelmeerbrasse, bretonischer Lammrücken etc.), die wiederholt mit einem Michelinstern ausgezeichnet wurde. Mittagsmenü zu 35 €, Abendmenü zu 76 € und 97 €. Nur Mi bis Samstagabend geöffnet. Für Übernachtungsgäste stehen ein herrliches DZ für 130 € und zwei traumhafte Suiten, eine im Barock-, die andere im Renaissancestil (jeweils 170 € inkl. Frühstück) zur Verfügung. Hauptstr. 12, ✆ 09333/1406, 📠 902250, www.restaurant-philipp.de.

Zum Goldenen Ochsen, für Sommerhausener Verhältnisse günstig: Schweinebraten 8,10 €, 0,25 l Wein aus eigenem Anbau 2 €. Als Spezialität des Hauses gilt die Ochsenzunge in leichter Rotweinsoße mit Champignons und Klößen für 9,90 €. Di Ruhetag, Mi erst ab 17 Uhr geöffnet. In dem massiven alten Steinhaus werden auch mehrere moderne Zimmer ohne großes Flair vermietet. EZ 38 €, DZ 62 € (inkl. Frühstück). Hauptstr. 24, ✆ 09333/203, 📠 8123, www.goldenen-ochsen.de.

Ritter Jörg, gemütliches Restaurant mit gepflegt-modernen Fremdenzimmern. Für den ofenfrischen Schweinebraten in Kümmelsoße mit Wirsinggemüse werden 8,80 € berechnet. Schöne Straßenterrasse. EZ ab 55 €, DZ ab 85 € (inkl. Frühstücksbuffet). Mainstr. 14, ✆ 09333/97300, 📠 9730230, www.ritter-joerg.de.

Weinstube Am Torturm, gleich am Ortseingang lockt die Weinstube mit ihrer großen Straßenterrasse. Viele Pfannengerichte. Die Weinstube hat wochentags ab 17 Uhr, So ab 11.30 Uhr (Mittagstisch) geöffnet. Im Angebot auch Vollwertkost und Salate. Di Ruhetag. Katharinengasse 3, ✆ 1763.

Café Schatz-Truhe, das gemütlich eingerichtete Café ist in der ganzen Region für seine Blechkuchen bekannt. Es schmeckt wie bei Oma. An warmen Tagen sitzt man neben der Kirche auf Bierbänken und beobachtet das Treiben auf der Hauptstraße. Tgl. 9–18 Uhr, So 13–18 Uhr, Di Ruhetag. Am Kirchplatz, ✆ 1551.

Ein Sommerhäuser in Amerika

Aus Sommerhausen stammt mit *Franz Daniel Pastorius* übrigens der erste Deutsche, der nach Amerika auswanderte. Im Jahre 1683 ging der aufgeschlossene Zeitgenosse als Agent des Spenerschen Pietistenkreises in die Neue Welt und gründete Germantown in Philadelphia. Über die Indianer schrieb Pastorius seinen Eltern: „Es sind gutherzige, redliche Leute, die dermaleinst an dem großen Gerichtstag auftreten werden, die falschen Maul-Christen zu beschämen." Der Menschenfreund Pastorius interessierte sich nicht nur für das Schicksal der Indianer, auch am Leid der schwarzen Bevölkerung nahm er großen Anteil: Bereits 1688 erregte er mit einer Protestschrift gegen die Sklaverei überregionales Aufsehen.

Sehenswertes

Altstadt: Spektakuläre Sehenswürdigkeiten hat Sommerhausen nicht zu bieten, dafür ist der altfränkische Markt mit zahlreichen kleinen Reizen ausgestattet. Da ist einmal die ansehnliche *Befestigung* aus dem 16. Jahrhundert mit ihren drei Tortürmen, die dem Ort seinen anmutigen Charakter verleiht. Im Zentrum stehen das *Rathaus*, ein wuchtiger Renaissancebau, und die evangelische *Bartholomäuskirche*, deren Turm noch aus dem 13. Jahrhundert stammt. Die parallel zum Main verlaufende Hauptstraße wird vom *Schloss* der Reichsschenken von Limpurg dominiert, die zeitweise über den Ort herrschten.

Umgebung

▸ **Eibelstadt**: Fährt man von Sommerhausen mainabwärts in Richtung Würzburg, so stößt man nach kurzer Zeit auf Eibelstadt, ein weiteres der wehrhaften kleinen Städtchen am Main, allerdings mit barockem Touch. Die hervorragend erhaltene *Stadtmauer* entstand, nachdem der Ort 1434 von Kaiser Sigismund die Stadtrechte verliehen bekam. Drei von einst vier Toren sowie alle fünfzehn Rundtürme rahmen das Weinbauernstädtchen ein. Auf Eibelstadts dreieckigem Marktplatz steht eine reich vergoldete Mariensäule vor dem spätbarocken Rathaus. Die größtenteils spätgotische Stadtpfarrkirche *St. Nikolaus* besitzt einen auffälligen Doppelturm sowie einen vornehmen, mit Putten und Reliefs verzierten Taufstein aus Alabaster (1613).

Würzburg

Für Reisende aus dem protestantischen Norden sind Würzburgs Nonnen, Brückenheilige und Bocksbeutel ein erstes Leuchten vom Glanz des Südens. „Es ist einfach Glück, in diese Landschaft zu blicken, auf diese Stadt, ihren Fluss und den Wein, der sie umwächst", begeisterte sich Wolfgang Koeppen, während Heinrich von Kleist spöttelte: „Die ganze Stadt wimmelt von Heiligen, Aposteln und Engeln, und wenn man durch die Straßen geht, so glaubt man, man wandle durch den Himmel der Christen."

Wer sich Bilder aus den letzten Kriegstagen ansieht, wird Würzburg kaum wiedererkennen. Aus dem Bombenschutt des Zweiten Weltkriegs ist die Stadt wieder auferstanden, sprichwörtlich wie Phönix aus der Asche – nur ein bisschen langsamer und mühevoller. Geht man jedoch von der Festung Marienberg, von der aus einst die Fürstbischöfe die Stadt beherrschten, hinüber auf die andere Mainseite, um das Zentrum auf dem Weg zur Residenz zu durchqueren, so lassen sich die Lücken, die der Krieg geschlagen hat, nicht übersehen. Dennoch konnte ein großer Teil des alten Glanzes gerettet werden; ein Hauch vergangener Zeiten liegt noch immer über der Stadt, in der Matthias Grünewald das Licht der Welt erblickte und Walther von der Vogelweide, Tilman Riemenschneider sowie Balthasar Neumann ihre ewige Ruhe fanden. Mit 135.000 Einwohnern, drei Hochschulen und zahlreichen Gewerbebetrieben ist Würzburg heute der unangefochtene Mittelpunkt Unterfrankens. Vor allem die rund 28.000 Studenten, die an der Julius-Maximilians-Universität, der Fachhochschule sowie der Hochschule für Musik eingeschrieben sind, beleben und verjüngen das Stadtbild spürbar.

Heidingsfeld – Würzburgs Verhängnis?

Wahrscheinlich wurde Würzburg im Zweiten Weltkrieg die Eingemeindung der Nachbarstadt Heidingsfeld zum Verhängnis. Zwei Jahrzehnte lang hatte ein heftiger Streit um die am 1. Juni 1930 per Verwaltungsakt vollzogene Eingemeindung getobt. Fatalerweise überschritt die Einwohnerzahl Würzburgs dadurch die von den Alliierten für Kleinstädte festgelegte Grenze von 100.000; Würzburg avancierte zur Großstadt und wurde als solche zum Ziel der alliierten Bomberpiloten. Zunächst stand die Stadt nur auf der Liste der Ausweichziele. Doch kurz vor Kriegsende wurde Würzburg – wie auch andere bis dato verschont gebliebenen Städte dieser Größenordnung – doch noch zum Angriffsziel bestimmt und großflächig bombardiert.

Geschichte

Irgendwann in grauer Vorzeit ließen sich keltische Fischer am Mainufer in der Gegend unterhalb der heutigen Festung Marienberg nieder, den Berg als Fluchtburg nutzend. Später waren es dann fränkisch-thüringische Herzöge die vom Marienberg aus ein Gebiet beherrschten, das vom Neckar bis Thüringen reichte. Der letzte ihrer Herzöge, *Hetan II.*, hat im „castro wirteburch" eine Urkunde ausstellen lassen. Dem christlichen Glauben gegenüber waren sie freundlich eingestellt und ließen sich sogar taufen. Zwar erlitt der irische Glaubensbote *Kilian* im Jahre 689 zusammen mit seinen Gefährten Totnan und Kolonat den „Märtyrertod", doch war weniger die Verkündung des Christentums der Grund für deren Ermordung. Schuld war vielmehr Kilians vehemente Aufforderung, Herzog Gosbert solle sich von seiner Frau Gailana trennen, da es ihm laut Markus-Evangelium verboten sei, mit einer Frau zusammen zu leben, die in erster Ehe mit seinem Bruder verheiratet gewesen war. Markus-Evangelium hin, Markus-Evangelium her, dies war zu viel für die liebende Gattin: Gailana ließ den ehelichen Störenfried und seine beiden Begleiter kurzerhand töten. Schon bald nach seinem Tod wurde Kilian als Heiliger verehrt. Sein Grab am rechten Mainufer wurde zur Keimzelle des mittelalterlichen Würzburg und das Christentum endgültig am Mainufer heimisch: Bereits 742 ordinierte *Bonifatius* den Angelsachsen Burkard zum ersten Würzburger Bischof. Das reich dotierte Bistum erstreckte sich vom Spessart bis zu den Quellen des Mains über einen großen Teil des heutigen Frankens. Erst durch die Gründung des Bamberger Bistums (1007) verlor Würzburg die östlichen Gebiete seines Sprengels.

Ein rasanter Aufstieg begann. Würzburg entwickelte sich zu einer im Hochmittelalter sehr bedeutenden Stadt. Im Jahre 1030 wurde Würzburg erstmals als „civitas" bezeichnet. Man errichtete einen Mauerzug, um die Stadt abzusichern. Die Ausmaße der damaligen Befestigung waren bereits beträchtlich, der fünfeckige Grundriss lässt sich noch heute am Straßenverlauf Juliuspromenade, Theaterstraße, Balthasar-Neumann-Promenade, Neubaustraße und Wirsbergstraße ablesen. In Würzburg feierte *Friedrich Barbarossa* 1156 seine Hochzeit mit *Beatrix von Burgund*; zwölf Jahre später steigerte er das Ansehen der Bischöfe, indem er ihnen die Herzogswürde verlieh (1168).

Karte Seite 315

Der Hofgarten der Residenz

Im Spätmittelalter begann der Streit zwischen Bürgerschaft und Bischof. Die Bischöfe, die seit der Jahrtausendwende mit der Gerichtshoheit die Souveränität über die zuvor königliche Stadt errungen hatten, sahen sich gezwungen, ihren Sitz auf die von Bischof *Hermann von Lobdeburg* (1225–1234) ausgebaute Burg auf dem Marienberg zu verlegen. Die Würzburger Bürger versuchten vergeblich, sich zusammen mit einigen Landständen der bischöflichen Herrschaft zu entziehen. Der Aufstand endete 1400 mit der vernichtenden Niederlage der Bürgerschaft bei Bergtheim; die Führer wurden geköpft oder in den Fluten des Mains ertränkt. Die Marienkapelle am Markt erinnert als einziger von der Bürgerschaft errichteter Sakralbau noch an das bürgerliche Emanzipationsstreben, mit dem es seit der Niederlage der Bürgerschaft im *Bauernkrieg* 1525 endgültig vorbei war. Nach der Niederschlagung des Aufstandes wurde sogar der ehrbare Künstler und Altbürgermeister Tilman Riemenschneider gefoltert, weil er Partei für die Aufständischen ergriffen hatte.

Von den Wirren der Reformation stark gebeutelt, dauerte es Jahrzehnte, bis sich Würzburg wieder zur alten Macht und Herrlichkeit aufschwingen konnte. Erst ein Kirchenfürst vom Schlage eines *Julius Echter von Mespelbrunn* verstand es, die Stadt zu einem Zentrum der Gegenreformation auszubauen. Der Krummstab herrschte wieder mit eiserner Macht über Stadt und Land; bis 1803 durften in Würzburg nur Katholiken wohnen. Im Dreißigjährigen Krieg eroberte der schwedische König *Gustav Adolf* 1631 die Stadt mitsamt der Festung Marienberg. Der Bischof wurde vertrieben, Würzburg geplündert, die Bibliothek nach Uppsala verschleppt. Der schwedische Heerführer *Bernhard von Weimar* wurde für einen kurzen Zeitraum Herzog von Franken. Ein goldenes Zeitalter brach wenige Jahre nach Ende des Dreißigjährigen Krieges an. Drei Fürstbischöfe aus dem Hause Schönborn verwandelten das Bistum Würzburg in einen repräsentativen Festsaal und verliehen ihrer egoistischen Ruhm- und Prunksucht mit prachtvollen Bauten für die

Ewigkeit Gestalt. Mit der Residenz als weithin leuchtendes Denkmal dieser Epoche demonstrierten sie den als selbstverständlich empfundenen Anspruch eines absolutistischen Fürsten. Aber auch militärische Gesichtspunkte blieben nicht außen vor: Würzburg verdankte *Johann Philipp von Schönborn* eine völlige Neubefestigung von Stadt und Burg mit wuchtigen Bastionen.

Im säkularen Zeitalter war kein Platz mehr für einen geistlichen Landesherrn: 1803 wurde das Fürstbistum aufgelöst und Kurbayern zugeschlagen. Zwei Jahre später wurde Würzburg von Napoleon zum Großherzogtum eines Habsburgers, *Ferdinand von Toskana*, ernannt, um dann 1814 endgültig Bayern zuzufallen. Nachdem Würzburg 1856 seine Eigenschaft als Festung verloren hatte, wurde eine Neugestaltung des Stadtbildes in Angriff genommen. Die gewaltigen Bastionen wurden bis auf einen Rest östlich der Residenz und im Mainviertel abgetragen; an ihrer Stelle entstand ein schöner, breiter Grüngürtel. Die Einwohnerzahl verdoppelte sich von 1860 bis 1900, so dass die Stadt weit über den einstigen Befestigungsring hinauswuchs.

Otto Hellmuth – eine Nazikarriere

Der Zahnarzt Otto Hellmuth (geb. 1896), Gauleiter von Mainfranken, war der ranghöchste Nationalsozialist in Würzburg und ein Mann der ersten Stunde. Schon 1922, mit 26 Jahren, trat er in die NSDAP ein und machte eine rasante Parteikarriere. Bereits 1927 wurde er zum Gauleiter ernannt, ein Jahr später war er Abgeordneter des Bayerischen Landtags und 1933 schließlich Reichstagsabgeordneter. Nach der Machtergreifung bekleidete der im Rang eines SA-Standartenführers stehende Hellmuth zusätzlich das Amt des Regierungspräsidenten von Unterfranken und Aschaffenburg. Der in Würzburg „residierende" Gauleiter liebte die Provokation: Seine Tochter nannte er Gailana, nach der Mörderin des Frankenapostels Kilian. Auch wenn Hellmuth nicht mit seinen psychopathischen Gauleiterkollegen Streicher und Sauckel zu vergleichen ist, stand er nichtsdestotrotz zwölf Jahre an den Schalthebeln der nationalsozialistischen Macht. Nach Kriegsende geriet er unerkannt in amerikanische Gefangenschaft, floh, hielt sich zwei Jahre lang verborgen, wurde dann doch noch verhaftet und von einem amerikanischen Militärgericht zum Tode verurteilt. 1951 wurde dieses Urteil in eine 20-jährige Gefängnisstrafe umgewandelt, aber schon 1955 profitierte Hellmuth von einer Begnadigungswelle. Rotzfrech beantragte er 1956 eine Heimkehrerentschädigung von über 5000 DM – und bekam sie auch noch! Zwei Jahre später ließ er sich in Reutlingen als Zahnarzt nieder; er erhielt dort seltsamerweise den Vorzug vor 21 Mitbewerbern. Die AOK begründete ihre Entscheidung mit der Bemerkung, dass „Dr. Hellmuth die älteste Approbation" besessen habe.

Trotz verkehrstechnisch günstigster Bedingungen misslang im 19. Jahrhundert der Anschluss an die mächtig voranschreitende Industrialisierung; dafür setzte die Wissenschaft an der Julius-Maximilian-Universität zu beachtenswerten Höhenflügen an. Eine ganze Reihe von herausragenden Köpfen lehrte in Würzburg: Schelling, Siebold, Virchow, Koelliker, Leube, Bergmann, Schell und Röntgen, der hier 1895 die nach ihm benannten Strahlen entdeckte.

Die *Nacht des 16. März 1945* war die schwärzeste – und zugleich hellste – in der Geschichte Würzburgs. In nur 17 Minuten verwandelten 237 britische Bomberpiloten die Würzburger Innenstadt in ein regelrechtes Inferno. Bis auf 2000 Grad stieg die Temperatur in der Stadt durch die Flammen, die 380.000 Stabbrandbomben und 11.000 Sprengbomben angefacht hatten. Die Nacht war zum Tag geworden! Am nächsten Morgen zählte man 5000 Tote; 80.000 Menschen mussten evakuiert werden; 90 Prozent der Innenstadt war zerstört.

Die Royal Air Force verlor bei der nächtlichen Attacke, die man allzu lange für einen Scheinangriff gehalten hatte – man wähnte Nürnberg als das eigentliche Ziel – sieben Maschinen und 49 Bomberpiloten. Nur zwei Wochen später erreichte die Front die zerstörte Stadt. Nach mehrtägigem Kampf um die Häuserruinen nahm die 42. Infanteriedivision der 7. US Armee Würzburg – oder das, was davon übrig geblieben war – am 6. April 1945 ein. Nur noch rund 5000 Menschen lebten in dem „Stoppelfeld des Todes“ (Jürgen Tern). Wer sich ein Bild von der Ruinenlandschaft machen will, kann dies im Museum des Fürstenbaus auf der Festung Marienberg mit Hilfe eines beeindruckenden Modells. Die Zerstörung der Würzburger Innenstadt war so schwerwiegend, dass man kurzzeitig erwog, die Ruinen als Mahnmal stehen zu lassen und die Stadt ein paar Kilometer weiter südlich völlig neu aufzubauen. Der Plan wurde jedoch fallengelassen, als man feststellte, dass die Infrastruktur trotz der Verwüstung weitgehend erhalten geblieben war. Schon kurz nach Kriegsende begannen die Würzburger behutsam mit dem Wiederaufbau, 2.700.000 Kubikmeter Trümmerschutt mussten weggeräumt werden. Eine Entscheidung, die sich auszahlen sollte!

Anfahrt/Verbindungen

- *Zug* Der **Hauptbahnhof** liegt am nördlichen Rand der Altstadt. Stündlich bestehen Intercity-Verbindungen zu allen großen deutschen Städten. Auskunft: ✆ 19419.
- *Auto* Innenstadtnah ist der große **Parkplatz am Congress Centrum**, dafür sind die Gebühren recht happig.
- *Fahrrad* Bei der Alten Mainbrücke gibt es einen Fahrradparkplatz mit Gepäckaufbewahrung, auch für Satteltaschen. Mo–Sa 10–18 Uhr. Pro Pers. 2 €.

Information/Diverses

- *Information* **Congress & Tourismuszentrale**, Am Congress Centrum, 97070 Würzburg, ✆ 0931/372355, ✆ 0931/373652. Anlaufpunkt im Zentrum: **Tourist Information** mit Zimmervermittlung, Haus zum Falken, Oberer Markt, ✆ 0931/372398, www.wuerzburg.de.
- *Einwohner* 135.000
- *Bootsverleih* **Rudolf Seubert**, ✆ 75327.
- *Botanischer Garten* Mittlerer Dallenbergweg 64, ✆ 8886240. April–Sept. 8–18 Uhr, Okt.–März 8–16 Uhr. Pflanzenschauhäuser: 8–15.45 Uhr. Eintritt: frei!
- *Fahrradverleih* **Velo-Momber**, Landwehrstr. 13, ✆ 12627. www.velo-momber.de.
- *Golf* 9-Loch-Platz, Golfclub Würzburg, Am Golfplatz 2, ✆ 67890, www.golfclub-wuerzburg.de.
- *Historischer Saal der Fischerzunft* Saalgasse 6, ✆ 42338. Mai–Okt. jeden 1. und 3. So von 10.30–12.30 Uhr. Eintritt: frei! www.fischerzunft-wuerzburg.de.
- *Mainschifffahrt* Von der Anlegestelle **Alter Kranen** finden von April bis August stündlich Ausflugsfahrten nach Veitshöchheim statt. Die einfache Fahrt dauert 40 Min. und kostet 6 €, hin und zurück 9 €. Zusätzlich werden in den Sommerferien Mi, Do und Sa Fahrten über Ochsenfurt nach Sulzfeld sowie über Karlstadt nach Gemünden angeboten. Abfahrt: jeweils 9 Uhr. Auskunft: ✆ 58573, www.schiffstouristik.de. Veitshöchheimer Personenschifffahrt, ✆ 55633, www.vpsherbert.de.
- *Minigolf* Es gibt zwei Anlagen, eine an der Adenauerbrücke und die zweite an der Ludwigsbrücke.

• *Röntgen-Gedächtnisstätte* Erinnerungsstücke aus dem Nachlass des berühmten Physikers. Röntgenring 8, ✆ 3511103. Mo–Do 9–16 Uhr, Fr bis 15 Uhr. Eintritt: frei! www.wilhelmconradroentgen.de.

• *Schwimmen* Erlebnisbad **Nautiland** mit 85-Meter-Wasserrutsche, Luitpoldstraße, ✆ 411436. So–Do 9–22 Uhr, Fr–Sa 9–23 Uhr. **Freibad Dallenbergbad**, König-Heinrich-Straße, ✆ 74460. **Hallenbad Sanderau**, Virchowstr. 1, ✆ 72801.

• *Stadtführung* Von April bis Okt. beginnt tgl. um 10.30 Uhr am Haus zum Falken, Oberer Markt, eine 90-minütige Stadtführung. Teilnahmegebühr: Erw. 6 €, erm. 4 €. Hinzu kommen themenorientierte Führungen (z. B. „Hexenverfolgungen in Würzburg"), über die die Tourist Information weitere Auskünfte erteilt.

• *Stadtrundfahrt* Eine zweistündige Stadtrundfahrt beginnt werktags um 14 Uhr sowie sonntags um 10.30 Uhr am Hauptbahnhof (Busbahnhof). Teilnahmegebühr: Erw. 9,50 €, erm. 8,40 € (Kartenverkauf direkt im Bus).

Kultur & Veranstaltungen

• *Umsonst-&-Draußen-Festival* Das alljährlich Mitte Juni auf den Talavera Mainwiesen stattfindende, dreitägige Festival ist eines der größten Open-Air-Festivals in Deutschland. Der Schwerpunkt liegt auf Nachwuchsbands, ergänzt durch renommierte Stars wie The Cure oder Iggy Pop. Und das Beste: alles umsonst! www.umsonst-und-draussen.de.

• *Africa Festival* Größte Veranstaltung afrikanischer Musik in Deutschland. Ende Mai/Anfang Juni, www.africafestival.org.

• *Hafensommer* Von Ende Juli bis Mitte Aug. feiert Würzburg sein innovatives Kulturfestival, das auf einer schwimmenden Bühne stattfindet. www.hafensommer-wuerzburg.de.

• *Barockfest* Im Mai wird in der Residenz diese einzigartige Verbindung von Musik, Architektur und Wein gefeiert.

• *Mozartfest* Das internationale Musikereignis findet seit 1922 alljährlich Anfang Juni im Kaisersaal der Residenz statt, www.mozartfest-wuerzburg.de.

• *Bachtage* Ende Nov. in der St. Johanniskirche, www.bachchor-wuerzburg.de.

• *Museen* Siehe „Sehenswertes".

• *Kino* Würzburg hat ein vielfältiges Kinoangebot: **Corso**, Kaiserstr. 27, ✆ 51616; **Cinemaxx-Filmpalast**, Veitshöchheimer Str. 5a, ✆ 3565615.

• *Theater* **Mainfranken Theater Würzburg** mit Kammerspielen, ✆ 3908124, www.theaterwuerzburg.de. **Werkstattbühne**, Rüdigerstr. 4, ✆ 59400. **Theater im Chambinzky**, Valentin-Becker-Str. 2, ✆ 51262. **Bockshorn Theater im Kulturspeicher**, Veitshöchheimer Str. 5, ✆ 4606066, www.bockshorn.de.

Essen/Übernachten/Nachtleben (siehe Karte S. 352/353)

Rebstock (23), hinter einer traumhaft schönen Rokokofassade von 1737 verbirgt sich ein auch hohe Ansprüche befriedigender Hotelbetrieb (Best Western). Kostenloses WLAN. Das empfehlenswerte Hotelrestaurant (14 Gault-Millau-Punkte) lässt sich seine Feinschmeckergerichte entsprechend entlohnen, Menüs zu 34 und 77 €. EZ ab 98 €, DZ ab 135 €. Neubaustr. 7, ✆ 0931/30930, 📠 3093100, www.rebstock.com.

Ruß (19), traditionsreicher Gasthof mitten im Zentrum, nur 50 Meter vom Rathaus entfernt. Frische bürgerliche Küche zu freundlichen Preisen. EZ ab 42,50 €, DZ je nach Ausstattung ab 66 € (inkl. Frühstück). Wohlfahrtsgasse 1, ✆ 0931/50016, 📠 50969, www.hotel-russ.de.

Zum Winzermännle (18), mitten im Zentrum zwischen Dom und Rathaus gelegen, ist das kleine 40-Betten-Hotel eine empfehlenswerte Adresse, wobei die Einrichtung ein wenig bieder ist. EZ ab 62 €, DZ 92–105 €. Domstr. 32, ✆ 0931/54156, 📠 58228, www.winzermaennle.de.

** **Hotel Schönleber (11)**, zentral gelegenes Hotel mit einfachen, aber sehr gepflegten Zimmern. Vom Besitzer persönlich geführt. Tolles Frühstücksbuffet, Fahrradraum, kostenpflichtiges WLAN. EZ 45–69 €, DZ je nach Ausstattung 66–99 € (die günstigen mit Etagentoilette). Theaterstr. 5, ✆ 0931/3048900, 📠 30489030, www.hotel-schoenleber.de.

Etap-Hotel, modernes Kettenhotel im Gewerbegebiet Würzburg-Ost. Die Räume sind sehr funktional und sauber, der Preis kaum zu schlagen. EZ 39 €, DZ 47 €. Frühstück 6 € pro Person. Nürnberger Str. 129, ✆ 0931/2708220, www.etaphotel.com/wuerzburg.

Karte Seite 315

Zur Stadt Mainz (7), das Hotel erinnert mit seinem Namen an die historischen Verbindungen zu Mainz. EZ 75 €, DZ 110 €. Semmelstr. 39, ✆ 0931/53155, 📠 58510, www.hotel-stadtmainz.de.

Babelfish-Hostel (4), günstiges, einfaches Hostel nur zwei Fußminuten vom Hauptbahnhof entfernt. Lockere Atmosphäre. Übernachtung je nach Zimmergröße (2–8 Betten) ab 16 €, DZ 58 €, Frühstück 4,90 €, Bettwäsche 2 €. Internet/Kaffee kostenlos. Haugering 2, ✆ 0931/3040430, 📠 3043632, www.babelfish-hostel.de.

Zum Stachel (14), hier trank schon Götz von Berlichingen seinen Schoppen. Würzburgs älteste Weinstube (1413) mit einem malerischen Innenhof. Ohne Reservierung bekommt man im begehrten Innenhof kaum einen Platz. Serviert wird gute fränkische Küche (Arnsteiner Milchzicklein für 22,80 €) auf gehobenem Niveau (13 Gault-Millau-Punkte). Viele Bio-Gerichte! Mo und Di erst ab 17 Uhr geöffnet, So Ruhetag. Gressengasse 11, ✆ 52770, www.weinhaus-stachel.de.

Bürgerspital (9), die beliebte Weinstube des 1319 gegründeten Spitals schenkt edle Tropfen aus dem eigenen Weingut aus; dazu werden gutbürgerliche Speisen gereicht. Durch das Restaurant gelangt man in den repräsentativen Innenhof. Kein Ruhetag, durchgehend warme Küche. Von April bis Okt. finden Sa um 14 Uhr Führungen (5 €) durch den Weinkeller statt. Theaterstr. 19, ✆ 352880, www.buergerspital-weinstuben.com.

Juliusspital-Weinstuben (6), eine weitere traditionsreiche Stiftungs-Weinstube in der Innenstadt. Stimmungsvolles Ambiente, schöner Innenhof. Tgl. 10–24 Uhr. Juliuspromenade 19, ✆ 54080. www.juliusspital.de.

Alte Mainmühle (17), in herrlicher Lage direkt an der Alten Mainbrücke mit großer Terrasse über dem Fluss. Wechselnde Tagesgerichte wie ein rosa gebratener Rehrücken im Wirsingmantel zu 22 €. Kein Ruhetag, durchgehend warme Küche von 10–24 Uhr. Mainkai 1, ✆ 16777, www.alte-mainmuehle.de.

Zum Lämmle (12), gleich hinter der Marienkapelle wird bodenständige Hausmannskost serviert, so eine leckere Krautroulade mit Speckrahmsoße und Kartoffelpüree für 6,55 €. Die Portionen sind preiswert und groß! Im Sommer sitzt man auf der schattigen Straßenterrasse vor dem Haus. So Ruhetag. Marienplatz 5, ✆ 54748.

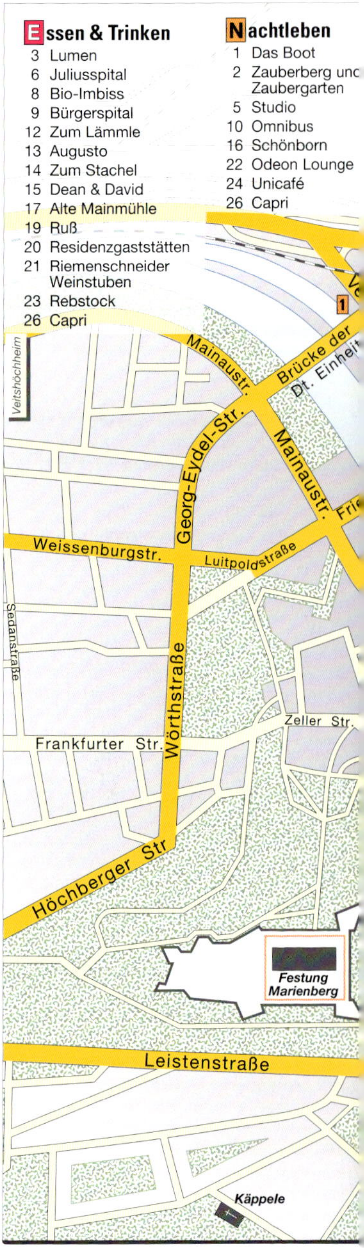

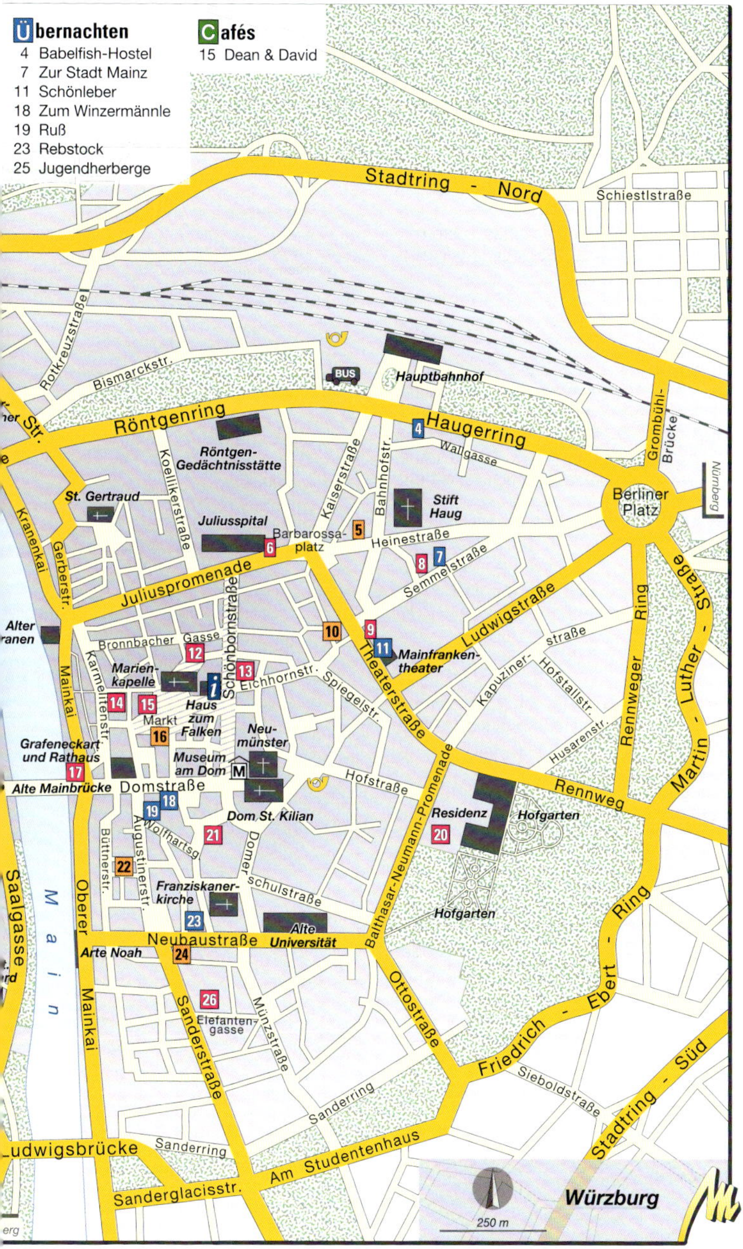

Fränkisches Weinland
Karte Seite 315

Residenzgaststätten (20), nach der Besichtigung der Residenz empfiehlt sich ein Besuch der nebenan gelegenen Gaststätte. Lobenswert ist die große Salatauswahl, deren edle Zutaten Preise um 10 € rechtfertigen. Es schließt sich ein Biergarten mit Selbstbedienung an. Mo Ruhetag, sonst von 10–24 Uhr durchgehend geöffnet. Residenzplatz 1, ✆ 54670, www.residenzgaststaetten.de.

Riemenschneider Weinstuben (21), die kleine, etwas versteckt gelegene Weinstube (zwei Fußminuten vom Domplatz) mit knapper regionaler Speisekarte ist ein Lesertipp von J. Brink, der die günstige und qualitativ gut zubereitete Speisen lobte. Mit Gewölbekeller. Mo Ruhetag. Franziskanergasse 1a, ✆ 571487, www.riemenschneider-weinstuben.de.

Capri (26), die älteste Pizzeria Deutschlands befindet sich seit über 50 Jahren in einer kleinen Seitenstraße der Sanderstraße. Neben mehreren Pizzen gibt es auch günstige Mittagsgerichte, beispielsweise Gnocchi mit Tomatensoße für 3,90 €. Kleine, wenig einladende Straßenterrasse. Elefantengasse 1, ✆ 54557.

Schönborn (16), Café, Restaurant und Bar mit schöner Straßenterrasse direkt gegenüber dem Falkenhaus. Marktplatz 30, ✆ 4044818.

Lumen (3), wie es sich für ein Restaurant im Kulturspeicher gehört, zeigt sich das Lokal im modernen zeitgenössischen Ambiente. Es gibt auch eine Lounge sowie im Sommer einen Sandstrand zum Chillen. Auf der Speisekarte dominiert die italienische Küche, die in Parmesan gewendeten Spaghetti Lumen (13 €) gelten als Spezialität des Hauses. Di–Fr ab 15 Uhr, Sa und So ab 11 Uhr. Veitshöchheimer Str. 5, ✆ 4600944, www.lumen-wuerzburg.de.

Dean & David (15), puristisch-moderner Imbiss, dessen Angebot sich die leichte gesunde Ernährung auf die Fahne geschrieben hat. Salate, Currys, Suppen, Sandwichs und vieles mehr. Alles frisch und lecker, und auch das Ambiente stimmt. Straßenterrasse. Mo–Fr 9–22 Uhr, Sa und So 10–21 Uhr. Marktplatz 4, ✆ 45228303. http://deananddavid.de.

Augusto (13), alteingesessene Trattoria in unmittelbarer Nähe der Fußgängerzone. Nette Räumlichkeiten mit hohen Decken. Empfehlenswert sind die Salate und Nudelgerichte (Rigatoni Amatriciana!), die Pizza überzeugte beim letzten Check nicht. So Ruhetag. Herzogenstr. 2, ✆ 58666. www.trattoria-augusto.de.

Bio-Imbiss (8), in diesem von einer Bio-Metzgerei und einem Bio-Bäcker betriebenen Laden erhält man auch diverse kleine Snacks sowie einen leckeren Café. Semmelstr. 35.

Unicafé (24), im Café oder auf der großen Straßenterrasse trifft sich vorwiegend jüngeres Publikum. Neubaustr. 2, ✆ 15672.

Zauberberg und Zaubergarten (2), puristischer Szenetreff. So–Mi 22–3 Uhr, Do–Sa 22–4 Uhr. Idyllisch sitzt man hinter dem Haus unter Kastanien im Zaubergarten, der täglich ab 17 Uhr, am So ab 13 Uhr geöffnet ist. Veitshöchheimer Str. 20, ✆ 3292680, www.zauberberg.info.

Odeon Lounge (22), 2006 eröffnet, gehört die in einem ehemaligen Kino untergebrachte Bar zu den beliebtesten Adressen im Würzburger Nachtleben. Mo und Di geschl. Augustinerstr. 18, ✆ 55559. Im Sommer gibt es bei schönem Wetter noch die **Odeon Sommer Lounge**, am Alten Kranen (tgl. ab 17 Uhr, Sa und So ab 14 Uhr), www.odeon-lounge.de.

Omnibus (10), der älteste Jazz- und Folkkeller (seit 1970) Würzburgs genießt immer noch einen guten Ruf. Tgl. 20–1, am Wochenende bis 2 Uhr geöffnet. Theaterstr. 10, ✆ 56121, www.omnibus-wuerzburg.de.

Das Boot (1), der ausrangierte und zur Diskothek umgebaute Ausflugsdampfer bietet erlesenes Tanzvergnügen bis in die frühen Morgenstunden. Do–Mo geöffnet. Veitshöchheimer Str. 14, ✆ 59353, www.das-boot.com.

Studio Club-Bar-Lounge (5), coole Clubsounds in entspannter Atmosphäre machen das „Studio" zu einer Top-Location im Würzburger Nachtleben. Haugerpfarrgasse 7, ✆ 4653020, www.studioclubbing.de.

Airport, die angesagteste Diskothek liegt im Osten der Stadt und besitzt längst Kultstatus samt Wikipedia-Eintrag. Gattinger Str. 17, ✆ 23771, www.airlebnis.net.

• *Jugendherberge*: **Jugendherberge Würzburg (25)**, zentral unterhalb der Festung Marienberg am linken Mainufer gelegen. Die Würzburger Herberge (254 Betten) läuft unter der Kategorie „Jugendgästehaus", daher kostet die Übernachtung mit Frühstück ab 19,50 €. Burkarder Str. 44, ✆ 0931/42595, 📠 416862, jhwuerzburg@djh-bayern.de, www.wuerzburg.jugendherberge.de.

Gästehaus im Weingut am Stein, mitten

im Weingut wird in einem topmodernen kubischen Bau eine Gästewohnung von 120 Quadratmetern vermietet. Als DZ 150–200 €, für 6 Pers. 230–280 €. Mittlerer Steinbergweg, ✆ 25808, www.weingut-am-stein.de.

• *Privatzimmer* **Bed & Breakfast Würzburg**, Privatzimmer ab 19 € pro Pers. im EZ, ab 16 € im DZ. Kaiserstr. 6, ✆ 0931/4045609, ℻ 4045610, www.bed-and-breakfast.de/wuerzburg.

• *Camping* **Campingplatz Kalte Quelle**, ganzjährig geöffnet. Im Stadtteil Heidingsfeld, Winterhäuser Str. 160, ✆ 0931/65598, ℻ 612611, www.kalte-quelle.de.

Wie die Pizza über die Alpen kam

Franken, das ist nicht nur die Heimat der Bratwürste und Schäufele, sondern auch der Pizza. Pizza? Richtig, denn am 24. März des Jahres 1952 eröffnete in der Elefantengasse 1 in Würzburg mit dem „Capri“ die erste Pizzeria in Deutschland. Der Gründungswirt Nicolino Di Camillo – er stammt aus Villa Magna bei Chieti in den Abruzzen – darf für sich in Anspruch nehmen, die deutsche Esskultur revolutioniert zu haben. Nicolino, genannt „Nick“, kam in der Nachkriegszeit nach Deutschland, heiratete eine Balletttänzerin vom Nürnberger Opernhaus und kochte einmal aushilfsweise in der Küche eines amerikanischen Casinos für US-Soldaten. Die GIs waren von seinen Kochkünsten so begeistert, dass er sich entschloss, ein eigenes Restaurant zu eröffnen. Durch Zufall fand Nick ein geeignetes Gasthaus in Würzburg und erfreute seine anfangs fast ausschließlich amerikanischen Gäste mit seinen Pizzakreationen. Erst als im Zeitalter des Wirtschaftswunders die Generation der Riminitouristen die italienische Küche schätzen lernte, kamen auch die Würzburger in Scharen. Der Rest ist bekannt: Heute ist Deutschland flächendeckend mit Pizzerien überzogen, und die belegten Teigfladen sind noch vor Pommes frites und Spaghetti das Lieblingsgericht der Kinder in Deutschland.

Sehenswertes

Residenz: Die Würzburger Residenz ist mit ihrer eindrucksvollen Geschlossenheit der schönste Schlossbau des süddeutschen Barock. Als solcher wurde er von der UNESCO gewürdigt und von ihr bereits am 30. Oktober 1981 als drittes deutsches Kulturgut in die Liste der Weltkulturgüter aufgenommen. Der optische Eindruck von der Residenz wäre um ein Vielfaches eindrucksvoller, würde der monotone Parkplatz den Prachtbau nicht in seiner Wirkung beeinträchtigen. Bedingt durch die starken Kriegsschäden musste die Residenz nach 1945 gewissermaßen ein zweites Mal errichtet werden. Um das Spiegelkabinett wiedererstehen zu lassen, konnte man nur auf eine Serie von Abbildungen und einige handtellergroße Scherben zurückgreifen. Mit rund 360.000 Besuchern pro Jahr ist die Würzburger Residenz eine der bedeutendsten touristischen Sehenswürdigkeiten in Franken.

Welcome Card

Für Würzburg-Besucher lohnt der Kauf einer Welcome Card (für 3 € bei der Tourist Information oder im Internet). Mit der Karte erhält man ermäßigte Tickets für die Residenz, Stadtrundfahrten und mehrere Museen.

Baugeschichte: Die Residenz ist ein eindrucksvolles Zeugnis für den barocken Repräsentationswillen und den absolutistischen Anspruch der Würzburger Fürstbischöfe. Als *Johann Philipp Franz von Schönborn* 1719 überraschend zum Fürstbischof gewählt wurde, erachtete er die Festung Marienberg als nicht mehr zeitgemäß; unten in der Stadt wollte er seinem Rang entsprechend residieren. Zum Baumeister ernannte Schönborn den damals noch so gut wie unbekannten *Balthasar Neumann*, der sich mit Eifer an die Arbeit machte. Eine, wie sich alsbald herausstellen sollte, gelungene Wahl, denn Neumann war so klug, den Rat erfahrener Architekten (Boffrand, de Cotte, Welsch, Hildebrandt) zu berücksichtigen. Am Standort eines erst 15 Jahre zuvor von *Petrini* errichteten Schlösschens sollte ein prachtvoller monumentaler Neubau entstehen. Schon Neumanns erste Entwürfe sahen für das Schloss eine Frontlänge von 170 Metern vor; die große Tiefe von über 90 Metern erhielt das Projekt aber erst, nachdem dem Fürstbischof aus einem Prozess eine halbe Million Gulden zuge-

Vom Glockengießer zum Stararchitekten

Balthasar Neumann wurde am 30. Januar 1687 als siebtes von neun Kindern im böhmischen Eger geboren. In bescheidenen Verhältnissen aufgewachsen, erlernte er das Geschütz- und Glockengießerhandwerk und begab sich anschließend auf die übliche Wanderschaft, die ihn um 1710 nach Würzburg führte. Neumann fand Arbeit in einer Gießerei und machte die Bekanntschaft des Architekten Andreas Müller. Dieser erkannte die brachliegende Begabung des von Wissensdurst getriebenen jungen Mannes und machte sich für dessen weitere Ausbildung stark. Balthasar Neumann trat in fürstbischöfliche Dienste, allerdings nicht als Baumeister, sondern als Soldat. Im Kriegsdienst war er anscheinend nicht unbegabt, denn er brachte es immerhin zum Obristen der fränkischen Kreisartillerie. Obwohl Neumann als Baumeister bis dahin kaum in Erscheinung getreten war, erhielt er 1719 von Johann Philipp Franz von Schönborn den Auftrag zum Bau der Residenz. Von nun an war Neumanns kometenhafter Aufstieg nicht mehr zu bremsen: Fast alle bedeutenden deutschen Fürsten versuchten in der Folgezeit, Neumann als Architekten zu gewinnen. In seinen Profan- wie auch in seinen Sakralbauten verfolgte Neumann eindrucksvoll die Idee der Verschmelzung und Durchdringung des Innenraums, die ein Gefühl der Schwerelosigkeit vermitteln soll. Dieses Raumprinzip lässt sich in all seinen fränkischen Bauwerken (Vierzehnheiligen, Gößweinstein, Maria Limbach etc.) gut nachvollziehen. Neben der großen Baukunst widmete sich Neumann auch so profanen Dingen wie dem Brücken-, Festungs-, Straßen- und Wasserstraßenbau. Hochgeachtet starb Balthasar Neumann 1753 in Würzburg. In der Würzburger Residenz findet sich eine Anspielung auf Neumanns Vergangenheit: Tiepolo hat ihn in seinem berühmten Deckenfresko im Treppenhaus in Artillerieuniform, auf einem Kanonenrohr ruhend dargestellt.

flossen waren, die umgehend für den Schlossbau bestimmt wurden. Als Johann Philipp Franz von Schönborn gut vier Jahre nach Baubeginn starb, war nur ein Fünftel des Schlosses fertig gestellt. Der von der Anti-Schönborn-Partei des Domkapitels zum Nachfolger gewählte *Christoph Franz von Hutten* (1724–1729)

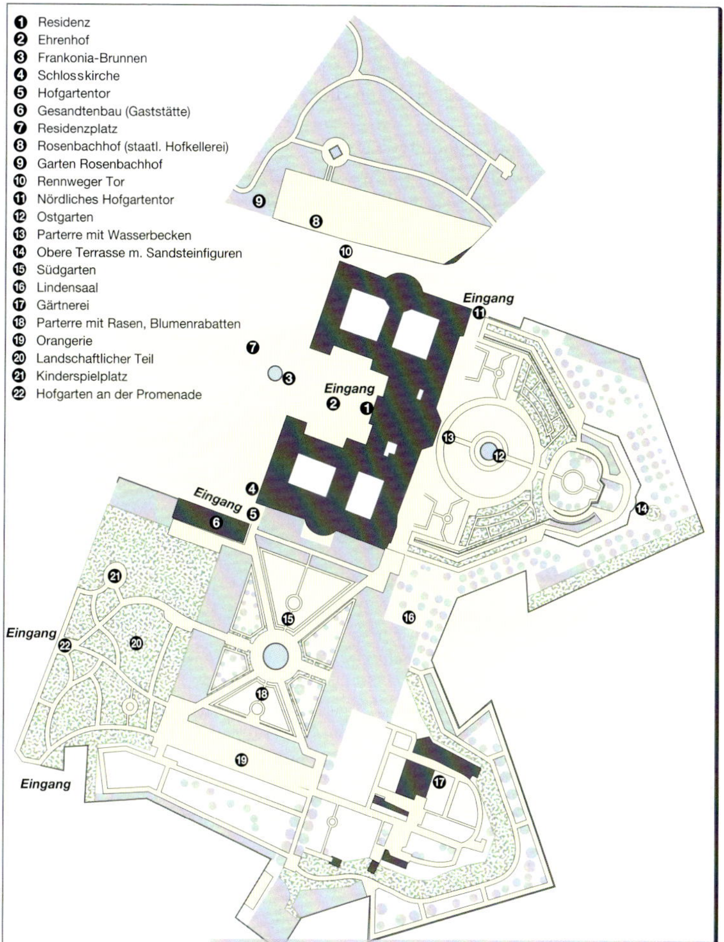

Hofgarten der Residenz in Würzburg

zeigte kein Interesse an dem ehrgeizigen Projekt und ließ daher nur die vorhandenen Rohbauten zum Abschluss bringen. Erst als mit *Friedrich Karl von Schönborn* der Bruder des ursprünglichen Auftraggebers zum Fürstbischof gewählt wurde, konnte die Fertigstellung des Schlossbaus, an dem längst der Glanz der Familie Schönborn hing, weiterbetrieben werden. Unter der Ägide des Fürstbischofs Greiffenclau, eines Neffen der Schönborns, wurde das Schloss schließlich vollendet. Lange konnten sich die Fürstbischöfe an ihrer Residenz nicht erfreuen. Am 27. November 1802, als Georg Karl von Ferchenberg seinen Palast räumen musste, endete

Fränkisches Weinland
Karte Seite 315

das höfische Leben. Die Residenz gehörte zur Verfügungsmasse, mit der Napoleon die Neuordnung Europas plante. Erst wurde sie dem Großherzogtum Toskana zugesprochen, doch fiel sie 1814 mit Franken an das Königreich Bayern.

Rundgang durch die Residenz: Die Residenz ist eine dreiflügelige Anlage, die einen wohlproportionierten Ehrenhof sowie vier Binnenhöfe umschließt. Vertikal ist der einstige Regierungssitz in zwei Haupt- und zwei optisch zurücktretende Halbgeschosse (Mezzanine) gegliedert. Das architektonische Prunkstück der Residenz ist das *Treppenhaus*, dessen freitragendes Gewölbe ein 650 Quadratmeter großes *Deckenfresko* – und damit das größte Deckengemälde der Welt – von *Giovanni Battista Tiepolo*, dem Malerfürsten aus Venedig, ziert. Ein einzigartiges Raumerlebnis, das zugleich von den genialen technischen Fähigkeiten des Ingenieurs Neumanns kündet, der in der Lage war, „ohne statische Berechnungen im heutigen Sinne das riesige Treppenhausgewölbe für den *Künstler* Neumann stützenfrei zu wölben, das moderne Bautechniker sich nicht zu kopieren trauen" (Max von Freeden). Über den *Weißen Saal* (fulminante Stuckarbeiten von *Antonio Bossi*) gelangt man vom Treppenhaus in den üppig ausgestatteten *Kaisersaal*, wo Fürstbischof Greiffenclau seine politischen Ansprüche an der Decke verewigen ließ: Ein Fresko von Tiepolo dokumentiert, wie Kaiser Barbarossa 1168 dem Bischof von Würzburg die Herzogswürde verlieh. Dieser Saal ist der krönende Abschluss einer einzigartigen Raumfolge.

Die in die Südwestecke der Residenz integrierte *Hofkirche* (von außen begehbar) zählt ohne Frage zu den prunkvollsten Kirchenräumen des 18. Jahrhunderts und steht somit den anderen Räumlichkeiten der Residenz in nichts nach. Die Kirche wurde ebenfalls von *Balthasar Neumann* erbaut und nach Ideen von *Lucas von Hildebrandt* ausgestattet. Unter den mehr als 40 begehbaren Räumen der Residenz verdienen der *Toskanasaal* im Empirestil, das *Spiegelkabinett* sowie das *Grünlackierte Zimmer* besondere Beachtung. Der skulpturengeschmückte *Hofgarten* bietet sich anschließend an, um die Besichtigung der Residenz ausklingen zu lassen; er wurde 1756 unter Einbeziehung der barocken Festungsbastionen von *Johann Michael Fischer* entworfen. Als Kombination aus Rokokoanlage und englischem Landschaftspark reicht der Garten bis an die barocken Festungsbastionen. Die Figuren im Park stammen von *Peter Wagner*.

• Öffnungszeiten Die Führungen finden während der folgenden Zeiten fortlaufend statt: April–Okt. tgl. 9–18 Uhr, Nov.–März tgl. 10–16.30 Uhr. Letzter Einlass: 30 Min. vor Schluss. Eintritt: 7 €, erm. 6 €. Der Eintritt in die Hofkirche ist frei! Der Hofgarten ist tgl. bis Anbruch der Dunkelheit geöffnet.

Martin-von-Wagner-Museum: Der Südflügel der Residenz bildet den geeigneten Rahmen für eine beeindruckende, im 19. Jahrhundert von Martin von Wagner zusammengetragene Antikensammlung mit Gemäldegalerie (u. a. italienische und niederländische Meister) sowie graphischen Werken. Ein Jahr vor seinem Tod (1857) vermachte Wagner seine Privatsammlung der Würzburger Universität. Am Beispiel von 40 Gemälden kann man sich davon überzeugen, dass auch der Stifter künstlerisch tätig war.

• Adresse/Öffnungszeiten Residenz Tor A, ✆ 312288. Antikensammlung: Di–Sa 14–17 und jeden 2. So 9.30–12.30 Uhr; Gemäldegalerie: Di–So 9.30–12.30 Uhr; Graphische Sammlung: Di und Do 14–16 Uhr. Eintritt: frei! www.uniwuerzburg.de/museum.

Alte Mainbrücke: Sie gehört zu den schönsten Steinbrücken Deutschlands. Die ursprünglich spätgotische Brücke (1120–33) stellte einst einen wichtigen Verkehrs-

Blick über die Alte Mainbrücke zum Dom

knotenpunkt zwischen dem Norden und dem Süden Deutschlands dar; heute dient sie nur noch als Fußgängerverbindung zwischen der Innenstadt und dem alten Mainviertel. Die jetzige Brücke wurde von 1473 bis 1543 errichtet, ihr charakteristisches Erscheinungsbild mit den zwölf überlebensgroßen Figuren (allesamt Nachbildungen) erhielt sie aber erst im 18. Jahrhundert. Auf ihrer Südseite stehen die Heiligen Bruno, Burkard, Kolonat, die Jungfrau Maria, Kilian und Totnan; auf der Nordseite Karl der Große, Carl Borromäus, Nepomuk, Joseph mit dem Jesusknaben, Friedrich und Pippin d. J. Von der Brücke hat man einen wunderbaren Blick auf die beiden westlichen Türme des Kiliansdoms.

Festung Marienberg: An dem steil abfallenden Bergrücken siedelten bereits die Kelten, bevor um das Jahr 700 der fränkisch-thüringische Herzog Hetan II. ein Kastell mit einer Marienkapelle erbauen ließ. Zu Beginn des 13. Jahrhunderts errichteten dann die Würzburger Fürstbischöfe eine mächtige Burganlage, von der aus sie, auf die Macht des Krummstabs gestützt, das Umland, die Stadt und ihre gelegentlich auch trotzigen Bürger beherrschten. Selbst im Bauernkrieg, als in Franken Burgen und Klöster reihenweise in Flammen aufgingen, wurde die stattliche Festung nicht bezwungen. Im Gegenteil: Im *Randersackerer Turm* fanden die Verhöre und Folterungen der Anführer, darunter auch Tilman Riemenschneider, statt. Erst den schwedischen Truppen gelang es 1631, die Festung unter großen Mühen einzunehmen. Der *Bergfried* im Innenhof zählt mit seinen rund 800 Jahren zu den ältesten Bauteilen, einzig die gleichfalls im Innenhof stehende *Marienkirche*, ein massiver Rundbau, ist im Kern nochmals zwei Jahrhunderte älter. 21 Grabsteine im Fußboden erinnern daran, dass die Bischöfe hier ihre Eingeweide bestatten ließen; ihr Leichnam wurde im Dom beigesetzt, ihr Herz neben dem Hochaltar des Klosters Ebrach. Mainseitig wird die Festung durch den laut Inschrift 1511 vollendeten *Fürstenbau*, den ältesten Wohntrakt der Anlage, und einen vorgelagerten Garten abgeschlossen. Seit 1990 befindet sich in diesem Gebäude das *Fürstenbaumuseum* mit den Stadtgeschichtlichen Sammlungen.

Lohnend ist auch ein Spaziergang durch den frei zugänglichen *Fürstengarten*, der nach dem Vorbild italienischer Renaissance-Gärten als *giardini secreti* angelegt wurde und einen herrlichen Blick auf die Stadt bietet. Der Eingang befindet sich im innersten Burghof neben der Festungskapelle. Anschließend kann man noch durch einen unterhalb der Festung gelegenen Park wandeln, der 1990 anlässlich der Landesgartenausstellung konzipiert wurde.

• *Führungen* April–Okt. Di–Fr um 11, 14, 15 und 16 Uhr, Sa/So/Feiert. um 10, 11, 13, 14, 15 und 16 Uhr; Treffpunkt: Rundkirche im Innenhof; Dauer: ca. 45 Min. Teilnahmegebühr: 3 €, erm. 2 €.

• *Anfahrt* Die Festung Marienberg ist vom Barbarossaplatz aus mit der Buslinie Nr. 9 zu erreichen.

Fürstenbaumuseum: Zum einen sind hier die rekonstruierten Wohn-, Schlaf- und Repräsentationsräume der Würzburger Fürstbischöfe zu besichtigen, zum anderen zahlreiche Exponate zur Geschichte der Domstadt, darunter der Krummstab und das Herzogsschwert des Fürstbischofs Gerhard von Schwarzenburg (1373–1400) sowie mit dem Kiliansbanner von 1266 ein kostbares Textil, das als das älteste erhaltene deutsche Feldzeichen gilt. Eine Etage höher kann man in den Stadtgeschichtlichen Sammlungen u. a. ein 16 Quadratmeter großes Modell, das Würzburg um 1525 zeigt, mit einem ebenso großen, das die Kriegszerstörungen dokumentiert, vergleichen.

Öffnungszeiten April–Okt. Di–So 10–17 Uhr. Eintritt: 4 €, erm. 3 €; zusammen mit dem Mainfränkischen Museum 5 €.

Mainfränkisches Museum: Zwei Jahre nach Kriegsende wurde im Neuen Zeughaus auf der Festung Marienberg das Mainfränkische Museum begründet und seither zu einer vorzüglichen Kunstsammlung ausgebaut. Angefangen mit der Vor- und Frühgeschichte bis zur Kelterhalle mit altem Weinbauerngerät werden hier zahllose Kulturzeugnisse zur Geschichte Mainfrankens aufbewahrt. Ein Schwerpunkt der Sammlung liegt auf dem Oeuvre *Riemenschneiders*, der jahrzehntelang die „Kunstszene" in Mainfranken beherrscht hatte. Exakt 83 Objekte, und damit die größte Riemenschneider-Sammlung der Welt, sind hier zu Hause. Unter den weiteren Exponaten ragen die wohl älteste noch funktionstüchtige Räderuhr (um 1350), ein Tafelgemälde von *Lucas Cranach d. Ä.* (Adam und Eva) sowie ein vorzüglich gearbeiteter Schreibschrank mit Elfenbeinintarsien heraus.

Öffnungszeiten April–Okt. Di–So 10–17 Uhr, Nov.–März Di–So 10–16 Uhr. Eintritt: 3 €, erm. 2 €; zusammen mit dem Fürstenbaumuseum 5 €, www.mainfraenkisches-museum.de.

Käppele: Unweit der Festung Marienberg, auf dem sich am linken Mainufer erhebenden Nikolausberg, steht ein weiteres Werk von *Balthasar Neumann*: Die im Volksmund als „Käppele" bezeichnete filigrane Wallfahrtskirche St. Maria ist ein gelungenes Gegenstück zum wuchtigen Marienberg. Neumann hat dabei eine ältere Wallfahrtskapelle – mit einigen Veränderungen – in seinen zwiebelhaubenbekrönten Bau miteinbezogen. Entlang der figurenreichen Stationen Peter Wagners (1765–78) führt ein sehr schöner Kreuzweg zu der volkstümlichen Kirche, von deren Terrasse sich ein schöner Blick auf Würzburg bietet. Wie sehr auch die Würzburger Bürger von der Bauleidenschaft ergriffen waren, ist am Beispiel des Hofwagners *Lorenz Köster* überliefert. Dieser verpfändete nämlich sein prachtvolles neues Wohnhaus, um als Kirchenpfleger die Finanzierung des „Käppele" zu ermöglichen.

Der Bildschnitzer von Würzburg

Tilman Riemenschneider, der „Bildschnitzer von Würzburg", wie ihn die Zeitgenossen nannten, hat wie kein anderer Künstler die mainfränkische Kunst im ausgehenden Mittelalter geprägt. Zwischen Rhön und Steigerwald sowie zwischen Aschaffenburg und Bamberg trifft man zwar allenthalben auf seine epochemachenden Kunstwerke, doch wer die vollendetsten spätgotischen Altäre aus Riemenschneiders Werkstatt sehen will, muss ins Taubertal fahren. Riemenschneider besaß die außergewöhnliche Fähigkeit, totes Holz zu beseelen und seine Figuren durch das Spiel mit Licht und Schatten lebendig wirken zu lassen. Bemerkenswert ist auch die sanfte Zurückhaltung, die die Gesichter auf den Altären ausdrücken; Riemenschneider weckt die Anteilnahme des Betrachters, ohne dass er wie seine Zeitgenossen auf Gold und Farbe zurückgreifen musste! Riemenschneiders Menschen erzählen ihr Leben, sie fordern regelrecht zum Mitleiden auf. Der vollendete Faltenwurf der Gewänder und die grazile Haltung der Hände sind ein weiteres charakteristisches Merkmal seiner bahnbrechenden Kunstfertigkeit.

Trotz seines auf die Mainregion beschränkten Wirkens war Riemenschneider kein gebürtiger Franke. Aus Niedersachsen stammend, kam er als junger Bildschnitzergeselle auf seiner Wanderschaft erstmals nach Würzburg; die Weichheit und die Ausdrucksmöglichkeiten des fränkischen Lindenholzes müssen es ihm angetan haben, denn ein paar Jahre später beschloss er, sich in der Bischofsstadt am Main niederzulassen und die hiesige Zunftvereinigung um Aufnahme als „Malerknecht" zu bitten. Dank seines künstlerischen Geschicks ist Riemenschneider schnell zu Reichtum und Ansehen gekommen; sein gesellschaftlicher Aufstieg gipfelte in seiner Berufung zum Ratsherrn und seiner Wahl zum Bürgermeister von Würzburg. Ein ruhiger Lebensabend war ihm jedoch nicht vergönnt: Im Bauernkrieg sympathisierte „Meister Til" 1525 offen mit den Aufständischen. Ein Fehler, denn der Würzburger Fürstbischof duldete keinen Aufruhr in seiner Stadt. Trotz seines hohen Ansehens als Künstler und Altoberbürgermeister wurde Riemenschneider ins Gefängnis geworfen, eventuell sogar gefoltert, und aus dem Rat ausgeschlossen. Und schlimmer noch: Seine künstlerische Schaffenskraft war durch die Inhaftierung gebrochen! Es ist kein künstlerisch wertvolles Werk erhalten, das der „Bildschnitzer von Würzburg" in seinen letzten Lebensjahren – er starb 1531 – gefertigt hat.

St. Burkard: Die 1042 geweihte romanische Basilika, ergänzt durch ein spätgotisches Querhaus und Chor, verfügt über eine bemerkenswerte Ausstattung, darunter eine Marienbüste (1490), bei der es sich um ein aus Lindenholz gearbeitetes Frühwerk Riemenschneiders handelt. Die Ursprünge der Kirche gehen auf ein von dem ersten Würzburger Bischof Burkard unterhalb der Marienburg gegründetes Benediktinerkloster zurück; heute ist St. Burkard die Pfarrkirche des westlichen Mainviertels.

Kiliansdom: Ein wunderschöner Blick bietet sich von der Mainbrücke am Grafeneckart vorbei auf die Westfassade des Doms. Nach den Kaiserdomen zu Speyer, Mainz und Worms ist der 1188 geweihte Kiliansdom mit 105 Meter Länge die viertgrößte romanische Kirche Deutschlands. Kriegsbedingt wurden nicht nur große Teile der Innenausstattung zerstört, auch das Mittelschiff ist bis zu den Pfeilerarkaden herab ein Neubau. Kunstgeschichtlich bedeutsam sind vor allem die *Grabdenkmäler* der Bischöfe, angefangen vom romanischen Grabmal Gottfried von Spitzenbergs (1190) bis hin zu dem des letzten Fürstbischofs Karl von Fechenbach (1808). Besonders eindrucksvoll ist das von *Tilman Riemenschneider* geschaffene Grabmal für Rudolf von Scherenberg (1495, am sechsten nördlichen Pfeiler), ein Meisterwerk europäischer Bildhauerkunst. Nicht minder schön erinnert das Denkmal direkt daneben an Lorenz von Bibra (1519, ebenfalls von Riemenschneider aus Salzburger Rotmarmor). Dass die Schönborns keine „normalen" Bischöfe waren, zeigt sich auch daran, dass sie sich eine eigene *Begräbniskapelle* im Anschluss an das nördliche Querhaus errichten ließen. Südlich des Langhauses schließt sich ein *Kreuzgang* mit weiteren Grabdenkmälern samt barockem Ziehbrunnen an. Links neben dem Altar gelangt man hinunter zur romanischen *Krypta*, in der die Gebeine des heiligen Bruno ruhen.

Geöffnet Mo–Sa 10–17 Uhr, So 13–18 Uhr. Im Winter 12–14 Uhr geschlossen. Domführungen Mitte April bis Ende Okt. werktags 12.20 Uhr und So 12.30 Uhr; Dauer: 1 Std.; Teilnahmegebühr: Erw. 2,50 €, erm. 1,50 €, www.dom-wuerzburg.de.

Museum am Dom: Die Diözese Würzburg zeigt in ihrem 2003 eröffneten Museumsneubau – die Fassade mit viel Glas und glattem Muschelkalk wurde von Teilen der Bürgerschaft heftig angefeindet – vornehmlich Kunstwerke der Moderne und der Gegenwart, aber auch die Zeit vom 11. bis 18. Jahrhundert ist mit repräsentativen Werken vertreten. Auf vier Etagen mit etwa 1800 Quadratmetern Ausstellungsfläche sind die Objekte nach Gruppen geordnet, wodurch alte und neue Kunst nebeneinander hängen und sich spannungsreich gegenseitig bereichern. Das Spektrum reicht von sakraler Kunst bis hin zu Otto Dix, Beuys, Picasso, Warhol und Keith Haring. Hinzu kommen rund 200 Werke von ostdeutschen Künstlern, darunter Bernhard Heisig und Willi Sitte. Mit anderen Worten: eine absolute Bereicherung für das Würzburger Kulturleben!

Öffnungszeiten April–Okt. tgl. außer Mo 10–18 Uhr, Nov.–März tgl. außer Mo 10–17 Uhr. Eintritt: 3,50 €, erm. 2,50 €; Kombiticket mit Domschatz: 4,50 €, erm. 3,50 €, www.museum-am-dom.de.

Neumünster: Zwar ist der Dom nach dem Heiligen Kilian benannt, doch finden sich in der Kiliansgruft des Neumünsters die Reliquien der drei Frankenapostel Kilian, Kolonat und Totnan. Die Erklärung hierfür ist einfach: Das Neumünster wurde an der Stelle der ersten Bischofskirche errichtet, da diese 855 durch einen Brand zerstört und weiter südlich neu gebaut worden war. Das heutige Neumünster ist zwar teilweise noch romanisch, doch herrscht durch spätere Umgestaltungen ein barocker Eindruck vor. Als besonders gelungen muss die prächtige barocke Schaufassade der Kirche (1712–16), ein Werk von *Joseph Greising*, bezeichnet werden. Ihre räumliche Tiefe verdankt die Fassade den von *Jakob van der Auvera* geschaffenen Figuren. Das Innere der Kirche gefällt durch die hervorragenden Stuckarbeiten, das Fresko der Vierungskuppel und das Kuppelbild in der Rotunde. Zum

Pflichtprogramm eines Würzburg-Besuches gehört es, einem Blick in die *Kiliansgruft* unter dem Westteil der Kirche zu werfen. Ein mittelalterliches Kleinod sind die nördlich an das Neumünster anschließenden Reste des ehemaligen Kreuzgangs. Durch einen unscheinbaren Zugang im Inneren der Kirche gelangt man in das *Lusamgärtchen* mit dem letzten erhaltenen Flügel des Kreuzgangs aus rotem Sandstein; er stammt aus der Zeit um 1160–1165. Beachtung verdienen die reich verzierten Kapitelle und Ornamentreliefs, z. B. das des thronenden Christus Salvator. Im Kreuzgang fand mit großer Wahrscheinlichkeit der berühmte Minnesänger *Walther von der Vogelweide* seine letzte Ruhestätte.

Altes Rathaus

Rathaus und Grafeneckart: Der stolz am Fuße der Mainbrücke emporragende Grafeneckartturm (55 Meter) diente in der Stauferzeit den bischöflichen Schultheißen als Amtssitz. Im Jahre 1316 wurde der Wohnturm von der Stadt erworben und fortan als Rathaus genutzt; über die Jahrhunderte hinweg fügten die Bürger Anbau um Anbau hinzu, ohne dass sie einen eigenen umfangreichen Rathausbau in Angriff nahmen. Der um 1200 entstandene *Wenzelsaal* im Hauptgebäude ist der älteste profane Raum Würzburgs. Auf der Straße, die am Rathaus vorbei von der Mainbrücke zum Dom führt, fand einst der Markt statt, und sie war daher die wichtigste Achse der Stadt.

Führungen Mai–Okt. jeden Sa um 10 Uhr. Teilnahme: kostenlos!

Falkenhaus: Die prachtvolle Stuckfassade zeugt vom Sieg der höfischen Architektur im bürgerlichen Bereich. Das Falkenhaus (Marktplatz 9), ein ehemaliges Gasthaus, begeistert durch seine 1751 entstandene, prächtig ornamentierte Blendfassade, deren kriegsbedingte Schäden mit Hilfe alter Fotografien meisterlich beseitigt werden konnten. Der Erbauer erhielt zum Dank für die Errichtung dieses Rokokokunstwerks zehn Jahre lang die Steuer erlassen. Heute sind im Falkenhaus die Stadtbibliothek und die Tourist Information untergebracht.

Marienkapelle: Diese historisch und künstlerisch bedeutende Kirche verweist aber auch auf die Schattenseiten der Würzburger Geschichte. Bis zu einem Pogrom im Jahre 1349 stand hier, wo sich jetzt der Marktplatz und die Marienkapelle befinden, ein jüdisches Viertel, das gewaltsam niedergerissen wurde. Wie so oft hat man an der Stelle der jüdischen Synagoge eine Marienkirche errichtet. Ein jüdisches Ritualbad (Mikwe) wurde zur christlichen Krypta umfunktioniert. Mit großem Eifer bauten die Würzburger Bürger im Spätmittelalter an diesem Gotteshaus, das zwar 1377 von Fürstbischof *Gerhard von Schwarzenburg* begonnen worden war, jedoch sehr schnell zu einer Pfarrkirche des Bürgertums wurde. Der Bau war 1479 mit der Vollendung des Turms abgeschlossen. Die Bogenfelder (Tympana) der drei Portale sind Hauptwerke der mainfränkischen Bildhauerei des frühen 15. Jahrhunderts. Riemenschneiders Figuren von Adam und Eva (links und rechts des Südportals) sind Kopien, die Originale befinden sich im Mainfränkischen Museum. Im Inneren der hochgotischen Marienkapelle kann man, da die Kirche eine der Hauptgrablegen der Stadt war, u. a. das Grabmal des Ritters Konrad vom Schaumberg (1499), eines der Hauptwerke Tilman Riemenschneiders, bewundern. Auch Balthasar Neumann, der große Würzburger Baumeister, liegt hier begraben.

Weinfest vor der Marienkapelle

Juliusspital: Fürstbischof *Julius Echter von Mespelbrunn* ließ das nach ihm benannte Spital 1576 errichten, um darin alle Kranken- und Pflegeeinrichtungen der Stadt zusammenzulegen. Schon die Zeitgenossen fanden, dass das Juliusspital einem Königsschloss ähnlicher sei als einem Krankenhaus. Zusammen mit Petrinis als „Fürstenbau" (1714) bezeichnetem Nordflügel bildet das Spital eine eindrucksvolle Dominante im Stadtbild. Die Fürstbischöfe nutzten den Saal des Fürstenbaus und den Garten bis zum Bau der neuen Residenz gern für ihre Festlichkeiten. Sehenswert ist die im Erdgeschoss befindliche *Rokokoapotheke* (1765) von *Peter Wagner*. *Jakob van der Auveras* figurenreiche Brunnenanlage im Garten zählt zu den eindrucksvollsten Monumentalbrunnen der Stadt. Im Keller lagern in zahllosen Fässern die Weinvorräte aus den stiftungseigenen Weinbergen.

• *Führung durch den Weinkeller* Von April bis Mitte Nov. jeden Fr 15 Uhr, Teilnahmegebühr mit einem Glas Wein 5 €, ✆ 3931400. Die Rokokoapotheke ist Mo–Fr 11–12 Uhr geöffnet, wird aber auch aufgeschlossen, wenn man freundlich in der Apotheke darum bittet.

Stift Haug: Die imposante katholische Pfarrkirche St. Johannis im Haug (Hügel) – sie entstand zwischen 1670 und 1691 – ist der erste große Sakralbau des Barockzeitalters in Franken und zugleich das bedeutendste Werk des italienischen Architekten *Antonio Petrini*. Durch die breite Doppelturmfassade und die mächtige 60 Meter hohe Kuppel umgibt das Stift Haug eine majestätische Aura. Die einst überaus reiche barocke Innenausstattung wurde 1945 ein Opfer der Flammen, so dass der Innenraum heute in schlichtem Weiß gehalten ist. Das Altarbild von *Jacopo*

Tintoretto und die Gemälde in den Seitenkapellen stammen aus dem Fundus der Bayerischen Staatsgemäldesammlung sowie aus dem Kiliansdom.

Franziskanerkirche: Die 1221 gegründete Würzburger Franziskanerniederlassung ist die älteste Deutschlands. Trotz schwerer Kriegsschäden – nur der Chor blieb verschont – gelang es den Restauratoren, den ursprünglichen, betont schlichten Charakter der frühgotischen Ordenskirche wiederherzustellen. Die Kirche beherbergt eine Pictà aus Riemenschneiders Werkstatt und eine Reihe eindrucksvoller Grabmäler; das künstlerisch wertvollste wurde für den 1389 verstorbenen Grafen Gerhard von Rieneck geschaffen. Der sich anschließende *Kreuzgang* zählt zu den bedeutendsten gotischen Kreuzgängen Frankens. Der Ostflügel stammt noch aus dem 13. Jahrhundert.

Alte Universität: Durch die Gründung einer Universität mit den klassischen vier Fakultäten – Theologie, Jurisprudenz, Medizin und Philosophie – gelang es *Julius Echter von Mespelbrunn*, seinem Bistum einen geistigen Mittelpunkt zu geben, der in Konkurrenz zu den protestantischen Universitäten von Wittenberg, Marburg und Heidelberg treten konnte. Bis 1803 durften hier nur katholische Professoren und Studenten lehren und studieren. Leider wurde auch die Universität am verhängnisvollen 16. März 1945 zerstört. Man entschloss sich jedoch zu einem Wiederaufbau des weitläufigen Baukomplexes aus der Renaissancezeit. Sehenswert ist die den Südflügel bildende ehemalige Universitätskirche, heute „Neubaukirche" genannt, denn sie zählt zu den bedeutendsten deutschen Kirchenbauten der Renaissance (der Turm von Antonio Petrini ist allerdings frühbarock). Die Kirche wird seit 1985 als Konzert- und Kongresssaal genutzt.

Alter Kranen: Der nach Plänen von Balthasar Neumanns Sohn *Franz Ignaz* von 1767–1773 errichtete Alte Kranen erinnert an die Bedeutung des Mainhandels. Menschliche Muskelkraft war vonnöten, um die Mittelachse zu bewegen und die Treträder im Inneren zu bedienen. Zum Schutz gegen das Hochwasser steht der doppelarmige Kran auf einem mächtigen Steinsockel.

Pleich: Das Viertel zwischen dem Alten Kranen und der Gertraudkirche entstand einst als nördliche Vorstadt, wurde aber um 1200 mit eigenen Mauern umfasst und an die Stadtbefestigung angeschlossen. Bedingt durch die stillen Höfe und schmalen Durchgänge geht von dem Stadtviertel eine beschauliche Stimmung aus.

Kulturspeicher: Ein ehemaliger Getreidespeicher am Main wurde im Jahre 2002 in ein lebendiges Kulturzentrum mit Museum, Café und Kabarettbühne verwandelt. Das Museum präsentiert auf 3500 Quadratmetern Werke unterschiedlicher Genres und Stilepochen, darunter Landschaftsmalerei des 19. Jahrhunderts, biedermeierliche Porträts, Gemälde des deutschen Impressionismus (u .a. Otto Modersohn und Gertraud Rostosky) und Expressionismus (u. a. Erich Heckel und Hans Purrmann) sowie zeitgenössische Kunst mit Arbeiten von Stephan Balkenhol, Magdalena Jetelová, Mischa Kuball, Camill Leberer und anderen. Außerdem beherbergt der Kulturspeicher die „Sammlung Peter C. Ruppert" mit Konkreter Kunst, Lichtobjekten und Computerkunst. Darüber hinaus werden regelmäßig Wechselausstellungen veranstaltet.

Öffnungszeiten Tgl. außer Mo 11–18 Uhr, Di ab 13 Uhr, Do bis 19 Uhr. Eintritt: 3,50 €, erm. 2 €, www.kulturspeicher.de.

Arte Noah: Auf dem alten, ausrangierten Binnenfrachter hat der Kunstverein Würzburg 1995 den Versuch unternommen, zeitgenössischer Kunst in der alten Bi-

Karte Seite 315

schofsstadt ein neues Domizil zu geben. Im 25 Meter langen, fünf Meter breiten und vier Meter hohen früheren Laderaum sollen jährlich sechs Ausstellungen präsentiert werden.

Am alten Kranen

Anlegestelle/Öffnungszeiten Direkt hinter dem Kulturspeicher. Mi–Sa 15–18 Uhr, So 13–17 Uhr. Eintritt: 1 €. www.kunstverein-wuerzburg.de.

Shalom Europa: Seit dem Herbst 2006 besitzt die jüdische Gemeinde in Würzburg und Unterfranken ein neues Kulturzentrum namens „Shalom Europa", in dem 1504 Grabsteine (ein Fund in der Würzburger Altstadt) in ein modernes Museumsbild eingegliedert wurden. Mit den Grabsteinen als Verbindung zur Vergangenheit, wird man moderne Informationstechnologien verwenden, um jüdisches Leben heute sowie seinen traditionellen Kontext zu zeigen.

Adresse Valentin-Becker-Straße 11. Geöffnet: So–Do 10–16 Uhr. www.shalom europa.de.

Heidingsfeld: Die 1930 eingemeindete Vorstadt Heidingsfeld besitzt einen noch gut erhaltenen Mauerring aus dem 14. Jahrhundert. Unter dem nächtlichen Bombardement vom 16. März 1945 hatte das im Süden von Würzburg gelegene Heidingsfeld stark zu leiden, so haben beispielsweise nur der romanische Turm und die Krypta der Pfarrkirche St. Laurentius die Nacht überstanden. Im Inneren sind noch drei Arbeiten von Tilman Riemenschneider zu bewundern.

Wandern

- **Weinwanderweg Schlossberg**: Rund um die Festung Marienberg führt ein etwa vier Kilometer langer Weinwanderweg, der immer wieder eine schöne Aussicht auf Würzburg freigibt. Von der Nordseite der katholischen Pfarrkirche St. Burkard steigt der in Abständen mit Lehrpfadtafeln bestückte Weg in Serpentinen bergan, führt linker Hand um die Festung Marienberg und das Mainfränkische Museum herum und verläuft durch den Park der 1990er Landesgartenschau.
- **Steinweinpfad**: Ein weiterer Weinwanderweg von ungefähr gleicher Länge befindet sich im Norden Würzburgs. Man wandert auf vorhandenen Wirtschaftswegen durch die berühmte Weinbergslage Würzburger „Stein", eine der größten zusammenhängenden Weinbergslagen Deutschlands. Die Rückkehr zum Ausgangspunkt der Wanderung erfolgt problemlos über die Veitshöchheimer Straße.

Veitshöchheim

Der Veitshöchheimer Rokokogarten sucht seinesgleichen in Europa. Auch wenn er nicht gerade riesig ist, vergehen die Stunden in dem verspielten Lustgarten mit über 300 Skulpturen wie im Fluge.

Gerne vergisst man angesichts dieser Gartenpracht, dass Veitshöchheim eine kleine lebendige Stadt mit knapp 10.000 Einwohnern ist, deren Leben aber nach wie vor stark vom nahen Würzburg bestimmt wird. Das Zentrum des Winzerortes erstreckt sich rund um die Pfarrkirche St. Veit und den Erwin-Vornberger-Platz, an den auch das Rathaus grenzt. Wer sich für jüdische Kultur interessiert, sollte die Synagoge und das angegliederte jüdische Kulturmuseum aufsuchen. Überregional bekannt ist Veitshöchheim für seine in den Mainfrankensälen stattfindende Fassnachtsveranstaltung, die im Fernsehen übertragen wird und als deren phantasievollst verkleideter Teilnehmer der Ex-Ministerpräsident Günther Beckstein gilt.

- *Information* **Tourist GmbH im Würzburger Land**, Erwin-Vornberger-Platz, 97209 Veitshöchheim, ✆ 0931/9802740, 📠 0931/9802742, www.veitshoechheim.de und www.wuerzburgerland.de.
- *Einwohner* 10.200
- *Verbindungen* Häufiger Bahn- und Busverkehr nach Würzburg sowie Gemünden. Der Bahnhof liegt nur fünf Fußminuten vom berühmten Rokokogarten entfernt.
- *Fahrradverleih* **S&S-Bike-Shop**, Thüngersheimer Str. 16, ✆ 960626.
- *Theater* Theater am Hofgarten, ✆ 95830.
- *Mainschifffahrt* Von April bis Mitte Okt. tgl. 3–4 Fahrten nach Würzburg organisiert die **Veitshöchheimer Personenschifffahrt**, Obere Maingasse 8, ✆ 55633 und 91553. Fahrzeit: 45 Min., Kosten: 6 € (einfach) oder 9 € (hin und zurück), www.vpsherbert.de.
- *Minigolf* **Mainlände**, ✆ 98133, tgl. 13–22 Uhr, 2 €.
- *Schwimmen* **Geisbergbad**, Am Geisberg, ✆ 92327. 5-Meter-Turm und 70-Meter-Riesenwasserrutsche. Für Naturwasserfreunde: **Badesee Erlabrunn**, wenige Kilometer nordwestlich.
- *Essen/Übernachten*: *** **Spundloch**, unter den Speiselokalen ist das Spundloch die erste Adresse in Veitshöchheim und daher fast immer voll. Auffallend: die ansprechende Speisekarte und die große Weinauswahl. Ein Tipp: Fränkisches Hochzeitsessen (gekochter Tafelspitz mit Meerrettichsoße, Preiselbeeren und Butternudeln) für 12,40 €. Neben dem Lokal befindet sich eine kleine Terrasse. Kostenloses WLAN. EZ ab 64 €, sechs DZ ab 89 € (inkl. Frühstücksbuffet). Kirchstr. 19, ✆ 0931/900840, 📠 9008420, www.spundloch.de.

*** **Ratskeller**, gediegener Gastronomiebetrieb. Hauptgerichte zwischen 8 und 13 €. Im Sommer lockt die schöne Terrasse im Rathausinnenhof. In den komfortablen Zimmern mit Blick auf den Rokokogarten schläft man vollkommen ungestört. EZ ab 55 €, DZ ab 80 € (inkl. Frühstück). Erwin-Vornberger-Platz, ✆ 0931/980940, 📠 9809430, hotel@ratskeller-veitshoechheim.de, www.ratskeller-veitshoechheim.de.

Zur Blauen Traube, das stattliche Gebäude am Rande des Zentrums – ehemals ein Franziskanerkloster – birgt ein traditionsreiches fränkisches Speiselokal mit großem Biergarten. Mo Ruhetag. Es werden auch preisgünstige Zimmer vermietet. EZ ab 26 €, DZ ab 45 €. Herrnstr. 19, ✆ 0931/92117, 📠 98870.

Fränkisches Weinland
Karte Seite 315

Sehenswertes

Schloss und Rokokogarten: Das Juwel der Stadt liegt etwas versteckt hinter einer hohen Mauer, die parallel zur Kirchstraße verläuft. Ein unscheinbares Tor erweist sich als Pforte zu einem in Deutschland einzigartigen Gartenparadies: 1680 folgte der Würzburger Fürstbischof *Peter Philipp von Dernbach* der Mode seiner Zeit und ließ sich ein paar Kilometer mainabwärts bei Veitshöchheim von *Heinrich Zimmer* ein kleines Lusthaus mit Fasanerie errichten. Der Fürstbischof *Johann Philipp von*

Greiffenclau gab den Auftrag, die Fasanerie in einen Lustgarten umzuwandeln, der seine endgültige Form nach 1763 unter Fürstbischof *Adam Friedrich von Seinsheim* bekam. Das Lusthaus wurde 1749–1753 unter der Leitung von keinem Geringerem als *Balthasar Neumann* erweitert und zum Wohnschloss umgestaltet. Die Innenräume mit der Sommerwohnung der Fürstbischöfe sowie die im klassizistischen Stil gehaltene Sommerresidenz des Großherzogs *Ferdinand von Toscana* wurden 1931/32 rekonstruiert.

Weitaus beeindruckender als das kleine Sommerschloss ist der Rokokogarten. Er wurde nicht ohne Grund schon des Öfteren mit einem einzigartigen großen Festsaal unter freiem Himmel verglichen. Die Anlage vermittelt heute noch eine anschauliche Vorstellung von der Gartenbaukunst des Rokoko, da sie wegen ihrer bescheidenen Größe (ca. 500 x 250 Meter) nicht wie die meisten anderen zeitgenössischen Gärten in einen Park englischen Stils umgewandelt worden ist. Geometrisch geschnittene Hecken wechseln mit chinesischen Pavillons, dazwischen lockern Gartenplastiken die Atmosphäre auf. Noch heute schmücken 320 Figurengruppen, Statuen und Zierstücke den Garten (größtenteils Kopien, die Originale stehen im Würzburger Mainfränkischen Museum).

Unterteilt ist der Garten in verschiedene Bereiche: Die *Seezone* ist den geistigen Entwicklungen der Rokokozeit gewidmet, die *Laubzone* erinnert an das leibliche Wohl und die geselligen Feste, während in der *Waldzone* die Verbundenheit des Menschen mit der Natur und den Tieren dargestellt wird. Es gibt in Franken wohl keinen anderen Park, der mehr zum Lustwandeln verleitet!

• Öffnungszeiten April–Okt. Di–So 9–18 Uhr geöffnet. Führungen durch die historischen Räume finden von 10–12 Uhr und 14–17 Uhr zu jeder vollen Stunde statt, die Ausstellung zur Geschichte des Gartens im Erdgeschoss kann ohne Führung besichtigt werden. Eintritt: 4 €, erm. 3 €. Der Park ist tgl. ab 7 Uhr bis Anbruch der Dunkelheit zugänglich.

Verspielte Figuren im Rokokogarten

Jüdisches Kulturmuseum und Synagoge: Als man Mitte der achtziger Jahre ein als Feuerwehrhaus genutztes Gebäude zur Galerie umbauen wollte, stieß man auf Bruchstücke der ehemaligen Synagogeneinrichtung, alte Papiere, Bücher und Zeitschriften. So wurde beschlossen, das fast 300 Jahre alte schlichte Barockhaus in seiner Funktion als Synagoge wiederherzustellen. Nach alten Fotos sind unter anderem der Thoraschrein, die Lesekanzel, die mit einem Holzgitter versehene Frauenempore und die Wandmalereien mit Jugendstilornamentik wieder entstanden. Das angegliederte Museum gibt Aufschluss über den jüdischen Glauben, die Gebräuche und die seit 1942 nicht mehr existierende jüdische Gemeinde von Veitshöchheim.

Adresse/Öffnungszeiten Thüngersheimer Straße 17, ✆ 0931/9802764. Von März bis Okt. Do 15–18 Uhr, So 14–17 Uhr. Eintritt: 2 €, erm. 1 €.

Umgebung

- **Kloster Oberzell**: Das auf der linken Mainseite gelegene Oberzell geht auf die 1126 erfolgte Gründung eines Prämonstratenserklosters zurück. Das Langhaus der Klosterkirche St. Maria entstammt noch dem Gründungsbau; im Inneren der dreischiffigen Kreuzbasilika tritt der romanische Charakter dank der gemäßigten barocken Stuckatur und Bemalung weiterhin sehr deutlich hervor. Ein seltenes Relikt ist das romanische Hoftor; es stammt aus der zweiten Hälfte des 12. Jahrhunderts. Die Wohngebäude des Klosters wurden von Balthasar Neumann errichtet, das *Treppenhaus* nach Neumanns Tod von seinem Sohn *Franz Ignaz*. Interessant ist die Geschichte der Abtei in der Neuzeit: Nachdem das Kloster 1803 säkularisiert worden war, bezog wenige Jahre später die Maschinenfabrik König & Bauer den Gebäudekomplex, die sich rasch zu einem weltweit bedeutenden Unternehmen entwickelte. 1901 waren die Räumlichkeiten den Erfordernissen der Zeit nicht mehr angemessen und wurden an die Kongregation der Dienerinnen der Heiligen Kindheit Jesu verkauft, die sich hier wieder zu einer klösterlichen Gemeinschaft zusammenfand. Wer freundlich fragt, darf aber dennoch einen Blick in das grandiose Treppenhaus werfen.
- **Schloss Rimpar**: Samt zugehörigem Dorf kaufte der Würzburger Fürstbischof Julius Echter das Rimparer Schloss – mehrere Kilometer östlich von Veitshöchheim – 1593 von dem verarmten Konrad von Grumbach und ließ es zur Sommerresidenz ausbauen. Die optisch ansprechende zweiflügelige Anlage wird von einem mächtigen Rundturm beherrscht. Im Innenhof des als Rathaus genutzten Gebäudes befindet sich ein schönes Renaissanceportal.
- **Maidbronn**: Nur unweit von Rimpar entfernt liegt Maidbronn mit seiner aus einem ehemaligen Zisterzienserinnenkloster hervorgegangenen Dorfkirche St. Afra. Der barocke Hochaltar birgt ein Steinrelief der Beweinung Christi von Tilman Riemenschneider. Das etwa zwei Meter hohe und 1,60 Meter breite Relief wurde 1520 in Auftrag gegeben und gilt aufgrund der überlegten Komposition als eines seiner reifsten Werke. Meisterlich gelungen ist ihm die Darstellung des Schmerzes und der Ergriffenheit der neun Trauernden. Die bärtige Figur am rechten Rand wird gelegentlich als Selbstporträt des Künstlers gedeutet – eine Interpretation, die angesichts des anbrechenden Renaissancezeitalters mit der an Bedeutung gewinnenden künstlerischen Individualität nicht so unwahrscheinlich ist.

Karlstadt

Vom Main aus betrachtet, weist Karlstadt das wohl schönste Stadtbild Mainfrankens auf. An einem zur Parkanlage umfunktionierten Uferstreifen schließt sich eine von spitzen Türmen unterbrochene Stadtmauer an, dahinter gähnen die Häuserfassaden in die Abendsonne.

Der Name Karlstadt erinnert nicht etwa an eine Gründung Karls des Großen, sondern übertrug sich von der am gegenüberliegenden Mainufer stehenden Ruine Karlsburg auf die Stadt. In Anlehnung an die topographischen Gegebenheiten Würzburgs wurde gegenüber der Karlsburg zwischen 1198 und 1202 eine Stadt er-

Fränkisches Weinland
Karte Seite 315

richtet. Auffällig ist der Verlauf der Straßenzüge: Wo sich in anderen mittelalterlichen Städten die Straßen und Gassen als schier undurchschaubares Gewirr präsentieren, verblüfft Karlstadt mit seinem schachbrettartigen Grundriss: ein eindrucksvolles Zeugnis für die Stadtbaukunst der Stauferzeit! Der Gründer von Karlstadt, der Würzburger Bischof *Konrad von Querfurt*, hatte als Reichskanzler Heinrichs VI. in der Lombardei die modernen italienischen Städtegründungen studieren können, bevor er Karlstadt zu einem Bollwerk an der nördlichen Grenze seines Herrschaftsbereiches ausbauen ließ. Innerhalb eines nahezu quadratischen Grundrisses von 375 x 325 Meter wurden die Straßen nach einem Rastersystem angelegt, das die Stadt in annähernd gleich große Häuserblocks unterteilte. Am Schnittpunkt der Hauptachsen befand sich ein großer rechteckiger Marktplatz und dahinter der Kirchenbezirk. Durch Weinbau zu Wohlstand gekommen, erfolgte 1396 der Beitritt zum „Fränkischen Städtebund", doch gelang es Karlstadt ebenso wenig wie Würzburg, Reichsstadt zu werden und sich so von der bischöflichen Macht zu lösen. Reformatorische Ideen, die im 16. Jahrhundert bei den Bürgern Anklang gefunden hatten, trieb Fürstbischof Julius Echter den Karlstädtern 1585 schnell und nachhaltig wieder aus. Heute ist Karlstadt als Kreisstadt ein nicht unbedeutender Wirtschaftsstandort im ländlichen Unterfranken, der Tourismus ist nur ein attraktives Nebengeschäft. Es macht richtig Spaß, durch die verkehrsberuhigte Innenstadt mit ihren schmucken Fachwerkhäusern zu schlendern und in einem der Restaurants und Cafés entlang der langgestreckten Hauptstraße einzukehren.

- *Information* **Städtisches Fremdenverkehrsbüro**, Hauptstr. 56, 97753 Karlstadt, ✆ 09353/981347, 📠 09353/981346, www.karlstadt.de. Hier ist ein sehr schön gestalteter und informativer Prospekt über die städtischen Sehenswürdigkeiten erhältlich.
- *Einwohner* 15.000.
- *Verbindungen* Zugverbindungen nach Gemünden und Würzburg, zudem Busverbindungen nach Würzburg. Der Bahnhof liegt am östlichen Rand der Altstadt, ✆ 2303.
- *Fahrradverleih* **Volker Rosenberger Radsport**, Fahrrad ab 10 € pro Tag. Grobenstr. 15, ✆ 3595.
- *Flugsport* **Luftsportclub Karlstadt**, am Wochenende Gästerundflüge mit Motor- und Segelflugzeugen nach vorheriger Anmeldung, ✆ 2446 oder 0931/95177, www.segelflug-karlstadt.de.
- *Kino* **Burg-Lichtspiele** im Stadtteil Mühlbach, Martellstr. 2, ✆ 6717. Programmansage, ✆ 6717. www.kino-karlstadt.de.
- *Kegeln* **Kegelcenter** mit acht Asphaltbahnen, Baggertsweg 9, ✆ 1334.
- *Squash* **Gesundheitszentrum**, Am Steinlein 6, ✆ 996100. www.fit-in-karlstadt.de.
- *Markt* Grüner Markt jeden Do am Marktplatz.
- *Stadtführungen* Von Mai bis Okt. findet am ersten So im Monat eine kostenlose Führung statt. Treffpunkt: Marktplatz.
- *Museum Karlstadt* Das stadtgeschichtliche Museum im ehemaligen Landrichterhaus bietet Informationen zu Weinbau, Fachwerk und Stadtgeschichte sowie zu bürgerlicher Wohnkultur um 1900. Hauptstr. 11, ✆ 3536. Mai–Okt. jeweils Mi 15–17.30 Uhr, Sa 15–17.30 Uhr sowie So 10–12 Uhr und am ersten So im Monat zusätzlich 14–16 Uhr. Eintritt: 1 €.
- *Ausstellungen* **Galerie am Oberen Tor**, ✆ 2578, Mi, Do und Fr 16–19 Uhr, So 15–18 Uhr.
- *Schwimmen* **Freisbad**, beheiztes Freibad mit 50-Meter-Sportbecken. Am Baggertsweg, direkt am Mainufer, ✆ 1250. Kleines **Hallenbad** am Krönleinsweg 27, ✆ 906350, Mo–Fr ca. 16–20 Uhr.
- *Reiten* **Reit- und Pferdefreundeverein** im Stadtteil Hesslar, Obere Dorfstr. 10, ✆ 09360/363. www.reitverein-hesslar.de.vu.
- *Essen/Übernachten* *** **Mainpromenade**, sehr modernes, erst 2004 eröffnetes Hotel mit Restaurant, direkt am Main gelegen. Es besticht durch seine ruhige Lage und die tolle Terrasse mit Blick auf den Main. Wellnessbereich mit Dampfbad, Sauna und Solarium, kinderfreundlich, gutes Restaurant. Sehr geschmackvolle Zimmer, besonders die Suite im Dachgeschoss (119 €), EZ 65 €, DZ 92 € (inkl. Frühstück). Mainkaistraße 6, ✆ 09353/90650, 📠 906533, www.hotel-mainpromenade.de.

Alte Brauerei, in diesem alten Fachwerkhaus von Karlstadt, das von den Einheimischen kurz „AB" genannt wird, schläft und isst man gut. Letzteres wissen auch die Mitglieder des Lions- und Rotary-Clubs zu schätzen. Fränkische Küche mit internationalem Touch. Straßenterrasse. Donnerstagabend und Fr geschlossen. Hotelgästen empfiehlt sich das schöne, romantische Erkerzimmer. EZ ab 53 €, DZ 72–86 €. Hauptstr. 58, ✆ 09353/97710, 977171, www.altebrauerei-karlstadt.de.

Zum Fehmelbauer, Liebhaber fränkischer Küche werden mit dem Speisenangebot zufrieden sein, z. B. gefüllter Gutsherrenbraten mit rohen Klößen für 10,20 €. Breite Salatauswahl und nette Straßenterrasse. Montagmittag, im Winter den ganzen Mo geschlossen. EZ ab 40 €, DZ ab 56 €. Hauptstr. 22, ✆ 09353/3320, 7529, udo.vollert@t-online.de, www.zum-fehmel-bauer.de.

Beim Batzenärrle, die Gassenschänke ist ein ausgezeichnetes Weinlokal. Der Koch versteht sich auf Grill- und Pfannengerichte. Straßenterrasse. In der Lilien Lounge werden ab 20 Uhr Cocktails serviert. Tgl. außer Mo ab 17 Uhr, So schon ab 11 Uhr geöffnet. Hauptstr. 6, ✆ 3098. www.batzenaerrle.de.

Sehenswertes

Rathaus: Den Markt dominiert seit 1422 ein freistehendes gotisches Rathaus mit gestaffeltem Giebel. Das Erdgeschoss des 14 Meter breiten und 40 Meter langen Gebäudes nimmt eine dreischiffige Markthalle ein. Nur über die doppelläufige Freitreppe gelangte man einst in den repräsentativen Bürgersaal, an dessen Ostseite sich eine holzgetäfelte Ratsstube anschließt. Ursprünglich war das gesamte Geschoss ein einziger Raum mit beeindruckenden Ausmaßen.

St. Andreas: Der nach drei Seiten geöffnete Westturm der katholischen Pfarrkirche stammt noch von einem spätromanischen Vorgängerbau, während der Chor und das Querhaus der dreischiffigen Hallenkirche bei einem Neubau im gotischen Stil ausgeführt wurden. Im Querschiff und im Chor lassen sich noch Malereien aus der Mitte des 15. Jahrhunderts bewundern. Von den Kunstschätzen sind die spätgotische Steinkanzel aus dem Riemenschneider-Umfeld sowie eine aus einem Sandsteinmonolithen herausgehauene Totenleuchte aus der Zeit um 1200 hervorzuheben. Den Hochaltar ziert ein

• *Camping*: **Campingplatz am Schwimmbad**, verfügt über einen eigenen Bootssteg, Gäste genießen freien Eintritt ins Freibad. Geöffnet 15. 4.–30. 9. Baggertsweg, ✆ 09353/996107, 981271, www.campingplatz-karlstadt.de.

Zudem sechs Wohnmobilstellplätze zwischen Mainufer und Altstadtmauer.

Der Bürger Stolz – das Rathaus

überlebensgroßer Christus Salvator, der um 1380 von einem unbekannten Meister aus Sandstein gefertigt wurde. In der Schatzkammer wird ein Werk *Tilman Riemenschneiders* aufbewahrt: Die Holzfigur des heiligen Nikolaus kann jedoch nur nach Vereinbarung mit dem Pfarramt besichtigt werden.

Süleymann-Moschee: Wer durch das Industriegebiet von Karlstadt fährt, muss nicht an eine Fata Morgana denken, wenn er im Schatten eines 24 Meter hohen Minaretts neun kupferglänzende Kuppeln sich in den Himmel wölben sieht. Das in Anlehnung an osmanische Stilelemente errichtete Bauwerk ist die einzige Moschee in Franken.

Umgebung

▸ **Ruine Karlsburg**: Auf einem hervorspringenden Kalksteinfelsen auf der gegenüberliegenden Mainseite (herrlicher Blick auf Karlstadt) erheben sich die immer noch beachtlichen Reste der Karlsburg. Schon den Kelten diente der Berg als Fliehburg, bevor sich die Franken hier niederließen und im Bereich des heutigen Dorfes Karlsburg einen Königshof errichteten. Glaubt man der Legende, so soll der fränkische Hausmeier *Karl Martell* um 688 in der zugehörigen Mühlbacher Mühle geboren sein. Die Burg wurde ab dem 12. Jahrhundert ausgebaut, dann aber im Bauernkrieg unter Mithilfe der Karlstädter Bürger niedergebrannt. Reste eines Wohnhauses, des Palas, des Bergfrieds und der Befestigung sind noch erhalten.

Verspielte Details

Wandern

Zur Ruine Homberg: Von Gössenheim aus – zehn Kilometer nördlich von Karlstadt – führt diese Kurzwanderung in rund einer halben Stunde über die Friedhofstraße hinauf zur Ruine Homberg, einer der größten Burgen Frankens. Wahrscheinlich zu Beginn des 11. Jahrhunderts wurde die prachtvoll über dem Tal der Wern gelegene Festung gegründet. Sie war der Mittelpunkt einer allodialen (lehensfreien) Herrschaft des Geschlechts der Hohenberger. Durch Erbschaft kam die niemals eroberte Burg im 15. Jahrhundert an Würzburg, wurde 1720 verlassen und dem Verfall preisgegeben. Von einem Halsgraben deutlich geschieden, lassen sich eine um 1300 errichtete Vorburg mit bis zu zwölf Meter hohen Mauern und die etwas ältere Hauptburg mit Palas erkennen.

Gemünden am Main

Am Zusammenfluss von Sinn, Saale und Main liegt das Städtchen Gemünden. Obwohl viel von seiner Bausubstanz 1945 in den Kriegswirren verloren ging, hat sich Gemünden noch seinen alten Charme bewahren können.

Die verkehrstechnisch günstige Lage an der Mündung der Saale in den Main veranlasste zu Beginn des 13. Jahrhunderts die *Grafen von Rieneck*, hier an der Grenze zum Würzburger Bistum eine Stadt zu gründen und eine Burg zu errichten. Doch schon bald gelang es den Würzburger Fürstbischöfen, zunächst einen Teil der Stadt in ihren Besitz bringen, bevor sie 1387 schließlich die Alleinherrschaft gewannen, die sie bis zur Säkularisation behielten. Schwere Zerstörungen musste Gemünden noch kurz vor Kriegsende durch Luftangriffe hinnehmen, so manches alte Gemäuer löste sich in Schutt und Asche auf. Die Schäden an der spätgotischen Pfarrkirche konnten weitgehend beseitigt werden. Ein Blickfang ist die alte Saalebrücke mit ihren zwölf Rundbogenjochen; ihre ältesten Teile stammen aus dem Jahr 1598.

- *Information* **Tourist-Info**, Frankfurter Str. 2, 97737 Gemünden am Main, ✆ 09351/800170, ℻ 09351/800160, www.stadt-gemuenden.de.
- *Einwohner* 12.300.
- *Verbindungen* Zugverbindungen nach Karlstadt, Würzburg, Hammelburg und Bad Kissingen. Busverbindungen nach Karlstadt und Lohr.
- *Schiffsfahrten* Auf dem Main nach Lohr oder Würzburg, **Arthur Amersbach**, ✆ 1770.
- *Bootsverleih* **Familie Vierling**, ✆ 0175/3646806.
- *Fahrradverleih* **Fahrrad Fischlein**, ✆ 8931.
- *Kegeln* Vier Bundeskegelbahnen in der Scherenberghalle, Hofweg 9, ✆ 6041987.
- *Veranstaltungen* **Scherenburgfestspiele** auf der Freilichtbühne von Anfang Juli bis Mitte Aug. Festspielbüro, ✆ 5424, www.scherenburgfestspiele.de.
- *Kleinkunstbühne* **Spessartgrotte**, Gasthof Engel, Stadtteil Langenprotz, Mainuferstr. 4, ✆ 3415.
- *Minigolf* Gegenüber dem Freibad auf der Saaleinsel, ✆ 0175/364680.
- *Schwimmen* **Freibad Saaleinsel** (beheizt) mit Drei-Meter-Sprungturm, ✆ 1093. Eintritt: 1,80 €. Ozon-**Hallenbad** im Hofweg, im Juli und Aug. geschlossen, ✆ 3409. Eintritt: 2 €.
- *Museum in Huttenschloss* Im ehemaligen Huttenschlösschen, einem dreigeschossigen Barockbau von 1711, wird die Vergangenheit des Verkehrs auf Schiene, Straße und Wasser dargestellt sowie in den Naturpark Spessart eingeführt. Frankfurter Str. 2. Mai–Okt. Sa 14–17 Uhr, So nur 10–12 Uhr. Eintritt: frei!
- *Essen/Übernachten*:

Zum Koppen, der uralte fränkische Gasthof, ein gefälliges rostrotes Steinhaus, ist schon von Joachim Ringelnatz gelobt worden. Der Küchenchef versteht sich auf eine saisonale Küche, beispielsweise Medaillons vom Schweinefilet mit frischen Pfifferlingen in Rahmsoße für 17,70 €. Kleine Terrasse; Fahrradverleih. EZ ab 45 €, DZ ab 70 €. Obertorstr. 22, ✆ 09351/97500, ℻ 975044, www.hotel-koppen.de.

Privatzimmer Agatha Zötzl, in einem modernen Haus in Waldnähe. Zwei DZ zu je 20 € pro Pers. inkl. Frühstück. Mainblickstr. 21, ✆ 09351/3773, info@agatha-zoetzl.de, www.agatha-zoetzl.de.

- *Camping*: **Campingplatz Saale-Insel**, direkt neben dem städtischen Freibad (eigener Zugang). Von April bis Mitte Okt. geöffnet. Der Eintritt ins Schwimmbad ist im Preis inbegriffen. Duivenallee, ✆ 09351/8574 oder 3830, ℻ 4854, www.camping-saaleinsel.de.

Campingplatz Schönrain, mit Wohnwagenvermietung und eigenem Schwimmbad. Im Stadtteil Hofstetten, ✆ 8645. www.spessart-camping.de.

Sehenswertes

Scherenburg: Ein Stück oberhalb der Stadt – und mit dieser mittels eines gemeinsamen Befestigungsringes verbunden – erhebt sich die Scherenburg. In der zweiten Hälfte des 18. Jahrhunderts wurde die Burg sich selbst überlassen, so dass nur noch der hohe runde Bergfried, die Außenmauern des Palas sowie eine große zweischiffige Kellerhalle mit stämmigen Säulen erhalten geblieben sind. Die ältesten Teile der Burg stammen aus der Zeit der Gründung Gemündens.

Umgebung

▸ **Kloster Schönau**: Nur wenige Kilometer saaleaufwärts stößt man auf das Minoritenkloster Mariae Empfängnis. Nachdem das 1189 gegründete, ehemalige Zister-

Fränkisches Weinland
Karte Seite 315

zienserinnenkloster bereits 1553 aufgegeben worden war, wurde es dann aber an der Wende zum 17. Jahrhundert von den Würzburger Minoriten wieder besiedelt. Die einschiffige, flachgedeckte Kirche ist ein weitgehend frühgotischer Bau mit barocker Ausstattung.

▸ **Burg Rieneck**: Von der 1168 errichteten, lang gestreckten Höhenburg aus versuchten die vom Rhein stammenden *Grafen von Rieneck*, sich dort, wo die Machtansprüche der geistlichen Fürstentümer Fulda, Mainz und Würzburg aufeinander trafen, ihr eigenes Territorium zu schaffen. Das Unterfangen schlug fehl, und die Grafen ordneten sich bis zu ihrem Aussterben im Jahre 1559 dem Mainzer Erzbistum unter. An der Nordseite wird die Anlage von zwei mächtigen Bergfrieden abgesichert, an die sich die neugotisch renovierte Hauptburg anschließt. Auffällig ist, dass die Burg gleich zwei Kapellen besitzt; eine befindet sich im Burghof, die andere ungewöhnlicherweise im dritten Obergeschoss des nördlichen Bergfrieds.

Öffnungszeiten Die Burg dient heute als Pfadfinderheim und kann nach Vereinbarung besichtigt werden, ✆ 09354/902317, www.burg-rieneck.de.

Wandern

Geschichts- und Naturlehrpfad: Die meisten Besucher Gemündens streben irgendwann zur Scherenburg hinauf. Es bietet sich daher an, die Besichtigung der Burgruine mit einem ca. einstündigen Rundwanderweg zu verbinden. Der Geschichts- und Naturlehrpfad führt vom Marktplatz (neben Monis Motorrad-Laden) den Schlossberg zur Burg hinauf und dann weiter zu den wenigen Resten der *Slorburg*. Diese Burg ließen die Würzburger Bischöfe errichten, um die auf der Scherenburg regierenden Rienecker Grafen zu provozieren. An einer alten Eiche und einem Quellteich vorbei führt der Weg zurück zum Ausgangspunkt.

Die Scherenburg dominiert das Stadtbild von Gemünden

Die Perle des Spessart – Mespelbrunn

Spessart, Odenwald und Mainviereck

Eingebettet in das Mainviereck und umrahmt von Kinzing und Sinn, präsentiert sich der Spessart, eines der größten zusammenhängenden Waldgebiete Deutschlands; auf zwei Dritteln seiner Fläche erstreckt er sich über Franken. Schon im Nibelungenlied ist vom „Spessarte", dem Wald der Spechte, die Rede. Die spärliche Besiedlung ist auf die Mainzer Kurfürsten zurückzuführen, da sie in ihrem allerliebsten Jagdgebiet kaum Rodungen und Ansiedlungen duldeten. Städte und Dörfer liegen daher am Rand des Spessarts, hauptsächlich entlang des Mains.

Die menschenleeren Wälder des Spessarts regten seit jeher die menschliche Phantasie an. Bereits in *H. J. C. Grimmelshausens* Roman vom „Abenteuerlichen Simplicissimus" wächst der namensgebende Held zu Beginn des Dreißigjährigen Krieges in einem Einödhof „an einem sehr lustigen Ort, nämlich im Spessart, allwo die Wölf einander gute Nacht geben", auf; später war es dann *Wilhelm Hauff*, der mit seiner romantisch verklärten Räubergeschichte „Das Wirtshaus im Spessart" (1826) der Region den Ruf einer einzigen großen Räuberhöhle eintrug.

Ursprünglich war der Spessart ein Eichenwald, doch gelang es der dominanten Rotbuche, die Eiche fast vollständig zu verdrängen. Hätte man nicht bereits seit längerem bewusst in den Lauf der Natur eingegriffen, die Eiche wäre wohl gänzlich verschwunden. Die Wälder wurzeln auf einem vom Urmeer hinterlassenen Mittelgebirge aus Buntsandstein, dessen höchste Erhebung der Geiersberg (585 Meter) ist.

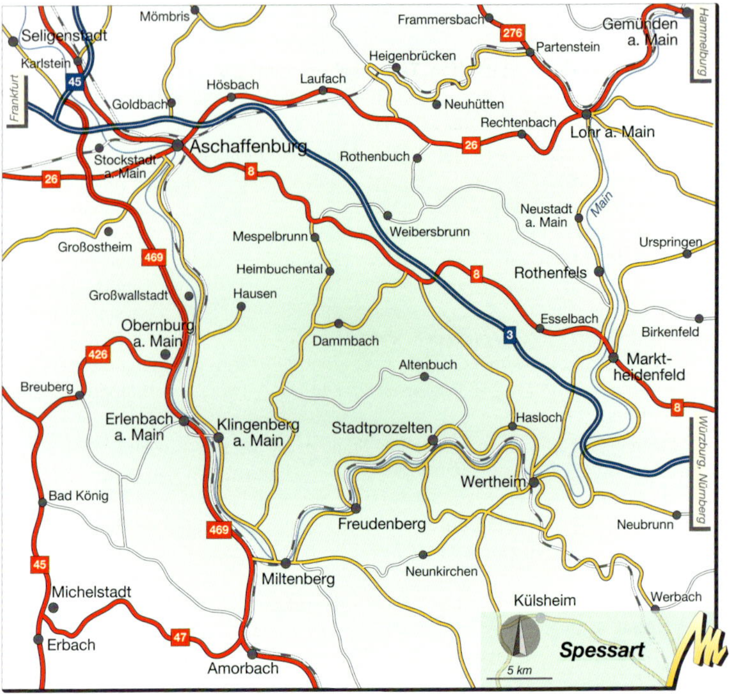

Zum Wandern eignen sich die ausgedehnten und dünn besiedelten Wälder des Spessarts hervorragend. Schon *August Graf von Platen* beschrieb 1818 den Spessart kurz und knapp: „Welch ein schöner Wald." Wer an Wanderungen ohne Gepäck und ähnlichen Touren interessiert ist, sollte sich an die „Tourist Information Spessart" wenden, die diverse Angebote bereithält. So z. B. eine Sechs-Tage-Wanderung auf dem „Eselsweg", der alten Salzstraße, von Orb nach Miltenberg durch den Naturpark Spessart.

Entlang des Mains zeigt sich der Spessart von seiner lieblichsten Seite. Die weitläufige Schleife, die der Fluss von Lohr bis Aschaffenburg beschreibt, wurde schon vor Urzeiten besiedelt. Der Weinbau kann ebenfalls auf eine lange Tradition zurückblicken. Die Weinberge von Klingenberg genießen Weltruf! Miltenberg wie auch Wertheim beziehen ihren Reiz aus den altertümlichen Stadtkernen.

Information: Tourist Information „Spessart – Main – Odenwald", Bayernstr. 18, 63739 Aschaffenburg, ✆ 06021/394271, 📠 06021/394258, www.spessart-touristinfo.de, www.naturpark-spessart.de.

Wanderkarten: Fritsch Wanderkarte Nr. 88, Main-Spessart, 1:50.000; Nr. 99; Naturpark Spessart, Blatt Süd, 1:50.000.

Radwanderkarte: „Maintal Radwanderweg", 1:100.000, erhältlich bei den Fremdenverkehrsämtern und im Buchhandel.

Lohr

Lohr liegt in einem lieblichen Talkessel an zwei Zuflüssen des Mains, der Lohr und dem Rechtenbach. Gern bezeichnet sich das gefällige Städtchen als „Spessarttor“, da von hier aus Teile der Region besiedelt wurden.

Wahrscheinlich befand sich auf dem Gebiet der 1296 erstmals erwähnten Stadt schon Jahrhunderte zuvor eine Ansiedlung – dies belegen jedenfalls Ausgrabungen in der Pfarrkirche St. Michael. Der Name Lohr leitet sich von *Lare* (keltisch) ab, was in etwa „Lichtung“ oder „freier Weideplatz“ bedeutet. Bis 1559 war Lohr der Hauptort der Grafschaft Rieneck und wurde von den Grafen im 13. Jahrhundert planmäßig ausgebaut. Nach dem Aussterben des Geschlechtes gehörte Lohr als kurmainzische Oberamtsstadt bis 1803 zum Erzbistum Mainz. Da sich die Stadt unter den Grafen von Rieneck dem Protestantismus angeschlossen hatte, erfolgte zu Beginn des 17. Jahrhunderts eine vehemente Rekatholisierung der Bevölkerung, der während der Hexenverfolgungen wohl mehr als 200 Bürger zum Opfer gefallen sein dürften.

Die Spiegelglasmanufaktur verhalf der Stadt dann im 18. Jahrhundert zu einem spürbaren Aufschwung: Lohrer Spiegel wurden zu einem Markenzeichen. Um eine andere Art von Markenzeichen handelt es sich bei dem seltenen Spektakel, das man alljährlich am Karfreitag in der Altstadt miterleben kann: Die Karfreitagsprozession von Lohr gilt als die letzte deutsche Bilderprozession; insgesamt werden zwölf Leidensbilder durch die Stadt getragen. Bekannt ist Lohr zudem für seine Forstschule und das überaus informative Spessartmuseum; angenehm fällt auch der verkehrsberuhigte Innenstadtbereich auf. Auf der Hauptstraße und rund um den Marktplatz trifft man sich zu einem Plausch, geht Eis essen oder Einkaufen.

In der Altstadt findet sich noch viel Fachwerk

Spessart, Odenwald, Mainviereck
Karte Seite 376

Besonders lebhaft geht es am ersten Samstag im Monat zu, wenn die Bauern der Umgebung ihre Produkte auf dem großen Markt feilbieten.

Schneewittchen und die sieben Zwerge

Schneewittchen stammt aus Lohr – davon sind jedenfalls die Lokalpatrioten überzeugt. Als Vorbild der bekannten Märchengestalt soll eine Tochter des Freiherrn *Philipp Christoph von Erthal* (1689–1748) gedient haben, der die hiesige Spiegelmanufaktur („Spieglein, Spieglein an der Wand – wer ist die Schönste im ganzen Land?") leitete. Nachdem seine erste Frau Maria Eva, die ihm sieben Kinder geboren hatte, 1738 gestorben war, heiratete Erthal ein zweites Mal. Seine neue Frau *Claudia Elisabeth* wurde die Stiefmutter der sieben Halbwaisen, von denen die durch die Blattern fast erblindete *Maria Sophia* der Sage nach das „Schneewittchen" gewesen sein soll. Das Mädchen wurde als „ein Engel der Barmherzigkeit und Güte" beschrieben, während ihre Stiefmutter Claudia beim Volk wenig beliebt war. Der Entstehung der Sage um die arme Halbwaise und ihrer bösen Stiefmutter stand also nichts mehr im Wege ... Die „sieben Zwerge" sollen übrigens kleinwüchsige Bergwerksarbeiter oder Kinder im Biebergrund gewesen sein, die alle Tötungsversuche des von der bösen Stiefmutter beauftragten Jägers zu vereiteln wussten.

Wer will, kann auf dem am Schloss beginnenden „Schneewittchenwanderweg" nach Bieber (33 Kilometer) Schneewittchens Flucht zu den sieben Zwergen nachwandern.

• *Information* **Touristinformation**, Schlossplatz 5, 97816 Lohr, ✆ 09352/848460, 📠 09352/70295, www.lohr.de. Das Verkehrsamt veranstaltet auch (kostenlose) Stadtführungen: im Sommer einmal monatlich am Sonntagvormittag um 11 Uhr; zusätzliche Termine können hier vereinbart bzw. erfragt werden.

• *Einwohner* 17.000.

• *Verbindungen* Zugverbindungen nach Aschaffenburg, Busverbindungen nach Gemünden und Marktheidenfeld.

• *Markt* Der erste Sa im Monat ist der Tag des großen Bauernmarkts.

• *Fahrradverleih* Auskunft beim Fremdenverkehrsamt sowie **Gasthof Adler**, ✆ 87500. www.adler-lohr.de.

• *Veranstaltungen* Anfang August findet alljährlich die **Lohrer Spessartwoche** statt.

• *Schifffahrt* Auf dem Main nach Marktheidenfeld. Auskunft: **Lohrer Schiffstouristik**, ✆ 807212. www.maintal-bummler.de.

• *Schulmuseum* Auf 300 Quadratmetern werden die Veränderungen des Lohrer Schulwesens vom 19. bis zum 20. Jahrhundert dargestellt, wobei auch auf die Kaiserzeit („Am deutschen Wesen soll die Welt genesen") und den erdrückenden Einfluss des NS-Staates eingegangen wird. Sendelbacher Str. 21, ✆ 317. Mi–So 14–16 Uhr. Eintritt: 1,50 €, erm. 1 €.

• *Waldlehrpfad* Am Parkplatz Ende der Ortsstraße „Valentinusberg" beginnt ein vier Kilometer langer, informativer Waldlehrpfad.

• *Schwimmen* **Main-Spessart-Bad**, Beheiztes Freibad mit Riesenrutsche und Sprungbecken, Jahnstr. 10, ✆ 9944. **Hallenbad**, Nägelseestr. 8, Mo–Fr ca. 16–21.30 Uhr, Sa 13–18 Uhr, So 9–12 Uhr, ✆ 2079.

• *Essen/Übernachten*: **Parkhotel Leiss (2)**, modernes Hotel mit 57 komfortablen Zimmern. EZ ab 55 €, DZ ab 73 €. Jahnstr. 2, ✆ 09352/6090, 📠 609409, www.parkhotel-leiss.de.

Krone (5), der urkundlich älteste Gasthof von Lohr residiert in einem wuchtigen Eckhaus aus dem 16. Jahrhundert. Im Sommer sitzt man auf der einladenden Straßenterrasse. Serviert werden viele Wildgerichte beispielsweise ein Löhrer Häckersteak für 12,80 €. Nicht nur Vegetariern seien die zahlreichen Salatvariationen empfohlen. Fr Ruhetag. Die Zimmer sind individuell einge-

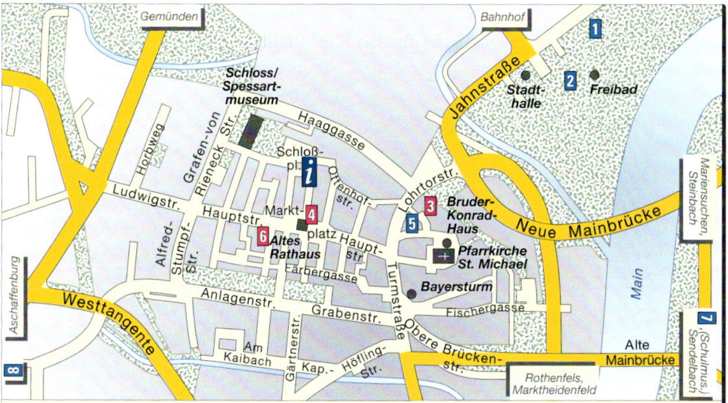

Übernachten
1 TSV Campingplatz
2 Parkhotel Leiss
5 Hotel Krone
7 Alte Post
8 Jugendherberge

Essen & Trinken
3 Bajazzo
4 Schönbrunnen
5 Gasthof Krone
6 Back
7 Alte Post

120 m

Lohr

richtet, teilweise mit Stuckdecken. EZ ab 49 €, DZ ab 69 € (inkl. Frühstücksbuffet). Lohrtorstr. 2, ✆ 09352/2529, 📠 3729, www.krone-lohr.de.

Alte Post (7), der Gasthof im Stadtteil Sendelbach auf dem anderen Mainufer besitzt einen wunderschönen Biergarten und serviert gutbürgerliche Küche zu angemessenen Preisen. Auch Zimmervermietung (DZ ab 70 €). Steinfelder Str. 1, ✆ 09352/87520, 📠 875224. www.landhotel-zur-alten-post.de.

Back (6), einfacher Gasthof mit angegliederter Metzgerei. Ideal für eine deftige Brotzeit (Eisbein mit Sauerkraut für 7,20 €). Bis 20 Uhr geöffnet, So Ruhetag. Hauptstr. 37. ✆ 2283.

Schönbrunnen (4), zentral neben dem alten Rathaus gelegenes Gasthaus mit fränkischer Küche. Viele Pfannengerichte, nette Gaststube und sonnige Straßenterrasse. Hauptstr. 28, ✆ 9341, 📠 70545, www.schoenbrunnen-lohr.de

Bajazzo (3), beliebte Café-Bar für jüngeres Publikum, im Sommer dröhnt die Musik lautstark zu den geöffneten Fenstern hinaus. Straßenterrasse. Lohrtorstraße 4, ✆ 3734.

• *Jugendherberge* **Jugendherberge Lohr (8)**, (94 Betten) liegt umgeben von einem großen Garten am südwestlichen Stadtrand, 25 Gehminuten vom Bahnhof entfernt. Übernachtung mit Frühstück ab 15,90 €, Dez. und Jan. geschlossen. Brunnenwiesenweg 13, ✆ 09352/2444, 📠 70873, www.lohr.jugendherberge.de.

• *Camping* **TSV-Campingplatz (1)**, von April bis Mitte Okt. geöffnet. Jahnstr. 12, ✆ 09352/89392.

Campingplatz Forellenhof, in schöner Lage direkt an einem See. Ganzjährig geöffnet. Brunnenwiesenweg, ✆ 09352/2865.

Sehenswertes

St. Michael: Die romanisch geprägte Basilika mit spätgotischem Chor (heute kath. Pfarrkirche) birgt zahlreiche kunstgeschichtlich bedeutende Grabmäler der Grafen von Rieneck aus dem 15. und 16. Jahrhundert.

Schloss: Das ehemalige Mainzer Amtsschloss, eine im Kern spätgotische Anlage mit originellen Türmen, grenzt an die Stadtmauer. Nachdem die Mainzer Kurfürsten 1559 in den Besitz von Lohr gelangten, veranlassten sie umfangreiche bauliche Veränderungen am Schloss, in dem zeitweise sogar der kurfürstliche Hof residierte.

Der Bayersturm erinnert noch an die einstige Stadtbefestigung

Spessart-Museum: Das heute im Schloss beheimatete Museum widmet sich in rund 40 Räumen mit einer umfangreichen Darstellung den kulturellen, wirtschaftlichen und historischen Beziehungen zwischen „Wald und Mensch", angefangen von Sägehütten bis hin zur Glasproduktion. In den Kellerräumen dreht sich alles um den „Spessart als Rohstofflager", im Erdgeschoss um die Siedlungsgeschichte des Landschaftsraumes, während in den beiden Obergeschossen Holzwirtschaft, Glasproduktion sowie Jagd- und Forstwesen im Mittelpunkt stehen. Ein Teil der Ausstellung geht auch auf die legendären „Spessarträuber" ein, die mit ihrer eigenen Subkultur den Spessart in einen „Räuber-Wald" verwandelt hatten.

Adresse/Öffnungszeit Schlossplatz 1, ✆ 2061, www.spessartmuseum.de. Di–Sa 10–16 Uhr, So 10–17 Uhr. Eintritt: 2,50 €, erm. 1,50 €.

Umgebung

- **Neustadt**: Rund 50 Mönche folgten um 770 dem zweiten Würzburger Bischof Megingoz nach seinem Amtsverzicht in die nur vom vorbeifließenden Main gestörte Einsamkeit am Spessartrand. Schon sehr bald entwickelte sich das Benediktinerkloster zu einer bedeutenden Königsabtei. Im Jahre 993 gelang es den Würzburger Bischöfen, sich das reich begüterte Kloster einzuverleiben. Daran konnte nicht einmal die in der Gründungsurkunde garantierte Reichsunmittelbarkeit – es handelte sich um eine Fälschung – etwas ändern. In der ersten Hälfte des 12. Jahrhunderts entstand die *Klosterkirche* und jetzige Pfarrkirche St. Michael und Gertrud. Die kreuzförmige, dreischiffige Basilika wurde zwar durch einen Brand im Jahre 1857 weitgehend zerstört, doch glückte dem Karlsruher Architekten *Heinrich Hübsch* ein Wiederaufbau im neuromanischen Stil, so dass die Kirche noch immer als beachtenswertes Zeugnis romanischer Baukunst gewertet werden kann. Den Brand überstanden glücklicherweise mehrere sehenswerte Steinreliefs, die sich heute im linken Seitenschiff befinden. Das Bild Karls des Großen trägt in gotischen Buchstaben die Inschrift „magnus S. Carolus rex fundator huius monasterii" und zeugt wohl von dem Versuch, sich aus der Abhängigkeit vom Würzburger Bischof zu lösen.
- **Burg Rothenfels**: Noch ein Stück weiter den Main hinunter stößt man auf Rothenfels, die „kleinste Stadt Bayerns", die mit einem schmucken mittelalterlichen Stadt-

bild inklusive Renaissance-Rathaus und stattlicher Pfarrkirche aus der Zeit des Fürstbischofs *Julius Echter* von Mespelbrunn aufwarten kann. Beherrscht wird das Städtchen von der gleichnamigen Burg aus dem Jahr 1148. Obwohl sie im Bauernkrieg sowie im Dreißigjährigen Krieg in Flammen stand, ist die erhaltene romanische (Bergfried) und gotische (Palas) Bausubstanz recht beachtlich. Nach dem Ersten Weltkrieg war die Burg Rothenfels das Zentrum der Quickbornbewegung – ein katholischer Jugendverband, dem zeitweise *Romano Guardino* vorstand. Heute wird in der Burg unter anderem eine Jugendherberge betrieben.

Wertheim

Findige Köpfe haben es sicherlich bereits bemerkt: Wertheim gehört nicht zu Franken. Da jedoch jeder, der von Lohr nach Aschaffenburg dem Lauf des Mains folgt, auch das mittelalterliche Städtchen passiert, soll Wertheim nicht ausgeklammert werden.

Mit dem Titel „Klein-Heidelberg“ wurde das schmucke Städtchen mit seinen 21.000 Einwohnern schon des Öfteren ausgezeichnet. Das ehemalige Residenzstädtchen der *Grafen von Wertheim* liegt überaus reizvoll auf einer schmalen Landzunge zwischen Main und Tauber. Eine verwinkelte Altstadt mit zahlreichen Fachwerkhäusern und die stattliche Burgruine sorgen für ein romantisches Flair.

Bereits im Jahre 1009 gewährte *Heinrich II.* dem am rechten Mainufer gelegenen Kreuzwertheim aufgrund des florierenden Mainhandels die Marktrechte, woraufhin der Würzburger Bischof ein Kaufhaus einrichten ließ. Fast genau drei Jahrhunderte sollte es noch dauern, bis das neue Wertheim am anderen Flussufer die Stadtrechte verliehen bekam. Reichtum erwarben die Grafen von Wertheim durch das eigene Münzrecht und die Einnahmen aus den Straßen- und Mainzöllen. Relativ früh, schon 1524, führte *Graf Georg II.* die Reformation ein, doch teilte sich die gräfliche Familie 1619 in eine katholische und eine evangelische Linie. Auf dem *Wiener Kongress* (1814) bekam Bayern den nördlichen, katholischen Teil der Grafschaft Wertheim zugesprochen, der südliche, evangelische Teil, zu dem auch die Stadt Wertheim gehörte, fiel an Baden. Mit dieser Einigung am Konferenztisch endete offiziell die jahrhundertelange Verbundenheit zu Franken. Zu Beginn des 20. Jahrhunderts wurde Wertheim von den Malern entdeckt: *Otto Modersohn* war der bekannteste Künstler, der sich für die Stadt begeisterte.

Information/Diverses

• *Information* **Tourist-Information**, Am Wenzelplatz 2, 97877 Wertheim, ✆ 09342/1066, ✆ 09342/38277, www.tourist-wertheim.de. Hier ist auch ein informatives Faltblatt zu den Sehenswürdigkeiten der Stadt erhältlich.

• *Einwohner* 24.500

• *Verbindungen* Busverbindungen nach Marktheidenfeld und Miltenberg.

• *Bootsverleih* **Inge Schiffer**, Danziger Str. 29, ✆ 09342/84687, www.paddleandboat.de; **Gerd Descher**, Kirchbergstr. 13, ✆ 09375/2229.

• *Fahrradverleih* **Bike & Sports**, Mühlenstr. 53, ✆ 913161; **Zweirad Jürgen Baumann**, Neben-Neugasse, ✆ 1214.

• *Kino* **Roxy Kino**, Bismarckstr. 17, ✆ 6688; **Broadway Kino**, Am Reinhardshof, ✆ 1835.

• *Mainschifffahrt* Vom 1. Mai bis 15. Okt. bietet die **Reederei Henneberger** (✆ 09371/3330) Linienfahrten nach Miltenberg an. Fahrpläne finden sich im Internet unter www.reederei-henneberger.com.

• *Minigolf* Beim Freibad in den Christwiesen, Mo–Sa 14–22, So 10–22 Uhr, ✆ 59691.

• *Reiten* **Reit- und Fahrverein Main-Taubereck e.V.**, Bestenheider Höhenweg 81, ✆ 6807.

• *Schwimmen* **Erlebnisfreibad** in den Christwiesen mit 70-Meter-Rutsche, ✆ 5200, Eintritt: 3 €. **Hallenbad** beim Gymnasium, Conrad-Wellin-Straße, ✆ 301433. www.schwimmbad-wertheim.de. **Natur-Badesee** im Seepark, Freudenberg.

• *Stadtführung* April–Okt. Mo–Sa um 17 Uhr sowie So um 10.30 Uhr. Treffpunkt: Spitzer Turm (Busparkplatz). Teilnahmegebühr: 2,50 €.

• *Einkaufen* **Wertheim Village Outlet Shopping**, in der Nähe des Wertheimer Ortsteils Bettingen entstand auf freier Flur in den letzten Jahren ein pseudomittelalterliches Shoppingzentrum. Preiswerte Schnäppchen von Armani, Mexx oder Picard. Geöffnet Mo–Sa 10–20 Uhr, www.wertheimvillage.com. Anfahrt über A 3 und A 66, Ausfahrt Wertheim/Lengfurt.

Essen/Übernachten

Hotel Kette, das schmucke Ferienhotel liegt mit seiner wunderschönen Terrasse direkt am Tauberufer. Auf der Speisekarte finden sich Mainfische und fränkische Spezialitäten. EZ ab 40 €, DZ ab 60 € (inkl. Frühstück). Lindenstr. 14, ✆ 09342/91800, 918010, www.tauberhotel-kette.de.

Hotel Schwan, das Hotel lehnt sich an das alte Maintor an, die elegante Straßenterrasse geht auf den Mainplatz hinaus. Die Zimmer gewähren einen schönen Blick über den Fluss auf die Waldhänge des Spessarts. Das Angebot des Restaurants reicht vom einfachen Hackbraten mit Spätzle für 4,90 € bis hin zu Barberie-Flugentenbrust an Wokgemüse für 12,80 €. Gute Auswahl an fränkischen und internationalen Weinen. Große Zimmer (EZ ab 56 €, DZ ab 72 €) sowie moderne Designersuiten mit Flatscreen von 89 bis 125 €. Mainplatz 8, ✆ 09342/92330, 923366, www.hotel-schwan-wertheim.de.

Goldener Adler, das älteste Gasthaus von Wertheim (neben der Stiftskirche) hat eine große Salatauswahl und einen lauschigen Biergarten zu bieten. Die Küche weist auch schwäbische Akzente auf, Kalbfleischmaultaschen für 8,50 €. Mo Ruhetag. Mühlenstr. 8, ✆ 1337.

Baunachshof, an das nur abends geöffnete Restaurant (Mi Ruhetag) schließt sich in einem postmodernen Pavillonbau ein Café mit ruhiger Straßenterrasse an. Kostenloses WLAN. Seit dem April 2009 werden auch neun moderne Zimmer vermietet, die mit fränkischer Biederlichkeit nichts gemein haben, dafür gibt es peppige Farben und modernes Design. Fahrradraum. EZ 50 €, DZ €. Friedleinsgasse 2, ✆ 3377, www.baunachshof-wertheim.de.

Café-Konditorei Hahn, nettes Café mitten im Zentrum. Baumarkt 12, ✆ 4981.

• *Jugendherberge* Von der am Hang gelegenen **Jugendherberge Frankenland** hat man einen schönen Blick auf die Stadt und die Burgruine. Das Haus ist an manchen Wochenenden geschlossen, daher empfiehlt sich ein vorheriger Anruf. 105 Betten. Übernachtung mit Frühstück ab 17,90 €. Alte Steige 16, ✆ 09342/6451, 7354, www.jugendherberge-wertheim.de.

• *Camping* **Campingplatz Azur**, gleich beim Freibad. Von April bis Okt. geöffnet. In den Christwiesen, ✆ 09342/83111, www.azur-camping.de.

Weitere Campingplätze finden sich im Ortsteil Bettingen sowie in Freudenberg.

Sehenswertes

Burg: Hoch über Wertheim thronen die ansehnlichen Reste einer mittelalterlichen Burg, deren Anfänge bis in die Stauferzeit zurückreichen. Der einstige Sitz der Grafen von Wertheim zählt zu den größten Burganlagen Deutschlands. Sie wurde im Dreißigjährigen Krieg erheblich zerstört, konnte aber gegen Ende des 19. Jahrhunderts durch bauliche Maßnahmen vor dem endgültigen Verfall bewahrt werden. Der Aufstieg – er beginnt neben der Kilianskapelle – lohnt auf jeden Fall: Vom mächtigen Bergfried bietet sich ein schöner Panoramablick.

Öffnungszeiten Im Sommer tgl. von 10 Uhr bis Einbruch der Dunkelheit, im Winter 10.30–16 Uhr. Eintritt: 1 €.

Stiftskirche: Die dreischiffige gotische Pfeilerbasilika ruht auf romanischen Grundmauern. Kunstgeschichtlich bedeutsam sind die prunkvollen Grablegen der Grafen von Wertheim und ihrer Nebenlinien. Anhand der Grabmäler lassen sich deutlich die verschiedenen Stilepochen miteinander vergleichen. Gegenüber der Kirche befindet sich mit der *Kilianskapelle* ein weiteres gotisches Gotteshaus.

Glasmuseum: Die reichhaltige Sammlung gibt einen Einblick in mehr als 3500 Jahre Glasherstellung, angefangen von phönizischen Glasperlen bis zum modernen Studioglas. Regelmäßig finden auch Glasbläservorführungen statt.
Adresse/Öffnungszeiten Mühlenstr. 24, ✆ 6866, www.glasmuseum-wertheim.de. April–Okt. Mo 15–17 Uhr, Di–Do 10—17 Uhr, Fr–So 13–18 Uhr. Eintritt: 4 €, erm. 1 €.

Grafschaftsmuseum: Das historische Museum der Stadt Wertheim wurde bereits 1878 gegründet und gilt daher als eines der ältesten kommunalen Museen in Deutschland. Seit 1989 ist die Ausstellung in den schönen Räumlichkeiten des alten Rathauses (Doppelwendeltreppe!) untergebracht. Schwerpunkte sind neben der Stadt- und Grafschaftsgeschichte eine Scherenschnittsammlung aus dem 19. Jahrhundert sowie ein bedeutendes Münzkabinett. Das Museum besitzt in seiner Bilderabteilung die zweitgrößte Sammlung von *Otto Modersohns* Werken, die einen guten Einblick in die fränkische Schaffensperiode des Künstlers gewährt.
Adresse/Öffnungszeiten Rathausgasse 10, ✆ 301411, www.grafschaftsmuseum.de. Di–Fr 10–12 Uhr und 14.30–16.30 Uhr, Sa 14.30–16.30 Uhr, So/Fei 14–17 Uhr. Eintritt: 2 €, erm. 1 €.

Umgebung

Abstecher nach Tauberfranken

Südlich von Bronnbach erstreckt sich zu beiden Seiten des Taubertals eine Region, deren Städte und Dörfer sich ihre fränkische Tradition bis heute bewahrt haben, obwohl sie durch die napoleonischen Gebietsveränderungen vor rund zwei Jahrhunderten den Rheinbundstaaten Baden und Württemberg zugeschlagen wurden und heute zum Bundesland Baden-Württemberg gehören. Was Dialekt, Bauformen und Brauchtümer betrifft, so sind die Gemeinsamkeiten mit dem fränkischen Kulturraum nicht zu übersehen, weswegen dieser Landstrich noch immer als Tauberfranken bezeichnet wird. Lohnenswert ist vor allem ein Besuch der Fechterhochburg *Tauberbischofsheim* (Kurmainzer Schloss und Landschaftsmuseum) sowie eine Besichtigung des Deutschordensstädtchens *Bad Mergentheim* mit der Residenz der Hoch- und Deutschmeister des Ordens. *Weikersheim*, der einstige Stammsitz derer von Hohenlohe, besitzt ein schmuckes Renaissanceschloss mit barockem Hofgarten und Orangerie. Zudem bietet das Tauberländer Dorfmuseum in Weikersheim eine detailfreudige Darstellung fränkischer Dorfkultur im Taubertal.

▸ **Zisterzienserkloster Bronnbach**: Von Wertheim aus empfiehlt sich ein kurzer Abstecher ins Taubertal zur ehemaligen Zisterzienserabtei Bronnbach. Das Kloster wurde in der Mitte des 12. Jahrhunderts gegründet und von Mönchen des Klosters Maulbronn besiedelt. Die repräsentativen Klostergebäude nehmen das Tal in seiner ganzen Breite ein und atmen noch spürbar den asketischen Geist der Zisterzienser. Beim Bau der 1222 geweihten Klosterkirche dürfte man südfranzösischen Vorbildern gefolgt sein. Besonders auffällig ist das hochgewölbte Mittelschiff. Einen reizvollen Kontrast zu den romanischen Formen stellt die barocke Ausstattung dar. Herausragend unter den erhaltenen Klosterbauten sind der um 1300 vollendete Kreuzgang sowie der spätromanische Kapitelsaal.

Öffnungszeiten Mo 10–12 Uhr und 14–17.30 Uhr, Di–Sa 10–17.30 Uhr, So 13–17 Uhr. Führungen: 3 €, erm. 2,50 € bzw. 2 €, www.kloster-bronnbach.de.

Stadtprozelten

Die hoch über dem Maintal und der Stadt thronende Burgruine Henneberg wird zu recht als eine der schönsten in Deutschland gerühmt und verleiht dem nur 1640 Einwohner zählenden Städtchen einen besonderen Reiz.

Im Schutz der mächtigen Burg entwickelte sich am Ufer des Mains alsbald eine Siedlung, die 1355 von *Karl IV.* zur Stadt erhoben wurde. Burg und Stadt waren durch einen gemeinsamen Befestigungsring, der allerdings kaum mehr erhalten ist, miteinander verbunden.

- *Information* **VG Stadtprozelten**, Hauptstr. 132, 97909 Stadtprozelten, ✆ 09392/976015, 📠 09392/976018, www.stadtprozelten.de.
- *Einwohner* 1640
- *Fahrradverleih* **Zweirad Plechinger**, Am Gräulesberg 37, ✆ 7786; pro Tag ab 6 €.
- *Mainfähre* Von Stadtprozelten verkehrt nach Mondfeld eine Fähre, auf der auch 3–4 Autos Platz finden. Werktags von 6–20 Uhr, am Sonntag ab 9 Uhr. Von 11.30–12.30 Uhr Mittagspause.
- *Essen/Übernachten* **Pension Haus Erika**, an einem sonnenreichen Südhang werden hier sieben Zimmer vermietet. Nach einer anstrengenden Radtour kann man sich im Swimmingpool erfrischen und auf der Liegewiese relaxen. Alle Zimmer verfügen über Du/WC und einen eigenen Balkon. Fahrradverleih vorhanden. Übernachtung mit Frühstück ab 25,50 €. Odenwaldstr. 5, ✆ 09392/6363, 📠 6444, hauserika@t-online.de, www.pension-haus-erika.de.

Campingplatz Hock, ganzjährig geöffnet. Am Mainufer 1, ✆ 09392/7866.

Sehenswertes

Ruine Henneberg: Die imposante Burg wurde im frühen 12. Jahrhundert von den *Grafen von Prozelten* errichtet. Nach häufigem Besitzerwechsel gelangte sie 1320 an den Deutschen Orden, der die Burg ausbauen ließ; 1483 kam sie schließlich an Kurmainz. Erst im 17. Jahrhundert wurde die Burg verlassen und dem Verfall preisgegeben. Der bayerische König *Ludwig I.* ordnete 1840 umfangreiche Erhaltungsmaßnahmen an. Der älteste Teil der Burg ist der mächtige Bergfried im Norden der Anlage; er stammt noch aus dem 12. Jahrhundert.

Besichtigung Ganzjährig möglich. Eintritt: frei!

Miltenberg

Das sich entlang der Südspitze des Mainvierecks erstreckende Miltenberg liegt nicht nur zwischen Spessart und Odenwald, sondern auch an der Sprachgrenze von Franken zu Hessen. Wer sich für schöne Fachwerkfassaden begeistert, dürfte an dem Städtchen wohl kaum vorbeikommen.

Miltenberg ist ohne Frage eines der reizvollsten altfränkischen Städtchen. Dicht gedrängt stehen die Häuser auf dem engen Platz zwischen Burg und Main. Im Jahre 1285 bereits als Stadt bezeichnet, entwickelte sich Miltenberg fortan dank der günstigen Lage und bedeutender Zoll-, Markt- und Stapelrechte zu einem blühenden Gemeinwesen. Das „Mainzer Kaufhaus“ beziehungsweise Alte Rathaus wurde für die zu stapelnde Ware im 14. Jahrhundert erbaut, denn jeder durchreisende

Händler musste seine Ware in Miltenberg zum Kauf anbieten. Wie es sich für ein mittelalterliches Städtchen gehört, sind noch Teile der Stadtmauer erhalten. Die zahlreichen stattlichen Fachwerkhäuser entlang der Hauptstraße, vor allem das Gasthaus Riesen sowie das „Schnatterloch" rund um den dreieckigen Marktplatz mit seinem Renaissancebrunnen, zeugen davon, dass Reichtum in Miltenberg kein Fremdwort war. Einzig die räumliche Enge veranlasste die Bürger, ihre Häuser im ersten Stock bis zu 60 Zentimeter auskragen zu lassen, um Raum zu gewinnen. Die Pfarrkirche nimmt einen zentralen Platz ein, ohne allerdings herausragende Sehenswürdigkeiten aufzubieten. Das schöne Stadtbild erinnert auch an den glücklichen Umstand, dass Miltenberg sowohl von Kriegen als auch von Feuersbrünsten verschont blieb.

Information/Diverses

- *Information* **Tourist Information**, Rathaus, Engelplatz 69, 63897 Miltenberg, ✆ 09371/404119, 📠 09371/9488944, www.miltenberg.info.
- *Einwohner* 9600
- *Verbindungen* Regelmäßige Zugverbindungen mit Aschaffenburg und Amorbach. Der Bahnhof liegt wenige Fußminuten vom Zentrum am rechten Mainufer.
- *Bootsverleih* Motor-, Tret- und Ruderboote vermietet **Dieter Fürst**, Steingässerstraße (beim Campingplatz), ✆ 1507.
- *Kino* **Schloss-Theater**, Hauptstraße.
- *Flugsport* **Flugsportclub Miltenberg e.V.**, Flugplatz Mainbullau, tgl. außer Mo Rundflüge. Infos: ✆ 3363.
- *Mainschifffahrt* Von Mai bis Mitte Okt. fährt jeden Di, Do und Sa ein Schiff um 9.30 Uhr über Stadtprozelten nach Wertheim. Rückkehr: 17.45 Uhr. Kosten für die Hin- und Rückfahrt: Erw. 21 €, erm. 13 €. Zudem finden stündlich Rundfahrten in Miltenberg statt. Fahrpreis: Erw. 7 €, erm. 4 €. Auskunft: ✆ 3330, www.reederei-henneberger.com.
- *Schwimmen* **Hallenfreibad** mit Riesenrutsche, Sauna und Solarium am Mainufer, Jahnstraße, ✆ 404700.
- *Stadtführung* Mai–Okt. jeden Mi und Sa um 10.30 Uhr; die Teilnahme ist kostenlos! ✆ 404119.

Karte Seite 376

• *Weingut* Die Spezialität des Weinbauern **Otto Knapp** ist der in Holzfässern gereifte trockene Rotwein. Bürgstädter Str. 21, ✆ 3989, www.weingut-ottoknapp.de.

Essen/Übernachten (siehe Karte S. 385)

Altes Bannhaus (5), in dem ehemaligen Gefängnis, einem mächtigen, roten Sandsteingebäude, sind inzwischen statt Gourmetküche Schnitzel in zahllosen Variationen angesagt. Am Dienstagabend „All you can eat" für 11 €. Ein wuchtiger Kamin sorgt im urigen Kellergewölbe für Behaglichkeit. Mo Ruhetag. Übernachtung mit Frühstück für 49 € im EZ, DZ 88 €. Hauptstr. 211, ✆ 09371/3061, 📠 68754, www.altes-bannhaus.de.

Jagd-Hotel Rose (1), direkt am Mainufer verbirgt sich hinter der repräsentativen Sandsteinfassade ein komfortables Hotel mit großzügigen Zimmern, die Hälfte davon mit einem tollen Blick auf den Main. Zum Frühstück reicht man eine große Auswahl selbstgemachter Marmelade. Auch das Restaurant genießt einen guten Ruf (Montagmittag geschlossen). Kostenpflichtiges WLAN. Übernachtung mit Frühstück je nach Ausstattung des Zimmers ab 55 € pro Pers. im DZ, im EZ 75 € (inkl. Frühstück). Hauptstr. 280, ✆ 09371/40060, 📠 400617, www.jagdhotel-rose.de.

Mildenburg (3), nette Lage am Main, allerdings mit viel Verkehr. Die Zimmer sind einfach und unspektakulär, besitzen aber zumeist einen Balkon. WLAN verfügbar. Zimmer EZ (ohne Dusche) 22 €, mit Dusche 33 €, DZ 58–78 € (inkl. Frühstücksbuffet). Mainstr. 77, ✆ 09371/2733, 📠 80227, mildenburg@t-online.de, www.hotel-mildenburg.de.

Riesen (2), das Wirtshaus ist seit 1411 in Familienbesitz und rühmt sich, das älteste Deutschlands zu sein. Sein heutiger „Rahmen" entstand allerdings „erst" 1583. Unlängst komplett renoviert, sitzt man heute unter hohen Decken an blankpolierten Tischen. Serviert werden auch einfache Gerichte wie Miltenberger Suppenfleisch mit Bratkartoffeln und Meerrettichsoße für 8,70 €. Straßenterrasse. Hauptstr. 99, ✆ 989948. Gleich nebenan befindet sich das Gästehaus. Übernachtung mit Frühstück ab 37,50 €. Hauptstr. 297, ✆ 09371/2582, 📠 989450, www.riesen-miltenberg.de.

Kalt-Loch-Bräustüble (6), historische Brauereigaststätte, im Hinterhof steht noch die alte jüdische Synagoge. Empfehlenswert sind die Schweinemedaillons Waliser Art für 13,50 €. Mi Ruhetag. Hauptstr. 201, ✆ 2481.

Zum Hirschen, gutbürgerlicher Gasthof. Mo Ruhetag. Übernachtung mit Frühstück je nach Aufenthaltsdauer 18–28 €. Eigener Tennisplatz. Im Ortsteil Wenschdorf, Haus Nr. 62, ✆ 3623, 📠 69788, www.hirschen-wenschdorf.de.

Kaffeehaus im Altstadtmarkt (4), das nüchterne Ambiente der Kaffeehaus-Zuckerbäckerei mit den einfachen Tischen ist sehr gefällig. Aufgetischt werden anspruchsvolle Gerichte, die Zutaten sind öko-zertifiziert. Schweinekrustenbraten mit Meerrettich für 7,70 €. In der Zuckerbäckerei gibt es Bio-Eis, in sehr ausgefallenen Sorten (z. B. Wildrose, Zitrone-Melisse, Tannenschoss). „Unglaublich lecker!!!", befand Leserin Anne Hawxwell. Große Straßen- sowie eine Dachterrasse. Hauptstr. 129, ✆ 660830.

• *Camping* **Campingplatz Mainwiese**, Bootsverleih vorhanden. Die Anlage erstreckt sich – wie der Name vermuten lässt – direkt am Mainufer. Viele Dauercamper, April–Okt. geöffnet. Josef-Wirth-Straße 7, ✆ 09371/3985 oder 68723, 📠 68723, www.campingplatz-miltenberg.de.

Sehenswertes

Mildenburg: Zu Füßen des Greinbergs, eines steil abfallenden Odenwaldausläufers, liegt die um 1225 vom Erzbischof von Mainz als Gegenburg zum würzburgischen Freudenberg gegründete Mildenburg. Der innere Ring mit dem quadratischen, 27 Meter hohen Bergfried stammt noch aus dieser Frühzeit und erinnert an die hochentwickelte Profanbaukunst der Stauferzeit. Der Palas wurde Ende des 14. Jahrhunderts unter Erzbischof *Berthold von Henneberg* erbaut und rund 100 Jahre später erweitert. Nach der Säkularisation war die Burg lange Zeit in Privatbesitz, bevor sie 1979 von der Stadt Miltenberg erworben wurde. Derzeit ist die Mildenburg nur

Das Schnatterloch - Miltenbergs Schokoladenseite

eingeschränkt zugänglich, da sie für rund 2,7 Millionen Euro saniert und zu einem Museum für geistliche Kunst ausgebaut wird. Die Eröffnung ist für das Jahr 2011 geplant.

Öffnungszeiten April–Okt. tgl. Di–Fr 14–17.30 Uhr, Sa und So 13–17.30 Uhr. Eintritt: 1 €, erm. 0,50 €. Vom Marktplatz aus führt ein steiler Weg zur Burg hinauf.

Museum der Stadt Miltenberg: Das neu konzipierte städtische Museum befindet sich in der ehemaligen kurmainzischen Amtskellerei, einem stattlichen Fachwerkbau von 1541. Während des Rundgangs kann man die Historie des Hauses sowie die bis in die Römerzeit zurückreichende Geschichte Miltenbergs erleben, wobei ein Schwerpunkt auch auf der Alltagskultur liegt. Das bekannteste Exponat ist der 1878 oberhalb der Burg bei den Resten einer keltischen Fliehburg gefundene *Toutonenstein*, eine monolithische Felsnadel aus kupferrotem Sandstein mit rätselhafter Inschrift. Es handelt sich vielleicht um einen keltischen Kultstein, der in der Römerzeit beschriftet worden ist. Interessant ist auch die Abteilung zur jüdischen Kultur mit einer wertvollen Tora-Lade.

Adresse/Öffnungszeit Am Schnatterloch, ☏ 668504. Mai–Okt. tgl. außer Mo 10–17.30 Uhr, Nov.–April Mi–So 11–16 Uhr. Eintritt: 3 €, erm. 2 € (Kombiticket mit Mildenburg 4 €, erm. 2,50 €). www.museum-miltenberg.de.

Ehem. Synagoge: In Miltenberg lebte bereits im 14. Jahrhundert eine jüdische Gemeinde. Aus dieser Zeit stammt eine gotische Synagoge, die bis ins 19. Jahrhundert hinein fast ununterbrochen genutzt wurde und noch heute existiert. Als um 1850 die Platzverhältnisse durch den Zuzug von Juden nach Miltenberg immer beengter wurden, entstand in der Riesengasse eine Behelfssynagoge, die bis zum Neubau in der Mainstraße 1904 benutzt wurde. Die Gemeinde verkaufte die alte Synagoge 1875 an die Brauerei „Kalt-Loch-Bräu“, die das zu den ältesten jüdischen Kulträumen zählende Gebäude gewerblich nutzt. Die Synagoge steht noch immer im Hin-

Spessart, Odenwald, Mainviereck
Karte Seite 376

terhof der Brauerei, kann aber leider nicht besichtigt werden. Der alte jüdische Friedhof mit Grabsteinen aus dem 15. Jahrhundert liegt außerhalb der Stadtmauern; es ist über die Halbigstreppen (in der Nähe des Gasthauses Riesen) zu erreichen.

Adresse Brauerei Kalt-Loch, Hauptstr. 199.

Umgebung

- **Kleinheubach**: Ein Stück mainabwärts trifft man in Kleinheubach auf ein ansehnliches dreiflügeliges *Barockschloss*. Es wurde 1723–1732 nach Plänen von *Louis Rémy de La Fosse* unter Mithilfe von Johannes *Dientzenhofer* und *Johann Jakob Rischer* als Residenz der Fürsten zu Löwenstein errichtet. Da die fürstliche Familie das Schloss an die Bundespost (heute Telekom) verpachtet hat, kann es leider nicht besichtigt werden. Im Süden schließt sich ein weitläufiger Park im englischen Stil an.
- **Amorbach**: Umgeben von den Wäldern des Odenwaldes liegt das verträumte Barockstädtchen wenige Kilometer südlich von Miltenberg und dem Main. Die Altstadt besitzt noch viel Flair, hinzu kommen mehrere anspruchsvolle Gasthöfe und die eindrucksvollen Bauten der einstigen Abtei. Amorbach entwickelte sich aus einem im 8. Jahrhundert gegründeten Kloster. Dank seines Namens ist Amorbach vor allem ein bei Liebespaaren bekannter Ort, den viele auch für den idealen Platz zum Heiraten erachten. Andere wiederum pilgern zum Amorsbrunnen vor den Toren der Stadt, um sich dort an dem angeblich fruchtbar machenden Quellwasser zu laben. Die genaue Herkunft des Namens ist allerdings recht unromantisch, denn die Anfangssilbe *Amar* wies einst nur auf einen sumpfigen Waldrand hin. Die Hauptattraktion des 1253 zur Stadt erhobenen Amorbach ist die *ehemalige Abteikirche* und heutige evangelische Pfarrkirche. Sie wurde 1742–1747 nach Plänen des Mainzer Hofbaumeisters *Maximilian von Welsch* erbaut, der die romanischen Westtürme des Vorgängerbaus geschickt in seinen Entwurf integrierte. Grandios ist die Ausstattung der Kirche, die dank ihres Wessobrunner Stucks zu den glanzvollsten Schöpfungen des Barocks gerechnet werden darf. In der Klosterkirche befindet sich zudem Europas größte Barockorgel mit 5.000 Pfeifen. Die angrenzenden Abteigebäude ließen die Fürsten zu Leiningen 1803 zur Residenz umbauen. Sehenswert sind der klassizistische „Grüne Saal" und die Bibliothek.

Barocker Traum: Abteikirche in Amorbach

• *Informationen* **Tourist-Info**, Marktplatz 1, 63916 Amorbach, ✆ 09373/920940, 📠 09373/20933, www.amorbach.de.

• *Einwohner* 4300

• *Verbindungen* **Zugverbindung** nach Miltenberg (ca. 12-mal im Sommer).

• *Öffnungszeiten* Die ehem. **Abteikirche** mit Bibliothek und „Grünem Saal" ist von Di–So nur im Rahmen einer Führung (35 Min.) zu besichtigen. Geöffnet: 10–12 und 13–17 Uhr. Eintritt: 3,50 €. Mit Bibliothek und grünem Saal 6 €.

• *Essen* **Schafhof**, das zwei Kilometer westlich gelegene Landhotel ist vor allem wegen seines mit einem Michelin-Stern und 15 Gault-Millau-Punkten ausgezeichneten Restaurants einen Besuch wert. Serviert wird in der Abt- und in der Schäferstube (Menüs zu 56 und 98 €, Mo und Di Ruhetag). Ländlich mediterran zu günstigeren Preisen speist man in der Benediktinerstube. Beispielsweise Dreierlei vom Ibericoschwein mit „Tortilla Española" und gegrillten Zucchini für 20,50 € (Mi und Do Ruhetag). Zudem gibt es 24 komfortable Zimmer, die Übernachtungen beginnen bei 100 € für das DZ (inkl. Frühstück). Am Schafhof 1, ✆ 09373/97330, 📠 4120, www.schafhof.de.

Klingenberg

Nach Klingenberg fährt man nicht, um Sehenswürdigkeiten zu besichtigen, sondern des Weines wegen. Dennoch wartet Klingenburg mit einer Burgruine aus dem 15. Jahrhundert und einem Stadtschloss im Renaissancestil auf.

Klingenbergs Wurzeln reichen bis in die zweite Hälfte des 12. Jahrhunderts zurück, als ein gewisser Conradus Colbo, seines Zeichens Mundschenk Kaiser Friedrich Barbarossas, sich auf einem Bergsporn über dem Maintal die Clingenburg errichten ließ. Im Schutz der sich bis ins Tal hinunterziehenden Flankenmauern siedelten sich Bedienstete, Handwerker, Fischer und Winzer an. Seinen Reichtum verdankte Klingenberg in früheren Zeiten allerdings nicht dem Weinbau, sondern den hochwertigen Tonvorkommen, die unter städtischer Regie abgebaut wurden. Der Ertrag war derart groß, dass den Bürgern Steuerfreiheit gewährt wurde und sie zudem ein Bürgergeld erhielten, das in manchen Jahren bis zu 400 Goldmark betragen konnte. Klingenberg galt als reichste Stadt Bayerns! Im Ersten Weltkrieg kam der Tonabbau weitgehend zum Erliegen, die Klingenberger Goldquelle drohte zu versiegen. Heute sind noch sieben Menschen damit beschäftigt, den schwarz-grauen Ton unter Tage abzubauen. Benötigt wird er zur Herstellung von Bleistiften, deren Mine im Wesentlichen aus Graphit und Ton besteht.

Schon von alters her ist Klingenberg auch ein Wallfahrtsort für Weinkenner, besonders der Spätburgunder vom Klingenberger Schlossberg genießt unter Rotweinfreunden einen ausgezeichneten Ruf. Die erste urkundliche Erwähnung des ortsansässigen Weinbaus datiert ins Jahr 1261, und auch *Friedrich Rückert* dichtete schwärmerisch: „Und nicht vergessen sei vom Main, der Klingenberger Rote, dran könnte man – o süße Pein – sich trinken gar zu Tode."

• *Information* **Kultur- und Verkehrsbüro**, Hauptstr. 26a, 63911 Klingenberg, ✆ 09372/921259, 📠 09372/12354, www.klingenberg-main.de.

• *Klingenberger Winzerfest* Mitte August mit großem Rahmenprogramm.

• *Clingenburg-Festspiele* Von Mitte Juni bis Anfang August finden Theateraufführungen unter freiem Himmel statt. ✆ 3040, www.clingenburg-festspiele.de.

• *Weinbau- und Heimatmuseum* Interessantes Museum zur Stadtgeschichte und zum Weinbau. Geöffnet April–Okt. nur am Wochenende 14–17 Uhr sowie Mo–Fr 9–11 Uhr. ✆ 2258. Wilhelmstr. 13a. Eintritt: 2 €.

• *Schwimmen* **Freibad** mit Großwasserrutsche im Ortsteil Trennfurt.

• *Weingut* Das städtische Weingut ist mit 25 Hektar Rebfläche eines der größten am Untermain. Wilhelmstr. 107, ✆ 09372/2438.

• *Übernachten/Essen*: **Fränkischer Hof**, schönes, renoviertes Hotel, bei der letzten Recherche allerdings ohne Restaurantbetrieb. EZ ab 45 €, DZ ab 75 €. Lindenstr. 13, ✆ 09372/2355, 📠 12647, fraenkischer-hof-klingenberg@t-online.de, www.fraenkischer-hof-klingenberg.de.

Zum Alten Rentamt, das schöne Altstadthaus aus dem Jahre 1555 ist eine beliebte Adresse für Feinschmecker. Mit 15 Punkten bei Gault Millau und einem Michelin Stern gilt es als eines der besten Restaurants in Franken. Bekannt sind Ludger und Nicole Helbig vor allem für ihre Gewürzküche und leckeren Süßspeisen. Eine Spezialität sind die Rehmedaillons mit karamellisiertem Knoblauch, Bohnenstreifen und Lavendeljus. Gehobenes, aber gerechtfertigtes Preisniveau. Menüs von 62 bis 109 €. Mo und Di Ruhetag, Mi bis Fr nur abends geöffnet. Drei Wochen im August Betriebsferien. Hauptstr. 25a, ✆ 2650, www.altes-rentamt.de.

Zum goldenen Schwert, der griechische Küchenmeister Dimitrois Kipouros bietet nicht etwas Souvlaki und Giros, sondern eine ansprechende internationale Küche auf hohem Niveau, beispielsweise mit einem saftig gebratenen Kalbsrücken an weißer Trüffelsauce. 3-Gang-Menü zu 38,50 €, 4-Gang-Menü 48,50 €. Mo Ruhetag, bis auf Sonntagmittag nur abends geöffnet. Hauptstr. 33, ✆ 130147, www.schwert-klingenberg.de.

Paradeismühle, traumhaftes Landhotel mit ausgezeichnetem Restaurant, etwas außerhalb südöstlich der Altstadt gelegen (Stadtteil Röllfeld). Lecker war die Lammkeule mit Speckbohnen für 13,90 €. Extras: Eigener Weinbau sowie Swimmingpool. EZ ab 43,50 €, DZ ab 70 € (inkl. Frühstück). Paradeismühle 1, ✆ 09372/4080, 📠 1587, www.paradeismuehle.de.

Umgebung

▶ **Obernburg**: Der rechteckige Grundriss der Altstadt lässt es erahnen: Obernburgs Wurzeln reichen zurück bis in die Römerzeit. Auf den Mauern des römischen Kastells *Nemaninga* entwickelte sich im Mittelalter ein munteres Handelsstädtchen. Von der einstigen Befestigung zeugen noch sechs Türme und Tore. Die Altstadt mit ihren Fachwerkhäusern und Geschäften sowie das Römermuseum rechtfertigen einen Abstecher auf die linke Seite des Mains.

• *Information* **Stadtverwaltung Obernburg**, Römerstr. 62–64, ✆ 619140, www.obernburg.de.

• *Römermuseum* Untere Wallstr. 29a. Geöffnet: Di–Sa 14–16 Uhr, So 11–17 Uhr. www.roemermuseum-obernburg.de.

Aschaffenburg

Der hessische Dialekt deutet es bereits an: Die „Ascheberscher" fühlen sich der Rhein-Main-Region mit der Metropole Frankfurt weit mehr verbunden als Nürnberg, geschweige denn München. Schließlich gehörte die Stadt mehr als acht Jahrhunderte zum Erzbistum Mainz und ist erst 1806 bayerisch geworden.

Das Schloss Johannisburg mit seinem imposanten Turmgeviert verleiht Aschaffenburg ein markantes Erscheinungsbild. Breit lagert das Schloss am Ufer des Mains. Daneben erstreckt sich, deutlich gezeichnet vom letzten Krieg, das historische Zentrum der Stadt. Auch das Schloss Johannisburg wurde von den alliierten Bomben erheblich in Mitleidenschaft gezogen, das Pompejanum fast vollständig zerstört. In manchen Teilen der Altstadt blieb die historische Bausubstanz aber erhalten; so kann man im unteren Bereich der Dalbergstraße noch schmucke Fachwerkhäuser und klassizistische Fassaden bewundern.

Trotz der Kriegsschäden gelang es Aschaffenburg recht schnell, den wirtschaftlichen Anschluss wiederzufinden. Mit seinen 67.000 Einwohnern ist es heute mit Abstand die größte und bedeutendste Industriestadt der Spessartregion. Wichtigster Erwerbszweig ist die Bekleidungs- und die Papierindustrie.

Geschichte

Schloss Johannisburg

Bereits aus dem 5. Jahrhundert stammen die ältesten Nachrichten über Aschaffenburg („civitas Ascapha"), doch dürfte hier schon in keltischer und alemannischer Zeit eine Volksburg bestanden haben. Ludwig II., ein Urenkel Karls des Großen, vermählte sich hier im Jahre 869 mit der sächsischen Herzogstochter Luitgard, die in Aschaffenburg auch zu Grabe getragen wurde. Die zweite Keimzelle des heutigen Aschaffenburg war die Stiftskirche St. Peter und Alexander. Das Stift wurde von dem 957 gestorbenen *Herzog Liudolf*, einem Sohn Kaiser Ottos I., gegründet. Wenige Jahrzehnte später geriet das Stift unter den Einfluss der Mainzer Erzbischöfe, die den Ausbau der sich hier entwickelnden Stadt förderten. Eine auf Betreiben des Erzbischofs Willigis errichtete Holzbrücke über den Main belebte den Handel. Aschaffenburgs große Zeit währte vom 15. Jahrhundert bis zum Ende des Dreißigjährigen Krieges.

Vergeblich versuchten die Bürger im Bauernkrieg, sich der bischöflichen Herrschaft zu entziehen. Statt ihre Freiheiten auszubauen, verloren die Bürger zahlreiche Rechte. Nachdem der Kurfürst *Friedrich Karl von Erthal* von den französischen Revolutionsheeren aus Mainz vertrieben worden war, wurde Aschaffenburg 1792 noch ein gutes Jahrzehnt kurfürstliche Residenzstadt. Mit der Säkularisation endete 1803 Aschaffenburgs Zugehörigkeit zum Mainzer Kurstaat. Dann brach unter *Karl Theodor von Dalberg* nochmals eine kurze, aber glanzvolle Zeit an: Straßenzüge entstanden, prunkvolle Adelshöfe sowie das klassizistische Theater wurden erbaut. Bis 1810 herrschte Karl Theodor von Dalberg über das neu geschaffene Fürstentum Aschaffenburg, das anschließend kurzzeitig zum Großherzogtum Frankfurt gehörte. Um eine weitere Ausbreitung Preußens nach Süddeutschland zu verhindern, vereinbarten Bayern und Österreich im Jahre 1814, dass fortan über Schloss Johannisburg das weißblaue Rautenmuster wehen sollte. Da Aschaffenburg im äußersten Nordwesten des bayerischen Königreiches lag, hatte die „Grenzstadt" in den ersten Jahrzehnten mit erheblichen wirtschaftlichen Schwierigkeiten zu kämpfen. Hinzu kamen die mentalen Hürden, sich mit der neuen bayerischen Identität anzufreunden. Als diese Probleme überwunden schienen, kam der Zweite Weltkrieg mit seinem Bombenhagel und legte die historische Altstadt in Schutt und Asche.

Anfahrt/Verbindungen

• *Zug* Aschaffenburg liegt an der verkehrsreichen Strecke Würzburg – Frankfurt. Vom Hauptbahnhof braucht man zu Fuß gut 10 Min. ins Stadtzentrum. Zudem zahlreiche Busverbindungen in den Spessart.

• *Auto* Die Autobahn Würzburg – Frankfurt führt direkt an Aschaffenburg vorbei.
Es gibt mehrere Parkhäuser und -plätze im Zentrumsbereich. Vom Festplatz aus ist „Park & Ride" in die Innenstadt möglich.

Information/Diverses

• *Information* **Tourist-Information**, Schlossplatz 1, 63739 Aschaffenburg, ✆ 06021/395800, 📠 06021/395802, www.info-aschaffenburg.de.

• *Einwohner* 67.350

• *Museum jüdischer Kultur und Geschichte* Die Dauerausstellung wurde im ersten Stock des ehemaligen jüdischen Gemeindehauses mit zugehöriger Rabbinerwohnung eingerichtet und gibt Einblicke in die Geschichte der Aschaffenburger Juden. Treibgasse 20. Mi 10–12 Uhr, Do 16–18 Uhr, erster So im Monat 10–12 Uhr. Eintritt: frei!.

• *Veranstaltungen und Feste* **Aschaffenburger Bachtage** im Juli; Kartenvorverkauf: ✆ 27078. Mitte August findet auf dem Volksfestplatz drei Tage lang das **One Human Race** statt. Bei diesem Afrika-Karibik-Festival treten 18 Bands auf. Infos unter ✆ 21119 oder im Internet unter: www.afrika-festival.de.

• *Flugsport* **Flugsportclub Aschaffenburg e.V.**, Babenhäuser Straße, Großostheim. Rundflüge tgl. ab 8 Uhr. ✆ 06026/4933.

• *Gentilhaus* In den 1920er Jahren von Anton Gentil für seine reichhaltige Kunstsammlung erbaut. Führungen nach Vereinbarung. Grünewaldstr. 20, ✆ 386740. Eintritt: 1,50 €.

• *Mainschifffahrt* Am Floßhafen fahren Ausflugsschiffe auf verschiedenen Routen auf dem Main. Auskunft: www.reederei-henneberger.com, ✆ 09378/232, www.aschaffenburger-personenschifffahrt.de, ✆ 06021/87288.

• *Naturwissenschaftliches Museum* Das Museum birgt Mineralien und Gesteine aus dem Spessart, Flora und Fauna des Maingebietes sowie Insekten Mitteleuropas. Im Schönborner Hof, Wermbacherstr. 15, ✆ 330446. Do–Di 9–12 Uhr und 13–16 Uhr. Eintritt: 1 €.

• *Stadttheater* In dem klassizistischen Gebäude in der Schlossgasse 8 finden regelmäßig Gastspiele auswärtiger Theaterensembles statt. Theaterkasse: ✆ 27078. www.aschaffenburg.de/stadttheater/index.php.

• *Kino* **Kinopolis**, Goldbacher Straße, ✆ 357357. Multiplex-Kino, www.kinopolis.de/aschaffenburg.

Casino, Ohmbachgasse 1, Programmkino mit schönem Café, www.casino-aschaffenburg.de.

• *Schwimmen* **Freibad** und **Hallenbad** in der Stadtbadstraße am linken Mainufer gegenüber dem Pompejanum, ✆ 330361 oder 330360. Außerdem am **Mainparksee**.

• *Stadtführung* „Moi Ascheberg", jeden Mi, Sa und So um 15 Uhr. Treffpunkt: Brücke vor dem Schloss. Dauer: ca. 90 Min. Teilnahmegebühr: 3,50 €.

Essen/Übernachten

**** **Wilder Mann (8)**, das alte Gemäuer des komfortablen Gasthofs strahlt viel Flair aus, die Zimmer sind stilvoll eingerichtet. Hauptgerichte zwischen 12 und 20 €, darunter auch ausgefallene Fischgerichte, z. B. Medaillons von der Lotte auf Limonen-Safransoße. Die Kräuter und das Gemüse stammen aus dem gegenüberliegenden Bio-Nutzgarten. Wellnessbereich mit Sauna, Solarium und kostenloses WLAN im ganzen Haus. EZ ab 66 €, DZ ab 94 € sowie Appartements ab 89 €. Löhrerstr. 51, ✆ 06021/3020, 📠 302234, www.hotel-wilder-mann.de.

Café Central (3), wie der Name schon andeutet, befindet sich das günstige Hotel garni mitten in der Fußgängerzone, bis zum Schloss Johannisburg sind es nur wenige Fußminuten. Fahrradgarage. EZ ab 35 €, DZ ab 72 € (inkl. Frühstücksbuffet). Steingasse 5, ✆ 06021/22392, 📠 5808180, HotelCentralAB@aol.com,
www.hotel-central-aschaffenburg.de.

Hofgarten Apartments (7), . moderne, funktionale Appartements mit Küche für 2 Pers.,

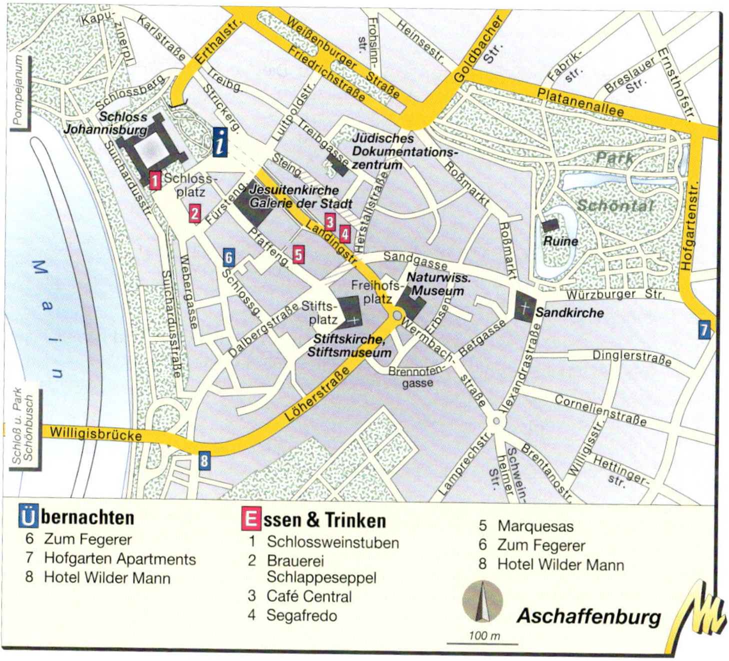

je nach Aufenthaltsdauer 35–49 € zzgl. Endreinigung. Würzburger Str. 46, ✆ 06021/371701, 📠 371702, www.hofgartenapartments.de.

Schlossweinstuben (1), die Gaststätte in den stilvollen Räumen von Schloss Johannisburg rühmt sich ihrer fränkischen Gastlichkeit. Traumhaft sitzt man auf der Schlossterrasse mit Blick auf Main und Pompejanum. Schweinerahmgulasch mit Semmelknödeln und Salat für 10,80 €. Im Winter Mo Ruhetag. ✆ 12440, www.schlossweinstuben.de.

Zum Fegerer (6), die schlichte Einrichtung besitzt Atmosphäre, im Sommer sitzt man im wunderschönen Innenhof. Auch die Küche hält, was die Einrichtung verspricht: Das vielfältige Angebot bietet beispielsweise einen gegrillten Loup de Mer mit Blattspinat und Rosmarinkartoffeln. Günstige wechselnde Mittagsgerichte, gute Weinauswahl. Schlossgasse 14, ✆ 15646, www.fegerer.de.

Brauerei Schlappeseppel (2), einfache Brauereigaststätte mit günstigen Preisen, das Hacksteak mit Zwiebeln und Bratkartoffeln ist für 7,80 € zu haben. Im Sommer sitzt man auf blauen Bänken vor dem Haus. Schlossgasse 28, ✆ 25531.

Marquesas (5), ansprechendes Restaurant mit Bar mitten im Zentrum. Internationale Gerichte, viel jüngeres Publikum. Straßenterrasse. Pfaffengasse 10, ✆ 3560.

Segafredo (4), am Rande der Fußgängerzone gelegenes italienisches Café mit einer wechselnden kleinen Auswahl an Mittagsgerichten. Steingasse 1.

• *Reisemobile* Zwischen Willigis- und Adenauerbrücke liegt ein angenehmer Stellplatz für 20 Reisemobile.

Sehenswertes

Schloss Johannisburg: Bereits 1122 wurde an der Stelle des heutigen Schlosses eine Befestigung erwähnt, die Keimzelle jener mit Türmchen und Türmen geschmückten mittelalterlichen Burg, die Markgraf *Albrecht Alcibiades* 1552 bis auf den noch heute erhaltenen Bergfried niederbrannte. Bei seiner Wahl zum Erzbischof von Mainz versprach *Johann Schweickard von Kronberg*, das Schloss zu Aschaffenburg wiederaufzubauen. Von 1605 bis 1614 errichtete der Straßburger Festungsarchitekt *Georg Ridinger* das Residenzschloss Johannisburg als großzügig bemessene, quadratische Anlage im Stil der Spätrenaissance und läutete damit den repräsentativen neuzeitlichen Schlossbau in Deutschland ein. Optisch begeistert die vierflügelige Residenz vor allem durch die klare Farbigkeit des Mauerwerks aus rosa Buntsandstein. Bis 1792 war Schloss Johannisburg bischöfliche Zweit-, dann kurzzeitig Hauptresidenz.

Der Wiederaufbau des im Krieg weitgehend zerstörten Schlosses begann 1948 und war erst rund drei Jahrzehnte später abgeschlossen. Von der ursprünglichen Innenausstattung zeugt heute nur noch die einschiffige *Schlosskapelle* mit ihrem Netzgewölbe. In den großzügigen fürstlichen Räumlichkeiten sind eine Filiale der Bayerischen Staatsgemäldesammlung (Cranach-Zentrum), das städtische *Schlossmuseum* sowie die Hofbibliothek untergebracht. Im Ostturm des Schlosses befindet sich ein Carillon mit 48 Bronzeglocken, das täglich um 9.05, 12.05 und 17.05 Uhr erklingt. Bleibt noch die Frage zu klären, was ein Carillon ist: Als Carillon werden *Glockenspiele* bezeichnet, die mehr als 23 Glocken besitzen und zwei Oktaven umfassen. An der Westseite des Schlosses schließt sich der *Schlossgarten* mit einer Verbindung zum Pompejanum an. Besonders schön wirkt der rote Sandstein in der Abendsonne vom gegenüberliegenden Mainufer aus.

Öffnungszeiten April–Sept. tgl. 9–18 Uhr; Okt.–März 10–16 Uhr. Eintritt: 4 €, erm. 3 € (Kombiticket mit Pompejanum 6 € bzw. 5 €). Der Schlosspark ist im Sommer bis 21 Uhr geöffnet. www.museen-aschaffenburg.de.

Pompejanum: Deutlich erhebt sich der ockerfarbene Gemäuerwürfel des Pompejanums über die liebliche Mainlandschaft. Das Gebäude ist ein Geschenk Ludwig I. an sein „Bayerisches Nizza“ und an sich selbst, denn auch der Großvater des „Märchenkönigs“ hatte seine Träume. Aus Begeisterung für die in Pompeji ausgegrabenen Wohngebäude ließ der bayerische Monarch am Main ein römisches Gebäude nach dem Vorbild des pompejanischen Hauses von Castor und Pollux erbauen. Als Architekten beauftragte er *Friedrich von Gärtner*, 1843 war Grundsteinlegung, 1850 wurden die Bauarbeiten abgeschlossen. Mit seinen Raumfolgen, der malerischen Ausstattung und den aufgestellten Bildniskopien berühmter Griechen und Römer vermittelt das Pompejanum einen plastischen Eindruck von der römischen Wohnkultur. In Vitrinen sind zudem Münzen, Stempel, Spielsteine, Pinzetten, Fingerringe, Haarnadeln, Parfümfläschchen und die obligatorischen Öllämpchen ausgestellt, um einen Einblick in das römische Wohnungsinventar zu geben.

Nicht unerwähnt soll bleiben, dass das Pompejanum im Zweiten Weltkrieg erheblich beschädigt und zwei Jahrzehnte später wieder aufgebaut wurde. Den letzten Schliff erhielt das Gebäude erst 1994; seither erstrahlt die antike Villa wieder in neuem Glanz. Die Räume im Obergeschoss sind erst seit dem Sommer 2002 wieder der Öffentlichkeit zugänglich, darunter eine als Musikzimmer bezeichnete Loggia, zwei Schlafzimmer für Eltern und Kinder sowie das „Zimmer der Hausfrau“, das eindrucksvoll das Zerstörungswerk der Bomben- und Granatsplitter vor Augen führt. Gelungen ist auch die Pergola, die sich zum mediterranen Garten öffnet. Letzterer ist ein lauschiges Plätzchen mit Zedern, Mandel- und Feigenbäumen.

Öffnungszeiten April bis Mitte Okt. Di–So 9–18 Uhr (So um 16 Uhr findet eine Führung statt). Eintritt: 4 €, erm. 3 € (Kombiticket mit Schloss Johannisburg 6 €, erm. 5 €).

St. Peter und Alexander: Schon die zentrale Lage am Marktplatz lässt die Bedeutung der ehem. Stiftskirche für die Entwicklung Aschaffenburgs erahnen. Die Bausubstanz der dreischiffigen Basilika ist größtenteils romanisch, doch haben auch spätere Epochen ihre Spuren hinterlassen; so trifft man im Chor auf ein frühgotisches Kreuzrippengewölbe und vor der Kirche auf eine doppelläufige barocke Freitreppe mit Vorhalle. Der Turm stammt aus dem 15. Jahrhundert. Aus der reichhaltigen Ausstattung der Kirche ragt die in einer Seitenkapelle stehende „Beweinung Christi“ von *Mathis Nithart*, genannt Matthias Grünewald, heraus. An das nördliche Querhaus schließt sich inmitten des ehemaligen Stiftsgebäudes ein spätromanischer *Kreuzgang* an, der durch seine Geschlossenheit zu gefallen weiß. Die Knospen- und Blattwerkkapitelle deuten bereits den Übergang zur Gotik an.

Öffnungszeiten Die Kirche ist werktags ab 9 Uhr und sonntags ab 12 Uhr zu besichtigen. Der Kreuzgang ist am Wochenende von 13–17 Uhr geöffnet. Eintritt: 1 €, erm. 0,50 €.

Stiftsmuseum: Das Museum mit seinen 19 Räumen ist im ehemaligen Stiftkapitelhaus untergebracht und widmet sich neben einer reichen vor- und frühgeschichtlichen Abteilung der sakralen Kunst am Untermain vom Mittelalter bis zur Gegenwart.

Adresse Stiftsplatz 1a. Geöffnet: Tgl. außer Mo 11–17 Uhr. ✆ 4447950. Eintritt: 2,50 €, erm. 2 €, www.museen-aschaffenburg.de.

Antike Pracht im Pompejanum

Schloss und Park Schönbusch: Man sollte es nicht versäumen, durch den am linken Mainufer gelegenen Park Schönbusch zu schlendern. Dieser entstand als einer der frühesten Landschaftsgärten Deutschlands ab 1776 aus einer Laune des vorletzten Mainzer Erzbischofs Friedrich Carl Joseph von Erthal und war die erste Gartenanlage im englischen Stil in Süddeutschland. Mit der Planung und Ausführung waren der Architekt *Emanuel Joseph d'Herigoyen* und der Gartenkünstler *Ludwig von Sckell* betraut. Typisch für einen sentimentalen Landschaftsgarten sind die über den Park verstreuten Pavillons und Wirtschaftsgebäude, den krönenden Abschluss der ländlichen Staffage stellt ein kleines strohbedecktes Dörfchen dar. Seit 1829 besitzt der Schönbusch-Park auch einen Irrgarten. Die verwinkelte Parkanlage mit Feldahornhecken und einem Ginkgobaum im Zentrum wurde 1829 angelegt und 1948 erneuert. Das Schloss selbst ist ein zweigeschossiger frühklassizistischer Bau. Im Besucherzentrum (ehem. Küchenbau) informiert die modifizierte Ausstellung „Alles scheint Natur“, die bereits 1999 im Orangeriegebäude gezeigt wurde, über die Geschichte und Entwicklung des Parks.

Öffnungszeiten April–Sept. tgl. außer Mo von 9–18 Uhr stündlich Führungen (20 Min.), ✆ 87308. Eintritt: 3 €, erm. 2 €. Der Park ist im Sommer durchgehend geöffnet.

Sandkirche: Als einzige unter den Aschaffenburger Kirchen blieb die Sandkirche im Zweiten Weltkrieg von Zerstörungen weitgehend verschont. *Christian Wolff* aus Amorbach errichtete dieses Rokokojuwel 1756–57 in der Sandgasse.

Mespelbrunn

Das Mespelbrunner Schloss, die „Perle des Spessarts“, ist zugleich die Hauptattraktion des Ortes. Das von Laubwäldern umgebene Wasserschlösschen kann es leicht mit jedem romantischen Phantasiegebilde aufnehmen.

Da die meisten Besucher Mespelbrunn nur für eine Stippvisite ansteuern, versuchte man durch den Bau eines aufwendigen, optisch leider wenig ansprechenden Gebäudes mit Hallenbad und Sauna, den Touristen einen längeren Aufenthalt schmackhaft zu machen. Dennoch: Unter der Woche und am Abend geht es im neu entstandenen „Haus des Gastes“ recht beschaulich zu. In den Sommermonaten reicht am Wochenende selbst der riesige gebührenpflichtige Parkplatz fast nicht aus, um den Ansturm zu bewältigen. Durch seine Lage im Zentrum des Spessarts eignet sich Mespelbrunn hervorragend als Ausgangspunkt für ausgedehnte Wanderungen.

Der Spessart, ein großes Armenhaus

Weite Teile des Spessarts gehörten seit dem Hochmittelalter zum Territorium der Mainzer Erzbischöfe. Wie fast alle geistlichen und weltlichen Fürsten waren auch sie von einer kaum zu bändigenden Jagdleidenschaft besessen. Da Wild bekanntlich scheu ist, achteten sie mit Argusaugen darauf, dass sich niemand in den ausgedehnten Wäldern ansiedelte. Nur wenige, für die Treibjagd unbedingt erforderliche Leibeigene wurden seit dem 13. Jahrhundert in den Tälern angesiedelt und durften einen schmalen Landstreifen roden. Diese Jagdhelfer und ihre Familien fristeten ein Leben am Rande des Existenzminimums. Die kargen Buntsandsteinböden waren für die landschaftliche Nutzung kaum geeignet, und so blieb vielen nur die Wilderei, wollten sie nicht verhungern. Noch in der zweiten Hälfte des 19. Jahrhunderts prangerte der berühmte Arzt und Sozialpolitiker *Rudolf Virchow* in einem Gutachten mit dem Titel „Die Noth im Spessart“ die katastrophalen Zustände an. Den Häusern fehle „noch der Schornstein und der Rauch strömt von der Küche gewöhnlich durch den Vorplatz ... zum Haus heraus, in dem er natürlich alle inneren Räume mit durchdringt“. Wohnstube, Scheune und Viehstall befanden sich zumeist unter einem Dach; alles ringsum im Mist versunken...

• *Information* **Fremdenverkehrsverein**, Hauptstr. 164, 63875 Mespelbrunn, ✆ 06092/319, 📠 06092/5537, www.touristik-mespelbrunn.de.

• *Einwohner* 2500

• *Busverbindung* Wochentags verkehren stündl. Busse nach Aschaffenburg (Linie 40 ab Hauptbhf.). Haltestelle: Gasthaus Löwen.

• *Fahrradverleih* **Erich Bilz**, Hauptstr. 206, ✆ 1292.

• *Minigolf* An der Elsavastraße (Langer Grund).

• *Schwimmen* **Hallenbad** (28 Grad Wassertemperatur) im Haus des Gastes, Hauptstraße, ✆ 7363.

• *Essen/Übernachten*: **Schlosshotel**, komfortabel ausgestattetes Hotel (Römisches Dampfbad, Solarium, Whirlpool) mit Restaurant und Café gleich in der Nähe des Mespelbrunner Schlosses. Von der sonnigen Terrasse hat man einen schönen Blick über das Tal. Mitten im Spessart liegt es nahe, sich an den heimischen Wildspezialitäten gütlich zu tun: Vom Hirschkalbsbraten bis zum Wildschweinbraten wird alles saisonal angeboten. Ein Leckerbissen ist die halbe gebratene Bauernente für 12,50 €. Übernachtung mit Frühstück ab 69 € im EZ, ab 50 € im DZ. Schlossallee 25, ✆ 06092/6080, 📠 608100, www.schlosshotel-mespelbrunn.de.

Zum Engel, traditionsreicher Gasthof mit eigener Konditorei und schöner großer Liegewiese. Sauna und Whirlpool vorhanden. Im preisgünstigen Restaurant (viele Wildspezialitäten) sitzt man im Sommer auf der Terrasse. EZ 50 €, DZ ab 76 € (inkl. Frühstück). Hauptstr. 268, ✆ 06092/97380, 📠 973839, hotelzumengel@aol.com, www.hotelzumengel.com.

Woischaiän (Weinscheune), rustikales Weinlokal mit Biergarten. Hausschoppen 2,90 €. Anspruchsvolle Küche, Hirsch- und Wildschweinbraten für 14,60 €. Mo und Di Ruhetag, sonst ab 17.30 Uhr, So ab 11 Uhr geöffnet. Hauptstr. 153, ✆ 1416, www.weinlokal-mespelbrunn.de.

Sehenswertes

Wasserschloss: Die malerisch-poetische Lage und das romantische Aussehen bringen dem Schloss die Bezeichnung „Märchenschloss des Spessarts" ein. Die Anlage entstand, nachdem der Forstmeister im Ritterstand, *Hamann Echter*, vom Erzbischof von Mainz hier mitten im Spessart einen Grundbesitz geschenkt bekommen hatte. Sein heutiges Aussehen erhielt das Schloss weitgehend im 16. Jahrhundert, doch kam es 1904 zu einer Restaurierung im Stil der Romantik. Bis 1665 war das Schloss der Stammsitz der Familie Echter, aus der auch der Würzburger Fürstbischof und Gegenreformator *Julius Echter* entstammte; 1665 gelangte es durch Heirat an die *Grafen von Ingelheim*, die noch heute im Besitz des Schlosses sind. Daher kann nur der Nordflügel mit den Sälen und den historischen Gemächern samt Kapelle besichtigt werden.

Öffnungszeiten Tgl. 9–12 Uhr und 13–17 Uhr, sonn- und feiertags 9–17 Uhr. Mitte Nov. bis Ende März geschlossen. Führung: 3,50 €, erm. 2 €, www.schloss-mespelbrunn.de.

Umgebung

▸ **Heimbuchenthal**: Ein Stück südlich von Mespelbrunn liegt Heimbuchenthal, eines der vielen Spessartdörfer, in denen die Mainzer Kurfürsten Leibeigene als Treiber für ihre Hofjagden ansiedelten. Jeder erhielt einen schmalen Streifen Land zur Bewirtschaftung. Als Folge davon weist Heimbuchenthal den typischen Grundriss eines Streifengüterdorfes auf: es zieht sich schier endlos an der Hauptstraße entlang, reicht aber nicht in die Tiefe.

Wandern

Durch den Gräflich Ingelheim'schen Wald: Nach einem Besuch des Mespelbrunner Schlosses bietet sich eine kleine, rund dreistündige Wanderung durch die ausgedehnten Buchenwälder des Spessarts an (Markierung: roter Fuchs). Vom Schloss geht es zur Gruftkapelle, bevor der Rundwanderweg über den Martinsberg an der Zeugplatte vorbei zum ehemaligen Forsthaus Echterpfahl führt, das inzwischen in ein Gasthaus umgewandelt wurde. Von dort wandert man durch den Ingelheimer Grund zurück zum Ausgangspunkt. Wegstrecke: zwölf Kilometer, Dauer: knapp drei Stunden.

Karte Seite 376

Rhön

Weitläufig und vielgestaltig präsentiert sich die Rhön. Die herbe, gebirgige Landschaft ist geologisch durch ein Basaltplateau bestimmt, das aufgrund von Vulkantätigkeit in der jüngeren Tertiärzeit vor etwa 20 Millionen Jahren entstanden ist.

Das flüssige Gestein wurde durch Spalten an die Oberfläche gedrängt und überlagerte nach dem Erkalten die älteren Gesteinssockel. Unter der Basaltdecke liegen Muschelkalk und Lettenkeuper, die wiederum Buntsandstein bedecken. Einst war die Rhön dicht bewaldet; typisch sind jedoch seit Jahrhunderten die waldlosen, gerodeten Basalt- und Phonolithkuppen, die durch starke Erosionsvorgänge entstanden sind – daher auch die Bezeichnung „kuppige Rhön". Relikte des Vulkanismus sind die Quellen der beliebten Heilbäder, allen voran das weltberühmte Bad Kissingen. Eigenartiger Weise hat man bisher noch keinen unzweifelhaften Krater ausmachen können, aus welchem sich die Lavamassen ergossen haben. Der Name Rhön als reiner Landschaftsbegriff ist relativ jung; er war den frühen Kartographen noch völlig unbekannt, erst im 18. Jahrhundert tauchte die „Rhön" in den Landkarten auf.

Politisch gesehen, war die Rhön über Jahrhunderte hinweg mehr oder minder dreigeteilt. Der südliche Teil gehörte zum Machtbereich der Fürstbischöfe von Würzburg, der westliche zum mächtigen Kloster Fulda und der nordwestliche stand unter dem Einfluss der Grafen von Henneberg. Noch heute spiegeln sich die einstigen Besitzverhältnisse in den Grenzen der Bundesländer wider: Die Ländereien der Abtei Fulda gehören weitestgehend zu Hessen, das hennebergische Territorium zu Thüringen, und Bayern hat das Bistum Würzburg beerbt. Diese Dreiteilung, wenn auch durchsetzt von kleinen und kleinsten Graf- und Ritterschaften, blieb das ganze Mittelalter über bestimmend. Gleichwohl war die Rhön „ein armes Land", wie das Meyer'sche Konversationslexikon von 1897 zu berichten weiß: „Die Bewohner ernähren sich, außer durch Ackerbau, Rindvieh- und Schafszucht, durch Leinweberei und durch die Verarbeitung des Holzes zu Holzschuhen, Peitschenstielen und Sieben."

Die Rhön unterm Hakenkreuz

Während der nationalsozialistischen Herrschaft sollten sich auf der Basis eines nach dem damaligen Gauleiter von Mainfranken benannten „Dr.-Hellmuth-Plans" in der bayerischen, thüringischen und hessischen Rhön beispiellose Veränderungen von Landschaft und Einwohnerschaft vollziehen. Die ganze Bevölkerung des Mittelgebirges sollte rassendiagnostisch und erbbiologisch „durchmustert" und „gesiebt" werden, damit innerhalb von 15 Jahren eine bäuerliche Elite entstehen könne, die die Rhön im Geiste des „Dritten Reichs" beherrschen sollte. Die von den Nationalsozialisten betriebenen „Kultivierungsmaßnahmen" führten dann auch zu einer einschneidenden Veränderung der Landschaft. So wurde eine intensive Abtorfung der ökologisch wichtigen Moore betrieben, und die Hohe Rhön wurde „entsteint", um sie besser kultivieren zu können. Die Nazis legten „Musterhöfe" an, auf denen, geschützt durch eine Aufforstung von „Windschutzriegeln", sogar Getreide auf 800 Meter über Normalnull wachsen sollte – versprachen jedenfalls die „Experten".

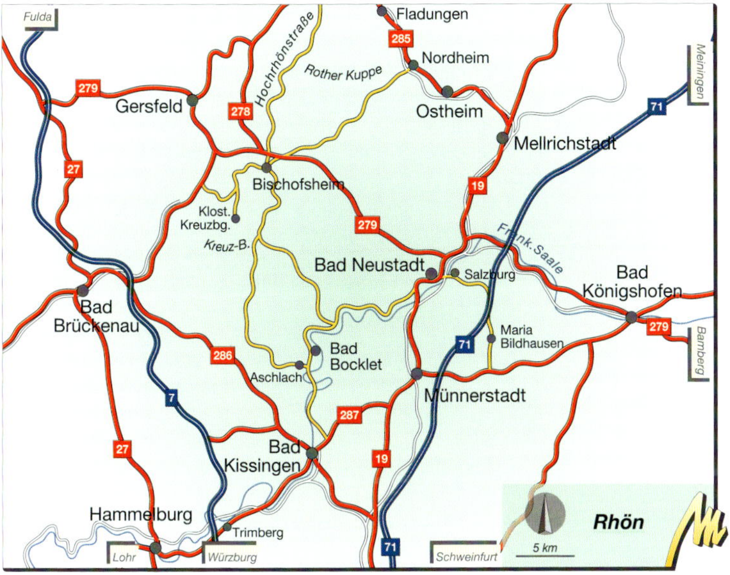

Neben dem Harz gibt es wohl keine Landschaft in Deutschland, auf die das geflügelte Wort „es wächst zusammen, was zusammen gehört", so sehr zutrifft wie auf die Rhön. Die Ereignisse infolge des Novembers 1989 haben die Rhön in vielerlei Hinsicht verändert. Vorbei sind die Jahrzehnte, in denen man im Schatten der innerdeutschen Grenze lebte; die Rhön ist wieder ins Zentrum Deutschlands gerückt. Nicht genug – das zentrale Gebiet der Rhön wurde 1991 von der UNESCO zum Biosphärenreservat erklärt. Zu den Aufgaben dieses Reservats – eines von weltweit rund 340 – gehören neben dem Schutz gefährdeter Pflanzen- und Tierarten, darunter das schwarzköpfige Rhönschaf, von dem es nur noch zwischen 2000 und 3000 reinrassige Tiere gibt, vor allem die Bewahrung der verschiedenen Landnutzungen und deren umweltschonende Weiterentwicklung.

Information: Tourist Information Rhön, Spörleinstr. 11, 97616 Bad Neustadt, ✆ 09771/94670, 📠 09771/9481670, www.rhoen-grabfeld.de. Infozentrum Rhön, Informationen zu Wandern mit Gepäck, Rhönstr. 97, ✆ 09749/91220. www.info-rhoen-saale.de. Allgemein: www.rhoen.de. Verwaltungsstelle Biosphärenreservat Bayern, Oberwaldbehrunger Str. 4, Oberelsbach, ✆ 09774/91020. http://br rhoen.de.

Wanderkarte: Fritsch Wanderkarte Nr. 68, Naturpark Rhön, 1:50.000.

Radtourenkarte: Vogelsberg Rhön, 1:100.000, Haupka Verlag.

Bildband: Walter und Stefan Thierfelder, Ralf Nestmeyer, „Rhön", Stürtz-Verlag, Würzburg 1999.

Rhön Karte Seite 399

Hammelburg

Manche aktiven und ehemaligen Bundeswehrsoldaten setzen Hammelburg mit der dort befindlichen Kaserne gleich. Dabei bietet die Stadt an der Saale wesentlich mehr. All diejenigen, die es während ihrer Dienstzeit versäumt haben, sich einmal die Sehenswürdigkeiten von Hammelburg anzuschauen, sollten dies nachholen.

Hammelburg ist die älteste Weinstadt in Franken. Bis ins 8. Jahrhundert lässt sich der Weinbau in Hammelburg zurückverfolgen. Karl der Große schenkte die Siedlung *Hamulo Castellum* 777 der Abtei Fulda, unter deren Herrschaft Hammelburg 1250 befestigt und 1303 zur Stadt erhoben wurde. Der Aufstieg von Hammelburg erklärt sich durch seine verkehrstechnisch günstige Lage an einer Furt auf der wichtigen Fernstraße von Fulda nach Würzburg. Aufgrund einer 1604 durchgeführten Gegenreformation verließen viele protestantische Familien Hammelburg. Dies bedeutete einen herben Rückschlag für die Stadt, von dem sie sich so schnell nicht mehr erholen sollte. Von den historischen Bauten haben sich leider nicht allzu viele erhalten, denn im Jahr 1854 tobte hier ein verheerendes Feuer. Die Entscheidung der Bundeswehr für den Standort Hammelburg bewirkte nach 1956 vielfältige, das Leben der Stadt bis heute prägende Veränderungen. Positiv hat sich der Entschluss ausgewirkt, den Verkehr in der Altstadt weitgehend einzuschränken.

- *Information* **Tourist Information**, Kirchgasse 4, 97762 Hammelburg, ✆ 09732/902149, 📠 09732/902184, www.hammelburg.de.
- *Einwohner* 12.800
- *Verbindungen* Zugverbindungen (Saaletalbahn) nach Bad Kissingen und Gemünden. Busverbindungen nach Bad Kissingen, Schweinfurt und Gemünden.
- *Schwimmen* Am Sportzentrum liegt das beheizte **Freibad** (Saaletalbad) mit 10-Meter-Sprungturm, ✆ 902250. Das nebenan gelegene **Hallenbad** ist in der Regel nachmittags geöffnet. ✆ 902250.
- *Stadtmuseum* In der Herrenmühle wird eine Dauerausstellung über die Themen Weinbau und Brot gezeigt, die am Beispiel von Hammelburg illustriert werden. Turnhouter Straße 15, ✆ 80276. Ganzjährig geöffnet: Di–Do 10–12 und 14–16 Uhr, Fr–So 14–16 Uhr, ✆ 80276. Eintritt: 2 €, erm. 1,50 €.
- *Essen/Übernachten*: **Zum Engel**, direkt am Marktplatz werden in dem rustikal eingerichteten Restaurant diverse Braten und Steaks serviert (Fränkischer Sauerbraten für 9,80 €). Nette Terrasse zum Marktplatz. Allgemeiner Hinweis: Das Essen ist in der Rhön allgemein nicht gerade billig, einen Braten unter 7 € bekommt man nicht. EZ ab 42 €, DZ ab 70 € (inkl. Frühstück). Am Marktplatz 12, ✆ 09732/78770, 📠 787749, www.hotel-zum-engel.de.

Hotel-Restaurant „Schloss Saaleck", wer etwas „Schlossherren-Atmosphäre" schnuppern möchte, kann dies auf dem Schloss Saaleck ab 102 € im Doppelzimmer – Aussicht inbegriffen. Das Restaurant gehört zu den anspruchsvollsten der Region und wurde von Gault Millau mit respektablen 11 Punkten bewertet. Geboten wird eine saisonale Küche vom Wildschwein bis zum fangfrischen Waller aus dem Hochspessart. Mo Ruhetag. EZ ab 56 €, DZ ab 102 € (inkl. Frühstück). Saaleckstraße 1, ✆ 09732/2020, 📠 2023, www.burgsaaleck.de.

Deutsches Haus, sehr angenehmes, erst 2008 eröffnetes Hotel inmitten von Hammelburg. Die Ausstattung verrät eine individuelle Handschrift. EZ ab 49 €, DZ ab 75 € (inkl. Frühstücksbuffet). Kissinger Str. 24, ✆ 09732/7886670, 📠 09732/788667500, www.hotel-deutsches-haus-hammelburg.de.

Hotel Garni Stadtcafé, 1995 erbautes Hotel direkt über dem Stadtcafé. Funktionelle Zimmer. EZ 38 €, DZ 65 € (inkl. Frühstück). Am Marktplatz 8, ✆ 09732/91190, 📠 1679, www.stadtcafe-hammelburg.de.

Hotel-Gasthof Nöth, netter Landgasthof im Fachwerkstil, sehr großer Garten mit kleinem beheiztem Swimmingpool (4 x 10 Meter, von Mitte Mai bis Aug.). Extras: Kanu- und Fahrradverleih. Empfehlenswertes Restaurant. DZ je nach Ausstattung und Aufenthaltsdauer ab 60 € (inkl. Frühstück). Ein paar Kilometer saaleabwärts in Morlesau gelegen, ✆ 09357/479, 📠 1357, www.hotel-noeth.de.

Sehenswertes

St. Johannes der Täufer: Die stattliche spätgotische, katholische Pfarrkirche gehört zu den fränkischen Hallenkirchen mit überhöhtem Mittelschiff. Im Jahre 1957/58 wurde der Bau um zwei Joche erweitert, weswegen das Portal und die Empore zerlegt und 16 Meter weiter westlich wiederaufgebaut wurden. Die Madonna im Strahlenkranz über dem Hochaltar gilt als Werk des Würzburger Hofbildhauers Jakob Auvera.

Renaissancebrunnen am Marktplatz

Ehemaliges Schloss: Im Schloss der Fürstäbte von Fulda „residierte" später das Landratsamt. Der nüchterne vierflügelige Bau entstand 1726–1733 nach Plänen von *Andrea Galasini*. Die Westseite besticht durch ihre Eckpavillons und Mittelgiebel.

Marktbrunnen und Rathaus: Der den Marktplatz optisch beherrschende, 1541 von *Johannes Schoner* errichtete Renaissancebrunnen mit Barockbaldachin gilt als wahres Kleinod. Wuchtige, mit Medaillons belegte Pfeiler tragen dieses Kunstwerk. Das gegenüberliegende Rathaus aus dem 19. Jahrhundert ist kaum mehr als eine Kopie des von Johannes Schoner zwischen 1526 und 1529 errichteten ursprünglichen Rathausbaus.

Schloss Saaleck und Kloster Altstadt: Außerhalb von Hammelburg liegt das Franziskanerkloster Altstadt mit seiner eindrucksvollen barocken Klosterkirche. Bis ins 12. Jahrhundert reichen die Wurzeln von Schloss Saaleck zurück. Allerdings stammt nur noch der Bergfried aus dieser Zeit, die anderen Bauten wurden später errichtet. Vor allem der Historismus des 19. Jahrhunderts führte zu einschneidenden pseudomittelalterlichen Veränderungen.

Burgruine Trimburg: Einige Kilometer flussaufwärts befindet sich hoch über dem Tal die romanische Ruine Trimburg, der Stammsitz der Herren von Trimberg. Eigentlich besteht die Anlage aus drei hintereinander liegenden Burgen, von denen die mittlere Hauptburg am besten erhalten ist. Die Trimburg verfiel, als sie 1803 auf Abbruch verkauft wurde. In der unterhalb der Burg gelegenen Ortschaft Trimberg wurde im Jahre 1200 *Süßkind von Trimberg*, der wohl einzige jüdische Minnesänger, geboren.

Rhön
Karte Seite 399

Rhönradweg

Von Hammelburg nach Bad Salzungen führt der gut ausgeschilderte Rhönradweg auf insgesamt 180 Kilometern durch das Biosphärenreservat. Weitere Stationen: Bad Kissingen, Bad Bocklet, Bad Neustadt und Bischofsheim.

Bad Brückenau

Alle Zeitgenossen, die sich von Umweltzerstörungen, Ozonlöchern, wirtschaftlichen oder anderen existentiellen Sorgen geplagt fühlen, können aufatmen, denn es gibt ja noch Bad Brückenau: Hier ist – laut dem offiziellen Prospekt des Staatsbades – „die Welt noch im Lot, ... vieles ist noch immer so, wie es anderswo einmal war".

Ironie beiseite, Bad Brückenau liegt wirklich recht idyllisch im Tal der Sinn; fünf Heilquellen haben das Mineral- und Moorheilbad weit über die Grenzen der Rhön hinaus bekannt gemacht. Im Jahre 1747 gründete der Fuldaer Fürstabt *Amandus von Buseck* hier eines der ältesten Heilbäder Deutschlands, das jenes von Kissingen damals noch bei weitem überflügelte. Dem zeitweise sehr lebhaften, östlich des Heilbades gelegenen Brückenau wurden schon 1249 die Stadtrechte verliehen. Leider ruinierte 1876 ein Brand fast alle älteren Bauwerke.

Die eigentliche Blütezeit begann erst 1816, nachdem Brückenau ans Königreich Bayern gefallen war, und der Bayernkönig *Ludwig I.* seine Liebe zu dem Städtchen entdeckte. Zwischen 1818 und 1862 weilte er insgesamt sechsundzwanzig Mal hier. In manchem Sommer wurde Bayern sogar vom Brückenauer Fürstenhof aus regiert. Ludwig I. wusste sich seine Zeit zu vertreiben: Auch die berüchtigte *Lola Montez*, die Geliebte des Königs, besuchte hier ihren „Louis" und verteilte nebenbei freizügig Peitschenhiebe und Ohrfeigen unter der Bevölkerung. Ludwigs häufige Aufenthalte bewirkten eine rege Bautätigkeit in dem „Königsbad", die den Ort bis heute prägt (das Staatsbad liegt übrigens drei Kilometer westlich des Ortes). Sehenswert sind der barocke Pavillonbau *Haus Hirsch* und die ehemalige Residenz *Fürstenhof* – heute Hotel und Restaurant – sowie das klassizistische *Bellevue* und der *Kursaalbau*. Von dem mondänen Ruf eines Gesellschaftsbads angezogen, kurten später auch die Kaiserin von Russland, Königin Amalie von Griechenland und Elisabeth von Österreich („Sissi") in Bad Brückenau.

Kurpark von Bad Brückenau

• *Information* **Staatliche Kurverwaltung**, Elisabethenhof, 97769 Bad Brückenau, ☎ 09741/8020, 📠 802440, www.bad-brueckenau.de oder **Tourist-Information** im Rathaus, Mo–Do 8.30–12 und 14–17 Uhr, Fr nur bis 16 Uhr, ☎ 80411, 📠 6904. Hier ist eine Wanderkarte mit Touren durch die Umgebung erhältlich, www.badbrueckenau.com.

- *Einwohner* 7200
- *Verbindungen* Zwischen der Stadt und dem Staatsbad verkehren tgl. bis 19.30 Uhr öffentliche Busse. Zudem bestehen Busverbindungen nach Fulda und Gemünden.
- *Heimatmuseum* Altes Ratshaus. Geöffnet: Mo–Fr 9–18 Uhr, Sa 10–14 Uhr und So 14–17 Uhr, Eintritt frei! ✆ 80455.
- *Deutsches Fahrradmuseum* Historische Fahrräder von 1880 bis heute. Di–Fr 9–12 und 14–17 Uhr, Sa und So 10–17 Uhr. Heinrich-von-Bibra-Str. 24, Eintritt: 4,50 €, erm. 3,50 €, www.deutsches-fahrradmuseum.de.
- *Fahrradverleih* AZE, Kissinger Straße, ✆ 4114.
- *Kino* **Rhönlichtspiele**, Altstadt 8, ✆ 2279, www.kino-bad-brueckenau.de.
- *Minigolf* Im Staatsbad neben dem Kursaalgebäude und in der Stadtmitte im Georgi-Kurpark.
- *Schwimmen* 1998 öffnete das Erlebnisbad **Sinnflut** mit Riesenrutsche, Strömungskanal und Sauna seine Pforten. Eintritt ab 5 €. Am Gänsrein 2, ✆ 911255.
- *Essen/Übernachten*: **** **Dorint Parkhotel**, das Wellness-Hotel im Staatsbad gefällt durch seine Mischung aus historischem Ambiente und asiatischem Flair, klare Linien und puristisches Design. Phantastisch ist auch die großzügige Badelandschaft samt Außenpool. Sauna, Massage und diverse Beauty-Angebote stehen den Gästen zur Verfügung. EZ je nach Saison ab 109 €, DZ ab 109 €. Heinrich-von-Bibra-Straße 13, ✆ 09741/850, 📠 85425, www.dorint.com/bad-brueckenau.

**** **Dorint Hotel Fürstenhof**, wer gerne nostalgischen Träumen nachgeht, ist in der ehemaligen Sommerresidenz des bayerischen Königs gut aufgehoben. Es ist eine Dependance des Parkhotels. Zimmer ab 109 €. Heinrich-von-Bibra-Straße 16, ✆ 09741/850, 📠 85425, www.dorint.com/bad-brueckenau.

Zum Stern, netter Gasthof mit großer Terrasse in Bad Brückenau. Deftige Bratenküche und Brotzeiten. Altstadt 6, ✆ 789.

Zum Biber, der Gasthof, fünf Kilometer nordwestlich in Speicherz gelegen, hat sich auf Rhöner Produkte spezialisiert (Wildgerichte!), darunter auch Hagebuttenwein und -likör. Kostenloses WLAN. EZ ab 36 €. DZ ab 59 € (inkl. Frühstück). Hauptstraße 15–19, ✆ 09748/91220, 📠 912266, www.gasthof-zum-biber.de.

Bad Kissingen

Bad Kissingen ist nicht nur der wichtigste Kurort der Rhön, sondern dank seines Weltrufes einer der bedeutendsten in ganz Deutschland. Und das sicher nicht zu Unrecht: Bad Kissingen hat Stil und Atmosphäre.

Hier kurten schon Zar Alexander II., das österreichische Kaiserpaar Franz Joseph und Sissi, Reichskanzler Fürst Otto von Bismarck, Leo Tolstoi, Gioacchino Rossini, die Bundespräsidenten Theodor Heuss und Heinrich Lübke sowie Neil Armstrong, der erste Mann auf dem Mond. Einem Kurort entsprechend geht es recht gemächlich zu; die älteren Jahrgänge bestimmen das Bild der Stadt. Den 24.000 Einwohnern stehen alljährlich 160.000 Kurgäste gegenüber. Dies macht sich auch an den Geschäften bemerkbar: Wer will, kann sich ganz in noble Designermode kleiden. Um auch in Zukunft den Anforderungen des Quellenschutzes zu genügen, wird schon heute an neuen Standorten nach weiteren Quellen gebohrt. Die Stadt arbeitet an ihrem Image: Erst unlängst wurden die historischen Kuranlagen renoviert und eine moderne Therme *(KissSalis)* eröffnet.

Rhön
Karte Seite 399

Geschichte

Als „Chizzicha" wurde die kleine Siedlung am südöstlichen Rand der Rhön im Jahre 801 erstmals erwähnt. Der Salzhandel sorgte für den Wohlstand der Stadt, die nacheinander in den Besitz der Äbte von Fulda, der Grafen von Henneberg und der Bischöfe von Würzburg geriet. Die alten Salinen waren schon in der karolingischen Zeit bekannt und wurden auch genutzt. Erst im 16. Jahrhundert erinnerte man sich wieder bewusst an die Heilkraft der Quellen. Zwei Jahrhunderte später beauftragte der Würzburger Fürstbischof Carl Friedrich von Schönborn den berühmten Baumeister des Barockzeitalters *Balthasar Neumann*, die Kuranlagen und die Einrichtungen zur Salzgewinnung auszubauen. „Pandur" und „Rakoczy" sowie „Maxbrunnen" und „Luitpoldsprudel" sind die Namen der bekanntesten Heilbrunnen. Von einem großen Kurbetrieb konnte bei 157 Kurgästen im Jahr 1741 noch nicht die Rede sein. Der rege, später von den Wittelsbachern geförderte Besucherstrom führte im 19. Jahrhundert zu einem fast vollständigen Abriss der alten Stadtmauer mit ihrem quadratischen Grundriss – nur noch ein Stadtturm, der Feuerturm, blieb erhalten. Ganz Kissingen wurde zu einem „modernen" Kurbad umgestaltet, Brunnentempel und Badehäuser wurden errichtet; im Jahre 1883 erhob *Ludwig II.* Kissingen zum „Bad". Zu Beginn des 20. Jahrhunderts erfolgte dann unter *Prinzregent Luitpold* ein erneuter, großzügiger Ausbau der Bad Kissinger Kuranlagen. Einen Rückgang der Gästezahlen musste Kissingen im Zeitalter des Nationalsozialismus „hinnehmen", da das Staatsbad zu denjenigen Kurbädern in Deutschland gehörte, die traditionell einen hohen Anteil ausländischer wie jüdischer Kurgäste aufwiesen. Doch dies war von den offiziellen Stellen so gewollt. Schon im Juli 1934 ließ die städtische Badeanstalt wissen: „Juden nicht erwünscht". Der Kissinger Badkommissär Conrath beschwerte sich über die „Judeninvasion" und wies öffentlich darauf hin, „dass nahezu alle Volksgenossen das Zusammensein mit Juden in einem Bad als ekelhaft ablehnen". Doch damit nicht genug: Kurze Zeit später erhielten die jüdischen Gäste in Kissingen spezielle gelbe Kurkarten, die die Benutzung der Heileinrichtungen nur zu besonderen Zeiten erlaubten. Selbst im Kurgarten durften sie sich nur auf einige wenige Bänke setzen, die besonders gekennzeichnet waren.

Das alte Rathaus: Von 1577–1929 die „Machtzentrale" der Stadt

- *Information* **Kurverwaltung**, Am Kurgarten 1, 97688 Bad Kissingen, ✆ 0971/8048210, 📠 0971/8048239, www.badkissingen.de.
- *Einwohner* 24.000
- *Verbindungen* Zugverbindungen nach Schweinfurt, Bad Neustadt (und weiter nach Meiningen), Hammelburg und Gemünden.
- *Fahrradverleih* **Quellenhof-Garage** in der Rosenstr. 13, ✆ 2825, www.quellenhof-garage.de.
- *Literaturtipp* Frank Bajohr, *„Unser Hotel ist judenfrei!" Bäder-Antisemitismus im 19. und 20. Jahrhundert.* Fischer Taschenbuch, Frankfurt 2003.
- *Bismarck-Museum* Dauerausstellung in den Räumlichkeiten, die Bismarck bei seinen zahlreichen Kuraufenthalten bewohnt hat. Geöffnet: Mi–So 14–17 Uhr. Eintritt: 3 €, erm. 1,50 €. Obere Saline, www.museum-obere-saline.de.
- *Feste* Der „Kissinger Sommer", eine mehrwöchige Kulturveranstaltung mit namhaften Orchestern und Bühnen, findet jedes Jahr von Mitte Juni bis Mitte Juli statt. Das **Rakoczy-Fest**, bei dem sich historische Persönlichkeiten, die mit der Geschichte der Stadt verbunden sind, in einen Festzug einreihen, wird alljährlich am letzten Wochenende im Juli gefeiert.

Kuren mit Stil

• *Kurkonzerte* Di–So um 10.30 und 15.30 Uhr spielt das Kurorchester in der Wandelhalle.

• *Theater* Das **Kurtheater** am Theaterplatz ist ein schöner Jugendstilbau. Ohne festes Ensemble, dafür zahlreiche Gastspiele, ✆ 80848444.

• *Kino* **Universum**, ehemalige Kaserne, Geschwister-Scholl-Platz 2, ✆ 1400, www.kino-universum-bk.de.

• *Minigolf* Lindesmühlpromenade sowie Am Salinenblick.

• *Therme* **KissSalis**, 2004 wurde das 35 Millionen Euro teure Thermalbad KissSalis eröffnet. Alles dreht sich dort um das Thema Wellness: Die Therme besitzt einen türkischen Hamam, Intensivsolebecken, Naturmoor, Loftsauna und bietet Erlebnisduschen sowie Shiatsu-Massagen. Tgl. 9–22 Uhr geöffnet. Eintritt: 11 €. Heiligenfelder Allee 16, www.kisssalis.de.

• *Schwimmen* Beheiztes, sehr schön gelegenes **Terrassenschwimmbad** mit vier Becken (beheizt), 85-Meter-Wasserrutsche u. 10-Meter-Sprungturm, in der Schwimmbadstraße am Ballinghain. Tgl. bis 19 Uhr geöffnet. ✆ 807424. **Hallenschwimmbad**, Promenadenstr. 23, Mo–Fr 14–18.30 Uhr, Sa 8–18 Uhr, So 10–17 Uhr.

• *Spielbank* Seit 1968 befindet sich im Luitpoldpark ein **Spielcasino**, das tgl. ab 15 Uhr seine Pforten öffnet. Blackjack und Roulette.

• *Eissport* Eissporthalle an der Oskar-von-Miller-Straße; geöffnet von Okt.–März. Auskunft: ✆ 807420.

• *Wildpark Klaushof* Beliebtes Ausflugsziel im Stadtwald, verschiedene Wildarten und Streichelzoo. Tgl. 9–18 Uhr, im Winter bis 17 Uhr geöffnet, ✆ 807350.

• *Essen/Übernachten* **Laudensacks Parkhotel**, sehr gutes Gourmetrestaurant, das die Reisekasse allerdings nicht schont. Mit 17 Gault-Millau-Punkten und einem Michelin-Stern gehört es zu den besten Restaurants in Unterfranken. Küchenchef Joachim Räder sorgt für beständige Qualität und Raffinesse. Menüs zwischen 56 und 91 €. Nur Mittwoch- bis Sonntagabend geöffnet. Im angegliederten Parkhotel (sehr stilvolle und mit viel Liebe zum Detail eingerichtete Zimmer) ist das EZ ab 82 €, das DZ ab 148 € (inkl. Frühstück) zu haben. Kurhausstr. 28, ✆ 0971/72240, 📠 722444, www.laudensacks-parkhotel.de.

Steigenberger Kurhaushotel, exklusives Hotel und Restaurant direkt neben den Kuranlagen. Mit Hallenbad und Sauna. Das Ganze ab 99 € im EZ und ab 180 € im DZ. Am Kurgarten 3, ✆ 0971/80410, 📠 8041597, www.bad-kissingen.steigenberger.de.

Ratskeller, am Rathausplatz mit zünftigem Gewölbe, im Sommer sitzt man auf der großen, sonnigen Terrasse. Grill- und Fischspezialitäten 10–15 €, teilweise vom heißen

Rhön
Karte Seite 399

Lavastein und viele leckere Salatvariationen. Preiswerte Mittagsmenüs. Tgl. 9.30–1 Uhr geöffnet. Rathausplatz, ✆ 60001.

Kurgarten-Café, nach einem Umbau und unter einem neuen Pächter lohnt die traditionsreiche Adresse an der Wandelhalle einen Abstecher. Egal, ob zum Frühstück, Brunch oder Mittagessen – hier stimmen Flair und Leistung. Große Terrasse. Am Kurgarten 8, ✆ 8579890, www.kurgartencafe.de.

Schubert's-Weinstube, rustikal und gediegen eingerichtet. Viele Fischgerichte (Rhöner Bachforelle). Kleine Straßenterrasse. Mi Ruhetag. Kirchgasse 2, ✆ 2624.

Die historische Brunnenhalle ist die größte in Europa

Weinstube Hofmann, ausgesuchte fränkische Weine und Speisen zu gehobenen Preisen. Gemütliche Atmosphäre. Fr–Di 11.30–14 und ab 17 Uhr. Im August drei Wochen Betriebsferien. Weingasse 4–5, ✆ 2619.

Weigands Gaststätte, hier erfreut sich das ältere Kurpublikum (kleinere günstigere Seniorenportionen) an fränkischen Köstlichkeiten. Netter Balkon und Straßenterrasse. Marktplatz 21, ✆ 2232.

Bratwurst Glöckle, mitten im Zentrum werden hier in zünftigem Rahmen mit großer Straßenterrasse zahlreiche Bratwurstspezialitäten und internationale Küche geboten. Neben den klassischen Nürnberger Rostbratwürsten gibt es auch Bratwürste von der Pute, vom Lamm oder Wildschwein (6,10–6,40 €). Grabengasse 6, ✆ 4406.

Villa Arnold, älteres, villenähnliches Hotel mit großem Garten in der Nähe des Bahnhofs. EZ ab 35 €, DZ ab 70 €. Menzelstr. 23, ✆ 0971/72220, ℻ 722250.

• *Ferienwohnungen* Die Tourist-Information verfügt über ein ausführliches Beherbergungsverzeichnis.

• *Jugendherberge*: **Heiligenhof**, unlängst renovierte Herberge in einem schönen Anwesen. Mit Zeltmöglichkeiten. Übernachtung ab 17,20 €. Alte Euerdorfer Str. 1, ✆ 0971/71470, ℻ 714747, ingo@heiligenhof.de, www.heiligenhof.de.

• *Camping*: **Camping-Park Bad Kissingen**, zentral am Ufer der Saale gelegen mit SB–Kiosk, Kanuverleih. Vom 1. April bis 15. Okt. geöffnet. Euerdorfer Straße 1, ✆ 0971/5211, ℻ 6990820, www.campingpark-badkissingen.de.

Ein Skandalautor aus Kissingen

Der berühmteste Sohn von Bad Kissingen ist der 1853 geborene Schriftsteller *Oskar Panizza*, der 1895 mit seinem die zeitgenössischen Moralvorstellungen verletzenden „Liebeskonzil" für Furore sorgte. Panizza wurde wegen Gotteslästerung angeklagt und musste dieses Vergehen mit seiner zeitweiligen Inhaftierung büßen. Seine aggressiven und provozierenden Satiren, in denen er die herrschenden staatlichen und kirchlichen Institutionen vehement angriff, führten später noch zu einer Anklage wegen Majestätsbeleidigung. Heute erinnert eine Gedenktafel an der Kurklinik in der Kurhausstraße 9 an Oskar Panizza.

Sehenswertes

Kuranlagen: Von dem ursprünglichen Kurhaus und dem Kurgarten Balthasar Neumanns ist zwar nichts mehr erhalten, dafür entschädigen aber der im Stil florentinischer Frührenaissance gehaltene Arkadenbau von *Friedrich von Gärtner* (1834–1838) und die von *Max Littmann* zu Beginn des 20. Jahrhunderts geschaffenen Bauten: das Kurtheater, dessen Innenausstattung ein eindrucksvolles Beispiel reinsten Jugendstils ist, die Wandel- und Brunnenhalle sowie der Regentenbau, ein

Das Attentat auf den Reichskanzler

Einer der treuesten Kurgäste von Bad Kissingen war Reichskanzler *Otto von Bismarck*, der insgesamt fünfzehn Mal hier kurte. Und das, obwohl er bei seinem ersten Kuraufenthalt am 13. Juli 1874 beinahe das Opfer eines Attentats geworden wäre. Als Bismarck im offenen Wagen durch die engen Gassen fuhr, streifte ihn eine Kugel an der Wange und verwundete die Daumenwurzel der rechten Hand, die Bismarck gerade erhoben hatte, um grüßend den Hut zu lüften. Der Täter war ein junger Böttchergeselle namens *Eduard Kullmann*. Kullmann, Mitglied eines katholischen Sängervereins, war wie Millionen seiner Konfessionsgenossen der Ansicht, Bismarck bedrohe die Existenz der Kirche. Den Vorsatz, der Bedrohung ein Ende zu setzen, hatte der leicht erregbare Eigenbrötler ohne Mitwisser gefasst.

Konzertsaal in klassizistischen Formen mit vom Jugendstil beeinflusster Innendekoration. Nach siebenjähriger Restaurierungszeit sind die Arbeiten an den historischen Kuranlagen im Sommer 2005 beendet worden. Der Freistaat Bayern musste allerdings tief in die Tasche greifen: Mehr als 34,5 Millionen Euro wurden investiert, um die Wandelhalle und die angrenzenden Gebäude in neuem Glanz erstrahlen zu lassen.

Lohnend ist auch ein Besuch des Lesesaals: Dutzende von aktuellen Zeitschriften können hier und im benachbarten Innenhof studiert werden.

Bußkatalog für Spucker und Stehpinkler

Bad Kissingens Oberbürgermeister führt einen harten Kampf, gewissermaßen einen Kreuzzug gegen Kippen, Dosen und Kaugummi. An der Spitze der Initiative „Sauberes Bad Kissingen“ stehend, hat er im Februar 2003 einen Bußgeldkatalog erlassen, um der Verschmutzung seiner geliebten Kurstadt Einhalt zu gebieten. Wer seither eine Dose fallen lässt, eine Zigarette achtlos wegwirft oder auf den Boden spuckt, muss damit rechnen, mit 100 Euro zur Kasse gebeten zu werden. Ein ausgespuckter Kaugummi kostet gar 150 Euro. Richtig teuer wird es für all jene, die sich die Blase am Wegesrand erleichtern: 300 Euro werden bei solch einem Vergehen in der Innenstadt fällig, 100 Euro „Ermäßigung“, falls der Tatort im Bereich der städtischen Grünanlagen liegt ...

Burgruine Bodenlaube: Im südöstlichen Teil der Stadt steht auf der Spitze eines kleinen Berges die seit dem Bauernkrieg verfallene Burg Bodenlaube. Teile des Be-

Rhön
Karte Seite 399

rings und zwei gedrungene Rundtürme sind noch zu bewundern. Der Minnesänger Graf *Otto von Bodenlauben* hatte die Burg gegen Ende des 12. Jahrhunderts geerbt und sich im Alter mit seiner Frau hierher zurückgezogen. Sein Sohn, der den mystischen Strömungen seiner Zeit nachhing, verkaufte die Burg an das Hochstift Würzburg und führte bis zu seinem Tod ein weltabgewandtes Leben.

Bad Bocklet

Das kleine Staatsbad mit seiner liebenswerten Biedermeier-Atmosphäre kann sich zwar nicht mit den berühmten Kurbädern Europas messen, doch wer es beschaulich liebt, ist hier gut aufgehoben.

Erst im Jahre 1724 wurde die Bockleter Heilquelle entdeckt und von *Balthasar Neumann* gefasst. Im Auftrag der Würzburger Fürstbischöfe entstanden im Laufe des 18. Jahrhunderts die Kuranlagen, so beispielsweise der Fürstenbau von 1766: Stumpfwinklig öffnen sich die drei Flügel zum rautenförmigen Kurgarten, der mit seinen teils exotischen Figuren im Jahre 1786 entstand. Reizvoll in Wiesen gebettet, begrenzt zum Fluss hin der frühklassizistische Brunnentempel den Komplex. Zu den bekanntesten Kurgästen gehörten die Kronprinzessin Marie von Bayern und die österreichische Kaiserin Sissi. Ein architektonischer Schandfleck stört heute allerdings das beschauliche Ortsbild: Leider wird Bad Bocklet von der „Kurklinik Bad Bocklet", einem riesigen Betonklotz, der nördlich des Ortes in den Wald gesetzt wurde, richtiggehend erschlagen.

- *Information* **Kurverwaltung**, Kurhausstr. 2 (Haus des Gastes 9, 97708 Bad Bocklet, ✆ 09708/707030, 📠 0971/707039, www.badbocklet.de.
- *Einwohner* 4500
- *Verbindungen* Busverbindungen nach Bad Kissingen.
- *Fahrradverleih* Kurhotel Kunzmann, Hotel Laudensack und Villa Münchhof.
- *Minigolf* Beim Kurhaus befindet sich eine Anlage mit 18 Bahnen.
- *Reisemobil-Stellplätze* Seit 2004 gibt es 13 Stellplätze unmittelbar bei den Kuranlagen. Kosten: 6 €.
- *Schwimmen* **Hallenbad** im staatlichen Badehaus und im **Kurhotel Kunzmann**.
- *Essen/Übernachten* **Hotel Laudensack**, traditionelles Hotel mit gutem Restaurant. Spezialität: Matjesfilets in unterschiedlichsten Variationen (ab 9,70 €). Große Terrasse. Unlängst renovierte Zimmer mit Balkon. Übernachtung mit Frühstück ab 30 €. Von-Hutten-Str. 37, ✆ 09708/224, 📠 1285, www.hotel-laudensack.de.

Umgebung

Schloss Aschach: Im 16. Jahrhundert wurde das mächtige, südlich von Bocklet gelegene Schloss auf den Grundmauern einer Burg der Grafen von Henneberg errichtet. *Wilhelm Sattler*, einer der bedeutendsten Industriellen in Bayern, erwarb das Schloss 1829, um hier eine Steingutmanufaktur einzurichten. Der letzte Besitzer, der *Graf von Luxburg*, schenkte das Schloss 1955 dem Bezirk Unterfranken. Seither sind die wertvollen Möbel und Gobelins sowie das kostbare chinesische Porzellan, Kristall und die Gemälde öffentlich zugänglich. Angegliedert sind noch ein *Volks-* und ein *Schulmuseum*. Im Innenhof des Schlosses lädt ein Café zum Verweilen ein.

Öffnungszeiten April–Sept. Di–So von 14–18 Uhr, im Okt. bis 17 Uhr. ✆ 09708/358 oder 6142. Eintritt: Erw. 4 €, erm. 2,50 € für alle Museen. Das Café ist tgl. außer Mo von 11–19 Uhr geöffnet. www.museen-schloss-aschach.de.

Ehemaliges Zisterzienserinnenkloster Frauenroth: In der Abgeschiedenheit eines Seitentales der Saale wurde 1231 das Zisterzienserinnenkloster Frauenroth gegründet. Von der einstigen Kloster- und heutigen Filialkirche *St. Blasius* steht zwar nur noch das Mittelschiff, doch enthält dieses mit den Deckplatten des Grabmals für den Minnesänger Otto von Bodenlauben und seiner Frau Beatrix von Courtenay, die das Kloster gestiftet und reichlich ausgestattet hatten, einen der wertvollsten Kunstschätze der Rhön. Die lebensgroßen Hochreliefs der Verstorbenen sind eine einzigartige Idealisierung höfischer Vornehmheit.

Im Kurpark von Bad Bocklet

Münnerstadt

Münnerstadt mit seiner mehr als 700 Jahre alten Stadtmauer, den wuchtigen Stadttoren, der spätbarocken Klosterkirche und dem Riemenschneideraltar in der gotischen Pfarrkirche gehört zweifellos zum Pflichtprogramm eines geschichts- und kunstinteressierten Rhönbesuchers.

Das spätmittelalterliche Rathaus, die Zehntscheune und zahlreiche andere Fachwerkbauten verströmen viel historisches Flair. Münnerstadt wurde erstmals um das Jahr 779 als fränkisches Königsgut erwähnt. Die Stadt teilten sich die Grafen von Henneberg und das Hochstift Würzburg über Jahrhunderte hinweg, bevor die Besitzrechte im 16. Jahrhundert ganz an Würzburg fielen.

- *Information* **Kultourismus im Schloss**, Deutschherrenstr. 18, 97702 Münnerstadt, ✆ 09733/787842, 📠 09733/787483, www.muennerstadt.de.
- *Einwohner* 8300
- *Verbindungen* Zugverbindungen nach Schweinfurt, Neustadt sowie Meiningen. ✆ 9016.
- *Fahrradverleih* beim Hotel garni **Winkelmann**, Marktplatz 13, ✆ 81880. **Paul Henneberger**, Bauerngasse 36, ✆ 9077.
- *Schwimmen* **Hallenbad** mit Sauna in der Schützenstraße, ✆ 4280. Di–Fr 15–21 Uhr, Sa 14–18 Uhr, So 10–18.30 Uhr. Eintritt: 2,50 €.
- *Essen/Übernachten* **Pension Hubertushof**, in einer ehemaligen Mühle, umgeben von einem parkähnlichen Garten mit Teich (eigene Forellenzucht), werden zwölf Zimmer vermietet. Kostenloser Fahrradverleih und ein kleines Schwimmbecken runden das Angebot ab. Alle Zimmer mit Bad oder Du/WC kosten mit Frühstück pro Pers. 29 €. Friedhofstraße 5, ✆ 09733/81150, 📠 811525, www.hubertushof-muennerstadt.de.

  Bayerischer Hof, serviert werden internationale Gerichte zu gehobenen Preisen. Gratinierter Lammrücken mit Pistazienkruste und Basilikumrisotto für 17 €. Schöne Straßenterrasse. Sauna und Dampfbad im Haus. Es werden auch 21 gut ausgestattete Zimmer vermietet: EZ ab 42 €, DZ ab 76 € (inkl. Frühstück). Am Marktplatz 9, ✆ 09733/780828, 📠 780830, www.bayerischerhof-muennerstadt.com.

  Fränkischer Hof, schöner Gasthof mit italienischer Küche. Große Straßenterrasse. Di Ruhetag. Veit-Stoß-Str. 7, ✆ 1218.
- *Wohnmobil-Stellplatz* Für insgesamt sieben Wohnmobile finden sich kostenlose Stellplätze mit Stromsäulen und Versorgestation. Parkplatz Lache P1, Seminarstraße.

Rhön
Karte Seite 399

Sehenswertes

St. Maria Magdalena: Die unter dem Deutschen Orden errichtete Kirche mit ihrem schlanken, noch aus dem 13. Jahrhundert stammenden Westturm dominiert das Zentrum der Altstadt. Durch den Westturm betritt man den Innenraum der kath. Pfarrkirche, der durch sein hohes Mittelschiff und das Bad Neustadt Farbenspiel der gotischen Chorfenster besticht. Das bekannteste Kunstwerk Münnerstadts ist ein Frühwerk von *Tilman Riemenschneider*, der den einfarbig gefassten *Hochaltar*

Elegant und stilvoll unter die Erde

Auf dem Friedhof von Münnerstadt herrscht stets ein reges Treiben. Mehrmals täglich werden hier prächtig geschmückte Särge vom Leichenhaus zum Grab getragen und stil- und pietätvoll in die Erde hinabgelassen. Man muss deshalb nicht befürchten, in Münnerstadt sei eine Seuche ausgebrochen, vielmehr ist der hiesige Friedhof bundesweit der einzige Übungsfriedhof für Totengräber. Und auch dieser Beruf will gelernt sein. Ein Bestatter muss Eisensärge verlöten, Leichenhallen dekorieren und sich mit Brauchtumspflege und Aufbewahrungszeremonien auskennen. Die Kommune hat keine Probleme damit, denn 1300 deutsche Totengräber beleben schließlich das Wirtschaftsleben.

1490–92 anfertigte. Von dem kostbaren Werk sind jedoch nur noch wenige Reste erhalten. Da die fürstbischöfliche Regierung an der nackten, nur mit einem Haarkleid bedeckten Maria Magdalena Anstoß nahm, musste sie 1776 entfernt werden. Im Jahre 1831 wurden dann auch noch die Figuren und Reliefs beiseite geschafft, da sie in den Augen der in die Gotik verliebten Zeitgenossen zu wenig dieser Stilrichtung entsprachen. Glücklicherweise gelangten die verschiedenen Teilstücke über den Antiquitätenhandel in Museumsbesitz, so dass die verwendungsfähigen Originale und viele Kopien 1981 wieder zu einem neuen, prächtigen Schrein zusammengefügt werden konnten. Vier Bilder der Kilianslegende zieren die Rückseite des Altars – es sind die einzigen großen Tafelgemälde von *Veit Stoß*. Letztere sind leider gar nicht zu sehen, und auch für den Altar empfiehlt sich wegen der weiträumigen Absperrung fast ein Fernglas.

Kloster der Augustinereremiten: Die Kirche des um 1279 gegründeten Klosters mutet wegen ihrer reichen Rokoko-Ausstattung fast verschwenderisch an. Das Bauwerk selbst ist allerdings weniger bedeutend.

Henneberg-Museum: Im ehemaligen Wasserschloss des Deutschen Ordens, einem stattlichen, ursprünglich von Gräben umgebenen Renaissancebau, wurde 1970 das Henneberg-Museum eingerichtet. Nach der 2007 abgeschlossenen Renovierung wird auf 1100 Quadratmetern in 20 Sälen anschaulich die reiche Tradition und die Geschichte des Landschaftsraumes, des Deutschen Ordens und der Stadt Münnerstadt dargestellt. Einen weiteren Schwerpunkt bilden die Keramiksammlungen sowie eine komplette Apothekeneinrichtung aus dem frühen 19. Jahrhundert.

Adresse Deutschherrnstraße 18, ✆ 787482.Geöffnet: Di–Fr 14–17 Uhr, Sa und So 10–17 Uhr.

Ehemaliges Zisterzienserkloster St. Bilhildis in Maria Bildhausen: Knapp zehn Kilometer nordöstlich von Münnerstadt liegt die heute als Pflegeheim genutzte Klos-

Münnerstadt ist einer der schönsten Flecken in der Rhön

teranlage. Pfalzgraf *Hermann von Stahleck* und seine Frau förderten 1154 die Gründung von St. Bilhildis, das von Ebrach aus besiedelt wurde. Die erhaltenen Bauten, so das Abtei- und das Konventsgebäude, lassen noch erahnen, wie reich und mächtig das Kloster einst gewesen sein muss.

Bad Neustadt

Die lebhafte Kreisstadt ist das administrative und wirtschaftliche Zentrum des Landkreises Rhön-Grabfeld, der sich bei der Landtagswahl mehrmals als „schwärzester" Landkreis Bayerns entpuppt hat. Wer in der Region einen Arbeitsplatz sucht, findet ihn noch am ehesten hier. Daneben hat Bad Neustadt aber auch ein Mineral- und Moorheilbad sowie ein interessantes historisches Zentrum zu bieten.

Das auf einem Hügel thronende Neustadt ist aus einer frühmittelalterlichen Kaiserpfalz hervorgegangen, deren genaue Lage unbekannt ist. Um die herzförmige Altstadt – seit ein paar Jahren verkehrsberuhigt – verläuft noch eine größtenteils mittelalterliche Stadtmauer mit doppeltem Wehrring. Das mächtige *Hohntor* mit seinem Renaissancegiebel gilt als ihr Wahrzeichen. Weitere herausragende Bauten sind das Rokokoschlösschen Neuhaus, die ehemalige Karmelitenkirche und die klassizistische Pfarrkirche Mariae Himmelfahrt. Übrigens sprudeln die in der Mitte des 19. Jahrhunderts erschlossenen fünf Salzquellen genau genommen gar nicht in Neustadt, sondern im nebenan gelegenen Neuhaus, doch seit der Eingemeindung von Bad Neuhaus trägt auch Neustadt den Titel „Bad". Während in Neuhaus ein relativ beschauliches Flair herrscht, besitzt Neustadt ein lebendiges Zentrum mit einem so großen wie einladenden Marktplatz, um den herum man viele Geschäfte findet.

• *Information* **Kurverwaltung**, Löhriether Str. 2, 97616 Bad Neustadt, ✆ 09771/1384, ✆ 09771/991158, www.tourismus-nes.de. • *Einwohner* 16.000

Rhön
Karte Seite 399

Wie das Rhönrad erfunden wurde

In einem Zeitalter der Trendsportarten wie Surfen, Snowboarden und Inlineskaten, die zumeist aus Amerika herüberschwappen, wird vielfach vergessen, dass auch in der Rhön ein bis heute beliebt gebliebenes Sportgerät erfunden wurde. Die Rede ist vom Rhönrad, das 1925 von *Otto Feick* in Schönau entwickelt wurde.

Der Schlosser und Eisenbahngewerkschaftler Feick war nach dem Ersten Weltkrieg von den Franzosen wegen Spionage zu einer Gefängnisstrafe verurteilt worden. In der Haft erinnerte er sich daran, dass er als Kind mit einem in der großväterlichen Schmiede hergestellten Doppelrad aus zwei miteinander verbundenen Fassreifen kopfunter einen Abhang hinuntergerollt war. Daraufhin reifte in Feick der Plan, aus diesem Kinderspielzeug ein neuartiges Turn- und Sportgerät herzustellen. Wieder in Freiheit, zog er mit seiner Frau nach Schönau in die Rhön, eröffnete dort eine Metallverarbeitungswerkstatt und entwickelte 1925 besagtes Turnrad, das er nach seiner neuen Heimat Rhönrad nannte. Schnell setzte sich das Sportgerät durch, bereits 1930 fand in Bad Kissingen das erste internationale Rhönradturnier statt, das die Grundlage für die internationalen Wettbewerbe im Rhönradturnen legen sollte. Aufgrund der Vereinahmung durch den Nationalsozialismus geriet das Rhönrad in Misskredit und wurde nach dem Zweiten Weltkrieg erst sehr langsam wieder salonfähig.

- *Verbindungen* Zugverbindungen über Bad Kissingen nach Schweinfurt sowie nach Meiningen.
- *Parken* Im Zentrum finden sich (fast) keine Parkplätze, daher sollte man unbedingt einen der ausgewiesenen Stellplätze aufsuchen.
- *Kureinrichtungen* **Kurhaus Bad Neustadt**, Kurhausstr. 35, ✆ 909-0, www.kurhaus-bad-neustadt.de.
- *Kino* **Rex-Lichtspiele**, Hohnstr. 26, ✆ 2516; **Starlight-Kino**, Meininger Str. 2, 996170
- *Wochenmarkt* Jeden Di und Fr auf dem Marktplatz.
- *Fahrradverleih* **Wolf & Bike**, Saalestr. 24, ✆ 2213.
- *Schwimmen* **Triamare**, modernes Hallen- und Freizeitbad mit Riesenrutsche und Sportbecken. Mühlbacher Str. 15, ✆ 6309950, www.triamare.de
- *Essen/Übernachten* **Schlosshotel**, das dreiflügelige Schloss im Ortsteil Bad Neuhaus beherbergt nach seiner umfangreichen Renovierung seit 2006 ein sehr stilvolles Hotel mit großzügigen Zimmern und Suiten (wunderbare Bäder!). Besonders schön sind die Räume mit Blick auf den Schlosspark. EZ ab 62, DZ 109 €, Suite 119 € (jeweils inkl. Frühstück). Schlossplatz 5, ✆ 09771/61610, Fax 616161, www.schlosshotel-bad-neustadt.de.

Hotel Fränkischer Hof, das Restaurant Kolonat bietet ein reiches Angebot an fränkischen und internationalen Gerichten, zudem einen schönen Biergarten im Innenhof und einen Weinkeller (ab 18 Uhr). Lecker ist das Ragout vom Rhöner Frischling. Die zeitlos eingerichteten DZ kosten zwischen 76 und 86 €, EZ ab 49 €. Mi geschlossen. Spörleinstr. 3, ✆ 09771/61070, Fax 994452, www.hotelfraenkischerhof.de.

Haus am Park, das Restaurant ist ein Lesertipp von Thomas Vollrath, der von den Fischgerichten und der familiären Atmosphäre sehr angetan war. Es werden auch mehrere Zimmer vermietet. EZ 30 €, DZ 50 € (inkl. Frühstücksbuffet). Brunnenweg 1, ✆ 09771/2358, Fax 5747, www.hausamparkbrueckner.de.

Hotel Ristorante da Rosario, modern eingerichtetes Hotel mit gutem italienischem Restaurant. Breite Auswahl an Salaten, Pizza und Pasta ab 5,50 €. Für das DZ werden mindestens 80 € inkl. Frühstücksbuffet berechnet (EZ ab 51 €). Schweinfurter Str. 4,

✆ 09771/2231, ℻ 991180, info@rosario-nes.de, www.rosario-nes.de.

Romantik Hotel Schwan & Post, wie der Name schon ankündigt, zeigt sich das in einem Barockbau untergebrachte Hotel im romantischen Stil. Ausgezeichnete fränkische Küche, darunter viele Wildgerichte wie ein Rhöner Hasenrücken für 18,90 €. Das Hotel verfügt über Sauna, Whirlpool und Fahrradverleih. DZ 69–98 €. Hohnstr. 35, ✆ 09771/91070, ℻ 910767, www.schwan-und-post.de.

Gästehaus Dressel, einfache, schlichte Zimmer, teilweise mit Balkon. Liegewiese, große Terrasse vorhanden. Übernachtung mit Frühstück pro Person ab 24 €. Löhriether Str. 16, ✆ 09771/5235, www.gaestehaus-dressel.de.

• *Wohnmobilstellplatz* am Kurpark stehen für 8 € insgesamt 70 Stellplätze zur Verfügung.

Marktplatz von Bad Neustadt

Sehenswertes

Salzburg: Die Salzburg, eine der ältesten und größten Burgruinen Deutschlands, thront gewissermaßen über dem Kurhaus. Die im 12. Jahrhundert von den Würzburger Bischöfen errichtete Ganerbenburg verfiel allerdings schon vier Jahrhunderte später zusehends. Von der einstigen Ganherrschaft, einem Zusammenschluss verschiedener Adelsfamilien, zeugen im Burginneren insgesamt sechs sog. „Ganerbensitze", Wohntürme, die zumeist mit einem Mauerturm verbunden sind. Jeder der Vasallen grenzte seinen Ansitz mit niedrigen Binnenmauern ab; alle sechs zusammen verliehen der Burganlage einen monumentalen, wehrhaften Charakter. Am besten erhalten ist der noch bewohnte ehemalige Sitz der *Voite von Salz* in der Südwestecke der Anlage. Heute bemühen sich die *Freiherren von Guttenberg* um den Erhalt der imposanten Burg. Die Burgschänke (Mi Ruhetag) und der Innenhof laden zum Verweilen ein.

St. Johannes: Etwas außerhalb, im Stadtteil Brendlorenzen, liegt die einschiffige romanische Pfarrkirche St. Johannes. Sie zählt zu den ältesten Kirchenbauten in Deutschland und ruht auf den Grundmauern eines aus der Karolingerzeit stammenden Vorgängerbaus. Sehenswert sind der barocke Hochaltar (1719), das Predigtpult und die Freskenmalereien aus dem 15. Jahrhundert.

Rhön Karte Seite 399

Mellrichstadt

Die durch den Zweiten Weltkrieg bedingte politische Randlage bereitete Mellrichstadt in den Folgejahren große Schwierigkeiten. Erst durch die Grenzöffnung lebten die alten Verbindungen nach Thüringen wieder auf.

Die kaum mehr für möglich gehaltene Grenzöffnung im November 1989 gestattete es Mellrichstadt, an seine Tradition als „Tor zu Thüringen" anzuknüpfen. Mit der Grenze öffneten sich auch neue Perspektiven; selbst die alte Bahnverbindung nach Meiningen wurde am 28.9.1991 wieder in Betrieb genommen. Ein Ausflug zur nahe gelegenen thüringischen Theater- und Musikstadt *Meiningen* mit ihrem schmucken Barockschloss Elisabethenburg bietet sich geradezu an.

Das kleine aufstrebende Städtchen entwickelte sich aus einem karolingischen Königshof *(Madalrichestat)*. Eindrucksvoll ist der gut erhaltene westliche und nordwestliche Teil der ellipsenförmig angelegten Stadtbefestigung aus dem 13. Jahrhundert mit dem Pulver- und dem von einer barocken Kuppelhaube gekrönten Bürgerturm. Zahlreiche ältere Gebäude betonen dieses mittelalterliche Flair. Herausragend ist die katholische Stadtpfarrkirche St. Kilian, die sich auf den Fundamenten von drei Vorgängerbauten erhebt. Das mehr als 700 Jahre alte Gotteshaus beherbergt mehrere sehenswerte Stein- und Holzplastiken, darunter ein Sakramentshäuschen, eine schöne Mondsichelmadonna sowie einen reich geschmückten Taufstein von 1626.

• *Information* **Stadt- und Touristinformation Aktives Mellrichstadt**, Marktplatz 2, 97638 Mellrichstadt, Mo–Fr 9–12 Uhr, ✆ 09776/9241, 📠 09776/7342, www.rhoen-streutal.de. Hier erhält man kostenlos einen kleinen, praktischen Stadtführer.

• *Einwohner* 6500

• *Fahrradverleih* im Fremdenverkehrsbüro.

• *Heimatmuseum* Das 1983 im mehr als 330 Jahre alten Salzhaus eröffnete Heimatmuseum bietet auf drei Stockwerken Einblick in die Vergangenheit eines von Landwirtschaft und Handwerk geprägten Städtchens im 19. und 20. Jahrhundert. Sehr schön ist der „Kaufladen um 1900". 1. Mai bis 31. Okt. Sa 14–16 Uhr, So 11–12 Uhr und nach Vereinbarung (✆ 9241). Eintritt: frei.

• *Schwimmen* Städtisches **Hallen**- und **Wellenfreibad**. Bahnhofstr. 17, ✆ 1315. Fünf Kilometer westlich von Mellrichstadt liegt der kleine, idyllische **Frickenhäuser See**: ideal für alle, die natürliche Gewässer bevorzugen.

• *Essen/Übernachten* **Hotel Sturm**, anspruchsvolle Herberge im Südwesten des Ortes mit vielen liebevollen Details. Spa, (Garten-) Sauna, Bio-Schwimmteich und Liegewiese sowie Fahrradverleih vorhanden. Abends trifft man sich in der Lounge. Das zugehörige Restaurant legt wert auf frische regionale Produkte, so bei einem Zürcher Geschnetzelten vom Rhöner Kalb in Rahmsauce, dazu Butterrösti und Blattsalat für 15,50 €. EZ ab 69 €, DZ ab 118 € (je nach Saison inkl. Halbpension). Ignaz-Reder-Str. 3, ✆ 09776/81800, 📠 818040, www.hotel-sturm.com.

Die Hohe Rhön

Von Fladungen nach Bischofsheim erstreckt sich die Hohe Rhön, eine einzigartige Mittelgebirgslandschaft mit herbem Charakter, die sich am besten erwandern oder auf einer Fahrt entlang der *Hochrhönstraße* kennenlernen lässt. Eindrucksvoll ist das Spiel des Lichts, Helligkeit und Dunkel bekämpfen sich zwischen den herben, zumeist baumlosen Hochflächen, dichten Laubwäldern und sanften Wiesenmatten nach scheinbar eigenen Regeln – eine geradezu ideale Wanderregion. Das bedeutende Naturschutzgebiet der *„Langen Rhön"* umfasst 2700 Hektar und zählt damit zu den größten außeralpinen Naturschutzgebieten Deutschlands. Selten gewordene Hochmoore und artenreiche Wiesen charakterisieren das Landschaftsbild der waldarmen Hochfläche ebenso wie Steinwälle, vielfältige Hecken und eine reiche Tierwelt: Uhu, Schwarzstorch und Wildkatze finden hier letzte Lebensräume. Das Wahrzeichen der Rhön ist die Silberdistel. Sie leuchtet mit ihren silbernen Blütenkelchen auf den Trocken- und Kalkmagerrasen der Süd- und Südwesthänge der Rhön.

Verbindungen: Der **Hochrhönbus** fährt von Mai bis Sept. am Wochenende sowie an Feiertagen durch die Hohe Rhön. Mehr als vierzig Haltestellen laden zum Ein-, Aus-

und Umsteigen ein und bieten sich als ideale Ausgangspunkte für Spaziergänge und Wanderungen an. Mehrmals tgl. von Bad Neustadt über Bischofsheim nach Fladungen. Kosten: Je nach Strecke und Fahrschein zwischen 1,50 und 7,80 € (mit Bahncard 25 % Ermäßigung). Auch Fahrradtransport. www.hochrhoenbus.de.

Wandern

Rund um das Schwarze Moor: Auf dem gut drei Stunden währenden Rundwanderweg mit der Nummer 1 lässt sich die Landschaft der Hohen Rhön gut erschließen. Er beginnt am Parkplatz Schwarzes Moor und folgt der Hochrhönstraße knapp 200 Meter nach Süden, bevor er links in eine Waldschneise einmündet. Nach einer dreiviertel Stunde erreicht man den wildromantischen *Eisgrabenwasserfall.* Nur wenig später geht es wieder ein Stück an der Hochrhönstraße entlang und dann rechter Hand um das Schwarze Moor herum zurück zum Ausgangspunkt.

Das **Basalt-Tor** unweit des Parkplatzes ist das ehemalige Eingangstor zum Doppellager des Reichsarbeitsdienstes (RAD). Bisher hat scheinbar noch niemand ernsthaft daran gedacht, dieses Relikt eines nationalsozialistischen Lagers zu beseitigen. Dafür treffen sich in regelmäßigen Abständen ehemalige RAD-Angehörige an ihrer einstigen „Wirkungsstätte".

Geht man vom Parkplatz auf einer asphaltierten Straße in Richtung Norden, stößt man nach 20 Minuten auf einen alten **Grenzturm** und ein 30 Meter langes Stück „Museumsgrenze".

Moorführungen von Mai bis Okt. Di um 10.30 Uhr. Treffpunkt: Eingang Schwarzes Moor. Eintritt: 3 €, erm. 2 €.

Die Hohe Rhön – ein Paradies für Schafe

Rhön
Karte Seite 399

Das Schwarze Moor – ein seltenes, schützenswertes Biotop

Keine Landschaft hat in Mitteleuropa in so kurzer Zeit eine derart tiefgreifende Zerstörung und Umwandlung durch den Menschen erfahren wie das Moor. Vor allem die Torfindustrie hat vielen Mooren erst in jüngster Zeit den Todesstoß versetzt. Die Hochfläche des Schwarzen Moores gehört zu den ganz wenigen Mooren in Mitteleuropa, die niemals durch Torfabbau beeinflusst wurden. Das Schwarze Moor, mit 60 Hektar das größte Rhönmoor, ist mit seinen schimmernden Mooraugen, den lichten Kiefern-, Birken- und Weidenbeständen ein Höhepunkt der Hohen Rhön und eine Kostbarkeit nicht nur für jeden Botaniker. Mehr als 60 Prozent der Pflanzen sind allerdings vom Aussterben bedroht, und auch die seltenen Tiere (Birkhuhn, Bekassine, Wiesenpieper) fühlen sich durch die Besucher gestört. Daher sollte man sich unbedingt an die Hinweise auf den Schildern des Naturlehrpfads, der anschaulich durch das Moor führt, halten und den Holzsteg nicht verlassen sowie keinen unnötigen Lärm verursachen.

Eine Voraussetzung für die Entstehung eines Moores sind sehr ergiebige, nährstoffarme Niederschläge und ein wasserundurchlässiger Untergrund (z. B. Ton). Durch den Sauerstoffmangel im Boden wird die Verrottung abgestorbener Pflanzenteile und somit die Humusbildung verhindert. Die Pflanzenreste lagern sich als Torf ab, dessen Schichten im Schwarzen Moor bis zu acht Meter hoch sind. Was Gruselfilme so effektvoll vorführen, nämlich dass man aufrecht stehend im Moor versinken kann, trifft für ein lebendiges, unberührtes Moor nicht zu. Ein Hochmoor wächst langsam in die Höhe, Schicht für Schicht, jedes Jahr etwa einen Millimeter. Unter solch extremen Bedingungen ist es nur wenigen Pflanzen möglich, sich auszubreiten. Neben den Torfmoosen findet man hier so seltene Arten wie den fleischfressenden Sonnentau, das weithin leuchtende Wollgras, schillerndes Pfeifengras und beerentragende Zwergsträucher.

Fladungen

Die nördlichste Stadt in Franken liegt unweit der Dreiländerecke von Hessen, Bayern und Thüringen und eignet sich hervorragend als Ausgangspunkt für Streifzüge durch die Hohe Rhön.

Im Jahre 789 wurde das spätere Ackerbürgerstädtchen anlässlich einer Schenkung an das Bistum Fulda erstmals urkundlich erwähnt. Heute hat Fladungen viele Attraktionen zu bieten: der historische, fast quadratische Stadtkern, reich beschnitzte Fachwerkhäuser, eine gut erhaltene Stadtmauer mit fünf Wehrtürmen sowie das Rhön- und das Fränkische Freilandmuseum. Seit der „Wende" ist Fladungen wieder ins Zentrum der Rhön gerutscht, das Stadtleben hat infolge der Ereignisse vom November 1989 an Lebhaftigkeit gewonnen. Die für Fladungen schwierigen Jahre der deutschen Teilung gehören der Vergangenheit an.

- *Information* **Verkehrsamt**, Rathaus 1, 97650 Fladungen, ☏ 09778/912325, 📠 09778/912326, www.fladungen-rhoen.de.
- *Einwohner* 2500
- *Verbindungen* Regelm. Busverbindungen nach Mellrichstadt und Bad Neustadt.
- *Fahrradverleih* Weihersmühle, Fam. Hückl, Weihersweg ☏ 356, www.weihersmuehle.com.
- *Rhön-Zügle* Von Mitte April bis Ende Okt. verkehrt sonntags zwischen Fladungen und Ostheim 3-mal tgl. eine Museumsbahn mit Dampf- oder Dieselbetrieb. Hin- und Rückfahrt: 11 €, erm. 8 €. ☏ 91230, www.freilandmuseum-fladungen.de.
- *Schwimmen* Beheiztes Freibad mit Wärmehalle in der Flurstraße 18.
- *Essen/Übernachten* **Zum Schwarzen Adler**, die Gaststätte des Freilandmuseums ist geschmackvoll eingerichtet und besitzt einen großen Garten. Kleinere Gerichte und Braten, Schweinebraten 7 €. Tgl. außer Mo 10–20 Uhr, ☏ 661, www.schwarzer-adler-fladungen.de.

Goldener Adler, der Gasthof mit eigener Metzgerei bietet bodenständige Küche, Vegetarier können sich über eine Rhöner Kartoffelpfanne für 6,80 € freuen. Straßenterrasse. Mi Ruhetag. Es werden auch zehn moderne Zimmer vermietet, EZ 35 €, DZ 55 € (inkl. Frühstück). WLAN. Obere Pforte 1, ☏ 09778/7128, 📠 7129, gasthof.goldeneradler@t-online.de, www.gasthof-metzgerei-adler.de.

Berggasthof Sennhütte, von diesem unterhalb der Hochrhönstraße auf 785 Metern Höhe gelegenen Gasthof bietet sich ein schöner Blick auf die Rhönlandschaft. Verschiedene Braten und Schnitzel bestimmen die Speisekarte. Das Hotel begeistert mit seinen sehr modernen, geschmackvoll ausgestatteten Zimmern. Sauna. EZ ab 48 €, DZ (meist mit Balkon) 72–104 € (inkl. Frühstücksbuffet). Auch Vermietung von Appartements. Hochröhnstraße, ☏ 09778/91010, 📠 9101100, www.sennhuette-rhoen.de.

Haus Jutta, Jutta Link vermietet fünf DZ mit Du/WC und eine Ferienwohnung in einem modernen Haus in der Nähe des Schwimmbads. Die Zimmer sind geräumig und gut ausgestattet, ein großer Garten und eine Sauna stehen den Gästen zur Verfügung. Sehr angenehme Atmosphäre. DZ ab 30 € bei acht Tagen Aufenthalt, sonst bis 44 € (inkl. Frühstück). Flurstr. 6, ☏ 09778/7141, 📠 7142, www.pension-link.de.

- *Camping* **Campingplatz Fladungen**, ganzjährig geöffneter, kleiner Platz in der Nähe des Schwimmbads. 2 Pers. und Stellplatz ca. 10 €. Fast ausschließlich Dauerstellplätze. Flurstr. 10, ☏ 09778/8021 oder 8024.

Rhön
Karte Seite 399

Sehenswertes

Rhönmuseum: Im ehemaligen Amtshaus am Marktplatz befindet sich das 1923 gegründete Rhönmuseum mit einer reichhaltigen Darstellung der Rhöner Volkskunst sowie einer vor- und frühgeschichtlichen Sammlung. Das attraktivste Museum für jemanden, der sich über die Rhön informieren möchte. Tipp: An der Museumskasse gibt es einen umfangreichen, reich bebilderten und informativen Führer über

Fladungen und seine Museen, der aber auch gute Einblicke in den Landschaftsraum Rhön gewährt.

Öffnungszeiten 1. April bis 31. Okt. tgl. außer Mo 11–16 Uhr, ✆ 1575. Eintritt: 2,50 €, erm. 2 € oder 1,20 €.

Fränkisches Freilandmuseum: Das Museum wurde 1990 eröffnet und befindet sich noch im Ausbau. Dennoch bieten die derzeit rund zwei Dutzend voll eingerichteten Gebäude einen eindrucksvollen Überblick über die dörflichen Bauformen in Unterfranken. Verteilt auf einem weitläufigen Areal kann man typische Bauernhöfe der Regionen Grabfeld-Hassberge und Spessart-Rhön besichtigen, eine Kirche, zwei Mühlen, eine Dorfschule und ein Tagelöhnerhaus zeigen einen repräsentativen Querschnitt der Sozialstruktur eines kleinen Bauerndorfes. Umrahmt wird das Ganze von Obst- und Gemüsegärten sowie Tierställen. Besonderer Beliebtheit erfreut sich ein aus Alsleben stammendes Wirtshaus aus dem Jahre 1606, in dem man einkehren kann.

Öffnungszeiten April–Okt. Di–So 9–18 Uhr, ✆ 91230. Eintritt: Erw. 4 €, erm. 2.50 €, www.freilandmuseum-fladungen.de.

Ostheim

Erst seit dem Kriegsende gehört die ehemalige thüringische Enklave Ostheim vor der Rhön zu Bayern; in den Jahrhunderten zuvor hat die Kleinstadt immer wieder den Landesfürsten gewechselt, der sich in endlosen Fehden gegen den ortsansässigen Adel behaupten musste.

Erst 1586 wurde Ostheim zur Stadt erhoben, ein Jahr später das sehenswerte Fachwerk-Rathaus errichtet, das noch heute die langgestreckte Markstraße dominiert. Die Hauptattraktion des Ortes ist jedoch die größte Kirchenburganlage Deutschlands mit ihrem doppelten Mauerring, Wehrgängen und fünf starken Türmen. Im Inneren der Mauern, rund um die Pfarrkirche St. Michael (16. und 17. Jahrhundert), befinden sich mehr als 70 sog. Gaden (Vorratsräume). Das *Streutal* war ein vielfach heimgesuchtes Verbindungstor zwischen dem Norden und dem Süden des Heiligen Römischen Reiches. Damals musste der Krieg den Krieg ernähren; und so waren Söldnertruppen und andere Heere gezwungen, sich auf ihren Feldzügen durch Plünderungen zu versorgen. Dem beugten die Bauern vor, indem sie einen Teil ihrer Ernte alljährlich im Herbst in den Gaden, kellerartigen Vorratshäuschen im Inneren der Kirchenburg, einlagerten. Rückten feindliche Truppen an, mussten sie nur noch sich selbst und das Vieh in Sicherheit bringen. Neben der Kirchenburg sind noch einige ehemalige Adelshöfe zu bewundern. Sehenswert ist selbstverständlich auch die Pfarrkirche mit ihrem Tonnengewölbe. Der nördliche Ortsrand von Ostheim ist durch über zahlreiche Felder gestapelten Limonadekästen verunstaltet, aber in wirtschaftlicher Hinsicht steht dahinter ein einzigartiger Erfolg für die strukturschwache Region.

- *Information* **Tourist-Information**, Im Schlößchen 5, 97645 Ostheim, ✆ 0777/1850, 📠 09777/3245, www.ostheimrhoen.de. Hier sind zahlreiche Beschreibungen von Fahrradtouren durch die Umgebung kostenlos erhältlich.
- *Einwohner* 3900
- *Orgelbaumuseum* Die Ausstellung im Schloss Hanstein widmet sich der regionalen Orgelbaukunst. Mi–Sa 10–12 und 13–17 Uhr, So nur 13–17 Uhr. Eintritt: 2,50 €, www.orgelbaumuseum.de.
- *Fahrradverleih* **Fahrrad Hodermann**, Auf der Bündt 6, ✆ 1577.
- *Minigolf* Schöne, weitläufige Anlage oberhalb der Kirchenburg. Im Sommer tgl. ab 14 Uhr.

• *Schwimmen* **Hallenbad** mit Freigelände, Ritter-von-Halt-Straße, ✆ 1417.

• *Stadtführung* April bis Okt. jeden Mi um 11 Uhr Führung durch die Kirchenburg.

• *Essen/Übernachten* **Burggaststätte Lichtenburg**, von der ehemals hennebergischen Burgruine Lichtenburg bietet sich eine schöne Aussicht über das Streutal. Im beschaulichen Innenhof stehen einige Tische. Di geschlossen. ✆ 2355, www.lichtenburg-ostheim.de.

**** **Rhön Park Hotel**, großes Familien-Erlebnishotel mit mehreren Restaurants. Komfortable Zimmer. Griechisch-römische Saunawelt, riesige Badelandschaft mit beheiztem Außenbecken und Riesenrutsche. Fahrradverleih. Rund acht Kilometer nordwestlich von Ostheim. EZ 65–100 €, DZ 110–140 € (inkl. Frühstück). Rother Kuppe 2 (Hausen-Roth), ✆ 09779/91-0, 📠 09779/91-1840, www.rhoen-park-hotel.de.

Alte Schmiede, zünftiges Wirtshaus in einem alten Fachwerkbau mit schöner Straßenterrasse. Probieren sollte man den Wildschweinbraten nach Art des Hauses für 12,70 €. Mi Ruhetag. Auch Zimmervermietung (passable Zimmer mit etwas niedrigen Decken für 23 € pro Pers. inkl. Frühstück). Steinig 3, ✆ 09777/455, www.schmiedeostheim.de.

Il Mulino, italienisches Restaurant in dem wenige Kilometer nordwestlich gelegenen Ort Nordheim. Rustikal aufgemacht, mit Straßenterrasse und Biergarten. Pizzen ab 4,50 €. Mo Ruhetag. Von-der-Tann-Str. 40, ✆ 09779/858595.

Kaak, modernes Hotel oberhalb der Kirchenburg. WLAN. EZ ab 34 €, DZ ab 62 €. ✆ 09777/570, 📠 2091. info@hotel-kaak.de, www.hotel-kaak.de.

Pension Sonnengarten, jedes Zimmer mit Du/WC und Balkon oder Terrasse. Großer Garten mit kleinem Schwimmbecken. DZ 42–52 €, Halbpension ab 6,20 €. Wartburgstr. 2, ✆ 09777/1845, 📠 350153, www.pension-sonnengarten.de.

Bionade – eine erfrischende Erfolgsgeschichte

Zwar stand die Ostheimer Brauerei Peter 1995 kurz vor der Insolvenz, doch Braumeister Dieter Leipold experimentierte fleißig weiter, bis er endlich seinen jahrelangen Traum von einer neuartigen Limonade verwirklichen konnte, die durch Fermentation (Vergärung) von Malz aus überwiegend kontrolliert-biologisch gewonnenen Rohstoffen hergestellt wird. Ähnlich wie bei Bier werden nur die Ausgangsstoffe Malz und Wasser verwendet, eine Art Fanta ohne Chemie entstand. Im patentierten Herstellungsverfahren wird durch einen der in Kombucha enthaltenen Bakterienstämme Zucker nicht zu Alkohol wie beim Bierbrauen, sondern zu Gluconsäure vergoren. So weit, so gut. Doch wie bringt man die Limonade, die es in den Geschmackssorten Holunder, Litschi, Kräuter, Ingwer-Orange und Quitte gibt, zu den durstigen Kehlen, die von ihrer Existenz gar nichts wissen? Durch einen von Leipolds Stiefsohn Peter Kowalsky ausgeklügelten Vertrieb wurde Bionade zunächst in Hamburger Szenekneipen und Fitnessstudios angeboten und entwickelte sich dann zu einem Selbstläufer, der ganz Deutschland eroberte. Allein zwischen 2002 und 2007 steigerte sich der Absatz von zwei auf 200 Millionen Flaschen (!), so dass die Konkurrenz aufgeschreckt wurde und sogar Coca Cola ein Übernahmeangebot unterbreitete. Vergeblich – Bionade wird auch weiterhin in der Rhön produziert.

Rhön
Karte Seite 399

Bischofsheim

Am Fuße des Kreuzbergs, der höchsten Erhebung im fränkischen Teil der Rhön, liegt das einst zum Würzburger Hochstift gehörende Wintersportzentrum Bischofsheim.

Die verkehrsgünstige Lage an der wichtigen Fernstraße, die sich von Bamberg nach Fulda hinaufzog, gab der Stadt im Mittelalter eine gewisse Bedeutung. Das Wahrzeichen der Stadt, der fünfgeschossige Zentturm, und die recht gut erhaltene Stadtbefestigung zeugen noch von diesen Anfängen. Seit dem 16. Jahrhundert war Bischofsheim ein blühendes Zentrum der Tuchfabrikation; besonders das sog. „Böschemer Tuch" war weit über die Grenzen der Rhön hinaus bekannt. Die Stadt wurde in der ersten Hälfte des 19. Jahrhunderts von Feuersbrünsten heimgesucht und in einem schlichten, biedermeierlichen Stil wiederaufgebaut. Heute hat sich Bischofsheim vor allem mit seiner Holzschnitzerschule – Sommerkurse für Interessierte – und dem Skisport einen Namen erworben.

Gut bestückt – Ostheim

- *Information* **Tourist-Information**, Kirchplatz 7, 97653 Bischofsheim, ✆ 09772/910150, Fax 09772/910159, www.bischofsheim.info.
- *Einwohner* 5600
- *Minigolf* Gleich neben dem Campingplatz.
- *Schwimmen* Solarbeheiztes **Freibad** in der Kissinger Str. 51, ✆ 1321. **Hallenbad** mit Sauna am Viehweg, Haselbach, ✆ 1698.
- *Internet* **Bistro Max**, Marktplatz 14.
- *Skifahren* Am Kreuzberg und am Arnsberg, mehrere Lifte vorhanden.
- *Essen/Übernachten* **Zum Adler**, wechselnde Tageskarte mit lokalen Spezialitäten, z. B. Rhönlammleber mit Zwiebeln und Bratkartoffeln für 11,50 € oder eine Roulade vom Rhönrind für 9 €. Sauna. Die Übernachtung in einem der liebevoll eingerichteten DZ kostet 55–61 € (inkl. Frühstück). Ludwigstr. 28, ✆ 09772/320, Fax 8898.

Zur Rhönlust, netter Gasthof unweit des Marktplatzes. Serviert werden auch vegetarische Gerichte. Preiswerte, freundliche Zimmer. Schöne Straßenterrasse. Do Ruhetag. DZ ab 42 €. Schwedenstr. 2, ✆/Fax 09772/1239, www.rhoenlust-bischofsheim.de.

Jagdschloss Holzberghof, acht Kilometer nördlich von Bischofsheim entfernt liegt das von herrlichen Wäldern umgebene einstige Jagdschloss an der Hochrhönstraße. Das rustikale und stilvolle Restaurant befindet sich im ersten Stock, davor eine kleine, nette Terrasse. Teilweise anspruchsvolle Küche, als Spezialität des Hauses gilt das Schnitzel „Holzberg", eine Art unpaniertes Cordon Bleu für 9,60 €. Kein Ruhetag. Nach dem Umbau des ehemaligen Forsthauses werden auch 16 DZ für 39–65 € sowie zwei Ferienwohnungen (ab 58 €) vermietet. Ideal für alle, die die ländliche Ruhe zu schätzen wissen. ✆ 09772/1207, 📠 931167, www.holzberghof.de.

• *Camping* **Camping Bischofsheim**, Großzügige Anlage. 2 Pers. mit Stellplatz ca. 20 €. Gleich neben dem Schwimmbad in der Kissinger Straße, ✆ 09772/1350, 📠 09772/931351, www.rhoencamping.de.

Wandern

Naturkundlicher Wanderpfad Bauersberg: Am drei Kilometer nördlich von Bischofsheim gelegenen Parkplatz Rothsee beginnt ein zwölf Kilometer langer naturkundlicher Wanderpfad, der gute Einblicke in die raue Mittelgebirgslandschaft des Naturschutzgebiets der Rhön vermittelt. Wer will, kann in der Fischer-Hütte am Rothsee Brotzeit machen.

Rotes Moor: Das Rote Moor – nach dem Schwarzen Moor eines der bedeutendsten Moore der Rhön – gehört zwar schon zu Hessen, doch ist die Moorlandschaft, durch die ein Moorpfad führt, mit ihrem Karpatenbirkenwald so interessant, dass sich ein Ausflug vom zehn Kilometer entfernten Bischofsheim empfiehlt. Der Pfad führt etwa zwei Kilometer durch das Moor. Das Rote Moor beherbergt noch etwa 20 der extrem selten gewordenen Birkhühner, die dort auch brüten. Leider hat das Rote Moor – wie am Aussichtsturm deutlich zu erkennen ist – durch die Torfindustrie bis in die jüngste Zeit gelitten.

Der Kreuzberg – der heilige Berg der Franken

Der Legende zufolge soll der Heilige Kilian, ein iroschottischer Mönch und Missionar, der später in Würzburg enthauptet wurde, im Jahre 686 an der Stelle eines heidnischen Kultplatzes auf dem zweithöchsten Berg (928 m) der Rhön ein Kreuz errichtet haben. Daraus hat sich seit dem Mittelalter ein beliebtes Wallfahrtsziel entwickelt. Der Würzburger Fürstbischof *Julius Echter von Mespelbrunn* ließ 1598 eine Wallfahrtskapelle errichten. Knapp hundert Jahre später wurde ein noch heute bestehendes Franziskanerkloster gegründet; schließlich kamen noch vierzehn Kreuzwegstationen und drei barocke Kreuze unterhalb des Gipfels hinzu. Als man 1731 begann, ein süffiges Klosterbier zu brauen, hatte der Kreuzberg eine noch stärkere, bis in die Gegenwart reichende Anziehungskraft gewonnen. Es scheint fast so, als ob das Bier den drei Kreuzen den Rang abgelaufen hat. Hochprozentiges wird seit ein paar Jahren allerdings nicht mehr ausgeschenkt, da Betrunkene wiederholt die klösterliche Atmosphäre empfindlich gestört hatten.

Rhön Karte Seite 399

Coburger Schloss

Frankenwald, Coburger Land und Oberes Maintal

Die Gründung des Bistums Bamberg durch Kaiser Heinrich II. (1007) läutete auf breiter Front die Kolonisierung des Frankenwaldes ein. In dem herben Landstrich mit seinem rauen Klima begann eine intensive Rodungsarbeit, worauf noch heute die Ortsnamen mit den Endungen -reuth, -schwand und -grün hinweisen. Es verwundert daher nicht, dass ab dem Spätmittelalter die Holzwirtschaft der Haupterwerbszweig im Frankenwald war; zur landwirtschaftlichen Nutzung eignen sich die kargen Böden nur bedingt.

Über die vielen Bäche und Flüsse wurde der wichtige Rohstoff zum Main und teilweise weiter zum Rhein geflößt. Mit der Industrialisierung und dem Bau der Eisenbahn verlor diese Transportart im Frankenwald mehr und mehr an Bedeutung, 1958 fand die letzte gewerbliche Floßfahrt statt. Heute ist die Flößerei ein reines Touristen-Vergnügen.

Bis zu 800 Meter hoch sind die größten Erhebungen des Frankenwaldes, der sich geologisch an den Thüringer Wald anschließt; er ist Teil des ostthüringisch-fränkischen Schiefergebirges. Den Namen „Frankenwald" trägt die Gegend zu Recht, denn den weitaus größten Teil der Landschaft bedecken Wälder. Die Fichte überwiegt, obwohl man versucht, wieder verstärkt Rotbuche, Bergahorn, Esche und Tanne aufzuforsten und somit dem Frankenwald seinen ursprünglichen Charakter zurückzugeben. In der Tourismuswerbung wird der Frankenwald, der alljährlich eine Million Weihnachtsbäume in die deutschen Wohnzimmer liefert, gerne als die

Information: Tourist Information Frankenwald, Adolf-Kolping-Str. 1, 96317 Kronach, ✆ 09261/60150, ✆ 09261/601515, www.frankenwald-tourismus.de, www.frankenwaldmobil.de. Tourist Information Oberes Maintal – Coburger Land, Kronacher Str. 30, 96215 Lichtenfels, ✆ 09571/18283, ✆ 09571/18288, www.oberesmaintal-coburgerland.com.

Wanderkarten: Fritsch Wanderkarte Nr. 50, Oberes Maintal, 1:50.000; Nr. 51, Naturpark Frankenwald, 1:50.000.

„grüne Krone Bayerns" vermarktet. Durch ein großzügiges Wanderwegenetz sind die Wälder und Täler des *Naturparks Frankenwald* bis nach Thüringen erschlossen. Zu den landschaftlich reizvollsten Teilen gehören die Täler der beiden Rodach-Flüsschen, das Tal der Ölsnitz bei Dürrenwaid sowie der Köstenschmölzgrund.

Die Residenzstadt *Coburg* nimmt historisch eine Sonderstellung in Franken ein, gehört das einstige Herzogtum doch erst seit 1920 zu Bayern. Zahlreiche repräsentative Bauten zeugen noch von der glanzvollen Vergangenheit. Nicht nur die Stadt, auch das Coburger Land ist reich an Sehenswürdigkeiten, man denke nur an die altertümlichen Stadtbilder von Seßlach und Rodach. Auch die Städte Kulmbach und Kronach dürfen nicht unerwähnt bleiben. Über *Kulmbach* thront die Plassenburg mit dem schönsten Renaissancehof Deutschlands, über *Kronach* die Festung Rosenberg. Im Unteren Maintal kommen die Freunde barocker Pracht auf ihre Kosten. Mit *Vierzehnheiligen* und *Kloster Banz*, der „goldenen Pforte" des Maintals, gilt es hier, zwei absolute Barockjuwele zu bestaunen. Bedroht wird die einzigartige Kulturlandschaft durch die Pläne, eine Autobahn von Bamberg in Richtung Thüringen zu bauen.

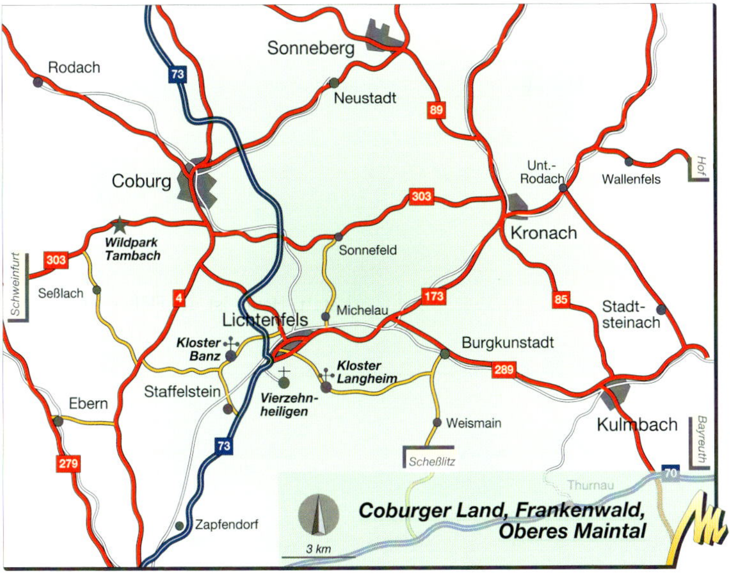

Frankenwald, Coburger Land, Oberes Maintal
Karte Seite 423

Coburg

Erst seit gut 80 Jahren gehören die Coburger zu Bayern. Bis 1920 war das Herzogtum Sachsen-Coburg und Gotha ein eigenständiger Fleck auf der bunten Landkarte der deutschen Kleinstaaterei. Bei einem Streifzug durch die Altstadt ist das vornehme Gepräge der Residenzstadt nicht zu übersehen, an Fachwerk hat Coburg hingegen nicht viel zu bieten.

Das Coburger Herzogshaus ist mit dem gesamten europäischen Hochadel, darunter den Königshäusern von Belgien, Dänemark und selbstverständlich Großbritannien, um mehrere Ecken verwandt. So ist z. B. der schwedische König *Carl Gustav* ein Enkel des letzten regierenden Coburger Herzogs *Carl Eduard*: ein Beispiel von vielen. Auch die Stadt strahlt noch immer viel vom aristokratischen Flair einer Residenzstadt aus. Im Gegensatz zu anderen fränkischen Städten, in denen das Fachwerk überwiegt, sind hier die Häuser zinnenbekrönt.

Wer es sich nicht leisten kann, zum Karneval nach Rio zu fliegen, sollte es einmal mit dem Coburger *Samba-Festival* versuchen. Jedes Jahr im Juli sind es weit mehr als 100.000 Gäste, die das oberfränkische „Klein-Rio" besuchen. Ein ganzes Wochenende lang geht es hoch her, tausend Musiker und Tänzer sorgen für die nötige Stimmung. Sambarhythmen bis in die frühen Morgenstunden ...

Warum Johann Strauß Coburger wurde

Johann Strauß, der Wiener Walzerkönig, ein Coburger „Staatsbürger"? Dies mag verwundern, stimmt aber. Als sich der neu verliebte Johann Strauß von seiner zweiten Ehefrau „Lili" trennen wollte, die ihn zuvor mit dem Direktor des Wiener Theaters betrogen hatte, wurde dem 62-Jährigen in der erzkatholischen österreichischen Metropole die Scheidung verwehrt. Daraufhin nahm der Komponist das Angebot des Coburger Herzogs *Ernst II.* an, wurde sein Untertan und konvertierte 1887 zum Luthertum. Nun stand der Scheidung nichts mehr im Wege. Einen Monat später läuteten in der Schlosskirche der Ehrenburg die Hochzeitsglocken.

Geschichte

Das 1056 erstmals urkundlich erwähnte Coburg stellt einen Sonderfall in der fränkischen Geschichte dar. Zwar verliefen die Anfänge noch durchaus parallel, doch der Umstand, dass Coburg mit seinem Umland 1353 an die *Wettiner* fiel und zum eigenständigen Herzogtum wurde, lenkte die Geschicke Coburgs bis 1918 in völlig andere Bahnen. Die jahrhundertelange Verbindung mit den Wettinischen Kernlanden Sachsen und Thüringen führte zu einer kulturellen und konfessionellen Entwicklung, durch die sich Coburg deutlich von seinen katholischen Nachbarn, und hierbei insbesondere vom Hochstift Bamberg, unterschied.

In der fränkischen Zeit bildete das Coburger Land den nordöstlichen Teil des Grabfeldgaus und lag somit im Grenzgebiet zwischen dem fränkischen und slawischen Herrschaftsraum. Nach dem Aussterben der *Andechs-Meranier* (1248), die Coburg erst wenige Jahre zuvor ihren fränkischen Besitzungen einverleibt hatten, gelangte die Stadt zunächst an die im fränkisch-thüringischen Raum reich begüterten *Grafen von Henneberg* und durch einen weiteren Erbfall 1353 schließlich an den Markgrafen *Friedrich den Strengen von Meißen*. Coburgs Geschichte war seither aufs Engste mit der sächsischen verknüpft. Als Hauptstadt der wettinischen „Ortslande in Franken", dessen Fürstenhaus 1423 von *Kaiser Sigismund* die sächsische Kurwürde verliehen bekam, wurde Coburg mit zahlreichen Sonderrechten ausgestattet und finanziell begünstigt. Die Stadt wuchs, Wohlstand kehrte in die Bürgerhäuser ein. Das Bild der Coburger Altstadt mit ihren turmbewehrten Mauern entstand weitgehend im Verlauf des 14. und 15. Jahrhunderts. Ins Rampenlicht der Weltgeschichte rückte Coburg 1530, als der große Reformator *Martin Luther* – mit einem Vollbart getarnt – die Zeit vom April bis zum Oktober mehr oder weniger zwangsweise ein halbes Jahr auf der Veste Coburg zubrachte. Am damals stattfindenden Reichstag in Augsburg konnte Luther nicht teilnehmen, da er durch das *Wormser Edikt* mit der Reichsacht belegt worden war. Mit Mahnbriefen und Streitschriften trug er aber aus sicherer Distanz dazu bei, die Sache des Protestantismus zu vertreten. „*Non moriar sed vivam et narrabo opera domini* – Ich werde nicht sterben, sondern leben und die Werke des Herrn verkünden", soll er in schwarzen Lettern an die Stubenwand geschrieben haben.

Veste Coburg – eine der mächtigsten Festungsanlagen in Franken

Während der Regierungszeit von Herzog *Johann Casimir* (1586–1633) blühte Coburg sichtlich auf. Casimir baute die Bürgerstadt mit Hilfe seines Baumeisters *Peter Sengelaub* zur vornehmen Residenzstadt aus. Mit dem *Gymnasium Casimirianum* gründete er eine höhere Lehranstalt, die 1677 gar zur Universität erhoben wurde. Das Gebäude zählt zu den bedeutendsten Renaissancebauten Coburgs. Bis zum Regierungsantritt *Herzog Ernsts I.* im Jahre 1807 mangelte es dem Coburger Land an jeglicher Konstanz. Häufige Regentschaftswechsel und Erbstreitigkeiten, verbunden mit finanziellen Problemen, hatten Coburg fast zweieinhalb unstete Jahrhunderte beschert. Doch dann meldete sich das Herzogtum auf dem europäischen Parkett zurück, *Herzogin Auguste* vermählte ihre hübschen, wohlgeratenen Kinder geschickt mit allen bedeutenden Fürstenhäusern Europas: *Prinz Leopold* wurde 1831 zum belgischen König gekrönt; mit *Eduard VII.* bestieg 1901 das Haus *Sachsen-Coburg und Gotha* den englischen Thron (1917, während des Ersten Weltkriegs, benannte sich das englische Königshaus nach seinem Sommersitz in „Windsor" um).

In Coburg keimte – gefördert von Herzog *Ernst II.* (1844–1893) – schon früh ein nationaler Geist, der die großdeutschen Einheitsbestrebungen befürwortete: 1859 wurde die Stadt Sitz des *Deutschen Nationalvereins,* nachdem die Reichsstadt Frankfurt abgelehnt hatte. Ein Jahr später fand in Coburg das erste Deutsche Turnfest statt; in der Reithalle am Schlossplatz wurde dabei die *Deutsche Turnerschaft* gegründet, zwei Jahre später der *Deutsche Sängerbund.* In Coburg erschienen auch die deutsche Turner-, Schützen- und Wehrzeitung und 1862 schließlich das erste Öffentlichkeitsorgan der deutschen Arbeiterbewegung, die Allgemeine Deutsche Arbeiter-Zeitung. Zudem trafen sich seit 1868 die *Akademischen Landsmannschaften* in Coburg. Erst viel später entwickelte sich daraus der 1951 gegründete *Coburger Convent,* ein Zusammenschluss der Landsmannschaften farbentragender studentischer Verbindungen, deren alljährliches Pfingsttreffen in Coburg auch nicht jedermanns Sache ist. Für so viel großdeutsches Engagement zollte *Kaiser Wilhelm I.* am Tag seiner Krönung (1871) dem Coburger Herzog Ernst II. seine Hochachtung: „Ich vergesse nicht, dass ich die Hauptsache des heutigen Tages Euren Bestrebungen zu danken habe."

Wie der Mohrenkopf aus dem Stadtwappen verschwand

Im „Dritten Reich" führte die Stadt stolz den Ehrentitel einer „nationalsozialistischen Hochburg", denn der Stimmenanteil der NSDAP in Coburg übertraf den Landesdurchschnitt bei weitem. Bereits im Juni 1929 gewann die NSDAP in Coburg die absolute Mehrheit der Stadtratssitze. Am 26. Februar 1932 verlieh Coburg als erste deutsche Stadt Adolf Hitler die Ehrenbürgerrechte! Der Coburger NSDAP-Würdenträger *Schwede* tat sich unter seinen bayerischen Amtskollegen nach der Machtübernahme der Nazis in besonderer Weise hervor, indem er die 40 führenden Juden der Stadt im Rathaus mit dem Lederriemen krankenhausreif schlagen und erst auf höhere Weisung wieder gehen ließ. Bei so viel Eifer verwundert es nicht, dass Schwede alsbald zum „Oberbürgermeister" befördert wurde. In dieser Funktion ersetzte er das historische Stadtwappen Coburgs mit dem aus „arischer" Sicht bedenklichen Mohrenkopf durch ein Schwert mit Hakenkreuz im Knauf. Auch der letzte regierende Coburger Herzog Carl Eduard zeigte sich von Schwedes Amtseifer begeistert und stiftete ihm eine neue Bürgermeisteramtskette mit Krone und Hakenkreuz ...

Im November 1918 trat mit *Carl Eduard von Sachsen-Coburg und Gotha* der letzte Herzog zurück. Das Herzogtum zerfiel in die Freistaaten Coburg und Gotha. Die Unabhängigkeit kam aufgrund der leeren Staatskassen nicht in Betracht. Es boten sich drei Alternativen an: der Anschluss an Bayern, Preußen oder ein neu zu gründender thüringischer Einheitsstaat. Preußen schied aus taktischen Gründen aus, und für das sozialistisch beeinflusste Thüringen hatten die bürgerlich-konservativen Coburger wenig Begeisterung aufbringen können, wie das Ergebnis einer Volksabstimmung bewies: Ein Beitritt wurde mit 26.102 gegen 3.466 Stimmen deutlich abgelehnt. Blieb somit nur noch der Freistaat Bayern, zu dem das überwiegend protestantische Herzogtum seit dem 19. Jahrhundert rege wirtschaftliche Beziehungen unterhielt. Außerdem erhofften sich die Coburger vom agrarisch geprägten Bayern eine verbesserte Lebensmittelversorgung. Am 14. Februar 1920 un-

terzeichnete der bayerische Ministerpräsident *Johannes Hoffmann* und sein Justizminister Ernst Müller-Meiningen sowie Staatsrat Franz Klinger und Ministerialdirektor Ernst Fritsch für den Freistaat Coburg die Beitrittsurkunde. Ein wichtiger Punkt im Vertragswerk war, dass sich der Freistaat Bayern verpflichten musste, die Coburger Landesstiftung mit ihren Sammlungen, Museen und Bibliotheken sowie das Theater „für alle Zeiten" zu unterhalten. Damit sollte verhindert werden, dass Coburg kulturell verkümmerte. Erst nach 1945 kam die volle Tragweite dieser Entscheidung zur Geltung: Während die thüringischen Nachbarn der sowjetischen Besatzungsmacht unterstellt wurden, blieben Coburg als jüngstem Teil Bayerns 40 Jahre Sozialismus à la DDR erspart.

Anfahrt/Verbindungen

- *Zug* Der **Bahnhof** liegt nur fünf Gehminuten vom Zentrum entfernt im Nordwesten der Altstadt. Es bestehen regelmäßige Verbindungen über Lichtenfels nach Bamberg sowie nach Neustadt.
- *Auto* Es führt keine durchgehende Autobahn nach Coburg. Von Süden kommend, muss man die A 73, den „Frankenschnellweg", bei Breitengüßbach verlassen und auf der gut ausgebauten Bundesstraße 4 durch den Itzgrund weiter Richtung Coburg fahren. Die letzten Kilometer vor der Stadt sind wieder autobahnähnlich ausgebaut. Im Zentrum findet man mehrere Parkhäuser und -plätze.

Frankenwald, Coburger Land, Oberes Maintal
Karte Seite 423

Information/Diverses

• *Information* **Tourist Information**, Herrngasse 4, 96450 Coburg, ✆ 09561/898000, 📠 09561/898029, www.coburg-tourist.de.

• *Einwohner* 42.800

• *Literaturtipp* Uwe Timm: Der Mann auf dem Hochrad. dtv, München 2002. Die Gesichte des Tierpräparators Franz Schröder spielt in Coburg zu Beginn des Industriezeitalters. Sabine Friedrich: Familiensilber. dtv, München 2005. Facettenreicher Familienroman, dessen Schauplatz Neuenburg unschwer als Coburg zu erkennen ist.

• *Coburger Convent* Alljährlich zu Pfingsten treffen sich die Mitglieder der „Schlagenden Verbindungen" in Coburg. Am Pfingstdienstag herrscht „Volksfeststimmung" auf dem Marktplatz.

• *Golf* Golf-Club Coburg, Schloss Tambach, 18-Loch-Anlage, ✆ 09567/1212, www.gc-coburg.de.

• *Coburg Marathon* Ausgeschilderte Marathonstrecke rund um Coburg. Start und Ziel ist die Rolf-Forkel-Halle in Lützelbuch.

• *Samba-Festival* Mitte Juli findet dieses in Deutschland einzigartige internationale Festival statt, www.samba-festival.de.

• *Schlossplatz-Fest* Jedes Jahr findet es an einem Wochenende Mitte/Ende August – wie der Name schon verrät – auf dem Schlossplatz statt.

• *Schwimmen* **Wellenfreibad** in der Rosenauer Straße.

• *Stadtführungen* April–Okt. tgl. 10.30 Uhr, Juni–Sept. auch Sa 14 Uhr, Nov.–März Mo, Mi und Sa um 10.30 Uhr. Treffpunkt: Tourist Information. Teilnahmegebühr: 5 €.

• *Theater* Das ehemalige **Hoftheater** wird ganzjährig bespielt (Sommerpause wie die großen Ferien in Bayern). Die Theaterkasse ist Di–Fr von 10–13 Uhr sowie am Wochenende von 10–12 Uhr geöffnet, ✆ 92742.

• *Wochenmarkt* Mi und Sa auf dem Marktplatz.

Essen/Übernachten (siehe Karte S. 427)

Goldene Traube (9), zentral gelegenes Romantikhotel mit schön eingerichteten, farbenfrohen Zimmern in verschiedenen Kategorien. Sauna vorhanden. Lohnend ist aber vor allem ein Besuch im Spezialitätenrestaurant **Esszimmer (9)**, das von Michelin mit einem Stern bewertet wurde und damit als eines der besten in Oberfranken gilt. Hervorragende Weinauswahl, auch an offenen Weinen. Menüs zu 49, 69 und 119 €. Sonntagmittag bleibt die Küche kalt. Günstiger sind das angegliederte **Meer & Mehr (9)** und das **Weinstüberl (9)**, in dem wochentags fränkische Küche serviert wird (Mo–Fr 17–24 Uhr). EZ ab 85 €, DZ ab 95 €. Am Viktoriabrunnen 2, ✆ 09561/8760, 📠 876222, www.goldenetraube.com.

Hotel Blankenburg, modernes, zur Best-Western-Gruppe gehörendes Hotel. Hotelgäste können das nebenan gelegene Hallen-Wellen-Freibad kostenlos benutzen. Im angeschlossenen Restaurant „Kräutergarten" ist der Name Programm. Anspruchsvolle Küche. EZ ab 65 €, DZ ab 85 € (inkl. Frühstück). Rosenauer Str. 30, ✆ 09561/6440, 📠 644199, www.blankenburg.bestwestern.de.

Festungshof (3), direkt neben der Veste Coburg erwartet den Gast gediegene fränkische Küche. Im Sommer hat man die Wahl zwischen der Terrasse mit schmiedeeisernen Gittern oder dem großen Biergarten. Kulinarisch macht sich die Nähe zu Thüringen bemerkbar. Selbstverständlich bietet man auch original auf Kiefernzapfen gegrillte Coburger Bratwürste an. DZ ab 70 €. Festungshof 1, ✆ 09561/80290, 📠 802933, www.hotel-festungshof.de.

Münchner Hofbräuhaus (6), das mitten in der Altstadt gelegene Restaurant mit der getäfelten Gaststube bietet Fischspezialitäten und regionale Schmankerl, Hauptgerichte zwischen 8 und 13 €. Innenhof. Im 2001 renovierten Hotel wird eine Handvoll Zimmer vermietet. Sonntagabend geschlossen. EZ 44 €, DZ 72 €. Kleine Johannisgasse 8, ✆ 09561/234923, 📠 234923, www.coburg-muenchnerhofbraeu.de.

Künstlerklause (5), nette Weinstube mit angegliedertem Restaurant. Service und Kochkunst in gehobener Symbiose. Es gibt internationale und fränkische Küche (Roulade mit Salat 8,70 €.), zu den Bratengerichten werden Coburger Klöße serviert. Straßenterrasse. Mo Ruhetag, Sa und So auch mittags geöffnet, sonst nur abends. Theaterplatz 4a, ✆ 90705.

Restaurant-Café Burgschenke (4), direkt am Eingang zur Veste mit einem wunderschönen Ausblick. Im Sommer tgl. geöffnet. Veste Coburg 1b, ✆ 80980.

Loreley (8), in einem bemalten Bürgerhaus wird bodenständige Kost (Coburger Krüstchen) in einem nüchtern rustikalen Ambiente geboten. Große Straßenterrasse. Mo Ruhetag. Herrngasse 14, ✆ 235599, www.loreley-coburg.de.

Ratskeller (10), nicht im Keller, sondern im Erdgeschoss des Rathauses sitzt man unter einem hohen, hellen Gewölbe. Als Vorspeise wählt man eine Coburger Krensuppe (4,10 €), um sich anschließend am Lammkotelett mit Bohnen (12,60 €) zu versuchen. Markt 1, ✆ 92400.

Stadtcafé (2), das modern gestylte Stadtcafé im „Gräfsblock" am Spitalturm ist die richtige Adresse, um sich ein paar angenehme Stunden zu machen. Vor allem im Sommer sitzt man auf der Terrasse besonders schön. Nicht unerwähnt sollte bleiben, dass das selbstgemachte Eis von ausgezeichneter Qualität ist. Tgl. 9–23 Uhr, am Wochenende bis 24 Uhr. Steinweg 1, ✆ 90377.

Adria (1), das Restaurant von Luciano Minuzzi gilt unter Einheimischen als der beste Italiener der Stadt. Vorzügliche Fischgerichte und leckere Pizzen. Callenberger Str. 9, ✆ 95586.

Café M (7), angenehme Café-Bar am Rande der Altstadt. Straßenterrasse. Mo–Fr 9.30–18.30 Uhr, Sa bis 17.30 Uhr. Judengasse 8, ✆ 795133.

• *Jugendherberge* **Schloss Ketschendorf**, sie befindet sich im Stadtteil Ketschendorf inmitten einer herrlichen Parkanlage, 20 Gehminuten vom historischen Zentrum entfernt. Vom Bahnhof aus ist die Jugendherberge mit den Buslinien 1 und 5 zu erreichen. Übernachtung mit Frühstück ab 16,40 €. Nov. und Dez. geschlossen. Parkstr. 2, ✆ 09561/15330, ✆ 28653, jhcoburg@djh-bayern.de.

Sehenswertes

> COcard – lohnend für alle Kulturinteressierten. Für 9,50 € gewährt die drei Tage gültige Karte den Eintritt zu sieben Museen in Coburg und Umgebung.

Veste Coburg: Auf einem talbeherrschenden Bergrücken gelegen, überragt die Veste Coburg die Altstadt und das Umland um genau 167 Meter. Sie gehört mit einer Länge von 260 Metern und einer Breite von 135 Metern zu den größten und am besten erhaltenen mittelalterlichen Burganlagen Deutschlands. Wegen ihrer mächtigen Bastionsanlagen, Türme und Zinnen wird sie von alters her die „Fränkische Krone" genannt. Die Ursprünge der Burg lassen sich bis in das 11. Jahrhundert zurückverfolgen, die ältesten Teile stammen aus der Zeit um 1200. Bereits im späten Mittelalter erfolgte der Ausbau der Wehranlagen mit einem dreifachen Bering, damals war die Burg bereits in einen Inneren und einen Äußeren Burghof geteilt. Herzog Johann Casimir baute die Veste zu einer uneinnehmbaren militärischen Bastion aus, die im Dreißigjährigen Krieg aber durch Verrat dennoch eingenommen werden konnte. Zuvor hatten nur 800 Verteidiger die bis zu 8000 kaiserlichen Belagerer drei Jahre lang in Schach halten können. Eine Besichtigung des repräsentativen Fürstenbaus mit den herzoglichen Wohnräumen sowie den reichhaltigen Kunstsammlungen sollte man sich keinesfalls entgehen lassen.

Öffnungszeiten Der Burghof ist von April bis Okt. bis 19 Uhr, im Winter bis 17 Uhr geöffnet. Führungen: April–Okt. jeden Sa und So um 14 Uhr. Treffpunkt: Kassenhäuschen. Dauer: 2 Stunden. Teilnahmegebühr: 7,50 € (inkl. Kunstsammlungen).

Kunstsammlungen der Veste Coburg: Durch den Beitritt Coburgs gingen auch die reichen Kunstsammlungen der Herzöge in den Besitz des Freistaats Bayern über, der sich verpflichtet hatte, diese in Coburg auszustellen. Das Kupferstichkabinett mit rund 350.000 Werken von 5000 Meistern sowie die Waffen- und Gläsersamm-

Karte Seite 423

lung zählen zu den bedeutendsten ihrer Art in Deutschland. Im Herzoginnenbau können Prunkwagen und Turnierschlitten bewundert werden. Wegen der Großräumigkeit der Ausstellung sollte man sich unbedingt ausreichend Zeit für die Besichtigung nehmen. Interessant ist ein Vergleich der beiden Gemälde des Selbstmords der Lucretia; das eine stammt von *Lucas Cranach d. Ä.*, das andere von seinem Sohn *Lucas Cranach d. J.* Auch ein Porträt von Martin Luther, der in der Veste zu seinem Schutz ein halbes Jahr verbringen musste, ist zu bewundern. Es stammt von Lucas Cranach d. Ä., der Luther nicht nur freundschaftlich verbunden, sondern auch sein Trauzeuge war, als der Reformator 1525 die ehemalige Nonne Katharina von Bora heiratete. Neben spätgotischer Tafelmalerei gehören auch Gemälde von Holbein, Grünewald und Dürer zum Museumsfundus.

Öffnungszeiten Ende März bis Anfang Okt. tgl. 9.30–17 Uhr, im Winter tgl. außer Mo 13–16 Uhr. Eintritt: Erw. 5 €, erm. 4 €. Kombiticket mit Ehrenburg und Rosenau: 10 €, www.kunstsammlungen-coburg.de.

Schloss Ehrenburg: Angeblich soll Kaiser *Karl V.* dem Stadtschloss den Namen Ehrenburg verliehen haben, weil die Errichtung – damals eine rühmliche Ausnahme – ohne Frondienste der Untertanen vonstatten ging. Auftraggeber für den 1543 begonnenen Bau des Schlosses war Herzog *Johann Ernst*, der das zeitgemäße Stadtschloss der Veste als Residenz vorzog. Mehrere Umbauten und Erweiterungen sowie ein verhängnisvolles Großfeuer (1690) führten dazu, dass von der ursprünglichen Anlage nur noch der Südflügel mit dem Treppenturm erhalten ist. Die *Schlosskirche* präsentiert sich in einer für eine evangelische Kirche ungewöhnlichen barocken Pracht. Der darüberliegende vornehme *Riesensaal* ist der eindrucksvollste Raum des Schlosses. Er und die Kirche erhielten ihr jetziges Aussehen während des 1690 beginnenden Wiederaufbaus des Schlosses. Das äußere Erscheinungsbild der an sich barocken Ehrenburg wird durch die baulichen Veränderungen zu Beginn des 19. Jahrhunderts geprägt, z. B. durch eine vorgeblendete Sandsteinfassade. Die Pläne hierfür stammen wahrscheinlich von dem berühmten Berliner Architekten *Karl Friedrich Schinkel*, sie wurden jedoch im Stil der englischen Neugotik abgewandelt. Die Innenräume gestaltete der Franzose *André Renié-Gretry*. Das Ergebnis: ein Hauch von Buckingham in Coburg. Seltenheitswert hat das private *Wasserklosett* von Königin Victoria.

• *Führungen* April–Sept. tgl. außer Mo stdl. 9–17 Uhr; von Okt.–März findet die letzte Führung um 15 Uhr statt. Eintritt: 4 €, erm. 3 €, www.sgvcoburg.de. Kombiticket mit Kunstsammlungen Veste Coburg und Rosenau: 10 €.

Landesbibliothek: Der Bestand der wissenschaftlichen Regionalbibliothek in Schloss Ehrenburg zählt 360.000 Bände aus allen Wissensgebieten vom 15. bis 21. Jahrhundert. Sehenswert sind die spätbarocken und klassizistischen Publikumssäle.

Öffnungszeiten Mo–Do 10–17 Uhr, Fr und Sa 10–13 Uhr. ✆ 76757.

Schlossplatz: Der dem Schloss Ehrenburg vorgelagerte Platz mit den lang gestreckten Arkaden besticht durch seine harmonische Konzeption. Auf der anderen Seite des Schlossplatzes schließen das Landestheater und das Palais Edinburgh das heitere Areal ab. An der Südostecke des Platzes steht die einstige herzogliche Reithalle, die heute vom Landestheater als Studiobühne genutzt wird. Der idyllische Weg vom Schlossplatz hinauf zur Veste führt durch eine der schönsten deutschen Parkanlagen. In dieser malerischen Kulisse findet alljährlich im Sommer das Schlossplatzfest statt. Geboten werden folkloristische Darbietungen aus verschiedenen Ländern, Musikgruppen sowie lokale und internationale Spezialitäten.

Stadthaus und Markt

Palais Edinburgh: Das 1866 im Stil der Neurenaissance errichtete Gebäude diente einst Herzog Alfred, einem Sohn der englischen Königin Victoria, als Wohnsitz; heute ist das Palais Sitz der Industrie- und Handelskammer.

Rathaus und Marktplatz: Das heutige Rathaus ging aus einem spätmittelalterlichen Vorgängerbau hervor, der den damaligen Anforderungen nicht mehr genügte. Es entstand ein etwas uneinheitlicher Renaissancebau, von dem noch der Große Ratssaal mit seiner imposanten Balkendecke sowie einer der ältesten, für Coburg so typisch gewordenen Erker erhalten sind. In der Mitte des 18. Jahrhunderts erhielt das Rathaus eine neue, einheitliche Front mit dekorativen Rokoko-Ornamenten. Durch den weiträumigen Marktplatz kommt die Schauseite des Rathauses besonders zur Geltung. Daneben schließt sich ein Bürgerhaus mit einer ebenfalls sehr schönen Fassade an. Um die Ecke, in der Ketschengasse 7, steht mit dem *Münzmeisterhaus* eines der ältesten Fachwerkhäuser Deutschlands. Allerdings dürfte es dennoch rund hundert Jahre jünger sein, als an einer Tafel am Haus (1333) angegeben. Auf der gegenüberliegenden Seite schließt der Monumentalbau des *Stadthauses* den Marktplatz nach Norden hin ab. Dieses ursprünglich bemalte, ehemalige Regierungsgebäude der früheren Coburger Regenten gilt als der eindrucksvollste Renaissancebau der Stadt. Zwei gelungene Erker und überlebensgroße Ritterfiguren an den Giebelecken zieren den Repräsentationsbau. Im Untergeschoss befindet sich eine reizvolle Ladenpassage.

St. Moriz: Fast skurril wirken die beiden ungleichen Türme des spätgotischen Kirchenbaus: Während der südliche Turm („Rabenturm“) mit seiner aufgesetzten Haube knapp den Dachsattel des Langhauses überragt und unvollendet blieb, erhebt sich der andere in achteckiger Form bis in eine Höhe von 72 Metern. Ein Blick ins Innere verblüfft: Im 18. Jahrhundert wurde die spätgotische Hallenkirche – dem protestantisch nüchternen Zeitgeist folgend – zu einem Predigtsaal umgebaut. Das

Karte Seite 423

Glanzstück der schlichten Innenausstattung ist das als Chorabschluss dienende Alabasterepitaph (1598) für Johann Friedrich II.

Landestheater: Zu einem fürstlichen Hof gehörte selbstverständlich ein repräsentatives Theater. Dem 1837–1840 im klassizistischen Stil errichteten Landestheater gingen zwei Komödienhäuser voraus. Die Existenz des einzigen bayerischen Landestheaters außerhalb Münchens verdanken die Coburger dem 1920 geschlossenen Staatsvertrags mit Bayern. Eine Klausel regelte den Fortbestand des Theaters.

Internet-Informationen www.landestheater.de

Reich verzierter Erker

Naturkundemuseum: Die umfangreiche Sammlung heimischer und fremder Tiere, Vögel und Mineralien sowie die völkerkundliche Abteilung wurden von den Herzögen begründet. Die Zahl der Objekte wird auf drei- bis vierhunderttausend geschätzt.

Adresse/Öffnungszeiten Park 6, im Hofgarten an der Auffahrt zur Veste, ✆ 7506869. Tgl. 9–17 Uhr. Eintritt: 2 €, erm. 1 €, www.naturkunde-museum-coburg.de.

Coburger Puppenmuseum: Im ehemaligen Wohnhaus des Orientalisten und Dichters Friedrich Rückert sind 600 Puppen aus der Zeit 1810–1950 sowie über 50 Puppenstuben und weiteres Spielzeug zu bewundern.

Adresse/Öffnungszeiten Rückertstr. 2/3 (neben Schloss Ehrenburg), ✆ 891480. April–Okt. tgl. 10–16 Uhr, Nov.–März Di–So von 11–16 Uhr. Eintritt: Erw. 2 €, Kinder 1,50 €, www.coburger-puppenmuseum.de.

Umgebung

Schloss Rosenau: In dem unweit von Coburg (in Rödental) gelegenen Schloss, einem beliebten Aufenthaltsort der Coburger Herzöge, wurde Prinz Albert, der Gemahl der englischen Königin Victoria, geboren. Nach dessen Tod weilte seine Frau noch des Öfteren hier. Die spätmittelalterliche Bausubstanz des Schlosses verschwand fast vollkommen hinter der 1816 begonnenen neugotischen Umgestaltung, an der auch *Karl Friedrich Schinkel* beteiligt war. Sehenswert ist der sog. Marmorsaal im Erdgeschoss. Rund um Schloss Rosenau erstreckt sich ein großzügiger Park.

Führungen Di–So jeweils stdl. 9–17 Uhr, im Winterhalbjahr nur bis 15 Uhr. Eintritt: 4 €, erm. 3 €, www.svgcoburg.de.

Museum für Modernes Glas: Untergebracht in einem ansprechenden Neubau beim Schloss Rosenau, bietet das Europäische Museum für Modernes Glas auf einer

Ausstellungsfläche von rund 1000 Quadratmetern die größte Präsentation von Studioglas und zeitgenössischem Glas in Europa. Zu den ausgestellten Glasarbeiten gehören auch Kunstwerke von *Vaclav Cigler*, *Walter Schwarz* und *Erwin Eisch*, dem bekannten Glaskünstler aus Frauenau im Bayerischen Wald.

Öffnungszeiten April–Okt. tgl. 10–13 Uhr sowie 13.30–17 Uhr; Nov.–März Di–So 13–16 Uhr. Eintritt: 3 €, erm. 2 €. Kombiticket mit Ehrenburg und Veste Coburg: 10 €, www.kunstsammlungen-coburg.de.

Schloss Callenberg: Das einstige Stammschloss der Ritter von Callenberg war ab 1842 die Sommerresidenz des Erbprinzen und späteren Herzogs Ernst II. Heute dienen die Räumlichkeiten von Callenberg für Sonderausstellungen und als Ausstellungsräume des Deutschen Schützenmuseums.

Geöffnet Tgl. 11–17 Uhr. Führungen Sa und So um 14, 15 und 16 Uhr. Eintritt: Erw. 4 €, erm. 3 €.

Neustadt bei Coburg

Die für ihre Puppenherstellung weithin berühmte Stadt hat jahrzehntelang stark unter der nur wenige Kilometer entfernten Grenze gelitten. Erst durch die Wiedervereinigung hat die Stadt ihr Hinterland zurückbekommen.

Obwohl Neustadts Geschichte bis ins Mittelalter zurückreicht, wirkt die knapp 17.000 Einwohner zählende Stadt wesentlich jünger, nüchtern und funktionell. Die Ursache für das moderne Stadtbild sind zwei vernichtende Großbrände, der erste ereignete sich 1636, der zweite 1839.

Andernorts reisen die Touristen an, um die historischen Bauwerke zu besichtigen, nach Neustadt kommen sie der Puppen und des Spielzeugs wegen. Bei zahlreichen Herstellern kann man Spielwaren und Weihnachtsschmuck direkt ab Fabriktor erwerben. Interessant ist daher ein Besuch des *Spielzeugmuseums*. Den schönsten Blick auf die Stadt hat man vom *Muppberg*, dem 516 Meter hohen Hausberg. Hier steht seit 1905 der Prinzregententurm (Aussichtsturm), das weithin sichtbare Wahrzeichen Neustadts.

• *Information* **Fremdenverkehrsamt**, Georg-Langbein-Str. 1, 96465 Neustadt bei Coburg, ✆ 09568/81133, 📠 09568/81138, www.neustadt-bei-coburg.de. Das Verkehrsamt gibt auch ein Info-Blatt zum Fabrikverkauf heraus.

• *Veranstaltungen* Puppenfestival jedes Jahr Ende Mai, www.puppenfestival.de.

• *Fahrradverleih* **Zweirad-Martin**, Wittkenstr. 8, ✆ 5209. www.zweirad-martin.com.

• *Grenzinformationsstelle* Darstellung der Teilung Deutschlands und der Grenze zur ehemaligen DDR sowie der Verhältnisse im grenznahen Bereich. Adresse: Schützenplatz 1, ✆ 81126. Geöffnet: Mi, Sa, So und an Feiertagen 14–16 Uhr. Eintritt: frei!

• *Schwimmen* **Hallenwellenbad** mit Riesenrutsche und Piratenschiff, Wildenheider Str., ✆ 85227. Mo Ruhetag. Eintritt: 3 €. **Märchenbad**, Freibad mit 60-Meter-Wasserrutsche, Strömungskanal und Sprungturm, Ketschenbacher Str., ✆ 85239. Eintritt: 3 €, www.bademehr.de.

• *Übernachten* **Hotel Garni Am Markt**, mitten in der Fußgängerzone mit großzügigen, komfortablen Zimmern. EZ ab 45 €, DZ ab 82 € (inkl. Frühstück). Markt 3, ✆ 09568/920220, 📠 920229, www.hotelgarni-am-markt.de.

Sehenswertes

Museum der Deutschen Spielzeugindustrie: Der Schwerpunkt dieses Museums liegt auf der Entwicklungsgeschichte der Spielwarenindustrie. Angeschlossen ist eine umfangreiche Sonderausstellung von etwa 800 Trachtenpuppen aus der ganzen Welt.

Adresse/Öffnungszeiten Hindenburgplatz 1, ✆ 5600, www.spielzeugmuseum-neustadt.de. Tgl. außer Mo 10–17 Uhr, Einlass bis 16.15 Uhr. Eintritt: Erw. 3 €, Kinder 1,50 €.

Karte Seite 423

Bad Rodach

Das Thermalbad Rodach hat sich seit einigen Jahren als die deutsche Nachtwächterstadt einen Namen gemacht. Einmal in der Woche geht der Nachtwächter durch die Gassen und gibt selbstverfasste Verse zum Besten.

Obwohl Rodach im Dreißigjährigen Krieg schwer zerstört wurde, hat sich der seit 1362 mit Markt- und Stadtrechten ausgestattete Ort noch seinen altfränkischen Charakter bewahren können. Zu diesem Eindruck trägt die noch gut erhaltene Stadtbefestigung aus dem 16. Jahrhundert mit ihren vier Türmen entscheidend bei. Anhänger einer etwas eigentümlichen Ordnung müssen die Rodacher seit jeher gewesen sein, denn beispielsweise wohnten in der Färbergasse die Gerber und in der Gerbergasse die Färber. Mitten im Zentrum liegt der lang gestreckte Marktplatz, Rodachs „Gute Stube"; ein Stückchen weiter stößt man am Schlossplatz auf das ehemalige Jagdschloss der Coburger Herzöge, ein einfacher Rechteckbau aus der Mitte des 18. Jahrhunderts. Die evangelische Pfarrkirche verfügt über eine ansehnliche Rokokoausstattung. Seit 1976 besitzt Rodach mit dem *Thermalbewegungsbad* eine zusätzliche Attraktion. Die Nähe zu Thüringen, die in den Zeiten des Kalten Krieges vielfach das Gefühl vermittelte, man wohne am Ende der Welt, ermöglicht heute wieder Ausflüge nach Hildburghausen oder Meiningen.

- *Information* **Gästeinformation**, Schlossplatz 5, 96476 Bad Rodach, ✆ 09564/1550, 📠 09564/921106, www.bad-rodach.de.
- *Einwohner* 6700
- *Verbindungen* Häufige Busverbindungen nach Coburg, der Zug verkehrt 3-mal täglich.
- *Auftritt des Nachtwächters* Von Mai–Sept. lässt der Nachtwächter jeden Mi um 21 Uhr an der alten Stadtmauer am Pulverturm sein Horn erklingen.
- *Fahrradverleih* Im Hotel **Zur alten Molkerei**, Ernststr. 6, ✆ 8380.
- *Heimatmuseum* Im **Haus des Gastes** (Jagdschloss), ✆ 3117. Am ersten Sonntag im Monat 15–16.30 Uhr und an jedem zweiten Mittwoch 18–19.30 Uhr. Eintritt: 2 €.
- *Minigolf* Minigolfplatz an der Heldburger Straße, ✆ 3735. April–Okt. tgl. 10–22 Uhr.
- *Reiten* Im Stadtteil Gauerstadt sind Reithalle und Reitplatz vorhanden. ✆ 4910.
- *Schwimmen* Städtisches **Waldbad**, ✆ 1280. Eintritt: 2 €.
- *Thermalbad* Thermalbadstr. 18, ✆ 92320. Geöffnet von 8–21 Uhr, Sa und So 9–19 Uhr. Eintritt: ab 7 €. www.therme-natur.de.
- *Essen/Übernachten* **Flair- & Kurhotel am Thermalbad**, modernes Hotel direkt neben dem Kurpark. Zimmer mit Balkon, Halbpension möglich. Auch Vermietung von Ferienwohnungen. EZ ab 57 €, DZ ab 94 € (inkl. Frühstücksbuffet). Kurring 2, ✆ 09564/92300, 📠 9230400, , www.kurhotel-bad-rodach.de.

Pension Hirschmühle, die in einer ehemaligen Wassermühle untergebrachte Pension ist sehr ruhig inmitten der Natur gelegen. EZ 29 €, DZ ab 50 €. Es werden auch zwei schöne Ferienwohnungen vermietet (ab 45 €). Hirschmüllersweg 1, ✆ 09564/80155, 📠 80157, www.hirschmuehle.de.

Ausflugslokal St. Georgenberg, das Lokal verfügt über eine gute Aussicht auf Rodach. Großer, geräumiger Biergarten (Selbstbedienung) mit Kinderspielplatz. Durchgehend geöffnete Küche mit kleinen Häppchen und Pfannengerichten. Ganzjährig geöffnet, Mo Ruhetag. ✆ 540.

Wohnmobilstellplatz am Thermalbad, 30 Stellplätze, Thermalbadstraße 18, ✆ 09564/92320, 📠 923232, thermalbad@bad-rodach.de, www.thermenaue.de.

Wandern

Im Süden von Rodach steht auf dem St. Georgenberg der Aussichtsturm *Henneberger Warte*. Dort beginnt der mit einem blauen Punkt markierte Rundwanderweg *„Haarth"*, der in zweieinhalb Stunden durch die Wälder am *St. Georgenberg* und am benachbarten *Eichkopf* führt.

Nachtwächter – kein Job für Frauen

Seit 1994 werden in Rodach Deutschlands erste und einzige Nachtwächterseminare abgehalten. Die Teilnehmer proben unter Anleitung eines Zunftmeisters den richtigen Umgang mit Kuhhorn und Hellebarde, den wichtigsten Utensilien eines Nachtwächters. Zur Prüfung gehört auch der Nachweis, das Nachtwächterlied fehlerfrei singen sowie zu dieser Melodie selbstverfasste Verse vorzutragen zu können. Die Dienstkleidung wird notfalls gestellt. Das ganze Seminar scheint eine einfache und lustige Sache zu sein, dachte sich wohl auch *Lilo Versterling*, als sie 1995 in Rodach eine Ausbildung absolvierte und mit der Note 1,1 bestand – teilnehmen durfte Frau Versterling, denn schließlich kostete der Kurs mit Unterkunft und drum herum ja 660 DM. Doch dann kam das böse Erwachen: Nach einer langen und hitzigen Diskussion fand sich unter den durch die Bank männlichen Vertretern der europäischen Nachtwächterzunft keine Mehrheit für die Aufnahme einer weiblichen Kollegin. Von den Zunftsitzungen bleibt Frau Versterling ausgeschlossen, was sie aber nicht daran hindert, in ihrer Heimatstadt Goslar im Harz ihrer Berufung nachzugehen. Soviel zur Gleichberechtigung unter Nachtwächtern.

Seßlach

Angesichts der mittelalterlichen Idylle wird es selbst nüchternen Geistern schwer fallen, nicht ins Schwärmen zu geraten. Seßlach ist wirklich ein fränkisches Bilderbuchstädtchen, so verwundert es auch nicht, dass hier schon wiederholt Luther- und Räuber-Hotzenplotz-Filme gedreht wurden.

Trotz seiner bescheidenen Größe und Bedeutung wird das um 800 gegründete Seßlach gerne als das „Rothenburg Oberfrankens" bezeichnet. Nicht zu Unrecht wurde Seßlach – zuletzt 1986/87 – Landes- und Bundessieger für beispielhafte Stadtsanierung. Die Altstadt ist noch vollständig von einer Stadtmauer mit Wehrgängen umgeben, unterbrochen von vielen markanten Türmen. Bis zu 10 Meter ist das spätmittelalterliche Mauerwerk hoch! Eine alte Steinbrücke führt von Westen her durch eines der drei Stadttore in die Stadt (Achtung: Am Wochenende und an Feiertagen ist die Altstadt für motorisierte Fahrzeuge gesperrt). Auch hier werden Romantiker nicht enttäuscht: In den verträumten Gassen stehen die Fachwerkhäuser in Reih und Glied; kritische Zeitgenossen bemängeln die Musealisierung des Ortes, werden doch nun auch in Seßlach Kunsthandwerk, Aromatees und Kräuterseifen verkauft. Aus der Menge der zahllosen Kleinode stechen einige Gebäude hervor: die spitztürmige katholische Pfarrkirche, das Rathaus, der alte Kornschüttboden, das sog. „Hohe Haus" sowie das ehemalige fürstbischöfliche Amtshaus, in dem 1808 kurzzeitig *Friedrich Rückert* lebte, als sein Vater hier Richter war. Angeblich regte ihn die Glocke im Türmchen zu seiner ersten Ballade „Das Irrglöckchen" an. Vor den Toren der Stadt liegt *Schloss Geiersberg*, das einstige Amtsschloss der Würzburger Fürstbischöfe.

Eine fast magische Anziehungskraft geht von dem in der Pfarrgasse gelegenen kommunalen Brauhaus aus. Seit 1335 brauen die „Sasslicher" ihr eigenes Bier, derzeit zwischen 40 und 43 Sud – ein Sud entspricht 3200 Liter – im Jahr. Sobald ein

Karte Seite 423

Sud fertig und abholbereit ist, bildet sich eine Warteschlange vor dem Brauhaus. Auch die Seßlacher Gaststätten holen sich dann ihr Bier ab. Vor dem Ausschank muss es aber erst noch einige Tage kühl gelagert werden. Im Gasthaus kann man auch erfahren, dass der um die Qualität des Biers besorgte Bürgermeister bis vor wenigen Jahren die Seßlacher per offiziellem Aushang zur Ordnung rief: „Es darf nicht mehr in den Bach geschissen werden, morgen ist Brautag!"

- *Information* **Stadtverwaltung**, Marktplatz 98, 96145 Seßlach, ✆ 09569/92250, ℻ 09569/980808, www.sesslach.de.
- *Einwohner* 4000
- *Verbindungen* Häufige Busverbindungen nach Coburg. Haltestelle: Rathaus.
- *Fahrradverleih* **Wolfgang Bock**, Pfarrgasse 113, ✆ 483.
- *Heimatmuseum* Der ehemalige fürstbischöfliche Getreidespeicher birgt Zeugnisse aus dem bäuerlichen, städtischen und kirchlichen Leben der Stadt. Adresse: Luitpoldstr. 3, ✆ 307. Geöffnet: Sonn- und feiertags 14–16 Uhr und nach Vereinbarung. Eintritt: 2 €.
- *Schwimmen* Kleines, beheiztes **Freibad** im Stadtteil Autenhausen. ✆ 09567/334. Kleines **Hallenbad**, Coburger Str. 8, nur Fr 17–20 Uhr geöffnet. ✆ 922540.
- *Essen/Übernachten* **Roter Ochse**, die älteste Schankstätte Seßlachs, seit 1489 wird hier Bier ausgeschenkt, selbstverständlich Seßlacher Hausbrauerbier (1,90 € für 0,5 l). Auf der Karte stehen hauptsächlich Pfannengerichte und Steaks, auch Deftiges wie z. B. gebratene Rot- und Leberwurst mit Bratkartoffeln und Sauerkraut. Als Spezialität des Hauses gilt der Entenbraten mit Blaukraut für 8,90 €. Moderne Gästezimmer mit dezenten farbigen Akzenten. Di Ruhetag. DZ ab 55 €. Maximiliansplatz 95, ✆ 09569/1220, ℻ 1510, www.roter-ochse-sesslach.de.

Reinwand, ein mächtiger spätgotischer Fachwerkbau birgt die andere Seßlacher Traditionsgaststätte. Die Halbe Bier kostet auch hier phänomenale 1,90 €! Viele einfache deftige Gerichte wie Zibaleskäse, aber auch eine leckere Rinderroulade für 7,90 €. Mi Ruhetag. Große Straßenterrasse. Maximiliansplatz 99, ✆ 304, www.gasthof-reinwand.de.

Pörtnerhof, ein Lesertipp von Gert Hautsch: „Es handelt sich um ein altes Fachwerk-Anwesen, das aufwendig, liebevoll und schön restauriert worden ist. Es gibt Zimmer zum Übernachten sowie ein hervorragendes Restaurant (im Sommer mit Tischen im wunderschönen Innenhof)." Und richtig: Hier werden auch anspruchsvolle Feinschmecker befriedigt, zum Nachtisch gibt es selbstgemachtes Eis. Menüs ab 19 € (drei Gänge). Am Sonntag auch mittags geöffnet. Di Ruhetag. EZ 40 €, DZ 60 € (inkl. Frühstück). Luitpoldstr. 15, ✆ 09569/1886900, ℻ 1886889, www.sesslach-poertnerhof.de.

Privatzimmer Hildegard Twrdy, vier Zimmer, Fahrradverleih. Übernachtung 23 € inkl. Frühstück. Luitpoldstraße 32, ✆ 09569/1590.

- *Camping*: **Campingplatz Sonnland**, unweit von Seßlach, rund 100 Stellplätzen. ganzjährig geöffnet, Stellplatz 8 €, Erw. 3,50 €. Industriestr. 7, ✆ 09569/220 oder 1031.

Zeltplatz, direkt neben dem Freibad im Stadtteil Autenhausen, ✆ 09569/92250 oder 922540.

Umgebung

▸ **Bibelweg**: Der Wanderweg führt von Seßlach nach *Untermerzbach*. Auf 15 Kilometern (leider muss man die gleiche Strecke wieder zurücklaufen) sind zwölf Holzskulpturen mit biblischen Motiven an sehr schönen Plätzen aufgestellt worden. Ein sehr schöner Weg, nur leider unterwegs keine Einkehrmöglichkeiten. (Lesertipp von Gert Hautsch).

▸ **Wildpark Schloss Tambach**: An der B 303 zwischen Seßlach und Coburg wurde beim Schloss Tambach, einer von *Leonhard Dientzenhofer* für die Langheimer Äbte errichteten Sommerresidenz, ein Wildtierpark angelegt, in dem 25 Tierarten leben. Des Weiteren gehören ein *Jagdfalkenhof*, Angelmöglichkeiten, Ponyreiten, ein Kinderspielplatz für die Kleinen und ein Biergarten für die Großen zum Angebot. Im

Schloss ist ein Jagd- und Fischereimuseum untergebracht (März–Okt. tgl. 10–17 Uhr). Im Sommer finden im Park auch Open-Air-Konzerte bekannter Musiker statt. *Öffnungszeiten* Tgl. 8–18 Uhr, Flugvorführungen des Jagdfalkenhofes von Mai–Okt. tgl. um 11, 15 und 17 Uhr. Auskunft: ✆ 09567/92290. Eintritt: 6,80 €, erm. 5,30 €, Kinder 2,50 €. Familienkarte 18,50 €, www.wildpark-tambach.de.

Scheßlitz

Scheßlitz gehört zu den ältesten Orten in Franken. Wahrscheinlich hat bereits Karl der Große hier eine Kirche zur Missionierung der Slawen errichten lassen.

Wie dem auch sei, fest steht, dass schon im Jahre 807 in einer Schenkungsurkunde von einem Ort namens „Scheheslice" die Rede ist. Damit ist Scheßlitz mindestens zwei Jahrhunderte älter als das Bistum Bamberg, in dessen Besitz Scheßlitz 1390 überging. Aus dem ansehnlichen barocken Ortsbild ragen vor allem die prächtig ausgestattete Pfarrkirche St. Kilian und das ehemalige Zunfthaus der Brauer und Büttner (Hauptstraße 33) heraus. Lohnend ist auch ein Abstecher zur nahen Giechburg, deren älteste Teile noch aus dem 13. Jahrhundert stammen.

- *Information* **Verkehrsamt**, Hauptstr. 34, 96110 Scheßlitz, ✆ 09542/94900, www.schesslitz.de.
- *Einwohner* 7170
- *Verbindungen* Busverbindungen nach Bamberg.
- *Schwimmen* Städtisches Freibad.
- *Übernachten* **** **Schloss Burgellern**, erst im Jahre 2005 wurde das einstige fürstbischöfliche Schloss in ein Hotel verwandelt. Die Zimmer sind sehr ansprechend und im Stil zeitlos modern gehalten. Schönes Parkett. Das zugehörige Restaurant hat nur abends geöffnet, an Sonn- und Feiertagen ab 11 Uhr. Menü 36 €. Kostenloses WLAN vorhanden! EZ ab 95 €, DZ ab 125 € (jeweils inkl. Frühstück). Kirchplatz 1, ✆ 09542/774750, 📠 774757, www.burgellern.de.
- *Essen* **Brauereigasthof Hartmann**, bereits seit 1550 besitzt der Brauereigasthof Hartmann in Scheßlitz-Würgau das Schankrecht. Zum süffigen hauseigenen, mit Felsquellwasser gebrauten Bier werden einfache Brotzeitteller genauso gereicht wie pochierter Lachs oder gefüllte Haustäubchen. Im Sommer sitzt man in einem lauschigen Garten. Di Ruhetag. Fränkische-Schweiz-Str. 26, ✆ 09542/920300, www.brauerei-hartmann.de.

Wandern

Zur Giechburg: Oberhalb von Scheßlitz thront die Giechburg auf einer imposanten, 530 Meter hohen Bergkuppe. Die meisten Besucher reisen zwar mit dem Auto an, doch existiert auch ein schöner Wanderweg, auf dem man in rund einer Stunde vor den Toren der Burg steht. Der Weg beginnt in Scheßlitz an der katholischen Pfarrkirche St. Kilian und ist mit einem weißblauen MD (Main-Donau-Wanderweg) gekennzeichnet. Oben angekommen, wird man mit einem herrlichen Blick über die umliegende Landschaft und einer gemütlichen Burggaststätte belohnt.

Bad Staffelstein

Die Entdeckung der wärmsten und stärksten Thermalsole Bayerns bescherte Staffelstein 1975 glänzende Zukunftsaussichten als Kurort. Der schon vorher nicht unbedeutende Fremdenverkehr erhielt dadurch neue Impulse. Im November 2001 wurde Staffelstein schließlich zum Bad geadelt.

Staffelstein hat seinen gemütlichen altfränkischen Charakter recht gut bewahrt. Unter den zahlreichen kunstvoll gezimmerten Fachwerkhäusern, die das Stadtbild dominieren, nimmt das prachtvolle Rathaus den ersten Rang ein. Es steht direkt an einem von den zwei Hauptverbindungen gebildeten Straßenkreuz. Von den einst

Karte Seite 423

Staffelstein besitzt noch viele schmucke Fachwerkhäuser

vier Toren hat lediglich der Bamberger Torturm die Jahrhunderte überlebt. Staffelstein gehörte im Hochmittelalter zum Kloster Fulda, bevor es durch Schenkung in den Besitz des Bamberger Domkapitels überging. Seit 1130 hat Staffelstein Markt-, seit 1418 Stadtrechte. Die alte Bausubstanz wurde durch zwei Feuersbrünste (1473 und 1684) stark geschmälert. Just in jenem Jahr, als Kolumbus Amerika (wieder-) entdeckte, erblickte in Staffelstein der große Rechenmeister *Adam Ries* das Licht der Welt. Doch zurück zur Gegenwart: Als absoluter Besuchermagnet hat sich die 1986 eröffnete Obermain-Therme in Staffelstein entpuppt, denn dank eines Solegehalts von neun Prozent und einer Austrittstemperatur von 52 Grad Celsius handelt es sich nachweislich um die stärkste und wärmste Thermalsole Bayerns. Angegliedert an den Thermalbereich ist auch eine großzügige Saunalandschaft. Ein schöner Kurpark lädt ebenfalls zum Spazierengehen ein.

- *Information* **Kurverwaltung**, Bahnhofstr. 1, 96231 Staffelstein, ✆ 09573/33120, ℻ 09573/331233, www.bad-staffelstein.de.
- *Einwohner* 10.900
- *Verbindungen* Bahnhof am westlichen Rand der Altstadt in Fußnähe der Therme; gute Zugverbindungen mit Bamberg und Lichtenfels.
- *Veranstaltungen* **Altstadtfest** am letzen Juliwochenende.
- *Bootsverleih* **Gasthof Zum Anker**, Am Main 3, ✆ 5073.
- *Fahrradverleih* **Aqua-Riese**, ✆ 222996; **Radsport Höppel**, Am Hochgericht 15, ✆ 6022; **Zweirad Müller**, Horsdorfer Str. 2, ✆ 5360.
- *Kammerkonzerte* Die Kammerkonzerte auf Kloster Banz bieten höchsten Musikgenuss in einem außergewöhnlichen Rahmen. Fünfmal pro Jahr geben die renommierten Bamberger Symphoniker in der ehemaligen Benediktinerabtei Kostproben ihres Könnens. Informationen und Kartenvorbestellung im Verkehrsamt Staffelstein.
- *Minigolf* **Bistro Treibhaus**, Bahnhofstr. 76, ✆ 7405.
- *Reiten* **Reit- und Fahrverein Staffelstein**, Reithalle, Oberauer Straße, ✆ 1755.
- *Schwimmen* **Badesee** Staffelstein mit Sprungturm im See (bei der Obermain-Therme, den Wegweisern Freizeitgelände folgen). Eintritt: 2,50 €. Das Hallenfreizeit-

bad **Aquariese** (www.aquariese.de) mit Strömungskanal, Wasserfall und Rutsche ist in der Seestraße 3 zu finden; im Sommer gibt es auch noch das **Aquarena**, ein modernes Erlebnisfreibad (Riesenrutsche, Sprungbecken) in Zapfendorf (zehn Kilometer südlich von Staffelstein).

• *Thermalsolbad* **Neue Obermain Therme**, Am Kurpark 1, ✆ 4085. Heilquellen-Kurbetrieb mit großzügiger Thermal- und Saunalandschaft. Tgl. von 7.30–21 Uhr. Eintritt: ab 7 €, www.obermaintherme.de.

• *Essen/Übernachten*: **Kurhotel Obermain Therme**, modernes Appartement-Hotel mit großzügigen Zimmern. Dampfbad und Sauna im Haus. Kostenloses WLAN. EZ ab 69,50 €, DZ ab 95 € (inkl. Frühstück). Am Kurpark 7, ✆ 09573/3330, ✆ 333299, www.kurhotel-staffelstein.de.

Augustin, schöner Landgasthof in einem schmucken Fachwerkhaus im Ortsteil Schwabthal (sieben Kilometer östlich). Mit Wellnessbereich. EZ ab 60 €, DZ ab 100 € (jeweils inkl. Halbpension). Schwabthal 3, ✆ 09573/96970, ✆ 969739, www.hotel-augustin.de.

Adam Riese, egal, ob fränkischer Spießbraten mit Klößen (7,70 €), im Weinsud gegarter Waller oder eine hausgemachte Kohlroulade (4,90 €) – in dem wunderschönen alten Fachwerkbau speist man gut. Do Ruhetag. Bamberger Str. 1, ✆ 4706.

Ferienwohnungen, in und um Staffelstein werden zahlreiche Ferienwohnungen und Appartements vermietet. Auskünfte erteilt die Kurverwaltung.

• *Camping* **Camping Bad Staffelstein**, der ganzjährig geöffnete Campingplatz liegt direkt an einem Badesee und verfügt neben 200 Dauerstellplätzen auch über 30 Plätze für Feriengäste, die allerdings nur von April bis Sept. vermietet werden. Oberauer Straße, ✆ 09573/7797 oder 331213.

Sehenswertes

Rathaus: Nachdem das Rathaus 1684 durch einen Brand zerstört worden war, erfolgte der Neubau auf dem spätmittelalterlichen Erdgeschoss. Steil ragt das Dach des reich mit Fachwerk geschmückten Rathauses auf. Den prachtvollen Sitzungssaal ziert eine wuchtige Holzdecke.

St. Kilian und Georg: Der Name des Kirchenpatrons Kilian weist auf eine Würzburger Gründung hin. Die dreischiffige Pfarrkirche ist im Kern gotisch; sie wurde später mehrfach verändert. Die barocke Ausstattung hat man 1871 bei einer Restaurierung wieder beseitigt. Auffällig ist der Turm mit seinem mächtigen Helm und den vier Erkerchen.

Heimatmuseum: Im Mittelpunkt des im ehemaligen Schulhaus untergebrachten Museums steht *Adam Riese*, der bekannteste Staffelsteiner. Originale Rechenbücher sind zu bestaunen. Ein weiterer Schwerpunkt behandelt die Stadtgeschichte vom spätkeltischen Oppidum bis zum Stadtmodell „Staffelstein im 18. Jahrhundert". Zusätzlich besitzt das Museum eine umfangreiche Mineralien- und Fossilienabteilung.

Adresse/Öffnungszeiten Kirchgasse 14, ✆ 4160. April–Okt. Di–Fr 10–12 Uhr und 14–17 Uhr, am Wochenende nur 14–17 Uhr, von Nov. bis März nur Sa 14–17 Uhr. Eintritt: 1,50 €, erm. 1 €.

Umgebung

▸ **Staffelberg**: Hoch über dem Städtchen Staffelstein ragt am linken Mainufer der Staffelberg empor. Nicht nur wegen seiner Höhe, vor allem auch wegen der steil abfallenden, schon von weitem sichtbaren Kalkfelsen sticht der Staffelberg aus der sonst so lieblichen Mainlandschaft heraus. Der 539 Meter hohe Hausberg der Staffelsteiner wurde bereits vor Jahrtausenden besiedelt. Die Kelten errichteten auf dem Felsplateau eine befestigte Siedlung, eines der beiden Oppida Oberfrankens. Später bauten auch die Germanen eine Burg; Reste einer Bruchsteinmauer sind noch auszumachen. Vom Gipfel hat man einen ausgezeichneten Panoramablick auf

Frankenwald, Coburger Land, Oberes Maintal
Karte Seite 423

das Untere Maintal – der schönste in ganz Franken, wird gelegentlich behauptet. Dies fand auch der Schriftsteller *Victor von Scheffel*, der sich hier vor mehr als hundert Jahren zu seinem Frankenlied inspirieren ließ:

Blick von Vierzehnheiligen zum Staffelberg

„Zum heilgen Veit von Staffelstein
komm ich emporgestiegen
und seh die Lande um den Main
zu meinen Füßen liegen.
Von Bamberg bis zum Grabfeldgau
umrahmen Berg und Hügel
die breite stromdurchglänzte Au
ich wollt', mir wüchsen Flügel!"

▶ **Kloster Banz**: Wenn heute vom Kloster Banz die Rede ist, dann verbindet man mit dem Namen weit eher die sog. „Klausur-Tagungen" der CSU als das schönste Barockkloster Frankens. Das imposant über dem weiten Maintal gelegene Kloster Banz ging aus einer Burg hervor und wurde um 1070 gegründet. Nachdem es im Dreißigjährigen Krieg verwüstet worden war (1633), dauerte es mehr als sechs Jahrzehnte, bevor in der nun einsetzenden Blütephase des Klosters ein grandioser Wiederaufbau erfolgte. Bedingt durch die lange Bauzeit von rund achtzig Jahren, wirkten mehrere bedeutende Baumeister mit, darunter *Johann Leonhard Dientzenhofer* und sein Bruder *Johann* sowie *Balthasar Neumann*. Der beherrschende monumentale Abteitrakt stammt von Johann Leonhard. Nach seinem Tod führte sein Bruder den Bau der Kirche aus, die mit ihrer hoch aufragenden *Doppelturmfassade* als Johann Dientzenhofers Hauptwerk gilt. Wie zahlreiche andere Klöster fiel auch Banz 1803 der Säkularisation zum Opfer und wurde 1814 vom bayerischen König erworben; seit 1978 gehört das ehemalige Benediktinerkloster der CSU-nahen

Hanns-Seidel-Stiftung, die hier Seminare abhält. Neben dem Torhaus ist die umfangreiche *Petrefaktensammlung* untergebracht. Prunkstück der Versteinerungen ist der zwei Meter lange Kopf eines Fischsauriers (Ichthyosaurus). Nach der Besichtigung kann man sich in den Klosterstuben mit der sonnigen Terrasse stärken.

Öffnungszeiten Klosterkirche: Mai–Okt. 9–12 Uhr und 14–17 Uhr; Nov.–April nur bis 16 Uhr. Petrefaktensammlung: März–Nov. Di–So von 10–16 Uhr. Eintritt: 1,50 €. erm. 1 €.

Die Baumeisterfamilie Dientzenhofer

Da man links und rechts des Mains immer wieder auf Bauwerke stößt, die von einem Mitglied der Familie Dientzenhofer stammen, sollen hier die Verwandtschaftsbeziehungen kurz aufgeschlüsselt werden.

Ursprünglich stammte die Familie aus Oberbayern. Der Stammvater Georg d. Ä. (1614–73) hatte vier Söhne, die es als Baumeister zu Ruhm und Ansehen brachten: Georg d. J. (1643–89), Bernhard Christoph (1655–1722), Johann Leonhard (1660–1707) und Johann (1663–1726). Georg d. J. war am Bau von St. Martin in Bamberg beteiligt und schuf in Kappel die Wallfahrtskirche. Bernhard Christoph und sein Sohn Kilian Ignaz arbeiteten in Böhmen und haben daher in Franken keine Spuren hinterlassen. Im fränkischen Raum waren vor allem Johann Leonhard (z. B. Neue Residenz, St. Martin in Bamberg, Kloster Ebrach und Kloster Banz) und Johann (z. B. Schloss Weißenstein, Kloster Banz, Neumünsterfassade in Würzburg, Dom in Fulda) fleißig am Werk. Mit Justus Heinrich (1702–44), dem Sohn von Johann, war in der dritten Generation das letzte Mal ein Mitglied der Familie Dientzenhofer als Baumeister (Rathaus in Lichtenfels, Aufsessianum in Bamberg) in Franken hervorgetreten.

▸ **Vierzehnheiligen**: Die prunkvoll ausgestattete Wallfahrtskirche gilt als der künstlerisch gelungenste Sakralbau des fränkischen Barocks. Sie wurde von 1742 bis 1772 nach Plänen von *Balthasar Neumann* aus goldgelbem Sandstein erbaut und gilt als das vollendetste Werk des großen Baumeisters. Ihre Entstehung verdankt die Kirche den Eingebungen eines Schäfers: Ihm erschien 1445 und 1446 insgesamt viermal das Jesuskind, umgeben von den vierzehn Nothelfern. Der zunehmende Pilgerstrom im 18. Jahrhundert veranlasste den Bamberger Fürstbischof und den Abt des Klosters Langheim, die bestehende Wallfahrtskapelle durch einen großzügigeren Neubau ersetzen zu lassen. Allein auf weiter Flur erhebt sich der Kirchenbau mit seinen schlanken Türmen. Ihre spannungsreiche Raum-

Goldgelbe Barockträume

wirkung verdankt die lichtdurchflutete Wallfahrtskirche der eigenmächtigen Verkürzung des Chores durch Neumanns Konkurrenten *Gottfried Heinrich Krohne*. Da somit für den Gnadenaltar in der Vierung kein Platz mehr war, machte Balthasar Neumann aus der Not eine Tugend und versetzte den Rokokoaltar in das Langhaus. Das Ergebnis war eine Verschmelzung aller Raumteile in eine Folge verschieden großer Ovale. Gelungen ist ebenfalls die von *Johann Michael Feuchtmayr* geschaffene Rokokokanzel.

Vierzehnheiligen – künstlerisch gelungenster Sakralbau des fränkischen Barock

Wandern

Barocker Rundwanderweg: Alle herausragenden Sehenswürdigkeiten rund um Staffelstein sind durch einen schönen Rundwanderweg (Markierung: weißes H auf rotem Grund) miteinander verbunden. Der Wanderweg führt über Staffelstein und den Staffelberg zur Wallfahrtskirche Vierzehnheiligen, durch Grundfeld und Reundorf zum Kloster Banz und von dort wieder nach Staffelstein. Als Ausgangspunkt empfehlen sich entweder Vierzehnheiligen oder Kloster Banz. Wegstrecke: 18 Kilometer, Dauer: rund fünf Stunden.

Planetenweg: Von *Untersiemau* bis zum Berggasthof in Unnersdorf verläuft durch den *Banzer Wald* Deutschlands erster astronomischer Lehrpfad (Markierung: blaues Täfelchen mit dem Aufdruck „Planetenweg"). Die optisch ansprechend gestalteten Stationen des Weges vermitteln Informationen über jeweils einen Planeten, die Sonne ist z. B. eine riesige Kupferkugel. An der vorletzten Station (Neptun) muss man zwischen dem direkten Weg nach Unnersdorf und einem kleinen Umweg über das Kloster Banz wählen. Wegstrecke: zehn Kilometer, Dauer: rund zwei Stunden.

Lichtenfels

Die größte Stadt im Oberen Maintal rühmt sich ihres traditionsreichen Korbhandels. Die hier ansässige Staatliche Berufsschule für Korbflechterei bildet Lehrlinge aus der gesamten Bundesrepublik aus. Auch Feriengäste können sich in speziellen Kursen die Kunst des Flechtens aneignen.

Von Kulmbach bis Bamberg hat sich der Main ein breites, aber flaches Bett gegraben, in dem sich Zander, Edelbarsche, Karpfen und Schleien tummeln. Die feuchten Wiesen im Uferbereich des Mains boten in früheren Zeiten ideale Voraussetzungen für das Gedeihen von Weidengebüschen. Daher verwundert es auch nicht, dass sich Lichtenfels und das benachbarte Michelau zu bedeutenden Zentren des Korbhandels und der *Korbflechterei* entwickelt haben. Der alljährlich im September stattfindende Korbmarkt gilt als der größte in Deutschland. Positiv zu vermerken ist noch die Umwandlung der Innenstadt zur Fußgängerzone, die nur noch etwas an Lebendigkeit gewinnen müsste.

Geschichte

Erstmals war im Jahre 1127 in einer Urkunde des Bamberger Bischofs Egilbert von einer Festung „auf freiem lichtem Fels" die Rede. Wenig später gelangte die Burg in den Besitz der Herzöge von Andechs-Meranien, die die Ansiedlung zum Markt erweiterten. Der weiträumige Marktplatz – seit 1321 verfügte Lichtenfels über Stadtrechte – mit dem zentralen Rathaus weist noch auf die bayerische Herkunft der einstigen Stadtherren hin. Nach dem Aussterben der Meranier fiel der Ort an das Bamberger Hochstift, zu dem er bis 1802 gehörte. Wirtschaftlich fußte der Wohlstand der Stadt lange Zeit neben der Korbmacherei auf der Fischerei und der Flößerei, erst im 19. Jahrhundert entwickelte sich Lichtenfels durch den Anschluss an das Eisenbahnnetz zu einem regionalen Verkehrs- und Verwaltungszentrum. Dieser Bedeutung wurde mit der Ernennung zur Kreisstadt Rechnung getragen.

• *Information* **Städtisches Verkehrsamt,** Marktplatz 1, 96215 Lichtenfels, ✆ 09571/795101, 📠 09571/795192, www.lichtenfels-city.de.

• *Einwohner* 21.000

• *Verbindungen* Regelm. Zugverbindungen nach Bamberg, Coburg, Kulmbach und Bayreuth. Der Bahnhof befindet sich westlich der Altstadt.

• *Fahrradverleih* **Firma Gleitsmann**, Friedrich-Ebert.-Str. 70, ✆ 2816.

• *Stadtmuseum* Kleiner Überblick über die Vergangenheit der Korbhandelstadt. Di–So 14–17 Uhr. Im Winterhalbjahr Mi, Fr und Sa geschlossen. Bamberger Str. 3a.

• *Bootsverleih* **Heiner Schlich**, Neue Welt 1, ✆ 74217.

• *Klettergarten* **Waldklettergarten Banz**. Abenteuerpark beim Kloster Banz mit luftigen Kletterattraktionen. Wechselnde Öffnungszeiten, im Sommer meist am Wochenende 10–18 Uhr, in den Sommerferien tgl. Kosten. 19,50 €, erm. 15 €., www.waldklettergarten-banz.de.

• *Floßfahrt* Gemächliche Fahrt auf dem Main. Anmeldung bei der **Flößerin Bianca Göhl**, ✆ 09572/946969, www.lichtenfelser-flossfahrten.de.

• *Korbmarkt* Jeweils am dritten Sonntag im Sept. findet in der Altstadt ein großer Korbmarkt mit buntem Rahmenprogramm statt, www.kornmarkt.de.

• *Minigolf* Schöne Anlage mit Pit-Pat und Boccia, Alte Coburger Straße, ✆ 3904.

• *Reiten* Reit- und Fahrverein Maintal, Wöhrdstr. 47, ✆ 5807.

• *Schwimmen* **Ozonhallenbad**, mit Sauna, an der Friedenslinde 5, ✆ 920900.

• *Essen/Übernachten*: **City-Hotel**, angenehmes Hotel in einem wuchtigen Steinhaus am Bahnhof, moderne und helle Zimmern. EZ ab 43 €, DZ ab 65 € (inkl. Frühstück). Bahnhofsplatz 5, ✆ 09571/92430, 📠 924340, www.city-hotel-lichtenfels.de.

Gasthof Maintal, alteingesessener Gasthof südlich von Lichtenfels. Anspruchsvolle regionale Küche, beispielsweise Kaninchenrückenfilets in Soße mit Gemüsekugeln, frischen Pfifferlingen und hausgemachten Spätzle für 11,20 €. Straßenterrasse. Mo Ruhetag. Es werden auch moderne Zimmer vermietet. EZ ab 33 €, DZ ab 54 € (inkl. Frühstücksbuffet). Bundesstraße 5, ✆ 09571/3166, 📠 5768, www.gasthof-maintal.de.

Goldener Hirsch, Ausflugsgasthof mit großer Terrasse direkt gegenüber dem Hauptportal der Kirche in Vierzehnheiligen. Neben vegetarischen Gerichten (Sellerieschnitzel) bereitet man auch hausgemachte Krautwickel mit Salzkartoffeln für 6,60 € zu. Bedingt durch die weltberühmte Kirche kann es zu stürmischem Andrang kommen. ✆ 9268.

Markt 17, einladender Italiener in einem historischen Gebäude am Marktplatz. An gemütlichen Holztischen erfreut man sich an der großen Salatauswahl und den vielen schmackhaften Nudelgerichten (6–8 €). Auch Zimmervermietung (DZ 60 €). Di Ruhetag. Markt 17, ✆ 948960.

Pinkus, urige Kneipe in einem Fachwerkbau aus dem Jahre 1670. Günstige Bierpreise, Straßenterrasse am Säumarkt. Innere Bamberger Str. 9, ✆ 5577.

Urlaub auf dem Bauernhof, in einem historischen Gebäude des ehemaligen Zisterzienserklosters. Extras: Sauna, Solarium. EZ ab 22 €, DZ ab 38 €, Ferienwohnung 36 €. Ökonomiehof Klosterlangheim, Abteistr. 18, ✆ 09576/720, ✆ 721, mail@gieger-klosterlangheim.de, www.gieger-klosterlangheim.de.

• *Camping* **Maincamping**, 136 Stellplätze, darunter 35 Zeltplätze. Vom 1. April bis 15. Okt. geöffnet. An einem Badesee in der Nähe des Mainufers, Krößwehrstr. 52, ✆ 09576/71729. www.maincamping.de.

Sehenswertes

Altstadt: Die Altstadt präsentiert sich als sympathisches Ensemble. Ein Teil der Gebäude stammt sogar noch aus dem Spätmittelalter. Überragt wird die Altstadt vom *Kastenboden*, dem einst zum Getreidespeicher umfunktionierten bischöflichen Schloss. Zwei Tortürme der Stadtbefestigung sind noch vorhanden; zwischen ihnen, mitten am Marktplatz, wurde auf den Trümmern eines mittelalterlichen Fachwerkbaus das barocke *Rathaus* nach den Plänen des Bamberger Hofbaumeisters *Justus Heinrich Dientzenhofer* errichtet (Beginn: 1740). Es entstand ein schöner, lang gestreckter, wohlproportionierter Bau. Als letztes, das Bild der Altstadt beherrschendes Gebäude verbleibt noch die katholische *Stadtpfarrkirche*. Ihr Turm stammt wahrscheinlich aus dem frühen 15. Jahrhundert.

Umgebung

▸ **Deutsches Korbmuseum Michelau**: Das Museum bietet einen ausführlichen Überblick über die vielen Materialien, Werkzeuge und Techniken zur Korbherstellung.

Lichtenfels ist die deutsche Korbflechtmetropole

Skurrile Architektur – Naßanger

Ausgestellt sind auch kunstvolle Zeugnisse heimischer und internationaler Flechtkunst sowie eine original eingerichtete Korbflechterwerkstatt.

Adresse/Öffnungszeiten Michelau, Bismarckstr. 4, ✆ 09571/83548. Di–So 10–16.30 Uhr, im Winter Mo–Do 10–16.30 Uhr und Fr 10–12 Uhr. Eintritt: 2,50 €, erm. 1,50 €, www.korbmuseum.de.

▶ **Klosterlangheim**: Heute benötigt man ein gewisses Maß an Phantasie, um sich die Größe und Pracht des Klosters Langheim vorstellen zu können. Ein verheerender Brand vernichtete 1802 einen Teil der Gebäude und die gesamte Ausstattung, die Säkularisation verhinderte den Wiederaufbau. Das Zisterzienserkloster wurde 1132/33 vom Bamberger Bischof Otto dem Heiligen gegründet und von Ebrach aus besiedelt. Erhalten sind noch ein Teil des Konventbaus sowie diverse Verwaltungs- und Wirtschaftsgebäude. Im angegliederten Landgasthof Klosterhof wird gute fränkische Küche serviert. (Mo und Di Ruhetag).

Museum Klosterlangheim Das Kloster Langheim ist in seiner einstigen Größe hier noch als Modell zu besichtigen. *Adresse*: Abt-Mösinger-Str. 4, ✆ 251. *Geöffnet*: März–Okt. 14–17 Uhr.

▶ **Naßanger**: Einige Kilometer mainaufwärts trifft man inmitten eines ländlichen Gebietes auf ein barockes Kleinod, das in Deutschland seinesgleichen sucht. Bei dem 1692/93 von *Leonhard Dientzenhofer* erbauten schlossähnlichen Gutshof handelt es sich um einen ehemaligen Wirtschaftshof des Klosters Langheim. Der Bau, für den der Abt Gallus Knauer Pläne aus Rom besorgt haben soll, besitzt einen verblüffenden Grundriss. Das ringförmige Gebäude umschließt einen elliptischen Innenhof. Zum phantasievollen Aussehen tragen auch die teilweise runden Fenster bei. Es sollen genau so viele sein, wie das Jahr Tage hat, weshalb Naßanger auch als Kalenderschloss bezeichnet wird.

Karte Seite 423

Kronach

Wahrzeichen des am Zusammenfluss von Haßlach, Kronach und Rodach gelegenen Geburtsortes von Lucas Cranach ist die Festung Rosenberg, eine der großartigsten Festungsanlagen Deutschlands. Niemals erobert, thront sie seit Jahrhunderten über den romantischen Gassen der Stadt, dem heutigen Verwaltungszentrum am Rande des Frankenwaldes.

Harmonie prägt Kronachs Stadtbild. Von alten Mauern, Toren und Türmen bewehrt, fällt es dem Besucher leicht, in der vom Fachwerk geprägten Altstadt von längst vergangenen Tagen zu träumen. Trotz dieses historischen „Potentials" finden nicht allzu viele Touristen den Weg in das oberfränkische Kronach. Dabei muss man nur einmal in der Oberen Stadt auf Entdeckungstour gewesen sein, um zu wissen, dass nicht nur Rothenburg etwas mit dem Mittelalter zu tun hat. Das Juwel des heimischen Fremdenverkehrs ist *Lucas Cranach*, der berühmteste Sohn Kronachs. Ihm zu Ehren vergibt die Stadt Kronach in zweijährigem Turnus den Lucas-Cranach-Kunstpreis. An Attraktivität gewonnen hat die Stadt durch die 2002 hier ausgerichtete Landesgartenschau, für die eine 17 Hektar große Parklandschaft entlang der Rodach angelegt wurde. Ebenfalls zu loben sind die vom örtlichen Lions Club unlängst gestifteten Hinweistafeln mit ausführlichen Erklärungen, die an zahlreichen historisch bedeutenden Gebäuden angebracht sind.

Geschichte

Im Jahre 2003 konnte die Stadt ein großartiges Jubiläum feiern: Tausend Jahre zuvor wurde Kronach als „urbs crana" erstmals erwähnt. Damals ließ Markgraf *Heinrich von Schweinfurt*, Hezilo genannt, der sich gegen König *Heinrich II.* erhoben hatte, Kronach zerstören, um es nicht in die Hände seines Widersachers fallen zu lassen. Kaiser *Heinrich V.* schenkte Kronach, das zwischenzeitlich zum Krongut gehörte, 1122 dem Hochstift Bamberg. Die Bamberger Bischöfe veranlassten den Ausbau der Burganlage zur Sicherung ihrer Nordgrenze. Der Heilige Otto, seines Zeichens Bischof von Bamberg, ließ „bei Crana" einen Turm und ein steinernes Haus errichten. Unterhalb der Festung entstand eine befestigte Siedlung, die um 1300 die Stadtrechte erhielt. Dem neu gewonnenen Status gemäß, wurde Kronach mit einer Stadtmauer versehen, die man später nach Süden erweiterte. Die Mauern taten ihren Dienst: Weder die Hussiten (1430), noch die Soldaten des mit Bamberg verfeindeten Markgrafen von Bayreuth (1553) vermochten Kronach zu stürmen. Selbst die Schweden mussten im Dreißigjährigen Krieg unverrichteter Dinge abziehen. Die Erinnerung an dieses Ereignis wird mit der am Sonntag nach Fronleichnam stattfindenden *Schwedenprozession* wach gehalten. Die Frauen dürfen dabei den Männern vorangehen, da sie sich während der schwedischen Belagerung durch ihre Tapferkeit besonders verdient gemacht hatten. Im Jahre 1634 kam jedoch ein anderer „Feind", den weder Mut noch Mauern aufhalten konnten: In diesem Jahr fiel die Hälfte der Bevölkerung der Pest zum Opfer. Die Befestigung von Kronach muss wirklich gewaltig gewesen sein, denn selbst die preußische Artillerie belagerte 1759 im Siebenjährigen Krieg die Stadt vergeblich. Mit dem Hochstift Bamberg wurde Kronach 1802 bayerisch.

• *Information* **Touristinformation**, Marktplatz 5 96317 Kronach, ✆ 09261/97236, ✆ 09261/97310, www.kronach.de.

• *Einwohner* 18.280

- *Veranstaltungen* Im Juli und August finden die **Faust-Festspiele** auf der Festung Rosenberg statt. www.faust-festspiele.de. Das **Altstadtfest** ist auf den ersten Samstag im September, das **Weinfest** auf das zweite Juliwochenende terminiert.
- *Fahrradverleih* **Radsport Dressel**, Schwedenstr. 31, ✆ 3406, www.radsport-dressel.de.
- *Markt* **Bauernmarkt** samstags auf dem Melchior-Otto-Platz.
- *Stadtführung* Mai–Sept. jeden Do und Sa um 10.30 Uhr. Treffpunkt: Touristinformation, Marktplatz 5.
- *Kino* **Filmburg**, Schwedenstr. 37, ✆ 3628, www.filmburg-kronach.de.
- *Schwimmen* **Erlebnis-Hallen- und Freibad „Crana Mare"** mit Riesenrutsche und Wildwasserkanal, Gottfried-Neukam-Straße, ✆ 950183.
- *Golf* **Golf-Club Kronach**, Gut Nagel, Küps-Kronach, ✆ 8812, www.gc-kronach.de.
- *Essen/Übernachten* **Hotel-Restaurant Bauer (8)**, das unweit der Altstadt gelegene Hotel bietet regionale Kost und anspruchsvolle Gourmet-Gerichte. Das Angebot reicht von der Milchkalbshüfte in Rahm-Pfifferling-Soße (19,20 €) bis zum Dialog von Hase und

Kronach: Von der Moderne unberührt?

Fasan (16,80 €). Gartenterrasse hinter dem Haus. Menü der Woche 32,40 €. Sonntagabend geschlossen. Kostenpflichtiges WLAN. EZ ab 49 €, DZ ab 73 € (inkl. Frühstücksbuffet). Kulmbacher Str.7, ✆ 09261/94058, ✆ 52298, www.hotelbauerkronach.com.

Stadthotel Pfarrhof (3), das erst im August 2003 in der Oberstadt eröffnete Hotel sowie zwei Dependancen strahlen viel nostalgisches Flair aus. Nur wenige stilvolle Zimmer sorgen zudem für eine persönliche Atmosphäre. Viel Komfort. EZ ab 83,50 €, DZ ab 113 € (inkl. Frühstücksbuffet). Amtsgerichtsstraße 10, ✆ 09261/965086, ✆ 965087, www.stadthotel-pfarrhof.de.

Scharfes Eck (6), in einem uralten Eckhaus in der Altstadt wird in der zünftigen Gaststube mit Kachelofen innovative fränkische Küche geboten. Preiswerte Mittagsgerichte für 4,90 €. Im Sommer lockt eine Straßenterrasse. Im Winter Mi Ruhetag. Lucas-Cranach-Str. 2. ✆ 965659, www.scharfeseck.de.

Leo's (7), akzeptable Mischung aus Café, Bar und Brasserie. Die große Straßenterrasse ist im Sommer ein beliebter Treffpunkt. Günstige Mittagsgerichte. Kühnlenzhof 2. ✆ 40383.

Hans Appel's Bierwirtschaft (5), die gemütliche Gaststätte verfügt über ein schnuckeliges Biergärtchen mit Laube. Serviert werden deftige Brotzeiten sowie günstige Tagesgerichte für 4,90 €. Ausgeschenkt wird auch Gamperlbräu für 2,20 € die Halbe. Mo Ruhetag. Rosenau 14, ✆ 2208.

Marios Vecchia Casa (2), gegenüber dem alten Rathaus hat ein Italiener das ehemalige Gasthaus „Zum Schwan" übernommen. Anspruchsvolle Küche, beispielsweise gegrillte Dorade für 17,50 €, aber auch Pizza und Pasta (8–10 €). Straßenterrasse und Biergarten. Mo Ruhetag. Lucas-Cranach-Str. 18, ✆ 3371.

Altes Druckhaus (4), einige Häuser weiter, modern gestylte Erlebnisgastronomie, ebenfalls mit Straßenterrasse. Salate und leckere Pfannengerichte. Wochentags ab 18 Uhr geöffnet, Sonntag ab 11 Uhr. Lucas-Cranach-Str. 14, ✆ 629184.

• *Jugendherberge*: **Festungsherberge Kronach (1)**, auf der Festung Rosenberg im Nordflügel der Kernburg. Zum Bahnhof geht man eine Viertelstunde. Im Winter nur für Gruppen nach Voranmeldung. Übernachtung mit Frühstück ab 15 €. Festung 1, ✆ 09261/94412, ✆ 09261/629109, www.festungsherberge.de.

• *Camping* **Campingplatz Gehülz**, in Gehülz, zwei Kilometer westlich von Kronach. Vom 1. Mai bis 15. Okt. geöffnet. Gehülz-Breitenloh 52, ✆ 09261/20090.

Wallenfels Campingplatz, zwölf Kilometer östlich von Kronach, in der Nähe des Freibades. Geöffnet vom 1. Mai bis 30. Sept. Verkehrsamt Wallenfels, Rathausgasse 1, 96346 Wallenfels, ✆ 09262/94521.

Sehenswertes

Altstadt: Das in seinem Grundriss keilförmige historische Zentrum von Kronach präsentiert sich als kompaktes, mauerbewehrtes Gebilde mit allem, was im Mittelalter eine Stadt ausmachte: eine in weiten Teilen erhaltene Stadtbefestigung, Stadt- und Hexenturm, Synagoge und Judengasse sowie eine gotische Stadtpfarrkirche. Unterhalb der Festung tragen Ober- und Unterstadt zu dem einzigartigen gestaffelten Stadtbild bei. Um die Kronacher Altstadt zu erkunden, sollte man sich Zeit lassen. Ein schönes Bild bietet die prächtige Renaissancefassade des Alten Rathauses, in dem heute das Fremdenverkehrsbüro untergebracht ist. Etwas ungewöhnlich wirkt das „Haus zum scharfen Eck"; eine Gedenktafel suggeriert fälschlicherweise, dass Lucas Cranach (sein Geburtshaus ist unbekannt) in dem imposanten spätmittelalterlichen Bürgerhaus das Licht der Welt erblickt habe. Neben den zahlreichen Fachwerkbauten fallen auch die vielen, mit Schiefer getäfelten Häuser auf.

Ein Cranach aus Kronach

Schon früh zog Lucas Cranach (1472–1553) aus, die Welt zu erkunden: Kronach war ihm wahrscheinlich zu provinziell und hinterließ auch in seinem Werk kaum Spuren. Mit seinem in der Ferne angenommenen Zunamen erwies er seiner Heimatstadt – Kronach hieß im 16. Jahrhundert noch Cranach – jedoch eine letzte Referenz. Auf einer Wanderschaft, die ihn unter anderem nach Nürnberg, Regensburg, Passau, Linz und Straubing führte, hat er seine künstlerische Ausbildung vollendet. Schließlich landete Cranach am sächsischen Hof in Wittenberg, wo er dem Kurfürsten Friedrich dem Weisen und seinem Bruder Johann dem Beständigen rund vierzig Jahre zu Diensten war. Seine streng nach wirtschaftlichen Gesichtspunkten arbeitende Malerwerkstatt florierte außerordentlich gut – ein Grund, weswegen der Künstler in der ehemaligen DDR als Frühkapitalist verpönt war. Cranach brachte es schnell zu Reichtum und Ansehen; er erwarb eine Apotheke, eine Buchhandlung, einen Buchverlag und führte jahrelang als Ratsherr und Bürgermeister die Amtsgeschäfte. Lucas Cranach d. Ä., wie er zur Unterscheidung von seinem gleichfalls begabten Sohn in der Kunstwelt genannt wird, beeindruckte bereits durch die landschaftliche Stimmungsmalerei seines Frühwerks (Donauschule). Später stellte Cranach sein Können in den Dienst der Reformation. Er war mit Luther und Melanchthon befreundet und gilt als erster bedeutender protestantischer Maler.

Lange Zeit war in Kronach kein einziges Werk des berühmten Sohnes zu bewundern. Erst die 1983 in der Festung Rosenberg eingerichtete Fränkische Galerie, eine Zweigstelle des Bayerischen Nationalmuseums, schloss diese Lücke mit fünf Originalen.

Karte Seite 423

St. Johannes: Beinahe den gesamten Raum der sich nach Süden hin verengenden Stadtbefestigung nimmt das in drei verschiedenen Bauphasen entstandene Gotteshaus ein. Der untere Teil des Turmes und die Grundmauern des Chores stammen aus dem 14. Jahrhundert, das dreischiffige Langhaus entstand kurz nach 1400, der mächtige Westbau noch einmal hundert Jahre später. Die Stadtpfarrkirche kann mit einem besonderen Schmuckstück aufwarten: Das Nordportal des Westbaus zählt zu den schönsten Portalen dieser Epoche. Eingerahmt von einem aufragenden Stabwerk, steht inmitten eines Kielbogens die Steinfigur Johannes des Täufers. Sehenswert ist auch die benachbarte Annakapelle, ein ehemaliges Beinhaus aus dem frühen 16. Jahrhundert.

Festung Rosenberg: Wie ein überdimensionaler fünfzackiger Stern erstreckt sich die Festung über die Südspitze des Rosenbergs. Der Name geht auf die Heckenrosen zurück, die hier einst alles überwucherten. Wann die strategisch günstige Erhebung erstmals bebaut wurde, lässt sich heute nicht mehr genau feststellen. Gesichert ist eine urkundliche Erwähnung im Jahr 1249. Ungefähr aus dieser Zeit stammt der Bergfried. Den Bamberger Bischöfen, denen Kronach seit 1122 gehörte, lag die Errichtung eines mächtigen Bollwerks im Norden ihres Hochstifts besonders am Herzen. Daher ließen sie über die Jahrhunderte hinweg die Festung Rosenberg nach den jeweils modernsten Erkenntnissen der Festungsbaukunst erweitern und ausbauen. Im Zentrum der Anlage steht die von einem Wallgraben abgeschirmte Kernburg: Ihr heutiges Aussehen entspricht ungefähr dem Zustand des 16. Jahrhunderts, während die fünf steinernen Bastionen in ihrer jetzigen Form nach dem Dreißigjährigen Krieg errichtet wurden. Die Festung Rosenberg gilt als eine der eindrucksvollsten bastionären Festungsanlagen Deutschlands.

Mächtiges Mauerwerk: Festung Rosenberg

Erst 1867 wurde die Festungseigenschaft aufgehoben; 1888 erwarb die Stadt Kronach die Anlage für 32.000 Goldmark vom Land Bayern. Während des Ersten Weltkriegs diente die Festung als Gefangenenlager (prominentester Insasse war der spätere französische Staatspräsident *Charles de Gaulle*). Am Ende des Zweiten Weltkriegs wurden sogar Flugzeugmotoren in den altehrwürdigen Mauern montiert. Erst 1994 erfuhr das schöne Renaissancegebäude, das zwischenzeitlich auch zu Wohnzwecken aufgeteilt war, eine umfassende Restaurierung, um angemessene Räumlichkeiten für die damalige Landesausstellung zum Thema Lucas Cranach vorweisen zu können. Seither erstrahlt die Festung wieder in herrschaftlichem Glanz. Besonders sehenswert ist das von kräftigen Quaderbändern gegliederte Haupttor, das 1662 der bereits bestehenden Mauer vorgeblendet worden war. Symbolträchtig wird das Hoheitswappen des Fürstbischofs *Philipp Valentin Voit von Rieneck* im Giebel von zwei Löwen gehalten. Zwei Gebäude werden heute für museale Zwecke genutzt: Im Alten Zeughaus ist das Frankenwaldmuseum untergebracht, im Südflügel der Kernburg („Kommandantenbau“) die Fränkische Galerie. Ein weiterer Untermieter ist der Bayerische Jugendherbergsverband.

• *Führungen* Von April bis Dez. Di–So jeweils um 11, 12.30, 14 und 16 Uhr, im Winter tgl. außer Mo 11 und 14 Uhr. Gebühr: 7 €, erm. 4,50 €. (inkl. Fränkische Galerie). Auf eigene Faust können Sie die Festung, die im Sommer 9.30–17 Uhr, im Winter bis 16 Uhr geöffnet ist, auf drei Rundgängen erkunden, www.festung-kronach.de.

Fränkische Galerie: Das 1983 eröffnete Zweigmuseum des Bayerischen Nationalmuseums bietet in seinen 25 Räumlichkeiten auf der Feste Rosenberg einen interessanten Einblick in die fränkische Kunst vom Spätmittelalter bis zur Renaissance, ergänzt wird die Ausstellung durch Werke aus anderen Teilen Deutschlands sowie aus Frankreich. Zu sehen sind unter anderem Werke von Lucas Cranach d. Ä., Hans von Kulmbach, Veit Stoß, Hans Pleydenwurff und Tilman Riemenschneider.

Blick über die Burgbastei

Öffnungszeiten April–Okt. Di–So 9.30–17 Uhr, Nov.–März Di–So 10–16 Uhr. Eintritt: 4,50 €, erm. 2,50 €.

Umgebung

▸ **Flößermuseum in Unterrodach**: In einem ehemaligen Floßherrenhaus wird die Erinnerung an die Flößerei im Frankenwald wach gehalten. Ausgestellt sind Modelle verschiedener Floßtypen, Flößerhaken, Floßflaggen, alte Photos und Dokumente sowie eine nachgebaute Flößerhütte, die zeigt, unter welch einfachen Bedingungen die Männer auf dem Wasser lebten.

Öffnungszeiten März–Nov. tgl. 14–16 Uhr, von Mo–Fr auch 9–11 Uhr. www.floessermuseum.de.

▸ **Floßfahrten auf der Wilden Rodach**: Die praktische Ergänzung zum Museumsbesuch! Auf einem Floßteich bei *Schnappenhammer* warten die Flöße auf Wagemutige, die die Wilde Rodach rittlings auf einem rohen Balken hinunterbrausen wollen. Ein Floßknecht steuert mit einer Stange das lange Gefährt. Wasserscheue seien vorgewarnt: Trocken kommt man nicht an!

Termine und Anmeldung Verkehrsamt Wallenfels, ✆ 09262/9450. Floßfahrten von Ende Mai bis Anfang Sept. jeweils samstags um 15 Uhr. www.wallenfels.de.

▸ **Ölsnitztal**: Das Tal der Ölsnitz, das sich 20 Kilometer nordöstlich Kronachs von *Geroldsgrün* zur Staffelmühle zieht, wird zu Recht als eines der schönsten des Frankenwaldes gerühmt. Tief eingeschnitten hat sich die Ölsnitz in das Schiefergestein und schlängelt sich hinunter zur Rodach.

▸ **Wasserschloss Mitwitz**: Inmitten eines im Sommer mit Algen überzogenen Weihers präsentiert sich das schönste Wasserschloss Oberfrankens. Der stattliche vierflüge-

Karte Seite 423

lige Renaissancebau wird von vier Ecktürmen flankiert. Die Anfänge des Schlosses reichen bis ins 13. Jahrhundert zurück, von 1575 bis 1927 gehörte es den *Freiherren von Würtzburg.*

Führungen Mai–Sept. jeweils Sa 14 Uhr sowie an So/Feiert. 11 und 14 Uhr. Für Gruppen nach Vereinbarung: ✆ 09266/1876. Eintritt: 3 €. www.mitwitz.de.

▸ **Ludwigsstadt**: Zusammen mit Fladungen in der Rhön ist Ludwigsstadt der nördlichste Ort Frankens. Umrahmt von den Höhenzügen des Frankenwaldes läuft hier das Leben einen Takt langsamer als in Kronach. Die Abgeschiedenheit bestimmt den Rhythmus des Alltags. In den Zeiten des Kalten Krieges hatte das von Thüringen umgebene Ludwigsstadt fast den Status einer Exklave. „Der Westen ist nur im Süden, der Osten ist überall", mussten die Einheimischen alsbald erkennen. Vor allem in wirtschaftlicher Hinsicht litt der Ort, da die einträglichsten Schieferstätten zum Staatsgebiet der DDR gehörten. Apropos Schiefer: Der Nordzipfel des Frankenwaldes ist „Schieferland". Seit Jahrhunderten wird der Stein mühsam per Hand gebrochen, und bis zum Beginn des Ersten Weltkriegs wurden Schiefertafeln aus dem Frankenwald bis nach China und Nordamerika exportiert; seitdem allerdings sind die Geschäfte rückläufig.

Optisch dominiert wird Ludwigsstadt durch die *Trogenbachbrücke*, eine 200 Meter lange Eisenbahnbrücke, die sich in 26 Metern Höhe über das Tal spannt. Im Winter lockt das Skizentrum mit zwei Liften und der mit 1200 Metern längsten Abfahrt im Frankenwald. Lohnend ist auch ein Abstecher zur nahen *Burg Lauenstein*, die 1222 erstmals urkundlich erwähnt wurde.

• *Information* **Tourist-Information**, Lauensteinerstr. 44, 96337 Ludwigstadt, ✆ 09263/974541, 📠 974542, www.ludwigsstadt.de.

• *Einwohner* 4000

• *Schiefermuseum* Tgl. außer Mo 13–17 Uhr. Eintritt: 2 €.

• *Schwimmen* Beheiztes **Freibad** in der Kronacher Straße 30. **Hallenbad**, Kronacher Str. 34. Für Freunde von Badeseen bietet sich der fünf Kilometer entfernte **Ölschnitzsee** an.

• *Schneetelefon* 09263/500.

▸ **Bad Steben**: Das mit 600 Metern höchstgelegene bayerische Staatsbad liegt in einem von Wäldern umrahmten Hochtal, abseits jeglichen Verkehrslärms. Bad Steben ist bekannt für seine ungewöhnliche Heilmittelkombination: Radon, Kohlensäure und Moor. Im Zentrum des Kurorts befindet sich das Kurhaus mit der klassizistischen, nach Plänen Leo von Klenzes errichteten Wandelhalle. Zudem locken der 35 Hektar große Kurpark mit seinen gepflegten Wegen sowie ein Freibad mit Sprungturm.

• *Information* **Info-Büro**, Badstr. 31, 95138 Bad Steben, ✆ 09288/960, 📠 96010, www.bad-steben.de.

• *Therme* Die Therme bietet zahlreiche Attraktionen von den Wasserwelten über Saunaland bis zum Wellness-Dome. Badstr. 31, ✆ 9600, www.therme-bad-steben.de.

Kulmbach

Kulmbach = Bier. So könnte, wäre da nicht noch die Plassenburg, die einfache Gleichung lauten. Vier große und mehrere kleine Brauereien sind für dieses ungewöhnliche, ja einzigartige Image der oberfränkischen Stadt verantwortlich, in der immerhin das stärkste Bier der Welt gebraut wird. Hoch her geht es Ende Juli bei der Kulmbacher Bierwoche. Das Festzelt fasst 3.500 Durstige.

Die Kulmbacher Brauereien können sich auf eine lange Tradition berufen: Archäologen entdeckten unweit der am Zusammenfluss von Rotem und Weißem Main gelegenen Stadt eine rund 2500 Jahre alte Bieramphore, die als ältester „Biernachweis“ Mitteleuropas eingeschätzt wird. Urkundlich ist die Bierbrauerei in Kulmbach seit 1174 bezeugt. Im Spätmittelalter stand jedem Bürger das Recht zu, sich seinen Gerstensaft selbst zu brauen. Der große Aufschwung des heimischen Brauwesens setzte in der Mitte des 19. Jahrhunderts ein, als die Kulmbacher Brauer durch den Anschluss an das Eisenbahnnetz neue Absatzmärkte erschließen konnten: Innerhalb von fünfzig Jahren erhöhte sich der jährliche Bierausstoß von 15.000 auf 700.000 Hektoliter. Bei einer Brauereibesichtigung kann man sich, umnebelt vom unverwechselbaren Sudduft, auch praktisch davon überzeugen, dass die Braustätten-Meister vor ihren kupferrot glänzenden Braukesseln noch immer ihr Handwerk verstehen. Vier große und mehrere kleine Brauereien sind dafür verantwortlich, dass die oberfränkische Stadt ein einzigartiges Bierimage hat, wird doch hier das stärkste Bier der Welt gebraut. Mit rund 11 Prozent Alkohol und 28 Prozent Stammwürze hat es das „EKU 28“ in sich. Darüber hinaus ist Kulmbach auch ein wichtiges Zentrum für die Herstellung von Braumalz. Symbolkräftig überragen die riesigen Darrenschlöte der Mälzerei *Meußdoerffer* die Dächer der Stadt, denn rund ein Fünftel des bayerischen Malzes stammt aus Kulmbach.

Genossenschaftsbrauerei

Kenner und Liebhaber fränkischer Geschichte suchen Kulmbach – so behaupten sie jedenfalls – nicht des Gerstensaftes, sondern der *Plassenburg* wegen auf. Die einstige Residenz der hohenzollernschen Markgrafen ist das Wahrzeichen der Stadt. Aus gutem Grund, gilt doch der „Schöne Hof“ der Plassenburg als einer der bedeutendsten Renaissancebauten in Deutschland. Im Sommer bildet er die traumhafte Kulisse für Konzerte und andere Freiluftveranstaltungen. Geographisch liegt Kulmbach am Zusammenfluss von *Weißem* und *Rotem Main*, umrahmt vom Frankenwald, dem Fichtelgebirge und der Fränkischen Schweiz.

Geschichte

Kulmbach, eine Gründung aus dem 11. Jahrhundert („Culminaha“), gelangte bereits 1057 in den Einflussbereich des mächtigen bayerischen Adelsgeschlechtes der Andechs-Meranier, die knapp zwei Jahrhunderte die Geschicke Kulmbachs bestimmten. Rund um die Kirche St. Petri entstand der Ort zu Füßen der Plassenburg. Der lang gestreckte Straßenmarkt (Obere Stadt) weist Kulmbach als typische bayerische Gründung aus. Seit 1231 konnte sich der Markt mit Stadtrechten schmücken. Nach dem Aussterben der Andechs-Meranier gelangte Kulmbach an die Grafen von Orlamünde, die es schließlich an die Hohenzollern verpfändeten. 1340 gingen Stadt und Burg endgültig in den Besitz der hohenzollernschen *Burggrafen von Nürnberg* über. Einen erheblichen Aufschwung erhielt Kulmbach 1398 durch den Entschluss des Burggrafen *Johann III.*, die Plassenburg zu seiner Residenz zu machen und von hier aus das „Land auf dem Gebirg" zu regieren. Die Zug um Zug erweiterte Stadt schob sich langsam in Richtung Main vor. Die Geschicke Kulmbachs waren von nun an mit den alsbald zu Markgrafen erhobenen Hohenzollern verbunden. Während des Zweiten Markgrafenkrieges (1553/54) wurden Kulmbach und die Plassenburg erheblich zerstört, aber sogleich wieder aufgebaut. Erst im Rahmen dieses Wiederaufbaus entstand der quadratische Marktplatz fränkischen Musters. Durch die Verlegung der markgräflichen Residenz nach Bayreuth (1603) büßte Kulmbach seine Bedeutung ein; 1792 wurde die Stadt preußisch, um nach einer kurzen französischen Episode 1810 endgültig an Bayern zu fallen.

Information/Diverses

- *Information* **Tourist-Information**, Sutte 2, 95326 Kulmbach, ✆ 09221/95880, 📠 09221/958844, www.kulmbach.de.
- *Einwohner* 30.000
- *Verbindungen und Parken* Zugverbindungen nach Bayreuth, Lichtenfels, Bamberg und Würzburg. Der Bahnhof befindet sich wenige Fußminuten nordwestlich der Altstadt. Pendelbusverbindungen alle 30 Minuten zur Plassenburg von dem am Rande der Altstadt gelegenen Zentralparkplatz.
- *Markt* Mi und Sa auf dem Marktplatz.
- *Fahrradverleih* **Eldorado**, Bayreuther Str. 40, ✆ 64779.
- *Brauereibesichtigungen* Die Brauereien sind entweder nach Voranmeldung oder zu folgenden Zeiten zu besichtigen: **Mönchshof-Bräu (2)**, Hofer Str. 20, ✆ 80519, Di–Do 13 Uhr, Fr 11 Uhr; **Kulmbacher Reichelbräu**, Lichtenfelser Str., ✆ 705225, April–Sept. von Mo–Do um 10.30 Uhr, **EKU**, EKU-Str. 1, nur nach Voranmeldung, ✆ 882283.
- *Bierwoche* Die **Kulmbacher Bierwoche** beginnt am letzten Samstag im Juli mit dem traditionellen Büttnertanz. Neun Tage schenken die Kulmbacher Brauereien ihre Festbiere in einem riesigen Bierzelt aus. Auf den Grills brutzeln die beliebten Kulmbacher Rostbratwürste, die größer als die Nürnberger und kleiner als die Coburger Bratwürste sind.
- *Altstadtfest* Anfang Juli.
- *Eislaufen* **Kunsteislaufbahn** am Schwimmbad 26, von Anfang Nov. bis Feb. geöffnet, ✆ 2657.
- *Kino* **Cineplex Kulmach**, Kressenstein 21, ✆ 4649. www.cineplex.de.
- *Minigolf* Anlage am Pörbitscher Platz, ✆ 09228/622.
- *Reiten* **Reit- und Fahrverein** Alt-Seidenhof, ✆ 962168.
- *Schwimmen* Beheiztes **Freibad** mit Sprungbecken und Großrutsche, Am Schwimmbad 26, ✆ 2657, **Hallenbad** in der Hardenbergstr. 43, ✆ 97910. **Badesee Oberauhof**.
- *Stadtrundgänge* Mai–Okt. jeweils Sa um 10 Uhr. Treffpunkt: Stadthalle. Teilnahmegebühr: 2,50 €.

Essen/Übernachten

Hotel Kronprinz (4), freundliches Hotel neueren Datums am Rande der Altstadt. Garage für Fahrräder. WLAN. EZ ab 58 €, DZ ab 80 € (inkl. Frühstücksbuffet). Fischergasse 4–6, ✆ 09221/92180, 📠 921836, www.kronprinz-kulmbach.de.

Weißes Roß (11), zentral gelegenes Hotel mit hellen, freundlichen Zimmern. Die Übernachtung mit Frühstück ist in dem stattlichen Haus ab 58 € (EZ) pro Pers. zu bekommen, DZ ab 79 €, Mo Ruhetag. Marktplatz 12, ✆ 09221/95650, 📠 956511, www.weisses-ross-kulmbach.de.

Pension Hilde, einfache Frühstückspension (Nichtraucher). Übernachtung ab 21 €. Mangersreuther Str. 37, ✆ 09221/7244, 📠 7261, www.pension-hilde.de.

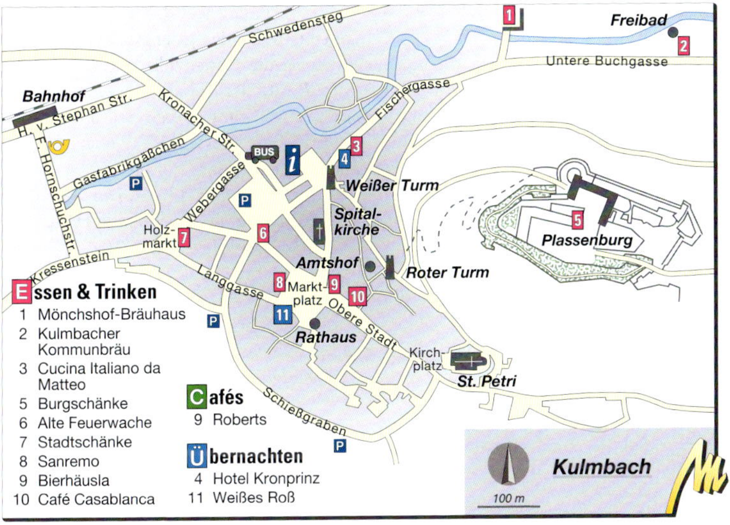

Alte Feuerwache (6), beliebte Brasserie vom Typ „Erlebnisgastronomie". Wöchentlich wechselnde Karte, Hauptgerichte 6–9 €. 8–1 Uhr geöffnet, am So ab 10 Uhr, Fr und Sa bis 2 Uhr. Grabenstraße 4, ✆ 877877, www.die-feuerwache.de.

Stadtschänke (7), am Rande der Fußgängerzone wird in der jüngst renovierten rustikalen Gastwirtschaft Mönchshof-Bier ausgeschenkt. Serviert werden viele Bratengerichte. Stimmungsvolles Ambiente, große Straßenterrasse. Sonntagabend und Mi geschlossen. Holzmarkt 3, ✆ 4507.

Kulmbacher Kommunbräu (2), 1994 schlossen sich eingefleischte Kulmbacher Bierfans zusammen und gründeten in der Grünwehr Vorstadt die Kulmbacher Kommunbräu. In der Gaststube der genossenschaftseigenen Mühle kann man den Herstellungsprozess beobachten und das süffige Bier direkt vom Fass probieren. Im Sommer sitzt man auf den blauen Bierbänken im Garten. Serviert werden regionale Spezialitäten, darunter ein fränkisches Carpaccio (5,90 €) oder eine Kommunbräu-Zwiebel (gefüllte Gemüsezwiebel aus der Backröhre in pikanter Bernsteinbiersoße für 8,90 €). Tgl. ab 10 Uhr geöffnet, Di Ruhetag. Grünwehr 17, ✆ 84490, www.kommunbraeu.de.

Mönchshof-Bräuhaus (1), ein weiteres Paradies für Biertrinker, im Sommer sitzt man im idyllischen Biergarten, bei schlechtem Wetter im urigen Klosterkeller. Mo Ruhetag. Hofer Str. 20, ✆ 4264.

Burgschänke (5), die Burgschänke besitzt gleich zwei Terrassen, wobei die Aussichtsterrasse derjenigen im Innenhof vorzuziehen ist. Da alle bekannten Kulmbacher Biere zum Ausschank kommen, lohnt sich ein Vergleich. Wechselnde Tageskarte und viele kleine Gerichte. ✆ 81313.

Bierhäusla und Roberts (9), in den beiden zusammengehörenden Lokalen (gepflegtes Ambiente mit blankpolierten Tischen) sitzt man gewissermaßen am Puls von Kulmbach. Während sich das Bierhäusla mehr dem Biergenuss und einfachen Brotzeiten verschrieben hat, besitzt das Roberts eher Caféflair. Große, sonnige Straßenterrasse. Obere Stadt 1, ✆ 8041713.

Cucina Italiano da Matteo (3), das italienische Restaurant in Kulmbach ist ein Lesertipp von Frieder Barth, der die anspruchsvolle Küche lobte. Pizza und Pasta 7–10 €. Straßenterrasse. Fischergasse 42, ✆ 4981.

Café Casablanca (10), der geschwungene Tresen des Bistros ist ein fester Anlaufpunkt im Kulmbacher Nachtleben. Straßenterrasse. Obere Stadt 18, ✆ 83383.

Sanremo (8), der Besitzer der Eisdiele versteht sein Handwerk. Zur Eisdiele auf dem Marktplatz gehört eine schöne Straßenterrasse. Marktplatz 9.

Frankenwald, Coburger Land, Oberes Maintal
Karte Seite 423

• *Camping* **Azur-Camping**, in Stadtsteinach neben dem beheizten Freibad; 100 Stellplätze, ganzjährig geöffnet. Badstr. 5, ✆ 09225/95401.

Sehenswertes

Altstadt: Der Verlauf der Stadtmauer lässt sich bis heute recht gut nachvollziehen, da noch mehrere Türme erhalten sind. Hervorzuheben sind der Rote und der Weiße Turm, die im Kern aus dem frühen 14. Jahrhundert stammen. Gleich beim Roten Turm befindet sich der barocke *Amtshof* des Klosters Langheim, der wahrscheinlich von *Leonhard Dientzenhofer* erbaut wurde; er dient heute als Bildungseinrichtung. Die spätgotische Hallenkirche *St. Petri* ging aus einer Kirchenburg hervor, deren Wehranlagen teilweise noch vorhanden sind. Schön anzusehen sind der *Marktplatz* mit seinem Rokoko-Rathaus sowie der von stattlichen Bürgerhäusern gesäumte, als „Obere Stadt" bezeichnete ältere Markt. Beim Marktplatz beginnt auch die in eine kleine sympathische Fußgängerzone umgewandelte Langgasse.

Plassenburg: Wenn Sie schnaufend oben angekommen sind, dann soll Ihnen zu Ihrer persönlichen Befriedigung hiermit gesagt sein, dass sich die Plassenburg 116 Meter über der Stadt erhebt und Sie eben eine Steigung von bis zu 25 Prozent überwunden haben. Der Fußweg beginnt übrigens an der „Oberen Stadt". Seit Sommer 1995 existiert vom Zentralparkplatz auch ein Pendelbusverkehr zur Plassenburg.

Die erste Erwähnung der Burganlage reicht bis in das Jahr 1135 zurück. Die strategisch günstig gelegene Festung muss in den nächsten beiden Jahrhunderten so umfangreich ausgebaut worden sein, dass sich die hohenzollernschen Burggrafen entschlossen, ihre Hofhaltung hierher zu verlegen. Der streitsüchtige Markgraf *Albrecht Alcibiades* ließ die Befestigungsanlagen verstärken. Doch umsonst – nach einer 7 Monate währenden Belagerung gelang es den Truppen der Bischöfe von

Der „Schöne Hof" auf der Plassenburg

Bamberg und Würzburg sowie der Reichsstadt Nürnberg, die Plassenburg 1554 im sog. „Zweiten Markgrafenkrieg" einzunehmen und zu zerstören. Mit Hilfe von Reparationszahlungen konnte die Burg – wie auch die Stadt – jedoch in neuem Glanz wiedererstehen. Zehn Jahre dauerte der Wiederaufbau. Damals entstand unter Federführung von *Caspar Vischer* der viel gerühmte *„Schöne Hof"*, dessen Prunkstück der Westflügel ist. Seine beiden Obergeschosse besitzen zum Hof hin je acht prachtvoll geschmückte Arkaden. Eindrucksvoll ist auch die steinerne Ahnenreihe mit 120 Brustbildern der Hohenzollern. Im Inneren birgt die Plassenburg unter anderem eine alte *Waffenhalle* sowie die repräsentativen Markgrafen- und Fürstenzimmer im Ostflügel.

Auch wenn die Markgrafen seit 1603 nicht mehr auf der Plassenburg residierten, wurde sie aufgrund ihrer militärischen Bedeutung weiter ausgebaut; die Befestigung ist allerdings nur unvollständig erhalten, da *Napoleon* die Anlage vorsichtshalber schleifen ließ. *Wallensteins* Ansturm hatte sie 1632 noch standgehalten. Ab 1810 diente die Plassenburg erst als Lazarett, dann bis 1909 als Zuchthaus, bevor sie 1928 der Öffentlichkeit wieder Stück für Stück zugänglich gemacht wurde. Heute beherbergt das Schloss das Deutsche Zinnfigurenmuseum, das Landschaftsmuseum Obermain und das Armeemuseum Friedrich der Große. Übrigens: Auf der Plassenburg stand einst eine – mittlerweile abgerissene – Diskothek namens „Old Castle", in der ein junger Mann namens *Thomas Gottschalk* seine Karriere als Discjockey startete ...

Öffnungszeiten Tgl. 10–18 Uhr (April–Okt.) sowie 10–16 Uhr (Nov.–März) finden Führungen statt. Eintritt: 4 €, erm. 3 € (Kombikarte für vier Museen 7 €, erm. 3 €).

Landschaftsmuseum Obermain: Das im Westflügel der Plassenburg untergebrachte Museum verschafft einen guten Überblick über die Kunst- und Kulturgeschichte des Obermaingebietes, schwerpunktmäßig beschäftigt sich die Ausstellung mit der Markgrafenzeit und der Ur- und Frühgeschichte. Ein herausragendes Exponat ist die am Beginn des Rundgangs stehende Replik der Ebstorfer Weltkarte, die als größte und bedeutendste Erddarstellung des Mittelalters gilt. Mit Hörbildern und Videoinszenierungen wird versucht, die Ausstellung um einen Erlebniseffekt zu bereichern.

Öffnungszeiten April–Okt. tgl. von 9–18 Uhr, im Winterhalbjahr tgl. 10–16 Uhr. Eintritt: 4 €, erm. 3 € (Kombikarte für vier Museen 7 €, erm. 3 €).

Deutsches Zinnfigurenmuseum: Auch wer mit den kleinen, silbrigweiß glänzenden Figuren bisher recht wenig am Hut hatte, wird angesichts der 300.000 Exponate, die in 150 Dioramen arrangiert sind, eine gewisse Faszination nicht leugnen können. Über vier Stockwerke des Arsenalbaus auf der Plassenburg ist diese größte Zinnfigurensammlung der Welt verteilt. Die dargestellten Szenen reichen von einem Flötenkonzert *Friedrichs II.* in Sanssouci, dem Karneval von Venedig bis zu zahlreichen bedeutenden Schlachten der Weltgeschichte. Sammler und Liebhaber treffen sich jedes Jahr mit ungerader Jahreszahl zur Zinnfigurenbörse.

Öffnungszeiten Tgl. von 9–18 Uhr (April–Okt.) sowie 10–16 Uhr (Nov.–März). Eintritt: 4 €, erm. 3 € (Kombikarte für vier Museen 7 €, erm. 3 €), www.zinnfigurenmuseum.de.

Bayerisches Brauerei Museum Kulmbach: In einem historischen Gebäudetrakt der Kulmbacher Mönchshof-Bräu dreht sich alles um Hopfen und Malz. Informative Einführung in den Themenkomplex Brautechnik und Braukultur. Pflichtprogramm für Bierfreunde.

Adresse/Öffnungszeiten Hofer Str. 20, ✆ 09221/80514. Di–So 10–17 Uhr. Eintritt: 4,50 €, erm. 4 €. www.bayerisches-brauereimuseum.de.

Friedhofskirche St. Nikolai: Etwas außerhalb, im Westen der Stadt, steht das 1573–1576 auf den Fundamenten einer Siechenkapelle errichtete Gotteshaus. Besonders stimmungsvoll ist der aus einem Pestfriedhof hervorgegangene *Alte Friedhof* von Kulmbach. Das baumbestandene, verwilderte Areal ist zum offenen Park geworden. In der Mitte der Anlage stehen zwei Gruftgehäuse aus dem 18. Jahrhundert.

Umgebung

- **Stadtsteinach**: Das kleine Städtchen (Stadtrecht spätestens seit 1348) am Südwestrand des Frankenwaldes ist noch von einer gut erhaltenen Stadtmauer umgeben. Rund um den Marktplatz zeigt sich der Ort von seiner schönsten Seite. Oberhalb von Stadtsteinach haben sich die Ruinen der im Bauernkrieg zerstörten bambergischen *Bischofsburg Nordeck* erhalten.
- **Burgkunstadt**: Bedauerlicherweise verbinden die meisten mit dem Namen Burgkunstadt (7000 Einwohner) nur ein großes Versandhaus. Eindrucksvoll liegt die Oberstadt auf einem freistehenden Hügel. Burgkunstadts Wurzeln reichen bis ins frühe Mittelalter zurück, mit dem weiträumigen dreieckigen Marktplatz ähnelt die Stadtanlage Hollfeld und Creußen. Der Ort entwickelte sich aus einer Burganlage, die die Schweinfurter Markgrafen zu Beginn des 9. Jahrhunderts auf einer Anhöhe errichten ließen; sie schloss sich ursprünglich westlich des geräumigen dreieckigen Marktplatzes an. Absolut sehenswert ist das freistehende Fachwerkrathaus mit steilem Giebeldach und bekrönendem Türmchen; es gilt als eines der bedeutendsten Werke fränkischer Zimmermannskunst. Über die lokale Handwerkstradition informiert das Schustermuseum. Wer sich für jüdische Kultur interessiert, kann den an der Straße nach *Ebneth* gelegenen Judenfriedhof mit Grabsteinen aus dem 17. Jahrhundert besichtigen.

Blick von der Plassenburg auf Kulmbach

Fichtelgebirge

„Auf diesen Höhen, da wo die Grenzen Böhmens, Bayerns und Sachsens zusammenstoßen, möchte aber auch der wahre Mittelpunkt des deutschen Vaterlandes zu suchen sein", schrieb Karl Julius Weber zu Beginn des 19. Jahrhunderts. Seit der Wiedervereinigung und der Grenzöffnung im Osten haben diese pathetischen Worte erneut an Bedeutung gewonnen. Die Trabi-Karawanen sind verschwunden, das einstige „Zonenrandgebiet" Fichtelgebirge liegt wieder in der Mitte Deutschlands. Die Normalität ist zurückgekehrt, traditionsreiche Bindungen wurden wiederbelebt, doch mit dem Strukturwandel und dem Bevölkerungsrückgang stellen sich neue Herausforderungen.

Das Fichtelgebirge ist ein uraltes Mittelgebirge, nur mäßig gewölbt, aber viel älter als die Alpen. Im Laufe der Jahrmillionen ist diese herbromantische Landschaft entstanden. Sanft geschwungene, bewaldete Höhen, unterbrochen von Tälern, die von klaren Bächen durchflossen werden, von Wiesen, Feldern und Seen. Der *Schneeberg* ist mit 1051 Metern der höchste Berg Frankens, der Ochsenkopf mit seinen schneesicheren Hängen zählt seit Jahrzehnten zu den beliebtesten deutschen Wintersportgebieten. In Meyers Konversationslexikon von 1875 steht: „Das Fichtelgebirge gehört nicht gerade zu den viel besuchten Gebirgen; viele schreckt der ernste, oft raue und düstere Charakter der mit Nadelwald bedeckten Höhenzüge ab. Indessen gewähren das Felslabyrinth der Luisenburg, die imposante Kuppe des Waldsteins, die Quellen der vier Flüsse (Main, Saale, Naab und Eger) doch ein eigentümliches Interesse, und die Sage webt um das Ganze noch einen besonderen Reiz." Das Leben im Fichtelgebirge war rau und hart, erst im Mittelalter wurde das Bergland erschlossen.

Fichtelgebirge
Karte Seite 460

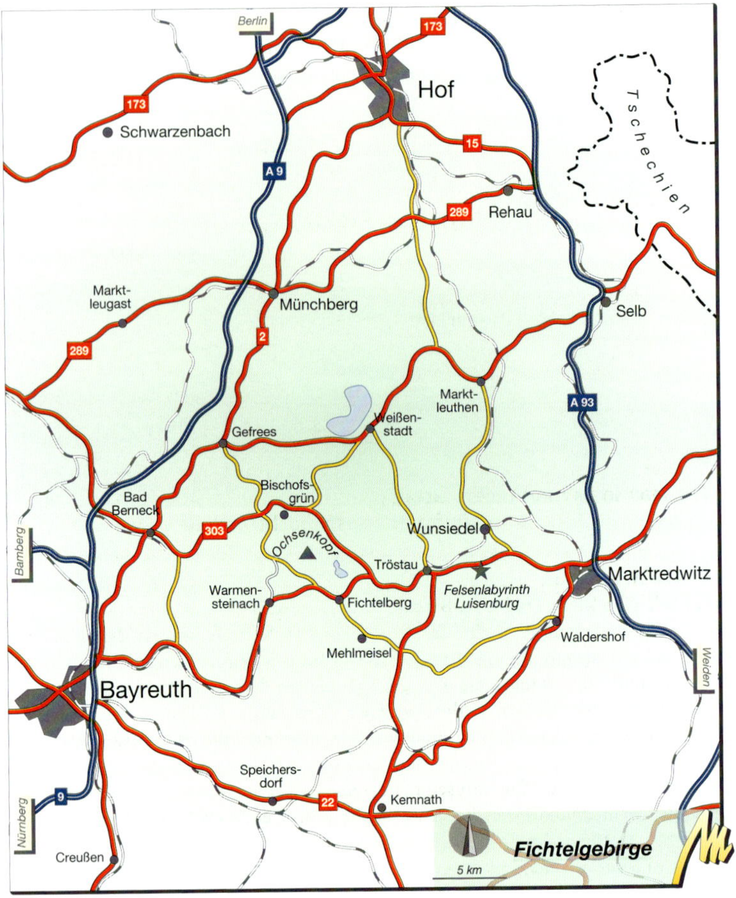

Da die Landwirtschaft nicht sehr ertragreich war, wurde der Bergbau schnell zum wichtigsten Erwerbszweig der Region. Silber, Eisen, Kupfer und Zinn wurden abgebaut, und man fand sogar Gold. Die Lichtungen in den Wäldern entstanden nicht, um Platz für den Ackerbau zu schaffen, sondern um die Schmelzöfen mit dem nötigen Feuerholz zu versorgen. Heute ist die Luftverschmutzung der Hauptfeind des Baumbestandes, die geringe Entfernung nach Sachsen und zur Tschechischen Republik hatte und hat fatale Folgen. Das magische Wort heißt Waldsterben, und wer die kahlen Bäume am Nusshardt und Ochsenkopf sieht, weiß, dass es sich hierbei nicht nur um ein Hirngespinst der Umweltschützer handelt. Neben dem Tourismus sind die Porzellanindustrie sowie die Textil- und Bekleidungshersteller die Hauptarbeitgeber der Region.

Doch muss man nicht verheimlichen, dass der Nordosten Bayerns zu den Krisenregionen des Landes gehört. Allein zwischen 1992 und 2000 verlor Oberfranken 25.000 Arbeitsplätze. Und die Aussichten sind düster: Der Landkreis Wunsiedel wird nach einer Prognose des Bundesamtes für Bauwesen und Raumplanung bis zu 15 Prozent seiner Bevölkerung verlieren. Die Gemeinden überaltern, die jungen Menschen verlassen die Region. Wer mit offenen Augen durch das Fichtelgebirge fährt, wird die verlassenen Häuser und leeren Schaufenster nicht übersehen können.

Information: Tourist Information „Fichtelgebirge", Gablonzer Str. 11, 95686 Fichtelberg, ✆ 09272/969030, 📠 09272/9690366, www.ti-fichtelgebirge.de. Hier ist eine ausführliche Wanderbroschüre erhältlich, die zahlreiche detaillierte Routenvorschläge beschreibt. Zudem gibt es hier die **Fichtelgebirgscard**, die kostenlosen oder ermäßigten Eintritt zu über 90 Attraktionen und Sehenswürdigkeiten, inklusive zahlreicher Hallen- und Freibäder, Museen, Theater, Thermen und Sportanlagen bietet. 3-Tage 19 €, erm. 10 €.

Wanderkarte: Fritsch Wanderkarte Nr. 52, Naturpark Fichtelgebirge, 1:50.000.

Radtourenkarte: „Frankenwald/Fichtelgebirge", 1:100.000, Haupka Verlag.

Bayreuth

Die alte Markgrafenstadt hat einen klangvollen Namen. Zur Festspielzeit trifft man in Bayreuth mehr Staatsoberhäupter als in Bonn und Berlin zusammen; sämtliche Unterkünfte sind ausgebucht, und die Kassen klingeln.

Neben der musikalischen Hochkultur setzt das Festival Junger Künstler viele musikalische Akzente; die alljährlich stattfindende Konzertreihe „Musica Bayreuth" hat ebenfalls eine lange Tradition, Barockmusik wird beim „Bayreuther Barock" geboten, und im Bayreuther Stadion spielte auch schon Michael Jackson. Nicht zu vergessen: Die einzigartigen Baudenkmäler aus der Zeit der Markgräfin Wilhelmine. Derzeit hofft die Stadt, dass das gesamte Ensemble mit dem Markgräflichen Opernhaus, dem Neuen Schloss und der Eremitage im Jahre 2010 von der UNESCO zum Weltkulturerbe erklärt wird. Zudem sind die zahlreichen (mehr als ein Dutzend) attraktiven Bayreuther Museen, darunter so ausgefallene wie das Freimaurer- und das Plakatmuseum, allemal einen Besuch wert – und zwar nicht nur bei schlechtem Wetter. Bayreuth hat sich aber auch als Sporthochburg einen Namen erworben: Die Basketball-, Tischtennis- und Eishockeyvereine haben alle schon in ihren jeweiligen Bundesligen um Punkte gekämpft, zudem finden regelmäßig Profi-Box-Weltmeisterschaften statt. Einen wichtigen Impuls erhielt Bayreuth durch die 1975 gegründete Universität. Die seither entstandene studentische Kultur hat die oberfränkische Regierungsstadt neu belebt. Es gibt nicht nur knapp 10.000 Studenten, die Universität ist mit ihren 1.900 Beschäftigten auch der größte Arbeitgeber der Stadt. Sicherlich würde Virginia Woolf heute ihr Urteil revidieren, im Jahre 1909 verglich sie die Stadt bei ihrem Besuch mit einem „englischen Marktflecken" und war vom modischen Outfit der Bayreuther entsetzt: „Mein Gott, sie sind abscheulich! Die Frauen haben einen Riemen um die Taille, eine grüne Jagdmütze, mit einer Feder, und kurze Röcke. Sie sind niemals modisch."

Geschichte

Im 12. Jahrhundert ließen die bayerischen Grafen von Andechs-Meran eine von sumpfigen Wiesen umgebene Felsterrasse über dem linken Ufer des Roten Main roden; der Name Bayreuth erinnert noch an diese Ursprünge. Und doch ist Bayreuth eine fränkische Stadt: Schon 1248 fiel sie durch das Aussterben der Andech-

Fichtelgebirge
Karte Seite 460

Ein „Neues Schloss" für die Markgräfin

ser an deren Schwiegersohn, den Burggrafen von Nürnberg. Damit begann die zollernsche, burggräfliche und später markgräfliche Epoche Bayreuths. Aber erst als die Markgrafen 1603 ihre Residenz von der Plassenburg bei Kulmbach hierher verlegt hatten, stieg Bayreuth zum kulturellen Zentrum Oberfrankens und des Fürstentums Brandenburg-Bayreuth auf. 1701 brachte die Ansiedlung von Hugenotten in der Vorstadt St. Georgen einen spürbaren wirtschaftlichen Aufschwung. Die Glanzzeit des Hofes war die Regierungszeit des Markgrafen *Friedrich* (1735–1763) und seiner Gemahlin *Wilhelmine*, der Lieblingsschwester des Preußenkönigs Friedrich des Großen. Aus eigenem Interesse und dem Vorbild ihres berühmten Bruders folgend, holte Wilhelmine zahlreiche Künstler und Gelehrte an den Bayreuther Hof. Kein Geringerer als *Voltaire* soll, während er als Gast der Markgräfin Wilhelmine in Bayreuth weilte, gesagt haben, die Stadt sei „ein wunderlich stiller Ort", wo man „alle Annehmlichkeiten eines großen Hofes ohne die Unbequemlichkeit der großen Welt genießen" könne. „Wir hatten dort Opern, Komödien, Jagden und köstliche Soupers."

Zur Zeit der Markgräfin Wilhelmine erlebte Bayreuth eine ungeahnte Blüte; es entstanden repräsentative Bauten wie das *Neue Schloss* und das *Opernhaus*. Die nach ihm benannte Hauptverkehrsachse ließ Markgraf Friedrich sogar zu einer barocken Prachtstraße ausbauen; bis in die dreißiger Jahre des 19. Jahrhunderts erhoben die Bayreuther für die Durchfahrt dieser Straße einen Pflasterzoll. Doch überspannte der Markgraf die Finanzkraft seines kleinen Landes erheblich. Mit dem Glanz des Bayreuther Hofes war es bald vorbei. Der übernächste Markgraf *Karl Alexander* erbte neben der barocken Bayreuther Pracht vor allem eines: Schulden! Ihrer wurde er auch durch den Verkauf seiner Landeskinder als Söldner an den englischen König nicht Herr: 1791 entledigte er sich seiner Pflichten quasi durchs Hintertürchen – er dankte ab und zog zu seiner Geliebten, Lady Elizabeth Craven, nach England. Nach einer kurzen preußischen Episode fiel Bayreuth im Jahre 1810 an Bayern.

Musikalische Mythensuche: Wagner und Bayreuth

Eine bewegte musikalische Karriere führte den 1813 geborenen Richard Wagner über Würzburg, Magdeburg, Königsberg, Riga, Dresden, Wien und München schließlich nach Bayreuth, da er glaubte, das Markgräfliche Opernhaus sei der passende Rahmen, um seine seit langem geplanten Festspiele zu veranstalten. Obwohl ihm das Opernhaus für diesen Zweck dann doch nicht geeignet schien, blieb er in der „freundlichen Stadt". 1872 dirigierte er anlässlich der Grundsteinlegung seines Festspielhauses Beethovens Neunte Symphonie; vier Jahre später fanden die ersten Festspiele im neuen Musentempel statt. Wagner verband mit dem Bau seine Vorstellung von einem Gesamtkunstwerk – Architektur, Malerei, Drama, Literatur, Musik, Gesang und Tanz, vereint in einem umfassenden Kunstereignis. Wagners kolossale und pompöse Musikdramen zielten weniger auf Unterhaltung ab, sie verfolgten vielmehr die Absicht, die gesellschaftliche Ordnung des Deutschen Kaiserreichs zu feiern und mit einem Heiligenschein zu versehen.

Alljährlich strömte ein Pilgerzug von Aristokraten und Großbürgern aus ganz Europa in die kleine Residenzstadt. Jene, die sich in Bayreuth einfanden, um dem einsetzenden Wagnerkult zu frönen, gehörten durchwegs der Besitz- und Bildungselite an, denn sie konnten sich den Luxus teurer Reisen leisten und waren imstande, Wagnerianische Mythen und Legenden zu studieren. Insoweit war Wagner ein weiteres Stück von seinem Vorbild der griechischen Tragödie abgewichen, die sich ja an einen Querschnitt der Gesellschaft wandte und universale Anliegen thematisierte. Schon Thomas Mann kritisierte, Bayreuth sei zu einem „musikalischen Lourdes, ... einer wundersamen Grotte für die unersättliche Leichtgläubigkeit einer dekadenten Welt" geworden.

Nach Wagners Tod (1883) in Venedig wurde sein Leichnam nach Bayreuth überführt und im Garten seiner *Villa Wahnfried* beigesetzt. Durch die persönliche Freundschaft von Wagners Schwiegertochter Winifred mit Hitler und dessen Wagnerverehrung gerieten die Festspiele unweigerlich in die Einflusssphäre des nationalsozialistischen Regimes. Schon 1933 sagte der berühmte Dirigent *Arturo Toscanini* seine Teilnahme aus Protest gegen die antisemitischen Tendenzen in Deutschland ab. Das nationalsozialistische Gedankengut fiel gewissermaßen auf vorbereiteten Boden: Auch Wagner hatte sich zu Lebzeiten eindeutig als Antisemit zu erkennen gegeben.

Nach dem Zweiten Weltkrieg wurde von Richard Wagners Enkeln ein Neuanfang unternommen. Die künstlerische Leitung übernahmen Wolfgang und Wieland Wagner. Das „Neue Bayreuth" sollte die künstlerische Stagnation der Festspiele überwinden, die zudem politisch in Verruf geraten waren. Nach dem Tod seines Bruders leitete Wolfgang ab 1967 die Festspiele allein. Mit Patrice Chéreau und Christoph Schlingensief verpflichtete er auch avantgardistische Regisseure. Weitere bekannte Inszenierungen dieser „Epoche" stammten von Heiner Müller und Tankred Dorst.

Anfahrt/Verbindungen

• *Flugzeug* Der nächste Flughafen befindet sich in Nürnberg, etwa 80 Kilometer südwestlich von Bayreuth.

• *Zug* Der Bahnhof liegt im Norden Bayreuths, 10 Gehminuten von der Innenstadt entfernt. Stündl. Verbindung zwischen Nürnberg und Bayreuth, weitere Verbindungen nach Kulmbach, Hof sowie nach Chemnitz und Dresden. Auskunft: ✆ 11861.

• *Bus* Busverbindungen mit allen größeren Orten des Fichtelgebirges sowie der nordöstlichen Fränkischen Schweiz.

Information/Diverses

• *Information* **Kongress- und Tourismuszentrale**, Luitpoldplatz 9, 95444 Bayreuth, ✆ 0921/88588, ✆ 0921/88555, www.bayreuth-tourismus.de oder www.bayreuth.de.

• *Einwohner* 75.000

• *Stadtführungen* Mai–Okt. tgl., im Winterhalbjahr nur Sa. Treffpunkt: Tourist-Information um 10.30 Uhr. Dauer: etwa 2 Std. Preis: 5,50 €, erm. 3 €, inkl. Eintrittsgelder.

• *Literaturtipps* **Frank Piontek und Joachim Schultz**: Bayreuth, ein literarisches Porträt. Insel-Verlag, Frankfurt 1996. Ansprechende Anthologie in der im Insel-Verlag erschienen Reihe literarischer Landschaftsbegleiter. **Kläre Warnecke**: Spaziergänge durch Richard Wagners Bayreuth. Arche Verlag, 2001. Fünf interessante musikalische Rundgänge durch die Festspielstadt. **Albrecht Bald und Jörg Skriebeleit**: Das Außenlager Bayreuth des KZ Flossenbürg. C. und C. Rabenstein 2003. Überfällige Aufarbeitung eines dunklen Kapitels der Bayreuther Geschichte, in der auch die Familie Wagner eine unrühmliche Rolle spielt.

• *Fahrradverleih* **Radhaus Hensel und Koller** vermietet Räder. Carl-Schüller-Str. 20, ✆ 64944. www.radhaus-hensel-koller.zeg.de.

• *Festspiele* Es ist extrem schwer, eine Karte für die vom 25. Juli bis 28. August stattfindenden Festspiele zu bekommen (in der Regel – das heißt ohne Beziehungen – beträgt die Wartezeit auf eine Karte rund zehn Jahre; die Anfrage muss jährlich erneuert werden). Hörplätze gibt es schon für 7 €, sonst kostet der Eintritt zwischen 12 und 225 €. Schriftliche Anfragen an das **Kartenbüro**, Postfach 100262, 95402 Bayreuth. Infos unter ✆ 78780 oder im Internet unter www.bayreuther-festspiele.de.

• *Bayreuther Barock* Im Sept. werden im Markgräflichen Opernhaus Opern und Konzerte aus der Zeit des Barocks aufgeführt, www.bayreuther-barock.bayreuth.de.

• *Osterfestival* An den Osterfeiertagen findet im Markgrafentheater und an weiteren historischen Orten eine renommierte Konzertreihe statt, www.osterfestival.de.

• *Feuerwehrmuseum* An der Feuerwache 4, ✆ 251299 oder 48299. Geöffnet nach Vereinbarung. www.bayreuther-feuerwehrmuseum.fwd2.de.

• *Lohengrin Therme* Die moderne Thermenanlage bietet in zwölf Becken mit einer Wasserfläche von 1000 Quadratmetern alles rund ums Thema Wellness (Sauna, Whirlpool etc.). Über die zahlreichen Angebote informiert man sich am besten im Internet. Tgl. von 10–22 Uhr geöffnet. Kurpromenade 5, ✆ 792400, www.lohengrin-therme.de.

• *Freibäder* **Kreuzsteinbad**, beheiztes Freibad mit Wellenbecken, Sprungturm und Strömungskanal, Universitätsstr. 20, ✆ 600384. Eintritt: 3,50 €. **Altstadt-Freibad**, Fantaisiestraße, ✆ 61662.

• *Hallenbäder* **Stadtbad**, Sportpark 5, ✆ 98614. Mit 50-Meter-Bahn, Sauna und Solarium. Mo, Di, Do 10–21 Uhr, Mi/Fr 13–21 Uhr, Sa 8–18 Uhr, So 9–17 Uhr.

• *Kinos* **Cine-Plex**, Multiplexkino mit acht Sälen in der Hindenburgstraße. Bayreuther Kinoprogrammansage: ✆ 7647070, www.cineplex.de.

• *Internet* Café am Sternplatz, Ludwigstr. 1, ✆ 761610.

• *Kunsteisstadion* am Sportpark, ✆ 251910.

• *Golf* 18-Loch-Anlage, Rodersberg 43, ✆ 970704. www.golfclub-bayreuth.de.

• *Museum für bäuerliche Arbeitsgeräte* Adolf-Wächter-Str. 17, ✆ 68325 od. 57515. Mai–Okt. am Wochenende von 14–17 Uhr und nach Absprache. Eintritt: 1,50 €, erm. 0,70 €, www.lettenhof.de.

• *Tiergehege* Am Röhrensee (mit Bootsverleih), Pottensteiner Str. 251, ✆ 738012. Mufflons, Zwergziegen, Flamingos, Laufvögel u. a.; ganzjährig geöffnet, Eintritt: frei!

Übernachten
1 Goldener Löwe
4 Goldener Anker
12 Jugendherberge

Cafés
3 Engin's Ponte

Essen & Trinken
1 Goldener Löwe
3 Engin's Ponte
4 Goldener Anker
5 Sinnopoli
6 Kraftraum
7 Wolfenzacher
8 Oskar
9 Miamiam-Glouglou
10 Gottmannsgrüner
11 Richter's

Nachtleben
2 Podium

100 m

Bayreuth

Fichtelgebirge
Karte Seite 460

Bayreuth Card

Ein attraktives Angebot für Besucher der Wagnerstadt ist die Bayreuth Card für 11,50 € (ein Erwachsener mit bis zu zwei Kindern unter 15 Jahre inklusive): Sie ist drei Tage lang gültig, schließt ein Exemplar des Nordbayerischen Kuriers ein und berechtigt zur freien Fahrt mit den Stadtbussen, zu der Teilnahme an einem geführten Stadtrundgang und dem freien Eintritt in folgende Museen: Historisches Museum, Richard-Wagner-Museum, Jean-Paul-Museum, Franz-Liszt-Museum, Deutsches Freimaurermuseum, Urwelt-Museum, Kunstmuseum und Brauerei- und Büttnereimuseum der Gebrüder Maisel. Erhältlich ist die Bayreuth Card bei der Kongress- und Tourismuszentrale sowie im Neuen Schloss.

Essen/Übernachten/Nachtleben (siehe Karte S. 465)

• *Essen/Übernachten* **Hotel Eremitage**, das Hotel befindet sich unmittelbar neben dem Alten Schloss und der Eremitage in absolut ruhiger Lage. Da es nur 13 Betten gibt, sollte man vorher reservieren. Restaurant Cuvée im Haus. DZ von 90–140 €. ✆ 0921/ 799970, ℻ 7999730, www.eremitage-gastro.de.

Schlosshotel Thiergarten, in dem exklusiven Barockschlösschen vor den Toren Bayreuths lässt sich zumeist die Prominenz verwöhnen. Im großen Kuppelsaal fand die Hochzeitsfeier des Heldentenors Peter Hoffmann mit Deborah Sasson statt. Im Restaurant des Schlosses kann man nach Gutsherrenart zu exklusiven Preisen dinieren. Die Nacht in einem der 16 Betten kostet pro Person ab 90 € (EZ), im DZ ab 70 €. Oberthiergärtner Straße 36, ✆ 09209/9840, ℻ 98429, www.schlosshotel-thiergarten.de.

Goldener Anker (4), traditionsreiches Hotel-Restaurant, das von Oberfeinschmecker Wolfgang Siebeck aufgrund seiner privaten Atmosphäre und seines antiken Charmes als „rares Juwel" bezeichnet wurde. Erstklassiges Restaurant zu angemessenen Preisen. 3-Gänge-Menü 30 €, 4-Gänge-Menü 40 €. Das Restaurant ist außerhalb der Festspielzeit Mo und Di geschlossen. Auch das Hotel gefällt mit seinen stilvollen Zimmern. Die Übernachtung in einem der 37 Zimmer kostet ab 118 € für das DZ, EZ ab 78 €. Opernstraße 6, ✆ 0921/65051, ℻ 65500, www.anker-bayreuth.de.

Goldener Löwe (1), empfehlenswertes Hotel mit guten Restaurant. Als Klassiker des Hauses gilt das Löwentöpfle (verschiedene Medaillons vom Rind, Schweinefilet und Geflügel vom Grill mit frischen Champignons und Kräutern in Rahm, dazu Käsespätzle und buntes Gemüse für 14,90 €. Kinderportionen von jedem Hauptgericht für 3,30 €. Straßenterrasse. Das Restaurant ist Mo und Dienstagmittag geschlossen. Es werden auch elf gepflegte Zimmer vermietet. Zum Frühstück gibt es hausgemachte Marmeladenkreationen. WLAN. Außerhalb der Festspielsaison EZ 43 €, DZ 74 € (inkl. Frühstücksbuffet). Kulmbacher Str. 30, ✆ 0921/746060, ℻ 47777, www.goldener-loewe.de.

Pension Elbel, im Südosten der Stadt im Ortsteil Oberkonnersreuth. Einfache DZ ab 40 €, EZ ab 23 €. Oberkonnersreuther Str. 18, ✆ 0921/66856, ℻ 52946.

Oskar (8), im alten Rathaus, mit Straßenbewirtschaftung. Beliebtes Restaurant mit fränkischer und internationaler Küche. Maximilianstraße (Fußgängerzone), ✆ 5160553, www.oskar-bayreuth.de.

Zur Sudpfanne, das Restaurant hat sich der kreativen und leichten fränkischen Küche verschrieben. Empfehlenswert sind die Lammgerichte oder der zarte Braten vom Milchzicklein mit Rahmwirsing. Hauptgerichte um die 20 €, 3-Gang-Menü 39,50 €. Angegliedert ist noch eine günstigere Brasserie mit internationaler Küche sowie der **Storchenkeller**, ein großer Biergarten mit schönem Kinderspielplatz. Oberkonnersreuther Str. 6 (bei der Autobahnausfahrt Bayreuth Süd), ✆ 52883, www.sudpfanne.de.

Wolfenzacher (7), urgemütliches Wirtshaus mit blau getünchter Decke und viel Holz. Geboten wird fränkische Küche, von Bratwürsten bis zu Rehnüsschen für 14,50 €. Große Straßenterrasse. Badstr. 1. ✆ 64552.

Miamiam-Glouglou (9), dieses absolut empfehlenswerte französische Café-Bistro-Restaurant wird von einem aus Annecy stammenden Franzosen betrieben. Tgl. kann man unter drei verschiedenen *plats* *du jour* wählen. Schmackhafte Salate (*paysanne, normande, niçoise*) und diverse Lamm-, Geflügel- und Fischspezialitäten runden das Angebot ab. Zudem sind die Gerichte auch noch günstig. Durchgehend warme Küche von 11–23 Uhr. Im Sommer sitzt man auf Bierbänken vor dem Haus. Von-Römer-Str. 28, ✆ 65666, www.miamiam-glouglou.de.

Kraftraum (6), das „vegetarische Tages- und Nachtcafé" bietet kein fleischloses Einerlei, sondern anspruchsvolle Kost zu recht passablen Preisen. Die in Olivenöl gebratenen Auberginen und Zucchini mit Pellkartoffeln und Kräuterquark kosten 6,10 €. Große Straßenterrasse, viel junges Publikum. Sophienstr. 16, ✆ 8002515.

Richter's (11), dieses 2001 im einstigen Wohnhaus von Jean Paul eröffnete Lokal ist eine interessante Mischung aus Bar, Café und Garten- und Straßenterrasse. Tgl. 18–1 Uhr. Friedrichstraße 10 (beim Hofgarten), ✆ 5075880, www.richters-bayreuth.de.

Engin's Ponte (3), stilvolles Café/Bar/Restaurant mit großem Tresen und herrlich gelegener Sonnenterrasse, direkt am idyllischen „Canale Grande". Gekocht wird mediterran. Opernstr. 24/26. ✆ 8710503, www.cafeponte.de.

Gottmannsgrüner (10), hinter dem fränkischen Namen verbirgt sich ein bei jüngerem Publikum beliebter Italiener. Rustikale Einrichtung mit großen Tischen. Empfehlenswerte Spaghettivariationen um die 8 €. So Ruhetag, nur abends geöffnet. Dammallee 21, ✆ 54934.

Sinnopoli (5), optisch ansprechende Kneipe mit außergewöhnlicher Einrichtung. Die südländisch angehauchte Küche bietet wechselnde Tagesgerichte. Große Auswahl an selbst gemachten Nudelgerichten. Im Sommer kann zwischen Schatten spendenden Bäumen und der sonnigen Terrasse gewählt werden. Tgl. 8–1 Uhr, So ab 9 Uhr. Badstr. 13, ✆ 62017, www.sinnopoli.de.

Herzogkeller, traditionsreicher Biergarten, nur im Sommer ab 16 Uhr geöffnet. Aufgetischt werden einfache Brotzeiten. Hindenburgstraße, ✆ 43419. www.herzogkeller.de.

• *Jugendherberge* **Jugendherberge Bayreuth (12)**, in einem modernen Gebäude in der Nähe der Bayreuther Universität. Praktisch ist der Umstand, dass das Haus direkt an das städtische Freibad grenzt. Bis zur Stadtmitte sind es rund 15 Min. Fußweg. Übernachtung mit Frühstück ab 16,40 €. Vom 15. Dez. bis 31. Jan. geschlossen. Universitätsstraße 28, ✆ 0921/764380, 📠 512805, www.bayreuth.jugendherberge.de.

• *Nachtleben* **Podium (2)**, einzige Jazzkneipe der Stadt, in der regelmäßig am Wochenende Livemusik geboten wird. In den schlicht gehaltenen Räumen verkehrt vorwiegend jüngeres Publikum. Gute Musik, passable Küche. Tgl. ab 17.30–1 Uhr geöffnet, Fr und Sa bis 3 Uhr. Gerberplatz 1, ✆ 65383, www.podium-bayreuth.de.

Halifax, zum Abtanzen fährt die Bayreuther Jugend in diese Disco ins nahe Himmelkron. Zwei Ebenen mit gigantischer Licht- & Tonanlage samt der neuesten Lasertechnik sowie einer Club-Lounge. Bayreuther Str. 2. www.discohalifax.de.

Wagners Traum – Festspielhaus

Sehenswertes

Neues Schloss: Nachdem 1753 das alte Schloss teilweise abgebrannt war, ordnete Markgraf Friedrich auf den sehnlichsten Wunsch seiner Gemahlin den Bau eines neuen, repräsentativen Schlosses an, zu dem *Joseph Saint-Pierre* die Pläne lieferte. Er musste dabei vorhandene Bauten einbeziehen und die Bauzeit so kurz wie möglich halten, da der Bayreuther Hof zu sparen gezwungen war. Nach außen wirkt der lang gestreckte dreigeschossige Gebäudekomplex eher schmucklos, dafür zeugen die hervorragend erhaltenen Innenräume im Obergeschoss vom höfischen Repräsentationsstreben des Rokokos und vom Geschmack der Markgräfin. Den Nordflügel bewohnte der Markgraf, der Südflügel war Wilhelmine vorbehalten. Die schönsten der 140 Räume können besichtigt werden, darunter das Zedern- und das Spalierzimmer, das Japanische Zimmer, das Palmenzimmer, das Spiegelscherbenzimmer sowie eine künstliche Grotte, die als Erfrischungsraum diente und mit Bergkristallen und Muscheln aus der Karibik verziert ist. Der Hofgarten hinter dem Schloss sollte 1789 zu einem englischen Park umgestaltet werden, doch das Projekt wurde aufgegeben und die geometrischen Strukturen blieben erhalten; heute ist er eine beliebte grüne Oase inmitten der Stadt. Im Erdgeschoss befinden sich zudem die „Bayreuther Fayencen – Sammlung Rummel". Auf der anderen Seite im Erdgeschoss ist die *Staatsgalerie* untergebracht, die einen Einblick in die Malerei des Spätbarock bietet. Gezeigt werden über 80 Werke der niederländischen und deutschen Malerei vom ausgehenden 17. bis in das 18. Jahrhundert, vor allem aber das Genre der Historienmalerei.

• *Besichtigungszeiten* April–Sept. tgl. 9–18 Uhr, Okt.–März tgl. 10–16 Uhr. Eintritt: 5 €, erm. 4 € (Kombiticket mit markgräflichem Opernhaus 8 €, erm. 7 €). Im Italienischen Bau des Neuen Schlosses ist ein kleines **archäologisches Museum** untergebracht, ✆ 65307. 1. So im Monat 10–12 Uhr, April–Okt. zusätzlich Sa 10–15 Uhr.

Das Bayreuth der Markgräfin Wilhelmine

Mit dem Kombiticket „Drei Bayreuther Objekte nach Wahl" lässt sich ein größeres Spektrum kultureller Baudenkmäler und Gärten günstig besichtigen. Hierzu gehören neben dem Neuen Schloss und dem Markgräflichen Opernhaus auch das Alte Schloss in der Eremitage, Sanspareil mit dem Morgenländischen Bau, die Burg Zwernitz und das Schloss Fantaisie. Zum Preis von 10 €, erm. 8 € kann man drei der fünf Objekte besichtigen.

Altes Schloss: Mit seiner weiß, ocker- und rostbraun leuchtenden Fassade setzt das Alte Schloss einen schönen Farbakzent in der Bayreuther Innenstadt. Der vierflügelige Bau – er wird heute als Finanzamt genutzt – steht auf den Grundmauern einer alten, vermutlich meranischen Burg. Bayreuths Wahrzeichen, der heute noch vorhandene achteckige Schlossturm mit seinem goldenen Kreuz, wurde Mitte des 16. Jahrhunderts von *Caspar Fischer* erbaut. Anschaulich dokumentiert der Bau auch die Entwicklung des deutschen Schlossbaus in der Frühen Neuzeit. Während der geschlossene vierflügelige Aufbau ein typisches Renaissanceprodukt ist, weist der offene Ehrenhof auf die repräsentativen barocken Ansprüche hin. Seitdem die Markgrafen ihren Regierungssitz von Kulmbach nach Bayreuth verlegt hatten, diente das Schloss bis zu einem verheerenden Brand im Jahre 1753 als Residenz. Große Teile des Schlosses wurden das Opfer der Flammen und durch die Schloss-

Villa Wahnfried

kirche, das Gontardhaus und das Palais d'Adhemar ersetzt. In der *Grabkapelle* der Schlosskirche ist das Markgrafenpaar Friedrich und Wilhelmine beigesetzt.

Opernhaus: Mit der Markgräfin Wilhelmine zog in Bayreuth der heitere Stil des Rokoko ein. Von 1745–1748 ließ Wilhelmine vom französischen Architekten Joseph Saint-Pierre das äußerlich eher unscheinbare Opernhaus erbauen. Im Inneren dominiert die prachtvolle Ausgestaltung von Giuseppe und Carlo Galli-Bibiena, zwei der führenden Theaterdekorateure der damaligen Zeit. Der ausschließlich aus Holz gefertigte Zuschauerraum ließ sich allerdings kaum heizen und wurde daher nur im Sommer genutzt. Das *Theater*, ein Relikt höfischer Kultur, zählt zweifelsohne zu den schönsten Theatern der Welt. Obwohl sonst in Bayreuth überall der von der Markgräfin geliebte Rokoko-Stil anzutreffen ist, wird das Opernhaus als Barocktheater bezeichnet, ein Umstand, der der konstruktiven Konsequenz der Holzbauweise geschuldet ist, die sich im Zuschauerraum offenbart.

Besichtigungszeiten April–Sept. tgl. 9–18 Uhr, Okt.–März tgl. 10–16 Uhr. Eintritt: 5 €, erm. 4 € (Kombiticket mit dem neuen Schloss 8 €, erm. 7 €).

Villa Wahnfried (Richard-Wagner-Museum): Das Wohnhaus Richard Wagners, ein luxuriöser Villenbau der Neurenaissance, wurde im Krieg weitgehend zerstört und erst 1976 zum 100. Jubiläum der Festspiele wieder aufgebaut. Heute beherbergt die Villa Wahnfried eine Dauerausstellung (Richard-Wagner-Museum). Gezeigt werden Schrift- und Bilddokumente zur Geschichte der Festspiele und dem Leben Richard Wagners. Anhand von 55 Bühnenbildmodellen kann man die Entwicklung der Bühnenbildkunst anschaulich verfolgen. Auch Richard Wagners Kompositionsklavier – es steht in der Eingangshalle – fehlt nicht. Die pathetische Atmosphäre wird durch das Abspielen (um 10, 12 und 14 Uhr) von Wagner-Kompositionen noch verstärkt. Videovorführungen um 11 und 15 Uhr. Hinweis: Aufgrund umfassender Renovierungsarbeiten, Um- und Neubauten sowie einer grundlegenden Neugestaltung des

Fichtelgebirge
Karte Seite 460

Richard-Wagner-Museums bleibt das Haus Wahnfried voraussichtlich ab September 2010 bis mindestens Anfang 2013 vollständig geschlossen!
Adresse/Öffnungszeiten Richard-Wagner-Straße 48, ✆ 7572816. Tgl. 9–17 Uhr, Di und Do bis 20 Uhr, Nov.–März ab 10 Uhr. Eintritt: 4 €, erm. 2 € (im Juli und Aug. 4,50 €). Kombiticket mit Jean-Paul-Museum und Franz Liszt-Museum 5 € bzw. 5,50 € (Juli und August), www.wagnermuseum.de.

Festspielhaus: Das Festspielhaus entstand als Musentempel für Wagners pompöse Musikdramen; eingeweiht wurde es 1876 mit einer Aufführung des Werkes „Ring des Nibelungen", der Kaiser *Wilhelm I.*, König *Ludwig II. von Bayern* und eine Partie weiterer erlauchter Herren beiwohnten. Auf einem „Grünen Hügel" am Stadtrand erfreut das Festspielhaus alle Wagnerianer, zumindest aber jene 1.925 Auserwählten, die einen Platz ergattern konnten, mit seiner einzigartigen Akustik.
Öffnungszeiten Di–So um 10, 11, 14 und 15 Uhr. Eintritt: 5 €, erm. 4 €. In der Festspielzeit ist eine Besichtigung nur eingeschränkt (vormittags) möglich, im Nov. geschlossen.

Jean-Paul-Museum: *Johann Paul Friedrich Richter*, besser bekannt als *Jean Paul*, erblickte 1763 im nahe gelegenen Wunsiedel das Licht der Welt. Seine letzten 20 Lebensjahre verbrachte der Dichter in seinem „lieben Bayreuth", wo er 1825 starb. Von seltenen Erstausgaben über Bilder und Porträts bis hin zu Jean Pauls Nickelbrille spannt sich der Bogen des Museums. Jean Paul war der meistgelesene Schriftsteller seiner Zeit. Seine heute nur noch Literaturkennern bekannten Werke schätzten damals die gebildeten Schichten mehr als Goethe oder Schiller. In seinen Romanen hat er manch seltsamen Kauz und manch wunderliche Gestalt geschaffen.
Adresse/Öffnungszeiten Wahnfriedstr. 1, ✆ 7572817. Juli–Aug. tgl. 10–17 Uhr, sonst 10–12 und 14–17 Uhr. Eintritt: 1,60 €, erm. 0,50 €.

Franz-Liszt-Museum: Erst unlängst, am 22. Oktober 1993, just am 182. Geburtstag von *Franz Liszt*, wurde das Museum im Erdgeschoss seines Sterbehauses eröffnet. Es informiert mit Bildern, Autographen und Erinnerungsstücken über Leben und Werk des Förderers und Schwiegervaters von Richard Wagner.
Adresse/Öffnungszeiten Wahnfriedstraße 9, ✆ 7572818. Juli–Aug. tgl. 10–17 Uhr, sonst 10–12 und 14–17 Uhr. Eintritt: 1,60 €, erm. 0,50 €.

Historisches Museum: Das neu konzipierte Stadtmuseum bietet einen umfassenden Einblick in die Geschichte, die Kunst und das Handwerk Bayreuths und seines Umlands während des Mittelalters, der Markgrafenzeit und des 19. Jahrhunderts. Gezeigt werden ein historisches Stadtmodell, Fayencen sowie Steingraeber-Flügel.
Adresse/Öffnungszeiten Kirchplatz 6, ✆ 7640111. Tgl. außer Mo 10–17 Uhr, Juli und August auch montags. Eintritt: 1,60 €, erm. 0,50 €.

Urwelt-Museum Oberfranken: In dem erst 1998 eröffneten Museum wird den Besuchern auf spielerischem Weg und mit Hilfe moderner Medien die Erdgeschichte Oberfrankens erklärt. Höhlenmodelle, Fühlsteine und Infocomputer machen den Museumsbesuch auch für Kinder und Jugendliche interessant. Im Medienraum kann man sich zudem stündlich mit einer Multivisions-Show auf eine Zeitreise durch die Erdgeschichte begeben.
Adresse/Öffnungszeiten Kanzleistr. 1, ✆ 511211. Di–So 10–17 Uhr, im Juli und Aug. auch montags. Eintritt: 2 €, erm. 0,80 €, www.urwelt-museum.de.

Deutsches Freimaurermuseum: Das in Deutschland einzigartige Museum will Vorurteile gegenüber der Freimaurerei abbauen und deren Ziele (freie Entfaltung der Persönlichkeit, Toleranz, Mildtätigkeit, Brüderlichkeit) einer breiten Öffentlichkeit

vorstellen. Dazu bedient man sich berühmter Vertreter dieser Denkart: Winston Churchill, Gustav Stresemann, Carl von Ossietzky, Kurt Tucholsky, Harry S. Truman ...
Adresse/Öffnungszeiten Im Hofgarten 1, ✆ 69824. Di–Fr 10–12 und 14–16 Uhr, Sa nur 10–12 Uhr. Eintritt: 1,50 €, erm. 1 €. www.freimaurermuseum.de.

Brauerei- und Büttnerei-Museum der Gebrüder Maisel: Im Stammhaus der Maisel-Brauerei ist auf einer Fläche von 2400 Quadratmetern eines der beliebtesten Brauereimuseen der Welt untergebracht. Alle Abteilungen des alten und immer noch funktionstüchtigen Betriebes werden bei der obligatorischen Führung erläutert. Endstation ist die ehemalige Abfüllerei, die sich inzwischen als „Kneipe" im Stil der 20er Jahre präsentiert. Übrigens: Es gibt Freibier!
Adresse/Öffnungszeiten Kulmbacher Str. 40, ✆ 401234. Führungen: Tgl. um 14 Uhr. Teilnahmegebühr: 4 €, www.maisel.com.

Deutsches Schreibmaschinenmuseum: Rund 200 Schreibmaschinen wurden hier zusammengetragen. Die älteste stammt aus dem Jahre 1874; sie entstand aus einer Nähmaschine und hatte daher noch ein Fußpedal. Kurios ist ein japanisches Modell mit 1500 Wortzeichen.
Adresse/Öffnungszeiten Bernecker Str. 11 (im Leer'schen Waisenhaus), ✆ 23445. Nur nach Vereinbarung geöffnet. Eintritt: frei!

Kleines Plakatmuseum: Diese bemerkenswerte Einrichtung über die Plakatkunst ist aus einer Privatsammlung mit 2000 Exponaten hervorgegangen. Jährlich werden vier Ausstellungen vorbereitet. In Deutschland existiert nur in Essen ein weiteres (größeres) Museum dieser Art.
Adresse/Öffnungszeiten Friedrich-Puchta-Str. 12, ✆ 82458. Geöffnet: Di. und Do 16–18 Uhr und nach Vereinbarung. Eintritt frei!

Iwalewa-Haus: Im Afrikazentrum der Universität werden afrikanische Kunstwerke gezeigt und Theater- und Filmaufführungen sowie eigenwillige Konzerte dargeboten.
Adresse/Öffnungszeiten Münzgasse 9, ✆ 553681. Di–So 14–18 Uhr. Eintritt: frei! www.iwalewa.uni-bayreuth.de.

Kunstmuseum Bayreuth: Im Alten Rathaus wird seit 1999 Graphik und moderne Bildende Kunst aus dem städtischen Fundus sowie die tabakhistorische Sammlung der British-American Tobacco gezeigt. Das restaurierte Haus strahlt eine angenehme Atmosphäre aus und will nicht nur Museum, sondern auch Begegnungsstätte sein. Wer das Museum von der Maximilianstraße aus betritt, kommt durch ein einladendes Café-Restaurant namens Oskar.
Adresse/Öffnungszeiten Altes Rathaus, Maximilianstr. 33. Geöffnet: tgl. außer Mo 10–17 Uhr, im Juli und Aug. auch Mo. Eintritt: 1,60 €, erm. 0,50 €, www.kunstmuseum-bayreuth.de.

Umgebung

Eremitage: In einer Schleife des Roten Mains realisierte der spätere Markgraf *Georg Wilhelm* im Jahre 1712 seinen Traum eines barocken Schlosses, das inmitten künstlich geformter Natur seinem Schöpfer die Illusion der Einsamkeit geben sollte. Doch erst die Markgräfin *Wilhelmine* machte ab 1735 die Eremitage zum kulturellen Mittelpunkt des höfischen Lebens von Bayreuth. Unter kunst- und geistesgeschichtlichen Gesichtspunkten ist die Eremitage eines der herausragenden Denkmäler des 18. Jahrhunderts. Die beiden Schlösser der Eremitage, die Grotten, das Ruinentheater und der sentimentale Landschaftsgarten versinnbildlichen den Übergang des höfischen Rokokos zur Empfindsamkeit des romantischen Zeitalters und nahmen in gewisser Hinsicht die deutsche Romantik vorweg. Das prachtvoll

Fichtelgebirge
Karte Seite 460

ausgestattete *Alte Schloss* (1715–1718), von *Johann David Räntz* idyllisch in eine Lichtung eingebettet, war ursprünglich eine vierflügelige Anlage, die 1736 um zwei ausgreifende Seitenpavillons erweitert wurde. Das *Neue Schloss* entstand von 1749–1753 nach Plänen der Hofarchitekten *Joseph Saint-Pierre* und *Carl Philipp von Gontard*; es umschließt im Halbrund einen monumental angelegten Brunnen mit zwei großen Tritonengruppen und acht steinernen Fabelwesen. In der Zeit von Mai bis Mitte Oktober finden hier von 10 bis 17 Uhr stündlich Wasserspiele statt, zehn Minuten später dann in der Unteren Grotte. Für das leibliche Wohl sorgen die Gaststätte Eremitage in einem Flügel des Neuen Schlosses (im Winter geschlossen) sowie das gleichnamige Café. Sehr beliebt ist das *Eremitage-Fest* am ersten Samstag im August: Live-Musik wird geboten, Park und Schloss sind hell erleuchtet.

Öffnungszeiten des Alten Schlosses April bis Mitte Okt. tgl. 9–18 Uhr. Nov.–März nur nach vorheriger Anmeldung unter ✆ 7596937. Eintritt: 2,50 €., erm. 2 €.

Schloss und Park Fantaisie: Umgeben von einem verwilderten Park, dessen leicht morbider Charakter den Besucher schnell gefangen nimmt, liegt Schloss Fantaisie fünf Kilometer westlich von Bayreuth, unmittelbar an der Hauptstraße von *Donndorf*. Angeregt durch eine Italienreise des Markgrafenpaares Wilhelmine und Friedrich entstand zwischen 1758 und 1765 dieses Lustschloss; die hufeisenförmige Anlage wurde später mehrfach umgestaltet. Prägend waren die Veränderungen der Gartenanlagen durch die Herzogin Elisabeth Friederike Sophie sowie die unter Herzog *Alexander von Württemberg* erfolgten Umbauarbeiten im Stil eines Palazzos im Florentiner Stil. Der ausgedehnte Garten von Fantaisie gehört mit seinen Wasserspielen zum Schönsten, was Franken an englischer Gartenbaukunst zu bieten hat. Auch die Baumliebhaber kommen nicht zu kurz: Neben heimischen Hölzern finden sich auch Exoten wie Gingko-, Mammut-, Trompeten- und Götterbaum. Der Park des Schlosses hatte es auch Jean Paul angetan: Er ließ zwei Szenen seines Romans „Siebenkäs" hier spielen und pries ihn als „artistisches Lust-, Rosen- und Blüthenthal". Lange Zeit blieb das Schloss sich selbst überlassen. Zeitweilig diente Fantaisie als Lungenheilanstalt, später als Schulungszentrum der Firma Porst. Erst 1994 begannen die vier Millionen Euro teueren Restaurierungsarbeiten, um im Schloss Fantaisie ein gartengeschichtliches Museum einzurichten.

Schloss Fantaisie

Das im Jahre 2000 eröffnete *Museum für Gartenkunst* zeigt die Entwicklung und die gesellschaftliche Funktion des Gartens von seinen Anfängen bis zum Beginn des 21. Jahrhunderts anhand von Bilddarstellungen, Modellen, Dioramen und originalen Parkfiguren. Einzigartige Dokumente, darunter Stiche und Aquarelle, vergegenwärtigen die Geschichte von Schloss und Park Fantaisie. Bei einem Museumsbesuch kann auch der Weiße Saal mit seiner reichen Stuckdekoration sowie die Nachbildung des bekannten Spindler-Kabinetts besichtigt werden, eines Schreibkabinetts mit eingelegtem Parkettboden und reich verzierten Wandvertäfelungen. Das steil abfallende Parkgelände erinnert im oberen Bereich an die barocke Gartenbaukunst von Versailles; dagegen ist der unterhalb des Schlosses gelegene Teil am englischen Landschaftsstil orientiert. Der große Park mit altem Baumbestand, kunstvollen Sitzgruppen, Katakombe, Felsengrotte, Kapelle, Gräberstraße, Pavillon, Felsen und kleinen Weihern wurde von Jean Paul literarisch verewigt. Abschließend locken nach einem abwechslungsreichen Spaziergang das Museumscafé mit Kaffee und Kuchen oder eine Einkehr in das alte Hotel Fantaisie.

Öffnungszeiten April–Sept. tgl. außer Mo 9–18 Uhr, 1.10.–15.10. 10–16 Uhr. Eintritt: 3 €, erm. 2 €, www.gartenkunst-museum.de.

Schloss Thiergarten: Wenige Kilometer südlich von Bayreuth ließ sich Markgraf Georg Wilhelm 1715 ein barockes Jagdschloss errichten. Die nüchterne Eleganz des unvollendeten Baus geht auf Pläne von *Johann David Räntz* zurück, der den Grundriss in der Kreuzform des Roten Adler Ordens anlegte. Das Jagdschloss ist im Besitz der Stadt Bayreuth, die darin ein kleines, exklusives Hotel und eine Gaststätte betreibt. Rund um das Anwesen erstreckt sich ein schöner Park.

Creußen

Unter Kennern und Liebhabern genießt das Städtchen wegen der sog. Creußener Krüge, dunkel glasierter Steinzeuggefäße, die hier bis vor gut 200 Jahren gefertigt wurden, einen besonderen Ruf. Politisch und wirtschaftlich steht die alte Stadt jedoch seit ein paar Jahrhunderten im Schatten von Pegnitz. Unweit von Creußen entspringt der Rote Main.

Creußen hat sich trotz mancher kriegsbedingter Zerstörungen sein interessantes mittelalterliches Stadtbild mit Befestigung, Toren, Türmen und ländlichen Fachwerkhäusern erhalten können. Vor allem im historischen Zentrum scheint die Zeit stehen geblieben zu sein. Schlimmer als alle Kriege waren jedoch die verheerenden Folgen eines Brandes im Jahre 1893, dem große Teile der Stadt zum Opfer fielen. Schon im Hochmittelalter spielte Creußen als Hauptstützpunkt des aufständischen Markgrafen Hezilo (Heinrich) von Schweinfurt eine bedeutende Rolle. Nur stand die Stadt unglücklicherweise auf der falschen Seite: Kaiser Heinrich II. ließ 1003 nach seinem Sieg die Befestigung schleifen. Der Grundriss der Stadt Creußen weist die typischen Merkmale einer ottonischen Höhenstadt mit Burganlage auf. Von der Burg sind allerdings keine sichtbaren Reste mehr vorhanden. Die Creußener Stadtbefestigung stellt trotz einiger Einbußen die im weiten Umkreis geschlossenste Anlage dieser Form dar. Schön ist auch das spätgotische, freistehende Rathaus (um 1470) mit seinem Rundbogenportal; es besitzt im Erdgeschoss noch steinerne Verkaufsstände (Fleisch- und Brotbänke).

- *Information* **Stadtverwaltung**, Bahnhofstr. 11, 95473 Creußen, ✆ 09270/9890, 📠 09270/98977, www.stadt-creussen.de.
- *Einwohner* 4850
- *Stadtführung* Von Ostern bis Oktober jeden Sa um 14 Uhr. Treffpunkt: Brunnen vor dem Alten Rathaus.
- *Verbindungen* Zugverbindungen nach Bayreuth sowie Pegnitz und weiter nach Nürnberg.
- *Essen* **Franco's**, Eisdiele und Pizzeria in einem Backsteinhaus am Marktplatz. Schöne Straßenterrasse, ✆ 8588.

Fichtelgebirge Karte Seite 460

Sehenswertes

St. Jakob: Der Turm der evangelischen Stadtpfarrkirche gehörte einst zur Stadtbefestigung. Auch der niedrige, kreuzrippenüberwölbte Durchgang unter dem Chor diente Verteidigungszwecken, da ihr Langhaus außerhalb der Stadtmauern lag. Nach ihrer Zerstörung im Hussitenkrieg wurde die Kirche von 1474 bis 1477 wieder aufgebaut. Im Jahr 1700 barockisierten *Antonio della Porta* und andere Bayreuther Hofkünstler das Gotteshaus. Die Stuckdecke mit ihren schweren, der Pflanzenwelt entlehnten Formen ist ein Werk von *Bernardo Quadri*. Die Figuren der ehemaligen Kanzel stammen von *Elias Räntz*. Sehenswert ist auch ein zierliches spätgotisches Sakramentshäuschen aus der Zeit um 1515.

Eremitenhäuschen: Dieses kleine Gartenhäuschen in der östlichen Vorstadt ist ein bürgerliches Gegenstück zur Bayreuther Eremitage und in Europa wohl einmalig. Der Geistliche *Theodor Künneth* ließ sich im Jahr 1760 das Eremitenhäuschen unter Verwendung gotischer Bruchstücke bauen. Im Erdgeschoss befinden sich Küche und Studierzimmer, darüber Wohnraum und Schlafkammer. Das stilistische Konglomerat kann als frühes Beispiel historisierender Bauweise im 18. Jahrhundert gedeutet werden. Die Familie Kautler, in deren Garten sich das Häuschen befindet, zeigt Interessierten gerne das kunsthistorische Kleinod. Wer will, kann auch um das Haus herumgehen und das Eremitenhäuschen von der dahinter gelegenen Straße inspizieren.

Adresse Neuhofer Str. 5.

Krügemuseum: Der weithin bekannte Töpferort Creußen stellt im Städtischen Krügemuseum etwa 150 Objekte zur Schau. Das Museum zählt zu den kleinsten Frankens und ist in einem Teil der Stadtbefestigung, dem „Hinteren Tor", untergebracht. Die Sammlung umfasst Creußener Steinzeug (Apostel-, Kurfürsten- und Planetenkrüge sowie Apothekergeschirr) vom Ende des 16. Jahrhunderts bis ins frühe 18. Jahrhundert und Bayreuther Fayence. Die aufwendig gestalteten, meist mit Relieffiguren geschmückten Gefäße waren weniger für den täglichen Gebrauch bestimmt sondern festlichen Anlässen vorbehalten. Die Produktion endete jäh, als der letzte Krugmacher das Geheimnis der Herstellung mit ins Grab nahm. Seither ist es niemandem mehr gelungen, die wegen ihrer Eleganz und besonders schönen Farben gerühmten Krüge nachzumachen. Die größte Sammlung Creußener Krüge befindet sich heutzutage allerdings nicht in Creußen, sondern auf der Veste Coburg.

Adresse/Öffnungszeiten Habergasse 23/Am Rennsteig 8. Von Ostern bis Okt. Mi, Sa und So 10–12 und 14–17 Uhr, von Nov. bis Ostern Sa 14–17 Uhr sowie So 10–12 Uhr und 14–17 Uhr. Oder nach Voranmeldung unter ✆ 9890. Eintritt: 1,50 €. www.kruegemuseum.de.

Bad Berneck

Im malerischen Tal der Ölschnitz liegt Bad Berneck, die „Perle des Fichtelgebirges", abseits der Alltagshektik, von einem alten Schlossturm und den Ruinen zweier Burgen überragt.

Die Anspielung auf die „Perle" hat noch einen anderen Hintergrund: In der Ölschnitz werden Muscheln für die Perlengewinnung gezüchtet. Dies spricht für die Wasserqualität. Die Perlenfischerei ist allerdings ein mühsames Unterfangen, denn höchstens in einer von zweihundert Muscheln findet sich eine Perle, und nur jede zehnte ist von makelloser Qualität.

Kurpark – jenseits der alltäglichen Hektik

Die Wurzeln des Ortes reichen bis ins 12. Jahrhundert zurück, als die Walpoten im Tal der Ölschnitz eine Burg errichteten, die fortan wiederholt zum Zankapfel rivalisierender Adelsgeschlechter wurde. Seit 1340 gehörte Berneck zum Territorium der Nürnberger Burggrafen, die ihrem oberfränkischen Vorposten 1357 die Stadtrechte verliehen. Nach einer wechselvollen Geschichte – allein fünfmal brannte die gesamte Stadt vollkommen nieder – erfolgte im 19. Jahrhundert der Bau der ersten Kuranlagen, die man 1930 durch eine Kneippbadeanstalt erweiterte. Mit Erfolg: Im Jahre 1950 wurde das „fränkische Wörishofen" durch den Zusatz „Bad" geadelt.

Heute herrscht in Bad Berneck jene Stimmung, die kleinen Kurorten so eigen ist. Von dieser betulichen Atmosphäre sollte man sich beim Promenieren zwischen Kurmittelhaus und Musikhalle gefangen nehmen lassen. Die Kuranlage Rothersberg wartet sogar mit einer Besonderheit auf: ein dendrologischer Garten mit so schönen Gewächsen wie einem Tulpen- und einem Trompetenbaum.

- *Information* **Kur- und Tourismus GmbH**, Bahnhofstr. 77, 95460 Bad Berneck, ✆ 09273/574374, 09273/574376, www.badberneck.de.
- *Einwohner* 5200
- *Verbindungen* Busverbindungen nach Bayreuth und Bischofsgrün, www.vgf-web.de.
- *Minigolf* Im Kurpark.
- *Stadtmuseum* Marktplatz 44, ✆ 8916. Mai–Okt. jeden Mi und Fr von 16–17 Uhr geöffnet.
- *Schwimmen* Städtisches Hallenbad, Klang 15, ✆ 8932. Mo 15–20 Uhr, Di 14–17 Uhr, Mi und Fr 14–20 Uhr, Sa 14–18 Uhr.
- *Tiergehege* **Ziegengehege** im Ölschnitztal, ✆ 8916; Eintritt: frei! Im Tiergehege **Bärnreuth-Heinersreuth** werden Rot-, Dam- und Muffelwild gehalten, ✆ 268; Eintritt: frei!
- *Essen/Übernachten* **Hartl's Lindenmühle**, vollkommen renoviertes Hotel mit großem Garten direkt an der Ölschnitz und dem Kurgarten. WLAN vorhanden. Die Küche des Restaurants zeigt sich fränkisch, hebt sich aber mit kreativen Gerichten wie Weidelammrücken auf Rahmpfifferlingen (15,60 €) vom üblichen Einerlei ab. Hauptgerichte zwischen 7 und 15 €. Mo und Di Ruhetag. Abends sitzt man im Irish-Pub. Hallenbad und Sonnenterrasse vorhanden. EZ ab 54 €, DZ ab 84 € (inkl. Frühstück). Kolonnadenweg 1, ✆ 09273/500650, 5006515, www.lindenmuehle.de.

Drei Linden, gemütlicher Gasthof im Zentrum von Bad Berneck. Wenn eine irische Wirtin und ein niederbayerischer Wirt einen fränkischen Gasthof führen, dann wird die

Fichtelgebirge Karte Seite 460

Speisekarte auch internationalen Einflüssen gerecht, ohne dass fränkische Spezialitäten (Schlachtplatte, gebackene Rinderleber etc.) zu kurz kommen. Jeden Mittwoch bereitet man verschiedene Hax'n für nur 5 € zu. Im Sommer sitzt man im Biergarten im Schatten der drei Linden. Di Ruhetag. DZ mit Frühstück ab 55 €. Kolonnadenweg 26, ✆ 09273/7506, 📠 5429, www.lindenmuehle.de.

Hübner's Marktplatzstüberl, in einem urigen Fachwerkhaus wird ansprechende fränkische Küche mit internationalem Einschlag serviert. Wildplatte mit Medaillons vom Hirsch, Wildschwein und Hasen für 16,90 €. Schöne Straßenterrasse. Do Ruhetag, im Winter nur abends geöffnet. Marktplatz 34, ✆ 8282.

Gasthof Friedrich, preislich kaum zu unterbietender Gasthof mit eigener Metzgerei. Fast alle Hauptgerichte kosten zwischen 5 und 9 €, selbst eine Forelle gibt es für 8,20 €! Klare Fleischbrühe 1,20 €. Die Inneneinrichtung wirkt recht freundlich. Mo und Di Ruhetag. Ordentliche Zimmer. EZ 28 €, DZ 50 € (inkl. Frühstück).. Hofer Str. 3, ✆ 09273/477, 📠 574889, www.gasthof-friedrich.de.

Goldener Hirsch, der Gasthof im ehemaligen Rathaus rühmt sich seiner „Bayerischen Schmankerlküche". Leicht gehobenes Preisniveau. Biergarten hinter dem Haus. Es werden auch mehrere freundliche und helle Zimmer vermietet. Übernachtung inkl. Frühstück ab 35 € pro Pers. Hofer Str. 12, ✆ 09273/7689, 📠 8059, www.goldener-hirsch.net.

• *Ferienwohnungen* **Haus Gänswinkel**, mitten im Ort werden hier schöne Appartements ab 33 € pro Tag vermietet. Kolonnadenweg 30, ✆ 09273/1323, 📠 966102, www.haus-gaenswinkel.de.

Wandern

Im Ölschnitztal: Durch das wildromantische Ölschnitztal führt ein etwa 13 Kilometer langer, stellenweise steiler Rundwanderweg (Markierung: rote Tanne). Dieser Weg führt u. a. durch den *Rotherspark* (Dendrologischer Garten), zur Burgruine *Wallenrode* und zum Aussichtspunkt *„Hohe Warte"*. Als Ausgangsort bietet sich der Großparkplatz Anger an; im hinteren Teil auf der anderen Seite der kleinen Brücke beginnt die Markierung.

Weißenstadt

Das Ackerbürgerstädtchen liegt auf einer kleinen Anhöhe und besaß bereits im Mittelalter die Stadtrechte. Vor allem wegen des Weißenstädter Sees ist der Ort ein beliebtes Ausflugsziel.

Obwohl Weißenstadt auf eine lange Geschichte zurückblicken kann, ist das Stadtbild relativ modern, denn im Jahre 1823 wurde der gesamte Ort durch einen verheerenden Brand zerstört. Der Wiederaufbau erfolgte auf den alten Grundmauern mit einem weitgehend klaren Straßennetz rund um den quadratischen Marktplatz. Die Scheunen durften aus Sicherheitsgründen nur noch am Ortsrand errichtet werden, so dass das Scheunenviertel am Ehrenhain und an der Kirchenlamitzer Straße entstand.

Die „Hauptattraktion" ist allerdings der *Weißenstädter See*, der mit seinen 50 Hektar der größte See im Fichtelgebirge ist. Der 1976 angelegte Stausee kann auf einem vier Kilometer langen, geteerten Uferweg umrundet werden und bietet tolle Bademöglichkeiten.

• *Information* **Tourist-Information**, Kirchplatz 5, 95163 Bischofsgrün, ✆ 09253/95030, 📠 09276/95039. www.weissenstadt.de.

• *Einwohner* 3400

• *Verbindungen* Busverbindungen nach Marktredwitz und Wunsiedel. www.vgf-web.de.

• *Camping* **Campingplatz Weißenstadt**, eine herrliche Anlage mit Freibad direkt am See. 200 Stellplätze. Ganzjährig geöffnet. Baststr. 91, ✆ 09253/288, 📠 8507, www.campingplatz-weissenstadt.de.

Bischofsgrün

Der Luftkurort Bischofsgrün ist eines der Fremdenverkehrszentren des Fichtelgebirges. Ob zum Wandern oder zum Skilaufen am Ochsenkopf: Der 2300 Einwohner zählende Ort eignet sich hervorragend als Ausgangspunkt für die Erkundung des Fichtelgebirges.

Lange Zeit war Bischofsgrün ein kleiner, bescheidener Ort, dessen Bewohner einfache Handwerker und Bergleute waren. Erst durch den Wintertourismus erlebte die Stadt zu Beginn des 20. Jahrhunderts einen Aufschwung, schon 1909 wurde hier ein Skiclub gegründet. Weit über das Fichtelgebirge hinaus bekannt ist die von *Martin Puchtler* geleitete Skischule Nordbayern. Puchtler vermittelt Anfängern durch extrem kurze Skier (60 Zentimeter) schnell ein sicheres Gefühl für die Bewegungsabläufe beim Skifahren. Sobald sich die Anfänger sicher fühlen, bekommen sie etwas längere Skier. Die Pisten am 1023 Meter hohen Ochsenkopf werden auch als größtes fränkisches Skigebiet gerühmt. Seit dem Winter 2006 gibt es auch eine künstliche Bescheinungsanlage.

- *Information* **Kur- und Tourist-Information**, Hauptstr. 27, 95439 Bischofsgrün, ✆ 09276/1292, 📠 09276/505, www.bischofsgruen.de.
- *Verbindungen* Busverbindungen nach Bayreuth, Bad Berneck, Warmensteinach und Fichtelberg. www.vgf-web.de.
- *Einwohner* 2300
- *Schneetelefon* Unter der Rufnummer 435 erfährt man Genaueres zur aktuellen Schneelage.
- *Skilaufen* Bischofsgrün ist das Zentrum des alpinen Skilaufens im Fichtelgebirge. Zwei moderne Haubensesselbahnen befördern die Skifahrer nach oben. **Skischule Nordbayern**, ✆ 405, www.seilbahn-ochsenkopf.de.
- *Sommerrodelbahn* Am Ochsenkopf, April–Okt., Erw. 3,50 €, Kinder 2,50 €. www.-sommerrodelbahn-ochsenkopf.de.
- *Schwimmen* **Freibad Göhren**, beheizt, Brunnbergstr. 5, ✆ 288. Schöne Anlage am Waldrand, südlich des Ortes.
- *Fahrradverleih* **Rieß und Unglaub**, Jägerstraße, ✆ 232.
- *Essen/Trinken* **** **Kaiseralm**, komfortables Hotel im modernen Landhausstil mit Hallenbad (6 x 15 Meter) in unmittelbarer Nähe der Lifte (500 Meter). EZ ab 59 €, DZ ab 99 € (inkl. Frühstücksbuffet). Fröbershammer 31, ✆ 09276/800, 📠 8145, www.kaiseralm.de.

Landgasthof Benker, gutbürgerliche Küche mitten im Ort. Im Angebot ist beispielsweise ein Spanferkelbraten in Braunbiersoße mit Kartoffelkloß oder eine ofenfrische Gänsebrust (10 €). Kleine Straßenterrasse. Mo Ruhetag, Sonntagabend geschlossen. Übernachtung mit Frühstück ab 24 € im DZ. Kirchenring 2, ✆ 09276/650, 📠 654, www.landgasthof-benker.de.

Fichtelberg

Dank seiner Lage neben dem Ochsenkopf und am Rand des Fichtelsees zählt der Ort zu den beliebtesten Ferienzielen des Fichtelgebirges. 1200 Betten warten zu allen Jahreszeiten auf Feriengäste.

Fichtelberg verdankt seine Entstehung dem hier seit dem Spätmittelalter betriebenen Bergbau. Als man im Jahre 1602 in „Viechtlperg“ einen Hochofen baute, blühte der Weiler auf, wenige Jahre später wurde zudem ein Blechhammer in Betrieb genommen. Im Besucherbergwerk Fichtelberg (Gleißinger Fels) kann man sich über die Bergwerkstradition informieren. Der Fichtelsee, ein zwischen Wald und Moor gelegener „Waldbadesee“ in 750 Meter Höhe, zählt im Sommer zu den bestbesuchten Ausflugszielen der Region. Um seinen Ursprung ranken sich viele Legenden, so glaubte man einst, hier die unergründlich tiefe Quelle von Main, Saale, Eger und

Fichtelgebirge
Karte Seite 460

Naab ausmachen zu können. In Wirklichkeit ist der Fichtelsee ein im Spätmittelalter angelegter Stauweiher. Am nördlichen Ufer des romantischen Gewässers beginnt das Naturschutzgebiet *„Seelohe"*, eine Verlandungszone mit typischer Hochmoorvegetation.

• *Information* **Gästeinformation Fichtelberg**, Bayreuther Str. 4, 95686 Fichtelberg, ✆ 09272/97033, 📠 09272/97044, www.fichtelberg.de.

• *Einwohner* 2900

• *Verbindungen* Busverbindungen nach Warmensteinach, Bischofsgrün und Bayreuth. www.vgf-web.de.

• *Automobil-Museum* Vom Klassiker über den Prototypen bis zum Rennwagen und Lamborghini ist hier alles vertreten, was die Sammelwut der beiden Juniorchefs einer hier beheimateten Lederwarenfabrik zusammentragen ließ. Öffnungszeiten: Di–So 10–17 Uhr, Nov.–März nur Sa und So 10–17 Uhr. Nagler Weg 7, ✆ 6066, www.amf-museum.de.

• *Bootsverleih* Im **Waldhotel** (siehe auch „Essen/Übernachten") am Fichtelsee.

• *Fahrradverleih* **Edgar Eckert**, Ortsteil Neubau, Flecklstr. 15a, ✆ 6116.

• *Reiten* **Pinewood Ranch**, Fischerglasstr. 1, ✆ 238.

• *Minigolf* Minigolf-Großanlage an der Fichtelseestraße im Ortsteil Neubau, April–Okt., ✆ 270.

• *Schwimmen* **Radon-Sole-Therme** mit Heißwasserbecken im Freien sowie Sauna, befindet sich im Ortsteil Neubau, ✆ 493. Mit geringen Abweichungen tgl. 9–22 Uhr, www.kristalltherme-fichtelberg.de.

• *Essen/Übernachten* **Hotel Schönblick**, der Wirt gilt als einer der besten und originellsten Köche der Gegend. Empfehlung: in Wildkräuterbutter gebratenes Saiblingsfilet auf Brennnesselspinat, dazu buntes Kartoffelpüree für 14,80 €, 4-Gang-Menü 30,10 €. Das moderne Hotel verfügt über Hallenbad (10 x 6 Meter), Sauna und Solarium. WLAN vorhanden. Die komfortablen modernen DZ kosten pro Nacht ab 78 €, EZ ab 53 € (inkl. Frühstück). Es werden auch Ferienwohnungen vermietet. Gustav-Leutelt-Str. 18, ✆ 09272/97800, 📠 9780200, www.hotel-schoenblick.de.

Waldhotel am Fichtelsee, ein beliebtes Ausflugslokal am Seeufer mit schöner Terrasse. Glücklicherweise enttäuscht die Küche nicht. Übernachtung mit Frühstück in den etwas biederen Zimmern 32–36 € pro Pers. ✆ 09272/964000, 📠 9640064, Waldhotel-Fichtelsee@t-online.de, www.fichtelsee.de.

Haus Babo, das DZ in der Privatpension kostet 27 € (ab drei Tagen), ein kleines Ferienhaus für 4 Pers. wird ab 27,50 € vermietet. Marienweg 1, ✆ 09272/6320, haus-babo@gmx.de, www.haus-babo.de.

• *Camping*: **Fichtelsee**, beliebter, gut ausgestatteter Campingplatz direkt am See. 75 Touristenstellplätze, geöffnet vom 15.12.–6.11. Zwei Pers. bezahlen für einen Stellplatz etwas über 20 €. Fichtelseestr. 30, ✆ 09272/801, 📠 045, www.camping-fichtelsee.de.

Mehlmeisel Campingplatz, ganzjährig geöffnet. Holderbach, ✆ 09272/379, www.campingplatz-holderbach.de

Campingplatz Klausenlift, Talstation, ✆ 09272/1213.

Sehenswertes

Historisches Besucherbergwerk Fichtelberg: Mit einer echten Grubenlampe, Grubenkleidung und einem Bergmannshelm ausgerüstet, können Interessierte ein ehemaliges, an der Panoramastraße gelegenes Silbereisenbergwerk besichtigen, das bereits 1476 angelegt wurde. Vor der Grubenfahrt informiert eine Tonbildschau über die Geschichte des Bergbaus und seine Bedeutung für das Fichtelgebirge, dabei werden verschiedene Abbautechniken vorgestellt.

Öffnungszeiten Von April–Okt. sowie in den Weihnachtsferien finden von 10–17 Uhr Führungen statt. Auskunft: ✆ 848. Eintritt: 5 €, erm. 3,50 € oder 2,50 €, www.bergwerk-fichtelberg.de.

Wandern

Brunnenweg: Dieser Rundwanderweg (Markierung: blaue 1 auf weißem Grund) beginnt am Forsthaus Fichtelberg. Vorbei an der Thaddäuskapelle und durch das

Am Fichtelsee

Dorf Hüttstadl gelangt man zum Bayreuther Haus. Zurück geht es über den Rinselsteig durch Wald und Flur des südlichen Fichtelgebirges. Wegstrecke: etwa 14 Kilometer, Gehzeit 3–4 Stunden.

Wunsiedel

Das historische Zentrum des Fichtelgebirges liegt inmitten der von einem Gebirgshufeisen eingeschlossenen Hochebene. Neben den Festspielen sind das Felsenlabyrinth und das Fichtelgebirgsmuseum die touristischen Hauptattraktionen des kleinen beschaulichen Städtchens.

Vor etwa 1000 Jahren existierte hier eine Burg, die allerdings längst verschwunden ist. Die Herren von Voitzberge, die sich mit Vorliebe als Raubritter betätigten, verkauften den kleinen Ort 1321 an die Burggrafen von Nürnberg. Fortan lief das Leben in geregelten Bahnen. Die Burggrafen betrieben eifrig den Aufstieg Wunsiedels: Schon 1326 erhielt die Siedlung das Stadtrecht, das Bergwerkswesen blühte auf, und die Bürger kamen in den Genuss bescheidenen Wohlstands. Schließlich wurde Wunsiedel 1613 zur Hauptstadt des Sechsämterlandes (hierher rührt der Name des berühmten Kräuterschnapses „Sechsämtertropfen") erhoben, benannt nach den sechs Ämtern Hohenberg, Kirchenlamitz, Selb, Weißenstadt, Thierstein und Wunsiedel. Mit den *Luisenburg-Festspielen* – der Name verweist auf die Königin Luise von Preußen, die 1805 hier weilte – hat sich Wunsiedel überregional einen Namen gemacht. Seit 1890 finden die Festspiele auf einer einzigartigen Naturbühne statt. Klassisches Theater, Lustspiele und Kindertheater stehen alljährlich auf dem Spielplan. Das derzeit größte Problem ist der Bevölkerungsschwund: Bis zum Jahr 2020 soll Wunsiedel laut einer Studie der Bertelsmann-Stiftung knapp 1000 Einwohner verlieren. Mit einem neuen Konzept versucht die Stadt jetzt als

Fichtelgebirge
Karte Seite 460

Rentnerparadies zu reüssieren. Der Bürgermeister hat sich von der amerikanischen Rentner-Metropole Sun City inspirieren lassen und will seine Stadt für Senioren so attraktiv wie möglich machen. Hierzu gehört der Bau von Alten- und Pflegeheimen genauso wie das Absenken von Bürgersteigen. Und von Großstadtanonymität ist in Wunsiedel sowieso nichts zu spüren.

Information/Diverses

• *Information* **Verkehrsamt**, Jean-Paul-Str. 5, 95632 Wunsiedel, ✆ 09232/602162, 📠 09232/602169, www.wunsiedel.de. Mo–Do 10–12 Uhr und 14–16 Uhr, Fr 10–12 Uhr, ab 26. Mai auch Fr 14–16 Uhr und am Wochenende 10.30–12 Uhr.

• *Einwohner* 10.300

• *Verbindungen* Der Bahnhof Wunsiedel-Holenbrunn liegt an der Bahnlinie Berlin–Nürnberg. Zugverbindungen nach Schirnding, Hof, Weiden, Selb, Bayreuth und Marktredwitz. Busverbindungen nach Selb und Marktredwitz. www.vgf-web.de.

• *Minigolf* Am Sportteich, ✆ 7868.

• *Schwimmen* **Städtisches Schwimmbad** am Eisweiher, ✆ 6020. **Hallenbad** in der Volksschule, Egerstraße, ✆ 1088.

• *Veranstaltungen* **Luisenburg-Festspiele**, Vorbestellung und Kartenvorverkauf über das Verkehrsamt und in den überregionalen Kartenvorverkaufbüros. Die Theaterkasse öffnet 90 Min. vor Vorstellungsbeginn. ✆ 602162, kultur@wunsiedel.de, www.luisenburg-aktuell.de.

Alljährlich am Samstag vor Johanni (Ende Juni) werden anlässlich des **Brunnenfestes** alle 34 Brunnen der Stadt festlich geschmückt. Bei Einbruch der Dunkelheit ziehen Sänger und Musikanten durch die Stadt und bieten vor den Brunnen ein Ständchen dar.

Essen/Übernachten

Kronprinz von Bayern, der Gasthof strahlt eine etwas betuliche Atmosphäre aus. Bayerische Schmankerlküche, darunter auch deftige Spezialitäten wie Kalbsnieren mit hausgemachten Spätzle für 11,50 €. Biergarten hinter dem Haus. Mo Ruhetag. Es werden auch funktionelle Zimmer vermietet, EZ 38–46 €, DZ 58–77 € (inkl. Frühstück). Maximilianstr. 7, ✆ 915770, 📠 7640, www.kronprinzvonbayern.de.

Teschners Restaurant, Kultur und Genuss sollen bekanntlich eine Einheit bilden. Das direkt bei der Luisenburg gelegene Restaurant verwöhnt seine Gäste auf hohem kreativem Niveau. Egal, ob bei Filet vom irischen Jungbullen im Lardospeckmantel auf Pfifferlingsrisotto oder bei einer Jakobsmuschel in Sesambutter. Menüs zu 44 und 61 €. Di bis Samstagabend geöffnet, So nur mittags. Es werden auch ein paar sehr geschmackvolle, moderne Zimmer vermietet. EZ je nach Saison 55–69 €, DZ 82–92 € (inkl. Frühstück). ✆ 09232/9154726, 📠 9154728, www.teschners-restaurant.de.

Berggasthof Waldlust, der ideale Ort, um sich vor oder nach einer Wanderung durch das Felsenlabyrinth der Luisenburg zu stärken. Einfache Küche, netter Biergarten (Mo Ruhetag). Luisenburg 5, ✆ 09232/2103, www.berggasthof-waldlust.de.

Landhotel Juliushammer, die einstige Mühle mit Hammerwerk wurde zu einem komfortablen Ferienhof mit Zimmervermietung und Appartements umgebaut. Tennisplätze und Swimmingpool sind vorhanden. EZ 50 €, DZ ab 80 €. Im Röslautal, ✆ 09232/9750, 📠 8147, hoteljuliushammer@t-online.de, www.hoteljuliushammer.de.

• *Jugendherberge* **Jugendherberge Wunsiedel**, die Jugendherberge liegt am Rande eines großen Wald- und Freizeitgeländes. 112 Betten stehen zur Verfügung. Von Dez. bis Mitte Jan. geschlossen. Übernachtung mit Frühstück ab 16,90 €. Am Katharinenberg 4, ✆ 09232/1851, 📠 70629, www.wunsiedel.jugendherberge.de.

• *Camping*: **Campingplatz Luisenburg**, geöffnet vom 20.12. bis 5.11. Zwei Pers. bezahlen im Zelt etwa 10 € pro Tag. Beim Freilichttheater, ✆ 09232/3301 oder 3787, Camping-Luisenburg@t-online.de, www.camp-luisenburg.de.

Sehenswertes

Fichtelgebirgsmuseum: Im alten Spital aus dem 15. Jahrhundert und den angrenzenden Bürgerhäusern hat dieses regionalgeschichtliche Museum ein schönes Domizil gefunden. Die Dauerausstellung widmet sich der Geschichte, Kunst und Volkskultur des Fichtelgebirges. Die Sammlung umfasst Alltagsgegenstände, Jagdwaffen und sakrale Kunstwerke, daneben existiert noch eine erstaunliche Mineraliensammlung. Besonders attraktiv sind die Museumswerkstätten (Schmiede, Töpferei und Zinngießerei), von denen täglich eine andere in Betrieb ist. Aber auch an die beiden bekanntesten Söhne des Städtchens wird erinnert: In Wunsiedel wurde 1763 der Schriftsteller *Jean Paul* geboren, 32 Jahre später erblickte *Carl Ludwig Sand*, der als Attentäter und Mörder Kotzebues in die Geschichtsbücher einging, das Licht der Welt.

Adresse/Öffnungszeiten Spitalhof 1, ✆ 2032. Di–So 10–17 Uhr. Eintritt: 2,60 €, erm. 1,30 €. www.fichtelgebirgsmuseum.de.

Wandern

Durch das Luisenlabyrinth: Das märchenhafte Felsenlabyrinth der *Luisenburg* zieht seit mehr als zwei Jahrhunderten die Touristen magisch an. Die preußische Königin Luise gab der bizarren Felsformation ihren Namen, und Goethe weilte sogar zweimal hier und beschrieb das Labyrinth wie folgt: „Die ungeheure Größe der ohne Ordnung, Spur und Richtung übereinander gestürzten Granitmassen gibt einen Anblick, dessengleichen mir auf allen meinen Wegen niemals wieder vorgekommen ist." In der Nähe der Naturbühne beginnt der zwei Kilometer lange Rundkurs durch das Labyrinth; er führt auf einem befestigten Weg durch das Felsgebilde und ist markiert (blau = aufwärts, rot = abwärts). Während der Festspielzeit von Juni bis August sollte man die Luisenburg eher meiden, denn dann kommt es zu wahren Völkerwanderungen.

Eintritt 2,50 €. Hinzu kommt eine Parkplatzgebühr von 1,50 €.

Ein weltoffenes Kurbad?

Als Stadtoberhaupt kann man in vielerlei Hinsicht die öffentliche Aufmerksamkeit auf seine Gemeinde richten. Walter Lehner, der CSU-Bürgermeister von Bad Alexanderbad, wählte einen neuen Weg, um seiner Kurstadt ein „weltoffenes Image" zu verschaffen. Im Januar 2003 lehnte es Lehner ab, ein schwules Paar, das als Gewinner der „Herzblatt"-Show in seine Gemeinde kam, offiziell zu begrüßen. Überrascht über das negative Medienecho, verteidigte Lehner seine Haltung, indem er darauf verwies, er sorge sich um das Wohl seiner Kommune, der eine „Werbung mit Hilfe einer Randgruppe unserer Gesellschaft" nicht dienen könne. Lehner, der gleichzeitig als Kurdirektor fungierte, beteuerte in einem Zeitungsinterview zudem, er „habe nichts gegen Schwule, aber es gibt Leute, die stören sich daran. Und darauf muss ich Rücksicht nehmen." Der „Herzblatt"-Moderator Jörg Pilawa reagierte mit Unverständnis auf das Verhalten des CSU-Bürgermeisters: „Ich hoffe, dass möglichst viele Schwule einen Bogen um diesen Ort machen".

Fichtelgebirge
Karte Seite 460

Marktredwitz

Schlicht „Rawetz" nennen die Einheimischen das Verkehrszentrum des Fichtelgebirges, das nach dem Zweiten Weltkrieg zum Sammelpunkt der heimatvertriebenen Egerländer geworden ist.

Marktredwitz, das erstmals 1140 urkundlich als *Radevize* erwähnt wurde, gehört zu den ältesten Ansiedlungen im Fichtelgebirge. Kaiser Ludwig der Bayer schenkte den Ort 1339 dem Zisterzienserkloster Waldsassen, doch nur wenige Jahre später verkaufte der Abt Franz Kübel die kleine Ansiedlung an die Stadt Eger, die damals schon seit geraumer Zeit zu Böhmen gehörte. Erst 1816 wurde Marktredwitz im Tausch gegen den Ort Vils bei Reutte in Tirol bayerisch. Goethe lobte 1822 Marktredwitz über den grünen Klee: „Vom 13. Jahrhundert an ist das Städtchen Redwitz eine wahrhafte Republik San Marino, nur um ein Gutes besser gelegen, von der Natur begabter." Die chemische Industrie hat in Marktredwitz Geschichte geschrieben – positiv und negativ. Zum einen gründete *Wolfgang Caspar Fikentscher* 1788 hier die erste chemische Fabrik Deutschlands, zum anderen kam es 1985 ebenda zu einem der größten Umweltskandale in der Geschichte der Bundesrepublik, als quecksilberkontaminierte Produktionsabwässer der chemischen Fabrik Marktredwitz (CFM) die umliegenden Gewässer und Grundstücke erheblich verunreinigten. Das anschließende Sanierungsverfahren dauerte zehn Jahre und kostete 150 Millionen Mark.

Im Zentrum rund um die Fußgängerzone geht es meist recht lebhaft zu. Hier stehen die aus einem älteren Schlossbau hervorgegangenen Hauptsehenswürdigkeiten: Das in rot und weiß gehaltene *Alte Rathaus* und die *Bartholomäuskirche.* Freunde gewebter Teppiche werden an der Fränkischen Gobelinmanufaktur kaum vorbeikommen.

Das Bemühen, die Innenstadt attraktiver zu gestalten, wurde im Jahre 2001 vom Freistaat Bayern gewürdigt. Marktredwitz ging als Landessieger aus dem Wettbewerb „Modellhafte Stadt- und Dorfsanierung – Entwicklung der Innenstädte und Dorfzentren" hervor.

- *Information* **Tourist Information**, Historisches Rathaus, Markt 29, 95615 Marktredwitz, ✆ 09231/501128, 📠 09231/501129, www.tourismus.marktredwitz.de.
- *Einwohner* 19.000
- *Verbindungen* Busverbindungen nach Bayreuth, Wunsiedel und Selb. www.vgf-web.de.
- *Egerlandmuseum* Alles über das Egerland im Egerland-Kulturhaus, Fikentscherstr. 24, ✆ 3907, www.egerlandmuseum.de. Di–So von 14–17 Uhr geöffnet. Eintritt: 2 €, erm. 1 €.
- *Fahrradverleih* **Radsporthaus Fabry**, Markt 53, ✆ 5495.
- *Fränkische Gobelin Manufaktur* Besichtigung nach vorheriger Vereinbarung. Fabrikstr. 12, ✆ 667789, www.gobelin-manufaktur.de.
- *Kino* **Kösseine-Cine-Center**, Leopoldstr. 64, ✆ 503174. www.kcc-mak.de.
- *Schnapsmuseum* Das erste fränkische Museum für Hochprozentiges befindet sich in **Rauchs Galerie Destille**, Thölauer Str. 12, ✆ 99501, www.schnapsmuseum.de. Mo–Fr 9.30–12 Uhr und 13.30–17 Uhr geöffnet.
- *Stadtführungen* Mai–Okt. jeden Sa um 14 Uhr, Infos über die Tourist Information. Teilnahmegebühr: 2,50 €.
- *Schwimmen* **Naturfreibad**, a. d. drei Bögen, mit 10-Meter-Turm; Eintritt 2,50 €. **Ozon-Hallenbad** mit Sauna, Schulstr. 2, ✆ 61606.
- *Essen/Übernachten* *** **Hotel Bairischer Hof**, das größte Hotel von Marktredwitz. Angegliedert sind ein Café und eine Konditorei. Kostenloses WLAN. EZ ab 53 €, DZ ab 79,50 €. Markt 40–42, ✆ 09231/62011, 📠 63550, www.bairischer-hof.de.

Zum alten Rathaus, mitten im Zentrum wird hier süffiges untergäriges Zoigl-Bier (1,70 € die Halbe) ausgeschenkt. Serviert werden kleine Brotzeiten zu günstigen Preisen. Große Straßenterrasse. So Ruhetag. Markt 21, ✆ 702472, www.zoigl-marktredwitz.de.

Zur guten Quelle, inmitten der Fußgängerzone gelegen. Sehr günstig: Cordon bleu 8,20 €, Sauerbraten 6,90 €. So Ruhetag, Sa nur bis 14 Uhr geöffnet. Markt 26, ✆ 2231.

Winkelmühle, das etwas versteckt in der Altstadt gelegene Café-Bistro-Restaurant besitzt eine schöne, großzügige Straßenterrasse. Die Speisekarte wird von Salaten, Pizzen und Schnitzeln dominiert. Mo Ruhetag. Im Winkel 2, ✆ 879899, www.restaurant-winkelmuehle.de.

Pension Degelmann, familiäre Unterkunft mit dazugehöriger Liegewiese. DZ je nach Ausstattung ab 36 €. Im Ortsteil Oberthölau 9, ✆ 09231/81523, ✆ 87107.

• Jugendherberge **Jugendherberge Marktredwitz**, in dem kleinen Haus am westlichen Stadtrand stehen rund 40 Betten zur Verfügung. Übernachtung mit Frühstück ab 14,80 € (je nach Länge des Aufenthaltes). Wunsiedeler Straße 29, ✆ 09231/81082, www.marktredwitz.jugendherberge.de.

Sehenswertes

St. Bartholomäus: Die evangelische Pfarrkirche ist neben dem repräsentativen Alten Rathaus und dem Neuen Rathaus das kunsthistorisch bedeutendste Baudenkmal von Marktredwitz. Der spätgotische Bau – der Turm des Langhauses stammt von einem ehemaligen Schloss – verfügt zwar nicht über zahlreiche kunstvolle Details, doch besticht die ausgewogene Raumwirkung. Es war eine kleine Sensation, als 1953 bei Restaurierungsarbeiten im Chorgewölbe Wandmalereien zum Vorschein kamen. Der Apostelzyklus stammt aus dem letzten Viertel des 15. Jahrhunderts. Die Spruchbänder sind – ungewöhnlich für diese Zeit – in deutscher Sprache geschrieben.

Selb

Selb ist die Stadt des „weißen Goldes", die weltbekannten Firmen Hutschenreuther und Rosenthal sind hier zu Hause. Überall stößt man auf Porzellan, sogar ein Porzellanbrunnen und Porzellanpflaster sind zu bewundern.

Es überrascht daher auch nicht, dass ein Großteil der 17.000 Einwohner in der Porzellanindustrie beschäftigt ist. Das war nicht immer so: Die von den Herren von Selve, einem bayerischen Adelsgeschlecht, gegründete Ortschaft lebte jahrhundertelang von der Produktion ihrer Webstühle. Als am 18. März 1856 bei einem gewaltigen Brand die Stadt und damit auch die Webstühle vernichtet wurden, standen die 3.000 Einwohner kurz vor dem Ruin. Glücklicherweise errichtete *Lorenz Hutschenreuther* nur ein Jahr später in einer alten Mühle die erste Porzellanfabrik der Stadt, der bald weitere folgen sollten *(Rosenthal, Krautheim, Heinrich)*. Schnell wurde Selb zu einer typischen Arbeiterkleinstadt. In der Weimarer Republik war die Stadt eine ausgesprochene KPD-Hochburg. Noch am 5. März 1933 stimmten bei den Reichstagswahlen 23 Prozent der Wähler für die Kommunistische Partei. Das Ende des Zweiten Weltkriegs löste eine wahre Bevölkerungsexplosion aus: Fast 5.000 Flüchtlinge und Vertriebene wurden in den Nachkriegsjahren in Selb heimisch. Kulturell hat sich Selb mit den alljährlich im April stattfindenden *Internationalen Grenzlandfilmtagen* auch überregional einen Namen gemacht. Als Kinobrücke zu Osteuropa ins Leben gerufen, wurden die Selber Filmtage auch nach dem Fall des „Eisernen Vorhangs" zu einem Forum für das künstlerisch und politisch engagierte Kino ausgebaut.

In den letzten Jahrzehnten ist die Einwohnerzahl um mehr als ein Drittel zurückgegangen. Bedingt durch die Krise der Porzellanindustrie sank die Zahl der dortigen

Fichtelgebirge Karte Seite 460

Arbeitsplätze von 5.000 im Jahre 1965 auf gegenwärtig rund 1.000. Hinzu kam die wirtschaftliche Neuorientierung durch die Wiedervereinigung und die engeren Beziehungen zu Tschechien. Gegenwärtig gilt Selb als der Prototyp einer „schrumpfenden Kommune" und nimmt an einem von der Bundesregierung geförderten Forschungsprogramm „Stadtumbau-West" teil, das klären soll, wie den negativen Entwicklungen in nicht mehr durch Wachstum geprägten Stadtregionen entgegengewirkt werden kann. Durch den Abriss von Mietskasernen soll ein Face-Lifting betrieben werden, hinzu kommt der Umbau von Schulen zu Altenheimen, um sich auf die veränderte Altersstruktur einzurichten.

Information/Diverses

• *Information* **Tourismus Information**, Ludwigstraße 6, 95100 Selb, 09287/883118, 09287/883130, www.selb.de. Verkehrsverband für Nordostbayern, Friedrich-Ebert-Str. 7, 09287/2759.

• *Einwohner* 17.100

• *Verbindungen* Busverbindungen nach Hof, Wunsiedel und Marktredwitz. Bahnhöfe in Hof und Marktredwitz.

• *Veranstaltungen* **Selber Bürgerfest** am ersten Samstag im Juni. **Internationale Grenzland-Filmtage** im April. Infos im Internet unter www.grenzland-filmtage.de.

Selb – überall Porzellan

• *Eislaufen* **Hutschenreuther-Eissporthalle** in der Hanns-Braun-Straße 27, 60236.

• *Fahrradverleih* **Albert Taubmann**, Talstr. 27, 2638..

• *Kino* **Kino-Center**, Poststr. 5, 8222.

• *Minigolf* Hanns-Braun-Straße 25, 6459. Mitte April bis Ende Sept. tgl. außer Mo 14–20 Uhr.

• *Reiten* **Reitverein Selb**, Stopfersfurth, 67160.

• *Schwimmen* **Waldbad Langer Teich**, schönes Waldbad mit Wasserrutschbahn und Sprungturm, 67237. Eintritt: 1,50 €. **Hallenbad im Rosenthalpark**, Hofer Str. 9, 3601. Mo–Do 8–20 Uhr, Fr 10–20 Uhr, Sa 10–18 Uhr, So 10–16 Uhr. Der Farbschmuck des Sprungturms wurde übrigens von Victor Vasarely entworfen.

• *Theater* **Rosenthal-Theater** in der Ludwigstr. 6, 79301. Programm bei der Stadtverwaltung erhältlich.

• *Museen* **Deutsches Porzellan Museum**, Hohenberg, Freundschaft 2, 09233/77220. April–Okt. Di–So 10–17 Uhr geöffnet. **Rosenthal Museum**, Bahnhofstraße 3, Di–So 10–17 Uhr, www.rosenthal.de/324/Museum.htm.

• *Werksbesichtigungen* Bei **Hutschenreuther** wie auch bei **Rosenthal** nur in Gruppen und nach Voranmeldung, 804188 bzw. 72272.

• *Werksverkauf* Bei **Rosenthal** in der Philip-Rosenthal-Platz 1. 43 Mo–Fr 10–18 Uhr, Sa 9–15 Uhr. **Hutschenreuther**-Porzellan wird in der Luisenburg Bavaria GmbH am Hutschenreuther Platz verkauft: Mo–Fr 10–18 Uhr, Sa 9–15 Uhr.

Das „weiße Gold" des Fichtelgebirges

Lange Zeit kannten nur die Chinesen das Geheimnis der Porzellanherstellung. Erst 1709 stieß *Johann Friedrich Böttger*, ein ehemaliger Apothekerlehrling, beim Herumexperimentieren zufällig auf den hierfür wichtigsten Rohstoff Kaolin. Damit waren die Voraussetzungen für die Porzellanherstellung im Abendland geschaffen, denn Kaolin gehört zusammen mit Quarz und Feldspat zu den wichtigsten Bestandteilen des edlen Tafelgeschirrs. Im Fichtelgebirge wurde die Porzellanherstellung durch *Carl Magnus Hutschenreuther*, einem fahrenden Händler aus Thüringen, heimisch: 1814 erhielt er ein königlich-bayerisches Privileg zur Errichtung einer Porzellanfabrik in Hohenberg an der Eger. Sein Sohn Lorenz ließ sich 1856 in Selb nieder und führte das Unternehmen zu Weltruhm. Anfangs waren die Selber noch skeptisch, da Porzellan nur an fürstlichen Höfen produziert und verwendet wurde und daher keine große Nachfrage vorstellbar war. Doch wenige Jahre später hielt das Porzellangeschirr in den bürgerlichen Stuben Einzug. Die Porzellanindustrie entwickelte sich dadurch zum bedeutendsten Gewerbe des Fichtelgebirges, da es hier alle notwendigen Rohstoffe im ausreichenden Maß gab. Der Name „Porzellan" soll von Marco Polo geprägt worden sein.

Essen/Übernachten

Rosenthal Casino, anspruchsvolles Designerhotel in der Nähe der gleichnamigen Fabrik. Alle 20 Zimmer wurden individuell von renommierten Künstlern wie Otmar Alt, Victor Vasarely, Otto Piene, Herbert Hajek etc., die für Rosenthal tätig waren, gestaltet. Zu loben ist auch das zugehörige Restaurant, das eine mediterran inspirierte Küche auf hohem Niveau anbietet. Hauptgerichte um die 20 €. So Ruhetag. EZ 65 €, DZ ab 85 € (inkl. Frühstück). Casinostr. 3, ✆ 09287/8050, 📠 80548, www.rosenthal-casino.de.

Bräustüberl, mitten im Zentrum mit vielen Braten- und Pfannengerichten. Das Zigeunerschnitzel kostet 9 €. Nette Gaststube, Biergarten im Hof. Sa und Sonntagabend geschlossen. EZ ab 35 €, DZ ab 55 €. Frühstück 7 €. Ludwigstr. 8, ✆ 09287/99690.

• *Camping*: **Halali-Park**, in Heidelheim. Der Platz liegt herrlich zwischen Dorf und Wald an einem kleinen Badeteich. 80 Stellplätze für Touristen, geöffnet vom 1. April bis 31. Okt. Auch Ferienwohnungen. In Heidelheim nur wenige Autominuten südöstlich von Selb, ✆ 09287/2366, 📠 800841, www.halali-park.de.

Sehenswertes

Auch architektonisch prägte die Porzellanindustrie das Stadtbild. Lebendige Industriekultur ist angesagt. So überrascht die Regenbogenfassade von *Otto Piene* an der alten *Rosenthalfabrik* in der Wittelsbacherstraße, aber auch *Friedensreich Hundertwasser* und *Marcello Morandini* haben an dem Fabrikgebäude ihre Spuren hinterlassen. Das neue Rosenthalfabrikgebäude wurde nach Plänen von *Walter Gropius* entworfen und verkörpert die funktionalen und sachlichen Bauhausideale – Industriearchitektur auf höchstem Niveau.

Hof

Mit seinen „Filmtagen" hat Hof sich unter den Filmfestivals etabliert und mittlerweile auch international einen Namen gemacht. Alljährlich im Oktober ergießen sich wahre Kritikerhorden über die oberfränkische Metropole. Hof steht dann fünf Tage im Rampenlicht der internationalen Kulturszene.

Das Straßenbild von Hof ist seit dem verheerenden Brand von 1823 im Stil des biedermeierlichen Klassizismus wiedererstanden. Die historische Bausubstanz litt enorm. Fast alle bedeutenden Gebäude trugen Schäden davon, so die spätgotische Hallenkirche St. Michaelis, die Lorenzkirche sowie das als Hofer Wahrzeichen bekannte Renaissance-Rathaus. Es wurde nach der Brandkatastrophe durch neugotische Einflüsse verändert wiederaufgebaut. Kulturell hat Hof vor allem ein Theater und die 1945 gegründeten *Hofer Symphoniker* zu bieten. Wer ein paar geruhsame Stunden verbringen möchte, dem sei die weitläufige Parkanlage *Theresienstein* empfohlen. Bekannt ist Hof aber auch für sein Bier und seine Würste (Wiener, Knacker und Bauernwürste), die von den berühmten „Wärschtlamännern" aus ihren blitzenden Messingkesseln mit dem Spruch „haaß senn sa" angepriesen werden.

Geschichte

Hof wurde um 1230 von den Herzögen von Andechs-Meranien auf einer kleinen Anhöhe zur Absicherung der nördlichen Grenzen ihres Herrschaftsgebietes gegründet. Der breit angelegte Straßenmarkt weist noch auf die bayerischen Wurzeln hin. Dieser Gründung dürfte jedoch eine ältere Siedlung im Bereich der Lorenzkirche vorausgegangen sein. Von 1373 bis 1792 gehörte Hof zum Territorium der Burggrafen von Nürnberg und späteren Markgrafen von Bayreuth. Nach einem preußischen und französischen Gastspiel wurde Hof 1810 schließlich dem Königreich Bayern zugeschlagen – ein Umstand, der in der Bevölkerung auf wenig Gegenliebe stieß. Verheerend waren die Folgen eines Großbrandes, der 1823 neunzig Prozent der Stadt in Schutt und Asche legte. Umgehend machten sich die Hofer an den Wiederaufbau, wobei man auf ein geschlossenes Bild der Häuserfront – wie in der Ludwigstraße zu sehen ist – großen Wert legte. Durch den Anschluss an das Eisenbahnnetz hielt 1848 auch die Industrialisierung Einzug.

Mit der Teilung Deutschlands verlor Hof seine Mittlerrolle zwischen Bayern und Sachsen und geriet, abgeschnitten von den jahrhundertealten Beziehungen, in eine geographische Randlage. Mehr als vier Jahrzehnte lebte man nur wenige Kilometer vor dem „Eisernen Vorhang". Die Stadt hatte enorm unter der Luftverschmutzung zu leiden, die größtenteils von den technisch veralteten Industriebetrieben der Tschechoslowakei und der DDR verursacht wurden. Nach der Grenzöffnung im November 1989 brach für Hof ein neues Zeitalter an. In den ersten Wochen und Monaten erstickte die Hofer Altstadt im Ansturm der Trabis und Wartburgs, die Läden wurden regelrecht leer gekauft.

Anfahrt/Verbindungen

• *Flugzeug* An jedem Werktag drei Flugverbindungen über Bayreuth nach Frankfurt. Auskunft: ✆ 5409.

• *Zug* Hof liegt im Schnittpunkt zahlreicher Eisenbahnlinien. Regelmäßige Zugverbindungen nach Leipzig (Berlin), Bayreuth, Nürnberg, Bamberg (Würzburg) und Re-

gensburg. Der Bahnhof liegt im Süden von Hof, gute 10 Min. zu Fuß von der Innenstadt entfernt.

• *Bus* Busverbindungen nach Weiden und Selb.

Information/Diverses

• *Information* **Tourist Information**, Ludwigstr. 24, 95028 Hof, ✆ 09281/815666, 📠 09281/815669, www.hof.de. Die Tourist Information hält vielfältiges Informationsmaterial über Kultur- und Freizeitangebote bereit, darunter auch das empfehlenswerte Faltblatt „Das historische Hof".

• *Einwohner* 48.100

• *Stadtführung* Von Mai bis Sept. jeden Sa um 10 Uhr. Treffpunkt vor der Tourist Information. Kosten: 2,50 €.

• *Aussicht* Während der Dienststunden der städtischen Ämter kann der **Turm des Rathauses** bestiegen werden. Von hier hat man einen schönen Blick auf die Hofer Innenstadt.

• *Markt* Jeden Mittwoch- und Samstagvormittag auf dem Maxplatz sowie Kirchplatz.

Fichtelgebirge
Karte Seite 460

• *Bürgerbräu-Brauerei-Museum* Ascher Str. 3, ✆ 736629. Tgl. 9–18 Uhr.

• *Hofer Filmtage* Alljährlich in der letzten Oktoberwoche, der Vorverkauf beginnt 14 Tage vor dem Filmereignis, Ort und Zeit werden in der regionalen Presse angekündigt. http://hofer-filmtage.de.

• *Kino* **Scala-Kino-Center**, Wörthstr. 4–6, ✆ 3684, www.scala-hof.de; **Central-Kino-Center**, Altstadt 8, ✆ 142488, www.kino-hof.de.

• *Theater Hof* Kulmbacher Str. 5, ✆ 7070-290, www.theater-hof.de.

• *Hofer Symphoniker* Klosterstr. 9–11, ✆ 72000, www.hof-symphoniker.de.

• *Sternwarte Hof* Egerländerweg 25, ✆ 95278, www.sternwarte-hof.de.

• *Schwimmen* **Beheiztes Freibad** mit Riesenrutsche, Sprungbecken und Strömungskanal. Ascher Straße, ✆ 812450. Eintritt: 3,80 €, erm. 2,50 €.

Hallenfreizeit- und Erlebnisbad mit Riesenrutsche und Wildwasserkanal, Am Oberen Anger, ✆ 812440. Mo–Fr 9–21 Uhr, Sa/So 9–18 Uhr. Eintritt: ab 4,80 €.

Vier Kilometer südlich von Hof liegt der **Untreusee**, ein beliebtes Naherholungsziel für Surfer, Segler und Sonnenanbeter.

Essen/Übernachten (siehe Karte S. 487)

*** **Hotel Strauss (8)**, familiäres Hotel-Restaurant im Herzen der Stadt (wechselnde Tagesgerichte). Während der Filmtage treffen sich hier die Kritiker und Regisseure. Egal ob Fassbinder, Kinski, Werner Herzog oder Wim Wenders – sie alle waren hier und haben bis in die frühen Morgenstunden gefeiert. Kostenloses WLAN, funktionelle Zimmer. EZ 46–60 €, DZ 70–76 € (inkl. Frühstück).. Bismarckstr. 31, ✆ 09281/2066, 📠 84474, www.hotel-strauss-hof.de.

**** **Hotel Central (9)**, das Hotel liegt weniger zentral, als der Name suggeriert, sondern neben der Freiheitshalle am Rande der Hofer Innenstadt. Die modern eingerichteten 103 Zimmer werden ab 79 (EZ) und 99 € (DZ) vermietet, dafür stehen dann Sauna, Whirlpool und Dampfbad zur Verfügung. Kulmbacher Str. 4, ✆ 09281/6050, 📠 62440, www.hotel-central-hof.de.

Hotel am Maxplatz (2), unweit des Rathauses gelegen, ist dieses Hotel eine empfehlenswerte Unterkunft mit rustikalem Touch, ein Stück vom Maxplatz zurückversetzt. Die Stadt kann bequem zu Fuß erkundet werden. Kostenloses WLAN. EZ ab 59,50 €, DZ ab 88 € (inkl. Frühstücksbuffet). Maxplatz 7, ✆ 09281/1739, 📠 87913, www.hotel-am-maxplatz.de.

Rotes Roß (7), die älteste Gaststätte Hofs bietet Schnitzel in mehr als 50 Variationen, Hauptgerichte zwischen 7 und 10 €. Tgl. 10–24 Uhr. Straßenterrasse. Pfarr 4, ✆ 889696, www.schnitzelparadies.eu.

Hotel Gut Haidt, das Restaurant hat sich der traditionellen fränkischen Küche verschrieben. Der Koch versteht auch gehobene Ansprüche zu befriedigen. Angegliedert ist auch ein ansprechendes Hotel. Lage etwas außerhalb. EZ 76 €. DZ 96 €. Hof-Haidt, Plauener Str. 123, ✆ 09281/7310, 📠 731100, www.hotel-gut-haidt.de.

Landgasthof Grüne Linde, der bürgerlich-fränkische Gasthof verfügt über 40 moderne Fremdenzimmer. Kleines Hallenbad, Sauna und Solarium sind auch vorhanden. Die Speisekarte wird von diversen Schnitzel- und Steakgerichten dominiert. EZ 40–47 €, DZ 60–68 €. Hof-Wölbattendorf (zwischen der Autobahn und Hof), Alte Helmbrechtser Str. 30, ✆ 09281/67466, 📠 766310, www.landgasthof-gruenelinde.de.

Meinel's Bas (1), Hofer Uralt-Kneipe mit gemütlichem, baumbestandenem Biergarten und einer Gaststube mit sehenswerter Balkendecke. Die hausgemachte Sülze mit Bratkartoffeln für 5,60 €. Tgl. ab 11 Uhr geöffnet. Vorstadt 13, ✆ 141366.

Park Café (4), direkt an einem Park in der Hofer Innenstadt gelegen, gibt es hier leckere Salate und eine wechselnde Tageskarte mit mediterranem Einschlag. Schöne Terrasse. Tgl. geöffnet, So nur 14–18 Uhr. Poststr. 6, ✆ 160661, www.bistro-am-park.de.

Casa José (5), einladende Tapas-Bar mitten in der Altstadt, urige Atmosphäre mit zu Stehtischen umfunktionierten Weinfässern. Tapas 2,90–4,50 €. Straßenterrasse. Tgl. außer Mo ab 17 Uhr, Sa ab 11 Uhr. Altstadt 36, ✆ 5403120, www.casa-jose.de.

Cor (3), ansprechende Mischung aus Café, Bar, Restaurant und Lounge. Modernes Ambiente, italienische Küche, hauptsächlich Pasta und Pizza. Tgl. bis 23 Uhr, am Wochenende bis 1 Uhr geöffnet. Mo ab 17 Uhr, So Ruhetag. Karolinenstr. 20, ✆ 5406708. www.cor-restaurant.de.

Coffee Maker (6), im modernen Ambiente einer amerikanischen Coffeebar genießt man mitten im Zentrum den besten Latte Macchiato in Hof. Dazu gibt es Bagels, Muffins und andere Leckereien. Altstadt 41.

Ferienwohnungen Ute König, für alle, die sich schon immer einmal ein paar Tage lang als Schlossherr fühlen wollten, ist diese Unterkunft gerade richtig. In dem neugotisch renovierten Schloss aus dem 18. Jahrhundert werden drei Ferienwohnungen für 2–6 Pers. ab 42 € pro Tag vermietet. 95145 Oberkotzau, Schloss 1, ✆ 09286/293, 973883, www.ferienwohnung-hof.de.

• *Jugendherberge* **Jugendherberge Hof**, allerdings halbstündiger Fußmarsch, um in die Stadtmitte zu gelangen. Die Herberge liegt am südlichen Stadtrand im Münsterviertel. Vom 20.12. bis 31.1. geschlossen. Ab 17,10 € pro Nacht mit Frühstück. Beethovenstr. 44, ✆ 09281/93277, 92016, www.jugendherberge-hof.de.

Das Hofer Rathaus

Sehenswertes

Einsteighalle des Alten Bahnhofs: Nur dreizehn Jahre nachdem die erste Eisenbahnlinie in Deutschland eröffnet worden war, wurde Hof an das Eisenbahnnetz angeschlossen. Ein kleiner Teil des damaligen Bahnhofs ist bis heute erhalten geblieben. Hinter der Stadtpost, westlich der Altstadt, steht die als dreischiffige Basilika erbaute Einsteighalle des alten Kopfbahnhofs. Besonders schön ist der Westgiebel mit seinen vier Einfahrtstoren. Der Architekt war *Friedrich Bürklein*, ein Schüler von Friedrich von Gärtner. Leider gammelt das Kleinod vor sich hin, ist aber dennoch ein Leckerbissen für Freunde der Eisenbahn- und Industriegeschichte. Bereits 1880 wurde wegen des gestiegenen Verkehrsaufkommens am Stadtrand ein neuer Durchgangsbahnhof eingeweiht.

Stadtpark Theresienstein: Der Landschaftspark stand erst 1994 als Kernstück und Glanzpunkt der Bayerischen Landesgartenschau im Mittelpunkt des öffentlichen Interesses. Über eine Million Besucher erkundeten das 70 Hektar große Areal mit Naturkunde- sowie Geologischem, Botanischem und Zoologischem Garten. Doch der Hofer Stadtpark hat eine weitaus längere Geschichte: Er wurde im Norden von Hof 1816 als einer der ältesten und größten Bürgerparks in Bayern angelegt. Baulicher Mittelpunkt ist das zu Beginn des 20. Jahrhunderts im Jugendstil errichtete Wirtschaftsgebäude „Theresienstein" mit Restaurant und Café. Im Zoologischen Garten gibt es neben Affen, Wildkatzen, Kängurus und zahlreichen Raubvögeln auch ein Tropenhaus mit Krokodilen, Schlangen, Schildkröten und Zierfischen zu bewundern.

Öffnungszeiten Der **Botanische Garten** ist von April–Okt. von 8–20 Uhr geöffnet, im Sept. und Okt. bis 17 Uhr. Eintritt: frei! **Zoologischer und Geologischer Garten** sind im Sommer von 9–18 Uhr, im Winter von 9–16 Uhr geöffnet. Eintritt: 4 €, erm. 2 €, www.zoo-hof.de.

Rathaus: Das Hofer Rathaus ist eines der bekanntesten Wahrzeichen der Stadt. Die Pläne für den Renaissancebau stammten von Niklas Hofmann, der auch in anderen fränkischen Städten, so in Schweinfurt und Rothenburg ob der Tauber am Bau des

Fichtelgebirge
Karte Seite 460

Rathauses mitgewirkt hat. Nach dem großen Stadtbrand von 1823 erfolgte ein Umbau im neugotischen Stil. Ein guter Panoramablick auf die Hofer Altstadt bietet sich vom 32 Meter hohen Rathausturm.

Öffnungszeiten Der Rathausturm kann Mo–Do von 8–12 und 13.30–16 Uhr sowie Fr 8–15 Uhr bestiegen werden. Den Schlüssel gibt es direkt nebenan bei der Tourist-Information.

Museum Bayerisches Vogtland: Handwerkerwerkstätten, Trachten und Dokumente aus der Geschichte Hofs und des bayerischen Teils des Vogtlandes sowie eine Ausstellung über die Tierwelt Mitteleuropas bilden die Schwerpunkte des Museums. Zur naturkundlichen Sammlung gehören Vögel und Säugetiere Europas, Reptilien und Amphibien aus Deutschland, Schmetterlinge, Käfer und Spinnen aus Oberfranken.

Adresse/Öffnungszeiten Unteres Tor 5a/b, ✆ 815612. Tgl. außer Mo 10–16 Uhr. Eintritt: 2,50 €, erm. 1,25 €.

Mödlareuth – das geteilte Dorf

Für alle, die sich für die jüngere deutsche Geschichte interessieren, gehört ein Abstecher in das vierzehn Kilometer nördlich von Hof gelegene Mödlareuth zum Pflichtprogramm. Von den Amerikanern „Little Berlin" genannt, war Mödlareuth ein Symbol für die deutsch-deutsche Teilung. Mitten durch das Dorf verlief die deutsch-deutsche Grenze mit einer Betonmauer, Zäunen und Stacheldraht. Der Grund für die Teilung liegt im Jahre 1810: Seitdem nämlich gehörte ein Teil des Dorfes zu Thüringen, der andere zu Bayern. Die Besatzungsmächte orientierten sich an den alten Demarkationslinien, weshalb der Norden von Mödlareuth seit 1949 zum Staatsgebiet der DDR gehörte.

Stachelige Reste des Kalten Kriegs

Nach der Wiedervereinigung wurde ein 100 Meter langes Teilstück als Mahnmal erhalten. Samt den zugehörigen Original-Grenzanlagen (Beobachtungsbunker, Hundelaufanlage, Metallgitterzaun, Lichttrasse, Suchscheinwerfer etc.) wurde das Areal in ein museales Freigelände verwandelt, das eindrucksvoll die Schrecken der jüngsten Vergangenheit dokumentiert. Das zugehörige Museum samt Museumskino bietet weitere Informationen über die historischen Zusammenhänge.

Öffnungszeiten Tgl. 9–18 Uhr, im Winter bis 17 Uhr, Eintritt: 2 €, erm. 1,50 €, www.moedlareuth.de.

Verlagsprogramm

Ägypten

- Ägypten
- Sinai & Rotes Meer

Australien

- Australien – der Osten

Baltische Länder

- Baltische Länder

Belgien

- *MM-City* Brüssel

Bulgarien

- Schwarzmeerküste

China

- *MM-City* Shanghai

Cuba

- Cuba
- *MM-City* Havanna

Dänemark

- *MM-City* Kopenhagen

Deutschland

- Allgäu
- *MM-Wandern* Allgäuer Alpen
- Altmühltal & Fränkisches Seenland
- Bayerischer Wald
- *MM-City* Berlin
- Berlin & Umgebung
- Bodensee
- *MM-City* Dresden
- Fehmarn
- Franken
- Fränkische Schweiz
- *MM-City* Hamburg
- Harz
- *MM-City* Köln
- Mainfranken
- Mecklenburgische Seenplatte
- Mecklenburg-Vorpommern
- *MM-City* München
- *MM-Wandern* Münchner Ausflugsberge
- Nürnberg, Fürth, Erlangen
- Oberbayerische Seen
- Ostfriesland und Ostfriesische Inseln
- Ostseeküste – von Lübeck bis Kiel
- Ostseeküste – Mecklenburg-Vorpommern
- *MM-Wandern* Östliche Allgäuer Alpen
- Pfalz
- Rügen, Stralsund, Hiddensee
- Südschwarzwald
- Schleswig-Holstein Nordseeküste
- Schwäbische Alb
- Sylt
- Usedom
- *MM-Wandern* Westallgäu und Kleinwalsertal
- *MM-Wandern* Zentrale Allgäuer Alpen

Dominikanische Republik

- Dominikanische Republik

Ecuador

- Ecuador

Frankreich

- Bretagne
- Côte d'Azur
- Elsass
- *MM-Wandern* Elsass
- Haute-Provence
- Korsika
- *MM-Wandern* Korsika
- Languedoc-Roussillon
- Normandie
- *MM-City* Paris
- Provence & Côte d'Azur
- *MM-Wandern* Provence
- Südfrankreich
- Südwestfrankreich

Griechenland

- Athen & Attika
- Chalkidiki
- Griechenland
- Griechische Inseln
- Karpathos
- Kefalonia & Ithaka
- Korfu
- Kos
- Kreta
- *MM-Wandern* Kreta
- Kykladen
- Lesbos
- Naxos
- Nord- u. Mittelgriechenland
- Nördl. Sporaden – Skiathos, Skopelos, Alonnisos, Skyros
- Peloponnes
- Rhodos
- Samos
- Santorini
- Thassos, Samothraki
- Zakynthos

Großbritannien

- Cornwall & Devon
- England
- *MM-City* London
- Schottland
- Südengland

Irland

- *MM-City* Dublin
- Irland

Island

- Island

Italien

- Abruzzen
- Apulien
- Adriaküste
- Chianti – Florenz, Siena, San Gimignano
- Cilento
- Dolomiten – Südtirol Ost
- Elba
- Friaul-Julisch Venetien
- Gardasee
- Golf von Neapel
- Italien
- Kalabrien & Basilikata
- Lago Maggiore
- Ligurien – Italienische Riviera, Genua, Cinque Terre
- *MM-Wandern* Ligurien & Cinque Terre
- Liparische Inseln
- Marken
- Mittelitalien
- Oberitalien

- Oberitalienische Seen
- Piemont & Aostatal
- *MM-Wandern* Piemont
- *MM-City* Rom
- Rom & Latium
- Sardinien
- *MM-Wandern* Sardinien
- Sizilien
- *MM-Wandern* Sizilien
- Südtirol
- Südtoscana
- Toscana
- *MM-Wandern* Toscana
- Umbrien
- *MM-City* Venedig
- Venetien

Kanada

- Kanada – der Osten
- Kanada – der Westen

Kroatien

- Istrien
- Kroatische Inseln & Küste
- Mittel- und Süddalmatien
- Nordkroatien – Kvarner Bucht

Malta

- Malta, Gozo, Comino

Marokko

- Südmarokko

Montenegro

- Montenegro

Neuseeland

- Neuseeland

Niederlande

- *MM-City* Amsterdam
- Niederlande

Norwegen

- Norwegen
- Südnorwegen

Österreich

- Salzburg & Salzkammergut
- Wachau, Wald- u. Weinviertel
- *MM-City* Wien

Polen

- *MM-City* Krakau
- Polnische Ostseeküste
- *MM-City* Warschau

Portugal

- Algarve
- Azoren
- *MM-City* Lissabon
- Lissabon & Umgebung
- Madeira
- *MM-Wandern* Madeira
- Nordportugal
- Portugal

Russland

- *MM-City* St. Petersburg

Schweden

- Südschweden

Schweiz

- Genferseeregion
- Graubünden
- Tessin

Slowakei

- Slowakei

Slowenien

- Slowenien

Spanien

- Andalusien
- *MM-Wandern* Andalusien
- *MM-City* Barcelona
- Costa Brava
- Costa de la Luz
- Gomera
- *MM-Wandern* Gomera
- Gran Canaria
- *MM-Touring* Gran Canaria
- Ibiza
- Katalonien
- Lanzarote
- La Palma
- *MM-Wandern* La Palma
- *MM-City* Madrid
- Madrid & Umgebung
- Mallorca
- *MM-Wandern* Mallorca
- Menorca
- Nordspanien
- Spanien
- Teneriffa
- *MM-Wandern* Teneriffa

Tschechien

- *MM-City* Prag
- Südböhmen
- Tschechien
- Westböhmen & Bäderdreieck

Türkei

- *MM-City* Istanbul
- Türkei
- Türkei – Lykische Küste
- Türkei – Mittelmeerküste
- Türkei – Südägäis von İzmir bis Dalyan
- Türkische Riviera – Kappadokien

Tunesien

- Tunesien

Ungarn

- *MM-City* Budapest
- Westungarn, Budapest, Pécs, Plattensee

USA

- *MM-City* New York

Zypern

- Zypern

Register

WEISSMAINSQUELLE.